S. Zaninelli - C. Cristiani - G. Bonelli - P. Riccabone

Storia
Contemporanea 3

Edizioni
10 11 12
   2017

Direzione editoriale: Roberto Invernici
Redazione: Gionata Buttarelli, Bianca Rossi
Progetto grafico: Marco Cattaneo
Videoimpaginazione: Giuliano Cornetti
Cartografia: Vavassori & Vavassori
Disegni: Massimiliano Longo
Copertina: Vavassori & Vavassori
Stampa: Grafica Veneta S.p.A., Trebaseleghe (PD)

La casa editrice ATLAS opera con il Sistema Qualità conforme alla nuova norma UNI EN ISO 9001:2008 certificato da CISQ CERTICARGRAF.

Con la collaborazione della redazione e dei consulenti dell'I.I.E.A.

L'Editore si impegna a mantenere invariato il contenuto di questo volume, secondo le norme vigenti.

Il presente volume è conforme alle disposizioni ministeriali in merito alle caratteristiche tecniche e tecnologiche dei libri di testo.

Si ringraziano per la collaborazione prestata nel fornire materiale iconografico e documentario:
Armenian National Institute (ANI); Archivi del Novecento – La memoria in rete; Archivi di Stato italiani; Archivio Fondazione Ligabue; Archivio Gabriele Rossi – Osmida; Archivio Storico Istituto LUCE; Centre Virtuel de la Connaissance sur l'Europe (CVCE); Centro Studi Emigrazione; European Journalism Observatory (EJO); Fondazione Centro di Documentazione Ebraica Contemporanea (CDEC): Fototeca Storica Nazionale Ando Gilardi; Gruppo Ricerca Storica Adrara San Martino; Marconi Calling; Memorial (International Historical Enlightment Human Rights and Humanitarian Society); Ministero per i Beni e le Attività Culturali; Museo Civico del Risorgimento di Bologna; Open Society Archives; Museo storico delle Poste e Telecomunicazioni; The World War I Document Archive; Unione delle Comunità Ebraiche Italiane (UCEI); US Holocaust Memorial Museum (Museo dell'Olocausto di Washington); Yad Vashem Holocaust Memorial; Archivio e Biblioteca ATLAS.

Per eventuali e comunque non volute omissioni o per gli aventi diritto tutelati dalla legge, l'Editore dichiara la propria disponibilità.

Ogni riproduzione del presente volume è vietata.

Le fotocopie per uso personale del lettore possono essere effettuate nei limiti del 15% di ciascun volume/fascicolo di periodico dietro pagamento alla SIAE del compenso previsto dall'art. 68, commi 4 e 5, della legge 22 aprile 1941 n. 633.
Le fotocopie effettuate per finalità di carattere professionale, economico o commerciale o comunque per uso diverso da quello personale possono essere effettuate a seguito di specifica autorizzazione rilasciata da **CLEA-Redi**, Centro Licenze e Autorizzazioni per le Riproduzioni Editoriali, Corso di Porta Romana 108, 20122 Milano, e-mail autorizzazioni@clearedi.org e sito web www.clearedi.org.

© by Istituto Italiano Edizioni Atlas
Via Crescenzi, 88 - 24123 Bergamo - Tel. 035.249711 - Fax 035.216047 - www.edatlas.it

PRESENTAZIONE

Un'opera per la moderna didattica della Storia

Da sempre l'**insegnamento della Storia**, a tutti i livelli scolastici, porta con sè significati che superano la dimensione della disciplina scolastica per toccare quella del sistema di valori di ogni persona e di gruppi sociali, in una dinamica che coinvolge anche l'evoluzione delle rappresentanze politiche.

In tale contesto di autentica problematicità, la scuola ha il dovere educativo e morale di rimanere lontana da ogni tentazione ideologica e di operare scelte che privilegino la correttezza interpretativa, l'onestà intellettuale e l'obiettività di un metodo critico, che solleciti nello studente l'acquisizione di strumenti di analisi utili per la formazione di un giudizio autonomo.

Questo nuovo corso di Storia nasce e si costruisce in questa prospettiva, poggiando su due pilastri fondamentali:
1. il rispetto della **verità storica** nella ricostruzione di fatti ed eventi;
2. una marcata e forte **impronta didattica**.

La proposta editoriale per la classe terza

La proposta editoriale per l'insegnamento della Storia nel terzo anno della Scuola Secondaria di Primo Grado si articola in tre strumenti didattici a **stampa** e in materiali *on line*.

- Il testo base Storia contemporanea – 3 si divide in **sette parti**, corrispondenti alle fasi storiche in cui è stata scandita l'Età contemporanea e la storia dell'Italia. Un capitolo introduttivo è dedicato al metodo della **ricerca storica** relativamente alla storia contemporanea.

- Il volume Cittadinanza e Costituzione, un volume triennale interamente dedicato alla nuova disciplina, che mira alla conoscenza approfondita della carta costituzionale del nostro Paese e all'insegnamento di conoscenze e comportamenti atti a formare ogni studente come un vero cittadino, responsabile e consapevole di sé, degli altri e dell'ambiente.

- La guida Materiali didattici per il docente offre, oltre a suggerimenti per la programmazione e per l'elaborazione dei piani didattici, *Test di verifica* per ciascun capitolo, proposte di ricerche e di approfondimenti pluridisciplinari con un'antologia di materiali documentari.

- A completamento dell'opera, poi, è disponibile *on line* l'Atlante storico. Esso propone l'intero corredo cartografico del corso di Storia (dalla Preistoria alla Storia Contemporanea) e carte mute per esercitazioni individuali e di classe.

Le caratteristiche didattiche

Dal punto di vista prettamente didattico questo nuovo corso di Storia si caratterizza principalmente per il fatto che ogni sua parte è strettamente connessa e finalizzata a **favorire l'acquisizione di specifiche competenze di base e disciplinari**; la loro progressiva acquisizione nel triennio della Scuola Secondaria di Primo Grado permette allo studente di "fare proprio" un metodo di studio e di analisi storica.

- Per facilitare la comprensione, la memorizzazione e lo studio del testo è stata adottata un'innovativa organizzazione grafico-testuale, con la scansione dei paragrafi in blocchi di testo corrispondenti a nuclei informativi, indicati a fianco sotto forma di domande-guida (*Per ricordare*).

- Le parole e i concetti chiave della storia sono evidenziati in rosso e in blu e ne viene data la definizione a fianco o, nel caso dei concetti chiave, una spiegazione più articolata e ampia in appositi box (*Parola chiave*).

- Le rubriche *Leggere un documento* e *Leggere un'immagine*, attraverso l'analisi guidata di fonti scritte ed iconografiche, insegnano allo studente a leggere fonti di tipo diverso e a ricavare conoscenze sugli argomenti trattati nel capitolo.

- La rubrica *Leggere una carta* è stata studiata per insegnare allo studente ad orientarsi nello spazio degli eventi storici, acquisendo l'abilità di leggere e interpretare le carte storiche.

- La rubrica *Approfondimenti* (*Storia e cultura, Storia e arte, Storia e scienza, Storia e tecnologia, Storia e società, Storia ed economia*, ecc.) offre una lettura pluridisciplinare di eventi e fenomeni storici.

- Le *Attivazioni didattiche* propongono attività (*Anche noi storici*) attraverso le quali lo studente può verificare le conoscenze apprese, la comprensione del linguaggio specifico della storia, esercitarsi nella lettura ed analisi di documenti storici, imparare ad organizzare le conoscenze in forma schematica e grafica, esercitarsi a rielaborarle in forma scritta, utilizzando in modo appropriato il linguaggio specifico.
Le Attivazioni didattiche propongono inoltre una serie di **attività di ricerca e di approfondimento** relative alla *storia locale* e al *patrimonio culturale* collegati al periodo storico studiato, ricerche pluridisciplinari e approfondimenti relativi alle "risonanze attuali" degli eventi storici studiati (*Attualizziamo il passato*).

L'Editore

INDICE

PREMESSA

La storia contemporanea — 8
1. Il concetto di storia contemporanea — 8
2. Le fonti per la storia contemporanea — 9
3. La mondializzazione della storia — 11
4. Per capire il Novecento — 13

APPROFONDIMENTI
STORIA E METODO STORICO
Leggere il Novecento attraverso le immagini — 14

PARTE PRIMA
Gli inizi del Novecento

CAPITOLO 1

Il Novecento si apre con la *Belle Époque* — 18
1. Ottimismo e fiducia nel progresso — 18

■ *Leggere un'immagine*
Il manifesto dell'Esposizione Internazionale
di automobili e aeronautica — 19

■ *Leggere un documento*
Coraggio, audacia, ribellione: il Manifesto del Futurismo — 23

2. Nasce la società di massa — 24

APPROFONDIMENTI
STORIA E TECNOLOGIA
Henry Ford realizza l'automobile per tutti — 26
La radio di Marconi — 27

■ *Sintesi* — 28

Attivazioni didattiche — 28

CAPITOLO 2

L'Europa e il mondo all'inizio del Novecento — 31
1. Un continente percorso da molte tensioni — 31
2. Tre grandi Paesi extraeuropei: Stati Uniti, Giappone e Cina — 39

APPROFONDIMENTI
STORIA E CULTURA
L'imperialismo e la pretesa di civilizzare il mondo — 43

■ *Sintesi* — 45

Attivazioni didattiche — 46

CAPITOLO 3

L'Italia nell'Età giolittiana — 48
1. L'Italia tra fine Ottocento e inizio Novecento — 48
2. La lunga stagione delle riforme — 51

■ *Leggere un documento*
Con Giolitti nasce lo "Stato sociale" — 53

■ *Leggere un'immagine*
La doppia faccia di Giolitti — 54

3. Il panorama politico e sociale nell'Età giolittiana — 57

■ *Leggere un documento*
Alle origini del partito cattolico — 59

4. La politica estera di Giolitti e il tramonto dell'Età giolittiana — 60

APPROFONDIMENTI
STORIA E SOCIETÀ
Gli Italiani: un popolo di emigranti — 62

■ *Sintesi* — 64

Attivazioni didattiche — 65

CAPITOLO 4

La Prima Guerra Mondiale — 68
1. Alle origini del conflitto — 68

■ *Leggere un'immagine*
L'Europa alla guerra — 70

2. Lo scoppio della guerra — 71

■ *Leggere un documento*
Noi siamo per la guerra! — 74

3. Le prime fasi del conflitto (1914-1916) — 78
4. L'intervento dell'Italia — 81

■ *Leggere un documento*
L'Italia di fronte alla guerra: pro e contro l'intervento — 83

Protagonisti
I martiri dell'irredentismo — 86

5. Le fasi decisive della guerra e la fine del conflitto (1917-1918) — 87

APPROFONDIMENTI
STORIA E TECNOLOGIA
Le nuove armi della guerra "totale" — 89
STORIA E VITA QUOTIDIANA
La dura vita della guerra in trincea — 90
STORIA E SOCIETÀ
Il ricordo della Grande Guerra e il mito dei caduti — 92

■ *Sintesi* — 94

Attivazioni didattiche — 95

CAPITOLO 5

La Rivoluzione russa — 100

1. L'Impero russo: un gigante in crisi — **100**
2. Il 1917: l'anno delle rivoluzioni — **104**

■ *Leggere un documento*

Lenin: dittatura del proletariato e necessità dello Stato — **105**

3. La guerra civile e la nascita dell'Unione Sovietica — **107**

■ *Leggere un'immagine*

Lenin ripulisce il mondo — **110**

■ *Sintesi* — **111**

Attivazioni didattiche — **112**

PARTE SECONDA

Il dopoguerra

CAPITOLO 6

I trattati di pace — 118

1. La nuova geografia dell'Europa — **118**

■ *Leggere un documento*

La New Diplomacy di Wilson in quattordici punti — **119**

2. Una pace difficile e fragile — **122**

APPROFONDIMENTI

STORIA E POLITICA
Quali condizioni rendono una pace giusta e duratura? — **124**

■ *Sintesi* — **125**

Attivazioni didattiche — **125**

CAPITOLO 7

Società ed economia nel primo dopoguerra — 129

1. Le grandi trasformazioni sociali — **129**
2. La crisi del '29 — **133**

APPROFONDIMENTI

STORIA, SOCIETÀ ED ECONOMIA
Lo choc della "grande depressione" nella società statunitense — **136**

■ *Sintesi* — **137**

Attivazioni didattiche — **137**

CAPITOLO 8

Le democrazie occidentali — 139

1. La democrazia in Europa — **139**

■ *Leggere un'immagine*

Al soldo dei Sovietici — **142**

2. Gli Stati Uniti: dalla crisi del '29 al *New Deal* — **143**

Protagonisti

Franklin Delano Roosevelt — **145**

■ *Leggere un documento*

Il New Deal: *un nuovo modo di affrontare la crisi economica* — **147**

■ *Sintesi* — **148**

Attivazioni didattiche — **148**

PARTE TERZA

L'età dei totalitarismi

CAPITOLO 9

Lo Stalinismo — 154

1. L'Unione Sovietica nell'era di Stalin — **154**
2. La trasformazione dell'economia — **156**

■ *Leggere un documento*

Stalin e la Terza Internazionale — **158**

3. La dittatura staliniana — **159**

■ *Leggere un'immagine*

Manifesto per il 70° compleanno di Stalin — **161**

APPROFONDIMENTI

STORIA, POLITICA E SOCIETÀ
La "grande Russia": l'impero delle cento nazioni — **162**

■ *Sintesi* — **163**

Attivazioni didattiche — **163**

CAPITOLO 10

Il Fascismo — 167

1. Che cos'è il Fascismo? — **167**
2. La crisi del dopoguerra — **168**
3. Nasce il movimento fascista — **171**

■ *Leggere un documento*

Le origini del movimento fascista nelle parole di Mussolini — **172**

4. La conquista del potere   174
5. L'instaurazione della dittatura   176

Protagonisti
Benito Mussolini   178

6. La "fascistizzazione" della società   180

■ *Leggere un'immagine*
Parla Mussolini   182

7. L'economia durante l'età fascista   183
8. La politica coloniale e l'avvicinamento alla Germania   184

Approfondimenti
STORIA E POLITICA
Gli antifascisti al confino e in esilio   186

■ *Sintesi*   188

Attivazioni didattiche   189

CAPITOLO 11

Il Nazismo   194
1. Che cos'è il Nazismo?   194
2. La Germania nel dopoguerra   195
3. Hitler e la nascita del Nazismo   197

Protagonisti
Adolf Hitler   198

■ *Leggere un documento*
Mein Kampf: *razza e Stato nel pensiero di Hitler*   200

4. L'affermazione del Nazismo e la nascita del *Terzo Reich*   201
5. La "nazificazione"della Germania   203

■ *Leggere un'immagine*
I simboli del Nazismo   204

6. La politica economica ed estera   206

Approfondimenti
STORIA E TECNOLOGIA
La Volkswagen: l'auto per il popolo voluta da Hitler   207

■ *Sintesi*   208

Attivazioni didattiche   209

CAPITOLO 12

Crisi delle democrazie e regimi autoritari   214
1. I fascismi europei   214
2. La guerra civile spagnola e la dittatura franchista   215

■ *Leggere un'immagine*
Guernica: il grido di dolore di Picasso   217

3. Regimi autoritari nei Paesi extraeuropei   218

Approfondimenti
STORIA E ARTE
Il "miliziano che cade", icona del Novecento   220

■ *Sintesi*   221

Attivazioni didattiche   221

PARTE QUARTA
La Seconda Guerra Mondiale

CAPITOLO 13

Origini e fasi del secondo conflitto mondiale   226

A. Verso la guerra
1. Le origini del conflitto   226
2. Le reazioni europee e l'invasione della Polonia   228

B. Il mondo in guerra
1. La prima fase del conflitto   231
2. La guerra contro la Gran Bretagna e l'estensione del conflitto   234

■ *Leggere un documento*
La Carta Atlantica: *la risposta democratica all'ordine mondiale di Hitler*   236

3. La seconda fase del conflitto   238

Protagonisti
Gli alpini dell'ARMIR   239

4. L'Europa nelle mani dei Nazisti   241
5. I *lager* e il genocidio degli Ebrei   242

Approfondimenti
Il campo della morte di Auschwitz-Birkenau   244

■ *Sintesi*   247

Attivazioni didattiche   248

CAPITOLO 14

L'Italia tra Resistenza e Liberazione   253
1. La caduta del Fascismo   253
2. L'occupazione tedesca e la Repubblica di Salò   254

■ *Leggere un documento*
8 settembre 1943: Badoglio annuncia la firma dell''armistizio   254

3. La Resistenza   257

INDICE   5

Protagonisti

I partigiani — 260

4. La liberazione dell'Italia — 262

APPROFONDIMENTI

STORIA E VITA QUOTIDIANA

Vivere in tempo di guerra — 263

■ *Sintesi* — 264

Attivazioni didattiche — 264

CAPITOLO 15

La fine della guerra — 267

1. La liberazione dell'Europa — 267
2. La vittoria finale degli Alleati — 269

APPROFONDIMENTI

STORIA E SCIENZA

La bomba atomica: la scienza al servizio della guerra — 271

■ *Sintesi* — 273

Attivazioni didattiche — 273

PARTE QUINTA

Dal secondo dopoguerra ad oggi

CAPITOLO 16

L'eredità della guerra e i trattati di pace — 278

1. Stati sconfitti e potenze vincitrici — 278
2. Una nuova situazione mondiale — 284

■ *Leggere un documento*

La scelta tra due modelli opposti: Capitalismo e Comunismo (la Dottrina Truman) — 285

■ *Sintesi* — 287

Attivazioni didattiche — 287

CAPITOLO 17

Guerra fredda e coesistenza pacifica — 290

1. L'equilibrio del terrore — 290

■ *Leggere un documento*

La "cortina di ferro", il muro che divide l'Europa — 293

2. L'Europa tra rinascita e lotta per la libertà — 295
3. Coesistenza pacifica e politica della distensione — 298

Protagonisti

John Fitzgerald Kennedy — 301

4. Nuove crisi internazionali e movimenti di contestazione giovanile — 302

APPROFONDIMENTI

STORIA E DIPLOMAZIA

Dall'equilibrio del terrore ai trattati per il disarmo nucleare — 306

■ *Sintesi* — 308

Attivazioni didattiche — 309

CAPITOLO 18

La decolonizzazione e il Terzo Mondo — 312

1. La fine degli imperi coloniali — 312

■ *Leggere un documento*

La Dichiarazione di Bandung: *tutti i popoli hanno diritto all'autodeterminazione* — 314

2. La Cina da Mao ad oggi — 316
3. La decolonizzazione dell'Asia meridionale — 320

Protagonisti

Gandhi: la "grande anima" dell'India — 321

4. La difficile indipendenza degli Stati africani — 324

APPROFONDIMENTI

STORIA ED ECONOMIA

Neocolonialismo, multinazionali e mercato globale — 327

5. L'America Latina tra dittatura e guerriglia — 328

■ *Sintesi* — 330

Attivazioni didattiche — 331

CAPITOLO 19

Il Medio Oriente: una terra tormentata — 333

1. Il mondo arabo e i rapporti tra Israeliani e Palestinesi — 333
2. Iran e Iraq: tra guerre e dittature — 338
3. Le guerre nel Golfo Persico — 340

APPROFONDIMENTI

STORIA E POLITICA

Il ruolo degli Stati Uniti nella politica internazionale — 343

■ *Sintesi* — 344

Attivazioni didattiche — 344

CAPITOLO 20

La fine dei regimi comunisti e l'Unione Europea — 348

1. Il 1989 e la fine dell'Unione Sovietica — 348

■ *Leggere un documento*

La fine della guerra fredda: una vittoria per l'umanità — 351

2. La disgregazione del blocco comunista — 352
3. Verso una nuova Europa — 355

APPROFONDIMENTI

STORIA E POLITICA
Un nuovo ruolo internazionale per l'Europa? — 359

■ *Sintesi* — 360

Attivazioni didattiche — 361

PARTE SESTA
L'Italia dal dopoguerra ad oggi

CAPITOLO 21

Gli anni della ricostruzione e del "miracolo economico" — 366

1. La fine della guerra e la nascita della Repubblica — 366
2. Partiti e sindacati: i nuovi protagonisti della vita politica — 370

Protagonisti

Due leader politici a confronto: De Gasperi e Togliatti — 372

3. Le elezioni del 1948 e i primi governi di centro — 374
4. Gli anni del "miracolo economico" — 376

■ *Leggere un documento*

Le condizioni di lavoro degli immigrati: sfruttati e sottopagati — 379

5. Una società in trasformazione — 380

APPROFONDIMENTI

STORIA, ECONOMIA E SOCIETÀ
L'Italia del "miracolo" — 382

■ *Sintesi* — 384

Attivazioni didattiche — 385

CAPITOLO 22

L'Italia dagli anni Sessanta agli anni Ottanta — 388

1. Le nuove esigenze di un'Italia che cambia — 388

Protagonisti

Giovanni XXIII: il papa che aprì la Chiesa al mondo — 390

2. Nascono i governi del centro-sinistra — 391
3. Tra contestazione giovanile e "autunno caldo" — 394
4. Terrorismo e "anni di piombo" — 395

■ *Leggere un documento*

L'appello di papa Paolo VI per la liberazione di Aldo Moro — 397

5. Gli anni del "compromesso storico" e dei governi a guida socialista — 398
6. Verso una nuova Italia — 401

APPROFONDIMENTI

STORIA, ECONOMIA E SOCIETÀ
Tutti senz'auto: il petrolio costa troppo — 403

■ *Sintesi* — 404

Attivazioni didattiche — 405

CAPITOLO 23

L'Italia dagli anni Novanta ad oggi — 408

1. Le trasformazioni dopo il 1989 — 408

■ *Leggere un documento*

Mafiosi per sempre — 411

Protagonisti

Giovanni Falcone e Paolo Borsellino — 412

2. Un nuovo panorama politico — 414
3. Verso il futuro — 417

■ *Sintesi* — 419

Attivazioni didattiche — 419

PARTE SETTIMA
Il terzo millennio: tra presente e futuro — 423

I nuovi equilibri internazionali — 424

Una società multiculturale e multietnica — 426

Un mondo globale — 428

Sviluppo e ambiente: il futuro dell'uomo e del pianeta — 430

PREMESSA: La storia contemporanea

1. Il concetto di storia contemporanea

UNA DEFINIZIONE

Quando termina la storia **convenzionalmente** definita "moderna" e inizia quella "contemporanea"? Tutto dipende da cosa intendiamo con l'espressione "storia contemporanea".

La storia contemporanea è ovviamente quella più vicina a noi, al nostro presente. Ma quando inizia? Quando le vicende e i processi storici iniziano ad essere "vicini" al nostro tempo e a costituire la dimensione della contemporaneità?

Con una celebre e sempre valida definizione, lo storico inglese **Geoffrey Barraclough** affermava, in un saggio del 1964, che "*la storia contemporanea ha inizio quando i problemi che sono attuali nel mondo odierno assumono per la prima volta una chiara fisionomia*", osservando poi che "*è negli anni che immediatamente precedono e seguono il **1890** che la maggior parte degli sviluppi che differenziano la storia 'contemporanea' da quella 'moderna' comincia a evidenziarsi*".

Oggi gli storici, confermando sostanzialmente quella impostazione, tendono a far coincidere la cosiddetta storia contemporanea con il **Novecento**.

L'astronauta statunitense Edwin "Buzz" Aldrin passeggia sulla superficie lunare fotografato dal collega Neil Armstrong, il 21 luglio 1969. Lo sbarco degli astronauti dell'Apollo 11, seguito in diretta da milioni di telespettatori in tutto il mondo, aprì la strada alle missioni spaziali moderne. L'esplorazione dello spazio costituisce uno degli eventi che caratterizzano la storia contemporanea e rappresenta una delle tappe fondamentali della storia dell'umanità.

> **Per ricordare**
> - Che cosa distingue la storia contemporanea da quella moderna?
> - Quale definizione di "storia contemporanea" è stata proposta da Geoffrey Barraclough?
> - Perché si considera il Novecento come "storia contemporanea"?

2. Le fonti per la storia contemporanea

Rispetto ad altre epoche storiche, l'età contemporanea offre agli storici una grande quantità e varietà di fonti su cui basare la propria ricostruzione e interpretazione del passato.

LE FONTI TRADIZIONALI

Come per le altre epoche storiche rimangono di grande importanza le fonti tradizionali, sia scritte che materiali.

Il Novecento è stato il **secolo della partecipazione politica e sociale delle masse**; molte persone sono state coinvolte nelle tragiche esperienze delle guerre e in quelle particolarmente accese delle lotte sociali e politiche e se ne sono fatte testimoni scrivendo **diari e memorie**.

La mole di carta stampata è enormemente cresciuta con la nascita di giornali, riviste, manifesti, saggi di storiografia. La ricerca archivistica ha portato alla scoperta di nuovi documenti. Nel Novecento continuano pertanto ad avere un grande valore per lo storico i **documenti cartacei** raccolti negli **archivi** e nelle **biblioteche**. Oggi questo materiale viene **trasposto su microfilm** e **su supporti elettronici** come i CD-ROM e i DVD, per garantirne la conservazione e per ridurre drasticamente gli spazi occupati.

Oltre alle fonti scritte, nel Novecento sono aumentate le **testimonianze dirette** di persone che hanno vissuto i fatti. Per il tempo più recente le **fonti orali** sono numerosissime. Nuovo compito dello storico sarà valutarle cercando di mantenersi il più possibile obiettivo, tenendo ben presente che il racconto di un fatto vissuto presenta, inevitabilmente, il **punto di vista di chi lo racconta**.

Con l'industrializzazione e lo sviluppo tecnologico sono aumentate, infine, le **fonti materiali (o reperti)** provenienti dai luoghi della civiltà contadina (**archeologia rurale**) e della produzione industriale (**archeologia industriale**); è cresciuto il numero degli **oggetti di consumo** (macchine fotografiche e cineprese, orologi, automobili, mobili, ecc.) e degli **utensili di lavoro** da cui è oggi possibile ricavare informazioni e conoscenze sulle società che li hanno prodotti e impiegati.

Per ricordare

- Perché i diari e le memorie sono una fonte importante per la storia contemporanea?
- Quali fonti si raccolgono negli archivi e nelle biblioteche?
- Come vanno trattate le fonti orali?
- Quali sono le fonti materiali per la storia contemporanea?

LE NUOVE FONTI

Il Novecento è stato il secolo dell'immagine, della radio-televisione, della rivoluzione telematica. I materiali a disposizione dello storico si sono via via differenziati. **Immagini**, **registrazioni** e **riprese cinematografiche**, materiali offerti dai **siti Internet** sono le nuove fonti.

La fotografia

Le immagini fotografiche hanno grande **valore documentario** (anche se oggi, con l'avvento del "digitale" e la possibilità di modificare elettronicamente le immagini, tale valore è messo in discussione). Le fotografie, comunque, sono documenti solo apparentemente oggettivi: oltre a **poter essere manipolate**, esse esprimono sempre il "**punto di vista**" del fotografo. Tuttavia, rispetto al documento scritto, hanno la capacità di testimoniare la realtà così come potremmo vederla direttamente.

Il cinema

Il cinema si afferma nel Novecento come nuovo mezzo di comunicazione e di espressione artistica. Le opere cinematografiche, oltre ad essere prodotti artistici, possono venire utilizzate dagli storici come **fonte per ricostruire il modo di pensare, l'ideologia, la mentalità di un certo periodo** o di determinati personaggi e gruppi sociali.

I **documentari** sono un genere a sé, costituito da opere cinematografiche che hanno lo scopo dichiarato di illustrare e commentare vicende storiche o di attualità.

In tutti i casi è opportuno ricordare che ogni produzione cinematografica propone sempre il **punto di vista di chi l'ha pensata**, progettata e realizzata.

La radio

La radio è stata un potente strumento di diffusione delle notizie dall'inizio del Novecento. L'informazione si è ampliata notevolmente e attraverso i servizi radiofonici le persone, per la prima volta, hanno potuto **seguire i fatti in diretta**. I servizi radiofonici del passato sono **fonti** storiche di **grande valore documentario**.

La radio è stata anche un potente **mezzo** utilizzato nei regimi totalitari **per costruire il consenso** delle masse, mentre nei regimi democratici dotati di un sistema di informazione indipendente essa ha rappresentato uno **strumento di partecipazione** e maturazione politica per intere popolazioni.

La televisione

Più ancora della radio, la televisione aumenta la possibilità di condizionamento e di coinvolgimento delle masse di telespettatori. Comunque, nel tempo, essa ha creato un enorme imponente **archivio video-audio-fotografico** da cui ricavare documentazione su fatti di ogni genere: storici, politici, sociali, ma soprattutto di costume.

Computer e Internet

Gli strumenti informatici e telematici per la trasmissione, l'elaborazione e l'archiviazione di dati e informazioni sono l'ultima sfida che la moderna storiografia deve affrontare. La rete di Internet è il nuovo **spazio dell'informazione globale**: orientarsi e controllare questo flusso inesauribile di dati e informazioni, indagarne l'attendibilità e selezionare quelli significativi per la ricerca storica è un'operazione non sempre facile.

Per ricordare
- Quali sono le nuove fonti per la storia contemporanea?
- Quali caratteri e quali limiti presentano queste fonti?

3. La mondializzazione della storia

UN MODO DIVERSO DI VEDERE IL MONDO

Nel 1973 lo storico tedesco **Arno Peters** ha realizzato un nuovo planisfero, nel quale i **continenti** venivano **rappresentati** in proporzione **con le loro reali estensioni**; inoltre, il meridiano zero non era più quello di Greenwich, ma un anonimo meridiano che taglia lo Stretto di Bering.

La corrispondenza tra superficie cartografica e superficie reale **eliminava una distorsione "eurocentrica"** che in tutte le carte, dal Seicento ad oggi, aveva rappresentato in proporzioni ridotte i Paesi situati nella fascia fra i Tropici e l'Equatore. Un nuovo meridiano zero sanciva la **fine del dominio culturale dell'Europa** e metteva le basi per una geografia moderna, attenta a tutti i popoli.

La carta di Peters nasceva con lo scopo di "**educare alla mondialità**", di rendere le persone consapevoli della necessità di "*guardare il proprio Paese con gli occhi del mondo*" e non viceversa.

Per il suo alto **valore simbolico**, essa è stata adottata dalle Nazioni Unite, dalla Caritas e da molte altre organizzazioni internazionali, proprio **per rappresentare la situazione internazionale** alla luce dei problemi sociali, economici e politici del **sottosviluppo**.

La nuova rappresentazione del pianeta proposta da Peters offre alcune **chiavi di lettura** per capire il presente e progettare i futuri scenari del mondo. Essa ci aiuta a comprendere che l'**Europa** è solo **uno dei "centri"** del mondo; che il baricentro economico del pianeta si è spostato (dalla metà degli anni '80 il traffico commerciale attraverso l'Oceano Pacifico ha superato quello attraverso l'Atlantico) e che la vera **divisione del mondo** contemporaneo è **tra Paesi ricchi** o avanzati (il **Nord**) **e Paesi poveri** o sottosviluppati o in via di sviluppo (il **Sud**).

> **Per ricordare**
> - Quali sono le caratteristiche del planisfero di Peters?
> - Quale significato assume la rappresentazione del mondo fornita da Peters?
> - Perché il planisfero di Peters è stato adottato dalle Nazioni Unite?
> - Quali constatazioni emergono dalla nuova rappresentazione del globo terrestre?

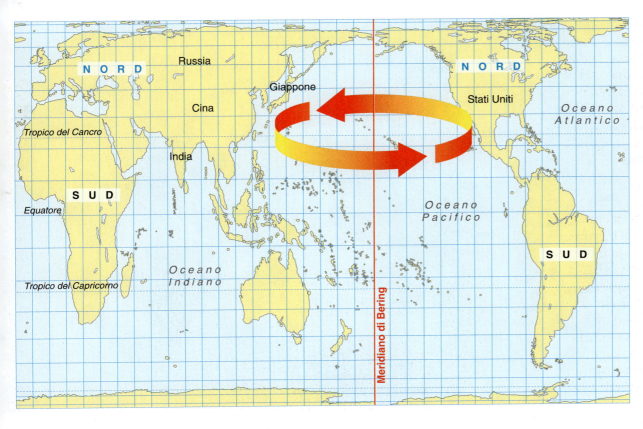

La presentazione della carta di Peters suscitò subito vivaci dibattiti e polemiche. Rispetto alle precedenti rappresentazioni cartografiche, quella di Peters, pur deformandone l'aspetto, aveva il merito di illustrare l'effettiva estensione delle masse continentali.

UN MONDO POLICENTRICO CON MOLTI PUNTI DI VISTA

Dopo la fine della Seconda Guerra Mondiale, l'evoluzione delle relazioni internazionali è stata decisamente condizionata dall'**emancipazione dei popoli** precedentemente **colonizzati**. A questo proposito, osserva lo storico francese René Rémond: "*L'entrata sulla scena delle relazioni internazionali, nel rango di Paesi che divengono attori delle diplomazia, di quelli che per tanto tempo avevano figurato solo nel ruolo di oggetti, è uno dei fenomeni più importanti della storia contemporanea. L'universo politico non si riduce più al concerto delle grandi potenze, cioè quattro o cinque grandi Stati europei, più gli Stati Uniti e il Giappone. Il numero degli Stati si è moltiplicato: è un aspetto e una conseguenza della decolonizzazione*". In particolare, il processo di decolonizzazione "*ha modificato sostanzialmente la situazione relativa dell'Europa, che ha cessato di comandare, di governare, di decidere per gli altri continenti*".

Per meglio capire la storia del Novecento, quindi, occorre riconsiderare l'Atlante del mondo rispettando il "**punto di vista**" **delle nuove potenze** e delle nuove Nazioni apparse sul palcoscenico del pianeta. Per gli Europei, abituati a sentirsi "al centro", è una prospettiva rivoluzionaria.

Ormai "**policentrico**", il mondo è "**tutto importante allo stesso modo**": la crescita economica della Cina, la guerra in Iraq, il terrorismo islamico, ecc. sono eventi e fenomeni mondiali, che coinvolgono tutti i Paesi del pianeta. Per questo motivo dobbiamo abituarci a vedere carte geografiche che, di volta in volta, hanno al centro la Cina, l'Australia, la Nigeria, ecc.

Essere **cittadini del mondo** significa vivere rispettando tutti gli altri abitanti del pianeta, nella consapevolezza che ogni Paese è una tessera di un mosaico planetario.

Per ricordare

- Come sono evolute le relazioni internazionali dopo la Seconda Guerra Mondiale?
- Quale nuova prospettiva bisogna assumere per capire il Novecento?
- In che senso il mondo contemporaneo è policentrico?

Una nuova geografia degli eventi
Circa cento anni separano i due assetti politici del mondo illustrati sulle carte. Sono scomparsi vasti imperi territoriali e sono nati molteplici Stati nazionali; colonie e territori dipendenti hanno conquistato l'emancipazione politica e hanno fatto il loro ingresso sulla scena mondiale; si sono diffusi i fenomeni di globalizzazione e contemporaneamente il mondo si è riorganizzato intorno a nuovi poli di potere politico-economico.

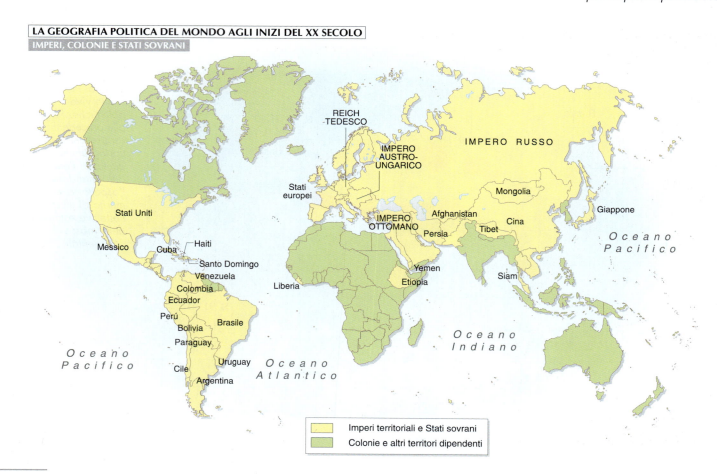

LA GEOGRAFIA POLITICA DEL MONDO AGLI INIZI DEL XX SECOLO
IMPERI, COLONIE E STATI SOVRANI

- Imperi territoriali e Stati sovrani
- Colonie e altri territori dipendenti

4. Per capire il Novecento

Sono state proposte diverse interpretazioni sul XX secolo.

1. Il secolo breve – Lo storico Eric H. Hobsbawm ha definito il Novecento il "secolo breve", per indicare che le caratteristiche del secolo XX sono concentrate nel periodo 1914-1991, dall'inizio della Prima Guerra Mondiale al crollo dell'Unione Sovietica (URSS). Si è trattato di un periodo di grandi sconvolgimenti: dai due conflitti mondiali al lungo periodo di "guerra latente" (guerra fredda) con il mondo diviso in due blocchi contrapposti.

2. Il secolo americano – Gli Stati Uniti hanno rappresentato la maggiore potenza economica e culturale del secolo. A partire dalla seconda metà del secolo, inoltre, gli USA hanno condiviso con l'URSS il ruolo di superpotenza politica e militare. Dopo il crollo sovietico gli USA si sono trovati ad esercitare questo ruolo da soli.

3. Il secolo dei totalitarismi – Nella prima metà del XX secolo si sono realizzate concretamente ideologie nate nell'Ottocento. Il Nazionalismo e il Socialismo sono sfociati in forme di totalitarismo, che si proponevano di forgiare un "uomo nuovo", basandosi sull'esaltazione della razza (il Nazismo) o sull'idea di classe sociale (il Comunismo).

4. La fine degli imperi e la moltiplicazione degli Stati – La fine degli imperi, secondo alcuni storici, è uno dei fenomeni che maggiormente caratterizzano il Novecento. Nel corso di questo secolo, infatti, scompaiono gli imperi coloniali europei, l'impero ottomano, quello austro-ungarico, il Reich tedesco e, infine, l'impero sovietico, sostituiti da una molteplicità di Stati nazionali.

5. Il secolo della mondializzazione della storia e della globalizzazione – Il filo conduttore del Novecento è la mondializzazione della storia, che ha modificato la geografia degli eventi, decretando il declino dei Paesi europei contestualmente all'affermazione degli Stati Uniti e delle nuove potenze asiatiche e avviando, negli ultimi decenni del secolo, i fenomeni della globalizzazione.

> **Per ricordare**
> • Quali sono e come si giustificano le principali interpretazioni del Novecento?

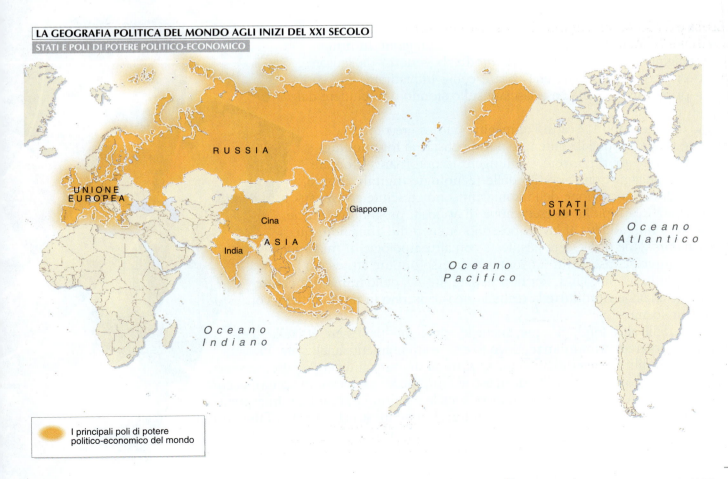

LA GEOGRAFIA POLITICA DEL MONDO AGLI INIZI DEL XXI SECOLO
STATI E POLI DI POTERE POLITICO-ECONOMICO

I principali poli di potere politico-economico del mondo

PREMESSA - LA STORIA CONTEMPORANEA

APPROFONDIMENTI

Storia e metodo storico

LEGGERE IL NOVECENTO ATTRAVERSO LE IMMAGINI

LE FONTI DELLA CIVILTÀ DELLE IMMAGINI

La società contemporanea è immersa in modo costante nella cultura visiva, tanto da essere considerata la **civiltà delle immagini** per eccellenza. Ogni evento, ogni fenomeno, in qualsiasi angolo del pianeta accada, viene registrato e documentato attraverso le immagini, **fotografiche e filmiche** in genere.

Per ricostruire la storia del Novecento, quindi, lo studioso ha a disposizione una quantità davvero notevole di **documenti visivi (iconografici)**.

VALORE DOCUMENTARIO E FALSIFICAZIONE DELLE IMMAGINI

Con la nascita della **fotografia** nel XIX secolo l'uomo ha potuto disporre di uno strumento nuovo per "registrare" fedelmente la realtà, una specie di "terzo occhio" capace di fissarla per sempre in modo oggettivo, facendone la testimonianza diretta di fatti, situazioni e fenomeni.

In realtà, come abbiamo anticipato, l'immagine fotografica non è mai completamente oggettiva e neutra, cioè **non riproduce mai in modo fedele e affidabile la realtà**, per una serie di ragioni. In primo luogo l'immagine fotografica **riflette il "modo di vedere"** dell'autore dello scatto/ripresa: egli sceglie che cosa e come inquadrare, che cosa mettere in primo piano e che cosa lasciare sullo sfondo o escludere dall'inquadratura.

Non solo. Anche dopo lo scatto l'immagine può essere ritoccata e **manipolata**, falsificandone il contenuto. Basti pensare ai **fotomontaggi**, che consentono di rimuovere, aggiungere, scontornare, ritoccare elementi e personaggi. Con l'avvento delle **tecnologie digitali**, inoltre, le possibilità di manipolazione delle immagini sono cresciute a dismisura, per la facilità e la rapidità di esecuzione di appositi programmi, grazie ai quali anche i non addetti ai lavori possono ottenere **falsificazioni** quasi perfette. Un'immagine può essere falsificata con altre tipologie di "manipolazione", ad esempio se inserita in un contesto diverso oppure attraverso l'attribuzione di didascalie fuorvianti. Per non parlare, infine, delle **immagini create dal nulla**, che anziché riprodurre la realtà la ricostruiscono in modo fittizio, con una **messa in scena**.

Alla stregua delle altre fonti, dunque, anche le immagini, per essere utili alla ricerca storica e diventare **testimonianze**, devono essere attentamente analizzate: bisogna verificarne l'attendibilità e veridicità (cioè se si tratta di immagini vere o false, se sono state manipolate e come, se si tratta di ricostruzioni, finzioni e messe in scena); occorre delinearne il contesto (storico, geografico, sociale e culturale) e, infine, interpretarle, ricavarne cioè il significato storico. Non va tuttavia dimenticato che anche i **falsi storici**, siano essi un'immagine o un documento scritto, hanno il valore di testimonianza, in quanto le motivazioni che li hanno prodotti servono a chiarire la ricostruzione degli eventi.

14 **PREMESSA** - LA STORIA CONTEMPORANEA

La forza espressiva e comunicativa delle immagini

Al di là delle considerazioni sopra esposte, è indubbio che le immagini hanno una **forza espressiva** e una **potenzialità comunicativa** straordinarie, per la molteplicità e densità di informazioni che sono in grado di veicolare.

Il modo di dire *"un'immagine vale più di cento parole"* contiene un'innegabile verità: una fotografia, infatti, è in grado di riassumere in modo efficace un evento, di raccontarlo compiutamente, ma anche di sintetizzare il "senso" di un'epoca, un suo fenomeno o aspetto, diventandone un'**icona** (dal greco *eikòn* "immagine"), cioè una rappresentazione simbolica, emblematica.

Leggere la storia del Novecento attraverso le immagini

Questo è particolarmente vero per il Novecento, la cui intera storia, con le sue immani tragedie e le sue esaltanti conquiste, può essere raccontata attraverso alcune **immagini-simbolo** (come quelle riprodotte in queste pagine). Per il loro valore descrittivo e comunicativo tali immagini sono diventate le **icone** rappresentative **di un'epoca**, di un modo comune di sentire e costituiscono delle testimonianze incrollabili di eventi ed emozioni profondamente radicati nella coscienza collettiva.

Liberamente tratto da Paola Pallotti, *Il fotogiornalismo: l'illusione di una realtà? Riflessioni semiotiche*, Working Papers n.3, 2006, LUISS

PARTE PRIMA
Gli inizi del Novecento

Capitoli

1. Il Novecento si apre con la *Belle Époque*
2. L'Europa e il mondo all'inizio del Novecento
3. L'Italia nell'Età giolittiana
4. La Prima Guerra Mondiale
5. La Rivoluzione russa

Il Tempo della Storia

EUROPA E MONDO

1890-1914
Belle Époque
Nascita e sviluppo della società di massa

PRIMA GUERRA MONDIALE

ITALIA

1890

Entriamo nella Storia

• Entriamo nella storia del secolo a noi più vicino respirando l'atmosfera di **ottimismo** e di **fiducia nel progresso**, ereditata dalla fine dell'Ottocento e destinata a durare fino al 1914. Sono questi gli anni detti appunto della *Belle Époque*, l'"età bella, felice" della borghesia europea, nella quale si delineano i caratteri della moderna **società di massa**, dove i consumi, i partiti politici, le organizzazioni sindacali, la leva diventano di massa. In Italia la *Belle Époque* coincide con gli anni del governo liberale di Giovanni Giolitti: un periodo, chiamato **Età giolittiana**, nel quale vennero poste le basi per la modernizzazione del Paese.

• Come nel rovescio di una medaglia, questi anni spensierati furono nel contempo gli anni della cosiddetta **"pace armata"**: sotto l'apparente ottimismo, infatti, covavano forti tensioni sociali e contrasti tra gli Stati, alimentati dalle **strategie imperialiste** e dalla diffusione di **ideologie nazionaliste**. Il crescente militarismo e le aggressive politiche estere che ne derivarono sfoceranno nella **Prima Guerra Mondiale**, la prima guerra dell'era industriale e il conflitto più terribile della storia.

• Innescato da un episodio limitato alla regione balcanica, il conflitto divenne inesorabilmente una **guerra mondiale** e **totale**, dai **caratteri** del tutto **inediti** rispetto al passato. Una guerra che costò la vita a quasi 10 milioni di persone e che stravolse l'assetto politico europeo accelerando, tra l'altro, la crisi del regime zarista, spazzato via dalla **Rivoluzione russa**.

Le domande del Presente

Perché continuano a imperversare le "inutili stragi" delle guerre?

Sete di potere, mire espansionistiche, ambizioni o rivalse nazionalistiche, pregiudizi di superiorità, spirito aggressivo, volontà di sopraffazione: questo il pesante fardello, spesso mascherato, che da sempre fa da detonatore alla guerra, all'"inutile strage", come la definì nel 1917 papa Benedetto XV.

Nonostante l'umanità sembri oggi sempre più diffusamente consapevole della barbarie e inutilità delle guerre, questa forma di **"suicidio della civiltà"** continua a imperversare.

1904-1905 Guerra russo-giapponese
1904 Intesa Cordiale
1902-1922 Espansione coloniale europea in Africa e Asia
1905 Rivoluzione d'Inverno in Russia
1908 Annessione all'Impero austro-ungarico della Bosnia-Erzegovina
1911-1912 Abdica l'ultimo imperatore cinese - Nascita della Repubblica
1917 Rivoluzione di febbraio e Rivoluzione d'ottobre
1922 Nascita dell'URSS (Unione delle Repubbliche Socialiste Sovietiche)
...olta dei Boxer

1914 (28 giugno) Attentato di Sarajevo
1914-1918 Prima Guerra Mondiale
1915 L'Italia entra in guerra
1917 Gli Stati Uniti entrano in guerra, la Russia esce dal conflitto
1917 Sconfitta italiana a Caporetto
1918 Pace di Brest-Litovsk
1918 Armistizio

1903-1914 Età giolittiana
1911-1912 Conquista coloniale della Libia
1913 Prime elezioni a suffragio universale maschile
...assassinio di ...berto I

1910 — 1920

1. Il Novecento si apre con la *Belle Époque*

1. Ottimismo e fiducia nel progresso

L'Eredità dell'Ottocento

L'Ottocento consegnò al nuovo secolo un mondo profondamente trasformato sotto il profilo economico, sociale, politico e culturale.

1. L'idea di un'**uguaglianza di diritti** tra gli uomini era ormai una concezione "acquisita" a livello teorico, anche se permanevano in tutto il mondo discriminazioni a più livelli (razziali, sociali, sessuali, ecc.).

2. La Rivoluzione industriale, propagatasi in Europa e negli Stati Uniti proprio nel corso dell'Ottocento, creò nuovi **modi di organizzazione della produzione e del lavoro**, che ebbero profonde ripercussioni sulle strutture della società. Le inarrestabili **scoperte scientifiche** e le **innovazioni tecnologiche** avviate nella seconda metà del XIX secolo erano destinate a mutare per sempre la vita quotidiana di milioni di persone.

3. Con la nascita di una classe operaia sempre più numerosa ed economicamente importante si andavano affermando **partiti e movimenti sindacali**, grazie ai quali le "**masse**" si sarebbero trasformate in **protagonisti della storia contemporanea**.

4. L'istituto politico dell'impero si avviava fatalmente verso la dissoluzione, in seguito all'affermarsi dei concetti di **Stato-nazione** e di **Stato sovrano**.

5. L'**espansione coloniale europea**, che aveva ricevuto un nuovo impulso nella seconda metà dell'Ottocento, raggiungerà il culmine negli anni che precedono la Prima Guerra Mondiale. L'inizio del secolo costituisce il punto massimo di quella che viene chiamata l'**europeizzazione del mondo**.

6. All'inizio del nuovo secolo, gli **Stati Uniti** sono ormai una potenza politica ed economica, destinata ad un futuro ruolo di egemonia.

Per ricordare
- Quali trasformazioni importanti, eredità dell'Ottocento, segnarono l'inizio del nuovo secolo?

Leggere un'immagine

Questo manifesto pubblicitario del 1913 fu realizzato in occasione della **IX Esposizione Internazionale di automobili e aeronautica** di Torino. L'industria muoveva i primi passi di una vera e propria rivoluzione nel campo dei trasporti, che avrebbe trasformato, nel volgere di qualche decennio, la stessa percezione delle distanze.

Il manifesto dell'Esposizione Internazionale di automobili e aeronautica

Il primo **dirigibile**, lo *Zeppelin*, dal nome dell'ingegnere tedesco che lo progettò, fu costruito già nel 1895. Capace di grandi traversate (dalla Germania agli Stati Uniti o al Sudamerica), trasportò migliaia di viaggiatori fino agli anni Trenta quando, a seguito di un disastroso incidente, venne sostituito definitivamente dagli aerei.

L'**aereo** rappresentava la nuova frontiera dei trasporti. Il primo esemplare, molto rudimentale, fu costruito dai fratelli statunitensi Wright nel 1903. Nel 1913, negli Stati Uniti, gli aeroplani iniziarono a essere usati per il trasporto dei passeggeri.

Nel 1913 Torino era la capitale dell'**industria automobilistica** italiana, grazie alla presenza della FIAT, fondata nel 1899.

UN' "EPOCA BELLA"

All'apertura della **V Esposizione Universale del 1900**, a Parigi, il presidente francese Émile Loubet proclamava: *"Il XX secolo vedrà brillare un po' più di fraternità e meno miseria. La società contemporanea sta sopportando ogni sforzo per offrire a tutti felicità e benessere. La società non è più fondata sull'odio, ma sulla solidarietà e sulla fraternità. La nostra società ha il diritto di chiamarsi civilizzata."*

Questa dichiarazione fa cogliere bene il clima di **fiducia nell'avvenire e nel progresso** inarrestabile dell'umanità che caratterizza gli anni a cavallo dei due secoli. Questo periodo (compreso fra l'ultimo decennio del XIX secolo e il 1914), chiamato con l'espressione francese **Belle Époque** (cioè "Età felice", "Età bella"), interessò, tuttavia, soltanto l'Europa e gli Stati Uniti.

Per ricordare

- Che cosa traspare dalle parole del presidente francese Loubet?
- Perché si parla di una *Belle Époque*? Per quanto tempo si prolungò questo periodo?

PARTE PRIMA CAPITOLO 1 - IL NOVECENTO SI APRE CON LA BELLE ÉPOQUE

CONQUISTE SCIENTIFICHE E TECNICHE

Ad alimentare questo clima contribuivano soprattutto le **straordinarie scoperte scientifiche** e le **innovazioni tecnologiche**, grazie alle quali l'umanità sembrava in grado di risolvere tutti i suoi problemi:
- **malattie epidemiche**, come la malaria e il colera, potevano essere **debellate dalla ricerca medica**;
- **nuovi mezzi di trasporto e di comunicazione** (ferrovie, transatlantici, automobili, telegrafo, radio, ecc.) consentivano spostamenti di persone e merci, nonché trasmissione di messaggi e informazioni, secondo modalità e in tempi prima impensabili;
- la **produzione industriale** apriva l'epoca dei consumi di massa;
- le **innovazioni introdotte nell'agricoltura** (macchinari, fertilizzanti chimici, ecc.) consentivano di produrre maggiori quantità di derrate alimentari.

MOVIMENTI DI MASSA E NUOVE IDEOLOGIE

Movimenti politici, civili e sindacali stavano conquistando il diritto di costituirsi e di lottare per le proprie idee.

L'Europa, soprattutto, si presentava al mondo come il **campione del progresso**. La consapevolezza di costituire l'avanguardia della civiltà generò la convinzione che gli Europei dovessero porsi alla **guida dei popoli più arretrati**, diffondendo e sostenendo lo sviluppo.

Questo modo di sentire si accompagnò alla nascita di **ideologie nazionalistiche**, cioè di concezioni politiche che sostenevano la **superiorità della propria nazione** rispetto alle altre e quindi il "diritto" di espandersi per dominare politicamente ed economicamente altri popoli.

Per ricordare
- Quale ruolo pensò di potere assumere l'Europa? Perché?
- Su quale convinzione si basavano le ideologie nazionalistiche?

Per ricordare
- Che cosa contribuì ad alimentare il senso di ottimismo diffuso?

La Galleria Vittorio Emanuele II a Milano, realizzata negli ultimi decenni dell'Ottocento.

LA BORGHESIA, PROTAGONISTA DELLA VITA SPENSIERATA DELLA *BELLE ÉPOQUE*

Il clima di ottimismo e spensieratezza esaltò la **voglia di vivere e di divertirsi**, che ebbe come protagonista soprattutto la **borghesia media e alta**: dai piccoli dirigenti ai professionisti (notai, avvocati, giornalisti, medici, ecc.), dai piccoli imprenditori industriali e proprietari terrieri alle grandi dinastie di finanzieri e industriali (come i Wendel in Francia, i Krupp e i Thyssen in Germania, gli Agnelli e i Pirelli in Italia, i Rothschild in Gran Bretagna, i Morgan negli Stati Uniti, ecc). Stili di vita, abbigliamento, modi di trascorrere il tempo libero, riti sociali e consumi, ecc. riflettevano questo clima effervescente.

Le famiglie borghesi risiedevano nei **quartieri eleganti** delle città; disponevano di **appartamenti spaziosi**, dove poter ricevere ospiti. Oltre alla casa in città, spesso possedevano una dimora in campagna, dove trascorrere il periodo estivo. I più ricchi potevano permettersi **più abitazioni** e le case di campagna o in altri luoghi consentivano momenti di svago e di riposo lontano dalla città.

Balli, ricevimenti, spettacoli teatrali, frequentazione di caffè alla moda divennero riti sociali irrinunciabili, dove rendersi visibili, ostentando la propria ricchezza ed eleganza. Parallelamente si diffondeva il rito della **villeggiatura**; le terme e le località balneari come la Costa Azzurra divennero **luoghi d'incontro mondani** per eccellenza.

Questi modelli di vita **non riguardarono, ovviamente, le categorie sociali più povere**, che dovettero attendere anni per beneficiare, in qualche modo, di un miglioramento della vita quotidiana.

Per ricordare

- Quali comportamenti incoraggiò il clima di entusiasmo e spensieratezza tipico della *Belle Époque*?
- Quale classe sociale interpretò e visse in modo più intenso il clima della *Belle Époque*?
- Quali divertimenti e quali svaghi furono tipici della *Belle Époque*?
- Chi non beneficiò dei miglioramenti delle condizioni di vita della *Belle Époque*?

I balli, gli spettacoli di varietà e la frequentazione dei caffè alla moda furono tra i riti sociali della Belle Époque.

PARTE PRIMA **CAPITOLO 1** - IL NOVECENTO SI APRE CON LA *BELLE ÉPOQUE*

Il rinnovamento delle arti

L'Europa a cavallo dei due secoli fu anche la culla di movimenti che seppero interpretare e cogliere lo spirito dei tempi, **adattando le varie espressioni artistiche alle esigenze della civiltà** che si stava diffondendo.

Il movimento del **Futurismo** fu il portavoce più evidente dell'esigenza di **rinnovamento della cultura**, proclamata a chiare lettere nel famoso *Manifesto del Futurismo*, pubblicato nel 1909 (vedi pagina accanto). Particolarmente rivoluzionarie rispetto al passato furono le **arti figurative e applicate**. La scultura e la pittura futurista, che ebbero in **Umberto Boccioni** (1882-1916) uno dei maggiori esponenti, esaltavano il dinamismo tipico delle città.

Il movimento dell'*Art Nouveau* si propose di **superare gli stili tradizionali accademici**, ispirandosi alle forme della **natura**. Questo movimento artistico cercò inoltre di uscire dall'ambito ristretto degli estimatori e si interessò anche agli aspetti più semplici della vita, realizzando **oggetti di uso quotidiano**.

Anche i movimenti chiamati **Avanguardie**, sorti agli inizi del Novecento, si proponevano di rinnovare le forme artistiche. Tra i più importanti vi fu il **Cubismo**, che ebbe tra i maggiori esponenti artisti come **Pablo Picasso** (1881-1973) e **Georges Braque** (1882-1963). Un'altra corrente artistica, quella dell'**Astrattismo**, si espresse soprattutto nell'opera del russo **Vasilij Kandinskij** (1866-1944).

Per ricordare

- Quali furono le più importanti correnti artistiche sorte fra Ottocento e Novecento?
- In quali espressioni artistiche si manifestò maggiormente il cambiamento?
- Che cosa si proponeva il movimento artistico dell'*Art Nouveau*?
- Quali furono i maggiori esponenti delle Avanguardie?

A sinistra, Les demoiselles d'Avignon, *di Pablo Picasso, a destra,* Lo spirito del nostro tempo *(o Testa meccanica), di Raoul Hausmann.*

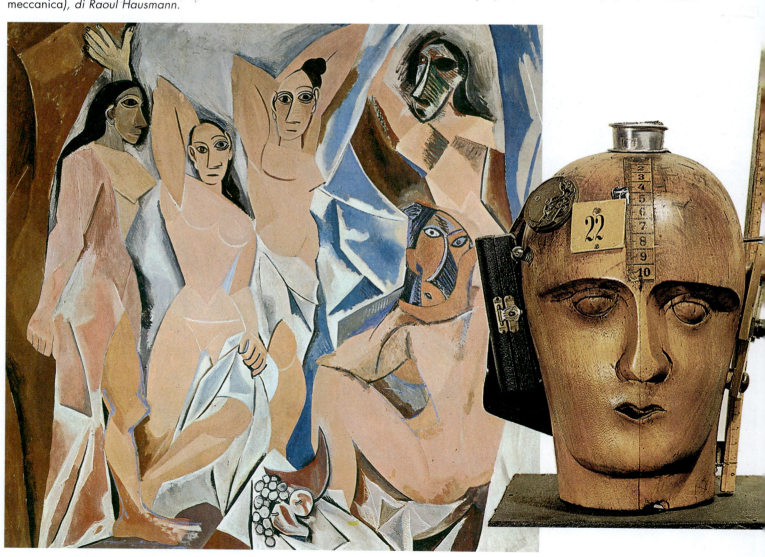

Leggere un documento

Coraggio, audacia, ribellione: il *Manifesto* del Futurismo

Nel 1909 l'intellettuale italiano **Filippo Tommaso Marinetti** *(1876-1944) pubblicò sul quotidiano francese "Le Figaro" il Manifesto del Futurismo. Al di là della proposta di un'arte rivoluzionaria, il manifesto celebra il mito del progresso e del dominio tecnologico dell'uomo, riflettendo in modo assai eloquente lo spirito dell'Europa del primo Novecento. Leggiamone alcuni passi significativi.*

1. Noi vogliamo cantare l'amor del pericolo, l'abitudine all'energia e alla temerità.
2. Il coraggio, l'audacia, la ribellione, saranno elementi essenziali della nostra poesia.
3. La letteratura esaltò, fino ad oggi, l'immobilità pensosa, l'estasi e il sonno. Noi vogliamo esaltare il movimento aggressivo, l'insonnia febbrile, il passo di corsa, il salto mortale, lo schiaffo e il pugno.
4. Noi affermiamo che la magnificenza del mondo si è arricchita di una bellezza nuova: la bellezza della velocità [...].
5. Noi vogliamo inneggiare all'uomo che tiene il volante, la cui asta ideale attraversa la Terra, lanciata a corsa, essa pure, sul circuito della sua orbita.

   [...].

7. Non v'è più bellezza se non nella lotta. [...]
8. Noi siamo sul promontorio estremo dei secoli!... Perché dovremmo guardarci alle spalle, se vogliamo sfondare le misteriose porte dell'impossibile? Il Tempo e lo Spazio morirono ieri. [...]
9. Noi vogliamo glorificare la guerra – sola igiene del mondo – il militarismo, il patriottismo, il gesto distruttore dei libertari, le belle idee per cui si muore e il disprezzo della donna.
10. Noi vogliamo distruggere i musei, le biblioteche, le accademie d'ogni specie [...].
11. Noi canteremo le grandi folle agitate dal lavoro, dal piacere o dalla sommossa; canteremo le maree multicolori e polifoniche delle rivoluzioni nelle capitali moderne, canteremo il vibrante fervore notturno degli arsenali e dei cantieri incendiati da violente lune elettriche, le stazioni ingorde, divoratrici di serpi che fumano; le officine appese alle nuvole pei contorti fili dei loro fumi, i ponti simili a ginnasti giganti che scavalcano i fiumi, balenanti al sole con un luccichìo di coltelli, i piroscafi avventurosi che fiutano l'orizzonte, le locomotive dall'ampio petto, che scalpitano sulle rotaie, come enormi cavalli d'acciaio imbrigliati di tubi, e il volo scivolante degli aeroplani, la cui elica garrisce al vento come una bandiera e sembra applaudire come una folla entusiasta.

   È dall'Italia che noi lanciamo pel mondo questo nostro manifesto di violenza travolgente, col quale fondiamo oggi il "Futurismo".

> Tutti gli elementi citati nei punti dall'1 al 4 esprimono l'entusiasmo e lo spirito tipico dell'inizio del nuovo secolo, l'esaltazione del dinamismo, contro l'immobilismo dei secoli precedenti.

> Il Futurismo si esprimeva anche attraverso la provocazione violenta, inneggiando alla forza e all'eliminazione di qualsiasi debolezza.

> L'esaltazione del futuro e della novità portava i futuristi a voler superare o addirittura distruggere le testimonianze del passato.

> Marinetti esalta la tecnica moderna illustrando i nuovi potenti mezzi di trasporto con suggestive immagini metaforiche.

PARTE PRIMA **CAPITOLO 1** - IL NOVECENTO SI APRE CON LA *BELLE ÉPOQUE*

2. Nasce la società di massa

CAMBIA IL SISTEMA DELLA PRODUZIONE INDUSTRIALE

Tra i fenomeni che caratterizzarono il periodo compreso fra la fine dell'Ottocento e l'inizio del Novecento, fondamentale importanza ebbe l'**evoluzione dei sistemi di produzione e diffusione dei prodotti industriali**. L'industria iniziò per la prima volta a **produrre in serie** quantità rilevanti di beni, differenziando le proprie produzioni da quelle artigianali. Questo richiedeva appositi macchinari e studi progettuali al fine di **preparare prodotti "semplificati"**, che potessero essere replicati all'infinito (*prodotti standard*).

Per raggiungere tale scopo, inoltre, era necessaria un'organizzazione del lavoro che permettesse lo sfruttamento ottimale delle macchine e del lavoro umano. Fu un ingegnere statunitense, Frederick Winslow Taylor (1856-1915), a mettere a punto un nuovo sistema, detto **taylorismo** o **organizzazione scientifica del lavoro**. Esso prevedeva:
- il massimo sfruttamento delle **macchine** e delle **tecnologie**;
- l'**eliminazione dei movimenti e dei tempi superflui**;
- una scrupolosa **preparazione** e una **precisa pianificazione** del lavoro.

Per ricordare
- Quali cambiamenti intervennero nel campo dell'industria?
- Che cos'era il taylorismo? Che cosa richiedeva la sua applicazione?

LA CATENA DI MONTAGGIO

Il taylorismo venne applicato dall'industriale statunitense **Henry Ford**, fondatore, nel 1903, della casa automobilistica che ancora oggi porta il suo nome. Ford introdusse nelle sue fabbriche la **catena di montaggio**, che consentiva di **ridurre i tempi di lavorazione** e quindi i costi di produzione: i componenti dell'automobile scorrevano su un nastro trasportatore, intorno al quale erano disposti gli operai, ognuno dei quali doveva eseguire una sola precisa operazione, sempre la stessa. Alla fine della catena, il pezzo finito veniva assemblato agli altri, per realizzare l'automobile.

Taylorismo e catena di montaggio consentirono di **aumentare fortemente la produzione**, ma determinarono **problemi psicologici e di affaticamento per gli operai**, costretti a ripetere meccanicamente per ore gli stessi gesti, senza avere la soddisfazione di vedere il frutto del proprio lavoro.

Per ricordare
- Che cos'era la catena di montaggio? Chi la introdusse nei propri stabilimenti?
- Quali vantaggi permise di ottenere la catena di montaggio? Quali ripercussioni negative ebbe sugli operai?

24 PARTE PRIMA CAPITOLO 1 - IL NOVECENTO SI APRE CON LA *BELLE ÉPOQUE*

MERCATO DI MASSA E NUOVI SOGGETTI POLITICI

Questi caratteri della produzione industriale implicavano necessariamente l'esistenza di un **mercato di massa**, cioè di un **vasto pubblico di consumatori** in grado di acquistare la grande quantità di prodotti. Ciò significava offrire beni economicamente accessibili a un maggior numero possibile di persone, sollecitandone l'acquisto attraverso **campagne pubblicitarie mirate a intercettare i gusti della popolazione**. Fu in questo periodo che la **pubblicità** divenne uno dei cardini della strategia industriale e commerciale, con la funzione di indurre all'acquisto di qualsiasi prodotto, non solo dei beni primari (**consumismo**).

Nei principali Stati europei e negli Stati Uniti lo sviluppo economico e il progresso scientifico-tecnologico si accompagnarono a un'**evoluzione dei sistemi politici e sociali**. La legislazione sociale fu perfezionata a favore di individui e lavoratori e venne garantito il **diritto all'istruzione elementare**. Il diritto di voto venne progressivamente ampliato sino a giungere al **suffragio universale maschile**, che allargò in misura significativa il numero degli elettori.

L'ampliamento della base elettorale modificò i caratteri dei partiti, che divennero **partiti di massa**: dovendo conquistare il **consenso di un maggior numero di elettori**, essi dovettero organizzarsi in modo diverso, puntando su una massiccia **propaganda**. Tra questi partiti crebbero per consistenza e importanza quelli **socialisti**, così come si consolidarono i **movimenti sindacali**, che attraverso dure lotte si battevano per ottenere migliori condizioni di lavoro e salariali per gli operai.

Per ricordare

- Di che cosa aveva bisogno per sopravvivere e svilupparsi il nuovo sistema di produzione?
- Quali trasformazioni avvennero in campo politico e sociale?
- Che cosa erano i partiti di massa?

L'EMANCIPAZIONE FEMMINILE

Dalle conquiste politiche e civili realizzate dalle democrazie occidentali nell'Ottocento era rimasto escluso il mondo femminile. Le donne **non avevano diritto di votare**, trovavano **ostacoli nell'accesso all'istruzione**, ricevevano **salari inferiori** a quelli degli uomini, nonostante l'occupazione femminile nel lavoro industriale fosse in continua crescita.

Nella seconda metà dell'Ottocento le rivendicazioni femministe si allargarono dagli Stati Uniti all'Europa, dove il **movimento femminista** si legò strettamente alle organizzazioni sindacali e ai partiti socialisti, unendo la **lotta per l'emancipazione della donna** a quella più generale per i diritti dei lavoratori.

Il movimento femminista, che ebbe in **Anna Kuliscioff** (1857-1925) una delle esponenti più rappresentative in Italia, si batté in modo particolare per il **diritto di voto**. Le **suffragette** (così vennero chiamate in modo dispregiativo le donne che portavano avanti la richiesta del "suffragio femminile") non ebbero vita facile, ma conseguirono il risultato sperato nei primi due decenni del Novecento negli Stati Uniti e in alcuni Paesi europei (vedi pag. 132). In Italia il voto alle donne sarà concesso solo nel 1946.

Alcune suffragette americane scortate da un poliziotto si recano dal sindaco di New York per sostenere le loro rivendicazioni.

Per ricordare

- Qual era la condizione delle donne in Europa e negli Stati Uniti all'inizio del Novecento?
- A che cosa mirava il movimento femminista?
- Chi erano le "suffragette"?

Approfondimenti

Storia e tecnologia

HENRY FORD REALIZZA L'AUTOMOBILE PER TUTTI

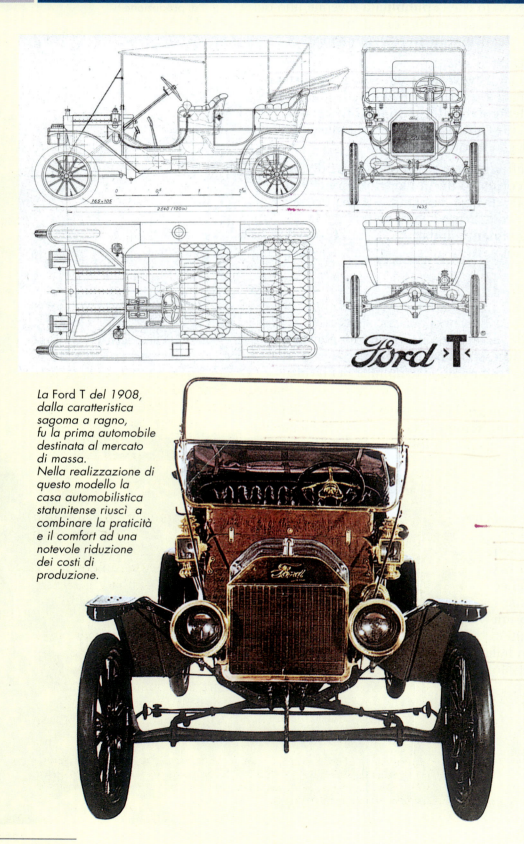

*La Ford T del 1908, dalla caratteristica sagoma a ragno, fu la prima automobile destinata al mercato di massa.
Nella realizzazione di questo modello la casa automobilistica statunitense riuscì a combinare la praticità e il comfort ad una notevole riduzione dei costi di produzione.*

Un'auto alla portata di tutti: il "Modello T"

Grazie ai vantaggi portati dall'uso della catena di montaggio, l'industriale statunitense **Henry Ford** poté produrre un'**automobile** molto semplice ma **poco costosa** e quindi accessibile a un pubblico più ampio. La **Ford Modello T** (che riuscì a vendere ben 20 milioni di esemplari in meno di 20 anni) divenne un **simbolo dell'industria automobilistica** del nuovo secolo e il **sogno** di milioni di persone negli Stati Uniti e in Europa.

Nella produzione del Modello T, Ford applicò la propria concezione della produzione industriale:

Lo scopo del mio lavoro è la semplicità. In generale la gente possiede così poco e anche l'acquisto dei generi di prima necessità è così costoso [...], perché quasi ogni cosa che noi produciamo è molto più complicata di quanto non debba essere. I nostri vestiti, il nostro cibo, i mobili delle nostre case, tutto potrebbe essere molto più semplice di quanto non sia ora e nello stesso tempo potrebbe anche avere un aspetto migliore. [...]. Se eliminiamo le parti inutili e semplifichiamo le parti necessarie, riduciamo anche il costo di produzione [...]. Si dovrebbe cominciare dal prodotto stesso. Dovremmo prima di tutto vedere se è ben fatto come dovrebbe e chiederci: rende il miglior servizio possibile? E allora, i materiali sono i migliori o semplicemente sono i più costosi? E allora, è possibile ridurre la sua complessità e il suo peso? E così via [...]. Io non credo di dover cominciare a produrre se non quando si è scoperta la migliore cosa possibile. [...]. Sono passati dodici anni prima che io vedessi un "Modello T", quella che oggi è nota come la vettura Ford per eccellenza, che mi soddisfacesse.

rid. da H. Ford, *Autobiografia*, Rizzoli

LA RADIO DI MARCONI APRE L'ERA DELLE COMUNICAZIONI DI MASSA

L'IDEA DI GUGLIELMO MARCONI: UN TELEGRAFO SENZA FILI

Negli anni a cavallo tra i due secoli lo scienziato italiano **Guglielmo Marconi** (1874-1937) mise a punto un rivoluzionario sistema per la trasmissione a distanza di messaggi e segnali, sfruttando le proprietà delle onde elettromagnetiche.

Si trattava del **telegrafo senza fili**, dal quale sarebbe derivata la **radio**. Nel 1899 Marconi riuscì a inviare segnali radio tra la Francia e il Regno Unito, attraverso il Canale della Manica; il 12 dicembre **1901** stabilì il primo contatto radiotelegrafico tra l'America e l'Europa, inviando segnali attraverso l'Atlantico dalla Cornovaglia all'Isola di Terranova, a una distanza di circa 3400 km.

Con questi esperimenti di Marconi (che nel **1909** venne insignito del *Premio Nobel* per la fisica) si apriva un'era nuova per l'umanità, sia per la possibilità di **comunicare a distanza**, sia perché la radio dava avvio alla moderna **comunicazione di massa**.

LE PRIME TRASMISSIONI RADIOFONICHE

La telegrafia senza fili ebbe subito le prime applicazioni pratiche nella navigazione e in ambito militare. Fu negli anni Venti che la radio si diffuse in ambito civile, con la messa a punto negli Stati Uniti del primo apparecchio radio domestico e la nascita delle prime **trasmissioni radiofoniche**. Nel 1920 nacque la *KDKA*, prima emittente radiofonica commerciale; circa dieci anni più tardi nacquero i primi network pubblici, come la *NBC*; nel 1922 venne fondata la *BBC* (*British Broad-Casting Company*), l'ente radiofonico pubblico britannico, destinato a diventare a livello mondiale l'ente radiofonico per antonomasia, grazie alla qualità e all'interesse dei suoi programmi; in Italia le prime trasmissioni radiofoniche pubbliche iniziarono nel 1924, ad opera dell'ente *URI* (poi *EIAR* e *RAI*).

LA RADIO TRASFORMA LA VITA QUOTIDIANA

La radio rivoluzionò la vita quotidiana: divenne uno strumento di **informazione** e di **intrattenimento** ma anche di **socializzazione**, di **acculturazione**, di **unificazione culturale** e **linguistica**, diffondendo mode e linguaggi; attraverso la pubblicità divenne un potente mezzo di persuasione collettiva, in grado di orientare i consumi.

Numerosi governi e regimi se ne servirono, inoltre, come **strumento di propaganda** politica e di indottrinamento ideologico. Fino all'invenzione della televisione, la radio esercitò un dominio incontrastato come mezzo di comunicazione di massa.

liberamente tratto da *Diario del XX secolo*, De Agostini

Marconi nella cabina radio della nave-laboratorio Elettra, un'imbarcazione che lo scienziato acquistò nel 1919 e allestì come stazione mobile. Nella carta accanto è indicata la localizzazione delle due stazioni tra le quali venne stabilito lo storico primo contatto radio transatlantico del 1901.

Sintesi

OTTIMISMO E FIDUCIA NEL PROGRESSO

- L'Ottocento lasciò in eredità al nuovo secolo importanti trasformazioni: acquisizione del concetto di uguaglianza di diritti tra gli uomini; crisi degli imperi a favore dell'affermazione degli Stati-nazione; massima espansione coloniale europea; nuove forme di organizzazione del lavoro.
- Il XX secolo si aprì con prospettive di pace e di benessere e una grande fiducia nel progresso, tanto che il periodo fu chiamato "Belle Époque".
- Il generale clima di ottimismo fu alimentato da importanti scoperte nei campi della scienza e della tecnica.
- In Europa si fece sempre più strada l'idea che il progresso avrebbe portato i popoli del Vecchio Continente a prevalere su popolazioni considerate più "arretrate": un modo di pensare che contribuì ad accrescere le ideologie nazionalistiche già presenti in diversi Stati.
- Il clima di spensieratezza tipico della Belle Époque interessò soprattutto la classe borghese, che, dotata di risorse economiche e di tempo libero, si dedicò con slancio ai divertimenti e agli svaghi.
- La Belle Époque fu interessata da un vasto movimento di rinnovamento culturale che, in campo artistico, portò alla fioritura del Futurismo, dell'Art nouveau, del Cubismo e dell'Astrattismo.

NASCE LA SOCIETÀ DI MASSA

- Sempre tra l'Ottocento e il Novecento vi fu un'evoluzione dei sistemi di produzione. L'applicazione dei princìpi del taylorismo e l'invenzione della catena di montaggio accrebbero la produzione, per assorbire la quale nacque il mercato di massa, alimentato dalla pubblicità.
- L'ampliamento della base elettorale trasformò i caratteri dei partiti (partiti di massa), che iniziarono a fare ampio uso della propaganda politica per conquistare il consenso delle masse.
- Un'importanza sempre maggiore andò acquistando anche il movimento femminista, strettamente legato ai movimenti sindacali che promuovevano un miglioramento nelle condizioni di vita dei lavoratori.
- Il movimento femminista si batté soprattutto per la conquista del diritto di voto, che in molti Paesi europei fu riconosciuto nei primi vent'anni del Novecento.

Anche noi storici

Conoscere eventi e fenomeni storici

1. *Indica se le seguenti affermazioni sono vere (V) o false (F).*

	V	F
a. L'espansione coloniale europea si arrestò nei primi anni del Novecento.	☐	☐
b. All'inizio del Novecento gli imperi si avviavano verso la dissoluzione.	☐	☐
c. Nel 1900 si tenne a Londra la V Esposizione Internazionale.	☐	☐
d. Il Novecento vide consolidarsi i partiti e i movimenti sindacali di massa.	☐	☐
e. Il benessere della Belle Époque si diffuse in tutto il mondo e a tutte le classi sociali.	☐	☐
f. L'Europa si presentava al mondo come l'avanguardia del progresso.	☐	☐
g. La diffusione del benessere richiese prodotti industriali sempre più raffinati.	☐	☐
h. La catena di montaggio permise di aumentare grandemente la produzione industriale.	☐	☐
i. La catena di montaggio creava disagi psicologici e affaticamento agli operai.	☐	☐
l. Nel primo decennio del Novecento le donne ottennero il diritto di voto in tutti i Paesi europei.	☐	☐

Rielaborare le conoscenze in un testo scritto

2. *Descrivi sul tuo quaderno la vita della borghesia durante la* Belle Époque, *considerando i seguenti aspetti.*

- **a.** Da chi era formata la borghesia alta e media
- **b.** Le abitazioni in città e fuori città
- **c.** Divertimenti, passatempi e riti sociali

Riconoscere relazioni – Individuare rapporti di causa ed effetto

3. Collega correttamente le seguenti affermazioni (riporta accanto la lettera corrispondente).

1. I decenni a cavallo del XIX e XX secolo furono definiti *Belle Époque*… c
2. I commerci e le relazioni tra i popoli si intensificarono… a
3. C'erano derrate alimentari in grande quantità come mai nel passato… f
4. Gli Europei intendevano conquistare e sostenere lo sviluppo dei popoli più arretrati… b
5. Nelle fabbriche venne introdotto il sistema di organizzazione scientifica del lavoro… d
6. Henry Ford introdusse nelle sue fabbriche la catena di montaggio… g
7. Si diffuse la pubblicità… e

a. perché migliorarono i mezzi di trasporto e di comunicazione.
b. perché si consideravano l'avanguardia della civiltà.
c. perché era diffuso un clima di ottimismo e di fiducia nel progresso.
d. per sfruttare in modo ottimale le macchine e produrre in serie quantità rilevanti di beni.
e. per indurre all'acquisto dei prodotti e per influenzare i gusti dei consumatori.
f. grazie all'introduzione di importanti innovazioni nell'agricoltura.
g. per ridurre i tempi di lavorazione e, quindi, i costi di produzione.

Ricavare informazioni da un documento iconografico

4. Osserva attentamente la fotografia, scattata agli inizi del Novecento su una spiaggia della Versilia, in Toscana, quindi esegui quanto proposto.

a. Che cosa raffigura la fotografia? Descrivi l'ambiente e i personaggi raffigurati.
Raffigura una spiaggia con in primo piano dei ricconi...

b. Quale passatempo e modo di trascorrere il tempo libero documenta l'immagine? A quale rito sociale tipico delle *Belle Époque* fa riferimento?
Villeggiatura

c. A quale classe sociale appartengono, secondo te, i personaggi raffigurati, in particolare quelli in primo piano? Da che cosa lo deduci?
Ricchi, dai vestiti che portano

d. Esprimi con parole tue quale atmosfera traspare dalla fotografia.
Allegria, felicità, tranquillità

Ricavare informazioni da un documento storico

5. Gli effetti sociali e culturali della nuova organizzazione scientifica del lavoro furono al centro di racconti e romanzi, che diedero voce alla paura che stesse nascendo una società - fabbrica, dove gli uomini venivano privati della loro personalità e ridotti al rango di robot, al pari delle macchine. Nel seguente brano, tratto da un'opera dello scrittore francese Louis-Ferdinand Céline (1894-1961), viene descritto l'impatto del protagonista - autore con la fabbrica automobilistica Ford di Detroit. Leggilo con attenzione, quindi indica la risposta corretta alle domande che seguono.

La fabbrica non ha bisogno di esseri pensanti, ma solo di "scimpanzé"

"Per quello che farai qui, non ha importanza com'è che sei conciato!" m'ha rassicurato il medico esaminatore, su due piedi. "Tanto meglio - gli ho risposto io - ma sa, signore, io sono istruito e ho cominciato anche a studiare medicina una volta..." Di colpo, m'ha guardato di brutto. Ho capito che avevo fatto un'altra gaffe, e a mio danno.

"Non ti serviranno a niente qui i tuoi studi, ragazzo! Mica sei venuto qui per pensare, ma per fare i gesti che ti ordineranno di eseguire...Non abbiamo bisogno di creativi nella nostra fabbrica. È di scimpanzé che abbiamo bisogno... Ancora un consiglio. Non parlare mai più della tua intelligenza! Penseremo noi per te amico! Tientelo per detto." [...]

Tremava tutto nell'immenso edificio e anche tu dalle orecchie ai piedi posseduto dal tremore, veniva dai vetri e dal pavimento e dalla ferraglia, a scossoni, vibrato dall'alto in basso.

Diventavi macchina per forza anche tu e con tutta la tua carne tremolante in quel rumore di rabbia immane che ti prendeva la testa dentro e fuori e più in basso ti agitava le budella e risaliva agli occhi a colpetti precipitosi, senza fine, inarrestabili. [...] Non si poteva più né parlare né sentirsi. [...]

Gli operai ricurvi preoccupati di fare tutto il piacere che possono alle macchine ti demoralizzano, a passargli i bulloni al calibro e ancora bulloni, invece di finirla una volta per tutte, con quell'odore d'olio, quel vapore che brucia i timpani e l'interno delle orecchie attraverso la gola.

Non è la vergogna che gli fa abbassare la testa. Ci si arrende al rumore come ci si arrende alla guerra. [...]

Cercai di parlargli all'orecchio al caporeparto [...] soltanto a gesti m'ha mostrato, paziente, la semplicissima manovra che dovevo eseguire ormai per sempre.

I miei minuti, le mie ore, il resto del mio tempo, come questi qui, se ne sarebbero andati a furia di passare dei piccoli perni al cieco di fianco che li calibrava lui, da anni i perni, sempre gli stessi. [...]

Nessuno mi parlava. Esistevi solo grazie a una specie d'esitazione tra l'inebetimento e il delirio.

Importava soltanto la continuità fracassona di mille e mille strumenti che comandavano gli uomini.

Quando alle sei tutto si ferma ti porti il rumore nella testa, ne avevo ancora per la notte intera di rumore e odore d'olio proprio come se mi avessero messo un naso nuovo, un cervello nuovo per sempre. Allora a forza di rinunciare, poco a poco, sono diventato quasi un altro... Un nuovo Ferdinand.

rid. e adatt. da L.- F-Céline, *Viaggio al termine della notte*, trad. di Ernesto Ferrero, Corbaccio

a. Quale gaffe commette il protagonista durante la visita medica?

☐ **1.** Mentire in merito alle sue reali condizioni di salute.

☒ **2.** Far presente che possiede un'istruzione.

b. Perché il medico afferma che i suoi studi non gli serviranno?

☒ **1.** Perché in fabbrica si devono solo fare gesti ordinati da altri, senza usare l'intelligenza.

☐ **2.** Perché per lavorare in fabbrica servono altri tipi di studi.

c. Quale caratteristica negativa dell'ambiente di lavoro viene sottolineata più volte?

☒ **1.** Il rumore assordante, che si impossessa di tutto il corpo, facendolo vibrare all'unisono con le macchine.

☐ **2.** L'odore penetrante di zolfo.

d. Quali caratteristiche presenta l'organizzazione del lavoro nella fabbrica?

☐ **1.** È un lavoro creativo, che permette all'operaio di esprimere le proprie abilità.

☒ **2.** È un lavoro ripetitivo e alienante, che rende l'uomo simile ad una macchina e suo schiavo.

e. Quale effetto hanno, alla fine, queste condizioni di lavoro?

☒ **1.** Privano il lavoratore della sua personalità, creando un uomo nuovo.

☐ **2.** Aumentano il grado di soddisfazione del lavoratore per l'opera compiuta.

2. L'Europa e il mondo all'inizio del Novecento

1. Un continente percorso da molte tensioni

LA FORMAZIONE DI NUOVE ALLEANZE

All'inizio del XX secolo l'Europa costituiva ancora il **centro politico ed economico del mondo**. Nonostante il clima di ottimismo e le dichiarate prospettive di pace, il continente era attraversato da **molteplici tensioni** che rendevano difficili i rapporti fra le principali potenze. Queste tensioni riguardavano sia gli **equilibri all'interno del continente** (rivendicazioni territoriali ed aree di influenza), sia la **competizione per la conquista delle colonie** e il **controllo dei mercati internazionali**. Francia e Gran Bretagna, in particolare, temevano l'accresciuta potenza economica e militare della Germania, che minacciava assetti politici consolidati e gli interessi delle loro industrie.

Il diffuso clima di insicurezza portò alla formazione di **due sistemi di alleanze** contrapposti: il primo costituito dagli **Imperi centrali** (**Germania** e **Austria**), il secondo comprendente **Gran Bretagna**, **Francia** e **Russia**.

Per ricordare
- Quali erano i motivi di tensione presenti in Europa all'inizio del Novecento?
- Quali blocchi si formarono? Da quali Paesi erano composti rispettivamente?

L'imperatore d'Austria-Ungheria Francesco Giuseppe riceve l'imperatore Guglielmo II di Germania che, alla guida di una delegazione di principi tedeschi, gli porge le felicitazioni per il 60° anno di regno.

IL RIARMO E L'AVVIO DELLE RIFORME INTERNE

Le tensioni e le rivalità fra le potenze europee favorirono l'adozione di politiche volte a **incrementare il potenziale militare**, considerato indispensabile per difendere i propri interessi commerciali e territoriali. I principali Paesi europei, infatti, sostennero la **corsa agli armamenti**, dotandosi di fabbriche di materiale bellico.

Nel campo della politica interna, gli Stati economicamente più avanzati e prosperi avevano avviato programmi di **riforme dei propri sistemi politici e sociali**, dotandosi di legislazioni evolute, con lo scopo di integrare le masse lavoratrici e assicurare così una maggiore compattezza alla nazione.

Per ricordare
- Quali conseguenze ebbero le tensioni internazionali?
- Che cosa fecero i Paesi più avanzati economicamente?

PARTE PRIMA CAPITOLO 2 - L'EUROPA E IL MONDO ALL'INIZIO DEL NOVECENTO 31

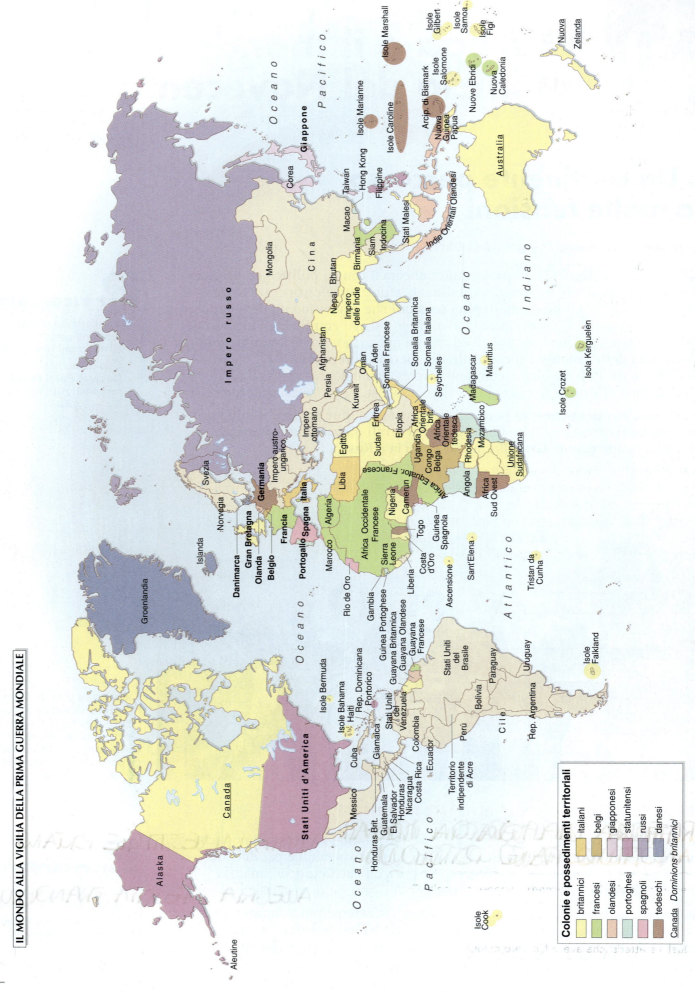

32 PARTE PRIMA CAPITOLO 2 - L'EUROPA E IL MONDO ALL'INIZIO DEL NOVECENTO

La Gran Bretagna

LA DIFESA DEL PRIMATO INDUSTRIALE

La morte della regina Vittoria, nel 1901, segnò la fine di un'epoca, l'**Età vittoriana**, che aveva visto la Gran Bretagna imporsi come **prima potenza mondiale**. Tale potenza, però, agli inizi del secolo appariva ridimensionata dalla **crescita di Germania e Stati Uniti**, che avevano guadagnato terreno **nel campo dello sviluppo industriale**.

La rivalità economica con la Germania spinse la Gran Bretagna ad **incrementare la sua potenza navale** e ad **avvicinarsi a Francia e Russia**. Con l'*Entente Cordiale* ("Intesa Cordiale"), stipulata nel 1904, Gran Bretagna e Francia ponevano termine agli antagonismi che le avevano opposte sul terreno coloniale e gettavano le basi di un'alleanza in funzione antitedesca. Con la Russia, la Gran Bretagna si accordava per la spartizione di alcune regioni asiatiche.

La potenza industriale della Gran Bretagna era strettamente legata al suo impero coloniale, che all'inizio del Novecento era composto da vere e proprie **colonie** (come in Africa), da territori ai quali era riconosciuta una certa indipendenza politica (i *dominions*) e Paesi che, come l'India, erano a tutti gli effetti parte dell'**Impero britannico**.

> **Dominion**
> Il *dominion* è una ex colonia alla quale viene concessa una certa autonomia di governo, ma rimane sottoposta al controllo della madrepatria per quel che riguarda alcuni ambiti importanti come la politica estera e quella economica.

Per ricordare
- Perché all'inizio del Novecento, l'importanza della Gran Bretagna risultava ridimensionata?
- Che cosa fece la Gran Bretagna per contrastare la rivalità economica della Germania?
- Quali caratteristiche aveva l'impero coloniale britannico?

33

LA LEGISLAZIONE SOCIALE E I RAPPORTI CON L'IRLANDA

Sul piano interno, il notevole **ampliamento della legislazione sociale** (riduzione dell'orario di lavoro, misure a favore dei disoccupati) non evitò un **inasprimento dei conflitti sociali** e un'ondata di **scioperi**. La nascita del **Partito Laburista** nel 1906 conferì ai lavoratori una rappresentanza politica diretta.

Spinosa e di difficile soluzione rimaneva la **questione irlandese**. L'Irlanda, a maggioranza cattolica, rivendicava da secoli l'indipendenza dalla Gran Bretagna, mentre una minoranza di protestanti (Unionisti) si opponeva a questa separazione. Alle azioni di guerriglia e di terrorismo si affiancò, agli inizi del secolo, l'azione politica del partito *Sinn Fein* ("Noi da soli"), che si proponeva di **raggiungere l'autonomia piena dalla Gran Bretagna**.

Solo nel 1937 venne riconosciuta la **sovranità e l'indipendenza di una parte dell'isola**, che nel 1949 si costituì in repubblica con il nome di **Eire**. La regione nordorientale dell'isola (**Ulster**), a forte presenza protestante, rimase invece **parte integrante del Regno Unito**. La questione irlandese, però, non poteva ancora dirsi risolta: l'Ulster ha continuato ad essere sconvolto da un **clima di guerra civile** che avrebbe trovato soluzione solo dopo gli *Accordi di Belfast* sottoscritti nel 1998.

> **Legislazione sociale**
> È il complesso di norme che mirano a tutelare l'integrità fisica ed economica dei lavoratori e promuovere la loro elevazione materiale e morale. Queste norme intervengono in settori di particolare importanza quali il lavoro, la sanità e l'istruzione.

Per ricordare

- Che cosa avvenne in Gran Bretagna all'inizio del XX secolo?
- Perché la "questione irlandese" era di difficile soluzione?
- Come è stato risolto il problema dell'Irlanda?

Leggere una carta

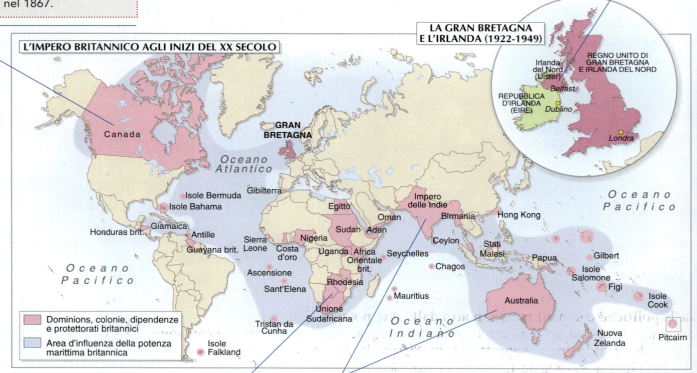

All'interno, la Gran Bretagna cercò di trovare una soluzione alla questione irlandese. Dopo un primo riconoscimento come "Stato libero" nel 1922, pur rimanendo un *dominion* dell'Impero britannico, nel 1937 l'Irlanda venne riconosciuta indipendente nell'ambito del Commonwealth, dal quale uscì nel 1949 costituendosi in repubblica con il nome di *Eire*. Del nuovo Stato non facevano parte le 6 contee settentrionali dell'Ulster, unite alla Gran Bretagna con il nome di Irlanda del Nord.

Nell'America settentrionale la Gran Bretagna conservava il controllo sul Canada, trasformato in *dominion* nel 1867.

I territori acquisiti in Africa erano vere e proprie colonie.

L'India fu pienamente integrata nell'impero britannico nel 1876, quando la regina Vittoria assunse il titolo di "imperatrice delle Indie", estendendo la sovranità britannica sul Paese. L'Australia divenne *dominion* britannico nel 1901.

La Francia

LE TENSIONI INTERNE E LE RIFORME SOCIALI

All'inizio del Novecento la Francia era guidata da **governi di indirizzo democratico**, cui parteciparono anche **esponenti socialisti** che garantivano una particolare attenzione ai problemi dei ceti più poveri. Quando, a partire dal **1906**, i socialisti uscirono dal governo e andarono all'opposizione, si aprì un periodo di **duri scontri sociali**, di cui fu protagonista il proletariato francese, all'interno del quale maturavano **orientamenti rivoluzionari**.

In questa situazione il governo da un lato fece ricorso alla **repressione**, dall'altro mise in atto alcune **riforme sociali** (come la riduzione dell'orario di lavoro e l'istituzione di un sistema previdenziale a carico dello Stato) tese ad attenuare le tensioni con una parte importante della popolazione.

Per ricordare

- Che cosa accadde in Francia quando i socialisti lasciarono il governo del Paese?
- Come reagì il governo?

Stampa francese del 1903 sulla questione della "rivincita" (revanche) contro la Germania.

I DIFFICILI RAPPORTI CON L'IMPERO TEDESCO

In politica estera la Francia si mosse su **due fronti**. In ambito continentale costruì un **sistema di alleanze in funzione antitedesca**, stipulando accordi con Gran Bretagna e Russia. L'ostilità franco-tedesca **risaliva alla guerra del 1870**, quando la Francia aveva dovuto cedere al nuovo Impero tedesco l'Alsazia e la Lorena. La perdita di quei territori, ritenuti importanti, aveva alimentato nella popolazione francese un **forte desiderio di rivincita** (**revanscismo**, da *revanche* "rivincita"), che condizionava negativamente i rapporti con la Germania.

Le tensioni tra la Francia e l'Impero tedesco si aggravarono ulteriormente a causa delle **politiche coloniali messe in atto dalle due potenze**. Tra la fine dell'Ottocento e il primo decennio del Novecento la Francia aveva avviato una notevole **espansione coloniale in Indocina e, soprattutto, in Africa**, dove estese notevolmente i suoi domini (Tunisia, Madagascar, Africa Equatoriale e Marocco). Proprio **il controllo dell'Africa nord-occidentale oppose Francia e Germania**, che sfiorarono il conflitto per ben due volte (**crisi marocchine**, 1906 e 1911). Il riconoscimento diplomatico della **supremazia della Francia in Marocco**, che divenne un suo protettorato nel 1912, evidenziò l'isolamento della Germania, esasperando ulteriormente l'antagonismo fra le due potenze.

Per ricordare

- Come agì la Francia in politica estera contro la Germania?
- Perché la Francia si opponeva all'Impero tedesco?
- Che cosa esasperò l'antagonismo delle due potenze?

I tre Imperi

L'IMPERO TEDESCO

Agli inizi del secolo il *Reich* tedesco era saldamente governato dall'imperatore **Guglielmo II** (salito al trono nel 1888), sostenuto dai **rappresentanti dell'aristocrazia terriera e militare prussiana** (*Junker*). L'opposizione era guidata da un forte **Partito Socialdemocratico**, che raccoglieva invece il consenso da parte dei **ceti più poveri**.

L'impero attraversava una fase di sorprendente **sviluppo economico**, che il governo sosteneva con un'attiva **politica estera**, volta a ottenere nuovi **mercati e materie prime per l'industria**. Anche la Germania, infatti, si impegnò nelle **conquiste coloniali** e nella **corsa agli armamenti**, allarmando per la sua politica aggressiva le altre potenze europee, delle quali stava diventando un temibile concorrente.

Lo sviluppo economico consentì il miglioramento delle **condizioni dei lavoratori**, a beneficio dei quali era stata promulgata, al tempo del cancelliere Bismarck, un'**avanzata legislazione sociale**.

Per ricordare

- Da chi era sostenuto il governo di Guglielmo II?
- In che modo veniva incoraggiato lo sviluppo economico del Paese?
- Perché le condizioni dei lavoratori tedeschi poterono migliorare?

Guglielmo II, ultimo imperatore tedesco

L'imperatore tedesco Guglielmo II (1859-1941) in una fotografia di inizio secolo. Guglielmo II, nipote per parte di madre della regina Vittoria, dopo essere salito al trono entrò presto in contrasto con il cancelliere Bismarck, costringendolo alle dimissioni (1890). Condusse un'aggressiva politica di potenza che peggiorò i rapporti del Reich tedesco con la Francia e la Gran Bretagna e non seppe controllare la spirale di eventi che condurranno al primo conflitto mondiale. Travolto dalla sconfitta degli Imperi centrali e dalla nascita della repubblica tedesca, abdicò il 9 novembre 1918.

Leggere una carta

IL REICH TEDESCO AGLI INIZI DEL NOVECENTO

Molte città entrate a far parte dell'Impero tedesco, come Lubecca e Brema, erano fin dal Medioevo importanti snodi commerciali, che contribuirono allo sviluppo dell'economia tedesca.

La Prussia, Paese da cui si originò nel 1871 l'Impero di Germania, comprendeva molti tra i territori maggiormente industrializzati.

L'Alsazia e la Lorena, annesse alla Germania dopo la sconfitta di Napoleone III a Sedan (1870), erano oggetto di disputa con la Francia, soprattutto a motivo dei ricchissimi giacimenti di ferro.

La Slesia era un territorio altamente industrializzato, a motivo delle abbondanti risorse minerarie: rame, carbone, piombo e zinco.

Legenda:
- Prussia
- Altri Stati tedeschi
- Terre annesse nel 1871
- Frontiere del Reich nel 1871
- Regioni maggiormente industrializzate

L'IMPERO AUSTRO-UNGARICO

L'Impero austro-ungarico, governato da **Francesco Giuseppe** (sul trono dal 1848) affrontava il nuovo secolo in condizioni di relativa **debolezza sia sotto il profilo economico** (industrializzazione poco diffusa, economia fortemente dipendente dall'agricoltura) **sia dal punto di vista politico**, a motivo della difficile convivenza tra le **molte nazionalità** che componevano l'impero.

L'equilibrio tra queste componenti era stato alterato in seguito alla politica di **espansione nei Balcani**. I popoli slavi (Cechi, Serbi e Croati) erano **sempre meno disposti a subire il predominio degli elementi di nazionalità tedesca e ungherese**.

I **movimenti nazionalisti serbi e croati**, appoggiati dalla Russia, aspiravano in particolare a costituire, con la Serbia, un **grande Stato indipendente slavo**. Le tensioni si aggravarono con l'**annessione austriaca della Bosnia-Erzegovina nel 1908**, che avrebbe innescato pochi anni dopo la Prima Guerra Mondiale.

Per ricordare

- Quali difficoltà attraversava l'Impero austro-ungarico all'inizio del XX secolo?
- Perché l'espansione nei Balcani provocava difficoltà all'impero?
- Che cosa volevano i nazionalisti serbi e croati?

Francesco Giuseppe, un impero lungo un secolo

Salito al trono nel 1848, a soli 18 anni, Francesco Giuseppe (1830-1916) fu uno dei sovrani europei più longevi. Nel corso del suo lunghissimo regno dovette fronteggiare le rivoluzioni liberali del 1848 e i fermenti nazionalistici del suo variegato impero. La sua vita privata e familiare fu funestata da numerose tragedie: dalla morte della moglie Elisabetta (nota come "Sissi"), che, dopo aver lasciato Vienna nel 1862, fu assassinata nel 1898 da un anarchico italiano, a quella del figlio Rodolfo (morto suicida nel 1889) e del fratello Massimiliano (fucilato in Messico nel 1867).

Leggere una carta

Nel 1867 l'Impero asburgico fu diviso in due Stati: uno austriaco e uno ungherese. I due Stati erano dotati di un proprio parlamento ed uniti nella persona del sovrano. Per questo la denominazione ufficiale divenne quella di **Impero austro-ungarico**.

All'inizio del Novecento erano ancora sotto il dominio austriaco ampi territori dell'Italia nordorientale, con le città di Trento e Trieste.

I territori più difficili da controllare erano quelli balcanici affacciati sul Mar Adriatico, che alle differenze etniche univano quelle di natura religiosa, per la presenza di cattolici, ortodossi e musulmani.

L'Impero austro-ungarico era abitato da popolazioni appartenenti a culture ed etnie diverse, tra le quali quella tedesca rappresentava una minoranza.

PARTE PRIMA CAPITOLO 2 - L'EUROPA E IL MONDO ALL'INIZIO DEL NOVECENTO

L'IMPERO RUSSO

Nel contesto europeo, il grande Impero russo era uno dei Paesi più arretrati: a un **regime politico di tipo autocratico** si univano il **basso tenore di vita della popolazione**, un'**elevata mortalità infantile**, alti tassi di **analfabetismo** e un'**economia ancora prevalentemente agricola**. Questa situazione determinò la nascita di un vasto movimento di opposizione, che lo zar **Nicola II** (1894-1917) si trovò a dovere fronteggiare con difficoltà.

Le **tensioni** che ormai da decenni covavano non solo tra le **classi più povere** (che chiedevano migliori condizioni di vita), ma anche tra i **borghesi** (i quali chiedevano maggiori libertà e un maggiore coinvolgimento nella vita politica), esplosero in modo drammatico nel **1905**, quando **la polizia represse nel sangue una manifestazione popolare a San Pietroburgo** ("domenica di sangue").

L'episodio innescò una serie di sommosse, scioperi, **ammutinamenti** militari che scossero profondamente il regime zarista (**Rivoluzione del 1905**).
A San Pietroburgo sorsero i primi **soviet**, **consigli di operai** che si posero alla guida dei movimenti di opposizione. Lo zar, che non aveva ordinato la reazione della polizia contro i manifestanti, riuscì a riprendere il controllo della situazione concedendo l'**istituzione di un'assemblea elettiva** (*Duma*), di fatto priva di reale potere.

Alle difficoltà interne si aggiunsero, all'inizio del secolo, anche quelle in **politica estera**. Nella sua espansione verso Est, infatti, la Russia si scontrò con il **Giappone** per il controllo della Manciuria e della Corea (**guerra russo-giapponese**). Il conflitto si concluse, nel 1905, con la clamorosa **sconfitta dell'Impero russo** e la spartizione della Manciuria tra i due contendenti, grazie alla mediazione francese. Con la Gran Bretagna, invece, la Russia si accordò per la spartizione dell'Afghanistan, dell'Iran e del Tibet.

Per ricordare

- Quali erano gli elementi di debolezza dell'Impero russo?
- Quando esplosero apertamente le tensioni?
- Che cosa erano i soviet? Come reagì lo zar di fronte ai disordini?
- Come si concluse la guerra contro il Giappone nel 1905? Quali furono le conseguenze?

Ammutinamento
Ribellione di un reparto militare che si rifiuta di obbedire agli ordini dei superiori. Il termine è usato soprattutto nella marina militare, quando l'equipaggio di una nave si rifiuta di riconoscere l'autorità del comandante.

Un'immagine eloquente delle pessime condizioni di vita in cui versava la maggior parte della popolazione russa, in particolare i contadini, come quelli del villaggio raffigurato nella fotografia. Nicola II e i suoi consiglieri non si rendevano conto della miseria e dell'arretratezza del popolo russo.

2. Tre grandi Paesi extraeuropei: Stati Uniti, Giappone e Cina

La potenza economica degli Stati Uniti

Dopo avere completato l'espansione verso Ovest (il famoso *West*), negli anni a cavallo tra Ottocento e Novecento gli Stati Uniti **raggiunsero un notevole sviluppo industriale e agricolo**. In questo periodo essi divennero la **prima potenza industriale** nei settori siderurgico, meccanico, elettrico e petrolifero; inoltre, incrementarono la produzione agricola al punto da figurare tra i più importanti esportatori di derrate alimentari.

Nello stesso tempo, gli Stati Uniti cercarono di creare le condizioni più adatte a mantenere e a sviluppare ulteriormente il proprio potenziale economico, attraverso una politica estera che mirava a **garantire il controllo di punti strategici per il commercio**.

Per ricordare

- Che cosa fecero gli Stati Uniti negli anni a cavallo tra XIX e XX secolo?
- Quale obiettivo aveva la politica estera statunitense?

Nel 1869, con la congiunzione delle due linee ferroviarie della Central Pacific Railroad e della Union Pacific Railroad, l'Ovest e l'Est degli Stati Uniti furono collegati da un efficiente sistema di comunicazione. Nella foto i festeggiamenti in occasione dell'avvenimento.

L'IMPERIALISMO STATUNITENSE

Negli ultimi anni dell'Ottocento gli Stati Uniti strapparono alla Spagna le **Filippine**, **Portorico** e **Cuba**. Al fine di assicurarsi il **controllo sul Canale di Panamá** (che avrebbe messo in comunicazione l'Oceano Pacifico con quello Atlantico senza bisogno di circumnavigare l'America Meridionale), crearono la **Repubblica di Panamá** e ottennero l'uso perpetuo del canale che, completato nel 1914, divenne uno dei nodi strategici del commercio mondiale.

Fautori di questa **politica imperialista** verso l'America Centrale furono i repubblicani **Theodore Roosevelt**, presidente dal 1901 al 1909, e il suo successore Howard Taft. Il democratico **Th. Woodrow Wilson** (presidente dal 1913 al 1921) abbandonò invece le forme più aggressive dell'**imperialismo** roosveltiano, convinto che gli Stati Uniti avrebbero affermato il loro primato mondiale attraverso l'**espansione economica e il prestigio delle istituzioni democratiche**.

Grazie ad un'accorta e dinamica **politica commerciale**, del resto, gli Stati Uniti assicurarono ai propri prodotti industriali una larga diffusione, in concorrenza con le produzioni europee.

Per ricordare

- In quali direzioni gli Stati Uniti avviarono la loro espansione imperialista?
- In che modo il presidente Wilson pensava di affermare il primato statunitense?
- Come gli Stati Uniti riuscirono a diffondere i prodotti delle loro industrie?

Parola chiave

IMPERIALISMO

- L'**imperialismo** indica principalmente la tendenza, da parte di Stati particolarmente potenti, a conquistare altri Paesi, creando, appunto, un impero. In questo senso, si ha imperialismo ogni volta che si crea un impero, come per esempio quello romano o quello napoleonico. Anche il colonialismo ottocentesco presentava caratteristiche imperialistiche.
Tra la fine dell'Ottocento e la Prima Guerra Mondiale, invece, l'imperialismo si connota come una conquista non solo o non tanto territoriale, quanto piuttosto finalizzata allo sfruttamento economico del territorio sul quale estendeva il proprio controllo. In questo caso le autorità locali non venivano private di tutto il potere, ma la potenza imperialista di fatto limitava fortemente l'autonomia decisionale dei governi, assicurandosi l'utilizzo delle risorse naturali e imponendo le proprie scelte in politica estera e commerciale.

Leggere una carta

L'espansione imperialista degli Stati Uniti

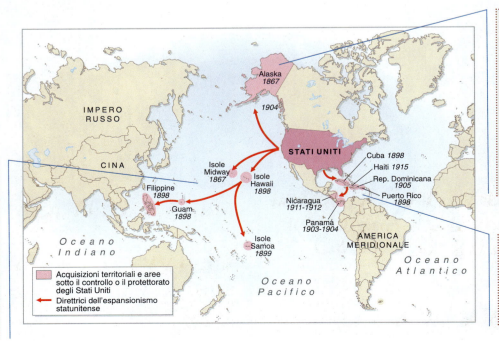

L'imperialismo statunitense nel Pacifico garantì alla potenza americana il controllo delle rotte commerciali in quell'oceano. L'egemonia statunitense rimarrà incontrastata fino alla fine della Seconda Guerra Mondiale.

L'**Alaska** fu venduta dalla Russia agli Stati Uniti nel 1867. Nel 1959 fu ammessa nell'Unione insieme alle **Hawaii**, divenendo rispettivamente il 49° e 50° Stato. Poco popolata, l'Alaska divenne importante per i suoi giacimenti minerari e petroliferi e per la sua posizione strategica.

Tra la fine dell'Ottocento e i primi anni del Novecento gli Stati Uniti allargarono la propria zona d'influenza nell'America Centrale.

IL GIAPPONE E IL PROCESSO DI MODERNIZZAZIONE

Il Giappone, rimasto a lungo **isolato** e costretto dagli Stati Uniti ad aprire i propri porti agli Occidentali, tra la fine dell'Ottocento e i primi anni del Novecento fu protagonista di una **rapida trasformazione delle proprie istituzioni politiche** e di un **formidabile sviluppo delle strutture sociali ed economiche**. Fautore dell'accelerata modernizzazione del Paese fu l'imperatore **Mutsuhito** (1867-1912), che pose come obiettivi del proprio governo noto con il nome di **Meiji** (che significa " governo illuminato") la restaurazione del potere centrale (indebolito dal potere della nobiltà guerriera dei *samurai*) e lo sviluppo dell'industria.

Il **progresso industriale**, tanto più stupefacente se si tiene conto della povertà di risorse naturali e minerarie, si accompagnò a una **crescita molto rapida della popolazione giapponese**, che diede vita a un movimento migratorio soprattutto verso gli Stati Uniti e l'Australia.

Pressione demografica ed esigenze di **espansione commerciale** spinsero il Giappone ad intraprendere, al pari delle potenze europee e di quella statunitense, una **politica di espansione** in Asia orientale. Il tentativo di conquistare la regione cinese della Manciuria provocò la reazione della **Russia**, impegnata da tempo ad estendere la sua influenza verso Oriente. Il conflitto che scoppiò (**guerra russo-giapponese, 1904-1905**), conclusosi con la clamorosa sconfitta russa, decretò la collocazione del **Giappone tra le grandi potenze mondiali** ed aprì la strada al predominio giapponese su tutto l'Estremo Oriente.

Per ricordare

- Quali trasformazioni avvennero in Giappone all'inizio del Novecento? Chi ne fu l'artefice?
- Quale fenomeno accompagnò il progresso industriale?
- Quali fattori determinarono l'inizio della politica espansionistica giapponese?
- Perché scoppiò il conflitto con la Russia? Come si concluse?
- Quali conseguenze ebbe l'esito del conflitto russo-giapponese?

Ufficiali giapponesi osservano ciò che resta della flotta russa dopo la sconfitta di Port Arthur. Ceduto dalla Cina nel 1898, Port Arthur, sempre libero dai ghiacci, era diventato un'importante base navale russa. L'attacco giapponese a questo porto della Manciuria diede inizio alla guerra russo-giapponese.

LA CINA TRA NAZIONALISMO E SFRUTTAMENTO IMPERIALISTA

L'espansionismo giapponese si attuò principalmente a spese della Cina, che per tutta la seconda metà dell'Ottocento aveva subito le **pressioni delle potenze imperialistiche europee e degli Stati Uniti**. Politicamente e militarmente debole, l'Impero cinese era stato obbligato ad **aprire i propri porti al commercio internazionale**, offrendo alle potenze straniere le migliori condizioni per i traffici commerciali in Estremo Oriente.

I sentimenti nazionalistici cinesi riaffiorarono però con forza nel **1900**, quando esplose una violenta **rivolta contro lo sfruttamento economico perpetrato dagli stranieri**. Si trattò della cosiddetta "**rivolta dei Boxer**", soffocata da un corpo di spedizione internazionale formato da otto Stati (Giappone, Russia, Gran Bretagna, Stati Uniti, Germania, Francia, Italia e Austria) con lo scopo di tutelare i propri interessi in terra cinese.

Nei primi anni del Novecento maturò in Cina un **movimento nazionalista** di tipo nuovo, che intendeva coniugare l'**indipendenza politica ed economica** dalle altre potenze a una **trasformazione in senso democratico della società e dello Stato**. Il movimento, guidato da Sun Yat-sen, si pose alla testa di una rivoluzione che nel gennaio del **1912** proclamò la **caduta della dinastia imperiale** Manciù e la **nascita della repubblica**.

Le nuove istituzioni repubblicane ebbero fin da subito una vita travagliata e il Paese fu sconvolto da **sanguinose guerre civili**, senza che per lungo tempo i privilegi degli stranieri fossero intaccati.

Per ricordare

- In quali condizioni si trovava l'Impero cinese all'inizio del Novecento?
- Da che cosa fu determinata la "rivolta dei Boxer"? Come si risolse?
- Quali erano gli obiettivi del nuovo movimento nazionalista cinese? Come tentò di realizzarli?
- Che cosa accadde in Cina dopo la rivoluzione dei nazionalisti?

Boxer
È il nome dato dagli Inglesi ai rivoltosi appartenenti al movimento *Yi Ho Tuan*, "Pugni di giustizia e concordia" (da cui *boxer*, "pugile"), che rifiutava tutto ciò che era occidentale e che si manifestò soprattutto con il massacro di molti missionari cattolici.

Leggere una carta

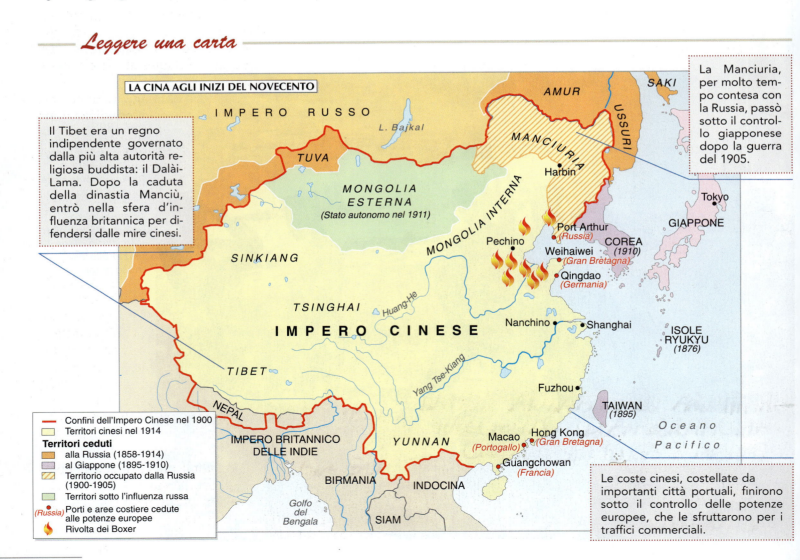

LA CINA AGLI INIZI DEL NOVECENTO

Il Tibet era un regno indipendente governato dalla più alta autorità religiosa buddista: il Dalài-Lama. Dopo la caduta della dinastia Manciù, entrò nella sfera d'influenza britannica per difendersi dalle mire cinesi.

La Manciuria, per molto tempo contesa con la Russia, passò sotto il controllo giapponese dopo la guerra del 1905.

Le coste cinesi, costellate da importanti città portuali, finirono sotto il controllo delle potenze europee, che le sfruttarono per i traffici commerciali.

Legenda:
— Confini dell'Impero Cinese nel 1900
Territori cinesi nel 1914
Territori ceduti
alla Russia (1858-1914)
al Giappone (1895-1910)
Territorio occupato dalla Russia (1900-1905)
Territori sotto l'influenza russa
(Russia) Porti e aree costiere cedute alle potenze europee
🔥 Rivolta dei Boxer

42 PARTE PRIMA CAPITOLO 2 - L'EUROPA E IL MONDO ALL'INIZIO DEL NOVECENTO

Approfondimenti

Storia e cultura

L'IMPERIALISMO E LA PRETESA DI CIVILIZZARE IL MONDO

Alla base del progetto di espansione imperialista e coloniale delle potenze europee era radicato un **pregiudizio** di fondo: la **superiorità della civiltà** e della cultura **europea** nei confronti di qualsiasi altra.

La prima grande esperienza di conquista europea del mondo, conseguente alla scoperta dell'America, era stata alimentata dallo stesso pregiudizio: come allora, anche nel Novecento gli Europei pensavano di dover svolgere una "**missione civilizzatrice**" e una "crociata contro la barbarie" nei confronti delle culture e dei popoli che man mano conquistavano. In realtà quella della "missione civilizzatrice" era una ragione "ideale", con la quale si tentavano di **giustificare le ragioni** prettamente **economiche e politiche** del colonialismo.

Praticamente, entro il primo decennio del Novecento, quasi tutte le aree del mondo furono raggiunte e conquistate dagli Occidentali.

Da qui iniziò quella lenta, ma irrimediabile **occidentalizzazione del mondo**, che l'evoluzione tecnologica dei nostri giorni ha ulteriormente amplificato e diffuso.

Culture e **popoli** dalla storia millenaria (come gli Indiani d'America e soprattutto le popolazioni dell'Africa) furono **travolti** dalla sete d'oro e dalle ambizioni di potere dell'Europa "civile".

È indubbio che la civiltà europea/occidentale ha elaborato valori e ideali che rappresentano grandi **conquiste dell'umanità**; è vero che gli Europei hanno diffuso nel mondo strade, ponti, biblioteche, hanno aiutato larghi strati di popolazione mondiale a raggiungere un migliore tenore di vita; troppo spesso, tuttavia, proprio gli Europei sono stati i primi a non applicare i princìpi di libertà, di solidarietà e di rispetto che avevano proclamato e conquistato per primi.

Questa fotografia, che raffigura i soldati britannici appollaiati sulla Sfinge di El-Gîza, in Egitto, può essere considerata emblematica del colonialismo europeo, con la sua corsa all'accaparramento di risorse in tutto il mondo.

MISSIONE CIVILIZZATRICE O NUOVA FORMA DI SCHIAVISMO?

Gli stessi contemporanei, del resto, colsero le contraddizioni insite nella "missione civilizzatrice". Ecco come in un dibattito al Parlamento francese alcuni deputati si interrogano sulla natura del colonialismo europeo: il primo ministro J. Ferry sostiene con forza le ragioni del colonialismo europeo, giustificato dal **dovere di civilizzare il resto del mondo** e dalla necessità di difendere i propri interessi economici. Dall'altra gli esponenti dell'opposizione ribattono che la missione civilizzatrice altro non è che una nuova **forma di schiavismo**.

JULES FERRY – Voi non cessate di citarci come esempio, come tipo della politica coloniale da Voi preferita ed auspicata, la spedizione del Signor di Brazzà che ha finora potuto adempiere la sua opera civilizzatrice senza dover ricorrere alla forza; ma chi ci può assicurare che un giorno, nelle colonie da lui fondate, le popolazioni di razza negra non abbiano ad assalire le nostre colonie? Cosa farete allora? Non Vi comporterete diversamente da tutti gli altri popoli civili e non sarete per questo meno civili; resisterete opponendo la forza alla forza e vi vedrete costretti ad imporre, a quelle popolazioni primitive ribelli, il Vostro protettorato, per garantire la Vostra sicurezza. Signore, occorre avere il coraggio di parlare a voce alta e più sinceramente. Bisogna affermare apertamente che le razze superiori hanno effettivamente dei diritti nei confronti di quelle inferiori... (Rumori da parecchi banchi dell'estrema sinistra.)

ON. JULES MAIGNE – Come potete osare esprimerVi in tal modo nel Paese in cui furono solennemente proclamati i diritti dell'uomo?

ON. DE GUILLOTET – Quanto afferma l'on. Ferry non è altro che una giustificazione della schiavitù e della tratta dei negri!

JULES FERRY – Se l'On. Maigne ha ragione, se la dichiarazione dei diritti dell'uomo fu redatta anche per i negri dell'Africa equatoriale, allora in base a quale diritto potrete imporre loro gli scambi e i traffici? Essi non Vi chiamano... (Interruzioni all'estrema sinistra e a destra. "Benissimo! Benissimo! Benissimo!" da diversi banchi a sinistra.) [...]. Ripeto che compete alle razze superiori un diritto, cui fa riscontro un dovere che loro incombe: quello di civilizzare le razze inferiori... (Segni di approvazione dagli stessi banchi a sinistra, nuove interruzioni all'estrema sinistra e a destra.) [...].

Affermo che la politica coloniale della Francia, la politica d'espansione coloniale [...] si è ispirata a una verità: vale a dire che una Marina come la nostra non può rinunciare ad avere sui mari dei solidi porti di rifugio, difese, centri di rifornimento. ("Benissimo! Benissimo! e numerosi applausi a sinistra e al centro.) [...]. Signori, nell'Europa quale è attualmente costituita, in questa concorrenza di tanti Stati rivali che vediamo ingrandirsi intorno a noi, gli uni grazie al perfezionamento dei mezzi militari o marittimi di cui dispongono, gli altri per il prodigioso sviluppo di una popolazione in continuo aumento, in una Europa, o meglio in un mondo così costituito, una politica di raccoglimento o d'astensione rappresenta semplicemente la strada maestra della decadenza!

rid. da H. Brunschwig, *Miti e realtà dell'imperialismo coloniale francese. 1871-1914*, Cappelli

Adulti e fanciulli in una scuola per indigeni istituita in una colonia francese.

Sintesi

L'Europa: un continente percorso da molte tensioni

- All'inizio del Novecento l'Europa era ancora il centro politico ed economico del mondo. Tuttavia, le relazioni tra le potenze europee erano caratterizzate dalla presenza di molteplici motivi di tensione. Si andava delineando la contrapposizione tra due blocchi: da una parte i due Imperi centrali (Germania e Austria); dall'altra la Russia, la Francia e la Gran Bretagna. La tensione tra i due blocchi rifletteva problemi di equilibrio continentale e di competizione mondiale tra le potenze imperialistiche.
- **Gran Bretagna**. Pur essendo ancora una potenza di primo piano nel panorama mondiale, la Gran Bretagna appariva ridimensionata sul piano economico, a motivo del rapido sviluppo industriale degli Stati Uniti e della Germania.
- All'interno, un grave problema era rappresentato dalla questione dell'Irlanda, che lottava per l'indipendenza, riconosciuta poi nel 1937: una parte dell'isola (Ulster), tuttavia, rimase alla Gran Bretagna. In politica estera, invece, la Gran Bretagna si avvicinò sempre più alla Francia (Intesa Cordiale) e alla Russia, mentre si accresceva la rivalità con la Germania.
- **Francia**. In Francia si aprì un periodo di duri scontri sociali: i governi risolvettero la situazione combinando la repressione con le riforme sociali. In politica estera, la Francia cercò di creare un sistema di alleanze in funzione antitedesca e di espandere il proprio impero coloniale soprattutto in Africa e in Indocina.
- **Impero tedesco**. L'Impero tedesco era saldamente governato dall'imperatore Guglielmo II, con il sostegno dell'aristocrazia terriera e militare prussiana. I lavoratori, tuttavia, videro migliorate le proprie condizioni, grazie al notevole sviluppo economico del Paese e a una legislazione sociale molto avanzata. In politica estera, la classe dirigente era tesa a ottenere, per la potente industria germanica, nuovi mercati e giacimenti di materie prime. La Germania si impegnò nella competizione imperialistica avviando un'imponente corsa agli armamenti.
- **Impero austro-ungarico**. Composto da molte nazionalità, l'impero asburgico aveva dato inizio già alla fine dell'Ottocento a una politica espansionistica nei Balcani che contribuì a far venir meno i delicati equilibri interni, suscitando anche l'ostilità della Serbia e della Russia.
- **Impero russo**. All'inizio del Novecento l'Impero russo presentava condizioni di generale arretratezza. Il regime politico di tipo autocratico determinò la nascita di un vasto movimento di opposizione sociale e politica. Nel 1905 vi fu una sanguinosa repressione a San Pietroburgo, che provocò una rivoluzione. Lo zar Nicola II riuscì a riprendere il controllo del Paese, ma la situazione rimase instabile. Ad aggravare la posizione dello zar contribuì anche la sconfitta subita nella guerra contro il Giappone, nel 1905.

Tre grandi Paesi extraeuropei: Stati Uniti, Giappone e Cina

- Al di fuori dell'Europa, gli Stati Uniti d'America divennero la prima potenza economica mondiale. Per conservare e consolidare questo primato, gli Stati Uniti iniziarono sotto la presidenza di T. Roosevelt una politica espansionistica nell'America Centrale.
- Negli ultimi decenni dell'Ottocento l'imperatore Mutsuhito avviò un processo di modernizzazione del Giappone, che ebbe importanti conseguenze sia dal punto di vista politico e sociale, sia in ambito economico. Il rapido progresso industriale indusse il Giappone a intraprendere una politica di espansione nell'Asia orientale, scontrandosi vittoriosamente con l'Impero russo.
- L'espansionismo giapponese si attuò soprattutto a spese della Cina, che ormai da decenni era sottoposta allo sfruttamento economico da parte delle potenze europee e degli Stati Uniti. Nel 1900 scoppiò la rivolta nazionalista dei Boxer, che però fu immediatamente repressa con violenza. Maggiore successo ebbe invece la rivoluzione del 1912, che portò al crollo dell'Impero e alla nascita della Repubblica.

"Il colpo della perdita di Port Arthur": in questa stampa francese si ironizza sulla sconfitta della flotta russa.

Anche noi storici

Conoscere eventi e fenomeni storici

1. Indica con una X la conclusione corretta delle seguenti affermazioni.

1. Le tensioni tra i Paesi europei all'inizio del XX secolo riguardavano
   - ☐ **a.** il controllo delle rotte transoceaniche.
   - ☐ **b.** il controllo dei territori dell'America Centrale.
   - ☐ **c.** gli equilibri interni al continente, la competizione nell'espansione coloniale e nel controllo dei mercati internazionali.
2. La legislazione sociale in Gran Bretagna e in Francia mirava
   - ☐ **a.** a favorire l'ascesa dei partiti socialisti.
   - ☐ **b.** a contrastare le rivendicazioni sociali.
   - ☐ **c.** a migliorare le condizioni dei lavoratori, così da allentare le tensioni sociali.
3. La "rivincita" che animava i Francesi contro i Tedeschi era dovuta
   - ☐ **a.** alla supremazia economica in Europa.
   - ☐ **b.** alla perdita dell'Alsazia e della Lorena in seguito alla sconfitta nella guerra del 1870-1871.
   - ☐ **c.** alla competizione per la conquista della Cina.
4. Il Marocco era conteso tra
   - ☐ **a.** Francia e Germania.   ☐ **b.** Germania e Gran Bretagna.   ☐ **c.** Gran Bretagna e Francia.
5. Il governo dell'Impero tedesco era sostenuto
   - ☐ **a.** dal partito socialdemocratico.
   - ☐ **b.** dalla borghesia mercantile.
   - ☐ **c.** dall'aristocrazia terriera e militare prussiana.
6. Nell'Impero austro-ungarico i movimenti nazionalisti serbi e croati
   - ☐ **a.** miravano a creare uno Stato indipendente slavo.
   - ☐ **b.** a unirsi all'Impero russo.
   - ☐ **c.** a unirsi all'Ungheria.
7. Il Giappone e la Russia si scontrarono in Oriente
   - ☐ **a.** per il controllo della Manciuria e della Corea.
   - ☐ **b.** per il controllo della Corea e della Siberia.
   - ☐ **c.** per il controllo della Siberia e della Manciuria.
8. Per mantenere e sviluppare le proprie potenzialità economiche gli Stati Uniti
   - ☐ **a.** avviarono numerose riforme a sostegno dell'industria e dell'agricoltura.
   - ☐ **b.** avviarono una politica estera tesa al controllo dei punti strategici per il commercio.
   - ☐ **c.** strinsero accordi commerciali con la Cina e con la Russia.
9. Il Giappone intraprese una politica di espansione in Asia orientale
   - ☐ **a.** per far fronte alla pressione demografica e per sostenere i propri commerci.
   - ☐ **b.** per contrastare le mire espansionistiche della Cina.
   - ☐ **c.** per contrastare le mire espansionistiche degli Stati europei.

Orientarsi nel tempo

2. Riordina nella corretta sequenza cronologica gli eventi riportando la lettera corrispondente.

[**a.** "domenica di sangue" – **b.** nascita della Repubblica cinese – **c.** rivolta dei Boxer in Cina – **d.** apertura del Canale di Panamà – **e.** morte della regina Vittoria – **f.** stipulazione della Entente Cordiale – **g.** nascita del Partito Laburista in Gran Bretagna – **h.** guerra russo-giapponese]

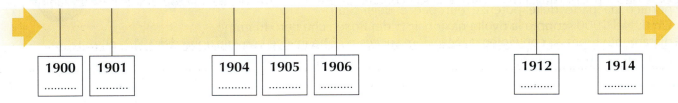

Ricavare informazioni da un documento iconografico

3. La fotografia documenta il drammatico episodio che innescò la cosiddetta "Rivoluzione russa del 1905". Osservala con attenzione, quindi completa il testo didascalico.

22 gennaio ....: le truppe di .... al Palazzo d'Inverno a ...., residenza degli zar, aprono il .... sulla folla di operai che intendevano portare una supplica al sovrano, lamentando le .... condizioni di vita della ...., aggravatesi durante il conflitto ....-........................ Centinaia di manifestanti inermi furono colpiti a morte. L'episodio, passato alla storia come "........................ di sangue", scatenò in tutto il Paese una serie di sommosse, ... e ammutinamenti militari, tra i quali quello della corazzata Potëmkin, immortalato in un famoso film del regista Eizenštein.

Ricavare informazioni da un documento storico

4. Nel Novecento, con il diffondersi della società di massa, anche i fatti politici rientrano nella sfera di interesse delle masse e ne sollecitano la partecipazione. Lo dimostra, ad esempio, il seguente documento, tratto dalla cronaca di un giornale italiano che commenta i fatti di San Pietroburgo, condannando duramente la reazione del governo dello zar e sollecitando una manifestazione di solidarietà con il popolo russo. Leggilo con attenzione, quindi rispondi alle domande.

> *La vergogna di San Pietroburgo mobiliti la protesta dei popoli*
>
> *Non vi è scusa e non vi è pietà per il sovrano che rifiuta di ascoltare la voce del suo popolo. Se lo Zar vi fu consigliato da chi lo circonda, la responsabilità del consiglio pure non può allontanarsi dal capo di lui che non volle o non seppe circondarsi di migliori consiglieri.*
> *Ma dopo il rifiuto vengono i terribili massacri di ieri e di ieri l'altro!...*
> *I futuri avvenimenti e la storia inesorabile giudicheranno le presenti giornate di San Pietroburgo.*
> *Ma noi contemporanei per chi siamo, con chi siamo, che cosa sentiamo? Indifferenza per tutto e per tutti forse?*
> *I nostri governanti non possono intervenire – almeno così dicono – negli affari interni di un Paese amico. Ma dove non può intervenire il formalismo scettico dei governi, perché non può e non deve arrivare il sentimento e la pietà dei popoli?*
> *Se domani tutta Roma, in una processione solenne e silenziosa compisse una dignitosa protesta contro gli esecrandi eccidi di Pietroburgo, chi potrebbe incolparla? Chi vorrebbe impedirglielo? La civiltà ha per diritto di gridare in faccia alla reazione crudele: Vergogna! L'umanità di gridare in faccia alla barbarie: Vergogna! Vergogna!*
>
> da *La Tribuna*, 25 gennaio 1905, in *20° secolo, Storia contemporanea*, I, Mondadori

a. A chi viene attribuita la responsabilità dei fatti? ....

b. Perché non si può attenuare la sua responsabilità? ....

c. Chi darà il giudizio finale sugli eventi di San Pietroburgo? ....

d. Quali interrogativi si devono porre i contemporanei e il popolo italiano in merito a questi fatti? ....

e. Perché il governo italiano non ha preso posizione? ....

f. Come può il popolo italiano dimostrare la sua condanna verso i responsabili del massacro di San Pietroburgo? ....

g. A quali valori e princìpi si appella il giornalista per condannare la "barbarie" degli eccidi di San Pietroburgo? ....

PARTE PRIMA CAPITOLO 2 - L'EUROPA E IL MONDO ALL'INIZIO DEL NOVECENTO

3. L'Italia nell'Età giolittiana

1. L'Italia tra fine Ottocento e inizio Novecento

UNA SITUAZIONE DI GRAVE ARRETRATEZZA

A differenza degli Stati europei più evoluti, alla fine dell'Ottocento l'Italia si trovava in una **situazione di grande arretratezza sotto tutti i punti di vista**: politico, economico e sociale.

L'**agricoltura**, che costituiva il settore portante di tutta l'economia, **non aveva beneficiato delle innovazioni tecnologiche** introdotte in quel periodo in altri Paesi, eccezion fatta per la **Pianura Padana**, dove invece vi era stata una **maggiore evoluzione**. Per tutti gli anni Ottanta, fino ai primi anni Novanta, il settore agricolo attraversò un lungo momento di crisi provocato della caduta del prezzo dei cereali.

L'**industria**, che stava compiendo i primi passi, **non poteva contare sulla disponibilità di materie prime a basso costo**, perché l'Italia ne era povera e insignificante era l'apporto delle colonie: quindi doveva acquistarle a caro prezzo da altri Paesi.

Ad aggravare la situazione si aggiungeva il forte **divario tra le regioni settentrionali e quelle meridionali**: queste ultime versavano in una situazione di grave ritardo sia nel settore dell'agricoltura sia in quello industriale, il cui sviluppo era assai limitato.

La classe politica appariva **incapace di affrontare le trasformazioni in atto nella società**, adeguando le strutture istituzionali e la legislazione.

Per ricordare

- Qual era la condizione dell'Italia alla fine dell'Ottocento?
- Perché l'agricoltura era in crisi?
- Quali erano le difficoltà che incontrava l'industria?
- In quale situazione si trovavano le regioni meridionali?
- Come reagiva la classe politica di fronte alle trasformazioni in atto?

Materie prime
Sono i materiali presenti in natura usati per la fabbricazione di manufatti. Per esempio, il ferro è la materia prima che serve per forgiare attrezzi agricoli o altri utensili.

L'EMIGRAZIONE: CAUSE E CONSEGUENZE

Uno dei fenomeni più imponenti e complessi della storia italiana nel periodo di passaggio tra il XIX e il XX secolo fu l'**intensificarsi di un già consistente flusso migratorio**. Il momento di più intensa migrazione fu quello compreso tra gli anni 1891 e 1915, con circa 11,5 milioni di espatri.

L'emigrazione italiana si inseriva all'interno di un **flusso migratorio più ampio**, che vedeva milioni di Europei lasciare i loro Paesi per dirigersi in Sudamerica, in Australia e negli Stati Uniti. All'origine di questi flussi c'erano soprattutto le **trasformazioni economiche** che avevano portato alla **crisi del settore agricolo**, ma che nello stesso tempo penalizzavano fortemente anche l'industria, provocando masse di disoccupati. A queste ragioni economiche se ne aggiungevano altre di **carattere demografico**: le migliorate condizioni di vita e i progressi della medicina avevano portato a una **crescita della popolazione** e anche questo contribuì a peggiorare le condizioni di vita dei ceti più poveri, inducendo molti a cercare fortuna lontano dal proprio Paese.

L'emigrazione italiana riguardò inizialmente le **regioni settentrionali**, soprattutto il **Veneto**, poi in modo consistente le **regioni meridionali**. In molti casi gli emigranti riuscirono realmente a **migliorare la propria situazione** e addirittura ad aiutare i parenti rimasti in patria inviando loro del denaro: le cosiddette "**rimesse**". Queste, d'altra parte, rappresentarono anche un **sostegno per l'economia italiana**, perché **favorivano l'afflusso di denaro** in **valuta pregiata**. Al tempo stesso, però, l'emigrazione impoveriva notevolmente il Paese, perché lo **privava di preziose risorse umane**.

Per ricordare

- Quale fenomeno fu particolarmente significativo in Italia tra Ottocento e Novecento?
- Quali erano le cause principali del fenomeno?
- Che cos'erano le rimesse? Perché erano utili all'economia dell'Italia?

Valuta pregiata
È il denaro al quale viene riconosciuto un maggior valore e che perciò viene usato negli scambi internazionali. Il dollaro, per esempio, è considerato valuta pregiata e i prezzi dei beni più importanti (petrolio, oro, ecc.) sono valutati in dollari.

Tra le due pagine, contadini meridionali chini al lavoro sotto lo sguardo del proprietario terriero; sotto, una giovane famiglia di emigranti in attesa di partire: due immagini che ben fotografano le condizioni di arretratezza e di povertà in cui versava l'Italia a cavallo dei due secoli.

LE RIVOLTE DI FINE OTTOCENTO E L'ASSASSINIO DI UMBERTO I

I **disagi provocati dalla povertà** e dall'incapacità, da parte del governo, di rimediare alla **crisi economica**, determinarono aspri **conflitti politici e sociali**, come i **tumulti** scoppiati nel **1898** a causa del rincaro del pane e della farina. A **Milano**, dove la rivolta fu particolarmente violenta, il governo reagì **mobilitando l'esercito** che, sotto il comando del generale Fiorenzo Bava-Beccaris, prese a cannonate la folla provocando una **strage**.

Di fronte ai disordini, i governi succedutisi negli ultimi anni dell'Ottocento si limitarono a **promulgare provvedimenti limitativi delle libertà dei cittadini**, ma non fecero molto per risolvere i problemi. A tali tentativi di **svolta autoritaria** si opposero i parlamentari dell'Estrema Sinistra e i Liberali guidati da Giuseppe Zanardelli e Giovanni Giolitti.

Le tensioni politiche culminarono nell'**assassinio del re Umberto I**, nel **1900**, ucciso a Monza dall'anarchico **Gaetano Bresci**, che intendeva così **vendicare i morti dei tumulti milanesi del 1898**.

Il nuovo re, **Vittorio Emanuele III**, nel 1901 affidò l'incarico di formare il governo a **Zanardelli**, che scelse come ministro degli Interni Giovanni Giolitti. Il governo Zanardelli impresse una svolta positiva nella vita politica italiana, avviando un **periodo di sviluppo economico e sociale**.

Per ricordare

- Quali erano le ragioni dei conflitti politici e sociali? Che cosa accadde a Milano nel 1898?
- Quali furono le reazioni dei governi di fronte ai disordini?
- Quando e da chi fu ucciso Umberto I? Perché?
- A chi affidò l'incarico di guidare il nuovo governo Vittorio Emanuele III?

Manifestazione per il primo maggio a Roma, nel 1891, conclusasi con uno scontro tra gli operai e la polizia. Nella fotografia piccola, soldati accampati in Piazza Duomo a Milano, durante i tumulti del 1898.

PARTE PRIMA CAPITOLO 3 - L'ITALIA NELL'ETÀ GIOLITTIANA

2. La lunga stagione delle riforme

L'INIZIO DELL'ETÀ GIOLITTIANA

Nel decennio compreso **tra il 1903 e il 1914** il governo fu guidato, salvo brevi interruzioni, da **Giovanni Giolitti** (1842-1928). Tale periodo venne chiamato dagli storici **Età giolittiana** per sottolineare l'impronta che lo statista piemontese diede alla vita politica italiana fino allo scoppio della Prima Guerra Mondiale.

Uomo politico di lunga esperienza (aveva ricoperto numerosi incarichi di governo e amministrativi), Giolitti assunse la guida del governo nel 1903 al posto di Zanardelli. Egli riteneva che **le tensioni sociali che attraversavano il Paese scaturissero dalla situazione economica** e che le fallimentari politiche autoritarie e repressive non facessero altro che **esasperarle**.

Secondo Giolitti il ruolo dello Stato doveva essere quello di **mediatore tra le parti sociali**, favorendo il **libero confronto**. Perciò, egli avviò una **politica di dialogo**, aperta alle rivendicazioni dei lavoratori. Quando, di fronte al primo sciopero generale (1904), la Destra premeva per interventi repressivi, Giolitti rifiutò di inviare ancora una volta l'esercito a reprimere i disordini e iniziò a **trattare con i sindacati**.

**Giovanni Giolitti
e la modernizzazione dell'Italia**
*Giovanni Giolitti (il primo a destra),
in una fotografia del 1920.
Proveniente da una famiglia piemontese
di funzionari statali, dopo la laurea
in giurisprudenza, Giolitti poté conoscere
in modo approfondito
i meccanismi amministrativi dello Stato,
grazie al ventennale impiego nella
Pubblica Amministrazione. Eletto deputato
per la prima volta nel 1882, presiedette
ben cinque governi e partecipò alla vita
politica italiana fino al 1928, anno
della sua morte. Al di là delle opposte
valutazioni sulla sua figura di statista,
resta indubbio che con Giolitti
l'Italia "compie il salto" verso
la modernizzazione.*

Per ricordare

- Quale periodo della storia italiana è conosciuto con il nome di "Età giolittiana"?
- Qual era secondo Giolitti il motivo fondamentale delle tensioni sociali presenti in Italia?
- In che modo Giolitti si propose di affrontare i problemi?

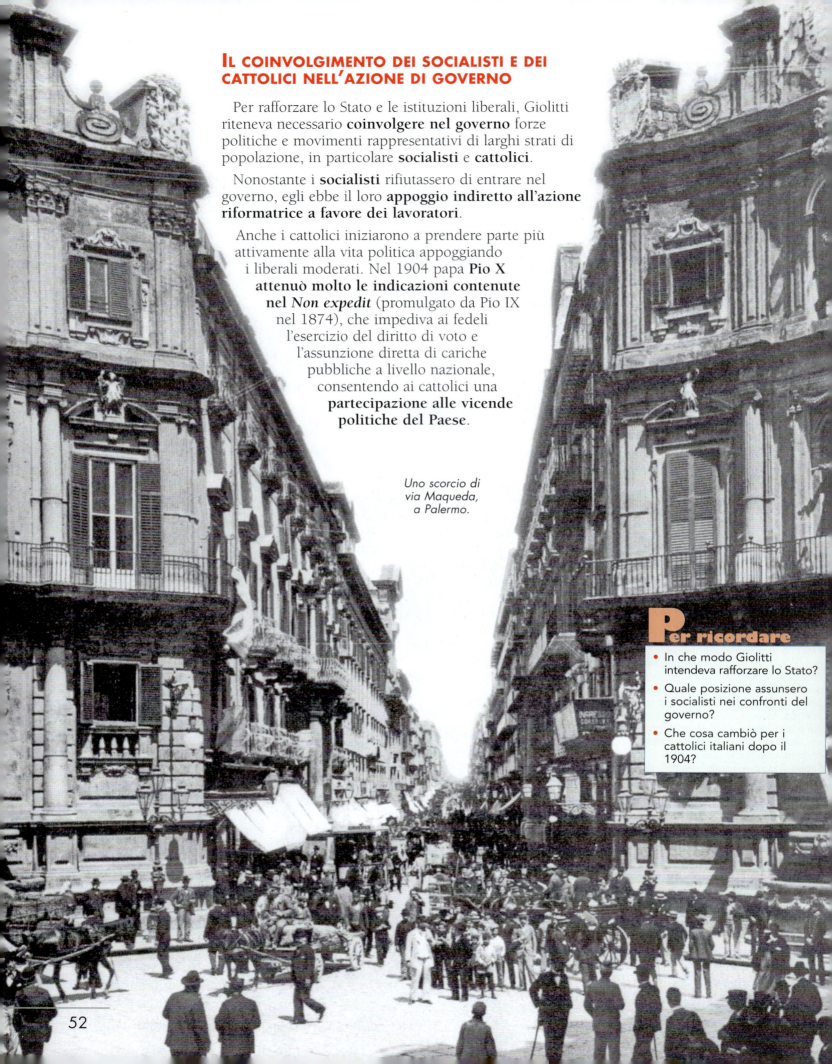

Il coinvolgimento dei socialisti e dei cattolici nell'azione di governo

Per rafforzare lo Stato e le istituzioni liberali, Giolitti riteneva necessario **coinvolgere nel governo** forze politiche e movimenti rappresentativi di larghi strati di popolazione, in particolare **socialisti** e **cattolici**.

Nonostante i **socialisti** rifiutassero di entrare nel governo, egli ebbe il loro **appoggio indiretto all'azione riformatrice a favore dei lavoratori**.

Anche i cattolici iniziarono a prendere parte più attivamente alla vita politica appoggiando i liberali moderati. Nel 1904 papa **Pio X attenuò molto le indicazioni contenute nel *Non expedit*** (promulgato da Pio IX nel 1874), che impediva ai fedeli l'esercizio del diritto di voto e l'assunzione diretta di cariche pubbliche a livello nazionale, consentendo ai cattolici una **partecipazione alle vicende politiche del Paese**.

Uno scorcio di via Maqueda, a Palermo.

Per ricordare

- In che modo Giolitti intendeva rafforzare lo Stato?
- Quale posizione assunsero i socialisti nei confronti del governo?
- Che cosa cambiò per i cattolici italiani dopo il 1904?

Leggere un documento

Con Giolitti nasce lo "Stato sociale"

Giolitti promosse leggi a favore dei lavoratori e cercò di appianare i contrasti tra i vari gruppi sociali; diede l'avvio, in Italia, a quel tipo di Stato che viene definito "sociale". Lo Stato sociale mira non solo ad affermare la parità di diritti tra tutti i membri della comunità, ma a rendere effettivi tali diritti (lavoro, salute, istruzione, abitazione, ecc.). A questo scopo interviene nella realtà economica e promulga leggi in materia previdenziale ed assistenziale. Il suo senso politico gli fece intuire che ormai i tempi erano maturi per l'ingresso della classe operaia nella politica attiva. Il primo brano che presentiamo è tratto dalle Memorie della mia vita, *il secondo da un discorso parlamentare pronunciato nel 1901.*

Per la politica interna io ritenevo arrivato il momento di avviarsi ad un più decisivo e pratico esperimento dei criteri democratici. [...] La Sinistra democratica era pur sempre espressione della borghesia. (...) Io pensavo che fosse già arrivato il momento di prendere in considerazione gli interessi e le aspirazioni delle masse popolari e lavoratrici, che in quasi tutto il Paese soffrivano sotto la pressione di condizioni economiche, di salario e di vita, spesso addirittura inique, ed avevano cominciato tanto nelle grandi città industriali che qua e là nelle campagne ad agitarsi ed a farsi sentire. [...]

Il malessere economico che gravava sul Paese, col conseguente sorgere e diffondersi del malcontento e delle agitazioni nelle classi popolari e nella piccola borghesia, che ne erano particolarmente colpite; l'affacciarsi di nuove dottrine politiche quali il Socialismo, che facevano presa sulle folle, tanto nelle città che nelle campagne, creavano indubbiamente nuovi e gravi problemi, sia economici che politici, di non facile soluzione, e che preoccupavano le classi dirigenti ed il Parlamento. La principale questione che, in tali condizioni, si poneva alle classi politiche e agli uomini di Governo, era se questi problemi potessero risolversi col regime di libertà o se essi richiedevano e imponevano un restringimento di freni e l'adozione di provvedimenti eccezionali. Per conto mio non dubitai un solo momento che la loro retta soluzione non potesse ottenersi che col mantenimento dei princìpi liberali, e che qualunque provvedimento di reazione per soffocare il malcontento e per impedire la manifestazione delle nuove aspirazioni popolari avrebbe avuto il solo effetto di peggiorare le cose e minacciare le stesse istituzioni.

da G. Giolitti, *Memorie della mia vita*, vol. I, Treves

Chi è preposto al governo deve conoscere il Paese che ha il mandato di governare, senza di ciò commetterà certamente dei gravi danni [...].
Noi siamo all'inizio di un nuovo periodo storico, ognuno che non sia cieco lo vede. Nuove correnti popolari entrano nella nostra vita politica, nuovi problemi ogni giorno si affacciano, nuove forze sorgono con le quali qualsiasi governo deve fare i conti [...]. Il moto ascendente delle classi popolari si accelera ogni giorno di più [...]. Nessuno si può illudere di poter impedire che le classi popolari conquistino la loro parte di influenza economica e di influenza politica. Gli amici delle istituzioni hanno un dovere soprattutto, quello di persuadere queste classi, e di persuaderle con i fatti, che dalle istituzioni attuali esse possano sperare assai più che dai sogni dell'avvenire; che ogni legittimo loro interesse trova efficace tutela negli attuali ordinamenti politici e sociali.

da *Discorsi parlamentari*, vol. II, Tipografia della Camera dei Deputati

---

Il liberale Giolitti interpreta, qui, il termine "democratico" nel senso di partecipazione del popolo (lavoratori e piccola borghesia) alla determinazione delle scelte politiche e legislative, in vista della tutela dei propri interessi e dell'attuazione delle proprie aspirazioni.

Lo "Stato sociale" di Giolitti è la risposta liberale alla sfida rivoluzionaria del socialismo e alle esigenze della nuova classe del proletariato.

L'intuizione politica di Giolitti è stata quella di comprendere che era inutile una legislazione di emergenza ed era necessaria una serie di profonde riforme nel quadro delle istituzioni liberali.

Giolitti è consapevole di trovarsi di fronte a un fenomeno di portata storica per la nazione italiana: quello dell'integrazione politica di nuove classi sociali e cioè di nuovi soggetti storici.

Al pericolo dei sogni rivoluzionari, Giolitti intende contrapporre il realismo del grande politico, i "fatti concreti", cioè una legislazione efficace e funzionale.

PARTE PRIMA CAPITOLO 3 - L'ITALIA NELL'ETÀ GIOLITTIANA

LE RIFORME SOCIALI E POLITICHE

Giolitti ampliò notevolmente la **legislazione sociale**, promulgando numerose norme a favore dei lavoratori: rese **obbligatori il riposo settimanale** e l'**assicurazione sugli infortuni in fabbrica**; emanò norme a tutela del lavoro dei **minori**, delle **donne** e degli **emigranti**; dispose il finanziamento delle scuole elementari, estendendo il **diritto all'istruzione**.

Tra le **riforme politiche**, importante fu l'introduzione dell'indennità parlamentare (che consentiva a tutti di esercitare il diritto di essere eletti, anche a chi non disponeva di ricchezze personali) e nel 1912 del **suffragio universale maschile**. Per la prima volta in Italia potevano votare **tutti i maschi di età superiore ai 21 anni (ai 30 se analfabeti), indipendentemente dal reddito**, mentre restavano ancora escluse le donne. Il numero di elettori passò così da circa 3 milioni ad oltre 8 milioni.

Per ricordare

- Quali importanti provvedimenti furono presi nel campo della legislazione sociale?
- Che cosa fece Giolitti nell'ambito delle riforme politiche?

Indennità parlamentare
È la somma di denaro che viene corrisposta ai deputati e ai senatori durante il periodo della loro attività parlamentare.

Leggere un'immagine

La doppia faccia di Giolitti

Questa vignetta fu pubblicata sulla rivista satirica L'Asino, *per denunciare la politica ambigua adottata da Giolitti, schierato sia a favore dei lavoratori sia con gli industriali. Un'accusa di doppio gioco politico, finalizzato a mantenere l'ordine e il consenso nel Paese.*

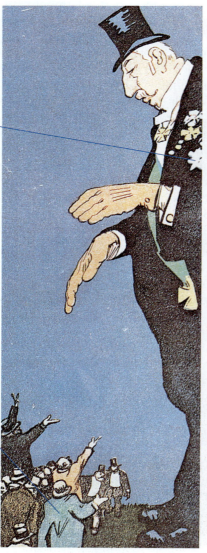

Giolitti, vestito da primo ministro, con tutti i segni della sua autorità, si rivolge ai borghesi presentandosi come uno di loro.

Giolitti, nei panni di un popolano, parla a operai e contadini, cercando di convincerli della bontà, per loro, delle sue riforme.

I borghesi sembrano accogliere con entusiasmo le parole di Giolitti, convinti che il capo del governo tuteli i loro interessi.

Operai e contadini ascoltano con attenzione: probabilmente pensano che il capo del governo stia dicendo loro esattamente quello che vogliono sentirsi dire...

LE RIFORME ECONOMICHE

Rispetto agli altri Stati europei, **il decollo industriale dell'Italia avvenne più tardi**, e proprio nel decennio giolittiano. Le **industrie tessili, metallurgiche e idroelettriche** aumentarono in larghissima misura la produzione. Furono incentivate le industrie meccaniche (come la **Breda** e l'**Ansaldo**) operanti nei settori ferroviario e cantieristico; si svilupparono inoltre l'industria **automobilistica** (**FIAT**, **Isotta-Fraschini**, **Alfa Romeo**), l'**aeronautica**, l'**elettrochimica** e la **chimica** (**Montecatini**); si consolidò il ruolo della siderurgia.

Lo Stato intervenne direttamente nel sistema produttivo nazionale, protetto dalla concorrenza straniera mediante alti dazi doganali. Nel 1903 e nel 1905 vennero statalizzati rispettivamente **il servizio telefonico e le ferrovie**. I progetti di **elettrificazione delle ferrovie** e quelli di **illuminazione delle città**, la costruzione delle infrastrutture, la necessità di disporre di **navi mercantili e militari** rappresentarono per le industrie l'occasione di ricevere ingenti ordinativi da parte dello Stato.

Accanto ai tradizionali istituti bancari e alla rete delle piccole banche locali e delle casse rurali, svolsero un ruolo di primo piano le **banche miste** (*Banca Commerciale Italiana* e *Credito Italiano*). Questi istituti bancari, oltre alla **raccolta del risparmio** e al credito a breve termine, garantivano il **finanziamento delle imprese** con crediti a lungo termine.

Per ricordare

- Quali settori dell'industria conobbero un rapido sviluppo durante gli anni in cui governò Giolitti?
- Quali progetti di sviluppo furono supportati direttamente dallo Stato?
- Quali compiti furono attribuiti alle banche?

Infrastrutture
Sono tutte le opere pubbliche necessarie alla vita civile ed economica di un Paese, come le strade, gli acquedotti, le ferrovie...

Parola chiave

STATALIZZAZIONE
- La statalizzazione è un'operazione con la quale uno Stato assume la **proprietà** e la **gestione di beni**, **servizi** o **attività** ritenuti **di particolare importanza per la collettività** e l'utilità comune. Si tratta generalmente di industrie di rilevanza particolare, oppure di servizi come la telefonia, l'erogazione di energia... sui quali il governo vuole mantenere un controllo diretto o anche imporre tariffe misurate in base a criteri politici, oltre che economici.

Un reparto dell'Ansaldo di Genova, industria specializzata nella cantieristica navale e nella costruzione di locomotive.

IL PERDURARE DELLA "QUESTIONE MERIDIONALE"

Lo sviluppo industriale riguardò principalmente le **regioni settentrionali**, in particolare l'area compresa tra Torino, Genova e Milano (il cosiddetto "triangolo industriale"). Ne rimanevano **sostanzialmente escluse le regioni meridionali**, che continuavano a vivere in condizioni di **arretratezza, non solo economica ma anche sociale e politica**. Ad aggravarne la situazione intervennero due **catastrofi naturali**: l'eruzione del Vesuvio nel 1906 e il terremoto di Messina nel 1908.

Il sistema politico non aveva ancora trovato una soluzione a quella che veniva definita la **"questione meridionale"**. Intellettuali meridionalisti, come **Gaetano Salvemini**, riproposero all'attenzione delle forze politiche i problemi del Sud. Salvemini accusò Giolitti non solo di **disinteressarsi dei problemi meridionali**, ma anche di avere **sfruttato il sistema clientelare** e di avere **allacciato rapporti con le associazioni malavitose**, in cambio di voti.

Per ricordare

- Dove era maggiormente sviluppata l'industria?
- Perché la "questione meridionale" non poteva ancora dirsi risolta? Quale fu l'accusa rivolta da Salvemini a Giolitti?

Clientelismo
Sostegno accordato a personaggi potenti della politica o della malavita, i quali si dichiarano disposti a concedere favori, impunità e protezione in cambio del voto.

Leggere una carta

Insediamenti industriali e rete ferroviaria in Italia

La rete ferroviaria si ad densava nelle region settentrionali, in parti colare nella Pianura Pa dana, collegando i prin cipali centri urbani e in dustriali e consentendo le comunicazioni con Paesi transalpini, grazie alla realizzazione di im portanti trafori.

All'inizio del secolo le industrie erano concentrate nel Nord della penisola. Il Sud era ancora prevalentemente agricolo.

In alcune regioni erano presenti giacimenti minerari, che però risultavano distanti dalle industrie. Poiché le vie di comunicazione non erano sviluppate, si ponevano seri problemi per il trasporto e quindi per lo sfruttamento delle risorse.

Nel Sud la rete ferrovi ria era praticamen inesistente nel 1861 anche in seguito risu meno fitta rispetto Nord. Questo fatto p nalizzò lo sviluppo ind striale delle regioni m ridionali.

3. Il panorama politico e sociale nell'Età giolittiana

LO SVILUPPO DEL MOVIMENTO SINDACALE

Il nuovo clima politico e sociale che caratterizzava l'Età giolittiana favorì lo **sviluppo delle organizzazioni sindacali**. Alle federazioni di mestiere (che organizzavano i lavoratori per categoria) si affiancavano le **Camere del Lavoro**, organismi che riunivano tutti i lavoratori su base locale. Esse esercitavano il **controllo sul collocamento** della manodopera e **tutelavano i lavoratori** nelle controversie con il datore di lavoro.

Per dare una **direzione unitaria e centralizzata al movimento sindacale**, nel 1906 venne **fondata la Confederazione Generale del Lavoro (CGL)**. Anche gli **imprenditori** costituirono una propria organizzazione, dando vita nel 1910 alla *Confederazione italiana dell'industria*, la futura **Confindustria**.

> **Per ricordare**
> - Quali funzioni svolgevano le Camere del Lavoro?
> - Perché nacque la CGL? Quale organizzazione fondarono gli imprenditori?

LE DIVERSE ANIME DEL MOVIMENTO SOCIALISTA

All'interno del **Partito Socialista Italiano** si confrontavano due indirizzi politici: l'**ala moderata, favorevole alle riforme**, guidata da personalità come Filippo Turati, Claudio Treves, Leonida Bissolati e Ivanoe Bonomi, e l'**ala rivoluzionaria ed estremista** (detta anche "**massimalista**"), ispirata al pensiero del napoletano Arturo Labriola (1873-1959).

La prima corrente aveva **appoggiato indirettamente l'azione riformatrice dei governi Giolitti**, considerandola un modo pacifico per raggiungere gli obiettivi del socialismo. L'ala estremista, invece, non credeva ai metodi riformisti e **mirava all'abbattimento del sistema capitalistico attraverso metodi rivoluzionari**.

Lo scontro tra le due correnti si consumò al congresso del partito del 1912, quando Turati venne messo in minoranza e **finì con il prevalere la Sinistra massimalista**.

> **Per ricordare**
> - Quali erano le due correnti presenti all'interno del Partito Socialista Italiano?
> - Come si comportarono queste due correnti nei confronti del governo?
> - Quale orientamento finì con il prevalere?

Partecipanti al Congresso tenutosi presso la Camera del Lavoro di Milano, durante il quale fu decisa la fondazione della Confederazione Generale del Lavoro.

IL MOVIMENTO NAZIONALISTA

Come abbiamo visto (vedi pag. 20), agli inizi del Novecento il **nazionalismo** si era andato affermando in tutta Europa. Sostenuto dai **conservatori**, dalla **grande industria** e dagli intellettuali che facevano riferimento al **movimento futurista**, esso esaltava l'idea dello **Stato forte**, della guerra come strumento per rafforzare il potere di una nazione e di un popolo; i nazionalisti esprimevano **disprezzo per le forme di democrazia e per le idee socialiste**.

In Italia il movimento nazionalista traeva forza soprattutto dall'**ostilità nei confronti dell'Impero austro-ungarico**, che all'inizio del secolo ancora teneva sotto il proprio dominio una parte delle regioni nordorientali della penisola. Vi era inoltre il desiderio di **collocare l'Italia sullo stesso piano delle altre potenze** europee, attraverso l'avvio di una **politica espansionistica** che, nell'arco di breve tempo, avrebbe portato al tentativo di conquista della Libia.

Per ricordare
- Da chi era sostenuto il nazionalismo in Europa?
- Quali fattori rafforzarono i sentimenti nazionalisti in Italia?

Papa Pio X fotografato nel suo studio. Nel 1907 promulgò un'enciclica in cui condannava il "modernismo", un movimento che mirava al rinnovamento della Chiesa e del Cattolicesimo e che ebbe tra i suoi esponenti di spicco don Romolo Murri.

IL RUOLO DEI CATTOLICI IN POLITICA

In Italia il movimento cattolico era organizzato nell'**Opera dei Congressi**, fondata nel 1874 con lo scopo di **difendere gli interessi della Chiesa e coordinare l'azione delle diverse associazioni cattoliche** che agivano non solo in campo religioso, ma anche sociale, attraverso casse rurali e cooperative create per soccorrere i ceti più deboli.

All'inizio del Novecento all'interno del movimento cattolico si andò facendo più aspro il dibattito in ordine al modo con cui i cattolici avrebbero dovuto essere presenti nella vita politica del Paese. Da un lato vi erano coloro che erano **favorevoli alla formazione di un partito cattolico**, dall'altro molti sostenevano una **posizione clerico-moderata che preferiva appoggiare candidati cattolici**, senza dar vita a un partito ufficiale.

Le **tensioni tra i due schieramenti presenti** nella stessa Opera dei Congressi divennero talmente forti che nel 1904 l'organizzazione venne sciolta dal Vaticano. Al suo posto nacquero strutture distinte per la formazione religiosa e per l'azione in campo economico e politico, ispirate a un **programma democratico e cristiano**. Si rafforzarono inoltre organismi di tipo cooperativo, creditizio e sindacale.

Relativamente all'azione politica sorsero invece due organizzazioni diverse: la **Lega democratica nazionale**, guidata da don **Romolo Murri**, che agiva a livello nazionale, e un altro movimento operante nelle amministrazioni locali, guidato da don **Luigi Sturzo**. Entrambi contrari alla politica clerico-moderata, Murri e Sturzo intendevano **orientare in senso democratico** la **presenza pubblica dei cattolici**, mantenendo una **posizione autonoma rispetto alle gerarchie ecclesiastiche**.

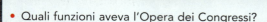

Per ricordare
- Quali funzioni aveva l'Opera dei Congressi?
- In quali modi veniva intesa la partecipazione dei cattolici alla vita politica del Paese?
- Perché fu sciolta l'Opera dei Congressi? A quale tipo di programma si ispirarono le nuove associazioni cattoliche?
- Chi erano Murri e Sturzo? Quale linea politica assunsero?

Leggere un documento

Alle origini del partito cattolico

Don Luigi Sturzo (1871-1959), *uomo politico siciliano tra i massimi esponenti del movimento cattolico, in un discorso del 1905 getta le basi programmatiche del nuovo* **Partito Popolare Italiano**, *che avrebbe fondato nel 1919 (vedi pag. 170). Proponiamo di seguito alcuni passi significativi del discorso, nei quali Sturzo sottolinea l'autonomia del partito cattolico rispetto alle gerarchie ecclesiastiche e nel contempo ribadisce con forza la sua ispirazione cristiana.*

> Secondo Sturzo il partito dei cattolici non deve essere un partito a servizio degli interessi della Chiesa, ma un partito laico, del tutto indipendente dalle autorità religiose.

> Il partito cattolico, libero dai condizionamenti della Chiesa, deve porsi nell'arena politica usando gli stessi mezzi degli altri partiti.

Ora, quando affermo che i cattolici debbono anch'essi [...] proporsi il problema nazionale, io intendo i cattolici come tali, non come una congregazione religiosa, che propugna da sé un tenore di vita spirituale, né come l'autorità religiosa che guida la società dei fedeli, [...] né come un partito clericale che difende i diritti storici della Chiesa [...]; ma come una *ragione di vita civile uniformata ai principi cristiani* [...] *nel concreto della vita politica.* [...].
Così, cattolici o socialisti, liberali o anarchici, moderati o progressisti, tutti si mettono sul terreno comune della vita nazionale, e vi lottano con le armi moderne della propaganda, della stampa, dell'organizzazione, della scuola, delle amministrazioni, della politica. Ora, io credo che sia giunto il momento che i cattolici [...] si mettano a pari degli altri partiti nella vita nazionale, non come unici depositari della religione o come armata permanente delle autorità religiose che scendono in guerra, ma come rappresentanti di una tendenza popolare nazionale nello sviluppo del vivere civile, che si vuole impregnato, animato da quei principi morali e sociali che derivano dalla civiltà cristiana [...].
Ma quale programma avrà mai questo partito cattolico nazionale? Sarà forse il contenuto religioso e morale del programma che unirà tutti i cattolici di buona volontà sul terreno della lotta della vita pubblica? Oppure vi sarà un contenuto specifico, che realizzerà le aspirazioni dei cattolici italiani in una formula programmatica? [...].
Nell'affermazione di un programma specifico sociale, il partito cattolico diviene partito vitale, si innalza alla potenzialità di partito moderno combattente, che ha vie precise e finalità concrete. È logico dunque affermare che il neo-partito cattolico dovrà avere un contenuto necessariamente democratico-sociale, ispirato ai principi cristiani: fuori di questi termini, non avrà mai il diritto a una vita propria, esso diverrà un'appendice del partito democratico.

> Indipendente dalle autorità ecclesiastiche, il partito dei cattolici italiani deve comunque ispirarsi agli ideali del Cristianesimo.

> Il partito cattolico dovrà unire i valori cristiani agli orientamenti democratici e sociali, anche per intercettare il consenso dei ceti più poveri, vicini al socialismo.

rid. e adatt. da G. De Rosa, *I partiti politici in Italia*, Minerva Italica

PARTE PRIMA CAPITOLO 3 - L'ITALIA NELL'ETÀ GIOLITTIANA   **59**

4. La politica estera di Giolitti e il tramonto dell'Età giolittiana

Ufficiali dell'esercito turco in Libia.

LA RIPRESA DELLA POLITICA IMPERIALISTA

Nonostante l'Italia fosse legata a Germania ed Austria nella Triplice Alleanza, Giolitti cercò di avvicinarsi politicamente a **Francia** e **Gran Bretagna**, con le quali l'Italia stava intrecciando **intensi rapporti economici**, per lo scambio di prodotti agricoli e industriali.

Con l'assenso di questi due Paesi europei, Giolitti nel 1911 riprese la **politica coloniale** (conclusasi in modo fallimentare nel 1896 con la sconfitta di Adua), puntando alla **conquista della Libia**, allora sotto il dominio dell'Impero ottomano. L'impresa ottenne il sostegno di gran parte delle forze politiche e quello particolarmente entusiasta dei nazionalisti, oltre al consenso dell'opinione pubblica.

LA DIFFICILE CONQUISTA DELLA LIBIA

Nella conquista della Libia l'Italia dovette affrontare sia le **forze armate turche** sia la **guerriglia** locale e la spedizione non poté certo dirsi un successo. Con il trattato di Losanna del **1912** all'Italia venne riconosciuto il **possesso della Libia**, ma poiché l'effettivo **controllo** del territorio era **limitato alle sole zone costiere** a motivo del perdurante stato di guerriglia – sostenuta dai Turchi –, fu deciso che fossero **temporaneamente assegnati agli Italiani anche le isole di Rodi e il Dodecaneso**, nel Mar Egeo, anch'esse parte dell'Impero ottomano. In questo modo si intendeva obbligare il governo turco a cessare le ostilità, per consentire agli Italiani di guadagnare il pieno controllo di tutta la regione. Cosa che, peraltro, avverrà solo nel 1931.

Nelle intenzioni del governo, la spedizione avrebbe dovuto ridare prestigio internazionale all'Italia, assicurare risorse naturali per l'industria e un eventuale sbocco all'emigrazione. Nella realtà, **la conquista non produsse effetti benefici**, visto che **il territorio libico si rivelò povero di risorse minerarie e agricole**. La Libia pareva essere quello che Salvemini, oppositore della politica colonialistica, aveva definito *"uno scatolone di sabbia"*.

> **Per ricordare**
> - Perché Giolitti si avvicinò alla Francia e alla Gran Bretagna?
> - Verso quale Paese africano Giolitti rivolse l'attenzione per riprendere la politica di espansionismo coloniale?

> **Guerriglia**
> Forma di guerra condotta da combattenti che quasi sempre non fanno parte dell'esercito regolare, i quali agiscono con azioni rapide e improvvise (come le imboscate), sfruttando la migliore conoscenza del territorio e godendo spesso del sostegno della popolazione locale.

> **Per ricordare**
> - Quali difficoltà incontrò l'Italia nella conquista?
> - La conquista della nuova colonia produsse i vantaggi sperati? Perché?

LE ELEZIONI DEL 1913 E LA FINE DELL'ETÀ GIOLITTIANA

Le prime elezioni a suffragio universale maschile si tennero nel **1913**. Temendo che l'allargamento della base elettorale favorisse i socialisti rivoluzionari, **i liberali di Giolitti e i cattolici strinsero accordi elettorali** (noti come **Patto Gentiloni**, dal nome dell'esponente cattolico che li sottoscrisse), in base ai quali **i liberali, per ottenere il voto cattolico, si impegnavano a fare alcune concessioni**, come l'introduzione dell'insegnamento religioso nelle scuole pubbliche, l'opposizione al divorzio, la concessione di diritti alle associazioni economiche e sociali cattoliche.

Il Patto Gentiloni permise di fatto di superare definitivamente il *Non expedit* (che sarà abrogato definitivamente solo nel 1919) e consentì ai cattolici italiani di **tornare da protagonisti nella vita politica del Paese**.

Le elezioni del 1913 **riconfermarono al governo Giolitti**, il quale però si trovò **pressato dalle opposte richieste della Sinistra e della Destra** e, nell'impossibilità di dar vita a una maggioranza in grado di governare, nel marzo del 1914 fu costretto a **rassegnare le dimissioni**.

Per ricordare
- Che cosa prevedeva il Patto Gentiloni? Perché fu stipulato?
- Quale effetto ebbe il Patto Gentiloni?
- Quale fu l'esito delle elezioni del 1913?

NUOVE TENSIONI SOCIALI

Dopo la caduta di Giolitti, Vittorio Emanuele III decise di dar vita a un governo di indirizzo conservatore, guidato da **Antonio Salandra**, che però contribuì a far nascere nel Paese una situazione di **grande tensione sociale**. Si verificarono **violenti scontri** fra i manifestanti e la polizia. In risposta, la CGL proclamò lo **sciopero generale**. La tensione raggiunse il culmine nella cosiddetta **Settimana Rossa** (7-12 giugno 1914), con tumulti particolarmente violenti nelle Marche e nella Romagna.

Dopo la caduta di Giolitti e con l'approssimarsi del primo conflitto mondiale, le **profonde contraddizioni in politica interna**, ma anche nei **rapporti con gli altri Stati europei**, emersero con violenza ancora maggiore, ponendo fine a un periodo nel quale l'Italia era comunque riuscita a raggiungere un sorprendente progresso economico e civile.

Per ricordare
- Quale fu l'orientamento del governo di Salandra? Quali furono le prime reazioni?
- Quali problemi emersero con maggiore forza dopo la caduta di Giolitti?

Un comizio a Bologna durante la Settimana Rossa.

Approfondimenti

Storia e società

GLI ITALIANI: UN POPOLO DI EMIGRANTI

L'EMIGRAZIONE EUROPEA TRA OTTOCENTO E NOVECENTO

Nell'arco di un secolo, tra il 1815 e il 1915 ben **48 milioni di Europei** lasciarono i loro Paesi. È sufficiente questo dato per dare l'idea della consistenza del fenomeno migratorio. La rivoluzione economica del primo e, soprattutto, del secondo Ottocento aveva sconvolto l'organizzazione del settore agricolo e, nello stesso tempo, aveva creato masse di operai inurbati che si trovavano all'improvviso vittime delle ricorrenti crisi industriali.

Tutto ciò spinse molti Europei a emigrare in Paesi lontani: **Sudamerica**, **Australia**, ma, soprattutto, **Stati Uniti**, principali destinatari del flusso migratorio europeo: si calcola, infatti, che tra il 1821 e il 1915 gli Stati Uniti accolsero circa 29,2 milioni di Europei (8,2 milioni dalle Isole britanniche, circa 2 dai Paesi Scandinavi, 5,5 dall'Impero tedesco, oltre 4 dall'Impero austro-ungarico, oltre 4 dall'Italia e 3,3 dalla Russia).

New York divenne l'approdo-simbolo di questa vera e propria "marea" di uomini e donne alla ricerca del "sogno americano" e di un lavoro stabile. Da sempre Paese di immigrati, gli Stati Uniti divennero la prima **società multirazziale** della nostra epoca.

L'EMIGRAZIONE ITALIANA

All'interno della grande migrazione europea, quella italiana rappresenta il maggior fenomeno dell'epoca moderna, soprattutto nella **seconda fase dell'emigrazione** (fine Ottocento - inizi Novecento), quando gli espatri italiani costituivano quasi il 25% del totale degli espatri europei.

Tra il 1876 e il 1915, infatti, **oltre 14 milioni di Italiani** emigrarono verso i Paesi europei (6 milioni) e transoceanici (8 milioni).

L'emigrazione riguardò sia le **regioni settentrionali** sia le **regioni meridionali**; negli ultimi decenni del XIX secolo il primato delle migrazioni spettò a 3 regioni settentrionali, **Veneto** in testa; poi furono le regioni meridionali (Sicilia, Campania e Calabria) a registrare il maggior numero di espatri.

Non emigrarono solo **contadini**, ma anche **artigiani**, **operai** espulsi dal sistema produttivo e persone che non si riconoscevano nella nazione che si andava costruendo.

Le prime destinazioni dei nostri emigranti furono il **Brasile** e l'**Argentina**: nel 1891 solo nel Brasile emigrarono 132 326 persone (impiegate nelle piantagioni dove, in seguito all'abolizione della schiavitù, c'era scarsità di manodopera). Dagli inizi del Novecento le mete preferite divennero le città industriali degli **USA**: New Orleans, Boston e, in particolare, New York.

L'emigrazione rappresentava non solo l'unica speranza di **lavoro**, ma anche una **fonte di reddito** per le famiglie rimaste in Italia, che ricevevano dai parenti emigrati delle somme di denaro per vivere in maniera più dignitosa.

L'emigrazione portò all'economia nazionale il risparmio in forma di **rimesse** in valuta pregiata, che consentirono di compensare un'importazione di beni superiore alle esportazioni.

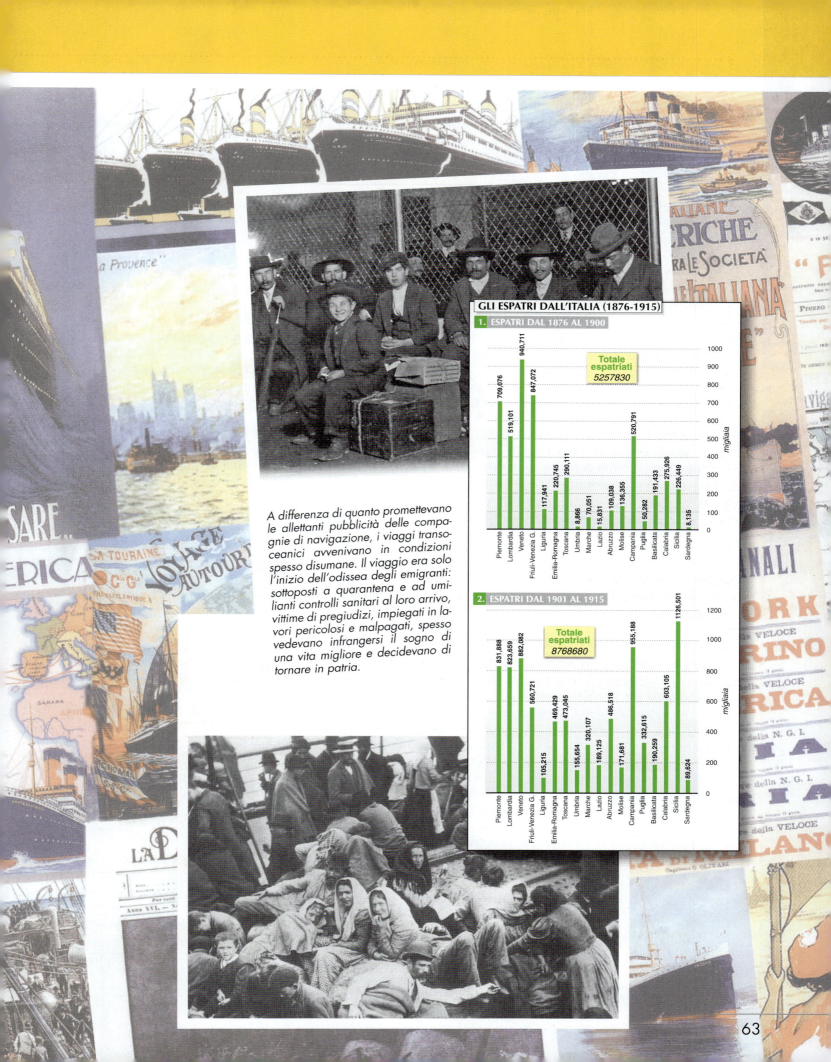

A differenza di quanto promettevano le allettanti pubblicità delle compagnie di navigazione, i viaggi transoceanici avvenivano in condizioni spesso disumane. Il viaggio era solo l'inizio dell'odissea degli emigranti: sottoposti a quarantena e ad umilianti controlli sanitari al loro arrivo, vittime di pregiudizi, impiegati in lavori pericolosi e malpagati, spesso vedevano infrangersi il sogno di una vita migliore e decidevano di tornare in patria.

GLI ESPATRI DALL'ITALIA (1876-1915)

1. ESPATRI DAL 1876 AL 1900

Totale espatriati **5257830**

Regione	Espatri
Piemonte	709.076
Lombardia	519.101
Veneto	940.711
Friuli-Venezia G.	847.072
Liguria	117.941
Emilia-Romagna	220.745
Toscana	290.111
Umbria	8.866
Marche	70.051
Lazio	15.831
Abruzzo	109.038
Molise	136.355
Campania	520.791
Puglia	50.282
Basilicata	191.433
Calabria	275.926
Sicilia	226.449
Sardegna	8.135

2. ESPATRI DAL 1901 AL 1915

Totale espatriati **8768680**

Regione	Espatri
Piemonte	831.888
Lombardia	823.659
Veneto	882.082
Friuli-Venezia G.	560.721
Liguria	105.215
Emilia-Romagna	469.429
Toscana	473.045
Umbria	155.654
Marche	320.107
Lazio	189.125
Abruzzo	486.518
Molise	171.681
Campania	955.188
Puglia	332.615
Basilicata	190.259
Calabria	603.105
Sicilia	1126.501
Sardegna	89.624

Sintesi

L'ITALIA TRA FINE OTTOCENTO E INIZIO NOVECENTO

- Alla fine del XIX secolo l'Italia si trovava in una situazione di arretratezza economica e politico-sociale, aggravata dal divario esistente tra il Nord e il Sud del Paese. I problemi del Sud si manifestavano soprattutto nella mancanza di sviluppo industriale e nell'arretratezza del settore agricolo.
- Nei decenni a cavallo dei due secoli il Paese fu interessato da un imponente movimento migratorio che portò decine di migliaia di Italiani a cercare lavoro soprattutto in Australia, in Sudamerica e negli Stati Uniti.
- L'incapacità dei governi di affrontare i problemi economici generò drammatici conflitti sociali e politici contro i quali venne sempre usato lo strumento della repressione. La crisi toccò il momento di massima drammaticità con l'uccisione del re Umberto I per mano dell'anarchico Gaetano Bresci.

LA LUNGA STAGIONE DELLE RIFORME

- Con l'ascesa al trono del nuovo re Vittorio Emanuele III venne inaugurata una politica più tollerante, di dialogo e apertura verso le rivendicazioni dei lavoratori. L'uomo che attuò questo nuovo indirizzo politico fu Giovanni Giolitti, che presiedette il governo (con qualche interruzione) dal 1903 al 1914. Questo periodo viene detto "Età giolittiana".
- Giolitti era convinto che le gravi tensioni sociali scaturissero dalla situazione economica del Paese e che la risposta repressiva avesse contribuito solo a esasperare lo scontro tra le classi.
- Giolitti cercò l'alleanza con altre forze politiche e movimenti rappresentativi di larghi strati della popolazione, soprattutto socialisti e cattolici. I primi non entrarono nel governo, ma ne appoggiarono l'azione riformatrice. Nel 1904 il papa Pio X permise ai cattolici di partecipare al voto e quindi di entrare più attivamente nella vita politica e parlamentare dello Stato italiano.
- Durante i governi presieduti da Giolitti venne ampliata la legislazione sociale, con l'obbligo del riposo settimanale, la tutela dei minori e delle donne, l'assicurazione contro gli infortuni e altre norme. Giolitti portò a termine anche importanti riforme politiche: introdusse l'indennità (compenso) parlamentare e il suffragio universale maschile.
- L'industria conobbe un vero e proprio decollo. Le industrie tessili, metallurgiche ed idroelettriche aumentarono grandemente la loro produzione; vennero incentivate le industrie meccaniche (costruzioni ferroviarie, cantieristica, automobili, aerei), elettrochimiche e chimiche; si consolidò il ruolo della siderurgia. Lo sviluppo industriale fu sostenuto da istituti bancari organizzati secondo il modello della banca mista.
- Lo Stato interviene direttamente nel sistema produttivo, non solo attraverso l'imposizione di dazi doganali, ma anche con il finanziamento delle imprese e con le commesse (ordinazioni) statali; infine vennero statalizzati il servizio telefonico e le ferrovie.
- Il progresso economico interessò debolmente il Sud del Paese e anche Giolitti si dimostrò incapace di risolvere la questione meridionale.

IL PANORAMA POLITICO E SOCIALE NELL'ETÀ GIOLITTIANA

- Gli anni dei governi Giolitti videro diffondersi le organizzazioni dei lavoratori (Camere del lavoro) e la nascita della Confederazione Generale del Lavoro (la CGL); anche gli imprenditori si dotarono di una propria organizzazione dando vita alla Confindustria.
- Il Partito socialista era diviso in due schieramenti: l'ala moderata, favorevole alle riforme parlamentari, e l'ala rivoluzionaria ed estremista, che intendeva cambiare lo Stato attraverso la rivoluzione. I moderati appoggiarono l'azione di Giolitti, ma alla fine all'interno del partito prevalse l'orientamento rivoluzionario.
- Anche i nazionalisti ebbero un ruolo di primo piano, condizionando le scelte del governo in materia di politica estera.
- All'interno del movimento cattolico si opponevano due diversi modi di intendere la partecipazione alla vita politica del Paese: da un lato vi era chi insisteva per l'istituzione di un partito cattolico, dall'altro chi preferiva appoggiare candidati cattolici senza fondare un partito.

LA POLITICA ESTERA DI GIOLITTI E IL TRAMONTO DELL'ETÀ GIOLITTIANA

- Per ridare prestigio internazionale all'Italia e trovare uno sbocco all'emigrazione, Giolitti riprese la politica coloniale. Nel 1911 dichiarò la guerra all'Impero ottomano per la conquista della Libia. Egli modificò inoltre la posizione dell'Italia nel quadro delle alleanze europee, sganciandola dalla Triplice Alleanza e cercando un'intesa con Francia e Gran Bretagna.
- Nel 1913 si svolsero le prime elezioni a suffragio universale, cui parteciparono anche i cattolici dopo un accordo con i liberali sottoscritto nel Patto Gentiloni. Nonostante la vittoria elettorale, Giolitti fu costretto a dimettersi nel 1914.
- Il nuovo governo assunse un orientamento conservatore, suscitando forti reazioni nel Paese, che piombò in un clima di disordini e di tensioni sociali (Settimana Rossa).

Anche noi storici

Conoscere eventi e fenomeni storici

1. *Indica se le seguenti affermazioni sono vere (V) o false (F).*   V   F

a. Ai primi del Novecento l'Italia era arretrata rispetto agli altri Stati dell'Europa occidentale. ☐ ☐

b. L'Italia settentrionale disponeva di cospicue materie prime. ☐ ☐

c. Tra il XIX e il XX secolo l'Europa fu interessata da imponenti flussi migratori. ☐ ☐

d. L'emigrazione italiana si diresse esclusivamente verso i Paesi del Nord Europa. ☐ ☐

e. Nel 1898 scoppiarono violenti tumulti per il rincaro del pane e della farina. ☐ ☐

f. Il re Umberto I fu assassinato dall'anarchico Bava Beccaris. ☐ ☐

g. L'Età giolittiana fu caratterizzata da politiche repressive e conservatrici. ☐ ☐

h. Giovanni Giolitti svolse un'opera di mediazione tra le parti sociali. ☐ ☐

i. I socialisti appoggiarono il governo Giolitti ma non ne fecero parte. ☐ ☐

l. Il decollo industriale italiano fu sostenuto dall'intervento statale. ☐ ☐

m. Nel 1913 votarono per la prima volta le donne. ☐ ☐

n. Giolitti siglò il Patto Gentiloni per ottenere l'appoggio dei cattolici. ☐ ☐

Organizzare le conoscenze in forma schematica – Individuare rapporti di causa ed effetto

2. *Completa lo schema, indicando le cause e le conseguenze dell'emigrazione italiana.*

CAUSE

1. ....

2. trasformazioni industriali

3. **disoccupazione**

4. progressi della medicina

5. ....

6. ....

EMIGRAZIONE

CONSEGUENZE

7. ....

8. ....

[**a.** *incremento della popolazione* – **b.** *sostegno per l'economia italiana attraverso le rimesse* – **c.** *miglioramento delle condizioni di vita* – **d.** *impoverimento delle risorse umane* – **e.** *crisi del settore agricolo*]

Conoscere eventi e fenomeni storici – Comprendere e utilizzare il linguaggio della storia

3. *Elenca le principali riforme introdotte durante l'Età giolittiana.*

a. Riforme sociali: ....
....

b. Riforme politiche: ....

c. Riforme economiche: ....
....

Orientarsi nel tempo

4. *Indica la data dei seguenti eventi.*

a. .... Inizio dell'Età giolittiana

b. .... Fine dell'Età giolittiana

c. .... Tumulti a Milano e repressione dell'esercito

d. .... Uccisione di re Umberto I

e. .... Prime elezioni a suffragio universale maschile

f. .... Settimana Rossa

g. .... Nascita della Confederazione Generale del Lavoro

h. .... La Libia viene riconosciuta colonia italiana con Rodi e il Dodecaneso

Attivazioni didattiche

PARTE PRIMA **CAPITOLO 3** - L'ITALIA NELL'ETÀ GIOLITTIANA **65**

Leggere statistiche storiche e ricavare informazioni da una tabella

5. La tabella riporta i dati relativi alla partecipazione alle elezioni dal 1861 al 1913. Leggila con attenzione, quindi analizzala seguendo la traccia indicata.

Anno	Età richiesta per il voto	Elettori		Votanti	
1861	25 anni	418 896	1,9%*	239 583	57,2%*
1880	25 anni	621 896	2,2%	369 624	59,4%
1882	21 anni	2 017 829	6,9%	1 223 851	60,7%
1890	21 anni	2 752 658	9,0%	1 447 173	53,7%
1892	21 anni	2 934 445	9,4%	1 639 298	55,9%
1909	21 anni	2 930 473	8,3%	1 903 687	65,0%
1913	21 anni	8 443 205	23,2%	5 100 615	60,4%

*Percentuale degli aventi diritto di voto sul totale della popolazione adulta
*Percentuale dei votanti sul numero degli elettori

a. In quale anno si registra un significativo aumento del numero degli elettori? ....

b. Quale riforma permise l'aumento del numero di coloro che avevano diritto di voto?
....

c. Confronta i dati relativi al numero degli aventi diritto al voto con quelli dei votanti effettivi. Come mai non tutti votavano? Scegli (sottolineandola) fra le seguenti ipotesi di spiegazione, quindi motiva la tua risposta con precisi riferimenti storici.
[1. Molti preferivano andare al mare o in montagna – 2. Molti cattolici non partecipavano alle elezioni, obbedendo al Papa che non riconosceva lo Stato italiano – 3. Una buona parte non era informata delle vicende politiche]
....

d. Nella quarta colonna è riportata la percentuale degli aventi diritto di voto sul totale della popolazione adulta. Perché, nonostante l'introduzione del suffragio universale, la percentuale degli elettori rispetto alla popolazione è ancora così bassa?
....

Ricavare informazioni da un documento iconografico

6. Tra le opere che meglio interpretarono il clima sociale e politico degli anni a cavallo tra Ottocento e Novecento occupa un posto di rilievo il dipinto denominato *"Il Quarto Stato"*, realizzato da Giuseppe Pellizza da Volpedo tra il 1896 e il 1901, che per il suo valore simbolico divenne il manifesto dei lavoratori e delle loro associazioni. Osservalo con attenzione, quindi analizzalo seguendo la traccia indicata.

Parte prima Capitolo 3 - L'Italia nell'Età giolittiana

a. La classe sociale rappresentata è

☐ **1.** la borghesia   ☐ **2.** il proletariato   ☐ **3.** l 'aristocrazia.

b. La folla di persone che marciano insieme comunica

☐ **1.** l'importanza dell'unità nelle lotte per l'emancipazione sociale.

☐ **2.** le divisioni all'interno del movimento dei lavoratori.

☐ **3.** la disorganizzazione del movimento dei lavoratori.

c. La calma, la pacatezza ma anche l'aspetto deciso dei personaggi indicano

☐ **1.** rassegnazione di fronte alle difficoltà e alla miseria.

☐ **2.** fermezza e consapevolezza dei propri diritti e della propria forza.

☐ **3.** sottomissione di fronte alle autorità.

d. La donna in primo piano con il bambino in braccio allude

☐ **1.** al ruolo delle donne all'interno dei movimenti dei lavoratori.

☐ **2.** al tentativo delle donne di porre fine alle manifestazioni e agli scioperi.

☐ **3.** al ruolo di madri e mogli delle donne.

e. L'onda calma ma potente che sembra investire lo spettatore comunica.

☐ **1.** l'avanzata inesorabile delle classi lavoratrici e il loro prossimo riscatto sociale.

☐ **2.** l'avanzata minacciosa dei lavoratori per sovvertire con la forza le istituzioni sociali e politiche.

Storia e cultura / Attualizziamo il passato

• *Quello delle migrazioni è uno dei fenomeni caratterizzanti del mondo attuale, che interessa in modo particolare l'Europa e l'Italia, dove è argomento di dibattito politico, di riflessioni e discussioni. Vi suggeriamo due percorsi di ricerca per approfondire la conoscenza dell'emigrazione italiana e per capire i fenomeni migratori attuali.*

1. L'odissea dell'emigrazione italiana: quando a partire eravamo noi

Nel 2002 il giornalista Gian Antonio Stella ha pubblicato un'opera dal titolo *L'orda. Quando gli albanesi eravamo noi*, nella quale, attraverso fatti, immagini, aneddoti, storie e personaggi, offre un ritratto dell'emigrazione italiana agli inizi del '900. Un ritratto nel quale si rispecchiano, in modo talvolta sorprendente, i fenomeni migratori attuali, soprattutto per quanto riguarda i pregiudizi verso gli stranieri, e che ci permette di "metterci nei panni delle orde" di immigrati che arrivano in Italia e in Europa in cerca di un futuro migliore.

Per approfondire la conoscenza dell'emigrazione italiana e per riflettere sulle tematiche connesse ai fenomeni migratori vi suggeriamo la consultazione di due fonti di informazioni:

- il numero speciale del periodico *L'Europeo* (n.1-2005) dal titolo *Da emigranti a razzisti?*, che ripercorre la storia dell'emigrazione italiana dalla seconda metà dell'Ottocento fino ad oggi, attraverso numerosi reportages, articoli di approfondimento, documenti e testimonianze fotografiche;

- il sito Internet (**www.orda.it**) collegato al saggio sopra ricordato, che riporta documenti, immagini e dati relativi all'emigrazione italiana (con link a siti di associazioni, enti e fondazioni che offrono materiali utili per la ricerca), informa sulle numerose iniziative culturali nate dalla pubblicazione del libro (spettacoli teatrali e musicali, raccolta di canti degli emigranti, romanzi sull'emigrazione, ecc.) e offre la possibilità di partecipare a discussioni on line sui temi dell'emigrazione, dell'immigrazione e del razzismo.

Dividetevi in gruppi e con l'aiuto dell'insegnante scegliete alcuni argomenti trattati nello speciale dell'*Europeo* o nelle sezioni del sito, quindi elaborate per ciascun argomento delle **relazioni scritte**, che raccoglierete in un **dossier** corredato di immagini e grafici.

2. L'America siamo noi

Prendendo lo spunto dalla ricerca precedente e dalle discussioni del forum e delle chat del sito, sotto la guida dell'insegnante organizzate una **discussione** sul tema dell'immigrazione in Italia e sul vostro atteggiamento nei confronti degli immigrati.

4 La Prima Guerra Mondiale

1. Alle origini del conflitto

Un continente percorso da tensioni e contrasti

Nel 1914 l'Europa era percorsa da molteplici tensioni. **Interessi economici e politici**, **rivalità** esasperate, **rivendicazioni nazionalistiche e territoriali** avevano generato una **situazione esplosiva**, che al primo incidente avrebbe potuto degenerare in uno scontro bellico.

La guerra nella quale alla fine inevitabilmente sfociarono le tensioni europee venne chiamata "**Prima Guerra Mondiale**". Essa devastò il continente per **cinque anni** (1914-1918) e ne modificò la carta politica. Venne poi chiamata anche "**Grande Guerra**", perché ebbe caratteristiche tali da renderla **diversa da tutti i conflitti che l'avevano preceduta**.

La maggior parte degli storici è oggi concorde nel ritenere che a scatenare la Prima Guerra Mondiale fu un **intreccio di diverse cause**, favorito dal **sistema di alleanze che legava tra loro gli Stati europei**, il quale faceva sì che il conflitto provocato da uno Stato coinvolgesse i Paesi ad esso alleati.

> **Per ricordare**
> - Che cosa rendeva esplosiva la situazione europea nel 1914?
> - Perché la Prima Guerra Mondiale venne chiamata anche "Grande Guerra"?
> - Su quale ipotesi concordano gli storici riguardo allo scoppio della guerra?

Operai in posa sopra un cannone a lunga gittata in una fabbrica italiana.

LE PRINCIPALI CAUSE DEL CONFLITTO

Le cause che portarono allo scoppio della Grande Guerra sono molteplici. Qui di seguito riportiamo alcune tra le più importanti:

1. le **mire espansionistiche della Germania**, desiderosa di strappare alla Gran Bretagna il primato politico ed economico in Europa. La Germania, in continua ascesa (in ambito industriale oltre che politico), aveva dovuto subire fino a quel momento l'azione delle altre potenze, volte a frenare le aspirazioni tedesche all'espansione territoriale e al consolidamento del proprio prestigio in campo internazionale;

2. la **volontà della Gran Bretagna di difendere la propria supremazia europea**; REVANCHE (VENDETTA, RIVALSA)

3. il **desiderio della Francia di riprendersi l'Alsazia e la Lorena**, cedute alla Germania dopo la guerra del 1870;

4. le **mire espansionistiche della Russia e dell'Impero austro-ungarico verso i Balcani**, anche per risolvere i problemi interni;

5. il **desiderio di indipendenza dei popoli soggetti al dominio austro-ungarico** e il tentativo della Serbia di costituire uno Stato slavo nei Balcani;

6. il **desiderio dell'Italia di completare la sua unificazione**, acquisendo i territori di Trento e Trieste;

7. le **mire espansionistiche di potenze emergenti come gli Stati Uniti e il Giappone**;

8. la **corsa agli armamenti e al rafforzamento degli apparati militari**, alimentata dall'espansionismo coloniale e dalle rivendicazioni territoriali; (IMPERIALISMO)

9. il **diffondersi in larghi strati dell'opinione pubblica delle ideologie nazionalistiche e patriottiche**, che indebolirono e misero a tacere le forze pacifiste.

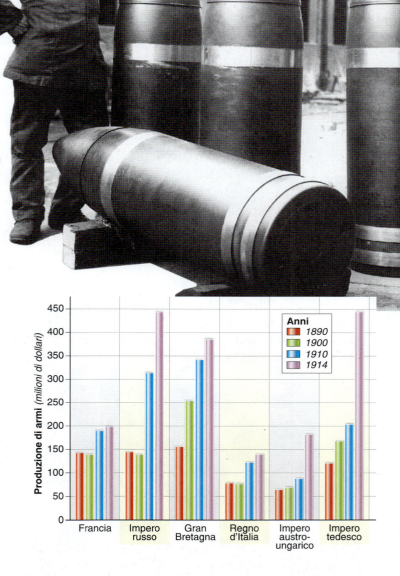

La corsa agli armamenti delle potenze europee (1890-1914)

Il grafico illustra l'escalation nella corsa agli armamenti che caratterizzò l'Europa tra la fine del XIX e gli inizi del XX secolo. Tra il **1890-1900** furono la Gran Bretagna e l'Impero tedesco, spinti da un'aperta rivalità, ad avviare la corsa agli armamenti. Nel decennio successivo **(1900-1910)** tutte le potenze incrementarono in modo impressionante le spese militari, in particolare l'Impero russo e la Gran Bretagna, seguite da Francia e Italia. Negli anni immediatamente precedenti lo scoppio della guerra **(1910-1914)** le spese militari vengono ulteriormente incrementate: poderoso risulta lo sforzo economico dell'Impero tedesco che registra il maggior incremento rispetto al decennio precedente.

NESSUNO TENTÒ DI EVITARE IL CONFLITTO

Tutte le tendenze sopra elencate si intrecciavano o si opponevano a seconda dei momenti e determinarono una **situazione confusa e instabile, che avrebbe trovato il suo sbocco naturale nella guerra**. Ogni nazione vide, infatti, nella guerra l'**occasione estrema per raggiungere i propri obiettivi**.

Leggiamo quanto scritto sul *Corriere della Sera* l'11 aprile 1915: *"Come non si sceglie l'ora di nascere e di morire, così non si può dire alla Storia di fermare il suo corso e di offrirci fra dieci anni, ad esempio, un'occasione ancora più propizia di questa per rivendicare i nostri sacrosanti diritti"*. **La causa più vera dello scoppio della guerra fu che nessuno tentò di fermarla.**

Per ricordare

- Quali furono i fattori che, intrecciandosi tra loro, provocarono lo scoppio della Prima Guerra Mondiale?
- Perché nessuno tentò di fermare la guerra?

Leggere un'immagine

L'Europa alla guerra

L'immagine riproduce una stampa umoristica londinese apparsa nel 1914 con il titolo Hark!Hark! The dogs do bark *(all'incirca corrispondente all'italiano "Senti il bau bau"), inizio di una nota filastrocca inglese, che veniva cantata per tener buoni i bambini con la minaccia dell'arrivo di qualcosa di pauroso. La mappa satirica offre un ritratto fedele delle accese rivalità fra le potenze europee alla vigilia della Prima Guerra Mondiale, attraverso la rappresentazione caricaturale delle caratteristiche di ogni Stato europeo e delle sue ambizioni nel continente.*

Il marinaio che tiene al guinzaglio le navi simboleggia il predominio inglese sui mari e la potenza navale della Gran Bretagna.

Norvegia e Svezia osservano "incuriositi" gli avvenimenti europei.

L'orso e il rullo compressore simboleggiano l'Impero russo e alludono alla temuta forza del suo esercito. I cosacchi al galoppo rappresentano la spinta espansiva verso Occidente dell'Impero russo.

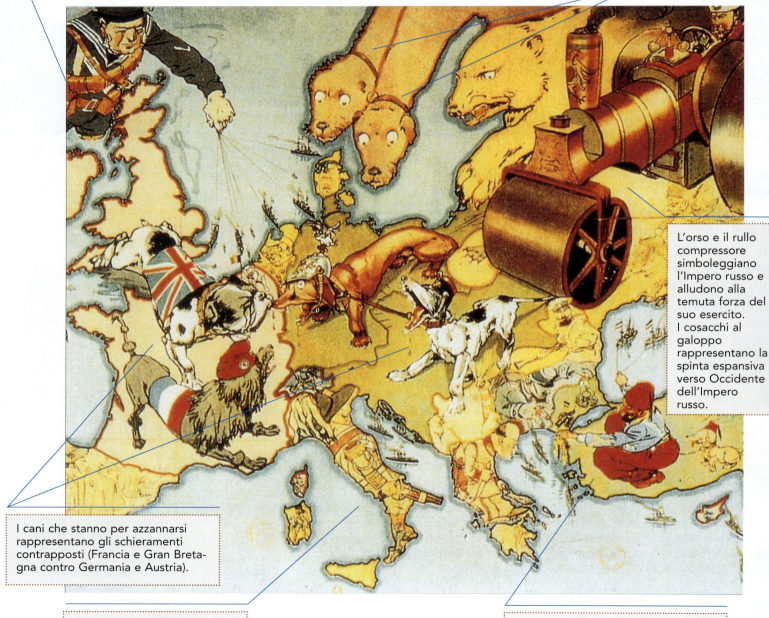

I cani che stanno per azzannarsi rappresentano gli schieramenti contrapposti (Francia e Gran Bretagna contro Germania e Austria).

L'Italia è un bersagliere armato: i movimenti nazionalisti e interventisti hanno il sopravvento sui pacifisti.

L'Impero ottomano cerca di proteggere la zona strategica dello Stretto dei Dardanelli dai tentativi di conquista degli Stati vicini e delle grandi potenze.

2. Lo scoppio della guerra

IL SISTEMA DELLE ALLEANZE

Le maggiori potenze europee erano legate da due principali sistemi di alleanze: la **Triplice Alleanza** e la **Triplice Intesa**.

La **Triplice Alleanza**, nata nel 1882, legava in un patto di tipo difensivo la **Germania**, l'**Austria** e l'**Italia**. Gli interessi di Austria e Germania coincidevano per diversi motivi:
- la **rivalità contro la Francia**,
- la diffidenza per le **pretese egemoniche della Gran Bretagna**,
- la **minaccia** rappresentata per entrambi dal confinante Impero russo.

L'Italia aveva una posizione anomala, in quanto **non condivideva gli stessi interessi** e addirittura rivendicava nei confronti dell'alleato austriaco i **territori di Trento e Trieste**, ancora parte dell'Impero austro-ungarico. La Triplice Alleanza era dunque destinata a modificare il proprio assetto con l'allontanamento dell'Italia e il rafforzamento dell'amicizia fra Austria e Germania.

La **Triplice Intesa** era il frutto di due accordi: l'Intesa Cordiale tra **Francia** e **Gran Bretagna**, stipulata nel 1904, e un successivo patto tra Gran Bretagna e **Russia** siglato nel 1907. L'alleanza che legava i tre Stati era nata per **difendere i rispettivi interessi coloniali ed espansionistici e per contrastare l'intesa austro-tedesca**.

> **Per ricordare**
> - Quali Stati componevano la Triplice Alleanza? Quali interessi univano Germania e Austria?
> - Perché la presenza dell'Italia nell'alleanza poteva essere considerata anomala?
> - Quali Paesi componevano la Triplice Intesa? Per quali motivi fu stipulata?

Una stampa relativa alla questione delle terre italiane ancora sotto il dominio austriaco; il ricongiungimento alla madrepatria delle cosiddette "terre irredente" (Trento e Trieste) sarà uno degli obiettivi delle campagne dei nazionalisti per l'ingresso dell'Italia nella guerra.

LA CRISI FRANCO-TEDESCA

Le potenze europee, legate tra loro da questa rete di alleanze, durante il primo decennio del Novecento furono coinvolte in una **serie di gravi crisi politico-militari**, dalle quali di fatto scaturì l'occasione del conflitto.

La crisi franco-tedesca del 1906 e del 1911 per il possesso del Marocco (vedi pag. 35), conclusasi con il **riconoscimento del protettorato francese su parte del Marocco e con la concessione alla Germania di alcuni territori del Congo francese**, ebbe importanti ripercussioni a livello internazionale e sui rapporti tra le potenze coinvolte.

La rivalità tra Francia e Germania si accentuò, così come la **politica intransigente ed aggressiva del kaiser Guglielmo II**, che portò **all'isolamento diplomatico della Germania e al rafforzamento della sua alleanza con l'Austria**.

> **Protettorato**
> Condizione nella quale si trova uno Stato che, pur conservando formalmente la propria indipendenza, è posto sotto la tutela di un altro Paese. Lo Stato "protetto", generalmente debole militarmente e politicamente, si trova di fatto limitato nella propria sovranità a favore dello Stato "protettore", che esercita la propria ingerenza nei suoi affari interni e nelle scelte di politica internazionale.

L'attentato di Sarajevo nella famosa tavola illustrata apparsa sulla Domenica del Corriere all'indomani del tragico evento che innescò il conflitto mondiale. La cronaca della Prima Guerra Mondiale fu efficacemente raccontata anche attraverso queste illustrazioni, opera di Achille Beltrame.

LA "POLVERIERA BALCANICA"

Il rafforzamento dell'alleanza austro-tedesca **pregiudicò definitivamente la stabilità della regione balcanica**, che non a torto venne definita una "polveriera" pronta a esplodere in qualsiasi momento.

Per gran parte del XIX secolo i Balcani erano stati sottomessi agli imperi ottomano e austriaco. L'**indebolimento dell'Impero turco-ottomano** aveva portato alla **nascita di alcuni Stati indipendenti** (Grecia 1831, Romania, Serbia e Montenegro 1878; Bulgaria 1908, Albania 1913) e nello stesso tempo aveva acceso le **mire espansionistiche degli imperi russo** (che allacciò un'alleanza con la Serbia) **e austriaco**, che intendevano approfittare della situazione di instabilità per spartirsi il controllo della regione.

Nel 1908 l'**Austria decise di annettere la Bosnia-Erzegovina**, che già amministrava, ma che era parte dell'Impero ottomano. Scoppiarono **tumulti** in tutta la regione, con manifestazioni da parte degli **indipendentisti serbi e bosniaci**, mentre le diplomazie europee iniziarono a entrare in fermento, mostrando subito accesi contrasti.

Per ricordare
- Come si conclude la crisi tra Francia e Germania per il controllo del Marocco?
- Quale politica adottò Guglielmo II? Con quali conseguenze?
- Quale conseguenza ebbe il rafforzamento dell'alleanza austro-tedesca?
- Che cosa provocò l'indebolimento dell'Impero ottomano?
- Quale evento scatenò la reazione degli indipendentisti serbi e bosniaci?

L'ATTENTATO DI SARAJEVO: LA MICCIA CHE INNESCÒ IL CONFLITTO

Proprio in Bosnia, nella capitale Sarajevo, il **28 giugno 1914**, si verificò l'episodio che servì da pretesto per l'inizio del conflitto. Un giovane studente nazionalista serbo, **Gavrilo Princip**, uccise a colpi di pistola **l'erede al trono austro-ungarico, l'arciduca Francesco Ferdinando, e sua moglie Sofia**.

L'Austria addossò le **responsabilità dell'assassinio alla Serbia** e inviò al governo di quel Paese un **ultimatum** nel quale tra l'altro veniva richiesto al governo serbo di **proibire qualsiasi tipo di propaganda antiaustriaca** e di **destituire ministri e generali ostili a Vienna**. La Serbia si dimostrò disponibile a esaudire una parte delle richieste austriache, fatta eccezione per quelle che risultavano lesive dalla propria sovranità interna. Il **mancato rispetto di tutti i termini posti nell'ultimatum** offrì all'Austria il pretesto per **dichiarare guerra alla Serbia**, il **28 luglio 1914**.

Per ricordare

- Che cosa accadde a Sarajevo il 28 giugno 1914?
- Perché si può dire che questo episodio rappresentò il pretesto che servì all'Austria per scatenare la guerra?

Ultimatum
È il complesso delle condizioni poste da uno Stato a un altro per evitare una sanzione di qualsiasi tipo, per esempio economica o militare. Se tali condizioni non vengono rispettate entro la data stabilita, scattano le sanzioni, la cui applicazione può tradursi anche in un conflitto.

PARTE PRIMA CAPITOLO 4 - LA PRIMA GUERRA MONDIALE

Leggere un documento

Noi siamo per la guerra!

*I due documenti testimoniano la convinzione diffusa, tra le classi dirigenti politiche e i comandi militari d'Europa nel 1914, di poter risolvere i problemi internazionali con la guerra.
Il primo è un comunicato del giornale dell'esercito austriaco dopo l'assassinio dell'arciduca Francesco Ferdinando; il secondo è tratto da un giornale di Amburgo del 6 agosto del 1914.*

> La guerra viene considerata come una necessità, l'unico modo per riscattare l'orgoglio nazionale e riconquistare un ruolo di grande potenza.

Noi siamo decisamente per la guerra. Quanto più presto viene, tanto meglio è. Non il cuore e il sentimento soltanto parlano per essa, che consideriamo come ultima necessità, anche la prudenza e la mente la vogliono. Consci della responsabilità che ben volentieri accettiamo, diciamo che il nodo fatto attorno a noi deve essere tagliato con la spada.

da Militarische Rundschau

> I Tedeschi giustificano il ricorso alla guerra con l'esempio di quanto accadde nel 1870, quando dovettero combattere per dar vita all'Impero tedesco.

> La guerra viene considerata indispensabile per preservare la posizione di potere che è dovuta al popolo tedesco a motivo del suo valore e della sua civiltà. Questi stessi argomenti saranno esasperati pochi decenni più tardi dal Nazismo.

La nazione deve spalleggiare le nostre forze combattenti con volontà inflessibile, incrollabile e compatta, calma e coraggiosa. Siamo dalla parte della ragione come nel 1870. Allora si trattava di conquistare al popolo tedesco la libertà di costruirsi la sua casa a modo suo, anziché lasciarsene prescrivere le forme da stranieri, come nella pace di Westfalia, nel congresso di Rastatt e di Vienna. Ora si tratta di mantenere nel mondo quel posto cui il popolo tedesco ha diritto per la sua civiltà, le sue doti, per la sua operosità e per ciò che ha fatto per l'umanità; quel posto che non ci si riconosce e che si vuol contendere. Quanto più numerosi i nemici che ci circondano, quanto più ostilmente l'ingiustizia, l'odio e soprattutto l'invidia spuntano e si volgono contro di noi, tanto più saldo sarà il nostro coraggio.

da Bernhard von Bulow, in Hamburger Nachrichten, 6 agosto 1914

Il corteo funebre con le salme dell'arciduca Francesco Ferdinando e della moglie attraversa le vie di Trieste.

SCATTA IL MECCANISMO DELLE ALLEANZE: L'EUROPA IN GUERRA

La dichiarazione di guerra alla Serbia da parte dell'Impero austro-ungarico mise in moto il **complesso meccanismo delle alleanze** e in breve tempo si susseguirono a catena **decine di dichiarazioni di guerra** (in tutto il conflitto furono 48!).

La rapidità con cui, a un mese esatto dall'attentato, l'**Europa precipitò nella guerra** fu sbalorditiva: in pochi giorni un conflitto tra l'Austria e la Serbia si trasformò in una **guerra tra i maggiori Stati europei**, estendendosi dai Balcani **all'intera Europa** e poi ad altre aree del mondo.

Nei primi mesi di guerra l'Italia dichiarò la propria neutralità. Questo era possibile perché la Triplice Alleanza prevedeva l'**obbligo di entrare in guerra solo nel caso in cui uno degli Stati membri fosse stato attaccato**: poiché era stata l'Austria la prima a dichiarare guerra alla Serbia, il trattato non imponeva al nostro Paese un coinvolgimento immediato nel conflitto.

Per ricordare

- Che cosa portò al moltiplicarsi delle dichiarazioni di guerra?
- Quali proporzioni assunse la guerra?
- Perché l'Italia in un primo momento poté restare neutrale?

Neutralità
È la posizione di uno Stato che sceglie di non partecipare a una guerra in atto.

LO STERMINIO DEGLI ARMENI: IL PRIMO GENOCIDIO DEL XX SECOLO

Tra la fine del XIX e gli inizi del XX secolo, mentre l'Impero ottomano si avviava verso la dissoluzione, si sviluppò un movimento, noto come Giovani Turchi, che sosteneva la necessità di un rinnovamento politico dello Stato ed era fautore di una politica nazionalista, con lo scopo di frenare il declino dell'impero e di riunire le popolazioni di etnia turca. Salito al potere negli anni immediatamente precedenti lo scoppio della guerra, il partito dei **Giovani Turchi** diede vita nel 1909 ad una politica di persecuzione, con arresti e massacri, contro gli **Armeni**, una popolazione di religione cristiana stanziata prevalentemente nella parte orientale della penisola anatolica e in Cilicia.
Nel corso della guerra tale persecuzione assunse le proporzioni di un vero e proprio **genocidio**, cioè dello sterminio organizzato e sistematico di un intero popolo (vedi pag. 242). Additati come responsabili degli insuccessi militari ottomani lungo il fronte russo, gli Armeni vennero spogliati dei loro beni, deportati in campi di concentramento, dove molti di coloro che erano sopravvissuti ai viaggi infernali, ai massacri e alle torture, morirono di stenti. Altri massacri ed espulsioni avvennero tra il 1920 e il 1923. Si stima che dei circa 2 milioni di Armeni che vivevano nell'Impero ottomano ben **1,5 milioni** siano **morti** tra il **1915** e il **1923**, cancellando quasi completamente la presenza di questo popolo in Asia Minore e nella storica regione dell'Armenia occidentale.

Scortati dai soldati turchi un gruppo di Armeni viene condotto alla prigione di Mezireh nell'aprile 1915.

UNA GUERRA "TOTALE"

Il conflitto che si aprì nel 1914 presentò **caratteri che lo differenziarono da tutte le guerre precedentemente combattute**, anche nel passato più recente. Le stesse denominazioni di *Prima Guerra Mondiale* e di *Grande Guerra* esprimono l'impressione di un **evento dalle proporzioni e dall'intensità mai viste prima**.

La Prima Guerra Mondiale **coinvolse completamente i Paesi belligeranti, mobilitandone, oltre agli apparati militari, tutti i ceti sociali**: le classi dirigenti, le masse operaie e contadine. Fu un conflitto di uomini e di mezzi, che impegnò l'intero apparato economico delle nazioni: si giocò infatti sia sulla **forza delle armi** sia sulla **capacità produttiva delle industrie**, che dovevano lavorare a pieno ritmo per produrre armi, munizioni, macchine, navi. Determinante fu l'utilizzo di **nuove armi**, sempre più sofisticate e con un **enorme potenziale distruttivo**, oltre all'impiego della propaganda nei confronti delle popolazioni, grazie ai **mezzi di comunicazione di massa**. Per il concorso di tutti questi fattori, il primo conflitto mondiale si configurò come una "**guerra totale**".

Per ricordare
- Che cosa esprimono le denominazioni di *Prima Guerra Mondiale* e di *Grande Guerra*?
- Perché la Prima Guerra Mondiale si configurò come una "guerra totale"?

Alcuni manifesti di propaganda tedeschi (1) e inglesi (2, 3).

1. Aiutaci a vincere! Sottoscrivi un prestito di guerra.

2. Croce rossa o croce di acciaio? Un prigioniero ferito, un nostro soldato implora dell'acqua. La "sorella" tedesca la rovescia sul terreno davanti ai suoi occhi. Nessuna donna inglese l'avrebbe fatto. Nessuna donna inglese lo dimenticherà.

3. Servizio Civile - Esercito femminile di terra. Dio rende veloce l'aratro e la donna che lo guida.

Parola chiave

PROPAGANDA
- La parola "propaganda" deriva dal verbo latino *propagare*, passato anche nella lingua italiana con il significato di "diffondere". Questo termine indica tutte le attività e le azioni che vengono messe in atto per **diffondere un messaggio**, soprattutto in campo sociale o politico (in ambito economico, si usa piuttosto parlare di "pubblicità"). La propaganda viene usata per diffondere il messaggio dei partiti politici, allo scopo di ottenere il più largo consenso.
Lo sviluppo dei *mass media* (cioè dei mezzi di comunicazione di massa), dai manifesti ai giornali, dalla radio alla televisione, ha messo a disposizione strumenti sempre più efficaci e sottili di propaganda e di persuasione. Tali strumenti vengono spesso usati, sia in tempo di pace sia in tempo di guerra, per accrescere l'ostilità nei confronti dell'avversario, ricorrendo anche alla "costruzione" di notizie e fatti falsi. Nei regimi autoritari, laddove esiste una limitazione o una negazione delle libertà politiche e civili, la propaganda diventa un potente mezzo di manipolazione della volontà popolare.

DA GUERRA EUROPEA A GUERRA MONDIALE

Il conflitto esploso nel 1914 raggiunse presto dimensioni mondiali, perché insieme alle potenze europee **vennero coinvolte anche le loro colonie, sparse in tutti i continenti**. Se infatti Germania ed Austria non avevano alleati al di fuori dell'Europa – e la prima arrivò a perdere le sue colonie –, i Paesi della Triplice Intesa trascinarono invece nella guerra i loro possedimenti coloniali. Nel 1917, l'entrata in guerra degli Stati Uniti e di altri Paesi fu un altro passo decisivo nella **mondializzazione del conflitto**. Alla fine del 1917 i Paesi neutrali erano un'esigua minoranza (in Europa erano neutrali i Paesi scandinavi, la Svizzera, il Belgio, la Spagna e l'Albania).

La guerra determinò enormi sconvolgimenti in Europa e in tutto il mondo, sul **piano umano e culturale**, su quello **socio-economico** e su quello **politico-militare**. Il conflitto causò **milioni di morti** e un numero ancora più elevato di **mutilati e invalidi**, provocò **sofferenze inaudite ai militari e anche ai civili**; **mutò la percezione della guerra** e introdusse **nuovi miti** (il mito dei caduti), **valori** (il cameratismo) e modi di combattere; indebolì l'economia europea e favorì l'**affermazione degli Stati Uniti**; cambiò la **geografia politica europea**, cancellando quattro imperi e creando nuovi Stati.

Per ricordare
- Perché la guerra assunse subito proporzioni mondiali?
- Quali ripercussioni ebbe la guerra in Europa e in tutto il mondo?

Leggere una carta

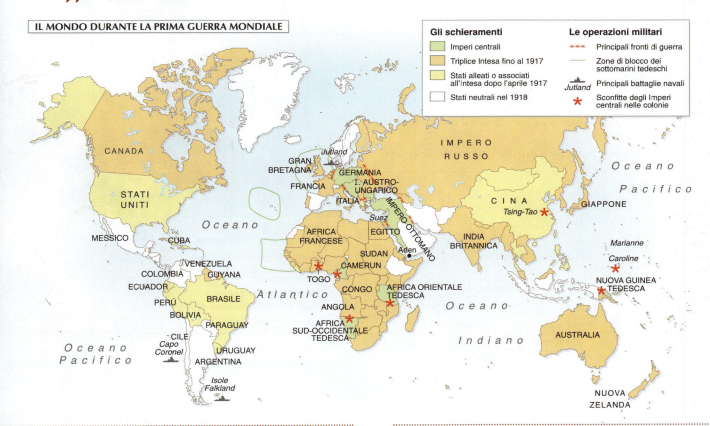

Guerra marittima
La guerra si sviluppò anche sul mare e nelle acque oceaniche dei territori coloniali.
La flotta tedesca ottenne un primo successo nella battaglia di Capo Coronel, ma fu battuta alle Isole Falkland.
La battaglia dello Jutland del 1916 impedì ai Tedeschi di utilizzare la loro flotta di superficie.
Non restò loro che la guerra sottomarina; ma anche questa fallì.
La vittoria finale del 1918 toccò alle potenze marittime, che ebbero il sopravvento sulle potenze continentali europee.

Guerra terrestre
I fronti bellici principali si crearono in Europa. I Tedeschi, durante tutta la guerra, dovettero dividere le loro forze per fronteggiare la Francia e la Gran Bretagna all'Ovest e la Russia all'Est.
L'apertura del fronte italiano nel 1915 e il mantenimento di un altro nei Balcani aggravarono le difficoltà degli Imperi centrali.
In Medio Oriente, i Turchi si opposero ai Russi in Armenia, ma si ritirarono di fronte agli Inglesi nel 1917 in Palestina e in Mesopotamia. Dal Mare del Nord al Golfo Persico, gli Imperi Centrali formarono un blocco unito.

PARTE PRIMA CAPITOLO 4 - LA PRIMA GUERRA MONDIALE

3. Le prime fasi del conflitto (1914-1916)

LA SPERANZA DI UN CONFLITTO BREVE

I comandi militari di Germania e Austria speravano di risolvere rapidamente il conflitto, mettendo in atto una guerra di movimento basata su **attacchi improvvisi e massicci**. Il piano militare tedesco (già predisposto a partire dal 1905) prevedeva sul **fronte occidentale** la **conquista immediata della Francia**, che da tempo aveva però provveduto a rafforzare le postazioni difensive.

Per aggirare le fortificazioni francesi **la Germania invase il Belgio** (nonostante la sua neutralità) e puntò su Parigi. Seppur a fatica, nel settembre 1914 l'esercito francese riuscì a **bloccare i Tedeschi** lungo il fiume **Marna** a pochi chilometri da Parigi, respingendoli verso Nord.

Sul **fronte orientale**, dopo un iniziale successo, nel 1914 **i Russi vennero sconfitti dai Tedeschi** (battaglie di Tannenberg e dei Laghi Masuri), che invasero la **Polonia e la Lituania**. A Sud Tedeschi e Austriaci (cui si era unita la Bulgaria) **invasero la Serbia e occuparono la penisola balcanica**.

Per ricordare

- Che cosa prevedeva il piano militare tedesco?
- Quali azioni mise in atto la Germania per attuare il piano? Dove fu bloccata la sua offensiva?
- Quali successi ottennero Tedeschi e Austriaci sul fronte orientale?

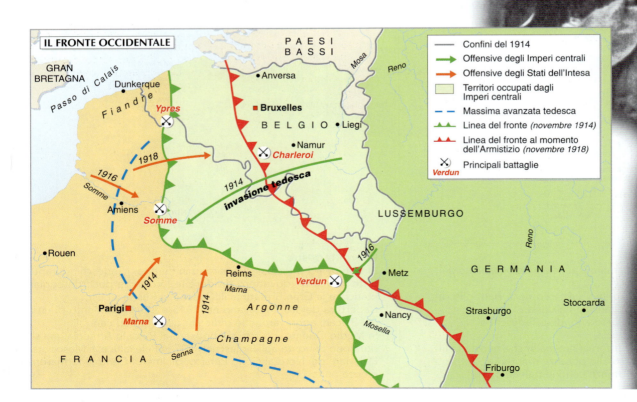

DALLA GUERRA DI MOVIMENTO ALLA GUERRA DI POSIZIONE

Austria e Germania incontrarono da parte dei nemici una **resistenza maggiore del previsto** e presto si trovarono nell'**impossibilità di proseguire la loro avanzata con rapide e folgoranti manovre militari**. I fronti si arrestarono e il conflitto si trasformò in una logorante **guerra di posizione**, durante la quale gli eserciti si appostarono nelle **trincee** (lunghi corridoi scavati nella terra, distanti gli uni dagli altri poche centinaia di metri), tentando di **difendere le proprie posizioni** o cercando di **avanzare con attacchi di artiglieria seguiti poi da combattimenti corpo a corpo**.

Questi scontri causarono **centinaia di migliaia di morti**, senza produrre risultati concreti e **senza modificare in modo significativo le posizioni dei rispettivi eserciti**. Anche le battaglie di Ypres (1915), Verdun e della Somme (1916), combattute dai Tedeschi da una parte e da Francesi e Inglesi dall'altra, non apportarono mutamenti decisivi, causando **gravissime perdite umane e materiali** (in quattro mesi morirono circa 1,75 milioni di soldati lungo un fronte di appena 40 chilometri!).

Parola chiave

GUERRA DI MOVIMENTO E GUERRA DI POSIZIONE
- La **guerra di movimento** è caratterizzata da un rapido spostamento di truppe, di artiglierie e di mezzi corazzati nel tentativo di sfondare le linee nemiche e conquistare terreno.
Nella **guerra di posizione**, invece, gli eserciti si fronteggiano pressoché immobili, perché il sostanziale equilibrio di forze impedisce un avanzamento dell'uno o dell'altro. L'espressione più emblematica della guerra di posizione è la trincea.

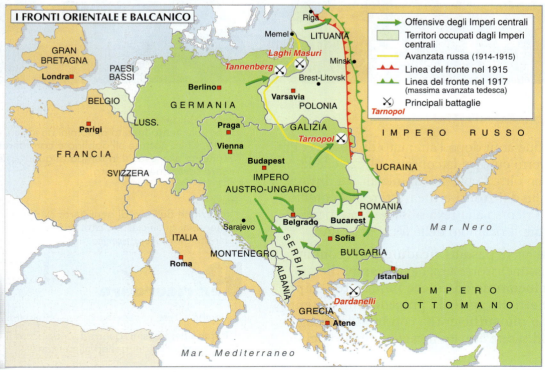

Nelle trincee i soldati potevano rimanere per settimane o per mesi senza riuscire ad avanzare, semplicemente difendendo le proprie posizioni.

Per ricordare
- Perché Austria e Germania non poterono proseguire la guerra di movimento?
- Come si trasformarono i combattimenti? Con quali risultati?

PARTE PRIMA CAPITOLO 4 - LA PRIMA GUERRA MONDIALE 79

LA GUERRA SUI MARI

Il 1916 vide lo spostamento dello scontro anche sul mare, dove la flotta britannica stava da tempo attuando un **blocco navale ai danni della Germania**, ostacolando il rifornimento di generi alimentari destinati alla popolazione e **di materie prime** necessarie all'industria delle armi.

Le flotte inglese e tedesca si scontrarono nella battaglia dello **Jutland**, che ebbe esito incerto e che comunque non servì a scalfire la supremazia marittima britannica, né a togliere il blocco navale. La Germania decise allora di impiegare i temibili **sommergibili *U-Boote***, con i quali iniziò ad **affondare non solo navi militari, ma anche mercantili e navi passeggeri** in rotta da o per la Gran Bretagna. Queste azioni di sabotaggio sortirono un **effetto positivo per i Tedeschi** e misero in crisi l'economia inglese.

> **Per ricordare**
> - Che cosa comportò il blocco navale messo in atto dalla Gran Bretagna contro la Germania?
> - In che modo i Tedeschi reagirono al blocco navale?

Operaie al lavoro in una fabbrica di proiettili.

GLI EFFETTI ECONOMICI DEL CONFLITTO

Verso la fine del 1916, oltre due anni dopo l'attentato di Sarajevo, era ormai diffusa presso tutti i governi europei la consapevolezza che la guerra si sarebbe prolungata ben oltre le previsioni iniziali. La **durata dei combattimenti**, l'**estensione dei fronti** e il **carattere** del conflitto imposero ai Paesi belligeranti il ricorso alla leva obbligatoria, per compensare le perdite e garantire il ricambio delle forze al fronte.

La guerra, inoltre, iniziava ad avere **pesanti ricadute sull'economia**, a causa dell'impiego di ingentissime risorse umane sui campi di battaglia: **nelle fabbriche cominciarono ad essere impiegate sempre più donne**; nelle campagne **le attività agricole procedevano a stento** e i **prodotti agricoli non erano più sufficienti** a coprire il fabbisogno interno e al fronte; cominciò ad essere attuato il razionamento dei **generi alimentari**.

Leva obbligatoria
È l'arruolamento forzato di uomini da inviare al fronte. Chi si sottrae all'obbligo è considerato "renitente alla leva" e in tempo di guerra può essere severamente punito.

Razionamento
Limitazione dell'uso di beni particolari o di alimenti, ai quali ciascun cittadino ha diritto in quantità giornaliere precise.

> **Per ricordare**
> - Perché si rese necessaria la leva obbligatoria?
> - Perché nei Paesi in guerra fu introdotto il razionamento dei generi alimentari?

4. L'intervento dell'Italia

Non avendo obblighi di intervento, dato il carattere difensivo della Triplice Alleanza, durante i primi mesi del conflitto **il governo italiano si limitò a osservare lo sviluppo degli eventi** e anzi, proseguendo la politica di Giolitti, iniziò ad avviare contatti diplomatici con la Gran Bretagna, **avvicinandosi agli Stati dell'Intesa**.

In Italia, dove la maggior parte dell'opinione pubblica era inizialmente contraria alla guerra, si vennero a formare **due opposti schieramenti**: da un lato vi erano coloro che erano **favorevoli al mantenimento della neutralità**, dall'altro chi sosteneva, invece, la necessità della partecipazione alla guerra a fianco delle forze dell'Intesa, con lo scopo di **conquistare le regioni ancora sotto il dominio austriaco**, le cosiddette "**terre irredente**" (vedi pag. 86).

- Come si comportò il governo italiano durante i primi mesi del conflitto?
- Per quale motivo vi era chi sosteneva la necessità di un intervento dell'Italia nella guerra?

"Come torre ferma e che non crolla al forte soffio degli... eventi": così titola questa cartolina che illustra l'Italia contesa tra i due schieramenti belligeranti, le forze dell'Intesa (a destra) e gli Imperi centrali (a sinistra).

I NEUTRALISTI

Lo schieramento dei **neutralisti**, cioè di coloro che intendevano mantenere la neutralità, era formato da cattolici, socialisti riformisti e liberali giolittiani.

I **cattolici** sostenevano la loro posizione appellandosi sia al **principio di fratellanza tra gli uomini e tra i popoli** sia alla tradizionale **estraneità alle vicende della politica**. Il pacifismo cattolico, nel prosieguo della guerra, si trasformò prima in neutralità condizionata e, infine, in **adesione al conflitto, quando apparvero minacciati gli interessi nazionali**.

I **socialisti riformisti** ritenevano che i **proletari** di tutti i Paesi si sarebbero dovuti **unire, al di là di ogni frontiera, per opporsi alla guerra, rendendola impossibile**. Dopo l'entrata in guerra dell'Italia, la loro posizione si riassunse nella formula "né aderire né sabotare". All'interno del partito, tuttavia, le opinioni erano molto diverse: ai pacifisti convinti, infatti, si affiancavano coloro che ritenevano **necessaria la difesa bellica degli interessi nazionali**.

Ispirata ad un forte **realismo politico** e alla **conoscenza delle forze antagoniste** era la scelta di neutralità dei **liberali giolittiani**, sposata dalla maggioranza dal Parlamento. Conscio dei **problemi socio-economici** dell'Italia e della sua **impreparazione militare**, Giolitti si opponeva fortemente alla guerra, convinto che quanto l'Italia si riprometteva dal conflitto (completare l'unificazione nazionale) sarebbe stato **ottenibile facilmente per via diplomatica**.

- Perché i cattolici erano contrari alla guerra?
- Quali erano le opinioni dei socialisti?
- Perché Giolitti e i liberali si opponevano alla guerra?

GLI INTERVENTISTI

A favore all'intervento dell'Italia nella guerra (e perciò detti "**interventisti**") erano forze diverse e composite presenti nel panorama politico italiano: dai **socialisti rivoluzionari** (che consideravano la guerra come l'occasione per abbattere con la forza il sistema capitalistico) ai **conservatori**, dai **repubblicani** ai **nazionalisti**.

I più accaniti sostenitori della guerra furono i nazionalisti, che chiedevano la **liberazione di Trento e Trieste**. Esaltatori della forza e della violenza come armi politiche, ostili alla democrazia e ai sistemi parlamentari in genere, i nazionalisti ottennero l'appoggio dell'allora direttore del giornale socialista *Avanti!*, **Benito Mussolini**, prima neutralista, poi acceso interventista. Espulso dal partito, egli continuò ad **appoggiare con forza l'intervento italiano** dalle colonne di un nuovo giornale, *Il Popolo d'Italia*, di cui fu il fondatore.

Per ricordare
- Da chi era composto lo schieramento degli interventisti?
- Che cosa volevano i nazionalisti? Chi li appoggiò?

Leggere un documento

L'Italia di fronte alla guerra: pro e contro l'intervento

Il problema dell'intervento in guerra fu ampiamente dibattuto sia sulle pagine della stampa che in Parlamento. Riportiamo di seguito due documenti: il primo, a favore dell'intervento, è tratto da un articolo scritto da Benito Mussolini su Il Popolo d'Italia; *il secondo, contrario all'intervento, dalle* Memorie *di Giovanni Giolitti.*

Neutralisti, siete dei codardi!

Mentre il Paese attende di giorno in giorno, con ansia sempre più spasmodica, una parola da Roma, da Roma non ci giungono che rivoltanti storie e cronache di non meno rivoltanti manovre parlamentari. Questi deputati che minacciano "pronunciamenti" alla maniera delle repubbliche sudamericane [...]; questi deputati che diffondono – con le più inverosimili fantasticherie ed esagerazioni – il panico nella fedele mandria elettorale; questi deputati pusillanimi, mercatori, ciarlatani, proni al volere del Kaiser; questi deputati che dovrebbero essere alla testa della Nazione per rincuorarla e fortificarla, invece di deprimerla ed umiliarla come essi fanno; questi deputati dovrebbero essere consegnati ai tribunali di guerra.

da *Il Popolo d'Italia*,
11 maggio 1915

> Secondo Mussolini, i responsabili del mancato intervento dell'Italia in guerra sono i deputati timorosi di confrontarsi con la Germania.

L'arresto di Mussolini durante un manifestazione interventista nell'aprile del 1915.

Nella pagina precedente, una manifestazione in Piazza Campidoglio, a Roma, a favore dell'intervento in guerra.

Le aspirazioni italiane si possono raggiungere senza guerra

Io avevo invece la convinzione che la guerra sarebbe stata lunghissima [...] perché si trattava di debellare i due Imperi militarmente più organizzati del mondo, che da oltre quarant'anni si preparavano alla guerra; i quali, avendo una popolazione di oltre centoventi milioni potevano mettere sotto le armi sino a venti milioni di uomini [...]; che il nostro fronte sia verso il Carso, sia verso il Trentino, presentava difficoltà formidabili. Osservavo d'altra parte che, atteso l'enorme interesse dell'Austria di evitar la guerra con l'Italia, e la piccola parte che rappresentavano gl'Italiani irredenti in un Impero di cinquantadue milioni di popolazione, si avevano le maggiori probabilità che trattative bene condotte finissero per portare all'accordo. Di più consideravo che l'Impero austro-ungarico, per le rivalità fra l'Austria e l'Ungheria, e soprattutto perché minato dalla ribellione delle nazionalità oppresse, slavi del sud e del nord, polacchi, czechi, sloveni, rumeni, croati ed italiani, che ne formavano la maggioranza, era fatalmente destinato a dissolversi, nel qual caso la parte italiana si sarebbe pacificamente unita all'Italia.

rid. da G. Giolitti, *Memorie della mia vita*, Garzanti

> L'Austria aveva tutto l'interesse a evitare una guerra con l'Italia e, secondo Giolitti, sarebbe facilmente scesa a patti, restituendo Trento e Trieste. In effetti, questa proposta venne avanzata all'Italia, in cambio della sua neutralità.

> Secondo Giolitti la guerra appariva fin da subito destinata a durare a lungo, perché l'Austria e la Germania erano due imperi forti, che non sarebbero stati sconfitti facilmente.

> In caso di sconfitta dell'Impero austro-ungarico, l'Italia avrebbe comunque riavuto in possesso le "terre irredente".

PARTE PRIMA **CAPITOLO 4** - LA PRIMA GUERRA MONDIALE   83

L'ITALIA ENTRA IN GUERRA

Gli **interventisti** organizzarono **violente manifestazioni di piazza** per condizionare l'orientamento dell'opinione pubblica e le decisioni del governo. Contro Giolitti e il Parlamento venne creato un **clima di tensione e di intimidazioni**, che si tradusse in una fortissima **pressione politica**.

Il 26 aprile 1915 il governo firmò un accordo segreto – il **Patto di Londra** –, con il quale si impegnava a **entrare in guerra a fianco dell'Intesa** entro un mese; in caso di vittoria l'Italia avrebbe ottenuto il **Trentino**, l'**Alto Adige**, **Trieste**, l'**Istria** e la **costa dalmata**.

Il **24 maggio 1915 l'Italia dichiarava guerra all'Impero austro-ungarico** e l'anno successivo alla Germania.

Per ricordare
- In che modo gli interventisti esercitarono pressioni politiche?
- Che cosa stabiliva il Patto di Londra? Quando l'Italia entrò in guerra?

LA GUERRA DI POSIZIONE SUL FRONTE ITALIANO

In Italia la guerra fu combattuta quasi esclusivamente nelle **regioni nordorientali**. In quei territori, nel corso del **1915** l'esercito italiano, al comando del generale **Luigi Cadorna**, sostenne numerose battaglie, che costarono **migliaia di morti, ma ottennero scarsi risultati strategici**. Anche sul fronte italiano, attestato lungo l'Isonzo e sull'altopiano del Carso, il conflitto assunse i caratteri della **guerra di posizione**.

Il conflitto si trascinò così anche per tutto il **1916**, quando i soldati italiani **bloccarono sull'Altopiano di Asiago e sul Pasubio** l'offensiva austriaca nel Trentino (*Strafexpedition*, "spedizione punitiva" per dare agli Italiani una punizione per il tradimento), mentre a Est **conquistarono la città di Gorizia**.

Per ricordare
- Dove fu combattuta la guerra sul suolo italiano? Con quali esiti?
- Quali risultati ottenne l'esercito italiano nel 1916?

LA SCONFITTA DI CAPORETTO

La **mancanza di risultati concreti** (le posizioni dei rispettivi eserciti rimanevano sostanzialmente inalterate), le **dure condizioni di vita** al fronte e gli **elevati costi umani** determinarono episodi di **diserzione e ammutinamento**.

Nel **1917** una grande offensiva austro-tedesca determinò la peggiore disfatta dell'esercito italiano: la **sconfitta di Caporetto** e la disastrosa ritirata con **centinaia di migliaia di morti, feriti e prigionieri**, cui si aggiunsero la **perdita di ingente materiale bellico e la fuga della popolazione civile**. Tutto il Friuli e una parte del Veneto caddero così sotto l'**occupazione straniera**.

A quel punto, il generale Cadorna fu rimosso dal comando e sostituito da **Armando Diaz**, mentre nel Paese si diffondeva un **forte sentimento di patriottismo**. Alla fine del 1917 il fronte era attestato **tra il fiume Piave e il Monte Grappa**.

Soldati italiani impegnati nello scavo delle trincee lungo i valichi alpini, a 3000 metri di quota.

Per ricordare
- Che cosa determinò i casi di diserzione di ammutinamento?
- Quali conseguenze ebbe la disfatta di Caporetto?
- Da chi venne sostituito il generale Cadorna? Dove si assestava il fronte italiano alla fine del 1917?

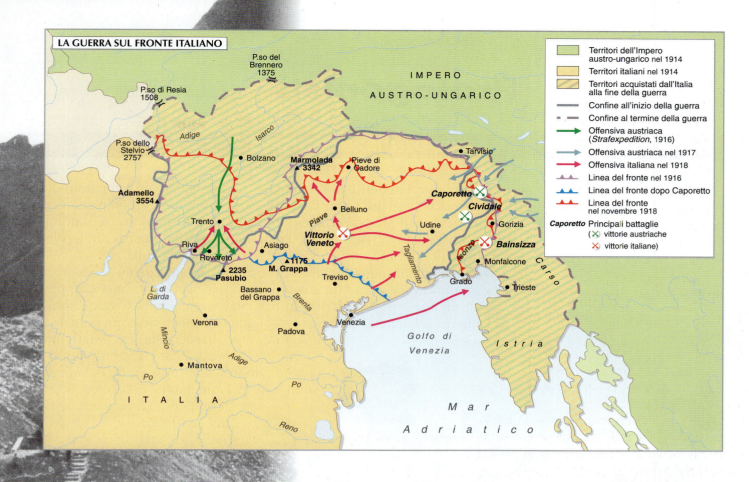

L'economia di guerra

L'Italia dovette **mobilitare tutte le proprie risorse** per potere sostenere lo sforzo bellico. Le industrie **convertirono gran parte della loro produzione** per fornire armi, munizioni ed equipaggiamento vario.

Il numero crescente di **uomini inviati al fronte privò il sistema economico di gran parte della forza lavoro**, soprattutto di contadini, con conseguente **diminuzione della produzione agricola**. I generi alimentari furono razionati, in modo che tutti avessero il minimo necessario e si potesse provvedere all'alimentazione delle truppe al fronte. Contemporaneamente, però, si diffuse il **mercato nero**, cioè la possibilità di acquistare di nascosto, a prezzi assai elevati, i generi alimentari razionati o altrimenti introvabili.

Se il sistema industriale riuscì a sostenere lo sforzo produttivo, i **sacrifici in vite umane**, le **peggiorate condizioni di vita** e la **scarsità di viveri** generarono **inquietudini** e **malcontento** nella società italiana.

Per ricordare

- Che cosa dovette fare l'industria italiana per sostenere lo sforzo bellico?
- Quali effetti ebbe il massiccio spostamento di uomini al fronte?
- Che cosa contribuì a generare malcontento tra la popolazione?

PARTE PRIMA CAPITOLO 4 - LA PRIMA GUERRA MONDIALE

Protagonisti

I MARTIRI DELL'IRREDENTISMO

Il **movimento irredentista** nacque e si diffuse nell'ultimo trentennio dell'Ottocento in funzione antiaustriaca, con il compito di promuovere il completamento dell'unità nazionale mediante l'acquisizione di territori *italiani* rimasti sotto il dominio dell'Impero austro-ungarico (dette **terre irredente**, cioè "non liberate, non salvate", ancora soggette al dominio straniero): il Trentino e la Venezia Giulia.

Dopo il 1866 nacquero in Italia alcune associazioni irredentistiche, ma la classe borghese sembrava trascurare questo problema per mantenere buoni rapporti con l'Austria. Divenute espressione della Sinistra più estrema, queste associazioni vennero ufficialmente sciolte da Francesco Crispi, ma continuarono comunque la loro attività.

Il primo eroe irredentista fu **Guglielmo Oberdan** (1858-1882) che, disertato il servizio militare austriaco, era entrato in Italia e aveva, poi, organizzato un attentato contro l'imperatore Francesco Giuseppe, come protesta per la partecipazione dell'Italia alla Triplice Alleanza, che la legava all'Austria. Tradito da una spia, fu arrestato e impiccato a Trieste nel 1882.

Nel 1916 **Cesare Battisti** e **Fabio Filzi**, entrambi sudditi austriaci ed irredentisti combattenti tra le fila italiane, furono catturati dagli Austriaci.

Cesare Battisti (1875-1916) combatté sin dai tempi dei suoi studi universitari perché fossero riconosciute al Trentino le proprie caratteristiche "italiane" e, quindi, l'autonomia politica nell'impero. Fu anche deputato al Parlamento austriaco e fondò alcuni giornali di chiara impronta socialista. Allo scoppio della Prima Guerra Mondiale si trasferì a Milano e si arruolò come volontario. Tenente degli alpini, il 10 luglio 1916 fu fatto prigioniero con il sottotenente Fabio Filzi (1884-1916). Riconosciuti, furono condannati a morte per alto tradimento, in quanto cittadini austriaci.

Una sorte analoga toccò anche a **Damiano Chiesa** (1884-1916), irredentista disertore dell'Austria arruolatosi volontario in Italia e catturato dagli Austriaci nel maggio del 1916.

Nazario Sauro (1880-1916), irredentista militante per la liberazione della nativa Istria dagli Austriaci e ufficiale della marina mercantile austriaca, si rifugiò in Italia nel 1914 e si arruolò nella marina militare. Il sommergibile *Pullino*, da lui comandato, si incagliò nelle acque dell'isola istriana Galiola il 30 luglio 1916; fatto prigioniero, fu condannato per diserzione e tradimento.

Cesare Battisti e Fabio Filzi in manette dopo la cattura da parte degli Austriaci, avvenuta il 10 luglio 1916 nel corso di un'azione controffensiva italiana.

5. Le fasi decisive della guerra e la fine del conflitto (1917-1918)

La svolta del 1917

Nel 1917 accaddero due eventi decisivi: il **ritiro della Russia** e l'**entrata in guerra degli Stati Uniti**.

Le **sconfitte militari** e le **disastrose condizioni economiche** determinarono in Russia il **crollo del potere zarista** (marzo 1917) e lo scoppio della **Rivoluzione bolscevica** nel novembre (ottobre secondo il calendario giuliano ancora in vigore in Russia) dello stesso anno (vedi Capitolo 5). I soldati disertarono in massa e l'esercito si dissolse, costringendo il nuovo governo a chiedere un armistizio. Nel 1918 la **Russia si ritirò dal conflitto** e firmò con gli Imperi centrali la **Pace di Brest-Litovsk** (3 marzo 1918).

Nel 1917 il presidente statunitense **Thomas Woodrow Wilson**, che fino a quel momento si era mantenuto su posizioni neutrali, decise **l'intervento degli Stati Uniti nel conflitto**, spinto dagli **interessi economici** e dai **legami di amicizia verso Gran Bretagna e Francia**. Sulla decisione influì anche l'emozione suscitata nell'opinione pubblica dalla morte di cittadini americani in seguito all'**affondamento del transatlantico Lusitania** da parte dei sommergibili tedeschi nel maggio 1915.

Il contributo degli Stati Uniti, che **impegnarono nel conflitto il loro potenziale militare, economico e tecnologico**, fu **decisivo** per la sconfitta di Germania e Austria. Importante furono anche i **riflessi psicologici** dell'entrata in guerra della potenza americana: l'Intesa si sentì rafforzata e anche fra le truppe si diffuse nuovamente l'ottimismo.

Un'anziana cittadina francese mostra riconoscenza ad un soldato americano dopo la liberazione dall'occupazione tedesca del suo villaggio di Breuilles sur Bar.

Armistizio
È una convenzione stipulata tra gli Stati in guerra per sospendere le ostilità per un certo tempo, in previsione di un trattato di pace.

Per ricordare
- Quali eventi decisivi del 1917 cambiarono il corso della guerra?
- Perché la Russia si ritirò dalla guerra?
- Quali motivi spinsero il presidente americano Wilson a intervenire nella guerra?
- Perché l'entrata in guerra degli Stati Uniti fu determinante?

Le vittorie dell'Intesa nel 1918

Il 1917 fu l'anno più duro del conflitto. Le proporzioni del disastro erano ormai evidenti a tutti. Papa **Benedetto XV** rivolse ripetuti appelli agli Stati belligeranti, perché **ponessero fine all'"inutile strage"**. Tra i civili e i militari cresceva il **malcontento** e si diffondeva il **desiderio di pace** e di **ritorno alla normalità**.

All'inizio del **1918** gli opposti schieramenti erano in **posizione di equilibrio militare**, ma il **contributo del contingente americano** (circa un milione di uomini) piegò le sorti a favore delle forze dell'Intesa.

Le ultime battaglie si svolsero sul **fronte franco-tedesco**, nelle Fiandre e lungo la Marna, dove la Germania aveva concentrato le forze dopo il ritiro della Russia. Dopo un'iniziale vittoria tedesca, l'esercito dell'Intesa, posto sotto il comando unico del generale francese Ferdinand Foch, **sconfisse i Tedeschi presso Amiens**, costringendoli alla ritirata.

In settembre **Bulgaria e Turchia, alleate della Germania, si ritirarono dal conflitto**. A quel punto, i comandi militari tedeschi si resero conto dell'inutilità di proseguire una guerra ormai perduta.

Per ricordare
- Quali sentimenti si andavano diffondendo tra la popolazione nel 1918?
- Che cosa modificò gli equilibri delle forze in campo?
- Su quale fronte furono combattute le ultime battaglie?

LA FINE DELLA GUERRA

Anche la posizione dell'**Impero austro-ungarico** appariva ormai del tutto compromessa. Morto nel novembre del 1916 il vecchio imperatore Francesco Giuseppe, il suo successore **Carlo I** si trovò a dover fronteggiare sia le **rivolte nazionali interne** (tra l'ottobre e il novembre del 1918 Ungheria, Cecoslovacchia e Iugoslavia dichiararono l'indipendenza) sia l'**offensiva italiana**.

Nella **battaglia di Vittorio Veneto gli Austriaci subirono una durissima disfatta** e non poterono bloccare l'avanzata delle truppe italiane, che liberarono Trento e Trieste. **Il 3 novembre 1918 i comandi austriaci firmarono l'armistizio**, che entrò in vigore il **4 novembre 1918**.

In Germania **una rivolta popolare costrinse l'imperatore Guglielmo II alla fuga**. Venne **proclamata la repubblica** e il nuovo governo **firmò la resa l'11 novembre 1918**.

Si concludeva così, dopo quasi cinque anni, un conflitto che aveva mobilitato **70 milioni di uomini**, causato la **morte di circa 9-10 milioni di soldati** e prodotto un **numero incalcolabile di mutilati e profughi**. Gli **effetti sociali, economici e politici** della guerra durarono molti anni, mutando la storia degli Stati europei e determinando il **declino del continente**.

Per ricordare

- Quali difficoltà incontrò il nuovo imperatore austriaco Carlo I?
- Dove furono sconfitti gli Austriaci lungo il fronte italiano? Quali furono le conseguenze di questa sconfitta?
- Che cosa accadde in Germania?
- Quale fu il bilancio della guerra?

Un gruppo di soldati tedeschi rende omaggio ai compagni caduti in battaglia.
Oltre ai milioni di caduti, per lo più giovani, tra le vittime della Grande Guerra sono da annoverare le centinaia di migliaia di mutilati, di reduci affetti da malattie (come la tubercolosi), da cecità per i gas asfissianti e da nevrosi e disturbi psichici.

FORZE MILITARI NEL 1918		NUMERO DEI CADUTI	
Russia	12 000 000	Germania	1 900 000
Germania	11 000 000	Russia	1 700 000
Impero britannico*	9 000 000	Francia	1 400 000
Austria-Ungheria	8 000 000	Austria-Ungheria	1 050 000
Francia**	8 000 000	Gran Bretagna	780 000
Italia	5 500 000	Italia	600 000
Stati Uniti	4 500 000	Serbia	400 000
Impero ottomano	3 000 000	Turchia	400 000
Bulgaria	1 000 000	Romania	160 000
* (di cui 4 milioni nelle colonie)		Stati Uniti	114 000
** (di cui 1,4 milioni nelle colonie)		Bulgaria	100 000

Approfondimenti

Storia e tecnologia

LE NUOVE ARMI DELLA GUERRA "TOTALE"

LA TECNOLOGIA E L'INDUSTRIA AL SERVIZIO DELLA GUERRA

Durante la Prima Guerra Mondiale l'umanità sperimentò "**l'altra faccia**" **del progresso tecnologico**, quella volta alla distruzione e all'annientamento dell'uomo, anziché alla tutela della sua salute e all'incremento del suo benessere. Lo sviluppo tecnologico e industriale dei maggiori Paesi europei ed extraeuropei mise a disposizione degli eserciti **armi**, **materiali** e **strumenti bellici** più potenti, distruttivi e micidiali di quelli impiegati nei conflitti precedenti.

CARRI ARMATI, AEROPLANI, INCROCIATORI E SOMMERGIBILI

Fucili, *mitragliatrici*, *lanciagranate* e *cannoni*, in grado di sparare a grande distanza proiettili ad alta carica esplosiva, rafforzarono l'azione della fanteria e dell'artiglieria insieme all'uso di *lanciafiamme*. Essi vennero montati su mezzi terrestri, aerei e navali. Durante la guerra vennero impiegati i primi **carri armati**, strumenti bellici ancora rudimentali, ma in grado di superare ostacoli come trincee e reticolati. Con la Prima Guerra Mondiale si aprì un nuovo fronte di guerra: il cielo. L'industria aeronautica predispose **aeroplani da guerra**, che tuttavia vennero impiegati in modo assai limitato; i duelli aerei ingaggiati dai belligeranti non diedero grandi risultati strategici. Lo stesso si può dire per i **dirigibili**, utilizzati dai Tedeschi per bombardare la città di Londra, ma che risultarono poco affidabili. Notevole fu l'apporto dei mezzi navali: la marina inglese prima e quella tedesca poi poterono disporre di nuovi incrociatori da battaglia, i **dreadnought**, con propulsori a turbina e muniti di cannoni di grosso calibro. I Tedeschi misero in mare i **sommergibili** *U-Boote*, con i quali attaccarono gli avversari e i Paesi neutrali e ne sabotarono le comunicazioni marittime.

LE ARMI CHIMICHE

Un tragico salto di qualità venne compiuto con l'impiego di **gas tossici** ed asfissianti, come l'*yprite* (così chiamata perché venne usata per la prima volta dai Tedeschi nella *battaglia di Ypres*) e il *fosgene*. Con queste armi chimiche l'uomo poté disporre per la prima volta di **strumenti di distruzione di massa**, che diventeranno sempre più micidiali e nei conflitti successivi saranno utilizzati anche contro le popolazioni civili.

Soldati muniti di maschere protettive soccorrono dei commilitoni accecati e asfissiati dai gas.
In alto, un telefono da campo in uso all'esercito italiano;
accanto, una mitragliatrice.

PARTE PRIMA CAPITOLO 4 - LA PRIMA GUERRA MONDIALE   89

APPROFONDIMENTI

Storia e vita quotidiana

LA DURA VITA DELLA GUERRA IN TRINCEA

LA VITA IN TRINCEA NEL RACCONTO DI UN SOLDATO ITALIANO

Intanto che si aspettava il rancio, mi decisi di scrivere a casa. Tutto era quieto. Appena finito, sto per mettere la firma che un sibilo e uno scoppio proprio sopra la testa, poi un altro mi mise un fuoco al bombardamento. Subito cercammo un ricovero come potemmo. Io presi un sasso ma era un riparo da niente. Allora, con un lavoro disperato, con le unghie potei procurarmi un buco; ma lo scoppio delle granate, che scoppiavano proprio sopra, non mi riparava niente. Dovetti stare fino alle due in questa pena. Alle due cessa un po' [...] dieci minuti ricomincia più di prima [...] E lì una granata, poi un'altra quando mi battono davanti le schegge. [...] Il fumo cominciava a serrarmi la gola che mi faceva temere a qualche gas asfissiante. Qui non mi vergogno a dirlo: invocavo le preghiere di mia madre e mi ricordavo di tutti i morti e tutti i santi. Comincia ad imbrunirsi l'aria e questo inferno non cessa. Non potevo più respirare. Quando sentiamo gridare l'adunata e ci dà l'ordine di prendere tutte le cartucce nel tascapane perché dobbiamo portarci in trincea. [...] Allora mi avviai verso le trincee; ma, fatti appena quattro passi, mi prende in pieno il suo riflettore e subito mi bersaglia con le sue artiglierie. [...] Andiamo avanti fin là dove troviamo i nostri compagni pronti a qualunque attacco. Lì c'era una piccola trincea e lì passammo la notte senza nessun attacco. Alla mattina, allo spuntar dell'alba, avemmo l'ordine di ritirarci e subito saltammo fuori. Non appena fatto quattro salti che si grida: - Fermi, fermi che siamo attaccati. Allora l'artiglieria e la fucileria era proprio un inferno. [...] Continuammo fino alle dieci, con fuoco accelerato quando sentimmo un gridare aiuto di fianco. Era un ferito. Il mio compagno mi disse: Prendiamo questo e portiamolo alla medicazione. [...]

Allora ho potuto vedere lo spettacolo della guerra. Lì alla medicazione c'erano otto o dieci feriti che perdevano sangue da tutte le parti. La strada era piena di feriti, muli morti, feriti e un odore di sangue e di morte.

> rid. da *La mia vita militare* (1915-1918).
> *Memoriale dell'alpino Giovanelli Ettore*,
> Gruppo Ricerca Storica Adrara S. Martino

Il brano riportato è tratto dal diario di un soldato italiano, che combatté sull'altopiano di Asiago prima di essere fatto prigioniero dagli Austriaci nel 1916.

Esso testimonia alcuni aspetti della **vita militare** nel corso della Grande Guerra, quando i soldati furono costretti a combattere una lunga e logorante guerra di posizione.

Una guerra nel corso della quale furono sperimentati due nuovi sistemi di difesa: la **trincea** e il **filo spinato**. Le trincee erano corridoi scavati nel terreno, lunghi fino a decine di chilometri e protetti da reticolati di filo spinato. Una trincea si poteva scavare in poco tempo e il reticolato di difesa si stendeva velocemente; due mitragliatrici e qualche altro eventuale pezzo di artiglieria bastavano a difenderla e a tenere sotto controllo un fronte di centinaia di metri. Invece che di attacco e di movimento la **guerra** era **di difesa**, perché il problema era saper resistere alle azioni nemiche, mentre era molto difficile sfondare le linee. Tra le trincee degli opposti eserciti si stendeva la **terra di nessuno**, che era di ampiezza variabile, a seconda del terreno: di qualche centinaio di metri sui fronti occidentali e larga fino a 5 km sui fronti orientali. In questi corridoi interrati furono costretti a vivere per mesi milioni di soldati, tra **pericoli** e **privazioni** inenarrabili.

L'attività più intensa nelle trincee cominciava al tramonto, quando i soldati si appostavano ai parapetti per difendersi dagli attacchi notturni. Durante il giorno gli assalti erano più rari e per i soldati le ore passavano nell'inerzia, tra disagi non minori di quelli della guerra e continui, quali il freddo, l'umidità, i topi, i pidocchi, il fango e l'affollamento, che rendeva difficile ogni movimento. Si consumavano sempre gli stessi cibi (gallette e carne in scatola).

I soldati erano aiutati a sopravvivere dalla corrispondenza dei familiari, dallo spirito di corpo, dal patriottismo, ma erano logorati dalla fatica e da una situazione stagnante di cui non si vedeva via d'uscita.

Approfondimenti

Storia e società

IL RICORDO DELLA GRANDE GUERRA E IL MITO DEI CADUTI

LA VOLONTÀ DI RICORDARE

Via Isonzo, Via Vittorio Veneto, Largo IV Novembre, Piazzale Cadorna, Viale XXIV Maggio, ecc., sono nomi di vie e piazze assai diffusi in tutte le città italiane. Allo stesso modo non esiste piccolo centro in Italia che non abbia eretto un monumento o affisso una lapide a ricordo dei caduti della Grande Guerra.

Dopo la conclusione della guerra, in tutti i Paesi europei la costruzione di questo genere di **monumenti** divenne un fenomeno molto diffuso e generalizzato. La forte volontà di **mantenere vivo** per sempre **il ricordo di chi aveva sacrificato la propria vita** in nome di ideali nazionali (anche se non sempre chiari e spesso non condivisi) è legata alla coscienza dell'orrore che la Prima Guerra Mondiale aveva rappresentato per l'umanità: in nessun conflitto precedente si erano contati tanti morti, tanti invalidi e feriti; in nessun conflitto precedente c'era stata così grande distruzione e violenza.

L'ALTARE DELLA PATRIA, MONUMENTO AL MILITE IGNOTO

Tra tutti i monumenti italiani dedicati al ricordo della Grande Guerra occupa un posto particolare l'**Altare della Patria** o **Vittoriano**, un complesso monumentale in marmo bianco posto nel cuore di Roma. La costruzione del monumento risale alla fine del XIX secolo, per celebrare *Vittorio Emanuele II*, primo re dell'Italia unita, e con lui tutti i protagonisti del Risorgimento. In seguito il governo decise di farne anche il **monumento nazionale a ricordo dei caduti italiani della Grande Guerra**. Nel sottobasamento della statua del re (che costituisce propriamente l'Altare della Patria, denominazione più nota di tutto il monumento), il **4 novembre 1921**, terzo anniversario della vittoria, venne inumata solennemente la salma del **Milite Ignoto**, che rappresenta simbolicamente **tutti i caduti della Prima Guerra Mondiale**. La salma fu scelta dalla madre di un caduto non identificato, tra le salme di 11 soldati ignoti ad Aquileia. L'Altare della Patria costituisce, insieme al tricolore e all'inno nazionale, uno degli emblemi dello Stato italiano.

IL SACRARIO MILITARE DI REDIPUGLIA

A Redipuglia (GO), dallo sloveno *sredij polije* ("terra di mezzo"), si trova il più grande **Sacrario Militare Italiano**. Inaugurato nel 1938, esso custodisce le salme di 100 000 caduti della Grande Guerra. L'opera sorge sulle pendici del Monte Sei Busi, cima aspramente contesa tra Italiani e Austriaci durante la prima fase del conflitto.

Sulla sommità del Sacrario, a completarne la silenziosa maestà, si trovano tre croci bronzee che, illuminate di notte, sono visibili da grande distanza.

La bara del Milite Ignoto attraversa le vie di Roma per essere solennemente inumata al Vittoriano (fotografia in alto nella pagina accanto). Nella pagina accanto, in basso, il Sacrario di Redipuglia.

PARTE PRIMA **CAPITOLO 4** - LA PRIMA GUERRA MONDIALE

Sintesi

ALLE ORIGINI DEL CONFLITTO

- Nel 1914 l'Europa era percorsa da molteplici tensioni e da rivalità profonde tra gli Stati, che nascondevano interessi espansionistici, economici e nazionalistici.
- Queste tensioni sfociarono nella Prima Guerra Mondiale, che sconvolse la carta politica dell'Europa ed ebbe caratteri completamente diversi rispetto a tutti i conflitti che l'avevano preceduta. A scatenarla fu un intreccio di molte cause, favorito dal sistema di alleanze che legavano gli Stati.
- La Germania mirava a colpire la potenza economica e politica della Gran Bretagna, a sua volta intenzionata a difenderla ad ogni costo. L'Austria e la Russia cercavano entrambe di espandersi nei Balcani. All'interno degli imperi russo e austro-ungarico, inoltre, i vari popoli sottomessi aspiravano all'indipendenza. Si aggiungevano i progetti dell'Italia per completare l'unificazione.
- Le politiche espansionistiche e nazionalistiche spingevano gli Stati alla produzione di armi e al rafforzamento della propria potenza militare.

LO SCOPPIO DELLA GUERRA

- Gli Stati europei erano legati da due sistemi di alleanze: la Triplice Alleanza, comprendente Germania, Austria e Italia; la Triplice Intesa, che comprendeva Gran Bretagna, Francia e Russia.
- L'intreccio di interessi e rivendicazioni tra gli Stati non aspettava altro che un pretesto per esplodere in una guerra. Pretesti furono offerti da varie situazioni di crisi, come quella franco-tedesca per il controllo del Marocco e soprattutto la crisi dei Balcani.
- Alle tensioni tra gli Stati presenti nell'area balcanica si aggiunsero quelle causate dalle mire espansionistiche della Russia e dell'Impero austro-ungarico, il quale nel 1908 annetté la Bosnia-Erzegovina.
- Proprio in Bosnia si accese la miccia che scatenò la guerra mondiale. Il 28 giugno 1914, a Sarajevo, venne ucciso l'arciduca Francesco Ferdinando, erede al trono d'Austria. Vienna accusò la Serbia di avere organizzato l'attentato e dichiarò guerra allo Stato balcanico, il 28 luglio 1914. La dichiarazione di guerra innescò il meccanismo delle alleanze e in pochi giorni l'Europa intera precipitò nel conflitto.
- La Prima Guerra Mondiale fu un conflitto nuovo per l'umanità per tre ragioni principali: 1. fu la prima guerra totale e di massa; 2. ebbe dimensioni mondiali perché coinvolse progressivamente Paesi di tutti i continenti; 3. il conflitto causò sconvolgimenti tali da segnare la storia europea e mondiale del XX secolo.

LE PRIME FASI DEL CONFLITTO (1914-1916)

- In un primo momento il conflitto ebbe le caratteristiche di una guerra di movimento, con attacchi improvvisi condotti da parte degli Imperi centrali (Germania e Austria). In seguito, però, gli eserciti opposti non riuscirono a sopraffarsi e iniziò una guerra di posizione lunga e logorante, combattuta a ridosso delle trincee, che lasciava i diversi fronti immutati, anche dopo scontri sanguinosi ma mai decisivi (battaglie di Ypres, Verdun, la Somme).
- Sui mari prevalse la potenza britannica, che attuò un efficace blocco navale ai danni della Germania. La superiorità inglese si prolungò finché i Tedeschi non decisero di impiegare i sottomarini per compiere incursioni anche contro le navi mercantili e quelle destinate al trasporto dei passeggeri da o per la Gran Bretagna.
- Il prolungamento del conflitto generò negli Stati belligeranti una situazione di crisi, costringendo i governi a razionare i viveri e a ricorrere alla leva obbligatoria per mantenere attivi gli eserciti al fronte.

L'INTERVENTO DELL'ITALIA (1915) E LA GUERRA SUL FRONTE ITALIANO

- Il governo italiano decise inizialmente di rimanere neutrale e per quasi un anno all'interno del Paese si scontrarono due opposti schieramenti: gli interventisti e i neutralisti, rispettivamente favorevoli e contrari alla partecipazione alla guerra.
- Nel 1915 il governo decise di entrare in guerra a fianco dell'Intesa, contro l'Austria, per conquistare il Trentino, Trieste e altre zone di confine. L'Italia conseguì alcuni successi (battaglie sull'Isonzo, altopiano di Asiago, Pasubio, altopiano della Bainsizza, Gorizia), ma subì anche gravi sconfitte, come la disfatta di Caporetto.

LE FASI DECISIVE DELLA GUERRA E LA FINE DEL CONFLITTO (1917-1918)

- Due eventi del 1917 segnarono le sorti della guerra: il ritiro della Russia e l'intervento statunitense. In seguito allo scoppio della Rivoluzione bolscevica, il nuovo governo russo decise di ritirarsi dal conflitto, firmando un trattato di pace con gli Imperi centrali (Pace di Brest-Litovsk) nel marzo del 1918.
- Contemporaneamente al ritiro russo, gli Stati Uniti decisero di entrare in guerra contro la Germania. Nel 1918 l'esercito tedesco subì la sconfitta di Amiens e iniziò a ritirarsi. L'esercito italiano riuscì ad avere la meglio sugli Austriaci (battaglia di Vittorio Veneto), costretti a firmare l'armistizio il 4 novembre. L'11 novembre il governo tedesco firmò la resa.

Anche noi storici

Conoscere eventi e fenomeni storici

1. *Indica se le seguenti affermazioni sono vere (V) o false (F).*

		V	F
a.	Tra le cause della Prima Guerra Mondiale vi furono rivendicazioni nazionalistiche e territoriali.	☐	☐
b.	Tra le cause del conflitto vi furono le mire espansionistiche di Svezia e Finlandia.	☐	☐
c.	Le potenze della Triplice Intesa cercarono tenacemente di evitare la guerra.	☐	☐
d.	All'interno della Triplice Alleanza gli interessi dell'Italia non coincidevano con quelli dell'Austria.	☐	☐
e.	La prima fase del conflitto fu caratterizzata dalla guerra di movimento.	☐	☐
f.	L'Italia decise di entrare subito in guerra a fianco delle forze dell'Intesa.	☐	☐
g.	I liberali giolittiani erano contrari all'intervento dell'Italia.	☐	☐
h.	La guerra in Italia venne combattuta nelle regioni nordorientali.	☐	☐
i.	Nella battaglia di Vittorio Veneto gli Italiani subirono una clamorosa sconfitta.	☐	☐
l.	L'intervento degli Stati Uniti fu decisivo per la vittoria dell'Intesa e dei suoi alleati.	☐	☐
m.	Alla Prima Guerra Mondiale parteciparono anche le colonie degli Stati europei.	☐	☐
n.	La Russia si ritirò dal conflitto nel 1916.	☐	☐
o.	La Prima Guerra Mondiale si concluse con la vittoria delle forze della Triplice Alleanza.	☐	☐
p.	La Prima Guerra Mondiale fu un conflitto esclusivamente terrestre.	☐	☐

Conoscere eventi e fenomeni storici – Stabilire relazioni

2. *Indica con X la conclusione corretta tra quelle proposte.*

1. La crisi marocchina contrappose
☐ **a.** l'Austria e la Francia.   ☐ **b.** la Francia e la Russia.   ☐ **c.** la Francia e la Germania.

2. Il controllo politico della Penisola Balcanica era conteso
☐ **a.** tra Impero russo e Impero austro-ungarico.
☐ **b.** tra Impero ottomano e Impero austro-ungarico.
☐ **c.** tra Gran Bretagna e Francia.

3. Il pretesto immediato del conflitto fu
☐ **a.** l'annessione austriaca della Bosnia-Erzegovina.
☐ **b.** l'annessione del Congo belga alla Germania.
☐ **c.** l'uccisione dell'erede al trono austriaco da parte di uno studente serbo.

4. Il conflitto ebbe inizio quando fu respinto l'ultimatum
☐ **a.** della Serbia all'Austria.
☐ **b.** dell'Austria alla Serbia.
☐ **c.** della Triplice Intesa alla Triplice Alleanza.

5. Lo scopo per cui l'Italia entrò in guerra fu
☐ **a.** l'annessione allo Stato italiano delle regioni che erano sotto il dominio austriaco.
☐ **b.** la necessità di nuove alleanze europee per l'espansione coloniale.
☐ **c.** il rafforzamento dello Stato italiano a livello europeo.

6. Con gli accordi del Patto di Londra l'Italia entrava in guerra
☐ **a.** a fianco delle potenze dell'Intesa.
☐ **b.** a fianco degli imperi centrali.
☐ **c.** in appoggio alla Gran Bretagna.

Stabilire relazioni – Individuare rapporti di causa ed effetto

3. *Collega i seguenti fenomeni e fatti alla corretta causa / spiegazione (riporta accanto la lettera corrispondente).*

1. La Prima Guerra Mondiale fu chiamata "Grande Guerra"…
2. La Prima Guerra Mondiale fu una"guerra totale"…
3. Gli Stati Uniti e il Giappone intervennero nella guerra…
4. Nessuno tentò di fermare il conflitto…
5. La Triplice Intesa era nata…
6. L' Impero austro-ungarico per dichiarare guerra alla Serbia usò come pretesto …
7. L'Italia potè restare neutrale nelle prime fasi della guerra…
8. Si parla di "mondializzazione" della guerra…
9. Anche i cattolici e i socialisti riformisti appoggiarono l'intervento dell'Italia in guerra…

a. *il fatto che la Serbia avesse respinto l'ultimatum.*
b. *perché aveva caratteri diversi da ogni guerra che l'aveva preceduta.*
c. *perché erano Paesi a forte sviluppo, con mire espansionistiche.*
d. *perché le potenze che ne facevano parte avevano interessi coloniali ed espansionistici e volevano contrastare l'intesa austro-tedesca.*
e. *perché ogni Stato considerò la guerra un'occasione per raggiungere i propri obiettivi.*
f. *perché vedevano minacciati gli interessi nazionali.*
g. *perché il conflitto si allargò a Paesi di altri continenti e alle colonie.*
h. *perché l'Austria non era stata attaccata, ma aveva dichiarato guerra.*
i. *perché coinvolse completamente i Paesi belligeranti, mobilitando anche tutta la società civile e i sistemi produttivi, impiegò armi di alto potenziale distruttivo e i mezzi di comunicazione di massa.*

Organizzare le conoscenze in forma schematica

4. *Completa lo schema indicando le posizioni dei partiti e dei movimenti italiani nei confronti dell'intervento in guerra (riporta la lettera corrispondente).*

L'ITALIA DI FRONTE ALLA GUERRA

A favore dell'intervento in guerra ....:

1. socialisti rivoluzionari, perché	2. repubblicani moderati, conservatori e soprattutto ...., ostili alla democrazia e ai sistemi parlamentari, ..., chiedevano ....

Contro l'intervento in guerra neutralisti:

1. liberali giolittiani, perché................, perché .... e perché	2. .... perché asserivano la fratellanza tra gli uomini ed erano estranei alla politica	3. socialisti riformisti sostenevano ....….........

[a. *l'unione di tutti i proletari contro la guerra* – b. *la via diplomatica avrebbe risolto i problemi* – c. *esaltatori dell'uso politico della forza e della violenza* – d. *era l'occasione per abbattere il capitalismo* – e. *interventisti* – f. *cattolici* – g. *l'Italia aveva problemi economici e sociali* – h. *l'Italia era impreparata militarmente* – i. *la liberazione di Trento e Trieste* – l. *nazionalisti*]

Conoscere eventi e fenomeni storici – Riorganizzare le conoscenze in forma schematica

5. Sintetizza i principali eventi della Prima Guerra Mondiale, completando le affermazioni che seguono.

ANNO	PRINCIPALI EVENTI
1914	**a. Fronte occidentale.** La Germania invade a ovest .... per raggiungere il territorio francese. **b.** Battaglia sul fiume Marna (Francia): sconfitta .... **c. Fronte orientale.** A Tannenberg e sui Laghi Masuri (allora territorio tedesco), la Germania sconfigge .... **d.** Invasione di .... e di .... **e. Fronte meridionale.** Gli eserciti tedesco e austriaco invadono .... e occupano ....
1915	**a.** Battaglia di Ypres (Belgio) combattuta da .... **b.** 24 maggio: l'Italia, alleata di ...., entra in guerra contro ....
1916	**Anno di grandi battaglie** **a.** Battaglia di Verdun e della Somme (Francia), combattuta tra .... **b.** Battaglia dello Jutland (Danimarca), combattuta sul mare tra .... **c.** Guerra sul mare con nuove armi tedesche .... **d.** I fronti di guerra si stabilizzano: la guerra di movimento diviene .... **e. Fronte italiano.** L'esercito italiano blocca l'offensiva austriaca .... Conquista della città ....
1917	**Anno di eventi che danno una svolta al conflitto** **a.** La Russia .... **b.** Gli Stati Uniti .... **c.** Disfatta dell'esercito italiano a .... **d.** L'esercito italiano si attesta sul fronte tra ....
1918	**a.** Battaglie sul fronte franco-tedesco nelle Fiandre e lungo il fiume Marna. **b.** Battaglia di Amiens: le forze dell'Intesa .... **c.** Si ritirano due Stati alleati della Germania: .... **d.** Battaglia di Vittorio Veneto: .... **e.** .... novembre: l'Austria .... **f.** 11 novembre: la .... firma l'armistizio.

Rielaborare le conoscenze in un testo scritto

6. Scegli uno dei due argomenti suggeriti, quindi elabora sul tuo quaderno un testo seguendo la traccia indicata.

a. I caratteri della Prima Guerra Mondiale
- Coinvolgimento della società civile e degli apparati economici
- Nuove armi
- Strumenti comunicativi e propagandistici
- Allargamento del conflitto al mondo

b. Le conseguenze del conflitto
- Effetti sull'economia
- Effetti sulla società
- Condizioni di vita dei militari
- Effetti sulla vita quotidiana della popolazione civile

Ricavare informazioni da un documento storico

7. Il clima di esaltazione patriottica e la "voglia di guerra" contagiarono anche gran parte del mondo intellettuale europeo. Tra le voci che si levarono a condannare il sostegno degli intellettuali alla guerra ci fu quella dello scrittore francese Romain Rolland (1866-1944), Premio Nobel per la letteratura nel 1915. Riportiamo alcuni passi tratti da articoli pubblicati pochi mesi dopo lo scoppio della guerra. Leggili con attenzione ed esegui quanto proposto.

Uomini di cultura, ridiventate padroni della vostra coscienza! Dite no alla violenza della guerra!

Il tratto più notevole di questa mostruosa epopea, il fatto senza precedenti è, in ciascuna delle nazioni in guerra, l'unanimità per la guerra. È come un contagio di furore assassino che [...]al pari di una grande ondata, si propaga e percorre tutto il corpo della terra. Non uno ha resistito a questa epidemia. Non un pensiero libero che sia riuscito a tenersi fuori dalla portata del flagello. Sembra che su questa mischia di popoli, nella quale, qualunque ne sarà la fine, l'Europa sarà mutilata, plani una certa ironia demoniaca. Non sono soltanto le passioni di razze a lanciare ciecamente i milioni di uomini gli uni contro gli altri, come dei formicai [...]; è la ragione, la fede, la poesia, la scienza, tutte le forze dello spirito che sono irreggimentate e si mettono, in ogni Stato, al seguito degli eserciti. [...]

Orsù, ridiventiamo padroni di noi! Qualunque sia la natura e la virulenza del contagio – epidemia morale, forze cosmiche? – non possiamo resistere? Si combatte una peste, si lotta anche per riparare i disastri di un terremoto [...]

Ora il male è fatto. Il torrente ha straripato. Noi non possiamo, da soli, farlo rientrare nel suo letto. Del resto delitti troppo grandi sono stati già commessi, delitti contro il diritto, attentati alla libertà dei popoli [...] ma , in nome del cielo, che questi misfatti non siano riparati con misfatti analoghi! Niente vendetta o rappresaglie! Sono parole spaventose. Un grande popolo non si vendica, esso ristabilisce il diritto. Che coloro che hanno in mano la causa della giustizia si mostrino degni di essa, fino in fondo! È il nostro compito il ricordarlo loro [...]

Ma noi abbiamo un altro compito, noi tutti, artisti e scrittori, preti e pensatori, di tutte le patrie. Anche a guerra scatenata, è un delitto per l'élite compromettervi l'integrità del suo pensiero. È vergognoso il vederla servire le passioni di una puerile e mostruosa politica di razze che, scientificamente assurda [...], non può che condurre a "guerre di sterminio". [...] sarebbe la fine di quel miscuglio fecondo [...] che si chiama l'umanità.

rid. da Romain Rolland, *Al di sopra della mischia*, in A. Saitta, *Storia e miti del '900*, Laterza

---

a. Qual è l'aspetto più sbalorditivo della "mostruosa epopea" che sta vivendo l'Europa?

☐ **1.** Il fatto che gli sforzi unanimi di tutte le diplomazie siano stati resi vani dalla propaganda di pochi movimenti nazionalisti.

☐ **2.** Il fatto che in tutte le nazioni vi sia un unanime consenso alla guerra, che ha contagiato tutti.

b. A che cosa fanno riferimento le espressioni "passioni di razze" e "politica di razze"?

☐ **1.** Alle ideologie nazionalistiche e patriottiche, la cui larga diffusione aveva contribuito allo scoppio del conflitto.

☐ **2.** Alle aspirazioni colonialistiche della Germania.

c. A che cosa fanno riferimento le espressioni "la ragione, la fede, la poesia, la scienza, tutte le forze dello spirito"?

☐ **1.** Agli intellettuali (filosofi, religiosi, letterati, scienziati e tutti gli altri uomini di cultura).

☐ **2.** Alle classi sociali contrarie alla guerra.

d. Che cosa significa che le forze dello spirito sono irreggimentate e al seguito degli eserciti?

☐ **1.** Che gli intellettuali si sono arruolati in massa.

☐ **2.** Che gli intellettuali hanno perso il loro giudizio critico, asservendosi alla ragione di Stato e alle ideologie nazionalistiche.

e. Quale appello rivolge lo scrittore agli intellettuali europei? *(due risposte)*

☐ **1.** Non rivolge alcun appello, perché ormai la situazione è irreparabile e gli intellettuali devono solo aspettare che passi la tempesta della guerra.

☐ **2.** Ritornare in possesso della ragione e combattere il virus della violenza, evitando l'asservimento a ideologie distruttive e di sterminio.

☐ **3.** Impedire la degenerazione della guerra, premendo sui governanti affinché non si inneschi una spirale di vendette e rappresaglie.

Storia e letteratura

La guerra nelle poesie di Giuseppe Ungaretti

• *La guerra venne raccontata in numerose opere letterarie scritte dagli stessi soldati che parteciparono al conflitto. Ti proponiamo una ricerca sull'opera di **Giuseppe Ungaretti**, uno dei maggiori poeti italiani, che al fronte scrisse alcune delle più intense poesie sulla disumanità della guerra.*

a. Ricerca sulla tua antologia o in biblioteca il testo delle **poesie ispirate al tema della guerra**, in particolare delle seguenti, raccolte (ad eccezione di *Soldati*) in *Il porto sepolto* (poi confluite nella raccolta *L'Allegria*):
   - *Veglia* (Cima Quattro, 23 dicembre 1915)
   - *Fratelli* (Mariano, 15 luglio 1916)
   - *Sono una creatura* (Valloncello di Cima Quattro, 5 agosto 1916)
   - *San Martino del Carso* (Valloncello dell'Albero Isolato, 27 agosto 1916)
   - *Soldati* (Bosco di Courton, luglio 1918)

   Fotocopia o ricopia il testo delle poesie e raccoglile in un fascicolo.

b. **Analizza le poesie** di Ungaretti, seguendo questa traccia: quali episodi militari hanno segnato maggiormente l'esperienza del poeta? Quale immagine della guerra ci presenta? Quali riflessioni induce nel poeta la dura vita al fronte e l'esperienza della guerra? Quali strumenti linguistici e stilistici utilizza il poeta per esprimere il trauma della guerra?

c. Raccogli e rielabora le tue osservazioni stendendo una **relazione scritta** che allegherai al testo delle poesie, quindi completa la ricerca indicando quale poesia, a tuo parere, esprime meglio la disumanità della guerra.

Il poeta Giuseppe Ungaretti al fronte.

Storia e scienza/Attualizziamo il passato

L'influenza spagnola: una strage nella strage

• *Nel 1918, mentre si stava consumando la tragedia della guerra, il mondo fu colpito da un altro flagello, l'epidemia di "**spagnola**" o **influenza spagnola**, di cui non si riuscirono a individuare le cause. Una delle peggiori pandemie della storia, per l'elevata mortalità e la vasta diffusione del contagio, al punto da essere paragonabile alla grande peste del 1347-1351 (vedi Storia 1, pagg. 283 e segg.), la spagnola causò nel volgere di un anno la morte di circa 50 milioni di persone, un numero di gran lunga superiore alle vittime di 5 anni di guerra. Soltanto recenti studi scientifici hanno permesso di scoprire la natura del virus della spagnola e le cause che lo resero così aggressivo.*

Seguendo la traccia proposta, svolgete una ricerca per approfondire, con la collaborazione dell'insegnante di scienze, la conoscenza di questo che fu uno degli eventi più catastrofici per l'umanità.

1. **Caratteristiche dell'epidemia di spagnola**: sintomi, manifestazione e decorso della malattia; modalità di trasmissione, persone maggiormente colpite; regioni ed aree mondiali interessate dall'epidemia; rimedi e cure adottati; vittime della malattia in Europa e nel mondo; le conseguenze dell'epidemia.

2. **Il virus della spagnola e le altre epidemie influenzali del XX-XXI secolo**: la natura del virus della spagnola e le mutazioni geniche che lo resero così letale, secondo le scoperte scientifiche dell'ultimo decennio; i rapporti tra il virus della spagnola e gli altri virus responsabili delle epidemie influenzali del XX-XXI secolo (*Asiatica, Hong Kong, SARS, aviaria*); la conoscenza della spagnola come contributo alla lotta contro l'aviaria.

Ricercate materiali e informazioni su enciclopedie generali, enciclopedie storiche e di storia della medicina, su siti Internet (segnaliamo, ad esempio, il sito www.pandemia.it della *Società Italiana di Medicina Generale* e il sito dell'*Organizzazione Mondiale della Sanità* www.who.int). Rielaborate i materiali raccolti e stendete una **relazione scritta** corredata di immagini, grafici e documenti; oppure illustrate la ricerca realizzando dei **cartelloni**.

5 La Rivoluzione russa

1. L'Impero russo: un gigante in crisi

Verso la rivoluzione

Agli inizi del Novecento l'Impero russo si estendeva su un **territorio immenso**, nel quale vivevano **numerosi popoli, diversi tra loro per lingua, religione e tradizioni culturali**. Nel contesto europeo, la Russia presentava un **sistema politico assai arretrato**, governato dalla **monarchia assoluta** degli zar.

L'ormai inadeguato regime politico basato sull'**assolutismo zarista**, le **misere condizioni della popolazione**, l'**arretrata struttura sociale ed economica** e le **drammatiche conseguenze della Prima Guerra Mondiale** costituirono un complesso di fattori che, insieme, favorirono lo scoppio della Rivoluzione russa, travolsero il vecchio regime e portarono all'instaurazione di un **nuovo modello di Stato**.

Per ricordare
- Quali erano le caratteristiche dell'Impero russo all'inizio del Novecento?
- Quali furono gli elementi che spinsero la Russia verso la rivoluzione?

Leggere una carta

Il vasto Impero russo (che alla fine dell'Ottocento era il più grande Stato del mondo) era frutto di un'evoluzione iniziata a partire dal XVII secolo, che aveva portato i domìni degli zar a estendersi dal Mar Nero e dal Mar Baltico fino all'Oceano Pacifico. Su questa carta è illustrato il processo di formazione dell'impero e la sua situazione nel 1914, prima dello scoppio della Guerra Mondiale.

Un'economia basata sull'agricoltura

La società russa si caratterizzava per il permanere di **situazioni di arretratezza**, che rispecchiavano le precarie condizioni economiche del Paese. L'economia russa, infatti, si fondava prevalentemente sull'**agricoltura**: la maggioranza della popolazione era costituita da contadini, le cui condizioni di vita erano assai insoddisfacenti, nonostante le riforme introdotte nella seconda metà del XIX secolo. Lo zar Alessandro II (1855-1881) aveva introdotto importanti riforme, come l'**abolizione della servitù della gleba** nel 1861 (che portò all'emancipazione di milioni di contadini che lavoravano in regime di semischiavitù) e la **ridistribuzione della terra**, che però andò a vantaggio delle **comunità rurali** più che dei singoli contadini.

Migliori erano le condizioni dei *kulaki*, ricchi contadini proprietari di grandi appezzamenti di terreno. La vastità del territorio russo, tuttavia, consentì di **incrementare la produzione cerealicola** e in parte di esportarla, ricavando, in tal modo, i capitali necessari ad avviare la **prima industrializzazione del Paese**.

Per ricordare
- Quali importanti riforme erano state introdotte nella seconda metà dell'Ottocento dallo zar Alessandro II?
- Da dove derivavano le risorse che permisero una prima industrializzazione del Paese?

Un'industria in via di sviluppo ma ancora arretrata

Lo sviluppo industriale, iniziato a partire dalla fine del XIX secolo, aveva interessato **solo alcune zone**: i maggiori centri industriali si trovavano nelle **grandi città**, come Pietroburgo, Mosca, Kiev, Baku.

L'**enorme disponibilità di risorse naturali** (ferro, carbone, petrolio, ecc.) del territorio russo favorì la crescita di importanti **complessi manifatturieri, siderurgici ed estrattivi**. Si trattava però di industrie isolate, **non inserite in un vero e proprio tessuto produttivo** e perciò, agli inizi del Novecento, l'industria russa, seppure in rapido sviluppo, appariva ancora enormemente arretrata rispetto ai maggiori Paesi europei.

Fu proprio la formazione di una **classe operaia concentrata nelle zone industriali** a favorire la **rapida diffusione delle idee rivoluzionarie**.

Un altro elemento di debolezza del sistema economico russo stava nel fatto che, a differenza dei Paesi europei più avanzati, in Russia **la borghesia era debole**, senza peso politico, e quindi impossibilitata a influire sulle scelte del governo per aiutare il decollo dell'industria. D'altro canto, anche i movimenti e i partiti che auspicavano **riforme a favore delle classi sociali più deboli non potevano svolgere la loro attività** a causa della repressione messa in atto dalla temuta polizia zarista.

Per ricordare
- In quali zone iniziò a svilupparsi l'industria russa?
- Perché l'industria russa faticò a diffondersi?
- Quale fu una delle conseguenze della concentrazione degli operai nelle città industriali?
- Quali altre anomalie, rispetto ai più avanzati Paesi europei, erano presenti nell'Impero russo?

Contadini russi preparano un magro pasto.

LE DIFFICOLTÀ DEL REGIME AUTOCRATICO DELLO ZAR

Lo zar Nicola II, sul trono dal 1894, aveva iniziato a regnare dopo la morte improvvisa del padre Alessandro III (1881-1894): **mai educato a gestire gli affari di governo**, il giovane sovrano, per quanto intelligente e attento, non era pronto ad assumere il potere e **non sapeva cogliere le esigenze più profonde del Paese**. Intenzionato a conservare intatto il potere autocratico che gli era stato trasmesso, egli ricorreva spesso alla **repressione** per soffocare i moti di scontento e di ribellione che dilagavano nel Paese.

Pur avendo concesso nel 1906 l'istituzione di un **Parlamento** (la *Duma*), dopo i sanguinosi fatti della Rivoluzione del 1905 (vedi pag. 38), lo zar ne aveva di fatto **impedito l'esercizio del potere**, sciogliendo più volte l'assemblea e seguitando a **governare in completa solitudine**, con l'aiuto di pochi consiglieri, purtroppo spesso incapaci.

Per ricordare
- Quali furono i limiti che condizionarono fin dall'inizio l'azione di governo di Nicola II?
- Come si comportò Nicola II nei confronti della Duma?

La prima riunione della Duma nel maggio 1906.

L'OPPOSIZIONE AL REGIME ZARISTA: BOLSCEVICHI E MENSCEVICHI

Tra le forze di opposizione, per lo più clandestine, spiccava il **Partito Socialdemocratico**, che nel 1903 si era diviso in **due correnti**: i **Bolscevichi** (da una parola russa che significa "maggioranza") e i **Menscevichi** ("minoranza").

I **Menscevichi** proponevano la nascita di uno **Stato liberale sul modello di altri Paesi europei**, come via di **transizione verso uno Stato socialista**. Ritenevano che solo alleandosi con i partiti liberali sarebbe stato possibile avviare le necessarie **riforme sociali e politiche**.

I **Bolscevichi**, invece, sostenevano la necessità di **abbattere il regime zarista con una rivoluzione violenta**; essi ritenevano che in Russia **non esistessero le condizioni per l'affermazione di uno Stato liberale**.

Tra gli esponenti dei Bolscevichi si mise in luce **Nikolaj Lenin**, il quale, pur ispirandosi alle teorie di Karl Marx, sosteneva che le rivoluzioni proletarie non sarebbero scoppiate, come aveva previsto il filosofo tedesco, nei Paesi a capitalismo avanzato, ma là dove **le condizioni socio-economiche erano più arretrate**, come appunto in Russia.

Per ricordare
- Chi erano i Menscevichi? Che cosa proponevano?
- Quali erano le posizioni politiche dei Bolscevichi?
- In che cosa si differenziavano le posizioni di Lenin rispetto a quelle di Marx?

L'INSUCCESSO MILITARE E LA CRISI INTERNA

In una situazione decisamente difficile sia dal punto di vista sociale – a causa del malcontento diffuso tra la popolazione –, sia sotto il profilo politico – a motivo delle forze di opposizione –, Nicola II intravide nella partecipazione alla **Prima Guerra Mondiale** l'occasione per **smorzare le tensioni interne** e per **estendere l'influenza russa nei Balcani**. Fu però proprio la guerra a decretare la fine del suo regime e a scatenare la rivoluzione.

Le prime gravi sconfitte subite dall'esercito russo misero in luce la **debolezza dell'impero**, l'**inadeguatezza e le difficoltà dell'apparato militare**, che aveva schierato oltre 11 milioni di soldati, prevalentemente contadini, **impreparati e mal equipaggiati**.

L'economia del Paese non era in grado di sostenere a lungo l'impegno bellico. Nelle campagne, private del lavoro di milioni di contadini partiti per il fronte, **la produzione cominciò a diminuire**. Tra i soldati iniziarono a moltiplicarsi gli episodi di **diserzione** e di **ammutinamento**, mentre la **situazione economica** interna si andò via via facendo sempre più **drammatica**.

Per ricordare

- Quali vantaggi Nicola II si proponeva di trarre dalla partecipazione alla Prima Guerra Mondiale?
- Quali limiti furono subito mostrati dall'esercito russo?
- Quali effetti produsse la guerra sull'economia del Paese?

Soldati russi inginocchiati di fronte ad un'icona offerta alla venerazione dallo zar Nicola II: sono le ultime manifestazioni di devozione allo zar, il cui regime dispotico verrà spazzato via dalla guerra.

2. Il 1917: l'anno delle rivoluzioni

La Rivoluzione di febbraio e l'abdicazione dello zar

L'inverno tra il 1916 e il 1917 fu segnato in Russia da una drammatica **carestia**, che scatenò rivolte in tutto il Paese, soprattutto nelle città rimaste prive di generi alimentari. La **rivoluzione** vera e propria esplose nel mese di marzo (**febbraio** per il calendario giuliano vigente in Russia) nella capitale **Pietrogrado** (nuovo nome dato a San Pietroburgo dopo lo scoppio della guerra), dove si susseguirono **agitazioni e scioperi**. Persino **l'esercito mandato per reprimere la rivolta si unì ai manifestanti contro l'imperatore**.

Lo zar **Nicola II**, che, dopo avere assunto personalmente il comando dell'esercito, si trovava in prossimità del fronte, avuta notizia della ribellione **abdicò in favore del fratello Michele**, il quale però rifiutò la corona e, nel convulso susseguirsi degli eventi, fu assassinato pochi giorni dopo.

Il vuoto di potere seguito all'abdicazione dello zar portò alla **formazione di un governo provvisorio**, guidato dal principe Georgij L'vov, nel quale **prevalevano partiti e orientamenti di carattere liberale e borghese**.

Contemporaneamente, nella capitale e in altre città presero vita i **soviet** (**consigli rivoluzionari di operai e soldati**), sul modello di quelli sorti a Pietroburgo durante la rivoluzione del 1905. Questi organismi intendevano esercitare una sorta di governo parallelo.

Per ricordare

- Quando e dove scoppiarono i primi moti rivoluzionari? Che cosa accadde?
- Che cosa fece Nicola II alla notizia dello scoppio della rivoluzione?
- Quale fu l'orientamento del governo provvisorio guidato da L'vov?
- Che cosa accadde nella capitale e in altre città?

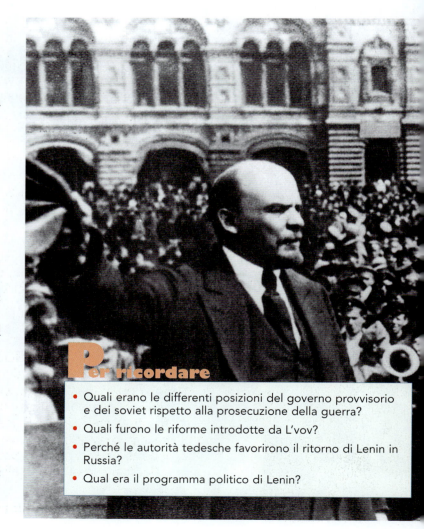

Lenin tiene un comizio sulla Piazza Rossa. Simbolo insieme al Cremlino della Russia, la Piazza Rossa è stata il teatro dei più importanti eventi della storia russa.

Il ritorno di Lenin e il programma di trasformazione della Russia

Governo provvisorio e movimento dei soviet si trovavano in profondo disaccordo riguardo alla questione cruciale della guerra: **il governo intendeva proseguire** nell'impresa bellica, mentre **i soviet erano per la pace immediata**.

In un contesto certamente non facile, L'vov ebbe il merito di avviare alcune importanti **riforme**, come **l'abolizione della pena di morte**, la **concessione del voto alle donne**, l'introduzione della **giornata lavorativa di otto ore**.

Nello stesso tempo, però, **rientrava in Russia Lenin**, fuggito dopo la rivoluzione del 1905 ed esule in Svizzera. Le autorità tedesche facilitarono il ritorno di Lenin dalla Svizzera, consentendogli di attraversare la Germania su un vagone piombato, nella speranza che egli avrebbe **accelerato l'uscita della Russia dal conflitto**, privando così l'Intesa di un alleato prezioso.

Una volta tornato in Russia, Lenin illustrò ai soviet il suo programma. Oltre alla **pace immediata**, esso mirava alla realizzazione di un nuovo sistema economico-sociale, che prevedeva l'**abolizione della proprietà privata**, la **concessione di terre ai contadini**, il **controllo delle fabbriche e dei mezzi di produzione da parte degli operai**, la **soppressione della religione**, l'**abolizione delle distinzioni tra le classi sociali**.

Per ricordare

- Quali erano le differenti posizioni del governo provvisorio e dei soviet rispetto alla prosecuzione della guerra?
- Quali furono le riforme introdotte da L'vov?
- Perché le autorità tedesche favorirono il ritorno di Lenin in Russia?
- Qual era il programma politico di Lenin?

Leggere un documento

Lenin: dittatura del proletariato e necessità dello Stato

Nato a Simbirsk (odierna Uljanovsk) nel 1870, **Vladimir Il'ič Ul'janov,** *meglio conosciuto con lo pseudonimo di* **Nicolaj Lenin,** *partecipò giovanissimo ai movimenti antizaristi che si svilupparono in Russia alla fine del XIX secolo.*

Nel 1895 venne arrestato e scontò un anno di prigione e tre anni di deportazione in Siberia. Dal 1900 visse all'estero, rimpatriando in occasione della rivoluzione del 1905, per poi riprendere la via dell'esilio. Pur lontano dalla patria, Lenin riuscì a dirigere l'attività della corrente bolscevica del Partito Socialdemocratico russo.

Nel 1917 fece ritorno in Russia per coordinare la seconda fase della rivoluzione. La presa del potere da parte dei soviet, nell'ottobre (novembre) 1917, lo vide protagonista assoluto della nuova fase storica della Russia, fino alla sua morte, avvenuta nel 1924.

Nel 1919 Lenin fondò la Terza Internazionale, che riunì tutti i Partiti comunisti europei. La sua figura divenne un punto di riferimento per il movimento operaio internazionale.

Fra i suoi scritti, ricordiamo: Che fare? *e* Stato e Rivoluzione *del 1917,* La dittatura del proletariato *e* L'imperialismo, fase suprema del capitalismo *del 1919.*

Dal 1922, a causa di una malattia, Lenin dovette gradualmente rinunciare all'attività politica. Alla sua **morte,** *il 21 gennaio* **1924,** *il suo corpo venne imbalsamato ed esposto nel mausoleo eretto sulla Piazza Rossa, davanti al Cremlino.*

Analizziamo ora alcune affermazioni di Lenin sui temi della dittatura del proletariato e dello Stato.

> Lenin si ispira al marxismo, da cui riprende il concetto fondamentale di lotta di classe.

La dottrina della lotta di classe, applicata da Marx allo Stato e alla rivoluzione socialista, porta necessariamente al riconoscimento dell'egemonia politica e della dittatura del proletariato: questo potere esso non lo divide con nessuno e si appoggia direttamente sulla forza armata delle masse.

> Lenin collega il concetto di dittatura del proletariato con la necessità della sua militarizzazione: per esercitare in forma dittatoriale il potere, il proletariato deve costituirsi come forza armata.

> Come la borghesia si avvale dello Stato per reprimere le classi da essa sfruttate, così il proletariato si avvale delle forza dello Stato per reprimere gli sfruttatori. L'essenza dello Stato è infatti l'organizzazione centralizzata della violenza.

La borghesia non può essere abbattuta se non quando il proletariato si è trasformato in classe dominante, capace di reprimere la resistenza inevitabile e disperata della borghesia e di organizzare per un nuovo regime economico tutte le masse lavoratrici e sfruttate.

Il proletariato ha bisogno del potere dello Stato, di una organizzazione centralizzata della forza, di una organizzazione della violenza, sia per reprimere la resistenza degli sfruttatori, sia per dirigere la grande massa della popolazione (contadini, piccoli borghesi, semiproletari) nella costruzione dell'economia socialista.

da *Stato e Rivoluzione,* 1917

[...] Così non esiste assolutamente nessuna contraddizione di principio tra la democrazia sovietica e il ricorso al potere dittatoriale personale. L'importanza di un simile potere nella situazione attuale è motivata dal fatto che la costruzione di una grande industria meccanica (che costituisce giustamente la fonte e la base materiale di produzione del Socialismo) esige una unità di volontà rigorosa, che regoli il lavoro di decine di migliaia di persone.

da *Esigenze del potere dei soviet,* 1918

> Il ricorso a un potere dittatoriale personale costituiva per Lenin una fase necessaria per la costruzione di un'economia e di una società socialista: in realtà tale forma di potere divenne la "norma" nell'ambito del Partito Comunista Sovietico.

PARTE PRIMA CAPITOLO 5 - LA RIVOLUZIONE RUSSA 105

LA RIVOLUZIONE D'OTTOBRE

Le **continue sconfitte dell'esercito russo** – accompagnate da spaventose perdite umane – e le **indecisioni del governo** spinsero i soviet all'**insurrezione armata** nell'estate del 1917. Il governo provvisorio, guidato dal socialista **Aleksandr Kerenskij**, riuscì a reprimere la rivolta, ma non a limitare la forza degli stessi soviet. Anzi, proprio di essi il governo ebbe bisogno, poco più tardi, per scongiurare un tentativo di colpo di Stato militare. Sventato questo pericolo, però, i soviet furono in grado di organizzarsi per **conquistare definitivamente il potere**.

Nella notte tra il 6 e il 7 novembre (**24-25 ottobre** secondo il calendario russo) le forze rivoluzionarie si impadronirono dei punti strategici di Pietrogrado e **conquistarono il Palazzo d'Inverno**, sede del governo: era iniziata la **Rivoluzione d'ottobre**. Nei giorni successivi venne insediato un **governo rivoluzionario** (Consiglio dei Commissari del Popolo) costituito esclusivamente da Bolscevichi e presieduto da Lenin. Nelle settimane successive la **rivoluzione dilagò in tutte le città russe**.

L'USCITA DALLA GUERRA E LA DITTATURA DEL PARTITO BOLSCEVICO

I primi provvedimenti assunti dal nuovo governo furono la **smobilitazione dell'esercito** e l'avvio di trattative per una **pace separata con la Germania**. Il 3 marzo 1918, a **Brest-Litovsk**, la Russia rivoluzionaria stipulava con Germania, Austria-Ungheria, Impero ottomano e Bulgaria un **trattato di pace** che comportava cospicue perdite territoriali, ma che **poneva fine alla guerra**. Contemporaneamente, furono decretati la **confisca della grande proprietà privata**, la **distribuzione delle terre ai contadini**, la **nazionalizzazione delle banche** e il **controllo operaio sulla produzione industriale**.

Alle elezioni per l'Assemblea Costituente i Bolscevichi ottennero solo il 25% dei voti. Lenin non riconobbe il risultato e nel gennaio 1918 sciolse l'assemblea, instaurando di fatto la **dittatura del Partito bolscevico**. Per **difendere dalle forze controrivoluzionarie** il governo – trasferitosi a **Mosca**, **nuova capitale** dello Stato – sotto la guida di Lev Trotzkij venne riorganizzato l'esercito che ricevette il nuovo nome di **Armata Rossa**.

Per ricordare

- Perché i soviet insorsero nell'estate del 1917? Quali esiti ebbe la rivolta?
- Che cosa accadde in seguito alla Rivoluzione d'ottobre?

Per ricordare

- Quali furono i primi provvedimenti messi in atto dal governo rivoluzionario?
- Perché Trotzkij diede vita all'Armata Rossa?

La famiglia imperiale russa e le guardie di palazzo alla vigilia della rivoluzione. La fucilazione dei membri della famiglia imperiale avvenne in una cantina di Ekaterinburg il 17 luglio 1918.

Leggere una carta

Le perdite territoriali russe

Con il trattato di Brest-Litovsk la Russia perse alcune regioni della cui conquista gli zar andavano particolarmente orgogliosi.

La Finlandia, indipendente dall'ottobre del 1917, dopo il trattato di Brest-Litovsk subirà di fatto l'occupazione da parte dei Tedeschi.

Estonia, Lettonia, Lituania e Polonia sono di fatto cedute alla Germania.

La Bessarabia venne annessa alla Romania, mentre l'Impero ottomano occupò alcune regioni transcaucasiche.

Dopo la firma del trattato le truppe austro-tedesche invasero l'Ucraina che, nel 1921, dopo tre anni di guerra civile, rimase sotto il controllo dei Bolscevichi, ad eccezione delle regioni della Volinia e della Galizia assegnate alla Polonia.

Territori persi dalla Russia in seguito alla pace di Brest-Litovsk
Territori secessionisti o persi dalla Russia tra il 1917 e il 1922
Confine dell'Impero russo nel 1914
Confine sovietico nel 1922

106 PARTE PRIMA CAPITOLO 5 - LA RIVOLUZIONE RUSSA

3. La guerra civile e la nascita dell'Unione Sovietica

TENTATIVI CONTRORIVOLUZIONARI

Contro la dittatura bolscevica si formò un vasto schieramento (comprendente Menscevichi, socialisti dissidenti, liberali, conservatori, militari fedeli allo zar), organizzato militarmente nella cosiddetta **Armata Bianca**.

Questo esercito controrivoluzionario ebbe il sostegno dei maggiori **Stati europei** – preoccupati che la Rivoluzione russa dilagasse nel resto d'Europa – e delle regioni che lottavano per ottenere l'indipendenza (dal Baltico all'Ucraina, fino al Caucaso).

L'opposizione tra i "Bianchi" e i "Rossi" diede vita a una vera e propria guerra civile, che dilaniò il Paese per circa tre anni. Fu in questo clima di continui disordini e di inaudite violenze, perpetrate da entrambe le fazioni in lotta, che **venne decisa l'esecuzione dello zar e dell'intera famiglia imperiale**, nel luglio del 1918. La guerra civile terminò nel 1921-1922 con la **vittoria dell'Armata Rossa**.

Per ricordare
- Che cos'era l'Armata Bianca?
- Perché alcuni Stati europei appoggiarono l'Armata Bianca?
- Quale fu l'esito della contrapposizione tra l'Armata Rossa e l'Armata Bianca?

Guerra civile
Si dice di una guerra che viene combattuta tra i cittadini di uno stesso Stato o tra i membri di uno stesso popolo, schierati in fazioni opposte a causa di interessi e idee opposti e contrastanti.

LA NASCITA DELL'UNIONE DELLE REPUBBLICHE SOCIALISTE SOVIETICHE

A partire dal 1918 e fino alla sua morte – avvenuta nel 1924 – Lenin si adoperò per **consolidare il potere del Partito** e per definire l'**assetto del nuovo Stato**, in modo da risolvere il problema della **convivenza delle numerose nazionalità**.

Il **Partito Comunista Russo** (bolscevico) divenne l'unico partito in Russia e furono messe fuorilegge tutte le altre formazioni politiche. Con l'istituzione della **CEKA**, la potente polizia politica, **Lenin represse ogni forma di opposizione**, che da allora si manifestò solo come dissenso non organizzato.

Nel **1922** si compì il processo di unione delle ex province dell'impero zarista (in cui i Bolscevichi avevano assunto il potere) alla Repubblica russa: nacque così l'**Unione delle Repubbliche Socialiste Sovietiche** (URSS).

Il dipinto (intitolato "Amicizia del popolo") raffigura le varie nazionalità dell'URSS che innalzano i simboli del socialismo.

Per ricordare

- Quali sforzi compì Lenin negli anni in cui fu al potere?
- Come si comportò Lenin di fronte alle opposizioni?
- Quando venne fondata l'Unione Sovietica?

Leggere una carta

La formazione dell'Unione Sovietica (URSS)

Nei settant'anni trascorsi tra la fondazione dell'Unione Sovietica (1922) e la sua dissoluzione avvenuta nel 1991, il numero e l'assetto territoriale delle **Repubbliche federate** sono mutati più volte. Negli ultimi decenni della sua esistenza, l'Unione Sovietica comprendeva quindici repubbliche.

Le diverse repubbliche che componevano l'Unione Sovietica (alcune delle quali assai piccole), di fatto godevano di scarsissimi margini di autonomia.

La Russia era lo Stato più grande dell'Unione Sovietica, ma in larga parte assai scarsamente popolato, a motivo del clima rigido che caratterizzava gli sterminati territori siberiani estesi per tutta l'Asia settentrionale, dagli Urali fino all'Oceano Pacifico.

UNO STATO FEDERALE FORTEMENTE CENTRALIZZATO

Secondo la **nuova Costituzione** (promulgata nel 1924) l'URSS era uno **Stato socialista a struttura federale**. In realtà, però, le **singole repubbliche** non godevano di una vera autonomia, perché **dipendevano dal governo centrale** sia per la politica internazionale sia per la pianificazione economica.

Al Partito Comunista veniva riconosciuto un **ruolo centrale nella società e nelle istituzioni**. Il più importante organo dello Stato era il **Soviet Supremo**, composto da due assemblee elettive: il Soviet dell'Unione e il Soviet delle Nazionalità. Il Soviet Supremo esercitava il potere legislativo, formava il governo, eleggeva al proprio interno un comitato, il *Presidium*, organo che esercitava il potere vero e proprio.

Per ricordare

- Qual era il rapporto tra il governo federale sovietico e le singole repubbliche che componevano la federazione?
- Qual era il ruolo del Partito Comunista? Qual era l'organo più importante dello Stato sovietico?

IL "COMUNISMO DI GUERRA"

Nel corso della guerra civile, per far fronte alle immediate esigenze di approvvigionamento delle città e di sostegno dell'Armata Rossa, il governo rivoluzionario aveva imposto una serie di **provvedimenti economici** divenuti poi noti come "comunismo di guerra". Le misure adottate prevedevano, tra l'altro, la **requisizione da parte dello Stato di tutti i mezzi di produzione**: in pratica, tutte le aziende agricole e le industrie passarono sotto il controllo diretto del governo.

Le conseguenze furono **catastrofiche**: le **produzioni agricole e industriali calarono drasticamente**, il commercio con l'estero subì una battuta d'arresto e cominciarono a manifestarsi **segni di insofferenza nei confronti dello Stato**, che sfociarono in episodi di **insurrezione**.

Per ricordare

- Quale fu il provvedimento più importante adottato dal "comunismo di guerra"?
- Quali furono le conseguenze?

LA NUOVA POLITICA ECONOMICA (NEP)

I dirigenti bolscevichi si resero conto che bisognava abbandonare il comunismo di guerra e avviare un **nuovo piano economico**. Nel 1921 prese il via un nuovo programma, chiamato **Nuova Politica Economica** (**NEP**), che prevedeva il **ritorno provvisorio all'economia di mercato controllata dall'alto** e il ripristino di una certa quota di **proprietà privata**, precisamente nelle aziende con meno di venti dipendenti e nelle piccole proprietà agrarie.

I latifondi divennero di **proprietà collettiva**, ma **i contadini potevano decidere i piani di produzione e commerciare liberamente i loro prodotti**, dopo il pagamento allo Stato di un'imposta. Le aziende maggiori vennero **nazionalizzate**, così come i settori strategici dell'energia, delle banche e del commercio con l'estero.

La NEP riuscì a **risollevare l'economia sovietica**, allontanando lo spettro della miseria e facendo conquistare al governo l'**appoggio delle masse contadine**.

Per ricordare

- Che cos'era la NEP?
- Quali furono alcuni dei cambiamenti introdotti?
- Quale esito ebbe l'introduzione della NEP?

Parola chiave

ECONOMIA DI MERCATO ED ECONOMIA PIANIFICATA

- L'**economia di mercato** è un sistema economico fondato sulla proprietà privata e sulla libertà di scambio di beni e servizi. Elementi decisivi di questo tipo di organizzazione dell'economia sono il **rapporto tra la domanda e l'offerta** e la **concorrenza**.
  L'opposto dell'economia di mercato è l'**economia pianificata**, nella quale tutte le decisioni di carattere economico vengono prese dallo Stato, in base a un piano economico stabilito dal governo che non lascia spazio alla libera iniziativa degli imprenditori e alla concorrenza, arrivando spesso anche a determinare i prezzi delle merci.

LA RIVOLUZIONE RUSSA IN EUROPA

L'eco della Rivoluzione russa provocò in Europa reazioni contrastanti. I governi delle maggiori potenze **temevano che il "contagio rivoluzionario" si diffondesse in tutto il continente**. Dall'altro lato gli avvenimenti russi avevano suscitato **nelle classi operaie e contadine la speranza di un imminente cambiamento politico**.

Lenin era convinto che la Rivoluzione russa fosse solo l'inizio di un **movimento rivoluzionario internazionale** destinato a scuotere tutti i Paesi, rafforzando la stessa Rivoluzione russa. In quest'ottica, egli riponeva molte speranze nell'**azione dei partiti socialisti europei**, soprattutto in quello tedesco, la cui ala estremista – la **Lega Spartachista**, dal nome del capo della rivolta degli schiavi romani – aveva formato organizzazioni di soldati e di operai simili ai soviet.

Per ricordare
- Quali timori e quali speranze suscitò in Europa la Rivoluzione russa?
- Che cosa pensava Lenin riguardo agli sviluppi rivoluzionari in campo internazionale?

Leggere un'immagine

Lenin ripulisce il mondo

Questo manifesto della propaganda sovietica indica quali sono gli obiettivi contro cui si rivolge la rivoluzione internazionale guidata da Lenin. Al tempo stesso spiega anche i timori diffusi tra i governanti europei, tra gli esponenti del ceto borghese e negli ambienti religiosi.

Lenin è raffigurato nell'atto di ripulire il mondo da tutti coloro che avrebbero altrimenti impedito la nascita di un nuovo ordine socialista.

Il marxismo aveva in sé una forte componente antireligiosa. Lenin fa "piazza pulita" anche del clero. In effetti, per molti anni la religione sarà perseguitata in Unione Sovietica.

Tra i primi a dovere essere eliminati, ovviamente, vi sono monarchi e borghesi.

La scritta alla base del manifesto dice: "Il compagno Lenin ripulisce il mondo dalla spazzatura".

LA RIVOLTA SPARTACHISTA IN GERMANIA E IL KOMINTERN

In Germania, nel 1919, **la Lega Spartachista diede vita a una rivolta** con l'obiettivo di trasformare la repubblica tedesca sul modello bolscevico, ma il tentativo **fallì sul nascere**. In Germania, come in altri Stati europei, infatti, le **riforme sociali ed economiche**, le **migliorate condizioni di vita** dei lavoratori e la presenza di un **forte ceto medio** costituivano fattori di stabilità sociale che mal si conciliavano con il processo rivoluzionario.

Ciononostante, Lenin proseguì la sua linea politica, dando vita alla cosiddetta **Terza Internazionale** o **Komintern** (Internazionale Comunista). Si trattava di un organismo che riuniva **tutti i partiti comunisti europei**, il cui scopo era quello di favorire la nascita di un **movimento rivoluzionario mondiale**.

La Terza Internazionale divenne ben presto uno **strumento del potere sovietico per dominare i comunisti di tutto il mondo**, subordinato agli interessi sovietici.

Per ricordare
- Che cosa fu la rivolta spartachista? Perché fallì?
- Che cos'era il Komintern? Quale obiettivo si proponeva?
- In che cosa si trasformò la Terza Internazionale?

Sintesi

L'IMPERO RUSSO: UN GIGANTE IN CRISI

- Il regime zarista, dispotico ed assolutista, era incapace di cogliere le esigenze di rinnovamento della società russa, caratterizzata dalla coesistenza di condizioni di arretratezza e di elementi di novità: l'economia era ancora prevalentemente agricola ma iniziava a svilupparsi il settore industriale; ad una forza lavoro costituita in maggioranza da contadini, che conducevano vita assai precaria, si affiancava un ceto operaio sempre più numeroso.

- Lo zar Nicola II tentò in ogni modo di reprimere qualsiasi tipo di opposizione e di rivendicazione sociale. In questo clima si rafforzò il Partito Socialdemocratico, diviso in due correnti: l'ala moderata menscevica (minoranza) e l'ala rivoluzionaria bolscevica (maggioranza) guidata da Lenin.

- Lo scoppio della guerra, che lo zar intendeva sfruttare per smorzare le tensioni interne e per estendere il controllo russo sui Balcani, mise in luce la debolezza militare, politica ed economica dell'Impero russo, scatenando la rivoluzione e provocando il crollo del regime zarista.

IL 1917: L'ANNO DELLE RIVOLUZIONI

- La grave carestia dell'inverno 1916-1917 privò le città dei generi di prima necessità. Scoppiarono scioperi e agitazioni; l'esercito, inviato a reprimere le manifestazioni, si unì ai rivoltosi (Rivoluzione di febbraio).

- Lo zar Nicola II si trovò costretto ad abdicare in favore del fratello Michele, il quale però rinunciò alla Corona. Caduta di fatto la monarchia, si formò un governo repubblicano provvisorio di carattere liberale, mentre i Bolscevichi diedero vita ai soviet (consigli rivoluzionari).

- Tra il governo provvisorio e l'organizzazione dei soviet esisteva un profondo disaccordo sia sul proseguimento della guerra che sul tipo di Stato da instaurare. Lenin, rientrato in Russia grazie all'aiuto della Germania, si mise a capo dei soviet e prese la guida della Rivoluzione.

- Nell'estate del 1917 i soviet tentarono un'insurrezione armata, che fu repressa dal governo liberale. Una nuova insurrezione scoppiò a novembre (ottobre secondo il calendario ortodosso russo) e diede inizio alla Rivoluzione d'ottobre.

- La rivoluzione dei soviet ebbe successo e portò all'insediamento di un governo che avviò trattative per il ritiro dalla guerra e gettò le basi dello Stato socialista secondo il modello marxista, che Lenin declinò in un programma di governo che prevedeva l'abolizione della proprietà privata, la distribuzione di terre ai contadini, il controllo delle fabbriche da parte degli operai.

LA GUERRA CIVILE E LA NASCITA DELL'UNIONE SOVIETICA

- Per tre anni la Russia fu dilaniata da una feroce guerra civile, nella quale si contrapposero da un lato l'Armata Rossa dei Bolscevichi, dall'altro l'Armata Bianca dei Menscevichi e dei liberali, appoggiati dalle potenze straniere. Fu un periodo di terrore che costò alla Russia migliaia di morti; in questo clima fu decisa l'esecuzione dello zar e della famiglia imperiale.

- Nella lotta per il potere i Bolscevichi ebbero il sopravvento. Lenin si adoperò per rafforzare il Partito Bolscevico (che nel 1921 divenne Partito Comunista) e per definire la struttura del nuovo Stato. Vennero messe fuorilegge tutte le formazioni politiche eccetto il Partito Comunista, che divenne il partito unico, fulcro del nuovo Stato socialista.

- Nel 1922 lo Stato prese il nome di Unione delle Repubbliche Socialiste Sovietiche (URSS), assumendo una struttura federale, anche se di fatto le singole repubbliche godevano di margini molto ridotti di autonomia.

- Nel corso della guerra civile furono imposti provvedimenti economici che ebbero conseguenze catastrofiche e causarono ribellioni (comunismo di guerra). A partire dal 1921 il governo adottò un piano economico più moderato (NEP), che ripristinava in parte la proprietà privata e l'economia di mercato. Tale piano riuscì a risollevare l'economia russa.

- Gli eventi russi generarono nei governi dei principali Paesi europei il timore di un contagio rivoluzionario, mentre tra i lavoratori suscitarono speranze di un vero cambiamento. Lenin considerava la Rivoluzione russa come l'inizio di un processo rivoluzionario che avrebbe investito il mondo intero. Per favorire tale processo fondò la Terza Internazionale (Komintern).

Anche noi storici

Conoscere eventi e fenomeni storici

1. *Indica la conclusione corretta delle seguenti affermazioni.*

a. La Rivoluzione russa fu provocata
- ☐ 1. dall'insofferenza della borghesia.
- ☐ 2. da un insieme di fattori politici, economici e sociali.
- ☐ 3. dall'intervento delle potenze straniere.

b. I kulaki erano
- ☐ 1. i contadini ricchi.
- ☐ 2. i contadini poveri.
- ☐ 3. i borghesi proprietari di terre.

c. La servitù della gleba
- ☐ 1. fu abolita nel 1905.
- ☐ 2. fu abolita nel 1861.
- ☐ 3. era ancora in vigore alla vigilia della rivoluzione.

d. Le idee rivoluzionarie si diffusero rapidamente
- ☐ 1. tra i contadini delle campagne.
- ☐ 2. tra gli operai delle fabbriche.
- ☐ 3. tra i membri del ceto mercantile.

e. Il Partito Socialdemocratico russo era diviso in due correnti:
- ☐ 1. Bolscevichi e Menscevichi.
- ☐ 2. Socialisti riformatori e Socialisti estremisti.
- ☐ 3. Liberali e Conservatori.

f. Lenin sosteneva che la rivoluzione proletaria sarebbe scoppiata in Russia
- ☐ 1. perché era un Paese in via di industrializzazione.
- ☐ 2. perché non c'erano partiti all'opposizione.
- ☐ 3. perché le condizioni socio-economiche erano le più arretrate.

g. Lo zar Nicola II abdicò
- ☐ 1. in seguito ai tumulti scoppiati a Pietrogrado nel febbraio 1917.
- ☐ 2. in seguito alla sconfitta dell'esercito russo a Tannenberg.
- ☐ 3. dopo la presa del Palazzo d'Inverno da parte dei Bolscevichi.

Riconoscere relazioni – Individuare rapporti di causa ed effetto

2. *Collega i seguenti fenomeni e fatti alla corretta causa / spiegazione (riporta accanto la lettera corrispondente).*

1. Le necessarie riforme sociali ed economiche non venivano attuate …
2. Lo zar Nicola II si dimostrò incapace di governare …
3. Lo zar e i suoi consiglieri decisero l'entrata in guerra della Russia …
4. Con la guerra si aggravò la situazione sociale …
5. Il governo provvisorio del 1917 e i soviet erano in disaccordo …
6. La Germania favorì il ritorno di Lenin in Russia …
7. Gli Stati europei sostennero l'Armata Bianca …
8. In Europa si temeva il "contagio rivoluzionario" …
9. Lenin fondò il Komintern …

a. perché gli eventi russi avevano risvegliato nelle classi contadine e operaie la speranza di un imminente cambiamento politico.
b. perché con i contadini impegnati al fronte la produzione agricola cominciò a diminuire.
c. a causa della politica repressiva del regime zarista e dell'avversione ad ogni cambiamento.
d. perché si riteneva che il conflitto avrebbe allentato le tensioni interne e avrebbe permesso di estendere l'influenza russa sui Balcani.
e. perché essi temevano il dilagare della rivoluzione in tutta l'Europa.
f. perché i soviet volevano la pace immediata, mentre il governo era per il proseguimento della guerra.
g. per favorire la nascita di un movimento rivoluzionario mondiale.
h. perché non seppe cogliere le esigenze del Paese, ricorrendo solo alla repressione.
i. perché avrebbe accelerato l'uscita della Russia dalla guerra.

Orientarsi nel tempo

3. Riordina nella corretta sequenza cronologica i principali fatti della Rivoluzione russa (riporta sotto ogni anno le lettere corrispondenti).

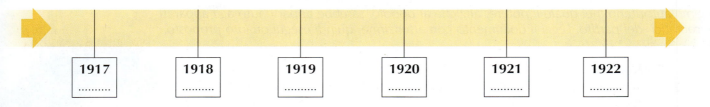

| 1917 | 1918 | 1919 | 1920 | 1921 | 1922 |

a. ritorno di Lenin in Russia con un programma rivoluzionario
b. governo provvisorio guidato da Kerenskij
c. sorgono i soviet nelle città
d. riforme del governo provvisorio di L'vov (abolizione della pena capitale, voto alle donne, giornata lavorativa di 8 ore)
e. Rivoluzione di febbraio a Pietrogrado
f. abdicazione dello zar
g. 6-7 novembre (24-25 ottobre): conquista del Palazzo d'Inverno
h. ritiro della Russia dalla guerra
i. inizio della guerra civile
l. instaurazione della dittatura del Partito bolscevico
m. insurrezione dei soviet e conquista del potere
n. fine della guerra civile tra Bianchi e Rossi
o. esecuzione dello zar e della famiglia imperiale
p. nascita dell'URSS
q. inizio della guerra civile tra Bianchi e Rossi
r. governo provvisorio di carattere liberale e borghese

Ricavare informazioni da un documento iconografico

4. Osserva attentamente l'immagine, che riproduce l'emblema dell'URSS, quindi completa il testo che segue.

L'emblema dell'Unione Sovietica venne adottato ufficialmente con la promulgazione della Costituzione nel ......1924...... e fu utilizzato fino alla sua dissoluzione avvenuta nel ...1991....

L'emblema è costituito da una ...falce...... e un ...martello... incrociati, che rappresentano l'unione dei ...contadini... e degli operai, forze motrici della ...rivoluzione... proletaria. I simboli sono sovrapposti ad un ...globo... sul quale campeggia una ...stella... rossa, a rappresentare probabilmente la stella polare della rivoluzione, destinata a diffondersi in tutti i continenti, oppure, secondo altre interpretazioni, il ruolo-guida del Partito ...Comunista....

Questi tradizionali simboli ...sovietici... sono racchiusi tra due fascine di ...grano... coperte da un tessuto sul quale è riportato il motto dell'URSS nelle lingue ufficiali delle ...repubbliche socialiste... sovietiche. Il motto recita: "...operai e socialisti... di tutto il mondo unitevi!".

Questo emblema riprende i simboli dei movimenti ...proletari... sorti nella seconda metà dell'Ottocento.

[a. repubbliche socialiste – b. 1924 – c. sovietici – d. proletari – e. falce – f. stella – g. contadini – h. grano – i. martello – l. globo – m. operai e socialisti – n. rivoluzione – o. 1991 – p. Comunista]

PARTE PRIMA CAPITOLO 5 - LA RIVOLUZIONE RUSSA 113

Ricavare informazioni da un documento storico

5. *Il brano che segue è tratto dalla biografia di Rosa Luxemburg, esponente di spicco dell'ala sinistra del Partito Social-democratico Tedesco e una delle ispiratrici della rivolta spartachista.*
Fin dal 1919 la Luxemburg aveva denunciato lucidamente il pericolo che la rivoluzione sovietica potesse sfociare in un regime autoritario, nel quale il potere, anziché al popolo, sarebbe appartenuto agli apparati burocratici del partito. Leggi il documento con attenzione, quindi esegui quanto proposto.

La burocrazia del partito metterà in letargo libertà e democrazia

"È il compito storico del proletariato di creare, una volta giunto al potere, al posto della democrazia borghese, una democrazia socialista, non di abolire ogni democrazia."
[...] Soffocando la vita politica in tutto il paese, anche la vita dei soviet non potrà sfuggire ad una paralisi sempre più estesa. Senza elezioni generali, senza libertà di stampa e di riunione illimitata, senza il libero confronto delle idee, la vita si spegne in ogni organismo pubblico, diventa soltanto apparente e in essa l'unico elemento attivo rimane la burocrazia.
La vita pubblica si addormenta a poco a poco; alcune dozzine di capipartito, di inesauribile energia e animati da un idealismo sconfinato, dirigono e governano; fra questi la guida effettiva è in mano di una mezza dozzina di teste superiori e una élite di operai viene, di tempo in tempo, convocata per battere le mani ai discorsi dei capi, votare all'unanimità le deliberazioni che le vengono presentate: in ultima analisi, dunque, un predominio di cricche, una dittatura, ma non la dittatura del proletariato, no: la dittatura di un pugno di politici [...]".
Quando Rosa Luxemburg mise sulla carta queste riflessioni, la democrazia non era ancora morta del tutto in Russia [...]. Ma le effettive limitazioni alla democrazia, la progressiva dittatura del partito, la mancanza di controllo democratico ai vertici dello Stato facevano riconoscere a Rosa Luxemburg gli enormi pericoli dell'ulteriore evoluzione. [...] I Bolscevichi soffocarono l'idea democratica nella coscienza delle masse e dei quadri dirigenti e soppressero, così, il freno che avrebbe potuto impedire all'apparato statale di scivolare verso il totalitarismo.

rid. da Paul Frölich, Rosa Luxemburg. La sua vita e la sua opera

Sottolinea nell'elenco che segue le affermazioni che esprimono il pensiero di Rosa Luxemburg.

a. Il compito del proletariato è quello di dar vita ad una forma di governo alternativa alla democrazia.

b. Il compito del proletariato è quello di dar vita ad una forma di democrazia, una democrazia socialista, alternativa a quella borghese.

c. Senza libertà e senza il libero confronto di idee la vita politica è destinata a morire o, meglio, a sopravvivere in modo solo apparente.

d. Perché si attui la democrazia socialista è necessario che il potere venga esercitato dai capipartito sotto la guida di dirigenti altamente capaci, le cui deliberazioni debbono comunque ottenere il voto unanime di tutti i lavoratori.

e. Le limitazioni alla democrazia e la dittatura del partito imposte dai Bolscevichi faranno scivolare lo Stato verso un regime totalitario.

Comprendere e utilizzare il linguaggio della storia

6. *Sintetizza l'assetto del nuovo Stato, sottolineando il termine corretto tra quelli proposti.*

a. In base alla Costituzione promulgata nel 1924 l'URSS era uno Stato **1.** *liberale* /**2.** *socialista* a struttura **3.** *federale* /**4.** *unitaria*.

b. Nel nuovo Stato le repubbliche **1.** *godevano* /**2.** *non godevano* di vera autonomia, in quanto **3.** *dipendevano* /**4.** *non dipendevano* dal governo centrale.

c. Il Partito Comunista era **1.** *uno dei cinque partiti ammessi* /**2.** *l'unico partito ammesso* in Parlamento.

d. Il principale organo dello Stato era il **1.** *Soviet Supremo* /**2.** *Presidium*, che deteneva il potere legislativo, formava il governo ed eleggeva al proprio interno il **3.** *Soviet Supremo* /**4.** *Presidium*, un comitato che esercitava il potere vero e proprio.

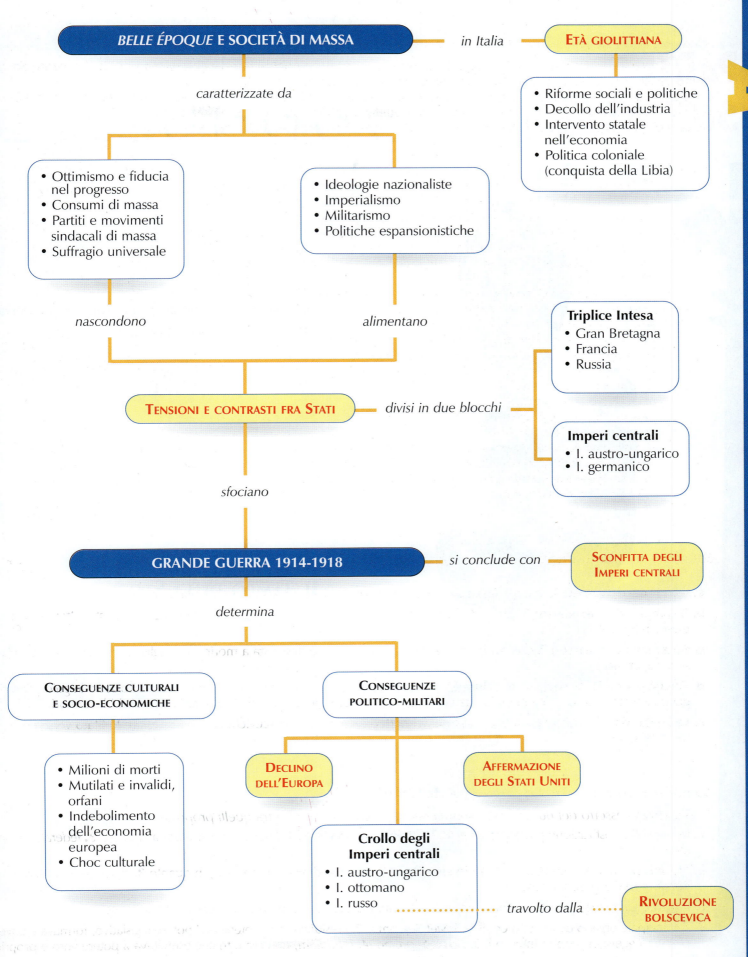

PARTE SECONDA
Il dopoguerra

CAPITOLI
6. I trattati di pace
7. Società ed economia nel primo dopoguerra
8. Le democrazie occidentali

IL TEMPO DELLA STORIA

EVENTI POLITICI

1918	1919	1921
Fine della Prima Guerra Mondiale	Trattato di pace di Versailles	Nasce lo Stato libero d'Irlanda

STATI UNITI

1921
Leggi di limitazione all'immigrazione

SOCIETÀ E CULTURA

1920
Prime trasmissioni radiofoniche

1918

Entriamo nella Storia

- Lo choc della Grande Guerra non bastò ad estirpare le radici che l'avevano alimentata. I **trattati di pace**, infatti, furono incapaci di dare vita ad equilibri internazionali più stabili. Considerati **punitivi** e **ingiusti** da più parti, i trattati non solo **stravolsero la geografia politica dell'Europa** ma, anziché inaugurare un'epoca di pace, furono solo in grado di garantire un "**ventennale armistizio**", aprendo la strada ad un altro conflitto mondiale.

- I primi anni del dopoguerra sono anni di forte crisi economica. I problemi legati alla riconversione degli apparati industriali, la disoccupazione e l'inflazione **acuiscono le tensioni sociali** e generano **sfiducia nelle democrazie liberali**, offrendo il terreno ideale per lo sviluppo di movimenti di massa che si ispirano a **ideologie antidemocratiche**.
L'Europa impoverita reagisce alla crisi, beneficiando anche dello sviluppo prodigioso degli **Stati Uniti**, la nuova potenza, che guida la **ripresa economica mondiale** tra il 1923 e il 1928. Proprio gli Stati Uniti, però, con il **crollo della Borsa di New York** nel **1929**, diventano l'epicentro della **grande depressione** degli anni Trenta. Essa dilaga in Europa, contribuendo a travolgere le istituzioni democratiche di numerosi Paesi. Negli Stati Uniti, invece, la crisi viene fronteggiata e superata attraverso una politica chiamata *New Deal*, cioè "nuovo corso".

- Gli anni Venti sono anche gli anni che vedono l'affermazione negli Stati Uniti della **società dei consumi e di massa**: beni di consumo, nuovi divertimenti, nuovi mezzi di comunicazione, che veicolano soprattutto immagini e musica, trasformano radicalmente gli **stili di vita**, inaugurando l'era della **modernità**.

Le domande del Presente

Quali pericoli nasconde la forza comunicativa delle immagini e dei suoni?

Il **successo** che riscuotono cinema, radio, pubblicità, riviste illustrate prima, televisione e Internet poi, è dovuto alla forza comunicativa delle immagini e dei suoni, capaci di comunicare con immediatezza.

Questo potere delle immagini e dei suoni nasconde, tuttavia, numerosi pericoli: da quelli dell'**omologazione** e dell'**assimilazione**, per cui tutti acquisiscono gli stessi gusti e adottano gli stessi modelli; al pericolo dell'**assuefazione**, per cui ci si abitua alla visione di immagini drammatiche di fatti tragici, perdendo la capacità di commuoversi o indignarsi; infine il pericolo di **manipolazione delle menti**, per cui si accolgono idee e si assumono comportamenti anche discutibili e negativi, ma abilmente propagandati e presentati come positivi.

| mazione Repubblica | | | 1937 Dichiarazione d'indipendenza della Repubblica d'Irlanda |

1919-1933 ibizionismo

1929 Crollo di Wall Street

1933-1945 Presidenza di F. D. Roosevelt New Deal

1927 Nasce il cinema sonoro

1929 Scoperta della penicillina

1934 Fissione dell'uranio

1935 Primo radar

1936 Prime trasmissioni televisive

1925 — 1930 — 1935

6 I trattati di pace

1. La nuova geografia dell'Europa

La Società delle Nazioni per garantire la pace

Quando a Parigi, nel 1919, iniziò la **Conferenza di pace**, era chiaro a tutti che l'Europa e il mondo intero dovevano approntare **strumenti efficaci per garantire una pace giusta ed equilibri duraturi**.

Nel 1918, in piena guerra, il presidente statunitense **Thomas Woodrow Wilson** (1856-1924) aveva tracciato in un documento (noto come *I Quattordici punti*) le **linee guida** alle quali avrebbero dovuto attenersi in futuro i trattati di pace e i rapporti tra gli Stati. Il nuovo assetto internazionale doveva **garantire l'equilibrio tra le potenze**, la **dignità dei popoli** e il loro **diritto all'indipendenza**, oltre alla **tutela della libertà dei commerci e degli scambi**.

Era necessario creare un'organizzazione che riunisse tutti gli Stati, con l'obiettivo di **salvaguardare la pace e risolvere per via diplomatica tutte le controversie internazionali**, garantendo gli Stati membri da ogni aggressione militare. La proposta di Wilson portò alla costituzione della **Società delle Nazioni**, il cui patto fu approvato e inserito nel *Trattato di Versailles*.

> **Conferenza di pace**
> Viene così chiamata la riunione dei rappresentanti di tutti gli Stati che hanno partecipato a un conflitto, convocata allo scopo di stipulare gli accordi di pace.

Per ricordare
- Quale appariva l'impegno principale della Conferenza di pace di Parigi?
- Che cosa stabilivano *I Quattordici punti* di Wilson?
- Quali dovevano essere gli obiettivi della Società delle Nazioni?

Le difficoltà della pace

In realtà i trattati firmati tra il 1919 e il 1920 tennero conto solo in parte di questi princìpi. Le potenze vincitrici, in particolare **Francia e Gran Bretagna, si preoccuparono di trarre il maggior profitto possibile dalla vittoria** e di **punire e umiliare la Germania**, considerata responsabile unica della guerra.

Nei trattati, i delegati dei 27 Paesi vincitori si dedicarono principalmente a **disegnare le frontiere dei nuovi Stati** nati dalla dissoluzione degli imperi germanico, austro-ungarico, russo e ottomano; a **spartirsi le colonie tedesche in Africa**; a stabilire **le sanzioni e i danni di guerra**; a **impedire il riarmo tedesco**.

Il **principio di nazionalità** invocato da Wilson, secondo il quale **ogni popolo dotato di una propria identità nazionale** (quindi con cultura e tradizioni proprie) **non doveva essere sottomesso ad altri popoli**, fu applicato in modo discontinuo. Dove fu rispettato, come in Italia, impedì l'annessione di territori ritenuti parte integrante del Paese, suscitando il **malcontento** e le proteste dei nazionalisti. Dove invece non venne osservato, come in Iugoslavia, nacquero **forti tensioni dovute alle minoranze etniche** inglobate all'interno di uno Stato i cui confini furono tracciati "a tavolino".

Nella pagina accanto, il presidente statunitense Wilson in compagnia della moglie. L'ingresso degli Stati Uniti sulla scena diplomatica mondiale (simboleggiato dalla sua partecipazione alla conferenza di pace) fu un fatto politico assolutamente nuovo.

Per ricordare
- Come si comportarono Francia e Gran Bretagna?
- Che cosa fecero i delegati delle nazioni durante la Conferenza di pace?
- Che cosa prevedeva il "principio di nazionalità" invocato da Wilson?

Leggere un documento

La *New Diplomacy* di Wilson in quattordici punti

Il 9 gennaio 1918 il presidente degli Stati Uniti Thomas Woodrow Wilson annunciò, riassunte in 14 punti, le condizioni necessarie per raggiungere una pace effettiva e duratura tra gli Stati belligeranti. Wilson era convinto che bisognasse accettare una **pace senza vittoria**, *cioè una pace non imposta dal vincitore e subìta dal vinto, ma* **"una pace tra uguali"**.
Le idee di Wilson riflettevano una **nuova concezione delle relazioni internazionali**, *che contrastava con la tradizionale diplomazia europea. Di questo era consapevole lo stesso presidente che, alla vigilia del suo viaggio, ebbe a dire: "Vado in Europa perché i governi alleati non vogliono che lo faccia".*
Riportiamo di seguito alcuni stralci del documento.

[...] Il programma della pace del mondo è il nostro stesso programma; e questo programma, il solo possibile, secondo noi, è il seguente:

1. Pubblici trattati di pace trasparenti, dopo i quali non vi saranno più accordi internazionali segreti di alcun tipo, ma la diplomazia procederà sempre francamente e pubblicamente.
2. Libertà assoluta di navigazione sui mari, al di fuori delle acque territoriali, sia in tempo di pace che in tempo di guerra [...].
3. Soppressione, nei limiti del possibile, di tutte le barriere economiche e definizione di condizioni commerciali uguali per tutte le nazioni che consentono alla pace e si associano per mantenerla.
4. Garanzie sufficienti che gli armamenti nazionali saranno ridotti all'estremo limite compatibile con la sicurezza interna del Paese.

[...]

9. Una rettifica delle frontiere italiane dovrà esser effettuata secondo le linee di nazionalità chiaramente riconoscibili.
10. Ai popoli dell'Austria-Ungheria, di cui desideriamo salvaguardare il posto fra le nazioni, dovrà esser data al più presto la possibilità di uno sviluppo autonomo.
11. La Romania, la Serbia, il Montenegro dovranno essere sgombrati; saranno ad essi restituiti quei loro territori che sono stati occupati [...]. Garanzie internazionali di indipendenza politica, economica e d'integrità territoriale saranno fornite a questi Stati.

[...]

14. Una associazione generale delle nazioni dovrebbe esser formata in virtù di convenzioni formali aventi per oggetto di fornire garanzie reciproche di indipendenza politica e territoriale ai piccoli come ai grandi Stati.

La piena libertà di navigazione, l'abolizione delle barriere economiche e l'uguaglianza nelle condizioni commerciali dovrebbero segnare una nuova epoca di relazioni pacifiche tra le nazioni e al tempo stesso favorire la ripresa dell'economia mondiale.

Un'organizzazione internazionale avrebbe dovuto garantire la pace mondiale. La Società delle Nazioni sarebbe stato il primo passo verso la costituzione dell'attuale ONU.

Wilson intende porre fine alla "diplomazia segreta" che aveva condotto l'Europa alla catastrofe, per affermare invece una diplomazia fatta di accordi trasparenti e noti all'opinione pubblica.

La riduzione degli armamenti sarà imposta con particolare durezza alla Germania.

Il principio di nazionalità, se legittimava l'aspirazione dello Stato italiano ad acquisire il Trentino e la Venezia Giulia, contrastava invece con le altre mire territoriali nutrite dall'Italia e oggetto del Patto di Londra.

PARTE SECONDA **CAPITOLO 6** - I TRATTATI DI PACE 119

I NUOVI CONFINI DELL'EUROPA

Diversi furono i trattati di pace stipulati tra vincitori e vinti.

Il più importante fu il **Trattato di Versailles**, che **imponeva alla Germania pesanti sanzioni economiche e la perdita di importanti territori** (cessione dell'Alsazia e della Lorena alla Francia; occupazione temporanea dei bacini carboniferi della Saar e della Ruhr in Renania e smilitarizzazione di queste regioni; cessione di territori ai confini con la Danimarca e il Belgio; perdita di tutte le colonie). Il trattato imponeva inoltre lo **smantellamento dell'esercito e il pagamento di ingenti somme per i danni di guerra**.

Il **Trattato di Saint Germain-en Laye** e quello di **Trianon** definirono lo **smantellamento dell'Impero austro-ungarico**. Dai territori che avevano formato l'Impero asburgico sorsero gli Stati di **Austria**, **Ungheria**, **Cecoslovacchia** e **Iugoslavia**. L'Italia ottenne il **Trentino**, l'**Alto Adige**, la **Venezia Giulia**, con **Trieste** e l'**Istria**. La Polonia ottenne la Galizia; la Romania la Transilvania.

Nei territori ceduti dalla Russia alla Germania (in base alla Pace di Brest-Litovsk) si formarono i nuovi Stati di **Estonia**, **Lettonia**, **Lituania** e **Finlandia**.

Il **Trattato di Sèvres** definì lo **smantellamento dell'Impero ottomano**: nascevano **nuovi Stati** e regioni autonome (Armenia e Kurdistan); **diventavano zone di influenza inglese o francese** i territori di Palestina, Mesopotamia, Siria e Libano. La Turchia vide ridotto il suo territorio alla sola penisola anatolica.

Per ricordare

- Che cosa fu imposto alla Germania dal Trattato di Versailles?
- Che cosa fu dell'Impero austro-ungarico?
- Quali nuovi Stati sorsero dai territori ceduti dalla Russia?
- Che cosa stabilì il Trattato di Sèvres?

Smilitarizzato
Si dice di una regione o di uno Stato nel quale è proibito mantenere armamenti o un esercito stabile.

Leggere una carta

I confini europei dopo le conferenze di pace

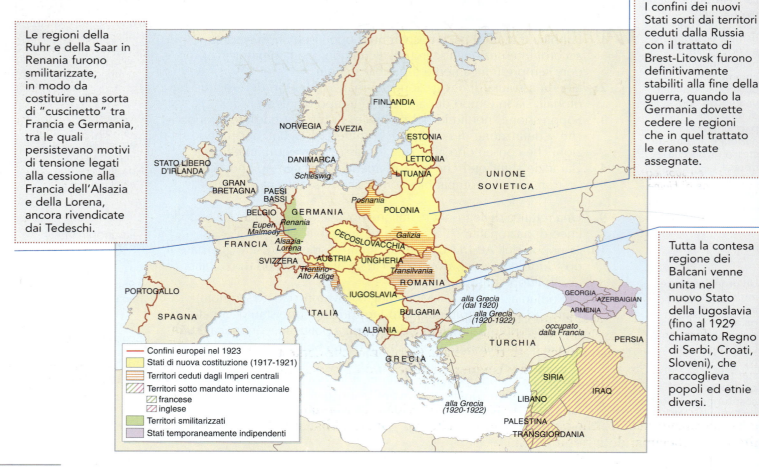

Le regioni della Ruhr e della Saar in Renania furono smilitarizzate, in modo da costituire una sorta di "cuscinetto" tra Francia e Germania, tra le quali persistevano motivi di tensione legati alla cessione alla Francia dell'Alsazia e della Lorena, ancora rivendicate dai Tedeschi.

I confini dei nuovi Stati sorti dai territori ceduti dalla Russia con il trattato di Brest-Litovsk furono definitivamente stabiliti alla fine della guerra, quando la Germania dovette cedere le regioni che in quel trattato le erano state assegnate.

Tutta la contesa regione dei Balcani venne unita nel nuovo Stato della Iugoslavia (fino al 1929 chiamato Regno di Serbi, Croati, Sloveni), che raccoglieva popoli ed etnie diversi.

Il mito della "vittoria mutilata" e l'impresa di D'Annunzio

Con il Trattato di Saint Germain **l'Italia aveva ottenuto solo in parte i compensi territoriali previsti negli accordi del Patto di Londra**. Il Trentino, l'Alto Adige, l'Istria e la Venezia Giulia furono annesse al Regno italiano; ma il Governo presieduto da Vittorio Emanuele Orlando (1860-1952) **rivendicava anche il possesso della città di Fiume e della costa della Dalmazia**, contese al Regno di Iugoslavia.

Il movimento nazionalista sbandierò il mito della **"vittoria mutilata"**, facendo di **Fiume** il simbolo delle proprie rivendicazioni. In questo contesto, **Gabriele D'Annunzio**, considerato dai nazionalisti un eroe di guerra, organizzò **una spedizione per occupare la città**, giungendovi il 12 settembre del 1919.

L'episodio provocò un **incidente internazionale**, che rischiò di far riaprire un conflitto all'interno dell'Europa. Nel 1920, Giovanni Giolitti, chiamato alla guida del Governo, firmò con la Iugoslavia il **Trattato di Rapallo**. La città di Fiume diventava uno Stato libero, Zara e alcune isole della costa dalmata venivano assegnate all'Italia e, infine, furono **determinati i confini fra i due Stati nelle Alpi Giulie**.

D'Annunzio non riconobbe il trattato e si ostinò ad occupare militarmente Fiume, fino a quando il Governo italiano fu costretto ad **intervenire con l'esercito** per sgomberare i dannunziani dalla città (31 dicembre 1920).

> ## Per ricordare
>
> - Perché nacque in Italia il mito della "vittoria mutilata"?
> - Che cosa fece Gabriele D'Annunzio?
> - Che cosa stabiliva il Trattato di Rapallo?
> - Quale fu l'esito dell'impresa di D'Annunzio?

D'Annunzio e i suoi legionari durante l'occupazione di Fiume.

L'invito alla revisione dei trattati

L'Italia non fu l'unico Paese a dimostrare malcontento verso le decisioni della Conferenza di pace. Numerosi altri Stati, giudicando insoddisfatti gli interessi nazionali, chiesero la **revisione dei trattati**. Oltre alla **Germania**, che contestava la durezza delle sanzioni, anche **Bulgaria** e **Ungheria** ritenevano di non avere **ottenuto quanto richiesto**.

Nel frattempo, in **Turchia**, un movimento popolare guidato da **Mustafà Kemal** (chiamato *Atatürk*, che significa "padre dei Turchi") **aveva abbattuto il sultanato, proclamando la repubblica.**

> ## Per ricordare
>
> - Quali Stati chiedevano una revisione dei trattati? Perché?
> - Che cosa accadde in Turchia?

PARTE SECONDA **CAPITOLO 6 -** I TRATTATI DI PACE **121**

2. Una pace difficile e fragile

IL FALLIMENTO DELLA SOCIETÀ DELLE NAZIONI

Sarebbe spettato alla **Società delle Nazioni** garantire la pace. In realtà questa **organizzazione non divenne mai veramente operativa**, sia perché la sua autorità internazionale non fu pienamente riconosciuta sia perché **negli Stati Uniti il Congresso non approvò l'adesione alla Società**.

Di conseguenza la Società delle Nazioni non riuscì a risolvere diplomaticamente i contrasti tra gli Stati né a frenare la corsa agli armamenti. Gli unici risultati di rilievo del suo operato negli anni Venti furono le **risoluzioni a favore dell'indipendenza di alcuni Stati** (Egitto, Arabia Saudita, Iraq, Persia/Iran).

Per ricordare

- Perché la Società delle Nazioni non divenne mai veramente operativa?
- Quali risultati ottenne la Società delle Nazioni?

UN "ARMISTIZIO VENTENNALE"

"Questa non è la pace, è un armistizio ventennale". Così il generale francese Foch, all'indomani della firma dei trattati di pace, ne sottolineò il sostanziale fallimento. La **pace** imposta dai trattati, infatti, **si rivelò assai fragile e fu contestata da numerosi Stati**, sia vincitori che vinti.

Essa **ridisegnò la geografia dell'Europa**, ma non seppe creare equilibri stabili, anzi generò ulteriori tensioni e innescò **una serie di crisi, sia economiche sia politiche**, che sarebbero sfociate nella Seconda Guerra Mondiale.

Per ricordare

- Perché Foch parlò di un "armistizio ventennale"?
- Che cosa generarono i trattati di pace?

LA CRISI ECONOMICA

Numerose furono le situazioni problematiche che l'Europa dovette affrontare nel dopoguerra.

Le **spese militari** (per sostenere le quali molti Stati si erano indebitati, soprattutto con gli Stati Uniti) e le **distruzioni causate dalla guerra** avevano creato una profonda **crisi economica**. L'opera di riconversione degli apparati industriali non era facile ed era necessario **trovare lavoro a milioni di reduci disoccupati**.

Ancora più grave era la situazione dei Paesi vinti, cui erano state imposte **pesantissime sanzioni economiche**. Il primo dopoguerra vide la **decadenza economica dell'Europa**, della quale si avvantaggiarono principalmente **Stati Uniti** e **Giappone**, che si imposero come **nuove potenze industriali**.

Per ricordare

- Quali difficoltà dovettero affrontare gli Stati all'indomani della guerra?
- Quali Stati trassero vantaggio dalla decadenza economica dell'Europa?

Parola chiave

RICONVERSIONE
- La riconversione, in termini economici, è l'insieme delle operazioni e degli investimenti che permettono a un'industria di **cambiare la propria produzione**. In particolare, si parla di riconversione quando le industrie che per anni hanno fabbricato materiale bellico per sostenere una guerra, al termine del conflitto devono adattarsi alla produzione di beni per uso civile. La stessa esigenza si può determinare anche in tempo di pace, quando il mutamento della situazione internazionale rende non più necessaria la fabbricazione di armamenti.
  Di riconversione, però, si parla anche riguardo a industrie che devono adattare i propri impianti per garantire una migliore qualità dei prodotti o per **adattarsi a innovazioni tecnologiche** in grado di migliorare la produzione.

L'INSTABILITÀ DEI NUOVI STATI E I MODELLI AUTORITARI

Come abbiamo visto, la Conferenza di pace di Parigi favorì la nascita di **nuovi Stati**. Se in alcuni casi si trattava di **Stati nazionali**, che garantivano l'indipendenza a popoli prima soggetti al dominio degli imperi, in altri casi (come per la Cecoslovacchia o per la Iugoslavia, che riuniva Serbia, Montenegro, Croazia, Bosnia-Erzegovina) si trattava di **Stati artificiali multinazionali, creati dall'unione forzata di popoli diversi**, senza tener conto delle differenze etniche, linguistiche, religiose ed economiche.

Particolarmente grave fu il problema di alcune **minoranze etniche** che si trovarono a vivere entro i confini di nuovi Stati: era il caso della popolazione tedesca che abitava un'area sottratta alla Germania e annessa alla Cecoslovacchia, così come dei numerosi Ungheresi della Transilvania che si trovarono annessi alla Romania.

In **conseguenza delle difficoltà sorte dopo la Grande Guerra**, nell'Europa postbellica **entrarono in crisi i sistemi politici democratici** di numerosi Paesi. Negli anni Venti e Trenta **si svilupparono modelli politici autoritari** alternativi a quelli democratici.

Per ricordare

- Quali tipi di nuovi Stati sorsero dopo la Conferenza di pace?
- Perché sorse il problema delle minoranze etniche?
- Che cosa accadde in molti Stati come conseguenza delle difficoltà sorte all'indomani della Grande Guerra?

La carta illustra l'assetto politico dell'Europa uscito dalle conferenze di pace. Tra le situazioni problematiche lasciate sul tappeto dai trattati spicca la presenza di consistenti minoranze tedesche al di fuori dei confini della Germania.

APPROFONDIMENTI

Storia e politica

QUALI CONDIZIONI RENDONO UNA PACE GIUSTA E DURATURA?

I PERICOLI DI SANZIONI TROPPO PUNITIVE

Tra i rappresentanti degli Stati che parteciparono alla Conferenza di pace di Parigi, il primo ministro britannico David Lloyd George fu quello che più di tutti colse con lucidità i rischi e i pericoli di **condizioni troppo punitive** nei confronti degli Stati sconfitti, e in particolare nei confronti della Germania. La Francia, infatti, intendeva imporre sanzioni durissime ai Tedeschi, umiliando uno Stato e un popolo con cui ormai da decenni era in conflitto.

Lloyd George vedeva in questo accanimento una **minaccia per la stabilità politica dell'Europa**, perché condizioni troppo pesanti avrebbero finito con l'alimentare sentimenti di nazionalismo e una volontà di rivincita difficili da controllare e che avrebbero potuto portare a una nuova guerra.

D'altra parte, il primo ministro britannico temeva anche che la Germania, punita troppo duramente dalle potenze occidentali vincitrici, diventasse teatro di una rivoluzione comunista sul modello di quella sovietica, portando così nel cuore dell'Europa la **minaccia del Bolscevismo** che tutti gli Stati del continente iniziavano a temere.

Lloyd George espose tutti i suoi timori e le sue perplessità in un *memorandum* di cui proponiamo alcuni stralci.

Evitare motivi di esasperazione

Ciò che è difficile, è fare una pace che non provochi una nuova lotta quando quelli che hanno avuto l'esperienza pratica di ciò che una guerra significa saranno scomparsi. [...] Il mantenimento della pace dipenderà allora dal non esservi cause di esasperazione costantemente eccitanti lo spirito di patriottismo, di giustizia, o di gioco aperto. Per portarvi un rimedio le nostre **condizioni** possono essere **severe**, possono essere rigide e anche implacabili, ma nel tempo stesso esse possono essere anche così **giuste** che il Paese al quale esse sono imposte sentirà in cuor suo che esso non ha diritto di lamentarsi. Ma l'ingiustizia, la prepotenza, mostrate nell'ora del trionfo, non saranno mai dimenticate o perdonate. [...]

Non separare i Tedeschi dalla madrepatria

Non posso immaginare nessuna maggior causa di guerra futura di quella che il popolo tedesco, che ha indubbiamente mostrato di essere una delle razze più forti e potenti del mondo, venga circondato da un numero di piccoli Stati, molti dei quali composti di popoli che non hanno mai precedentemente avuto un governo stabile per sé, ma ognuno dei quali contenesse grandi quantità di Tedeschi richiedenti l'unione con la madrepatria.

[...] Io quindi prenderei come principio direttivo della pace, che per quanto è umanamente possibile, le diverse razze vengano attribuite alle proprie madrepatrie, e che questo criterio umano debba avere la precedenza su considerazioni strategiche o economiche, che possono abitualmente venire risolte con altri mezzi.

Stabilire una durata dei pagamenti ragionevole

In secondo luogo, io direi che la durata dei pagamenti delle riparazioni dovrebbe terminare possibilmente con la generazione che ha fatto la guerra.

Impedire che la Germania cada tra le braccia dei rivoluzionari

[...] Ma vi è una considerazione in favore di una pace lungimirante, che m'influenza ancor più del desiderio di non lasciare cause che giustificherebbero un nuovo urto di qui a trent'anni. [...] Il più grande pericolo che io vedo nella presente situazione è che la Germania possa **buttarsi dalla parte del Bolscevismo** e porre le sue risorse, il suo cervello, la sua vasta capacità organizzatrice a disposizione dei **fanatici rivoluzionari** il cui sogno è di conquistare il mondo al Bolscevismo mediante la forza delle armi. Questo pericolo non è una pura chimera [fantasia]. [...]

Favorire la ripresa economica tedesca

Se noi saremo prudenti, offriremo alla Germania una **pace** che, essendo **giusta**, sarà preferibile per tutti gli uomini ragionevoli all'alternativa del Bolscevismo. Io pertanto metterei in testa alle condizioni di pace che dal momento ch'essa accetta le nostre condizioni, specialmente le riparazioni, noi le renderemo accessibili le materie prime ed i mercati del mondo a condizioni d'eguaglianza con noi, e **faremo tutto il possibile** per rendere il popolo tedesco in grado di **rimettersi sulle proprie gambe**. Noi non possiamo contemporaneamente paralizzarla [la Germania] e aspettarci che paghi.

citato in F. Curato, *La conferenza di pace*, Ispi, Milano

Sintesi

LA NUOVA GEOGRAFIA DELL'EUROPA

• Dopo la fine della Prima Guerra Mondiale si aprì a Parigi una Conferenza di pace che avrebbe dovuto garantire una pace giusta e nuovi equilibri destinati a durare.

• Il presidente americano Wilson stabilì in quattordici punti le linee che avrebbero dovuto guidare l'azione dei diplomatici europei nel ridisegnare i confini dell'Europa. Wilson prevedeva anche l'istituzione di un'assemblea degli Stati, la Società delle Nazioni, che avrebbe dovuto contribuire a garantire la pace tra i popoli.

• Le indicazioni di Wilson non furono seguite e a Parigi furono stipulati trattati di pace che non soddisfecero le richieste di molti Stati e risultarono troppo punitivi per i Paesi sconfitti – soprattutto per la Germania. Si venne così a creare nuovamente una situazione di instabilità.

• Anche l'Italia si ritenne insoddisfatta per le nuove acquisizioni territoriali, perché non le furono riconosciuti tutti i vantaggi previsti nel Patto di Londra. Da questo sentimento di insoddisfazione nacque il mito della "vittoria mutilata" che sfociò nell'impresa di Fiume animata da Gabriele D'Annunzio.

UNA PACE DIFFICILE E FRAGILE

• La Società delle Nazioni fallì nel suo obiettivo di garantire gli equilibri mondiali e di fatto l'assemblea non fu mai veramente operativa, anche perché i maggiori protagonisti della scena internazionale, gli Stati Uniti, non entrarono a farne parte.

• La pace raggiunta si dimostrò subito assai fragile, in un contesto europeo caratterizzato da una serie di crisi economiche e politiche.

• Molti Stati si trovarono subito ad affrontare difficili crisi di natura economica, dovute alle distruzioni portate dalla guerra e alla difficoltà nell'avviare la riconversione delle industrie. Iniziò così un periodo di decadenza economica dell'Europa.

• Numerosi Stati invocarono anche una revisione dei trattati di pace, giudicando ingiuste le soluzioni adottate a Parigi.

• In numerosi Stati le difficoltà nate dall'unione forzata di diversi popoli portarono a una situazione di instabilità e alla formazione di governi autoritari alternativi a quelli democratici.

Attivazioni didattiche

Anche noi storici

Conoscere eventi e fenomeni storici

1. *Indica se le seguenti affermazioni sono vere (V) o false (F).*

	V	F
a. La Conferenza di pace ebbe inizio a Parigi nel 1919.	☐	☐
b. Wilson propose la costituzione della Società delle Nazioni.	☐	☐
c. La Germania fu ritenuta unica responsabile della guerra.	☐	☐
d. Nei trattati, in vari casi, non fu rispettato il principio di nazionalità.	☐	☐
e. Il Trattato di Versailles riguardava principalmente la Germania.	☐	☐
f. Il Trattato di Sèvres riguardava l'Impero austro-ungarico.	☐	☐
g. I Trattati di Saint Germain e di Trianon riguardavano l'Impero ottomano.	☐	☐
h. I nazionalisti italiani rivendicavano l'annessione di Trieste.	☐	☐
i. La Società della Nazioni ebbe un ruolo decisivo nel garantire la pace.	☐	☐
l. La pace imposta dai trattati fu contestata da numerosi Stati.	☐	☐
m. Gli Stati Uniti e il Giappone si affermarono come grandi potenze industriali.	☐	☐
n. Il Trattato di Rapallo dichiarava che Fiume e Zara erano assegnate all'Italia.	☐	☐
o. Gli Stati Uniti non aderirono alla Società della Nazioni.	☐	☐

Riconoscere relazioni – Individuare rapporti di causa ed effetto

2. *Collega i seguenti fatti alla corretta causa / spiegazione (riporta accanto la lettera corrispondente).*

1. Fu fondata la Società della Nazioni …

2. I trattati di pace suscitarono tensioni in varie minoranze etniche …

3. Le Repubbliche Baltiche e la Finlandia divennero indipendenti …

4. La Germania doveva smantellare l'esercito e pagare ingenti somme …

5. I nazionalisti italiani parlavano di "vittoria mutilata" …

6. Alcuni Stati richiesero la revisione dei trattati di pace …

7. Nel dopoguerra l'Europa attraversò un periodo di crisi economica …

8. Nel dopoguerra entrarono in crisi i sistemi politici democratici …

a. *perché non sempre fu rispettato il principio di identità nazionale.*

b. *perché si trattava di territori ceduti dalla Russia alla Germania in base alla pace di Brest-Litovsk.*

c. *perché le controversie tra gli Stati si risolvessero per via diplomatica, non più con le armi.*

d. *perché nell'assegnazione dei territori non era stato rispettato quanto stabilito dal Patto di Londra.*

e. *perché giudicavano lesi gli interessi nazionali.*

f. *perché era considerata lo Stato responsabile della guerra.*

g. *a causa delle difficoltà socio-economiche e degli assetti politici imposti dai trattati.*

h. *a causa delle distruzioni subite, dell'indebitamento per le spese militari e dell'opera di riconversione degli apparati industriali.*

Orientarsi nello spazio – Conoscere eventi e fenomeni storici

3. *Ricostruisci i nuovi assetti politici stabiliti dai trattati di pace, completando gli schemi seguenti (se necessario, consulta la carta a pag. 120).*

Impero tedesco

1. Stati ceduti dalla Russia e divenuti indipendenti: ESTONIA, LETTONIA, LITUANIA, FINLANDIA

2. Territori ceduti alla Francia: ALSAZIA LORENA

3. Territori tedeschi occupati: SPARTIZIONE DELLE COLONIE AI PAESI VINCI

4. Territori extraeuropei: SAAR RUHR

Impero austro-ungarico

5. Nascita di due Stati: IUGOSLAVIA e Ungheria

6. Territori divenuti indipendenti: AUSTRIA e CECOSLOVACCHIA

7. Territori ceduti all'Italia: TRENTINO e ALTO ADIGE, VENEZIA GIULIA

8. Territorio ceduto alla Romania: TRANSILVANIA

9. Territorio ceduto alla Polonia: GALIZIA

Impero ottomano

10. Zone di influenza francese e britannica: PALESTINA e MESOPOTAMIA

11. Nuovi Stati e regioni autonome ARMENIA e KURDISTAN

[**a.** *Cecoslovacchia* – **b.** *Galizia* – **c.** *Trentino e Alto Adige* – **d.** *spartizione delle colonie tra i Paesi vincitori* – **e.** *Iugoslavia* – **f.** *Venezia Giulia* – **g.** *Estonia, Lettonia, Lituania* – **h.** *Libano e Siria* – **i.** *Alsazia e Lorena* – **l.** *Saar e Ruhr* – **m.** *Finlandia* – **n.** *Istria* – **o.** *Armenia e Kurdistan* – **p.** *Palestina e Mesopotamia* – **q.** *Polonia* – **r.** *Austria* – **s.** *Transilvania*]

Ricavare informazioni da un documento storico

4. *L'economista inglese J.M.Keynes (che partecipò alla Conferenza di pace in qualità di ministro del tesoro britannico) nel 1919 criticò aspramente i trattati di pace, evidenziandone lo spirito più distruttivo che costruttivo, gli interessi degli Stati vincitori e l'assoluta noncuranza nei confronti di quello che considerava il problema più impellente, cioè creare le condizioni per la rinascita economica dell'Europa. Riportiamo un passo del famoso libretto in cui Keynes espresse le sue critiche. Leggilo con attenzione, quindi esegui quanto proposto.*

Non ci sarà pace né sicurezza se non si creano le condizioni per la rinascita dell'economia europea

Il giudizio sul Trattato di pace non può che essere pessimistico. Il Trattato non dà nessuna spinta alla rinascita economica dell'Europa, nulla che possa trasformare in buoni vicini gli Imperi centrali disfatti, nulla che valga a consolidare i nuovi Stati d'Europa, nulla che chiami a nuova vita la Russia; esso non promuove neppure una stretta solidarietà economica fra gli stessi alleati. [...]

Il Consiglio dei Quattro (i rappresentanti di Stati Uniti, Francia, Gran Bretagna e Italia, il quartetto che mise a punto i trattati) non prestò attenzione a questi problemi, preoccupato com'era da altre questioni: Clemenceau di distruggere la vita economica del suo nemico; Lloyd George di arrivare ad un compromesso qualsiasi pur di riportare in patria qualche cosa che potesse resistere alle critiche di una settimana; il Presidente (Wilson) di non fare nulla che non fosse giusto ed equo. È un fatto straordinario che il problema fondamentale di un'Europa affamata e che si stava disintegrando davanti ai loro stessi occhi fu la sola questione alla quale non fu possibile interessare i Quattro. Le riparazioni furono la loro principale escursione nel campo dei problemi economici. [...]

Gli elementi essenziali della situazione, quali li vedo io, possono essere espressi con molta semplicità: l'Europa non può bastare a se stessa e, in particolare, essa non è in grado di produrre i viveri che le sono necessari. All'interno, la popolazione non è distribuita in modo eguale, ma è in gran parte affollata in densi centri industriali, in numero abbastanza limitato. Prima della guerra, questa popolazione riusciva a procurarsi da vivere, basandosi sul carbone, sul ferro, sui trasporti e sul rifornimento di viveri e di materie prime da altri continenti. Distrutta questa organizzazione ed interrotte le correnti dei rifornimenti, una parte della popolazione europea viene privata dei mezzi di esistenza.

Il pericolo a cui ci troviamo di fronte, quindi, è quello di un rapido abbassamento del tenore di vita della popolazione europea fino alla povertà (punto già raggiunto dalla Russia ed in via di essere raggiunto dall'Austria). Gli uomini non saranno sempre disposti a morire tranquillamente. La fame, che spinge alcuni a sopportare passivamente, trascina altri temperamenti ad una instabilità isterica e ad una folle disperazione. E questi, nella loro disperazione, possono sconvolgere quanto resta ancora in vita della vecchia organizzazione e sommergere la civiltà stessa.

rid. e adatt. da J. M. Keynes, *Le conseguenze economiche della pace*, Treves

Rispondi alle seguenti domande.

a. Perché il giudizio sul trattato non può che essere pessimistico? ....
....
....

b. Di quali problemi si sono interessati i rappresentanti dei Paesi vincitori?
Clemenceau ....
Lloyd George ....
Wilson ....

c. Qual era il problema fondamentale che venne totalmente trascurato? ....
....

d. Perché l'Europa dopo la guerra non è in grado di bastare a se stessa? ....
Che cosa le è venuto a mancare in conseguenza della guerra? ....

e. Quali pericoli corre la popolazione europea? ....
....

f. Quali estreme conseguenze potrebbe produrre tale situazione? ....
....

g. Keynes non aveva molta stima di Wilson, perché lo considerava un idealista, un po' ingenuo e scarsamente informato. Quale passo del documento appena letto esprime sostanzialmente lo stesso giudizio? Sottolinealo.

PARTE SECONDA CAPITOLO 6 - I TRATTATI DI PACE **127**

La storia nelle parole

Il vocabolario delle relazioni internazionali

• Vi suggeriamo una ricerca per approfondire la conoscenza del linguaggio specifico riguardante i rapporti diplomatici, cioè le **relazioni fra gli Stati**.

a. Ecco un elenco ragionato di termini ed espressioni riguardanti le relazioni tra Stati. Si tratta di un elenco che potrete ampliare, aggiungendo termini ed espressioni nuove che incontrerete durante lo studio della storia contemporanea.

1. diplomazia, corpo diplomatico, ambasciatore, via diplomatica, stabilire/rompere le relazioni diplomatiche
2. controversie internazionali, Stati belligeranti, Stati neutrali, neutralità, dichiarare guerra, entrare in guerra, prigioniero di guerra, zona di guerra, aggressione militare
3. armistizio, firmare un armistizio, violare un armistizio, cessate il fuoco, resa, tregua, condizioni di pace, processo di pace, trattato/accordo di pace, convenzione, risoluzione
4. sanzioni, riparazioni di guerra, danni di guerra, embargo, perdite territoriali, smilitarizzazione, zone cuscinetto, annessione

b. Spiegate il significato dei termini e delle espressioni riportate, consultando dizionari, dizionari specifici di politica e diplomazia disponibili in biblioteca oppure enciclopedie.

c. Riportate le definizioni su schede, evidenziando con colori diversi le quattro sezioni, quindi sistematele in un raccoglitore ad anelli.

d. Scegliete un titolo per il vocabolario delle relazioni internazionali, quindi realizzate una copertina con l'aggiunta di un eventuale elemento iconografico adatto.

Attualizziamo il passato

Nascita e morte degli Stati artificiali

• I trattati di pace crearono due nuovi Stati multinazionali artificiali, la **Cecoslovacchia** e la **Iugoslavia**, che non sono riusciti a raggiungere il secolo di vita. Vi proponiamo una ricerca per approfondire la conoscenza della storia di questi due Stati e le cause della loro dissoluzione.

a. Ricostruite gli eventi salienti della storia della Cecoslovacchia e della Iugoslavia, seguendo questa traccia:

- anno di nascita, eventi che hanno portato alla nascita del nuovo Stato; assetto territoriale della regione precedente la nascita del nuovo Stato
- storia dello Stato fino alla fine della Seconda Guerra Mondiale
- storia dello Stato nella seconda metà del XX secolo
- anno della dissoluzione dello Stato; contesto mondiale ed europeo che ha portato alla dissoluzione dello Stato; modalità della dissoluzione (in modo pacifico o attraverso conflitti armati?)
- Stati sorti al posto della Cecoslovacchia e della Iugoslavia
- situazione attuale e collocazione dei nuovi Stati nel contesto politico europeo

b. Ricercate materiali e informazioni su enciclopedie, testi di storia, annuari (ad esempio il *Calendario Atlante De Agostini*), i profili dedicati agli Stati del mondo disponibili su numerosi siti Internet (ad esempio nel sito della BBC http://news.bbc.co.uk alla voce *Country Profiles*).

c. Rielaborate i materiali raccolti realizzando una **relazione scritta**, che correderete di immagini e carte.

7 Società ed economia nel primo dopoguerra

1. Le grandi trasformazioni sociali

LA CIVILTÀ DI MASSA E LA RIVOLUZIONE DEI TRASPORTI

L'evoluzione della società negli anni Venti e Trenta fu caratterizzata, in Occidente, dalla diffusione della **civiltà di massa**. Il fenomeno prese l'avvio negli **Stati Uniti** e giunse poi in Europa, diffondendosi soprattutto in **Francia**, **Gran Bretagna** e **Germania** e, in forme più attenuate, negli altri Paesi.

Negli stessi anni, si verificò una vera e propria **rivoluzione dei trasporti**, che ebbe il suo punto di forza nella diffusione dell'**automobile**. Dapprima costose, quindi destinate a pochi, le automobili divennero ben presto un **mezzo di trasporto alla portata di un numero sempre maggiore di persone**, grazie alla costruzione di modelli familiari dai **costi accessibili**.

L'espansione del mercato automobilistico rese necessario l'**ampliamento della rete stradale**; nel 1924 venne inaugurata in Italia la **prima autostrada** (Milano-Varese). Nei Paesi anglosassoni si diffuse l'abitudine di abitare nei **sobborghi cittadini**, nel verde, e di raggiungere in automobile i luoghi di lavoro (pendolarismo).

> **Per ricordare**
> - Quale fenomeno si manifestò tra gli anni Venti e Trenta?
> - Che cosa si intende quando si parla di "rivoluzione dei trasporti"?
> - Che cosa si rese necessario?

a Balilla fu la rima utilitaria taliana destinata l mercato di nassa.

LA CIVILTÀ DELL'IMMAGINE

Il vasto **impiego dei *mass media***, cioè dei mezzi di comunicazione di massa, decretò la nascita della **moderna civiltà dell'immagine** – con la diffusione di riviste, fotografie, pubblicità, cinema – **e del suono** – con radio, dischi e cinema sonoro.

La **fotografia** assurse a livello di **arte vera e propria**, grazie alle opere di fotografi-artisti, fra cui **Henri Cartier-Bresson** e **Robert Capa**.

La **stampa**, che poteva contare su nuove macchine tipografiche, si arricchì di **riviste e periodici** di ogni genere, nei quali l'**immagine grafica e fotografica rivestivano una funzione fondamentale**. Anche per la **pubblicità** l'immagine divenne il fulcro del messaggio.

Tra le due guerre si diffuse il **cartone animato**: vennero creati in questo periodo personaggi come Braccio di Ferro, Tarzan, Superman e Mickey Mouse, frutto quest'ultimo della geniale fantasia di **Walt Disney**.

> **Per ricordare**
> - A che cosa diede vita l'uso massiccio dei mass media?
> - Quale importanza assunse la fotografia?
> - Quali furono le caratteristiche principali delle riviste e dei periodici?
> - Quale altro impiego ebbe l'immagine?

Radio e cinema: informazione e divertimento

Gli anni Venti e Trenta rappresentano anche il periodo in cui la radio e il cinema **rivoluzionarono i costumi e l'informazione**.

La **radio** si diffuse dal 1920 a partire dagli Stati Uniti e divenne uno strumento talmente popolare che un giornalista del tempo poteva affermare che *"la casa è il luogo in cui si ascolta la radio"*. La radio, oltre che **mezzo di intrattenimento e di pubblicità**, divenne un **efficace e potente strumento di propaganda politica**, come intuirono il presidente statunitense F. D. Roosevelt prima, dittatori come Mussolini e Hitler poi.

Nel dopoguerra il **cinema** conobbe un grande sviluppo e divenne lo **spettacolo più popolare**; come la radio, venne anch'esso utilizzato ampiamente per la **propaganda politica**. Nacquero le prime sale adibite alla proiezione dei film e la produzione cinematografica assunse i **caratteri di un'industria vera e propria**. Principali centri di questa nuova industria furono alcuni Paesi europei e soprattutto **Hollywood**, a Los Angeles, negli Stati Uniti, avviata a diventare la capitale mondiale del cinema: nel 1920 la sua produzione sfiorò gli 800 film.

Per ricordare
- Quale uso venne fatto della radio?
- In che modo si sviluppò il cinema tra gli anni Venti e Trenta?

Il campione di pugilato Primo Carnera scherza con Charlot, il celebre personaggio cinematografico creato dall'attore e regista inglese Charlie Chaplin.

Sport e tempo libero

La diffusione di un **nuovo benessere**, unitamente all'affermarsi di una **mentalità consumistica** e alla **riduzione dell'orario di lavoro** a otto ore, determinò nel costume delle nazioni più avanzate (USA, Francia, Gran Bretagna e Germania e solo successivamente anche in Italia) un profondo mutamento.

Gli anni Venti e Trenta (al di là delle crisi economiche e sociali che avremo modo di considerare più avanti) inaugurarono la **società del tempo libero**, che si espresse soprattutto in due fenomeni:
- la nascita dello **sport** e del **divertimento di massa**;
- la trasformazione delle **vacanze** da fenomeno elitario a **fenomeno collettivo**: il turismo estivo e culturale – prima esclusivo delle classi più ricche – incominciò a interessare strati più ampi della popolazione.

Un travolgente successo ebbero la **musica**, la **danza**, il **ballo** e lo **sport**. Le **Olimpiadi**, rilanciate dal francese P. de Coubertin – che nel **1892** aveva costituito il primo Comitato Internazionale Olimpico e aveva organizzato la prima Olimpiade moderna ad **Atene nel 1896** –, negli anni Venti e Trenta divennero un'occasione di **grande spettacolo**. Discipline come il **calcio** e il **rugby** in Europa, il **baseball** negli USA diventarono sport molto popolari.

Per ricordare
- Quali fattori contribuirono a mutare i costumi di molte società occidentali?
- Quali fenomeni caratterizzarono la "società del tempo libero"?
- Quando ripresero le Olimpiadi? Quali sport divennero particolarmente popolari?

LA CIVILTÀ URBANA

Nei due decenni successivi alla Prima Guerra Mondiale il **fenomeno dell'urbanizzazione conobbe una forte accelerazione** e le grandi città ebbero un eccezionale sviluppo: New York diventò la prima città del mondo, davanti a Londra, Berlino, Chicago e Parigi. Questa crescita urbana spesso disordinata creò molti problemi, soprattutto nelle **periferie, quasi sempre malsane e prive di servizi e di infrastrutture**.

L'architettura e l'urbanistica di questo periodo si misurarono con questi problemi e cercarono di **risolvere le nuove esigenze della civiltà urbana**. Tra tutte le "scuole", due si imposero all'attenzione internazionale. La più importante fu quella nota come **"razionalistica"** o **"funzionale"**, che si diffuse in tutta l'Europa e negli Stati Uniti. Il razionalismo si esprimeva con **forme geometriche**, con l'**uso del ferro, del vetro e del cemento armato**. Il più celebre teorico e architetto di questa corrente fu lo svizzero Charles E. Jeaurnet (1887-1965), noto come **Le Corbusier**.

Tra i molti seguaci del **razionalismo architettonico in Italia**, occorre segnalare **Giuseppe Terragni**, con la sua nota **Casa del Fascio** (1934-1936) a Como. A Torino negli anni Venti fu costruito il **complesso industriale della FIAT-Lingotto**, caratterizzato da un lungo edificio, ad ampie finestre e con il circuito di prova per le automobili sopra il tetto.

L'altra corrente importante fu quella dell'**architettura organica** dell'americano Frank Lloyd Wright (1869-1959), che al concetto di funzione sostituì il **rapporto uomo-natura**.

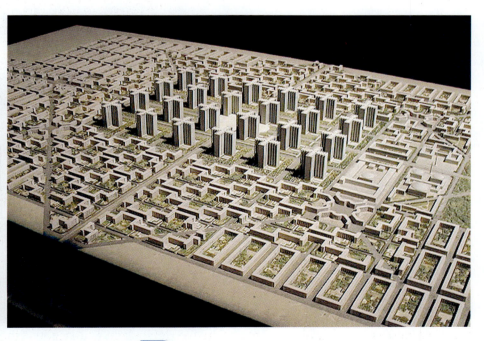

A sinistra, la Tribune Tower di Chicago, sede dell'omonimo quotidiano. Al concorso indetto nel 1922 per la realizzazione di questo edificio parteciparono progetti internazionali, che eserciteranno un'influenza notevole sull'architettura dei grattacieli di impronta razionalista.
A destra, plastico di un progetto di Le Corbusier relativo ad una città contemporanea di tre milioni di abitanti, presentato ad un'esposizione internazionale del 1922.

Per ricordare

- Quali furono gli aspetti negativi della crescita delle città?
- Quali erano le caratteristiche principali del razionalismo (o funzionalismo) architettonico?
- Quali applicazioni ebbe in Italia il razionalismo?
- A che cosa poneva attenzione l'architettura organica?

LA NUOVA CONDIZIONE DELLA DONNA

Gli anni Venti e Trenta segnarono una tappa decisiva anche per l'emancipazione della donna.

A livello di **diritti politici**, se nel 1914 solo quattro Stati nel mondo avevano riconosciuto il principio del **suffragio femminile**, tra il 1915 e il 1939 ben 28 Paesi riconobbero alle donne il diritto di voto.

Per quanto riguarda il lavoro, la Prima Guerra Mondiale aveva creato grandi possibilità di **inserimento delle donne nelle attività produttive**, a causa dei tanti posti lasciati liberi dai soldati al fronte. La diffusione dell'industrializzazione accelerò tale processo e ne ampliò la portata. **Nuovi mestieri si offrirono alle donne**, soprattutto nel nascente **settore terziario** (commercio, turismo, assicurazioni, banche ...), nelle attività impiegatizie necessarie alle grandi aziende e nel **settore dello spettacolo** (cinema, radio, avanspettacolo, moda).

A livello culturale e sociale (almeno nelle classi più agiate e urbane) si impose una **nuova immagine della donna**, consacrata dai modelli del sistema divistico dell'industria cinematografica di Hollywood e dalla nuova moda: **una donna attiva, brillante, più aggressiva**.

Per ricordare

- Quali conquiste ottennero le donne sul versante dei diritti politici?
- Come cambiò la presenza femminile nel mondo del lavoro?
- Quali nuovi modelli femminili si imposero?

La tabella riporta la cronologia del riconoscimento del diritto di voto maschile e femminile in alcuni Paesi del mondo. Il nuovo ruolo delle donne durante il conflitto mondiale impresse un'accelerazione al processo di emancipazione femminile, portando da 4 a 32 il numero dei Paesi che riconobbero il diritto di voto alle donne tra il 1914 e il 1939.

LA CONCESSIONE DEL SUFFRAGIO UNIVERSALE MASCHILE E FEMMINILE

PAESE	UOMINI	DONNE
Finlandia	1906	1906
Austria	1907	1919
Belgio	1893	1948
Danimarca	1849	1915
Francia	1852	1945
Germania	1871	1919
Gran Bretagna	1918	1928
Irlanda	1918	1922
Italia	1912	1945
Norvegia	1898	1913
Paesi Bassi	1917	1919
Russia	1917	1917
Spagna	1890	1930
Svezia	1909	1921

2. La crisi del '29

UNA VERTIGINOSA CRESCITA ECONOMICA

Nei primi anni del dopoguerra gli Stati si impegnarono a fondo per **risollevare l'economia dai disastri provocati dal conflitto**: da questo sforzo derivò una straordinaria **crescita economica**, che raggiunse il culmine nel 1928-1929.

La crescita fu dovuta a una serie di fattori:

- la **maggiore stabilità monetaria**, che favorì gli investimenti in nuovi settori industriali (petrolio, elettricità, industria aeronautica e automobilistica, chimica, ecc.);
- l'**incremento della produzione**, sostenuto dalla diffusa applicazione del taylorismo e della standardizzazione;
- l'**aumento dei consumi**, sollecitato anche dalla pubblicità;
- lo **sviluppo dei mercati finanziari**, cioè degli investimenti nelle Borse per **acquistare e scambiare i titoli azionari delle grandi aziende**, al fine di ricavare un guadagno dal rialzo del loro valore.

Dal 1924 al 1928 gli indici della Borsa di New York (la *New York Stock Exchange*, detta comunemente *Wall Street* dal nome della strada dove aveva sede), la maggiore piazza finanziaria del mondo, avevano registrato un **rialzo sbalorditivo**. Della portentosa crescita economica degli anni Venti furono protagonisti gli **Stati Uniti**, affiancati da **Giappone**, **Francia** e **Germania**; la crescita fu più scarsa negli altri Paesi.

Gente assiepata all'esterno della Borsa di Wall Street il giorno del crollo del valore dei titoli azionari (vedi pag. seguente).

Per ricordare

- Che cosa fecero gli Stati dopo la fine della Grande Guerra?
- Quali elementi favorirono la crescita economica?
- Che cosa accadde tra il 1924 e il 1928 a New York?

Parola chiave

BORSA, TITOLI AZIONARI E SPECULAZIONI

- La **Borsa** è il luogo nel quale vengono comprati e venduti i titoli azionari (o **azioni**), che rappresentano il valore delle società che gestiscono le aziende. Ogni azienda ha un valore che può essere valutato in titoli azionari: ogni azione possiede un valore stabilito in relazione alla produttività e alla solidità dell'azienda cui si riferisce e il cui valore complessivo è dato dalla somma del valore di tutte le sue azioni. Se un'impresa ha successo e produce molto, il valore dei titoli azionari che la rappresentano sale e con esso il valore complessivo dell'impresa. Viceversa, se l'azienda è in crisi e non produce ricchezza, le sue azioni finiscono col valere meno.

Generalmente coloro che guadagnano comprando e vendendo azioni, comprano titoli a basso costo per poi rivenderli quando il loro valore sale. Questa è la **speculazione borsistica** che, se praticata in modo corretto, non reca danno alle industrie. Quando però la speculazione è praticata in modo esagerato, il valore delle azioni diventa superiore al reale valore dell'azienda che rappresentano e, quando questo diventa evidente, tutti cercano di vendere i loro titoli prima che il loro prezzo cali. La vendita improvvisa e massiccia di titoli porta a un crollo del loro prezzo e quindi a un impoverimento dell'impresa collegata, che rischia la crisi. Un **crollo** dei titoli quotati in una Borsa può innescare un meccanismo di continuo ribasso, che si traduce in una situazione di crisi generalizzata.

VERSO LA CRISI

Proprio alla fine degli anni Venti – precisamente nel 1929 –, il mondo precipitò in una **grave crisi economica**, una delle più spaventose della storia per durata, estensione ed intensità. **Epicentro della crisi furono gli Stati Uniti** e l'evento che la scatenò fu il crollo della borsa di Wall Street.

Le **cause** della crisi furono **diverse e concatenate tra loro**; le principali furono la sovrapproduzione e la speculazione borsistica:

1. l'economia dei Paesi industrializzati – e in particolare quella statunitense – produceva merci a ritmo sempre più sostenuto e in quantità superiore alle possibilità di consumo. Il mercato, quindi, conobbe una **crisi di sovrapproduzione: la produzione dei beni superò in modo esagerato il fabbisogno della popolazione**, i **consumi diminuirono** e le **merci rimasero invendute**, con conseguente caduta dei prezzi;

2. tra il 1924 e il 1929 si verificò una corsa agli **investimenti in Borsa**, che fece lievitare le quotazioni dei titoli, in una situazione di forte instabilità finanziaria internazionale. Tutti compravano azioni (anche ricorrendo a prestiti) quando erano basse, con la speranza di ricavare, al loro rialzo, lauti guadagni, innescando così il **fenomeno della speculazione e alterando il valore reale delle azioni stesse** e quindi delle aziende.

IL CROLLO DI WALL STREET

L'andamento speculativo, a un certo punto, ebbe fine: **i prezzi delle azioni cominciarono a scendere**; tutti gli investitori iniziarono a **vendere**, mentre nessuno più comperava. Il **24 ottobre 1929** (ricordato come il "giovedì nero") Wall Street crollò: crollarono cioè le quotazioni dei titoli azionari. In un giorno furono venduti circa 13 milioni di azioni; la caduta dei titoli durò ininterrottamente per 22 giorni.

Il crollo di Wall Street innescò una crisi di proporzioni mai viste. I risparmiatori, presi dal panico, cercarono di **ritirare i depositi dalle banche**, molte delle quali (che avevano concesso prestiti superiori alle loro disponibilità finanziarie), non essendo in grado di coprire i debiti, **fallirono**.

Piccoli e grandi risparmiatori si trovarono così sul lastrico. Fallirono anche le industrie; indebitate con le banche e con i magazzini pieni di merci che nessuno comperava, furono costrette prima a ridurre il lavoro, poi a sospenderlo, licenziando i dipendenti. **Il numero di disoccupati crebbe a dismisura**, raggiungendo, nel culmine della crisi, i 15 milioni nei soli Stati Uniti.

Per ricordare
- Quale fu il centro da cui prese avvio la crisi economica che investì tutto il mondo?
- Che cos'è una crisi di sovrapproduzione?
- Quali conseguenze ebbe la speculazione sui titoli azionari?

Per ricordare
- Che cosa determinò il crollo di Wall Street?
- Quali conseguenze ebbe il crollo borsistico negli Stati Uniti?

LA CRISI ARRIVA IN EUROPA

La crisi borsistica e finanziaria investì tutto il sistema economico statunitense e valicò l'Atlantico, **propagandosi in Europa e nel resto del mondo**. Le **banche statunitensi**, che avevano concesso prestiti in Europa, cominciarono a chiedere la **restituzione del denaro**; anche gli investimenti statunitensi vennero meno, mettendo in **crisi l'economia di Paesi, come la Germania**, che avevano fondato i loro progetti di rilancio economico sui prestiti statunitensi.

Crollarono le Borse europee, fallirono aziende, **milioni di persone rimasero senza lavoro**. Si creò uno choc collettivo e si diffuse un **acuto malessere sociale**, che provocò in alcuni Paesi la **crisi del regime democratico**.

> **Per ricordare**
> - Quali furono le ripercussioni in Europa del crollo di Wall Street?
> - Quali furono le conseguenze politiche della crisi in alcuni Paesi europei?

I TENTATIVI PER RISOLVERE LA CRISI

Per tentare di risolvere la crisi, in molti Paesi i governi decisero di **intervenire direttamente nell'economia**.

Per prima cosa vennero introdotte **misure protezionistiche** (dazi doganali e limitazioni commerciali) a difesa della propria produzione industriale. Si ricorse inoltre alla **svalutazione della moneta** per favorire le esportazioni. Ma queste misure, dal momento che venivano adottate da quasi tutti i Paesi, non producevano alcun vantaggio e determinarono invece il **crollo degli scambi commerciali**. La svalutazione della moneta penalizzava inoltre le masse popolari già impoverite, poiché provocava una perdita del potere di acquisto (**inflazione**).

Negli Stati Uniti venne invece applicata una nuova strategia, che mirava a stimolare la **domanda di beni da parte della maggior parte della popolazione**, rimettendo in funzione l'intero ciclo economico. La crisi europea poté avviarsi a soluzione solo **quando l'economia statunitense riprese a marciare positivamente**, grazie alla nuova politica economica nota come *New Deal* (vedi pag. 144). Le misure adottate cercarono di **conciliare l'intervento dello Stato con la libertà d'impresa** e con una **legislazione di solidarietà sociale**.

> **Inflazione**
> Fenomeno costituito da un aumento generale dei prezzi delle merci, cui consegue una diminuzione del potere d'acquisto della moneta. Può essere causata da un eccesso della domanda rispetto all'offerta, oppure anche da una politica di svalutazione della moneta

F. D. Roosevelt saluta un minatore nel corso della campagna elettorale che lo porterà alla presidenza nel 1933.

Nella pagina precedente, lavoratori in coda all'ufficio di collocamento di New York. Nel 1932 il 30% dei lavoratori statunitensi era disoccupato.

> **Per ricordare**
> - Come reagirono molti governi di fronte alla crisi?
> - Quali furono le misure comunemente adottate e quale esito produssero?
> - Quando ricominciò a riprendersi l'economia europea?

PARTE SECONDA CAPITOLO 7 - SOCIETÀ ED ECONOMIA NEL PRIMO DOPOGUERRA

Approfondimenti

Storia, società ed economia

LO CHOC DELLA "GRANDE DEPRESSIONE" NELLA SOCIETÀ STATUNITENSE

La crisi economica del 1929 lasciò un segno profondo nella mentalità della popolazione statunitense, che si trovò da un giorno all'altro ad affrontare una situazione di miseria e di precarietà mai vissuta in precedenza. Ecco come lo storico W. P. Adams descrive gli effetti di quella che fu detta la "**grande depressione**".

> La depressione mutò il volto sociale dell'America. Già nel 1931 il numero delle persone prive di un qualsiasi lavoro era di otto milioni. Il fenomeno colpiva una famiglia su sei. Non esisteva alcun tipo di assicurazione contro la disoccupazione e gli interventi degli organi assistenziali locali erano del tutto inadeguati. Eppure i segni esterni della depressione – i mendicanti, spesso appena camuffati da venditori di mele, le code di migliaia di persone per un piatto di minestra, le baraccopoli formate da vecchie auto e casse da imballaggio –, anche se erano abbastanza manifesti, erano molto meno diffusi di quanto sarebbero stati nel 1932 e nel 1933. [...] Più importante è il fatto che la povertà fu causata non tanto dall'entità assoluta della depressione quanto dalla sua durata.
> In un Paese prospero come gli Stati Uniti, gli operai dell'industria e i colletti bianchi potevano sopravvivere a un anno di disoccupazione dando fondo a tutte le risorse che possedevano. C'erano ovviamente anche molte persone assai povere, le quali non disponevano di alcuna risorsa a parte qualche amico a cui ricorrere per aiuti. [...] I disoccupati ritiravano dapprima tutti i loro risparmi dalla banca, poi chiedevano denaro in prestito ad amici e parenti e a istituti sulla base delle loro polizze di assicurazione. Spesso erano costretti a vendere la macchina, il mobilio, la casa, ad andare ad abitare in camere ammobiliate. Per l'affitto si potevano ottenere proroghe e nei negozi si poteva comprare a credito. Infine si ricorreva ai parenti. Soltanto allora, ridotti alla miseria, i disoccupati si rivolgevano alle autorità municipali per ottenere un aiuto [...]. Da uno a due milioni di persone vagavano per il Paese alla ricerca di un lavoro, alloggiando temporaneamente negli agglomerati di baracche disseminati lungo le ferrovie.
>
> rid. da W. P. Adams, *Gli Stati Uniti d'America*, in *Storia Universale*, Feltrinelli

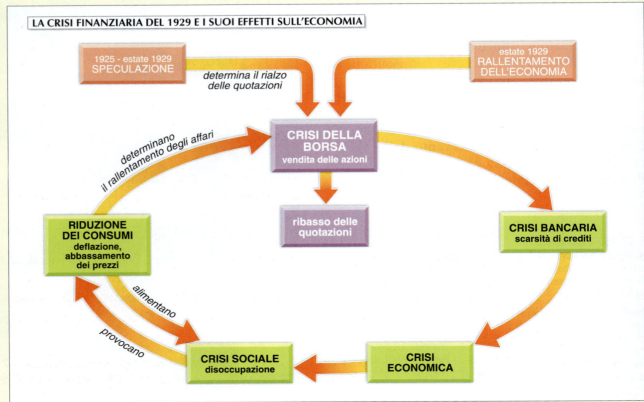

Il grafico illustra i meccanismi all'origine della crisi finanziaria del 1929 e gli effetti sull'economia e sulla società.

Sintesi

LE GRANDI TRASFORMAZIONI SOCIALI

- Negli anni Venti e Trenta si diffuse la civiltà di massa. Essa fu caratterizzata dalla rivoluzione dei trasporti e dalla diffusione dei mezzi di comunicazione di massa.
- L'impiego dei mass media su vasta scala portò alla nascita della moderna civiltà dell'immagine. Le immagini furono usate sempre più spesso nella pubblicità e sulle riviste. Tra i nuovi impieghi della grafica vi furono anche i cartoni animati.
- Negli stessi anni conobbero una straordinaria diffusione anche la radio e il cinema. Quest'ultimo si avviò a diventare una vera e propria industria, che ebbe il proprio centro più significativo negli Stati Uniti, a Hollywood.
- Il generale miglioramento delle condizioni di vita dei lavoratori portò alla nascita del "tempo libero" e alla diffusione di svaghi come le vacanze e la pratica degli sport.
- Grande sviluppo conobbero anche le città, alcune delle quali videro una crescita vertiginosa, che in molti casi creò difficoltà tra la popolazione. Per risolvere i problemi posti alla crescita dell'urbanizzazione sorsero nuove scuole architettoniche, come il razionalismo (o funzionalismo) e l'architettura organica.
- Anche la condizione della donna conobbe una rapida evoluzione, che si tradusse soprattutto nella concessione del diritto di voto, nella possibilità di accedere più liberamente al mondo del lavoro e nella nascita di nuovi modelli di femminilità.

LA CRISI DEL '29

- Dopo la fine della guerra molti Stati si impegnarono per risollevare l'economia e avviare la ricostruzione, dando luogo a una fase di crescita anche tumultuosa.
- A partire dal 1929 il mondo intero fu investito però da una gravissima crisi economica, dovuta al fenomeno della sovrapproduzione e a una forte speculazione finanziaria.
- Epicentro della crisi furono gli Stati Uniti, dove si verificò il crollo della Borsa di Wall Street: si innescò così la grande crisi che si trascinò per anni e coinvolse anche l'economia europea.
- Non soltanto singoli individui o aziende furono travolti dalla crisi, ma anche interi Stati, che avevano fondato la propria rinascita sui prestiti provenienti dagli Stati Uniti, si trovarono in grandissime difficoltà perché videro cessare il flusso di denaro e si videro anzi costretti a restituire quanto ricevuto in prestito dalle banche americane.
- Per tentare di risolvere la crisi molti Stati intervennero direttamente nei processi economici, spesso però peggiorando la situazione. In altri casi, come negli Stati Uniti, vennero usati sistemi che tendevano a incrementare i consumi e in questo modo, lentamente, le difficoltà furono superate.
- L'economia europea si riprese soltanto quando anche quella americana ricominciò a crescere positivamente.

Anche noi storici

Conoscere eventi e fenomeni storici

1. *Completa le seguenti affermazioni inserendo correttamente i termini sotto elencati.*

a. La nascita della civiltà dell'immagine e del suono è legata alla diffusione e all'impiego dei ....

b. La civiltà di massa prese l'avvio negli ...., poi si diffuse in ...., in particolare in Francia, ... e Germania.

c. La .... e il cinema oltre che mezzi di.................... divennero efficaci strumenti di ....

d. Gli anni Venti e Trenta si caratterizzarono per la diffusione di un nuovo .... e per il diffondersi di una mentalità ....

e. Gli anni Venti e Trenta videro affermarsi la società del ...., che si caratterizzò per la diffusione dello .... e del .... oltre che delle .... come fenomeno .... e non più appannaggio delle classi ....

[**1.** *intrattenimento* – **2.** *tempo libero* – **3.** *mass media* – **4.** *radio* – **5.** *ricche* – **6.** *propaganda politica* – **7.** *collettivo* – **8.** *divertimento di massa* – **9.** *Stati Uniti* – **10.** *consumistica* – **11.** *sport* – **12.** *vacanze* – **13.** *Europa* – **14.** *Gran Bretagna* – **15.** *benessere*]

PARTE SECONDA CAPITOLO 7 - SOCIETÀ ED ECONOMIA NEL PRIMO DOPOGUERRA   137

Attivazioni didattiche

Rielaborare le conoscenze in un testo scritto

2. *Scrivi sul tuo quaderno un breve testo sul crollo di Wall Street e sulla crisi del 1929 seguendo la traccia indicata.*

- **a.** Data del crollo borsistico
- **b.** Principali cause del crollo di Wall Street
- **c.** Conseguenze del crollo della Borsa negli Stati Uniti
- **d.** Diffusione della crisi in Europa
- **e.** Misure per fronteggiare la crisi

Ricavare informazioni da un documento storico

3. *Nella società di massa del primo dopoguerra ebbe un vasto e rapido sviluppo la pubblicità, la quale si assunse il compito di "educare" le masse al consumismo. Ciò avvenne anche sfruttando la sensibilità femminile e creando un'immagine nuova della donna. Leggi il seguente brano, tratto da un saggio della storica Nancy F. Cott, quindi esegui quanto proposto.*

La donna, principale "bersaglio" della pubblicità

Tramite la pubblicità, produttori e venditori, esprimevano l'idea di una moderna femminilità. La casalinga fu legata alla "nuova gestione della casa" e la madre ai "nuovi metodi per l'educazione" del bambino attraverso i consumi… I pubblicitari si presentavano ai consumatori come educatori e ai loro clienti industriali come specialisti nella manipolazione del comportamento umano.

Le grosse compagnie smisero di affidarsi al rivenditore locale, per far appello, invece, direttamente al consumatore per mezzo della pubblicità a livello nazionale. Negli anni Venti i pubblicitari ammettevano che il loro mestiere non aveva più solo la funzione di fornire informazioni, ma addirittura di creare "bisogni".

Gli operatori della pubblicità e del marketing solitamente si riferivano al consumatore donna. Innumerevoli pubblicazioni degli anni Venti riportavano statistiche secondo cui le donne effettuavano l'80% degli acquisti. Gli esperti di economia domestica diedero il benvenuto a questa constatazione, proclamando che il consumo era il principale compito della casalinga. "Il lavoro più importante della casalinga", annunciava uno di loro, "è quello di dirigere le relazioni familiari e i consumi della famiglia". La maggior parte dei messaggi pubblicitari erano così indirizzati alle donne, che presumibilmente assorbivano, rispetto agli uomini, una dose maggiore di ciò che veniva loro offerto.

Nuove tecniche grafiche e fotografiche permisero alla pubblicità di vendere alle donne non solo immagini dei prodotti, ma anche immagini di se stesse.

rid. da Nancy F. Cott, *La donna moderna «stile americano»*, in *Storia delle donne*, Laterza

- **a.** Come si presentavano i pubblicitari ai consumatori? ....
- **b.** Come si presentavano i pubblicitari ai produttori industriali? ....
- **c.** Che cosa significa "creare bisogni"? ....
- **d.** Perché la pubblicità si rivolgeva soprattutto alle donne? ....
- **e.** Qual era ritenuto "il lavoro più importante della casalinga"? ....
- **f.** Che cosa veniva venduto alle donne, oltre alle immagini dei prodotti? ....

"Figli degli spot"

- *Prendendo spunto dal documento riportato nell'esercizio n. 3, sotto la guida dell'insegnante organizzate una **discussione** sul modo in cui la pubblicità influenza la mentalità e i costumi della società attuale, in particolare quelli dei ragazzi della vostra età. Considerate quanti messaggi pubblicitari ricevete in un giorno, la loro tipologia e quali vi influenzano maggiormente.*

Per approfondire questo argomento, vi suggeriamo, sempre sotto la guida dell'insegnante, la lettura di un saggio della psicoterapeuta Anna Oliverio Ferraris, dal titolo La sindrome Lolita, Rizzoli, che analizza l'influenza della pubblicità sullo sviluppo di bambini e ragazzi.

*Per approfondire ulteriormente questo tema potete raccogliere informazioni sulle attività di associazioni che si occupano del **rapporto tra mass media e minori**: vi segnaliamo, ad esempio, l'Osservatorio Media del Moige, Movimento Italiano Genitori (di cui potete consultare il sito Internet www.genitori.it) e l'Osservatorio di Pavia, che dedica specifiche indagini e ricerche al rapporto media e minori (consultabili sul sito www.osservatorio.it/cont./mediaminori).*

8 Le democrazie occidentali

1. La democrazia in Europa

Un disagio diffuso

Come abbiamo già avuto modo di ricordare, la guerra lasciò una **pesante eredità** in Europa. Un **profondo malessere** serpeggiava sia tra le popolazioni dei Paesi vincitori sia tra quelle degli Stati sconfitti: un malessere che si aggravò in seguito ai **contraccolpi sociali della grande crisi del 1929**.

In tale contesto, sulla scia del successo della Rivoluzione russa, andarono diffondendosi le **idee rivoluzionarie**. Nello stesso tempo, fiorirono ovunque anche **movimenti e ideologie di estrema destra**, che auspicavano l'instaurarsi di regimi forti e autoritari, in grado di risolvere i problemi della società e di scongiurare l'avvento di governi rivoluzionari.

Le democrazie liberali in difficoltà

Le **democrazie liberali** furono scosse da **tensioni sociali e crisi politiche profonde**, che ebbero esiti diversi nei vari Paesi europei ed extraeuropei. Paesi di antica e solida tradizione democratica, come la **Francia** e la **Gran Bretagna**, vissero una **fase turbolenta di instabilità**, che riuscirono tuttavia a superare, mantenendo inalterato l'ordinamento democratico parlamentare.

In altri Paesi le **istituzioni liberali, più fragili o più recenti**, furono travolte dalla crisi sociale ed economica. Ciò avvenne soprattutto negli **Stati dove le condizioni socio-economiche erano più difficili** o dove **la guerra aveva lasciato strascichi più pesanti**. Tra questi, avremo modo di considerare ampiamente i casi dell'Italia, della Germania e della Spagna.

Operai francesi ricevono solidarietà durante l'occupazione di una fabbrica.

Per ricordare

- Quali erano i sentimenti diffusi tra le popolazioni europee dopo la guerra?
- Quali movimenti alimentarono questi sentimenti?
- Quali difficoltà incontrarono le democrazie liberali?
- Quali Stati riuscirono a conservare un regime democratico e quali invece non riuscirono?

Parola chiave

Democrazia liberale
- Un sistema politico di tipo liberale si caratterizza per l'esistenza di una Costituzione che, oltre a garantire i diritti e le libertà individuali, definisce la composizione e la funzione degli organi dello Stato (parlamento, governo, magistratura...) in base al principio della divisione e dell'equilibrio fra i poteri (legislativo, esecutivo, giudiziario).
La **democrazia liberale** (o democrazia *tout court*) è il frutto di un'evoluzione del sistema politico liberale verso il riconoscimento del ruolo politico e sociale delle masse popolari. In tal senso caratterizzano la democrazia liberale la presenza del suffragio universale e di partiti di massa, l'esistenza di forti organizzazioni sindacali dei lavoratori.

L'INSTABILITÀ POLITICA IN GRAN BRETAGNA E FRANCIA

Gran Bretagna e Francia, le più rappresentative democrazie europee, attraversarono nel periodo tra le due guerre una fase di **forte instabilità politica e sociale**. I governi avevano **breve durata**, spesso restavano in carica solo pochi mesi. Questa instabilità fu la causa dell'**oscillante politica estera dei due Stati**, che impedì di contrastare efficacemente la politica aggressiva della Germania negli anni Trenta.

Per ricordare
- Qual era la situazione di Gran Bretagna e Francia alla fine della guerra?

L'IMPERO COLONIALE BRITANNICO DOPO LA GUERRA

Perso il ruolo di prima potenza industriale, la Gran Bretagna **rafforzò tuttavia la sua influenza commerciale e politica sullo scacchiere internazionale**, riorganizzando su nuove basi il proprio impero. Dopo la guerra, infatti, ebbe inizio un lento ma progressivo **processo di decolonizzazione** (cioè di conquista dell'indipendenza: vedi cap. 18), sostenuto da movimenti indipendentisti, come quello non violento guidato da Gandhi in India (vedi pagg. 320-321).

La Gran Bretagna cercò di mantenere i rapporti economici con le ex colonie, istituendo agli inizi degli anni Trenta il *Commonwealth* Britannico delle Nazioni (1926-1931), un originale organismo giuridico che **riuniva le ex colonie, conciliando l'autonomia dei nuovi Stati indipendenti** (*dominions*) con l'unità dell'impero.

Per ricordare
- Che cosa si sforzò di fare la Gran Bretagna all'indomani della Grande Guerra?
- Che cos'è il *Commonwealth*?

Gandhi, il leader della lotta per l'indipendenza dell'India, durante una visita a Roma nel dicembre 1931. Gandhi si trovava in Europa per partecipare ad una tavola rotonda a Londra promossa dal governo britannico sulla nuova costituzione indiana.

LA GRAN BRETAGNA TRA CRISI INDUSTRIALE E NUOVO RUOLO DIPLOMATICO

In politica interna la Gran Bretagna dovette affrontare una **grave crisi economica e sociale**. La depressione economica, dovuta alla **difficoltà della sua industria** nel sostenere la concorrenza del moderno apparato industriale statunitense, generò un'**ondata di agitazioni** culminate nello sciopero generale del 1926. La situazione si aggravò in seguito ai **contraccolpi della grande crisi del 1929**.

I governi inglesi, alla cui guida si alternarono Laburisti e Conservatori, riuscirono tuttavia a fronteggiare il clima di forte tensione e a favorire, dalla metà degli anni Trenta, la **ripresa economica e politica**. Superate le difficoltà interne, la Gran Bretagna (alla cui guida dal 1937 fu il conservatore Arthur Chamberlain) riconquistò un **ruolo di primo piano nella diplomazia internazionale**, riproponendosi come mediatrice negli anni che precedettero lo scoppio della Seconda Guerra Mondiale.

Per ricordare
- Quali furono i problemi interni alla Gran Bretagna?
- Quale ruolo assunse la Gran Bretagna dalla metà degli anni Trenta?

Leggere una carta

L'impero coloniale britannico

La carta illustra l'impero coloniale britannico nel 1931, anno in cui, con l'approvazione dello Statuto di Westminster, veniva sancita ufficialmente la nascita del British Commonwealth of Nations.

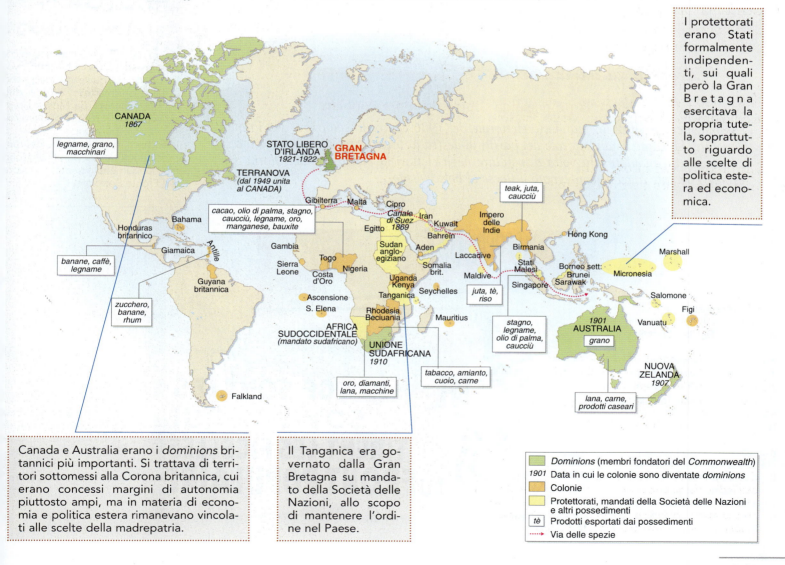

PARTE SECONDA **CAPITOLO 8** - LE DEMOCRAZIE OCCIDENTALI

La Francia tra le due guerre

I due decenni successivi alla Prima Guerra Mondiale furono ancora più turbolenti per la Francia. **Raymond Poincaré**, già Presidente della Repubblica per tutta la durata della Grande Guerra, fu il principale protagonista della scena politica tra il 1922 e il definitivo ritiro a vita privata nel 1929. Fautore di un atteggiamento intransigente nei confronti della Germania, all'interno dovette fronteggiare le **conseguenze di una grave crisi finanziaria**, che riuscì a superare dopo aver ottenuto dal Parlamento i pieni poteri.

Le conseguenze della crisi del 1929 determinarono anche in Francia un clima di **forti tensioni**, con agitazioni e scioperi, che accrebbero il **consenso nei confronti dei partiti di sinistra**.

Per ricordare
- Perché i due decenni successivi alla guerra furono difficili per la Francia?
- Quali contraccolpi ebbe nel Paese la crisi del 1929?

Governi di sinistra e di destra al potere

Nel 1936 la coalizione della sinistra, denominata **Fronte Popolare**, vinse clamorosamente le elezioni. Il governo, guidato dal socialista **Léon Blum**, introdusse una serie di **riforme** a favore dei lavoratori: **ferie retribuite, settimana lavorativa di 40 ore e aumenti salariali**.

Il governo del Fronte Popolare venne fortemente **osteggiato dagli ambienti imprenditoriali e finanziari** e nel 1938 Blum si dimise. Al suo posto si insediò un governo di centro-destra, guidato da **Edouard Daladier**.

Daladier si dimostrò **intransigente nei confronti dei lavoratori** e ne represse le agitazioni. Esso dovette affrontare la difficile situazione internazionale creata dalla Germania, ma si dimise alla vigilia dello scoppio della guerra, nel 1940.

Per ricordare
- Quali riforme introdusse il governo di Léon Blum?
- Da quali forze fu osteggiato il governo di Blum? Chi prese il suo posto?
- Quale posizione assunse il nuovo governo nei confronti dei lavoratori?

Leggere un'immagine

Al soldo dei Sovietici: la propaganda contro il Fronte Popolare

L'immagine riproduce un manifesto elettorale del 1936 contro la coalizione del Fronte Popolare. La campagna elettorale dei partiti di destra fu incentrata sul violento attacco personale ai candidati e fu volta a instillare negli elettori la paura che la vittoria del Fronte Popolare avrebbe consegnato il Paese al bolscevismo.

Della coalizione denominata Fronte Popolare facevano parte il Partito Comunista, il Partito Socialista e il Partito Radicale. Fortemente avverso fino al 1934 alle altre due formazioni politiche di sinistra, il Partito Comunista francese avrebbe deciso di stringere l'intesa con socialisti e radicali dietro suggerimento del Partito Comunista sovietico, che temeva l'instaurazione in Francia di un regime fascista, potenziale alleato della Germania nazista.

Un minaccioso soldato sovietico rappresentato con il berretto rivoluzionario sul quale campeggiano la falce e il martello, simboli dell'URSS, manovra da Mosca i rappresentati del Fronte Popolare come fossero burattini.
I sacchetti rossi alle spalle dei rappresentanti dei tre partiti alludono ai finanziamenti sovietici a favore del Fronte Popolare.

La scritta a caratteri cubitali esplicita in modo diretto quanto illustrato dall'immagine: "Sono i sovietici che tirano le fila del Fronte Popolare".

2. Gli Stati Uniti dalla crisi del '29 al New Deal

LA POLITICA DELL'ISOLAZIONISMO

Gli Stati Uniti furono **la più importante democrazia non europea**. Usciti dal conflitto senza aver subito danni sul loro territorio, gli Stati Uniti avevano ricavato **notevoli vantaggi** economici dalla **fornitura di armi e materiale bellico ai Paesi europei**. La loro posizione economica era talmente forte, fino al 1929, che furono le **banche statunitensi** a sostenere, con i loro prestiti, la ricostruzione e la rinascita di molti Stati e industrie in Europa.

Dal 1921 al 1933 il governo del Paese venne esercitato dai **repubblicani**. Essi promossero una politica estera, detta **isolazionismo**, che li portava ad **occuparsi esclusivamente degli interessi nazionali**, svincolandosi dall'autorità della **Società delle Nazioni**; continuavano, però, ad intervenire in maniera massiccia in America Latina, condizionandone le scelte politiche ed economiche.

Per ricordare

- Perché dopo la guerra gli Stati Uniti erano economicamente forti?
- Quale politica adottò il governo statunitense tra il 1921 e il 1933?

IL BOOM ECONOMICO E GLI "ANNI RUGGENTI"

Durante gli anni Venti, gli Stati Uniti vissero un vero e proprio **boom economico**. Essi si imposero come la **prima potenza industriale del mondo**, anche grazie alla **politica protezionistica** sostenuta dal governo, che stabilì forti barriere doganali in difesa della produzione nazionale.

Per un decennio gli Stati Uniti conobbero un vero e proprio trionfo degli affari (*business*) e si impose il mito del successo economico; le forme di **divertimento** (radio, cinema, musica), gli strumenti e le **comodità della civiltà di massa** (automobile per tutti, ecc.) inaugurarono uno **stile di vita nuovo**. Per tale clima di **fervore ed euforia** questo periodo della storia statunitense è ricordato come quello degli "**anni ruggenti**".

Per ricordare

- Quale tipo di politica economica favorì la crescita economica degli Stati Uniti?
- Quali ripercussioni ebbe sulla società il boom economico?

INTOLLERANZA, VIOLENZA E GANGSTERISMO

La **società statunitense**, così effervescente e libera, era però percorsa al suo interno da **tensioni e problemi sociali**, i più gravi dei quali erano l'**intolleranza razziale** e la **criminalità organizzata**.

Nel dopoguerra presero vigore **movimenti razzisti**, come il famigerato *Ku Klux Klan*, responsabile di efferate **violenze contro la popolazione di colore**. L'ondata di intolleranza, che il governo non seppe o non volle frenare, si estese anche agli immigrati, il cui ingresso nel Paese venne per la prima volta limitato da una legge del 1921.

Altrettanto preoccupante fu la diffusione del **crimine organizzato** (**gangsterismo**): le **organizzazioni criminali di tipo mafioso** si arricchivano attraverso una serie di attività illegali, dallo **sfruttamento della prostituzione** all'imposizione di tangenti sulle **attività economiche** delle città. Tra le attività più redditizie c'era il contrabbando di bevande alcoliche, di cui una legge del 1919 vietava la produzione e la vendita (**proibizionismo**). Nelle grandi città in cui spadroneggiavano, tali organizzazioni diedero vita a vere e proprie **guerre tra bande** per il controllo del territorio.

Per ricordare

- Quali furono gli esiti delle tensioni sociali presenti negli Stati Uniti?
- Che cosa era il *Ku Klux Klan*?
- Quali erano le attività del crimine organizzato?
- Che cos'era il protezionismo?

Tangente
Somma di denaro estorta in cambio di favori di natura economica o politica, oppure per evitare di subire danni o incontrare ostacoli in attività di diverso tipo.

Contrabbando
Attività illecita che consiste nell'importare o esportare merci contravvenendo alle leggi di un Paese che ne vietano il passaggio attraverso i propri confini, oppure le assoggettano a dazi doganali.

LA CRISI DEL 1929

In questo contesto maturò la **grande crisi del 1929**, che ebbe inizio con il crollo di Wall Street (vedi pag. 134). Essa fu più traumatica in quanto inaspettata e **gettò nel panico l'intero Paese**.

Nel 1929 presidente degli Stati Uniti era il repubblicano **Herbert Hoover** che, da poco eletto, si dimostrò **incapace di fronteggiare la situazione**. Le condizioni economiche del Paese continuarono a peggiorare fino al 1933, quando divenne presidente il democratico **Franklin Delano Roosevelt** che riuscì a risollevare il Paese.

> **Per ricordare**
> - Quali effetti ebbe la crisi del 1929 sulla popolazione americana?
> - Quando gli Stati Uniti iniziarono a superare la crisi?

Il presidente Roosevelt durante una delle numerose e informali conferenze stampa. Roosevelt seppe fare un uso accorto dei mass media, diventando familiare nelle case di milioni di Americani e riuscendo a convincerli della bontà del suo programma politico.

IL NEW DEAL DI ROOSEVELT

Per uscire dalla crisi, Roosevelt propose un **programma di riforme economiche e sociali**, noto con il nome di *New Deal* ("Nuovo Corso"), a sottolinearne la novità rispetto alla politica dei suoi predecessori e alle idee economiche correnti.

Aiutato da un gruppo di esperti (il cosiddetto *Brain Trust*, "Concentrazione di cervelli"), Roosevelt impostò una **politica economica** – ispirata alle teorie dell'economista britannico *John Maynard Keynes* – che attribuiva allo Stato un nuovo ruolo nell'affrontare i problemi sociali ed economici. Essa mirava a **stimolare la domanda di beni attraverso l'occupazione e l'innalzamento delle retribuzioni**.

Roosevelt e i suoi collaboratori erano convinti che, se gli Americani avessero avuto un lavoro e quindi uno stipendio a disposizione, avrebbero iniziato a **spendere denaro acquistando beni di consumo**. Per rispondere alla domanda di beni, le industrie avrebbero dovuto **aumentare la produzione** e avrebbero nuovamente accumulato la ricchezza necessaria per svilupparsi. Sviluppandosi avrebbero **assunto nuovi operai**, facendo diminuire la disoccupazione e mettendo altre persone in grado di comprare i loro prodotti. In questo modo, si sarebbe innescato un **meccanismo destinato a favorire la ripresa economica complessiva**.

> **Per ricordare**
> - Quale programma intraprese Roosevelt per fronteggiare la crisi economica?
> - Quale fu l'idea di Roosevelt e dei suoi collaboratori per rilanciare l'economia?
> - Quali meccanismi avrebbero favorito la ripresa economica complessiva?

Protagonisti

FRANKLIN DELANO ROOSEVELT

CHI ERA FRANKLIN DELANO ROOSEVELT?

Il presidente che guidò gli Stati Uniti nei difficili anni della depressione, **Franklin Delano Roosevelt** (1882-1945), proveniva da una famiglia aristocratica, discendente dai primi coloni olandesi che avevano abitato New York (l'antica Nuova Amsterdam). Cresciuto nella ricchezza e nei privilegi della sua classe sociale, Roosevelt studiò nelle scuole più esclusive e si laureò in legge ad Harvard. A soli 23 anni sposò una lontana parente, **Eleanor Roosevelt**, nipote del presidente Theodore Roosevelt.

L'esempio di impegno sociale e politico ed i vasti interessi culturali della moglie coinvolsero ben presto anche Roosevelt. Già nel 1910 egli entrò in politica, nelle file dei Democratici, ed ottenne un seggio al Senato dello Stato di New York. Fu poi sottosegretario alla Marina nel corso della Prima Guerra Mondiale, al termine della quale si schierò a favore dell'ingresso degli USA nella Società delle Nazioni.

Questa presa di posizione fu la causa della bruciante sconfitta politica che egli subì, a motivo della quale si ritirò dalla politica attiva. Pochi mesi più tardi, nel 1921, fu colpito dalla poliomielite, che lo lasciò paralizzato e non più autosufficiente. La lunga **lotta contro la malattia** per recuperare la normalità segnò profondamente il suo carattere, rendendolo più tenace e determinato.

Fu **uno dei presidenti più amati** dai cittadini degli Stati Uniti, perché dava l'impressione di avere a cuore soprattutto la gente ed i suoi problemi. Venne infatti **rieletto** per ben **quattro volte** alla presidenza. Egli si occupò di varare riforme innovative ed efficaci, oltre che in campo economico, anche in ambito sociale.

IL PRESIDENTE DEL NEW DEAL

Già un anno prima di essere scelto come candidato per le presidenziali del 1932 aveva tracciato, in uno storico discorso, le linee del *New Deal*, il nuovo corso che egli voleva offrire al Paese. Eletto Presidente degli Stati Uniti, dal **1933** Franklin Delano Roosevelt intraprese un'efficace azione di politica interna, studiata per consentire al Paese di **uscire dalla crisi economica** che l'aveva colpito.

Nei primi anni della crisi erano fallite ben cinquemila banche ed il numero dei disoccupati era salito da 3 a 15 milioni. Gli Stati Uniti ne furono duramente colpiti e migliaia di persone si ridussero in miseria: non esisteva, infatti, alcun sistema di previdenza sociale e lo Stato non assumeva responsabilità nel campo dell'assistenza.

Roosevelt dichiarò che il **Governo doveva intervenire** in modo deciso: non si poteva far conto solo sugli organismi caritativi e sulle associazioni volontarie di assistenza ai bisognosi. Lo Stato doveva impegnare dei fondi per sostenere i poveri, per rispondere alle esigenze dei disoccupati, per evitare che le famiglie cadessero nella miseria.

DAL NEW DEAL AL WELFARE STATE

Le dichiarazioni di Roosevelt aprirono la strada all'azione dei sindacati, che difendevano i diritti dei lavoratori.

Il governo si impegnò a difendere il *Welfare State*, letteralmente lo "**Stato del benessere**", cioè il **sistema sociale** in cui lo Stato **garantiva a tutti i cittadini i beni fondamentali** e un **livello minimo di reddito**. In questo periodo di profonda crisi, il *Welfare State* si identificava con il far fronte alla depressione economica, cioè creare i sussidi di disoccupazione, le pensioni, le assicurazioni contro la malattia, gli assegni per le famiglie in stato di povertà. Lo Stato del benessere divenne lo **Stato sociale** o Stato assistenziale, che forniva i servizi sociali indispensabili in modo gratuito. Da queste iniziative trassero spunto la maggior parte dei Paesi europei per creare un proprio sistema di assistenza ai cittadini.

PARTE SECONDA CAPITOLO 8 - LE DEMOCRAZIE OCCIDENTALI 145

UN IMPONENTE PROGRAMMA DI LAVORI PUBBLICI E DI AIUTI AI LAVORATORI

Poiché le industrie non erano immediatamente in grado di assorbire la disoccupazione, nell'attesa che il sistema economico privato si rimettesse in moto, vennero **creati nuovi posti di lavoro dallo Stato stesso**, che promosse la costruzione di **grandi opere pubbliche** (dighe, centrali elettriche, ponti, canali, complessi industriali) gestite da enti federali. In questo modo, **l'economia statunitense si sbloccò e riprese a marciare**.

Oltre alle riforme economiche, il *New Deal* prevedeva che lo Stato si impegnasse a garantire a tutti i cittadini i **beni fondamentali** e un **livello minimo di reddito**. Vennero istituiti **sussidi** per disoccupati, giovani e malati, insieme a **pensioni**, **assicurazioni** contro la malattia, assegni per le famiglie in stato di povertà. Vennero approvate **leggi a tutela dei lavoratori** (fissazione dei limiti salariali, degli orari di lavoro, abolizione del lavoro minorile); fu **incoraggiata l'attività sindacale** e promossa la contrattazione collettiva.

Per ricordare

- In che modo lo Stato avviò la ripresa economica?
- Quali altri aiuti lo Stato fornì ai lavoratori?

Contrattazione collettiva

Il contratto collettivo di lavoro è un contratto stipulato tra le organizzazioni rappresentative dei lavoratori e le associazioni dei datori di lavoro operanti in un medesimo settore.

I lavori per la costruzione della diga Watts sul fiume Tennessee.

IL BILANCIO DEL NEW DEAL

I provvedimenti del *New Deal* cominciarono a dare i loro frutti: la produzione riprese, diminuì la disoccupazione, i consumi aumentarono e, gradualmente, gli Stati Uniti uscirono dalla crisi. Accompagnato dal **consenso dei lavoratori e della classe media**, Roosevelt fu rieletto, unico caso nella storia degli USA, per ben quattro volte fino al 1945, anno della sua morte.

La sua politica incontrò, tuttavia, l'**ostilità degli ambienti finanziari e dell'alta imprenditoria**, che **mal sopportavano le severe leggi antitrust** (cioè quelle che impedivano la concentrazione delle attività economiche nelle mani di pochi). In ogni caso, Roosevelt non riuscì alla fine a contrastare lo strapotere delle concentrazioni finanziarie né a conseguire una distribuzione più equa della ricchezza.

Nonostante ciò, il *New Deal* rappresentò **la risposta democratica più efficace alla crisi** che aveva investito i sistemi politici democratico-liberali e il capitalismo occidentale.

In politica estera Roosevelt **abbandonò gradualmente l'isolazionismo a favore dell'internazionalismo**. Riallacciò i rapporti con la **Società delle Nazioni**; stipulò **alleanze economiche e militari con Francia e Gran Bretagna**; riconobbe il governo dell'**URSS**. Nei confronti dei **Paesi latino-americani**, al pesante interventismo dei presidenti repubblicani sostituì la **politica del "buon vicinato"**.

Per ricordare

- Quali classi sociali sostennero Roosevelt alla presidenza degli Stati Uniti?
- Chi si oppose alla politica economica di Roosevelt?
- Qual è la valutazione finale riguardo al *New Deal*?
- Quali furono le scelte di Roosevelt in politica estera?

Leggere un documento

Il New Deal: un nuovo modo di affrontare la crisi economica

Adolf August Berle fu uno degli esperti che coadiuvarono Roosevelt nell'elaborazione del programma per risolvere la crisi. In un articolo pubblicato sul New York Times Magazine, *nel 1933, egli analizzò i motivi della crisi ed espose le linee guida del New Deal. Ti proponiamo la lettura di alcuni passi significativi tratti dall'articolo.*

Una sorridente famiglia americana a bordo di un'automobile campeggia su un manifesto che celebra lo standard di vita americano come il più elevato del mondo. L'immagine contrasta con la fila di persone in coda per il pane.

L'America sta seriamente lottando con un problema comune a tutti i Paesi altamente industrializzati. Il fatto è che nessuna civiltà industriale può funzionare se non vi è un'enorme massa di persone che possano e vogliano comprare i prodotti dell'industria [...]. Per esempio, un reddito nazionale di 80 milioni di dollari non consentirà una civiltà industriale se al 5 per cento della popolazione ne va la maggior parte e al 95 per cento tocca il resto. Siamo arrivati esattamente in questa situazione, e ci siamo davvero per quanto riguarda la distribuzione del reddito. È questo uno dei maggiori ostacoli alla ripresa economica [...]. Senza una distribuzione sufficientemente vasta del reddito nazionale non ci sono abbastanza compratori per far lavorare gli impianti e se gli impianti vengono chiusi per mancanza di lavoro anche i salari e gli stipendi crollano. Di questo passo veniamo a cadere in un circolo vizioso, in cui la produzione diminuisce causando una diminuzione di stipendi e salari, quindi un minor reddito; da ciò sempre meno compratori, produzione sempre minore e via di seguito [...]. Benché sembri complicato e difficile manovrare l'industria privata e i processi economici relativi, è ancora preferibile intervenire in questa forma piuttosto che cercare una soluzione radicale [...]. La nostra costruzione è più salda di quanto non sarebbe se tentassimo una completa rivoluzione [...]. Tuttavia una cosa è non aver timore dei cambiamenti ed un'altra è rinnegare una civiltà che, generalmente parlando, ci ha reso un buon servizio; basta modificarla per far fronte alle mutate condizioni. In un mondo in cui le rivoluzioni avvengono ormai facilmente, il New Deal ha scelto la via, più difficile, della moderazione e della ricostruzione. In poche parole questa è l'economia sociale – l'economia politica della vecchia terminologia – del New Deal.

rid. da A. A. Berle, *The Social Economies of the New Deal*,
in Il *New Deal*, Editori Riuniti

> Perché i prodotti industriali possano essere acquistati, è necessario che un maggior numero possibile di persone abbia accesso a un reddito. Se questo non accade, solo pochi possono comprare e le industrie falliscono, incrementando la disoccupazione.

> Berle esprime uno dei princìpi fondamentali del *New Deal*: perché le industrie possano funzionare, occorre che le persone ne acquistino i prodotti.

> Rinunciare a intervenire nei processi occupazionali e industriali secondo il programma del *New Deal* significherebbe mettere a rischio la civiltà industriale, che ha contribuito ad arricchire gli Stati Uniti.

Sintesi

LA DEMOCRAZIA IN EUROPA

- Dopo la Prima Guerra Mondiale i sistemi democratici liberali attraversarono una profonda crisi. Paesi di solida tradizione democratica (come Gran Bretagna, Francia e Stati Uniti) riuscirono a superare la crisi mantenendo l'ordinamento democratico e rafforzandolo. In altri Paesi, istituzioni liberali deboli o recenti furono travolte da movimenti e ideologie di estrema destra.
- La Gran Bretagna perse il primato industriale ma rafforzò la propria posizione politica e commerciale a livello internazionale attraverso l'istituzione del *Commonwealth*. All'interno il regno dovette affrontare una grave crisi economica e sociale e subì i contraccolpi della crisi del 1929. La ripresa economica e politica, tuttavia, permise alla Gran Bretagna di riaffermare il proprio ruolo di primo piano nella diplomazia internazionale.
- La Francia uscì indebolita dalla guerra, ma riuscì a godere di una discreta ripresa economica. I governi del Fronte Popolare, di ispirazione socialista, avviarono importanti riforme a favore dei lavoratori. Il Fronte Popolare fu però osteggiato dagli ambienti imprenditoriali e finanziari e i governi di destra che seguirono adottarono una linea intransigente nei confronti dei lavoratori.

GLI STATI UNITI: DALLA CRISI DEL '29 AL NEW DEAL

- Gli Stati Uniti uscirono dal conflitto senza avere subìto danni sul loro territorio e avendo tratto grandi vantaggi economici dalla fornitura di materiale bellico ai Paesi europei.
- In politica estera, i governi repubblicani inaugurarono la politica dell'isolazionismo, che portò gli Stati Uniti a occuparsi quasi esclusivamente degli interessi nazionali.
- Affari, mito del successo e uno stile di vita che dava ampio spazio al divertimento e al consumismo connotarono gli anni Venti, noti come "anni ruggenti".
- All'interno della società, tuttavia, esistevano problemi sociali rilevanti, come l'intolleranza razziale e la criminalità organizzata (gangsterismo).
- La grave crisi economica del 1929 determinò la sconfitta dei repubblicani alle elezioni del 1932, vinte dal democratico F. D. Roosevelt. Egli elaborò un programma teso a rilanciare l'occupazione e i consumi, noto come *New Deal* ("Nuovo Corso").
- Grazie al *New Deal* gli Stati Uniti uscirono dalla crisi. Roosevelt impresse una svolta anche alla politica estera, abbandonando l'isolazionismo e riallacciando i rapporti con la Società delle Nazioni. Strinse inoltre alleanze economiche con Gran Bretagna e Francia e inaugurò la politica di "buon vicinato" nei confronti dei Paesi dell'America Latina.

Anche noi storici

Conoscere eventi e fenomeni storici

1. *Indica se le seguenti affermazioni sono vere (V) o false (F).*

	V	F
a. La difficile situazione del dopoguerra in Europa alimentò la diffusione di idee rivoluzionarie.	☐	☐
b. La difficile situazione del dopoguerra in Europa alimentò la diffusione di movimenti e ideologie di estrema destra.	☐	☐
c. Negli anni Venti e Trenta la Gran Bretagna era la prima potenza industriale del mondo.	☐	☐
d. La Gran Bretagna perse il suo impero coloniale in guerre di indipendenza.	☐	☐
e. In Francia il Fronte Popolare fu sostenuto dal ceto imprenditoriale e finanziario.	☐	☐
f. Per incrementare lo sviluppo dell'industria il governo degli Stati Uniti adottò una politica liberista.	☐	☐
g. Negli Stati Uniti c'erano problemi sociali dovuti al razzismo e alla criminalità organizzata.	☐	☐
h. Il presidente degli Stati Uniti F.D. Roosevelt propose un programma di riforme economiche e sociali noto come *Brain Trust*.	☐	☐
i. Gli imprenditori statunitensi promossero vaste opere pubbliche per assorbire la disoccupazione.	☐	☐
l. Il bilancio del *New Deal* fu completamente negativo.	☐	☐
m. Gli Stati Uniti, sotto la presidenza di Roosevelt, riallacciarono attivi rapporti con l'Europa.	☐	☐

Riconoscere relazioni – Individuare rapporti di causa ed effetto

2. *Collega i seguenti fatti e fenomeni alla corretta spiegazione / conseguenza (riporta accanto la lettera corrispondente).*

1. La Francia e la Gran Bretagna superarono la crisi del dopoguerra …
2. La Gran Bretagna costituì con le ex colonie il Commonwealth …
3. L'industria della Gran Bretagna attraversò un periodo di difficoltà …
4. Tra il 1936 e il 1938 le condizioni dei lavoratori francesi migliorarono …
5. Gli Stati Uniti erano usciti forti dalla guerra …
6. Gli anni Venti sono noti per gli Stati Uniti come "anni ruggenti" …
7. La società statunitense era percorsa da tensioni e problemi sociali …

a. *perché risentì sia della concorrenza sia poi della crisi statunitense.*
b. *perché intendeva mantenere con esse rapporti economici.*
c. *perché erano Paesi di solida democrazia.*
d. *perché non avevano subito distruzioni e le loro industrie avevano rifornito l'Europa in guerra.*
e. *perché furono concessi aumenti salariali, ferie retribuite e la settimana di 40 ore.*
f. *per il clima di fervore e di euforia, per il boom economico, per la diffusione di nuovi stili di vita incentrati sul mito del successo, sul divertimento e sulle comodità moderne.*
g. *testimoniati dalla diffusione di fenomeni di criminalità organizzata e di episodi intolleranza verso la popolazione di colore e gli immigrati.*

Leggere un grafico

3. *Osserva attentamente il grafico, quindi esegui quanto proposto.*

a. Quando si registrò la maggior percentuale di disoccupati nei Paesi industrializzati considerati?
   ☐ **1.** Nel periodo 1925-1928   ☐ **2.** Nel periodo 1929-1933

b. Quale Paese raggiunse il più elevato tasso di disoccupazione (cioè la percentuale più elevata di disoccupati sul totale della popolazione attiva)? In quale anno?
   ☐ **1.** La Germania, nel 1935   ☐ **2.** Gli Stati Uniti, nel 1932-1933

c. In quale Paese la percentuale di disoccupati superò il 30%?
   ☐ **1.** La Francia   ☐ **2.** Gli Stati Uniti   ☐ **3.** La Gran Bretagna

d. In quale Paese il tasso di disoccupazione si mantenne elevato più a lungo?
   ☐ **1.** Negli Stati Uniti   ☐ **2.** in Gran Bretagna

e. In quale Paese il fenomeno ebbe un andamento diverso da quello degli altri Stati?
   ☐ **1.** In Germania
   ☐ **2.** In Francia
   ☐ **3.** In Gran Bretagna

f. Quale Paese europeo fu colpito maggiormente dalla disoccupazione?
   ☐ **1.** La Gran Bretagna
   ☐ **2.** La Germania

g. Quando iniziarono a scendere i tassi di disoccupazione?
   ☐ **1.** Dopo il 1929
   ☐ **2.** Dopo il 1932

h. In quale Paese alla fine del periodo considerato il tasso di disoccupazione non era ancora sceso sotto la soglia del 10%?
   ☐ **1.** In Francia
   ☐ **2.** Negli Stati Uniti

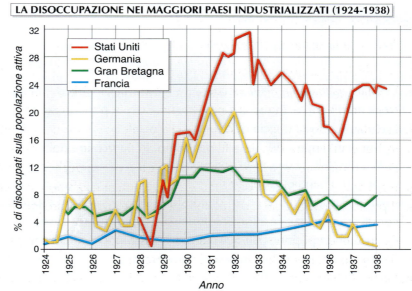

LA DISOCCUPAZIONE NEI MAGGIORI PAESI INDUSTRIALIZZATI (1924-1938)

Attivazioni didattiche

Ricavare informazioni da un documento storiografico

4. *Nel brano che segue lo storico americano A.M. Schlesinger jr illustra la situazione dei lavoratori statunitensi durante la grande crisi. Leggi il testo con attenzione, quindi esegui quanto proposto.*

L'angoscia della disoccupazione e lo spettro della miseria

Nella primavera del 1930 almeno quattro milioni di americani erano disoccupati. Nel decennio precedente alla grande crisi, i salariati avevano avuto ampie possibilità di occupazione, soddisfazioni nella vita e speranze per il futuro. Ora era arrivata la depressione: solo tre giorni di lavoro alla settimana, poi due, poi il licenziamento.

Quindi la ricerca di un nuovo lavoro, dapprima energica e fiduciosa, poi calma e ostinata, infine disperata. Lunghe code davanti agli uffici di collocamento, sguardi fissi sulle lavagne che elencavano i nomi degli assunti, un vagare senza fine da una fabbrica all'altra, notti intere di attesa per essere i primi al mattino ad accaparrarsi un eventuale lavoro. E le notizie inesorabili, spietate, che mascheravano il panico: No men wanted cioè "Non si assume personale"... "Non abbiamo bisogno di manodopera".

E così la ricerca continuava, mentre vestiti e scarpe cadevano in brandelli. I giornali sotto la camicia riparavano dal freddo dell'inverno, fiocchi di cotone sotto i talloni attutivano la fatica delle lunghe camminate sui marciapiedi, cartoncini infilati nelle scarpe rotte servivano da suole e sacchi avvolti attorno ai piedi mitigavano il gelo durante le ore di attesa davanti ai cancelli delle fabbriche.

E nel frattempo i risparmi si assottigliavano. Alla fine dei risparmi cominciano i prestiti. La carne scompare dalla tavola, il lardo sostituisce il burro; papà esce meno spesso, è terribilmente silenzioso; i bambini cominciano ad avere bisogno di scarpe, i loro vestiti sono logori, la mamma si vergogna di mandarli a scuola. Si portano al monte dei pegni le fedi, si vendono i mobili, si va ad abitare in case sempre più misere, più umide, più sporche.

da A.M. Schlesinger jr, *L'età di Roosevelt, La crisi del vecchio ordine*, Il Mulino

a. Quanti erano i disoccupati già nella primavera del 1930? ....

b. Come viene descritta l'affannosa ricerca del lavoro? ....
....
....

c. Quali conseguenze determina la prolungata mancanza di lavoro? Quali sono i segni evidenti dell'impoverimento e della miseria delle famiglie? ....
....
....

Attualizziamo il passato

Il Commonwealth moderno

• *Il Commonwealth è un'associazione tuttora operativa e vitale, i cui Paesi membri ospitano circa il 30 % della popolazione mondiale. Approfondisci la conoscenza di questo importante organismo, ricercando informazioni su enciclopedie, testi di storia e di civiltà inglese, su siti Internet. In particolare ti suggeriamo di consultare il sito ufficiale dell'organizzazione (www.thecommonwealth.org, in inglese), con l'eventuale aiuto del docente di lingua straniera.*

Ti suggeriamo questa traccia di lavoro:
- principali tappe storiche dell'organismo, in particolare del Commonwealth moderno; evoluzione degli scopi dell'associazione dalla sua costituzione a oggi
- simbolo e bandiera
- attuali Paesi membri; criteri di adesione, sospensione ed esplusione dall'associazione
- struttura organizzativa (organi principali, capo dell'associazione, ecc.)
- attività e scopi principali dell'associazione; rapporti attuali tra il Regno Unito e gli altri Paesi membri

Rielabora i materiali raccolti in una **relazione scritta**, che correderai di una carta dei Paesi del Commonwealth, di tabelle e grafici relativi ai dati statistici demografici, sociali ed economici.

150 PARTE SECONDA CAPITOLO 8 - LE DEMOCRAZIE OCCIDENTALI

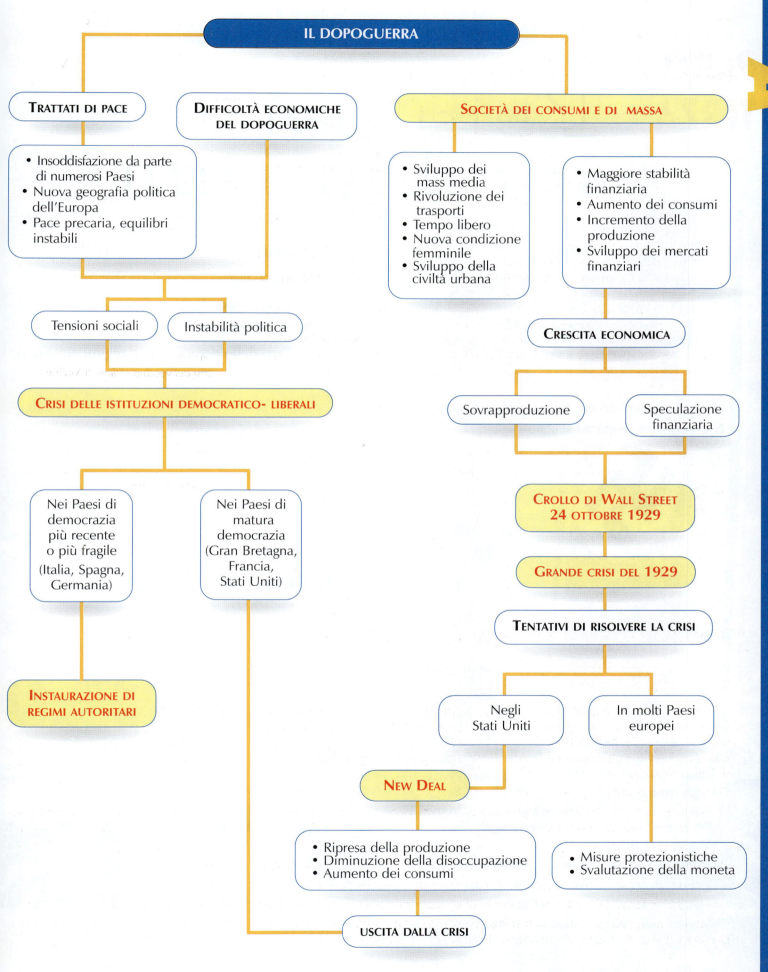

PARTE TERZA
L'età dei totalitarismi

Capitoli

9. Lo Stalinismo
10. Il Fascismo
11. Il Nazismo
12. Crisi delle democrazie e regimi autoritari

Il Tempo della Storia

UNIONE SOVIETICA – STALINISMO
1922
Stalin segretario del Partito Comunista

ITALIA - FASCISMO
1920-1921
Biennio Rosso

1922
Marcia su Roma
Mussolini capo del governo

192...
De...
Ma...

GERMANIA - NAZISMO

1919

ENTRIAMO NELLA STORIA

- Quello che ci apprestiamo a percorrere è uno dei "tunnel" della storia d'Europa, dove il "sonno della ragione" vide l'affermazione di **ideologie** che si tradussero in sistemi politici volti al **controllo totale della società e dell'individuo**: per questo motivo vengono chiamati **totalitarismi**. Tali regimi dittatoriali di tipo nuovo si imposero nella Russia sovietica (**Stalinismo**) prima, in Italia (**Fascismo**) e in Germania (**Nazismo**) poi.

- Fondato sull'ideologia della **dittatura del proletariato** (coincidente con quella del Partito Comunista e del suo capo **Stalin**), lo **Stalinismo** creò la **società totalitaria** per eccellenza. Esso non solo realizzò la **massima concentrazione dei poteri nelle mani del partito unico**, ma impose il **Comunismo** come vera e propria "religione di Stato", cui spettava regolare ogni aspetto della vita pubblica e privata delle persone.

- Il **Fascismo** si basava sull'**esaltazione della potenza dello Stato nazionale italiano** e sull'aspirazione a rinnovare la passata gloria dell'Impero romano. Nonostante le dichiarate pretese del suo fondatore, **Benito Mussolini**, il regime fascista non riuscì a realizzare compiutamente il controllo sulla società: esso, infatti, dovette venire a **compromessi con forze e istituzioni** (la Chiesa cattolica, la monarchia, le forze armate, gruppi economici) che mantennero comunque sempre un loro grado di autonomia.

- Il principio ideologico alla base del **Nazismo** di **Adolf Hitler**, il più aberrante, sosteneva la **superiorità della razza ariana**. In virtù di tale principio il Nazismo intendeva realizzare un **nuovo assetto politico dell'Europa**, basato su precise gerarchie etniche e dominato dal nuovo Impero germanico (**Terzo Reich**). Il Nazismo si macchiò di **crimini senza precedenti** (lo sterminio di milioni di Ebrei) e fece precipitare l'Europa nel baratro della **Seconda Guerra Mondiale**.

LE DOMANDE DEL PRESENTE

In quale modo un'ideologia disumana e distruttiva riesce ad ottenere il consenso delle masse e a fornire una giustificazione a crimini efferati?

Le ideologie con cui una classe dominante cerca di fondare e legittimare il proprio potere vengono imposte come concezioni assolute, ricorrendo alla **propaganda** e mettendo a **tacere** ogni forma di **dissenso**.

La storia ha dimostrato che, attraverso una martellante propaganda, infatti, alcuni regimi sono riusciti ad annullare la capacità di critica, ad **"assopire" le coscienze**, convincendo le persone a seguire idee del tutto lontane dalla realtà, ad adottare o approvare comportamenti folli o contrari alle proprie convinzioni.

1924 – ETÀ STALINIANA – 1953

1928-1932 Primo piano quinquennale - Collettivizzazione forzata delle terre

1934-1938 Purghe staliniane - Regime di terrore

1936 Nuova Costituzione

1922 – REGIME FASCISTA – 1943

-1926
ggi
tissime

1929 Patti Lateranensi

1938 Leggi razziali
1936 Asse Roma-Berlino
1935-1936 Guerra d'Etiopia
1936-1939 Guerra civile spagnola

1933 – REGIME NAZISTA – 1945

1919-1933 Repubblica di Weimar

1936 Asse Roma-Berlino
1935 Leggi di Norimberga
1934 Nascita del Terzo Reich
1933 Hitler diventa cancelliere

1929 — **1939**

9 Lo Stalinismo

1. L'Unione Sovietica nell'era di Stalin

L'"UOMO D'ACCIAIO"

Il periodo della storia sovietica **compreso tra il 1924 al 1953** è detto **Età staliniana**. Esso, infatti, fu dominato dalla figura e dall'opera di **Josif Vissarionovič Džugašvili**, detto **Stalin** ("Uomo d'acciaio").

Nato a Gori, in Georgia, nel 1879, da una famiglia di umili condizioni, fu arrestato e incarcerato più volte sotto il regime zarista. Dopo la Rivoluzione russa **ricoprì importanti incarichi politici**, prevalendo su Trotzkij, il suo più potente rivale.

Eletto **Segretario Generale del Partito Comunista** nel 1922, alla morte di Lenin, il 21 gennaio **1924**, i vertici del partito decisero di non rendere pubblico il **testamento** del leader sovietico, nel quale veniva suggerito, tra l'altro, di emarginare lo stesso Stalin dalla vita politica, rimuovendolo dalla carica e impedendogli di assumere ruoli di direzione del partito e di governo del Paese. Nonostante le raccomandazioni di Lenin, Stalin rimase così ai vertici del partito e iniziò la lotta interna per la conquista del potere e l'instaurazione della dittatura.

> ### Per ricordare
>
> - Quale periodo della storia sovietica è conosciuto come "Età staliniana"? Perché?
> - Quale carica ottenne Stalin?
> - Che cosa raccomandava Lenin nel suo testamento? Che cosa accadde alla sua morte?

STALIN CONQUISTA IL POTERE

Contro Trotzkij, fedele alla concezione leninista della "rivoluzione mondiale permanente", Stalin sostenne la teoria del **"Socialismo in un solo Paese"**, ponendo l'Unione Sovietica alla testa del movimento comunista internazionale, che aveva il compito di **difendere e di sostenere in ogni modo il comunismo sovietico**.

Conquistato il potere ed eliminati uno a uno tutti i suoi avversari (Trotzkij stesso, costretto a fuggire nel 1929 e rifugiatosi nel 1937 in Messico, venne ucciso da sicari di Stalin nel 1940), Stalin attuò una **radicale trasformazione dello Stato**, della società e della cultura, instaurando un regime totalitario particolarmente efferato, detto **Stalinismo**.

Per quanto gli storici individuino già nello Stato fondato da Lenin una struttura totalitaria, certamente quello instaurato da Stalin **sconfessò gli ideali di giustizia e di libertà** che erano stati dichiarati alla base della Rivoluzione russa.

> ### Per ricordare
>
> - Quale teoria sosteneva Stalin?
> - Che cosa fece Stalin una volta conquistato il potere?
> - Quale tipo di regime instaurò Stalin? Come viene chiamato?

Parola chiave

TOTALITARISMO
- È il termine più frequentemente usato dagli storici per definire un tipo di regime politico, affermatosi nel Novecento, al quale possono essere ricondotti il **Nazismo**, il **Fascismo** e il **Comunismo di Stalin**. Il regime totalitario è caratterizzato soprattutto dal tentativo di controllare capillarmente la società in tutti gli ambiti di vita, imponendo l'assimilazione di un'ideologia: il partito unico che controlla lo Stato non si limita cioè a imporre delle direttive, ma vuole mutare radicalmente il modo di pensare e di vivere di tutta la società.

PARTE TERZA CAPITOLO 9 - LO STALINISMO

I caratteri dello Stalinismo

Il regime di Stalin condivideva alcuni aspetti con i regimi totalitari dell'epoca, ma presentava anche alcune **caratteristiche del tutto peculiari**, legate soprattutto alla situazione sovietica del tempo.

1. Lo Stato cercò di **imporre una propria concezione del mondo e dell'uomo**, senza lasciare alcuna libertà di pensiero e di organizzazione della vita privata. Arte, cultura e scienza vennero costrette a diffondere e difendere la dottrina ufficiale stabilita dal Partito Comunista.

2. Le **scelte economiche**, sottratte ai tradizionali soggetti delle economie di mercato, vennero **totalmente assoggettate alla politica**. Lo Stato, attraverso una rigida pianificazione, stabiliva che cosa, come e quanto produrre, programmava e dirigeva ogni attività economica (**economia pianificata di Stato**).

3. Lo Stalinismo fu caratterizzato da un esasperato **culto della personalità** e dall'instaurazione di un rapporto autoritario tra il capo e le masse.

4. Stalin attuò, nell'ambito della Federazione delle Repubbliche Socialiste Sovietiche, una **politica di tipo imperialistico**, volta a "**russificare**" i numerosissimi popoli sparsi sull'immenso territorio, soggiogandoli al potere centrale.

Per ricordare

• Quali erano i caratteri fondamentali dello Stalinismo?

Manifesto di propaganda del programma economico varato dal governo. La figura di Stalin, in primo piano, circondata da lavoratori felici, è uno dei temi classici dell'iconografia propagandistica sovietica.

2. La trasformazione dell'economia

Piani quinquennali per rilanciare l'economia

Una volta conquistato il potere, Stalin decise di trasformare l'URSS, da Paese agricolo quale era, in **potenza industriale**. A tale scopo, nel 1928, abbandonata la NEP (vedi pag. 109), elaborò il primo **piano quinquennale** (1928-1932). Si trattava di un progetto che, nell'arco di cinque anni, si proponeva di raggiungere alcuni **obiettivi precisi**. Naturalmente, il perseguimento dei risultati era **da ottenere a qualsiasi costo**, mettendo a tacere qualsiasi tipo di opposizione e mobilitando tutte le risorse umane necessarie, senza possibilità di scelta per i lavoratori.

I punti principali del piano prevedevano la **collettivizzazione forzata delle terre** e l'**industrializzazione accelerata**, due scelte che lo portarono a rompere l'alleanza tra operai e contadini perseguita da Lenin.

L'agricoltura collettivizzata

Con l'avvio del primo piano quinquennale venne **eliminata definitivamente la proprietà privata** delle terre e tutte le aziende agricole furono trasformate in **cooperative territoriali** (*kolchoz*) o **statali** (*sovchoz*). Secondo Stalin, questa organizzazione, chiamata "**collettivizzazione**", avrebbe **incrementato la produzione** e avrebbe reso disponibile **più manodopera per l'industria**.

La **resistenza dei contadini** (soprattutto dei **kulaki**, i proprietari terrieri che, per opporsi, giunsero a distruggere i raccolti e a sopprimere tutto il loro bestiame) fu **stroncata brutalmente** con la deportazione nei campi di lavoro forzato o l'uccisione.

La politica adottata da Stalin di fatto portò a un **crollo della produzione agricola**. Tra il 1932 e il 1933 l'Unione Sovietica fu colpita da una grave **carestia**, che costrinse il governo a introdurre alcune concessioni, come il **diritto a possedere piccoli lotti di terra** da coltivare in proprio e la libertà di vendere le merci che superavano le quote fissate dal piano. Nonostante la ripresa della produzione, solo negli anni Cinquanta e Sessanta l'agricoltura sovietica ritornò ai livelli produttivi precedenti la Prima Guerra Mondiale, ma **rimase il settore più debole e trascurato dell'economia**.

Per ricordare
- Che cosa erano i piani quinquennali?
- Quali obiettivi si proponeva il primo piano quinquennale?

Collettivizzazione
Processo con il quale una proprietà privata viene fatta diventare patrimonio della collettività, cioè della comunità e, in definitiva, dello Stato.

Per ricordare
- Quali obiettivi si proponeva di raggiungere Stalin con la collettivizzazione delle terre?
- Come fu vinta la resistenza dei contadini?
- Quali furono gli esiti della politica agricola staliniana?

Nasce l'industria pesante, sposta i contadini dai paesini alle città il prob. è che molti così vivevano in condizioni precarie

LO SVILUPPO DELL'INDUSTRIA

L'obiettivo principale del primo piano quinquennale e di quelli che seguirono era comunque quello di dotare l'URSS di un **imponente apparato industriale**, in particolare nel settore dell'**industria pesante** (metallurgia, siderurgia, energia, estrazione mineraria, fabbricazione di armi).

Fra il 1926 e il 1939 quasi **25 milioni di contadini furono spostati nelle città per essere impiegati nell'industria**. Vennero realizzate **grandi opere strutturali** (dighe, ponti, strade, canali, ferrovie, ecc.) **e costruiti imponenti complessi siderurgici e metallurgici**.

L'**industrializzazione a tappe forzate** non produsse subito i risultati sperati e incontrò **numerose difficoltà**. I milioni di contadini inurbati, per esempio, che vivevano in **precarie condizioni sociali**, faticavano a raggiungere gli obiettivi indicati dal governo.

Per ricordare

- Qual era il principale obiettivo dei piani quinquennali?
- Come si concretizzò l'obiettivo previsto dai piani quinquennali?
- Quali difficoltà emersero?
- In che modo venne sostenuto lo sforzo economico richiesto al Paese?
- Quali furono gli esiti finali dei piani quinquennali nel settore industriale?

Crea la propaganda x far credere che fosse bravo, aumentarono i salari e US divenne la maggiore potenza industriale

GLI "EROI DEL LAVORO"

Per sostenere l'enorme sforzo richiesto al Paese, Stalin si servì di una capillare ed efficace **opera di propaganda**. Così, per incoraggiare i lavoratori ad aumentare la loro produttività, venne creata e mitizzata l'immagine degli eroi del lavoro, come Aleksej Grigor'evič Stachanov, il minatore premiato per il record di produttività (dal suo esempio nacque il fenomeno detto "**stachanovismo**", per indicare l'attaccamento al lavoro).

Alla fine degli anni Trenta, comunque, le condizioni di vita dei lavoratori migliorarono, i **salari aumentarono**, così come i **consumi** e le **esportazioni** di prodotti agricoli e industriali. A partire dagli anni Quaranta l'Unione Sovietica divenne **una delle maggiori potenze industriali e militari del mondo**.

Stachanovismo
Movimento nato in Unione Sovietica dopo il 1935 con l'obiettivo di incrementare la produttività, sollecitando gli operai ad un maggior impegno sul lavoro, attraverso incentivi, propaganda o semplice emulazione dei migliori lavoratori.

Un'intensa e martellante propaganda fu lo strumento più efficace usato da Stalin per convincere il popolo a sostenere lo sforzo richiesto dai suoi programmi economici e per esaltarne il successo.

Leggere un documento

Stalin e la Terza Internazionale

Fautore intransigente del "Socialismo in un unico Paese", Stalin si avvalse del Komintern o Terza Internazionale per **condizionare le strategie di tutti i partiti comunisti,** *subordinandole agli interessi del Partito Comunista dell'Unione Sovietica. Stalin, in sostanza, applicò alla lettera le 21 Condizioni d'adesione all'Internazionale Comunista stabilite dal Secondo congresso del Komintern nel 1920, ponendosi così come garante e guida dei partiti comunisti di tutto il mondo.*
Leggiamo alcuni stralci delle 21 Condizioni.

> Il termine definisce tutti coloro che intendono "riformare" il Comunismo, cioè trasformarlo in socialdemocrazia, accettando il compromesso della collaborazione tra le classi sociali.

1. Tutta l'attività di propaganda e di agitazione deve essere di natura autenticamente comunista e conforme al programma e alle decisioni dell'Internazionale Comunista. [...]
2. Qualsiasi organizzazione che voglia aderire all'Internazionale Comunista deve rimuovere, sistematicamente, i riformisti e i centristi da tutti gli incarichi di responsabilità all'interno del movimento operaio [...] e sostituirli con comunisti collaudati [...].
[...]
7. I partiti che vogliono aderire all'Internazionale Comunista sono tenuti a riconoscere la necessità di una frattura completa ed assoluta con il riformismo [...].
8. Ogni partito che voglia aderire all'Internazionale Comunista è tenuto [...] ad appoggiare non solo a parole ma con i fatti ogni movimento di liberazione nelle colonie [...].

> Stalin capì che i movimenti di liberazione coloniale potevano essere diretti e orientati verso i princìpi del Comunismo.

9. Ogni partito che voglia aderire all'Internazionale Comunista deve fare attività sistematica e durevole nei sindacati, nei consigli operai e nei comitati di fabbrica, nelle cooperative e nelle altre organizzazioni di massa dei lavoratori. Bisogna costituire all'interno di tali organizzazioni delle cellule comuniste [...].

> I due termini sono apparentemente contraddittori, ma esprimono l'esigenza di un potere in grado di rispondere unitariamente, senza divisioni di sorta, alle esigenze del Partito e della sua organizzazione.

12. I partiti appartenenti all'Internazionale Comunista debbono basarsi sul principio del centralismo democratico. Nell'attuale momento di aspra guerra civile, il Partito comunista potrà assolvere al proprio compito soltanto se la sua organizzazione sarà il più possibile centralizzata, se si imporrà una disciplina ferrea [...].
13. I partiti comunisti dei Paesi in cui i comunisti operano nella legalità ogni tanto debbono intraprendere un'opera di epurazione tra i membri del partito per sbarazzarsi di tutti gli elementi piccolo-borghesi che vi si siano infiltrati.

> Così sono definiti coloro che non accolgono e non applicano integralmente i princìpi del Comunismo.

14. Ogni partito che voglia aderire all'Internazionale Comunista è tenuto ad appoggiare incondizionatamente tutte le repubbliche sovietiche nella lotta contro le forze controrivoluzionarie. [...].
15. I partiti che mantengono ancora i vecchi programmi socialdemocratici sono tenuti a sottoporli a revisione quanto prima possibile, e a redigere, tenendo conto delle particolari condizioni del loro Paese, un nuovo programma comunista che sia conforme ai deliberati dell'Internazionale Comunista. [...]
16. Tutti i deliberati dei congressi dell'Internazionale Comunista, così come i deliberati del suo Comitato Esecutivo, sono vincolanti per tutti i partiti appartenenti all'Internazionale Comunista. [...]
17. [...] tutti i partiti che vogliono aderire all'Internazionale Comunista debbono cambiare nome. Ogni partito che voglia aderire all'Internazionale Comunista deve chiamarsi: Partito Comunista del tale Paese (sezione dell'Internazionale Comunista). [...]

3. La dittatura staliniana

UN INFERNO POLIZIESCO...

Le difficoltà incontrate nella realizzazione dell'imponente piano economico, il malcontento e l'opposizione suscitati, spinsero Stalin a consolidare il suo potere attraverso una **massiccia opera di repressione**, volta ad **eliminare qualsiasi forma di dissenso**. L'oppressione raggiunse il culmine alla metà degli anni Trenta, con le cosiddette "**purghe staliniane**": Stalin lanciò una campagna di **epurazioni di massa** (cioè di eliminazione e di espulsione) **contro i "nemici del popolo"** in tutti i settori, dal partito all'esercito, dai dirigenti delle industrie all'amministrazione e al mondo intellettuale.

L'accusa più frequente era quella di **deviazionismo**, cioè di allontanamento dall'ortodossia del partito; vennero istituiti **tribunali politici**, che emettevano sentenze di condanna a morte o che prevedevano la **reclusione nei campi di lavoro correzionale, detti** *gulag*. In questo modo **Stalin si sbarazzò dell'intera classe politica artefice della Rivoluzione russa e di uomini di partito** che in qualche modo la pensavano in modo diverso da lui. Si calcola che le vittime della repressione staliniana siano state milioni.

... MASCHERATO DA PARADISO

Mentre eliminava ogni forma di opposizione e sopprimeva ogni tipo di libertà, Stalin cercò, parallelamente, di **costruire un'immagine paradisiaca della società sovietica** e di fare della propria persona un vero e proprio mito (**culto della personalità**). Attraverso una gigantesca macchina propagandistica, Stalin venne esaltato come il "**padre della patria**" e l'artefice della **felicità del popolo**. L'Unione Sovietica venne presentata ai Sovietici e al mondo come il "**paradiso dei proletari**", la perfetta società comunista nella quale si realizzava per la prima volta l'ideale di una società giusta, in cui tutti gli uomini erano davvero uguali.

Per ricordare
- Come vennero affrontati le difficoltà e il malcontento?
- Chi furono le vittime della repressione staliniana?
- Che cos'erano i gulag?

Epurazione
Parola di derivazione francese (*épuration*), che letteralmente significa "liberare dalle scorie" o da "elementi estranei". È usata però anche per indicare l'azione di eliminazione degli avversari politici, attraverso la soppressione fisica oppure l'imprigionamento.

Per ricordare
- Quali obiettivi perseguì la propaganda orchestrata da Stalin?

Stalin trasformò l'URSS in un immenso "impero del lavoro forzato": i circa 2 milioni di kulaki deportati dalle loro terre soprattutto, ma anche detenuti, intellettuali dissidenti e oppositori vennero utilizzati per sostenere lo sforzo industriale e per colonizzare le terre più inospitali e selvagge.

PARTE TERZA CAPITOLO 9 - LO STALINISMO 159

LA COSTITUZIONE DEL 1936

Per consacrare tale immagine, nel 1936 Stalin fece approvare una nuova Costituzione; gli articoli in essa contenuti affermavano solennemente che **lo Stato garantiva il rispetto dei principali diritti dell'uomo**, mentre nella realtà essi erano **sistematicamente violati**.

La ripresa dell'economia, il prestigio dell'Unione Sovietica e l'abile azione di propaganda accrebbero, però, il **consenso intorno alla figura di Stalin, sia all'interno del Paese sia all'estero**. Per molti anni l'immagine ufficiale all'estero dell'URSS fu quella costruita dalla propaganda staliniana; ben **pochi, prima che il nuovo segretario del partito Nikita Kruscëv rivelasse al mondo, nel 1956, i crimini di Stalin,** poterono conoscere il volto nascosto del regime.

> **Per ricordare**
> - Che cosa dichiarava la Costituzione promulgata nel 1936? Qual era invece la realtà?
> - Quale fu l'effetto dell'azione propagandistica di Stalin?

Stalin ritratto nel 1936 accanto a Kruscëv, il suo successore, che avrebbe rivelato al mondo i crimini del regime.

LA "RUSSIFICAZIONE" DEI POPOLI SOVIETICI

Un'altra violenza operata da Stalin nei confronti dei popoli dell'URSS fu la **forzata "russificazione"** di tutte le repubbliche sovietiche, che si tradusse nell'**imposizione del potere centrale** e della **cultura russa** a tutti i popoli e a tutte le etnie che componevano la federazione.

Con il pretesto della lotta contro le "deviazioni nazionaliste di stampo borghese", Stalin impose a tutti i circa duecento popoli che componevano l'Unione – di lingua, cultura e tradizioni diverse – l'**uso della lingua russa** e la **trascrizione in caratteri cirillici delle lingue locali**, di cui permise l'insegnamento nelle scuole.

Tutte le repubbliche dell'Unione furono sottoposte a un **rigidissimo controllo centrale** e obbligate a **rispettare le direttive economiche e politiche impartite da Mosca**. In tal modo Stalin **alterò il delicato rapporto tra potere centrale e autonomia dei popoli della federazione**. I popoli sovietici, cioè, iniziarono a **sentirsi dominati dai Russi** e sottomessi a un potere che in qualche modo percepivano come "straniero". Riesplosero così i **sentimenti nazionalisti**, che finirono con il creare instabilità, con vere e proprie rivendicazioni d'indipendenza che si sono protratte fino a oggi, quasi venti anni dopo la fine dell'Unione Sovietica.

> **Per ricordare**
> - Che cosa comportò la "russificazione" delle repubbliche sovietiche?
> - Quali furono le conseguenze?

Leggere un'immagine

Manifesto per il 70° compleanno di Stalin: l'esaltazione del realismo socialista

*Stalin instaurò su tutta la società russa uno spietato controllo culturale. Bandì dall'arte ogni sperimentazione d'avanguardia e la trasformò in uno strumento al servizio dell'esaltazione dei miti e degli eroi del Comunismo trionfante (**realismo socialista**) e della glorificazione della sua persona (**culto della personalità**).*
*Tutti i valori del realismo socialista sembrano riassunti in questo **manifesto per il 70° compleanno di Stalin**.*
Molti mesi prima della ricorrenza, si mise in moto una gigantesca macchina propagandistica. Il nome di Stalin venne imposto a decine di città, paesi, laghi, fiumi e monti; pittori, scrittori, poeti e musicisti dedicarono le loro opere al dittatore, il cui ritratto troneggiava in ogni sede del Partito e in ogni casa dell'URSS.

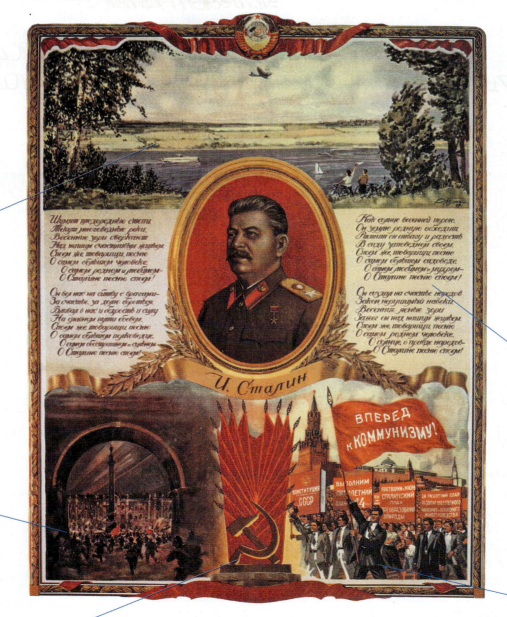

Il paesaggio idilliaco e sereno contiene tutti i simboli del progresso: vari tipi di battelli e di barche sul fiume, un aeroplano nel cielo salutato da una coppia di giovani con la bicicletta.

Il poeta autore dei versi riprodotti ai due lati del ritratto, definisce Stalin "sole della verità" e artefice della felicità del popolo.

Scena che ricorda la grande Rivoluzione d'ottobre.

Molto evidenti sono i simboli del potere comunista: le bandiere rosse, la falce e il martello.

Corteo inneggiante al Partito.

PARTE TERZA CAPITOLO 9 - LO STALINISMO 161

Approfondimenti

Storia, politica e società

LA "GRANDE RUSSIA": L'IMPERO DELLE CENTO NAZIONI

Uno Stato federale con 15 Stati e 180 popoli

L'articolo 13 della Costituzione sovietica del **1936**, nota come "**Costituzione di Stalin**", affermava: "*L'Unione delle Repubbliche Socialiste Sovietiche è uno Stato federale costituito sulla base dell'unione volontaria, a parità di diritti, delle seguenti Repubbliche Socialiste Sovietiche...*" ed elencava le 15 Repubbliche federate.

Circa quindici anni prima, **Lenin** aveva compreso che quello che lui chiamava l'Impero della Rivoluzione (un territorio sconfinato, creato da secoli di imprese colonialistiche degli zar) poteva essere mantenuto unito solo nel **rispetto dell'autonomia e dell'identità** culturale e linguistica **delle nazionalità** confederate. Il suo sogno era che gli ideali del Socialismo dissipassero le differenze tra le varie nazioni. Uno degli sforzi maggiori della politica interna di Lenin fu appunto quello di creare una struttura politica capace di governare il maggior **Stato sovranazionale** del mondo, nel rispetto dell'uguaglianza e del diritto all'autodeterminazione dei popoli.

Ma il problema si presentava difficile: se le **Repubbliche federate** nel 1936 erano salite a **15**, sul territorio dell'URSS vivevano circa **180 popoli**, con connotazioni etniche e storiche diverse ed altrettante lingue parlate.

La "russificazione" forzata voluta da Stalin

Con **Stalin** si inaugurò una **politica opposta** rispetto a quella di Lenin: l'**impero sovietico** doveva essere interamente "**russificato**". Stalin impose il dominio russo su tutte le altre etnie non solo obbligando all'uso della lingua russa e dell'alfabeto cirillico, come abbiamo visto, ma soprattutto attraverso il programma di collettivizzazione e di industrializzazione forzata. Per costruire nuove fabbriche inviò migliaia di contadini russi nelle repubbliche asiatiche e in Siberia e perché nulla sfuggisse al potere centrale sostituì i funzionari locali con uomini di partito a lui fedeli.

Sulla carta sono illustrati i principali popoli che abitavano nello sterminato territorio dell'URSS.

Sintesi

L'Unione Sovietica nell'era di Stalin

- Dopo la morte di Lenin, nel 1924, Stalin, già dal 1922 Segretario Generale del Partito Comunista, iniziò la lotta interna al partito per conquistare il potere assoluto.
- Negli anni successivi egli consolidò il potere, eliminando i suoi oppositori (tra i quali Trotzkij) e imponendo la teoria del "Socialismo in un solo Paese" contro la concezione leninista della "rivoluzione mondiale permanente".
- Divenuto arbitro assoluto dello Stato, ne attuò una radicale trasformazione politica, economica e culturale, consolidando un regime totalitario.
- Il regime imposto da Stalin si caratterizzò per il ferreo controllo ideologico, per l'imposizione dell'ortodossia di Stato e di partito; per la pianificazione economica, di esclusiva competenza dello Stato; per l'esasperato culto della personalità e la politica accentratrice nei confronti dei popoli della federazione.

La trasformazione dell'economia

- Tutte le attività economiche vennero programmate dallo Stato attraverso rigidi piani quinquennali. Stalin puntò al rafforzamento dell'apparato industriale e alla collettivizzazione forzata delle terre.
- Eliminata definitivamente la proprietà privata, tutte le aziende agricole furono inserite nelle cooperative territoriali (*kolchoz*) o statali (*sovchoz*). Le resistenze dei contadini (soprattutto dei *kulaki*) furono stroncate brutalmente. L'agricoltura si indebolì e la produzione crollò.
- Lo sforzo maggiore fu concentrato nello sviluppo dell'industria pesante, per sostenere il quale Stalin giunse a obbligare 25 milioni di contadini a lavorare nelle fabbriche.
- Nonostante le difficoltà, grazie allo sforzo enorme intrapreso dal governo sovietico gli obiettivi dei piani quinquennali furono raggiunti e dagli anni Quaranta l'URSS divenne una delle maggiori potenze mondiali.

La dittatura staliniana

- Stalin governò imponendo un pesante regime poliziesco, perseguitando ogni forma di dissenso vero o presunto e imponendo il culto della propria personalità.
- L'oppressione raggiunse il culmine alla metà degli anni Trenta, con le cosiddette "purghe staliniane", cioè con l'epurazione di massa, attraverso processi politici, di membri del partito, dissidenti, intellettuali, militari, amministratori; tali processi si conclusero con centinaia di migliaia di condanne a morte o alla reclusione nei campi di lavoro, detti gulag.
- Attraverso un'imponente campagna propagandistica, Stalin costruì l'immagine dell'URSS come una perfetta società comunista, paradiso dei proletari, consacrandola con l'approvazione, nel 1936, di una Costituzione che formalmente garantiva il rispetto dei diritti dell'uomo.
- La ripresa dell'economia, il prestigio acquisito dall'URSS e l'abile propaganda accrebbero il consenso intorno alla figura di Stalin sia nel Paese che nel resto del mondo. Fino alla denuncia dei crimini di Stalin compiuta da Kruscëv nel 1956, il vero volto del regime rimase nascosto.
- Stalin impose la "russificazione" forzata di tutti i popoli sovietici, rendendo obbligatorio lo studio del russo e sottoponendo le repubbliche al rigido controllo del potere centrale.

Anche noi storici

Rielaborare le conoscenze in un testo scritto

1. Scrivi sul tuo quaderno un testo che descriva i caratteri della dittatura staliniana, considerando i seguenti aspetti.

a. Tempi e modalità dell'ascesa al potere di Stalin
b. Consolidamento del potere attraverso l'eliminazione degli oppositori
c. Instaurazione del regime poliziesco, mezzi e strumenti per eliminare dissidenti e oppositori (epurazioni, processi sommari, gulag, uso della propaganda)
d. La figura e l'opera di Stalin secondo la propaganda
e. La "russificazione" dei popoli sovietici
f. La denuncia dei crimini di Stalin

Attivazioni didattiche

Conoscere eventi e fenomeni storici

2. *Indica se le seguenti affermazioni sono vere (V) o false (F).*   V   F

a. Trotzkij fu uno dei più stretti collaboratori di Stalin.   ☐   ☐
b. Stalin si mantenne fedele agli ideali della Rivoluzione russa.   ☐   ☐
c. Stalin accentrò nelle mani dello Stato il controllo delle attività economiche.   ☐   ☐
d. Stalin volle fare dell' URSS una potenza industriale di primo piano.   ☐   ☐
e. La collettivizzazione delle terre determinò un notevole incremento della produzione agricola.   ☐   ☐
f. Stalin puntò soprattutto allo sviluppo dell'industria pesante.   ☐   ☐
g. Negli anni Quaranta l'URSS divenne una delle maggiori potenze industriali e militari.   ☐   ☐
h. Per consolidare il potere Stalin adottò una politica di compromessi con i suoi avversari politici.   ☐   ☐
i. La propaganda sovietica descriveva l'URSS come il paradiso dei proletari.   ☐   ☐
l. La Costituzione del 1936 garantiva il rispetto dei diritti umani.   ☐   ☐
m. Durante l'età staliniana vennero rispettate le identità culturali dei popoli che abitavano il territorio sovietico.   ☐   ☐

Riconoscere relazioni – Individuare rapporti di causa ed effetto

3. *Collega i seguenti fatti alla corretta causa / spiegazione (riporta accanto la lettera corrispondente).*

1. Stalin tradì la Rivoluzione russa …
2. Il regime di Stalin fu totalitario …
3. Stalin ricorse alle epurazioni di massa …
4. I kulaki furono deportati e uccisi …
5. Lo Stato promosse la realizzazione di imponenti opere infrastrutturali (dighe, strade, canali ecc.) e industriali …
6. Le repubbliche sovietiche vennero "russificate" e sottoposte ad un rigido controllo centrale …
7. Nelle repubbliche dell'URSS si diffusero sentimenti nazionalisti …
8. Stalin godeva di grande consenso all'interno e all'estero …

a. *perché si opponevano alla collettivizzazione delle terre.*
b. *perché esercitò un controllo assoluto su tutti gli aspetti della vita politica, economica e sociale.*
c. *perché rinnegò gli ideali di giustizia e di libertà che l'avevano ispirata.*
d. *per consolidare il suo potere eliminando ogni forma di dissenso e di opposizione.*
e. *perché i popoli si sentivano oppressi dal potere centrale russo.*
f. *perché la propaganda e i successi economici davano un'immagine falsata della realtà.*
g. *per obbligarle a rispettare le direttive economiche e politiche impartite da Mosca.*
h. *perché in breve tempo l'URSS doveva diventare una potenza mondiale di primo piano.*

Organizzare le conoscenze in forma grafica e schematica

4. *Completa lo schema sulle principali trasformazioni economiche introdotte in Russia al tempo di Stalin.*

TRASFORMAZIONI DELL'ECONOMIA	
1. Agricoltura	**2. Industria**
a. Eliminazione della .... Collettivizzazione delle terre, cioè	**a.** Settori da sviluppare: ....
b. Scopo: .... -	**b.** Scopo dell'industrializzazione forzata: ....
c. Esito:	**c.** Esito: ....

164   PARTE TERZA CAPITOLO 9 - LO STALINISMO

Ricavare informazioni da un documento storico

5. *Il seguente testo è tratto dal cosiddetto "Testamento di Lenin", di fatto una lettera contenente note politiche indirizzate dal leader sovietico al Congresso del partito nel dicembre del 1922, alla quale aggiunse successivamente una nota su Stalin. Leggi attentamente il documento, quindi rispondi alle domande.*

Stalin va rimosso dalla carica di segretario del partito

Aggiunta alla lettera del 24 dicembre 1922

Stalin è troppo grossolano, e questo difetto, del tutto tollerabile nell'ambiente e nei rapporti tra noi comunisti, diventa intollerabile nella funzione di segretario generale. Perciò propongo ai compagni di pensare alla maniera di togliere Stalin da questo incarico e di designare a questo posto un altro uomo che, a parte tutti gli altri aspetti, si distingua dal compagno Stalin solo per una migliore qualità, quella cioè di essere più tollerante, più leale, più cortese e più riguardoso verso i compagni, meno capriccioso, ecc.

Questa circostanza può apparire una piccolezza insignificante. Ma io penso che, dal punto di vista dell'impedimento di una scissione e di quanto ho scritto sopra sui rapporti tra Stalin e Trotzkij, non è una piccolezza, ovvero è una piccolezza che può avere un'importanza decisiva.

Lenin 4 gennaio 1923

da *Lettera al Congresso (Testamento di Lenin)*, dicembre 1922, in *Marxist Internet Archive*

a. Che cosa raccomanda Lenin ai compagni del partito? ....

b. Quale difetto rende Stalin inadatto a ricoprire la carica di segretario generale? ....

c. Quali doti umane, evidentemente assenti in Stalin, dovrebbe possedere, invece, il segretario generale del partito? ....

....

d. Quale pericolo intravede Lenin nella permanenza di una personalità come Stalin ai vertici del partito? ....

Ricavare informazioni da un documento storico

6. *Il documento che segue è tratto dalle lettere di Pavel Florenskij, matematico, filosofo e religioso russo arrestato nel 1933 e deportato alle Isole Solovki, nel Mar Bianco, dove venne fucilato 4 anni dopo con altri 500 detenuti. Leggi con attenzione il documento, quindi esegui quanto proposto.*

Lettere dal gulag di Solovki

febbraio 1934 - *Il lavoro di tutta la mia vita, dedicata all'attività scientifica e filosofica, è perduto. Sono stati confiscati tutti i miei libri, i materiali, i manoscritti. Inoltre sono stati sequestrati anche i libri dei miei figli e persino i libri per ragazzi e i testi scolastici. Al momento della mia condanna (come oppositore del potere sovietico) non figurava la confisca dei beni, per cui il sequestro dei miei libri e dei risultati dei miei studi scientifici e filosofici è stato per me un grave colpo…*

5 novembre 1934 - *La mia vita scorre pressoché uguale a dopo il mio arrivo, cioè estremamente scomoda e faticosa. Sto apprendendo i cosiddetti lavori comuni: cambiano giornalmente, o al più ogni due-tre giorni. Ho fatto di tutto: selezionare le patate, lavarle e sbucciarle, fare il turno al centralino, setacciare il mangime per il bestiame, fare lavori di sterro, aiutare a caricare sacchi con rape bianche e da foraggio, accatastare le rape. Tutto questo, a causa della mole del lavoro giornaliero molto elevata e delle mie scarse forze, è assai pesante per me, per non parlare poi dello spreco mortale di tempo.*

3 dicembre 1936 - *Cerco di lavorare il più possibile, soprattutto per resistere interiormente. Il fatto di vedere e contattare certi personaggi verso cui provo disgusto, l'impossibilità di concentrarsi e di meditare compromettono il mio sistema nervoso e mi rendo conto che esso è ormai in crisi. Non si può rimediare in alcun modo: non mi resta che immergermi nel lavoro, anche se non è profondo e utile.*

da Pavel Florenskij, *Non dimenticatemi - Le lettere dal gulag del grande matematico, filosofo e sacerdote russo*, Mondadori

Completa.

a. Florenskij viene condannato perché ....

b. La cosa che più lo addolora e rammarica è ....

c. Nel lager il suo lavoro giornaliero consiste nel ....

d. Il lavoro è pesante perché ....

e. Florenskij cerca di lavorare il più possibile per ....

f. Il suo sistema nervoso è in crisi perché ....

PARTE TERZA **CAPITOLO 9** - LO STALINISMO

Attivazioni didattiche

La ricerca storica

I gulag: alle origini dei lager del XX secolo

• **Gulag** (spesso scritto **GULag**) è l'acronimo (cioè la sigla costituita dalle iniziali) di **G**lavnoe **U**pravlenie **LAG**erej, cioè "Direzione principale dei campi (di lavoro)". Il termine - utilizzato in senso esteso per indicare i **campi punitivi di lavoro forzato** e, in generale, il sistema repressivo sovietico - si riferiva dunque propriamente all'amministrazione centrale dei lager fondata nel 1930. In realtà il sistema dei campi di concentramento punitivi risale ai primi anni della rivoluzione bolscevica, quando in quello che viene considerato il primo gulag, nelle sperdute e gelide Isole Solovki, nel Mar Bianco, vennero deportati coloro che si opponevano al nuovo regime.

Il sistema crebbe poi in modo abnorme durante l'era di Stalin, quando arrivò a coinvolgere **milioni di persone**, condannate ad una **vita da incubo**, in quello che lo scrittore e Premio Nobel per la letteratura **Aleksandr Solženicyn** (condannato da Stalin ai lavori forzati in Siberia) ha chiamato **Arcipelago Gulag**. Proprio grazie alle sue opere, a partire dagli anni Settanta il mondo intero ha iniziato a prendere coscienza degli orrori dei lager staliniani.

Per approfondire la conoscenza di uno degli "orrori del Novecento", vi suggeriamo alcune piste di ricerca. Come introduzione al lavoro vi proponiamo la seguente riflessione di Solženicyn.

> **Un sistema perverso fiorito, nel secolo del progresso, nella patria del socialismo**
> Nel pieno fiore del grande secolo Ventesimo, in una società ideata secondo un principio socialista, negli anni quando già volavano gli aerei, erano apparsi il cinema sonoro e la radio, il sistema del gulag fu perpetrato non da un unico malvagio, non in un unico luogo segreto, ma da decine di migliaia di belve umane appositamente addestrate, su milioni di vittime indifese.
>
> da Aleksandr Solženicyn, *Arcipelago Gulag*, Mondadori

1. **Il sistema dei gulag** – Ricostruite sinteticamente i caratteri del sistema dei gulag, illustrando le origini e gli scopi del lavoro forzato, la tipologia dei detenuti, la localizzazione e il numero dei lager; indicate, infine, fino a quando il sistema dei gulag è rimasto in vigore e quando è stata decisa la chiusura definitiva dei lager.

2. **La vita nei gulag** – Il secondo percorso di ricerca riguarda la vita quotidiana nei lager: la giornata dei detenuti, i lavori (che cos'era la "norma"?), le privazioni e le umiliazioni cui erano sottoposti.

Materiali e informazioni per le ricerche sono reperibili, oltre che nei testi citati al punto 3, su enciclopedie, testi di storia, disponibili in biblioteca, e su siti Internet. Segnaliamo in particolare:

- il sito di *Memorial-Italia* (www.memorial-italia.it), l'associazione che divulga le iniziative di *Memorial*, un vasto movimento di musei e associazioni che opera per far conoscere e conservare il ricordo della repressione sovietica (www.memo.ru);
- il sito *Storia del Gulag* (www.gulag-italia.it), a cura della *Fondazione Giangiacomo Feltrinelli* e di *Memorial*, che offre numerosi materiali sulla storia dei gulag e sugli Italiani internati nei lager sovietici;
- la mostra on line *Campi di lavoro forzato* (www.osa.ceu.hu/gulag), in inglese, curata dalla *Open Society Archives*, che contiene informazioni, documenti e immagini sui gulag sovietici e sui campi di lavoro nei Paesi comunisti dell'Europa dell'Est;
- il saggio *Gulag, il sistema dei lager in URSS*, a cura di Marcello Flores e Francesca Gori, Edizioni Gabriele Mazzotta; dello stesso storico segnaliamo il testo dell'*intervista sui gulag* nell'ambito della trasmissione *Il Grillo* di Rai Educational, consultabile sul sito www.emsf.rai.it/ grillo/trasmissioni.

3. **Testimonianze dai gulag** – Questo percorso vi invita ad approfondire la conoscenza dell'opera e della figura di alcuni internati, che hanno lasciato la testimonianza della loro esperienza in romanzi, epistolari e autobiografie. Vi segnaliamo alcuni dei più rappresentativi:

- Aleksandr Solženicyn, *La giornata di Ivan Denisovič*, Einaudi
- Aleksandr Solženicyn, *Arcipelago Gulag*, Mondadori
- Varlam Šalamov, *I racconti della Kolyma*, Einaudi
- Pavel Florenskij, *Non dimenticatemi*, Mondadori

Recuperate in biblioteca una di queste opere e con la guida dell'insegnante scegliete passi significativi da **leggere** e **commentare**; quindi elaborate in un testo scritto le vostre riflessioni.

10. Il Fascismo

1. Che cos'è il Fascismo?

UN REGIME DITTATORIALE E TOTALITARIO

Gli sconvolgimenti sociali, economici, culturali e politici causati dalla Prima Guerra Mondiale posero in Italia le condizioni per la **fine dello Stato liberale** e per l'affermazione di un **regime dittatoriale e totalitario**, detto Fascismo, instaurato da **Benito Mussolini**.

Per un ventennio – a partire dal 1922 fino al 1943 –, **la politica, la società e l'economia italiane furono dominate dal Fascismo**, che trascinò il Paese nella Seconda Guerra Mondiale, i cui esiti disastrosi provocarono la caduta del regime.

Per ricordare
- Quali furono le conseguenze della Prima Guerra Mondiale in Italia?
- Che cosa accadde in Italia tra il 1922 e il 1943?

LE CARATTERISTICHE FONDAMENTALI DEL FASCISMO

Sulla base delle più recenti ricostruzioni storiografiche, i caratteri peculiari del Fascismo possono essere sintetizzati in tre punti.

1. Il movimento fascista si organizzò come un **partito milizia** (dotato cioè di una propria struttura militare), con lo scopo di conquistare il potere abbattendo il sistema parlamentare liberale per sostituirlo con un regime nuovo. Per conquistare e consolidare il potere, il Fascismo si servì contemporaneamente di mezzi illegali (violenze, terrore, intimidazioni) e legali (elezioni politiche e procedure parlamentari).

2. Il Fascismo fu un **regime totalitario, perché cercò di plasmare l'intera società, la mentalità e i costumi**, imponendo le proprie concezioni dell'uomo e del mondo, considerate le uniche ammissibili. Tali concezioni esaltavano il mito della giovinezza, lo spirito guerriero, il **cameratismo**, la violenza; disprezzavano la democrazia e sostenevano la completa **subordinazione dell'individuo allo Stato**.

3. Per realizzare la nuova società, il Fascismo edificò un **nuovo sistema politico**. Fu creato un regime dittatoriale, nel quale il potere era concentrato nelle mani di una sola persona, Benito Mussolini, capo del Governo e del partito unico. Organi di polizia e di partito controllavano e riducevano al silenzio ogni forma di opposizione e di dissenso. Per indottrinare le masse e condizionare la vita di ciascun individuo, il Fascismo creò **numerose organizzazioni** nelle quali tutto il popolo italiano venne inquadrato, dall'infanzia fino all'età adulta, e venne esercitato un **ferreo controllo sull'istruzione e sulla cultura**. → Propaganda

Per ricordare
- Quali erano le caratteristiche fondamentali del Fascismo?

Cameratismo
Sentimento di complicità e solidarietà tra camerati, cioè tra compagni d'armi o tra persone che condividono la militanza in uno stesso movimento politico, che ha connotati vicini al militarismo.

2. La crisi del dopoguerra

I problemi seguiti alla guerra

All'indomani della Prima Guerra Mondiale l'economia italiana fu colpita da una **grave crisi**, con un forte aumento della disoccupazione e dell'inflazione.

Le **industrie**, che dovevano riconvertire le produzioni di guerra in produzioni adatte a soddisfare i bisogni della popolazione civile, ridussero drasticamente il numero dei loro dipendenti. Il **numero dei disoccupati**, già elevato, **si accrebbe** con il ritorno dei reduci (molti dei quali rimasti invalidi) e con il blocco delle emigrazioni. Ancora più critica era la situazione dell'**agricoltura**, gravemente **penalizzata** durante la guerra dal venir meno della manodopera e dalla concorrenza dei prodotti a minor costo provenienti dagli Stati Uniti.

Il continuo **aumento dei prezzi di beni e servizi** determinò una **forte inflazione**, che ridusse il potere d'acquisto di stipendi e salari. I piccoli risparmiatori, inoltre, vennero colpiti dalla **perdita di valore delle azioni e dei titoli di Stato**.

Il malcontento si diffuse ben presto nell'intero Paese e in tutti gli strati della popolazione. L'esperienza stessa della guerra, inoltre, favorì lo **sviluppo di movimenti** e **forze antiliberali** ed **estremistiche**, che radicalizzarono e resero particolarmente **violenta** la **lotta politica**.

Per ricordare

- Qual era la situazione dell'industria e dell'agricoltura nell'immediato dopoguerra?
- Quali fenomeni colpirono i redditi da lavoro e il risparmio?
- In che misura l'esperienza della guerra influì sulle manifestazioni di malcontento?

Titoli di Stato
Sono lo strumento con il quale lo Stato raccoglie soldi in prestito presso i propri cittadini. I risparmiatori cedono il proprio denaro allo Stato acquistando dei "titoli", ossia certificati di credito attraverso i quali lo Stato si impegna a restituire il denaro ricevuto in prestito, maggiorato di una quota di interesse.

Operai armati presidiano l'ingresso di una fabbrica occupata a Milano nell'agosto 1920. L'occupazione delle fabbriche nell'estate del 1920 fu il momento più duro dello scontro tra lavoratori e datori di lavoro negli anni del primo dopoguerra.

IL "BIENNIO ROSSO"

Nel biennio 1919-1920 – definito "**biennio rosso**" a motivo della connotazione prevalentemente socialista delle proteste – l'industria, l'agricoltura e i servizi pubblici furono investiti da un'ondata di **scioperi, agitazioni, occupazioni di fabbriche e di terre**, di esasperati **conflitti tra lavoratori e datori di lavoro**, come mai si erano visti prima. Sembrava che anche in Italia potesse realizzarsi una rivoluzione proletaria sul modello di quella russa.

Al Nord, nel 1920, vennero **occupate le fabbriche** e istituiti i **consigli di fabbrica**, assemblee attraverso le quali gli operai si proponevano di gestire autonomamente la produzione.

Nelle campagne dell'**Italia centro-settentrionale**, i salariati (organizzati nelle Leghe bianche, cattoliche, e Leghe rosse, socialiste) chiedevano ai **fittavoli aumenti di retribuzione**; i mezzadri e i coloni chiedevano ai proprietari terrieri una quota maggiore di raccolto, una **diminuzione delle spese per le coltivazioni** e il diritto di **non essere licenziati**, se non per un motivo serio o necessario (la cosiddetta "giusta causa").

Al Sud la **protesta dei contadini** sfociò in un'estesa **occupazione delle terre incolte** che, tuttavia, **non scalfì il sistema del latifondo** ancora saldamente concentrato nelle mani di pochi grandi proprietari.

Per ricordare

- Che cosa accadde durante il "biennio rosso"?
- Come si espressero i disordini al Nord?
- Che cosa chiedevano i contadini delle regioni centro-settentrionali?
- Che cosa fecero i contadini del Sud? Con quali esiti?

Fittavolo
Imprenditore agricolo che ha in affitto un terreno altrui, sul quale lavora lui stesso o fa lavorare contadini salariati.

L'occupazione di terreni incolti da parte di un gruppo di contadini.

LA SOLUZIONE DELLA CRISI

Ad alimentare le tensioni del "biennio rosso" contribuirono le **manifestazioni dei nazionalisti** che, sbandierando il mito della vittoria mutilata (vedi pag. 121), avevano occupato Fiume con Gabriele d'Annunzio. Ai nazionalisti si sarebbero aggiunti, di lì a poco, anche i primi membri di un nuovo movimento politico, quello fascista.

I **sindacati** e l'**ala massimalista del Partito Socialista**, che sosteneva le agitazioni, erano profondamente **divisi sul modo di gestire le occupazioni e di guidare la protesta**. Il braccio di ferro tra lavoratori, imprenditori e proprietari terrieri venne risolto anche grazie all'intervento di **Giolitti**, tornato al governo nel 1920, il quale **convinse le parti a trovare un accordo**. Nonostante alcuni successi di Giolitti, i governi liberali si dimostrarono incapaci di affrontare il clima di tensione, che generò paura e preoccupazione soprattutto nei ceti medi.

Per ricordare

- Che cosa contribuì ad alimentare la crisi?
- Come si risolse il "biennio rosso"?

Leggere una carta

Le tensioni del "biennio rosso"

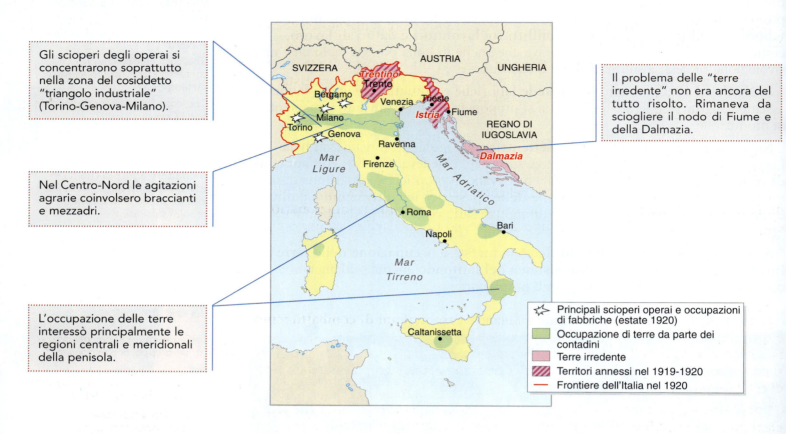

- Gli scioperi degli operai si concentrarono soprattutto nella zona del cosiddetto "triangolo industriale" (Torino-Genova-Milano).
- Nel Centro-Nord le agitazioni agrarie coinvolsero braccianti e mezzadri.
- L'occupazione delle terre interessò principalmente le regioni centrali e meridionali della penisola.
- Il problema delle "terre irredente" non era ancora del tutto risolto. Rimaneva da sciogliere il nodo di Fiume e della Dalmazia.

LA NASCITA DI NUOVI PARTITI

Nel clima di fermento dell'immediato dopoguerra videro la luce **nuovi partiti e movimenti politici**. Tra il 1919 e il 1921 nacquero il Partito Popolare Italiano, il Partito Comunista d'Italia e il Partito Nazionale Fascista.

Dopo decenni di esitazioni, i Cattolici decisero di tornare ad agire da veri protagonisti nella vita politica italiana. Nel gennaio 1919 il sacerdote siciliano **don Luigi Sturzo (1871-1959) fondò il Partito Popolare Italiano**, il **primo vero partito di ispirazione cristiana**. In esso confluivano le diverse "anime" del mondo cattolico, da quella conservatrice e tradizionalista a quella più vicina ai sindacati e alle Leghe (vedi pag. 58). Il Partito Popolare mantenne una **posizione moderata e di centro**, appoggiando gli ultimi governi liberali senza mai parteciparvi direttamente.

A sinistra, il **Partito Socialista Italiano** costituiva il **raggruppamento politico più forte**. Esso, già da anni diviso nelle due correnti riformista e massimalista, subì un'ulteriore divisione con la nascita di una **corrente comunista**. Tale corrente era guidata dai fondatori della rivista *Ordine Nuovo* (Antonio Gramsci, Umberto Terracini, Angelo Tasca, Palmiro Togliatti). In questo gruppo spiccava Antonio Gramsci (1891-1937), che contestava al Partito Socialista di non avere sostenuto fino in fondo le lotte dei lavoratori durante il "biennio rosso" e quindi di averne favorito il fallimento. Al **Congresso di Livorno** del 1921 il gruppo di Gramsci si staccò dal Partito Socialista, fondando il **Partito Comunista d'Italia**.

Le **divisioni interne ai due principali partiti di massa** del dopoguerra e il fatto che **nessuna delle forze politiche (Liberali, Popolari, Socialisti) riuscisse ad ottenere la maggioranza** alle elezioni impedirono la formazione di governi stabili, favorendo indirettamente l'avanzata dei Fascisti.

Per ricordare

- Chi fondò il Partito Popolare Italiano? Quali erano le caratteristiche del nuovo partito?
- Quale corrente si sviluppò all'interno del Partito Socialista? Con quale risultato?
- Che cosa contribuì a favorire l'avanzata dei Fascisti?

3. Nasce il movimento fascista

BENITO MUSSOLINI: DA SOCIALISTA A FONDATORE DEL FASCISMO

Nel clima teso di quegli anni nacque e si affermò anche il **movimento fascista**, fondato da **Benito Mussolini**.

Nato a Dovia di Predappio, in Romagna, nel 1883 da una famiglia di umili origini, Mussolini aveva iniziato la sua carriera politica nelle file del **Partito Socialista**, divenendone in breve tempo uno degli **esponenti più in vista e capo della corrente rivoluzionaria**.

Nominato direttore del giornale socialista *"Avanti!"*, fu in seguito espulso dal partito per avere **appoggiato la tesi interventista**, che sostenne con vigore dalle colonne del nuovo giornale *"Il Popolo d'Italia"*.

Partecipò alla Prima Guerra Mondiale, nel corso della quale maturò il suo **distacco dalle idee socialiste** per abbracciare un **confuso nazionalismo rivoluzionario**, che aspirava a portare al potere una nuova classe, costituita dagli ex combattenti.

Per ricordare

- Chi era Benito Mussolini?
- Quali furono le tappe della sua militanza politica?

LA NASCITA E L'AFFERMAZIONE DEL MOVIMENTO FASCISTA

Nel marzo del 1919 Mussolini fondò a Milano i **Fasci italiani di combattimento** e sostenne con entusiasmo l'impresa di Fiume. Tra i primi aderenti al nuovo movimento, **moltissimi erano i reduci di guerra** che, una volta tornati in patria, si erano trovati **incapaci di reinserirsi nel tessuto sociale** e puntavano a un tipo di militanza politica vicina all'esperienza che avevano da poco vissuto al fronte.

Inizialmente il movimento ebbe poco seguito tra la popolazione, tanto che **alle elezioni del novembre 1919 subì una clamorosa sconfitta**, mentre Popolari e Socialisti ottennero un grande successo. In seguito, però, Mussolini riuscì ad approfittare del clima di tensione del "biennio rosso", presentandosi come **restauratore dell'ordine e del diritto alla proprietà**, come **rappresentante degli interessi dei ceti medi, delle classi dirigenti e della borghesia produttiva**.

Gli aderenti ai Fasci di combattimento diedero vita a **squadre armate**, organizzate militarmente, che attuavano **spedizioni punitive** contro le sedi delle organizzazioni sindacali, delle Leghe cattoliche e socialiste, delle Camere del lavoro e delle sezioni socialiste, soprattutto nella Pianura Padana. Le violenze delle squadre fasciste, sostenute da molti industriali e proprietari terrieri, **non furono represse dagli organi di polizia** e furono tollerate dal Governo, che considerava il movimento fascista come un fenomeno transitorio. Il movimento, invece, dopo il 1920 registrò una crescita rapidissima.

Per ricordare

- Chi furono i primi ad aderire ai Fasci di combattimento?
- Come si presentò Mussolini all'indomani della sconfitta alle elezioni del 1919?
- Che cosa facevano le squadre armate dei Fascisti? Perché il Governo non intervenne a reprimerle?

Parola chiave

FASCISMO

- La parola "Fascismo" deriva dal nome dato da Mussolini al movimento da lui fondato nel 1919: i *Fasci italiani di combattimento*, poi confluiti nel Partito Nazionale Fascista.
  Simbolo dell'organizzazione era il **fascio littorio** dell'antica Roma, ovvero il fascio di verghe recante in mezzo un'ascia, che appositi servitori (i *littori*) preposti alla protezione dei magistrati più importanti portavano come insegna del loro potere.
  Nato per indicare l'**ideologia** e il **regime politico** affermatisi in Italia con Mussolini, il termine è venuto poi ad indicare regimi politici di diversi Paesi, con caratteristiche comuni o affini a quello italiano (in questo senso si parla al plurale di "fascismi").

Leggere un documento

Le origini del movimento fascista nelle parole di Mussolini

Il 28 marzo 1926, in occasione del settimo anniversario della fondazione dei Fasci italiani di combattimento, Mussolini tenne un discorso nel quale riportava alla memoria gli eventi dell'anno 1919, che vide muovere i primi passi del movimento fascista. Proponiamo di seguito alcuni passaggi del discorso, dai quali si rileva il contesto sociale e politico che ha favorito lo sviluppo del movimento fascista.

> Il movimento fascista si richiamava in primo luogo alla Grande Guerra, si rivolgeva innanzitutto a quanti l'avevano voluta e combattuta.

> Il termine "adunata" esprimeva il vincolo del cameratismo che legava quanti avevano vissuto la guerra come esperienza decisiva per sé e per la Nazione. "Combattimento" era invece il termine che ne esprimeva lo spirito.

> La nascita dei Fasci fu allora ignorata dall'opinione pubblica e da quanti consacravano ad essa (come suoi "sacerdoti") la propria attività, ossia i giornalisti.

> Il rito democratico delle elezioni (chiamate in modo dispregiativo *ludi cartacei*, cioè giochi di carta) a suffragio universale maschile suscita un senso di nausea in chi concepisce la vita come lotta e combattimento.

> Sconfitto alle elezioni, è nel clima violento del "biennio rosso" che il Fascismo si afferma e si impone, agendo sul terreno a lui congeniale dello scontro violento, cui fanno da sfondo i colpi di rivoltella.

Sette anni or sono io convocai a Milano coloro che mi avevano seguito nelle battaglie dell'interventismo e durante la guerra. [...] Chiamai questa riunione con un nome che era già tutto un programma: la chiamai 'adunata'. Potevo [...] trovare un titolo comodo per l'organizzazione che io intendevo di fondare. Potevo chiamare i Fasci, Fasci di ricostruzione, di riorganizzazione, di elevazione e con altre cotali parole che finiscono in 'one'. Chiamai invece questa organizzazione: 'Fasci italiani di *combattimento*'. In questa parola dura e metallica c'era tutto il programma del Fascismo, così come io lo sognavo, come io lo volevo, così come io l'ho fatto!
Ancora questo è il programma, o camerati: combattere.
Per noi fascisti la vita è un combattimento continuo, incessante, che noi accettiamo con grande disinvoltura, con grande coraggio, con la intrepidezza necessaria.
I misteriosi sacerdoti di quella non meno inafferrabile divinità che si chiama l'opinione pubblica ignorarono la nostra adunata. Non le regalarono nemmeno quelle tre piccole righe in corpo sei che si concedono anche ai fatti diversi della minuta cronaca quotidiana. Alcuni dei miei avversari che intendevano di battere il 'record' della sublime stupidità, pensarono di ignorare il mio nome e toglierlo accuratamente dalle pagine più o meno sudice dei loro giornali, credendo di fermare la storia e di spezzare la mia volontà.
Quando per una affermazione del nostro movimento partecipammo alle elezioni generali, pur vincendo la nausea che questi ludi cartacei suscitano in me ed in voi, io fui battuto, battutissimo. Raccolsi poche migliaia di voti: quegli elettori dimostrarono in quella occasione un'intelligenza straordinaria. Gli avversari mi credettero spacciato. Viceversa, dopo pochi mesi, il Fascismo, che aveva già tenuto a Firenze un memorabile congresso, continuamente interrotto e punteggiato dal crepitio delizioso di rivoltellate, il Fascismo si riorganizzava, pronto pur sempre ad impegnare la battaglia.

da Benito Mussolini, *Scritti e discorsi*, Hoepli

Mussolini durante un comizio a Modena.

LA CRISI DEFINITIVA DELLO STATO LIBERALE

Nel 1921 le violenze squadriste si andarono sempre più intensificando, nonostante le agitazioni sindacali si fossero ormai esaurite: in tutta la penisola sorsero nuove tensioni e si diffuse un **clima da guerra civile**.

Giolitti si convinse che avrebbe messo fine alle violenze **facendo entrare in Parlamento i Fascisti** e rendendoli in qualche modo "organici" alla vita politica del Paese. Era convinto che si sarebbe trattato di una forza esigua, che egli avrebbe potuto gestire facilmente.

Alle elezioni del 1921 Mussolini e i suoi parteciparono alla lista del Blocco Nazionale, insieme a Liberali e Nazionalisti, ed ottennero un **successo insperato**, riuscendo a portare in Parlamento 35 deputati. Socialisti e Popolari riuscirono a mantenere sostanzialmente i loro seggi, mentre **i Liberali videro calare i loro consensi**, tanto che, di fronte al risultato delle elezioni, **Giolitti dovette dimettersi**.

Per ricordare

- Quale clima si diffuse in Italia nel 1921?
- In che modo Giolitti sperava di porre fine alle violenze?
- Quali furono i risultati delle elezioni del 1921?

Un gruppo di fascisti a Parma.

NASCE IL PARTITO NAZIONALE FASCISTA

Alla fine del **1921** il movimento fascista si trasformò in partito, il **Partito Nazionale Fascista**, incorporando nella sua organizzazione e nel suo statuto le squadre armate. Nel 1922 il Partito Nazionale Fascista era la **più forte organizzazione politica del Paese**; attraverso le squadre armate continuava a esercitare ogni forma di **violenza contro Socialisti, Cattolici e Comunisti**. I Fascisti proclamavano apertamente di volere **conquistare il potere** e continuavano a sfidare i deboli governi liberali.

Impotenti, mal sostenuti dai partiti antifascisti, privi della fiducia popolare, gli ultimi governi liberali non riuscirono a ristabilire l'autorità, aprendo la strada alla conquista del potere da parte di Mussolini.

Per ricordare

- Qual era l'obiettivo del Partito Nazionale Fascista? Con quali mezzi tentò di attuarlo?
- Perché i governi liberali non riuscirono a opporsi al Fascismo?

4. La conquista del potere

LA MARCIA SU ROMA

Nell'estate del 1922 Mussolini si convinse di poter facilmente conquistare il potere. Ideò a tale scopo un'iniziativa, nota come **Marcia su Roma**. Le squadre fasciste, contraddistinte dalle **camicie nere** e organizzate come un **reparto militare**, si diressero verso Roma, giungendo alle porte della capitale il **28 ottobre 1922**.

Questa iniziativa, in realtà, non doveva essere un mezzo per la conquista diretta del potere, ma solo un'**arma di ricatto e di pressione sulle istituzioni**, con le quali Mussolini stava trattando, per farsi cedere la guida del governo.

Per fermare le camicie nere, il Presidente del Consiglio Luigi Facta, seppure tardivamente, decise di proclamare lo stato d'assedio, ma **il re Vittorio Emanuele III si rifiutò di firmare il decreto e convocò Mussolini**. Solo a questo punto il capo dei Fascisti si recò a Roma, dove il re gli assegnò l'incarico di formare il nuovo governo, e, per mostrare platealmente la conquista fascista del potere, il 31 ottobre aprì le porte della città alle camicie nere.

Stato d'assedio
Misura eccezionale che viene adottata in caso di grave pericolo interno allo Stato, con la quale viene decretata una temporanea sospensione di alcune leggi o della stessa Costituzione, facendo intervenire l'esercito per riportare l'ordine.

LA FINE DELLO STATO LIBERALE

Con l'assegnazione dell'incarico di formare un nuovo governo al capo di un partito armato si compiva il primo atto dell'instaurazione della dittatura e della demolizione dello Stato liberale. I primi provvedimenti del **governo Mussolini** – del quale facevano parte, oltre ai Fascisti, alcuni esponenti **liberali**, **popolari** e **nazionalisti** – furono diretti a **ridurre i poteri del Parlamento**, attribuendoli direttamente all'esecutivo.

Il Partito Nazionale Fascista si dotò di organi che avrebbero sostituito, in seguito, quelli istituzionali: il **Gran Consiglio del Fascismo** e la **Milizia Volontaria per la Sicurezza Nazionale**; quest'ultima era in pratica un esercito al servizio di Mussolini, utilizzato per reprimere ogni forma di opposizione.

Per ricordare

- Con quale scopo Mussolini ideò la Marcia su Roma?
- Come reagì il re di fronte all'iniziativa di Mussolini?

Per ricordare

- Oltre ai Fascisti, quali altre forze politiche erano presenti nel primo governo guidato da Mussolini?
- Quali provvedimenti adottò Mussolini appena conquistato il potere?

IL DELITTO MATTEOTTI

Nell'aprile 1924 vennero indette **nuove elezioni**; il Partito Nazionale Fascista costituì una Lista Nazionale che includeva anche alcuni esponenti liberali e cattolici conservatori. Le elezioni si svolsero in un **clima di intimidazioni e violenze**, che valsero ai Fascisti il **65% dei suffragi**, mentre Socialisti e Popolari crollarono.

Il deputato socialista **Giacomo Matteotti**, che **aveva denunciato in Parlamento le violenze fasciste e il clima di illegalità** in cui si erano svolte le elezioni, contestandone la validità, **venne rapito e ucciso** da alcuni fascisti il 10 giugno 1924.

L'assassinio di Matteotti (il cui cadavere fu rinvenuto il 16 agosto nelle campagne di Roma) suscitò un'ondata di **sdegno in tutto il Paese**; per protesta i partiti di opposizione lasciarono il Parlamento, dando vita alla cosiddetta **Secessione dell'Aventino** (a ricordo di quella della plebe romana del V secolo a.C.), nella speranza che questo gesto suscitasse la rivolta popolare e l'intervento del re per porre fine al governo di **Mussolini**.

Il delitto Matteotti rappresentò un momento di **grande difficoltà per il Fascismo**, ma non ne provocò la caduta, a causa del **mancato intervento del re** e per l'**incapacità dell'opposizione di sfruttare efficacemente la situazione**. La mancata reazione del sovrano a un fatto violento di tale portata fece comprendere a Mussolini che i tempi erano ormai maturi per una **svolta autoritaria**. Nel discorso tenuto in Parlamento il 3 gennaio 1925 egli **rivendicò in pieno la responsabilità politica dell'accaduto**, minacciando apertamente l'uso della forza contro le opposizioni.

Opposizione
Schieramento parlamentare di minoranza che raccoglie quanti non sostengono il governo in carica.

Per ricordare

- In quale clima si svolsero le elezioni del 1924? Quale fu il risultato?
- Perché fu ucciso Giacomo Matteotti?
- Che cosa fu la Secessione dell'Aventino? Quale risultato si proponeva di ottenere?
- Perché il delitto Matteotti non provocò la caduta del Fascismo?

Nella pagina accanto, partecipanti alla Marcia su Roma alla testa di una locomotiva.
A destra, Giacomo Matteotti all'uscita dal Parlamento poco tempo prima di essere assassinato. Originario del Rovighese, Matteotti, esperto di amministrazione locale e di materie economico-finanziarie, fu uno dei più tenaci oppositori del Fascismo fin dalle origini. Secondo recenti ricostruzioni storiche, l'assassinio di Matteotti sarebbe legato anche alla denuncia di corruzione che egli si apprestava a fare in Parlamento a carico di Mussolini e di alcuni suoi collaboratori.

5. L'instaurazione della dittatura

LE LEGGI AUTORITARIE CANCELLANO LO STATO LIBERALE

Tra il 1925 e il 1926 furono presi provvedimenti e promulgate **nuove leggi di stampo autoritario** (le cosiddette "**leggi fascistissime**") che, pur mantenendo formalmente in vigore lo Statuto Albertino e la monarchia costituzionale, trasformarono definitivamente lo Stato in un **regime dittatoriale** a partito unico.

In seguito alla promulgazione delle nuove leggi, l'organizzazione del Regno d'Italia cambiò radicalmente:
1. il **potere venne concentrato nelle mani di Mussolini** – che assunse il titolo di <u>duce</u> –, il quale non avrebbe più dovuto rispondere del proprio operato di fronte al Parlamento, ma solo al re;
2. il **Parlamento venne privato dei suoi poteri** e le sue funzioni furono attribuite in parte al Gran Consiglio del Fascismo;
3. **tutti i partiti, ad eccezione di quello fascista, vennero sciolti e messi fuorilegge**; una nuova legge elettorale introdusse una lista unica, i cui candidati erano scelti dal Gran Consiglio;
4. venne **abolita la libertà di stampa, di associazione e di sciopero**;
5. vennero istituiti un **Tribunale Speciale per la Difesa dello Stato** – che giudicava i reati contro il regime – e l'**OVRA**, la polizia segreta;
6. la Milizia Volontaria per la Sicurezza Nazionale (**MVSN**) divenne un **corpo delle forze armate agli ordini diretti di Mussolini**.

In seguito a tali leggi un'**ondata di repressione** colpì numerosi **esponenti antifascisti** e la censura provvide a **sospendere tutti i giornali che non fossero schierati con il regime**.

Per ricordare
- Come si chiamavano le leggi autoritarie promulgate fra il 1925 e il 1926?
- Come cambiò l'organizzazione del Regno d'Italia?
- Che cosa avvenne dopo la promulgazione delle nuove leggi?

Duce
Dal latino *dux*, "comandante", da cui deriva anche la parola *duca*. Mussolini si attribuì questo appellativo perché voleva presentarsi ed essere considerato come il condottiero del popolo italiano, in continuità con la tradizione dell'antica Roma.

IL CONSOLIDAMENTO DEL REGIME

Negli anni successivi il regime portò a termine il processo di "**fascistizzazione**" dello Stato e della società: tutte le attività passarono **sotto il controllo del Partito Fascista e dei suoi funzionari**.

Le cariche preposte al governo degli **enti locali** (come i Comuni) furono sostituite: al posto dei sindaci eletti vennero insediati dei **podestà nominati dal governo**. Fu istituito un **sindacato unico**, con facoltà di stipulare **contratti aventi valore di legge**.

Per ricordare
- Che cosa si intende per "fascistizzazione" dello Stato e della società?
- Che cosa accadde nel governo degli enti locali e nel mondo del lavoro?

Mussolini stringe la mano al re Vittorio Emanuele III. Il re avallò l'instaurazione della dittatura, accettando di dividere formalmente il potere con Mussolini che, di fatto, lo esercitava in modo assoluto prendendo ogni decisione.

La firma degli accordi tra lo Stato italiano (rappresentato da Mussolini) e la Santa Sede (rappresentata dal segretario di Stato vaticano cardinale Gasparri, al centro dell'immagine). I Patti Lateranensi erano costituiti da un Trattato e da un Concordato: il Trattato regolava i rapporti territoriali tra i due Stati, riconoscendo la sovranità del papa sulla Città del Vaticano; il Concordato regolava i rapporti in materia religiosa e civile tra lo Stato italiano e la Chiesa.

I Patti Lateranensi (Concordato tra Stato e Chiesa)

Per consolidare il proprio potere, Mussolini cercò di ottenere l'**appoggio del mondo cattolico** e della **Chiesa**, che dal 1870 non aveva mai riconosciuto lo Stato italiano. La conciliazione tra Stato e Chiesa venne sancita dai **Patti Lateranensi**, firmati l'**11 febbraio 1929**.

In base ai nuovi accordi, il Regno d'Italia e la Santa Sede **riconoscevano reciprocamente la propria sovranità**: la Santa Sede ottenne la giurisdizione assoluta sulla Città del Vaticano, che diventava uno Stato sovrano a tutti gli effetti. Gli accordi stabilivano, tra l'altro, l'**indipendenza della Santa Sede** rispetto all'Italia, la **validità civile dei matrimoni religiosi**, l'**insegnamento obbligatorio della religione cattolica** nelle scuole elementari e medie e il versamento di una forte somma di denaro a beneficio del Vaticano e sotto forma di stipendio da versare a sacerdoti e vescovi per **compensare la perdita dello Stato Pontificio**.

L'accordo con la Chiesa, che chiudeva definitivamente l'annosa Questione Romana, rappresentò un **grande successo politico per Mussolini** e il suo regime. Nonostante ciò, negli anni successivi vi furono forti **contrasti tra Mussolini e papa Pio XI** (1922-1939) in merito alle **associazioni cattoliche** – soprattutto l'Azione Cattolica, di cui il regime mal sopportava l'autonomia e la concorrenza nella funzione educatrice dei giovani – e alle **leggi razziali**, promulgate dal regime nel 1938 (vedi pag.185).

Per ricordare

- Perché Mussolini volle stipulare i Patti Lateranensi?
- Che cosa stabilivano i nuovi accordi tra la Santa Sede e il Regno d'Italia?
- Quali motivi di contrasto opposero il regime fascista alla Chiesa?

Protagonisti

BENITO MUSSOLINI

Una giovinezza da rivoluzionario

Nato a Dovia di Predappio (Forlì) nel 1883, **Benito Mussolini** era figlio di un fabbro socialista dalle idee rivoluzionarie e dal temperamento focoso. Lo stesso temperamento che si notava nel giovane Benito.

Iscritto al Collegio Salesiano di Faenza e poi al Collegio di Forlimpopoli, a 18 anni prese il diploma di maestro elementare. Esercitò per qualche tempo la professione di **insegnante**, ma la sua passione era il **giornalismo**. Iniziò a scrivere articoli sui giornali del **Partito Socialista**, di cui divenne attivista. Le sue idee politiche erano un **miscuglio di rivoluzionarismo, anarchismo, anticlericalismo**. Lo stile era incisivo, efficace e fascinoso. **Amava la polemica** e su questa fondò la sua fama e il suo successo.

Nel luglio del 1912, al congresso del Partito Socialista a Reggio Emilia, rappresentò le posizioni della sinistra rivoluzionaria e ottenne di far espellere l'ala più moderata guidata da Leonida Bissolati, diventando il capo del partito e direttore dell'"*Avanti!*". L'abilità di Mussolini portò il giornale da una diffusione di 20 000 copie a 100 000.

Abbasso il Parlamento!

Fino al 1914 tutti i suoi articoli tuonavano contro la guerra. Improvvisamente, il 18 ottobre, con un roboante editoriale, dichiarò di essere favorevole all'intervento.

Espulso dal Partito Socialista, fondò un nuovo giornale, "**Il Popolo d'Italia**", organo dei socialisti **favorevoli all'intervento**. È rimasto famoso l'articolo dal titolo "*Abbasso il Parlamento*" contro la mancata decisione di entrare in guerra:

11 maggio 1915 – Sono fermamente convinto che per la salute d'Italia bisognerebbe fucilare, dico fucilare, nella schiena, qualche dozzina di deputati e mandare all'ergastolo un paio almeno di ex ministri. Non solo, ma io credo, con fede sempre più profonda, che il Parlamento in Italia sia il bubbone pestifero che avvelena il sangue della Nazione. Occorre estirparlo. I deputati tramano, brigano, ciarlano. Non hanno che un pensiero: conservare la medaglietta; non hanno che una speranza: quella di entrare, sia pure come la quinta ruota del carro, in qualche combinazione ministeriale.

Il discorso del bivacco (primo discorso alla Camera)

Alla fine della guerra, attorno al suo giornale raccolse i reduci ai quali si unirono i nazionalisti e gli scontenti. Quando, dopo la marcia su Roma, fu **chiamato dal re a formare il governo**, si presentò al Parlamento con un **discorso** che voleva essere pacato, ma le cui punte polemiche e pungenti si fecero notare:

16 novembre 1922 – Mi sono rifiutato di stravincere e potevo stravincere. Con trecentomila giovani armati di tutto punto, decisi a tutto e quasi misticamente pronti a un mio ordine, io potevo castigare tutti coloro che hanno diffamato e tentato di infangare il Fascismo. Potevo fare di quest'aula sorda e grigia un bivacco di manipoli; potevo sprangare il Parlamento e costituire un Governo esclusivamente di fascisti. Potevo, ma non ho, almeno per il momento, voluto. Gli avversari sono rimasti nei loro rifugi; ne sono tranquillamente usciti e hanno ottenuto la libera circolazione: del che ne approfittano già per risputare veleno e tendere agguati.

I suoi discorsi erano pronunciati in modo lento, sottolineando le **parole-chiave** con la **sillabazione** e gli **atteggiamenti teatrali** del capo e della mascella. Ed era questo che affascinava i suoi seguaci.

MIA È LA RESPONSABILITÀ POLITICA E MORALE DEL DELITTO MATTEOTTI

Nel 1925, dopo il delitto Matteotti, quando il regime fascista venne messo sotto accusa, dichiarò con la solita teatralità:

3 gennaio 1925 – Si grida: "Il Fascismo è un'orda di barbari accampati nella Nazione e un movimento di banditi e di predoni" e si inscena, o signori, la questione morale. Noi conosciamo la triste istoria delle questioni morali in Italia. Ma, poi, o signori, quali farfalle andiamo a cercare sotto l'arco di Tito? Ebbene, io dichiaro, qui, al cospetto di questa assemblea e al cospetto di tutto il Popolo italiano che assumo, io solo, la responsabilità politica, morale, storica di tutto quanto è avvenuto. Se le frasi più o meno storpiate bastano per impiccare un uomo, fuori il palo e fuori la corda! Se il Fascismo non è stato che olio di ricino e manganello e non invece una superba passione della migliore gioventù italiana, a me la colpa! Se il Fascismo è stato un'associazione a delinquere, se tutte le violenze sono state il risultato di un determinato clima storico, politico, morale, a me la responsabilità di questo, perché questo clima storico, politico, morale io l'ho creato con una propaganda che va dall'intervento fino ad oggi.

IL POPOLO ITALIANO HA DIRITTO A UN POSTO AL SOLE

Parimenti vibrante e immaginifico fu il discorso che Mussolini tenne il 2 ottobre 1935, dal balcone di piazza Venezia, all'adunata delle camicie nere per l'**inizio della campagna coloniale in Etiopia**, reagendo anche contro le sanzioni che la Società delle Nazioni stava decidendo di applicare all'Italia:

2 ottobre 1935 – Camicie nere della Rivoluzione! Uomini e donne di tutta Italia! Italiani sparsi nel mondo, oltre i monti e oltre i mari, ascoltate! Un'ora solenne sta per scoccare nella storia della Patria. Venti milioni di uomini occupano in questo momento le piazze di tutta Italia... Venti milioni di uomini: un cuore solo, una volontà sola, una decisione sola... Con l'Etiopia abbiamo pazientato quarant'anni. Ora basta... Mai come in questa epoca storica il Popolo italiano ha rivelato le qualità del suo spirito e la potenza del suo carattere. Ed è contro questo popolo di poeti, di artisti, di santi, di navigatori, di trasmigratori, è contro questo Popolo che si osa parlare di sanzioni. Italia proletaria e fascista, Italia di Vittorio Veneto e della Rivoluzione, in piedi! Fa' che il grido della tua decisione riempia il cielo e sia di conforto ai soldati che attendono in Africa, di sprone agli amici e di monito ai nemici in ogni paese del mondo: grido di giustizia, grido di vittoria!

LA PROCLAMAZIONE DELL'IMPERO, RINATO SUI COLLI FATALI DI ROMA

Meno di un anno dopo, il 9 maggio 1936, **proclamava l'Impero coloniale italiano**, con l'annessione dell'Etiopia:

9 maggio 1936 – Tutti i nodi furono tagliati dalla nostra spada lucente e la vittoria africana resta nella storia della Patria, integra e pura, come i legionari caduti e superstiti la sognavano e la volevano. L'Italia ha finalmente il suo Impero... Il Popolo italiano ha creato col suo sangue l'Impero, lo feconderà col suo lavoro e lo difenderà contro chiunque con le armi. In questa certezza suprema, levate in alto, o legionari, le insegne, il ferro e i cuori a salutare, dopo quindici secoli, la riapparizione dell'Impero sui colli fatali di Roma.

POPOLO ITALIANO, CORRI ALLE ARMI! L'ITALIA ENTRA IN GUERRA

Con uguale teatralità e uguale tono declamatorio, il 10 giugno 1940 annunciò la **partecipazione dell'Italia alla Seconda Guerra Mondiale**:

10 giugno 1940 – Combattenti di terra, di mare, dell'aria. Camicie Nere della Rivoluzione e delle Legioni, uomini e donne d'Italia, dell'Impero e del Regno di Albania. Ascoltate! Un'ora segnata dal destino batte nel cielo della nostra Patria! L'ora delle decisioni irrevocabili... L'Italia proletaria e fascista è per la terza volta in piedi, forte, fiera e compatta come non mai. La parola d'ordine è una sola, categorica e impegnativa per tutti. Essa già trasvola e accende i cuori dalle Alpi all'Oceano Indiano: VINCERE! E vinceremo, per dare finalmente un lungo periodo di pace con la giustizia all'Italia, all'Europa, al mondo! Popolo italiano, corri alle armi e dimostra la tua tenacia, il tuo coraggio, il tuo valore.

In realtà, il popolo corse alle armi ma solo per morire e con le armi dovette difendere la sua libertà proprio dai nazifascisti nella guerra di liberazione.

Mussolini, travestito da militare tedesco tentò di fuggire verso la Valtellina, insieme alla compagna Claretta Petacci. Ma, arrestato, **fu giustiziato il 28 aprile 1945** presso Giulino di Mezzegra.

Gli stralci dei discorsi sono tratti da Benito Mussolini, Scritti e discorsi, Hoepli

6. . La "fascistizzazione" della società

UNA SOCIETÀ CONTROLLATA DALLO STATO

"Io prendo l'uomo al momento della sua nascita e non l'abbandono fino al momento della sua morte, quando diventa compito del Papa occuparsene". Con queste parole Mussolini esplicitò l'intento del Fascismo di **subordinare l'intera vita di ogni individuo allo Stato e all'ideologia fascista**.

Lavoro, tempo libero, scuola, educazione, cultura divennero **competenza esclusiva del partito e delle organizzazioni fasciste**. Lo scopo era quello di "irreggimentare" l'intera nazione, soprattutto i giovani, per plasmarne la mentalità secondo l'ideologia del regime.

Alle donne, anch'esse inquadrate in organizzazioni, il Fascismo assegnava il **ruolo di spose e madri**, il cui compito principale era dare alla luce numerosi **figli per servire la patria e il regime**.

> **Per ricordare**
> - Perché il Fascismo voleva avere il controllo totale sulle persone?
> - Quale ruolo era riservato alle donne?
> - Perché furono istituite le organizzazioni dell'Opera Nazionale Balilla?
> - In che modo il regime fascista influì sulla scuola?

L'EDUCAZIONE AL SERVIZIO DEL POTERE

I **ragazzi** e le **ragazze** in età scolare erano inquadrati in una serie di **organizzazioni** (*Figli della lupa, Balilla, Avanguardisti, Giovani fascisti*, confluite nel 1937 nella *Gioventù Italiana del Littorio*), coordinate dall'**Opera Nazionale Balilla**, che si occupavano della loro educazione secondo gli ideali del Fascismo. Ragazzi e ragazze dovevano poi partecipare, in divisa, a **manifestazioni e sfilate** alla presenza dei "gerarchi", cioè dei capi di partito. La cornice scenografica e culturale delle sfilate fasciste era costituita dai **simboli ispirati alla romanità antica**.

Relativamente alla **scuola**, la **riforma** varata dal ministro dell'istruzione **Giovanni Gentile** (approvata nel 1923, ma risultato di un lungo processo antecedente l'avvento del Fascismo) venne più volte modificata per **rendere l'istruzione scolastica più conforme agli ideali fascisti**. Fu introdotto il **libro di testo unico** per la scuola elementare e i libri per gli altri ordini di scuola furono rielaborati secondo le direttive del duce; gli **insegnanti** furono obbligati a **iscriversi al Partito Fascista** e a prestare **giuramento di fedeltà al regime**.

LA MACCHINA DEL CONSENSO

Per mobilitare le masse e organizzare il consenso il regime si servì di un imponente **apparato propagandistico**, che seppe **sfruttare efficacemente i nuovi mezzi di comunicazione di massa** (radio, cinema, stampa). Della propaganda si occupava un apposito ministero, il **Ministero della Cultura Popolare**, detto **Minculpop**.

Di fronte all'opera di indottrinamento e alla soppressione della libertà di pensiero il **mondo della cultura** si divise. Alcuni, come il filosofo Giovanni Gentile, autore del *Manifesto degli intellettuali del Fascismo*, aderirono al regime e alla sua ideologia; altri intellettuali, come Benedetto Croce, Pietro Calamandrei, Eugenio Montale, nel *Manifesto degli intellettuali antifascisti* riaffermarono le **ragioni della libertà e della democrazia**.

Anche le **arti figurative** e l'**architettura** furono utilizzate per creare **consenso** intorno al regime fascista. Ovunque in Italia sorsero edifici costruiti con uno **stile imponente e austero**; anche le rappresentazioni del duce obbedivano a criteri tesi a **esaltare la grandezza e la forza della persona e del regime che essa rappresentava**. Uguale uso venne fatto anche del cinema e degli altri strumenti di comunicazione di massa, come manifesti pubblicitari, riviste ecc.

Per ricordare

- Che cos'era il Minculpop?
- Quali posizioni assunsero gli intellettuali di fronte al Fascismo?
- Quale ruolo assunsero le arti figurative e l'architettura?

L'OPPOSIZIONE AL REGIME

Oppositori come **Benedetto Croce**, che godevano di prestigio e stima internazionale, furono tollerati dal regime, ma altri **intellettuali antifascisti furono perseguitati, incarcerati o costretti all'esilio**. D'altra parte, fin dalla sua comparsa il movimento fascista aveva fatto ricorso alla violenza e all'eliminazione fisica degli avversari, **assassinando numerosi esponenti politici, sindacali e religiosi**: tra questi, oltre a Matteotti, furono vittime delle squadre fasciste il liberale **Giovanni Amendola** e il sacerdote don **Giovanni Minzoni**.

Con le leggi promulgate nel 1925-1926 l'opposizione al Fascismo venne ritenuta un **delitto contro lo Stato** e giudicata dal Tribunale Speciale.

Uomini politici, tra i quali gli esponenti dei partiti dell'Aventino, intellettuali, sacerdoti, persone comuni vennero sottoposti a processo e condannati al **carcere** (tra gli altri **Antonio Gramsci** e **Sandro Pertini**) oppure al **confino**, cioè alla perdita del lavoro e al domicilio obbligatorio in isole o luoghi difficilmente raggiungibili. Alcuni ripararono all'estero (**fuoriuscitismo**), da dove cercarono di organizzare la **lotta clandestina** contro il regime (vedi pagg. 186-187).

Benedetto Croce, filosofo e intellettuale di fama internazionale, rappresentò l'opposizione di ispirazione liberale al regime fascista.

In alto, il filosofo Giovanni Gentile, il cui nome è legato alla riforma della scuola varata nel 1923, fu uno degli intellettuali di spicco della cultura fascista.

Per ricordare

- Quale trattamento riservava il regime fascista agli oppositori?
- Come fu considerata dalla legge l'opposizione al Fascismo?
- Quali condanne erano riservate agli antifascisti?

Leggere un'immagine

Parla Mussolini

*Il grafico polacco **Mieczyslaw Berman** (1903-1975) espresse la sua opposizione ai totalitarismi di Lenin, Hitler e Mussolini attraverso opere elaborate con la tecnica particolare del fotomontaggio. Egli usava varie fotografie per creare immagini nuove, che si trasformavano in denuncia di alcuni aspetti particolari della personalità raffigurata. Intitolò questo fotomontaggio: "Parla Mussolini". Nella sua semplicità il fotomontaggio trasmette in modo chiaro il proprio messaggio satirico.*

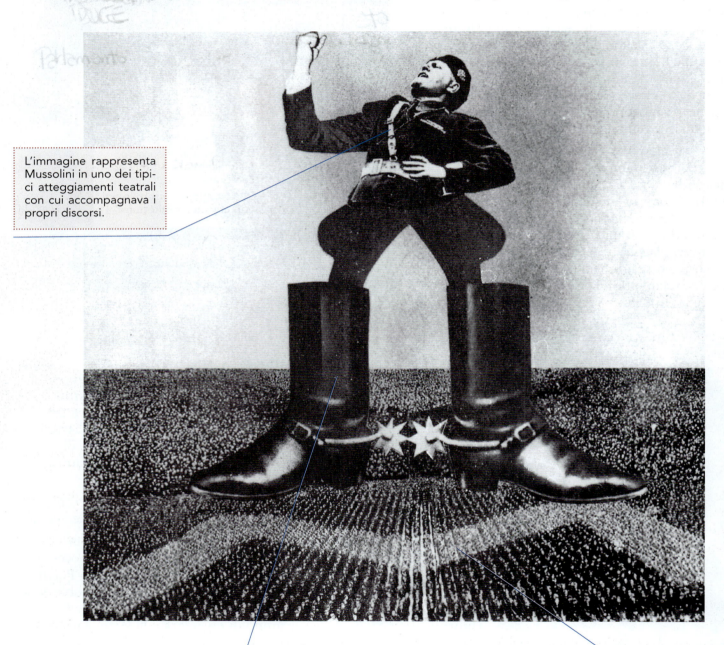

L'immagine rappresenta Mussolini in uno dei tipici atteggiamenti teatrali con cui accompagnava i propri discorsi.

Gli stivali giganteschi che troneggiano al centro del fotomontaggio denunciano simbolicamente l'oppressione del regime sulle grandi masse. Gli stivali sono arricchiti di speroni, sia per ironizzare sulla figura del dittatore (visto quasi come un cowboy), sia per sottolinearne la funzione di "sprone" di una massa che si lasciava guidare supinamente.

L'immane figura del dittatore si appoggia su due immagini che ritraggono le famose "folle oceaniche", richiamate dai discorsi del duce. In una di queste le persone formano una "M" gigantesca, in omaggio a Mussolini.

7. L'economia durante l'età fascista

Il corporativismo e l'intervento dello Stato nell'economia

Dopo avere **sciolto tutti i sindacati** sostituendoli con il **Sindacato unico fascista**, nel 1927 il Fascismo delineò i principi dell'**ordinamento corporativo** con l'approvazione della Carta del Lavoro. L'ordinamento corporativo prevedeva la creazione di organismi (le **corporazioni**), nei quali **lavoratori** e **datori di lavoro** operanti in un medesimo settore produttivo avrebbero dovuto **organizzarsi con l'obiettivo di gestire l'attività economica**, sotto la supervisione dello Stato. Le corporazioni furono effettivamente istituite solo nel 1934, ma non modificarono il sistema economico vigente. Consentirono tuttavia al regime di esercitare uno **stretto controllo politico** sul mondo produttivo e di neutralizzare i conflitti sociali.

Per far fronte agli effetti della grande depressione iniziata con la crisi del 1929, il regime fascista operò lungo due direzioni: da un lato avviò un vasto **programma di opere pubbliche** (analogamente a quanto fecero gli Stati Uniti di Roosevelt), dall'altro gettò le basi di un sistema di **economia mista, in parte pubblica e in parte privata**. Vennero create due strutture, l'**IMI** (Istituto Mobiliare Italiano) e l'**IRI** (Istituto per la Ricostruzione Industriale), con lo scopo di **sostenere finanziariamente le industrie**, per incentivarne la ripresa, o per aiutare le banche che si trovavano in difficoltà per aver concesso prestiti ad aziende fallite.

Le opere pubbliche e l'autarchia

Tra le **opere pubbliche** realizzate dal regime – ristrutturazioni urbanistiche, ammodernamento della rete ferroviaria e portuale – spiccano in particolare i **lavori di bonifica delle terre paludose** (nell'**Agro Pontino**, alla foce del Po, in **Maremma** e **Sardegna**), che consentirono di ricavare terreni coltivabili e abitabili.

In questo modo venne dato notevole impulso all'agricoltura, nell'ambito della quale già dal 1925 il regime aveva lanciato una **campagna per l'autosufficienza cerealicola**, nota come "**battaglia del grano**", che mirava a **eliminare le importazioni di cereali dall'estero**.

In seguito all'occupazione italiana dell'Etiopia (1935-1936, vedi pag. seguente), la Società delle Nazioni aveva imposto come **sanzione il divieto** per i Paesi associati di **esportare in Italia** merci che potevano essere impiegate per l'industria bellica. Il governo fascista rispose con l'**autarchia**, cioè con una serie di **provvedimenti volti a rendere l'economia nazionale autosufficiente**, facendo a meno delle importazioni da altri Paesi.

L'adozione di questa politica ebbe conseguenze negative per l'Italia, che era **priva di materie prime e vincolata agli investimenti stranieri**, e danneggiò in modo particolare l'agricoltura e la piccola e media industria.

Per ricordare

- Che cosa prevedeva l'ordinamento corporativo?
- Come intervenne il regime fascista dopo la crisi del 1929?
- Quali opere pubbliche furono promosse durante il periodo fascista?
- Che cos'era la "battaglia del grano"?
- Come rispose l'Italia alle sanzioni imposte dalla Società delle Nazioni dopo la guerra d'Etiopia?
- Perché le conseguenze di questa scelta furono negative per l'Italia?

Una negoziante annuncia di vendere solo prodotti italiani. Di fronte alle sanzioni il regime rispose mobilitando la solidarietà nazionale (con le campagne per la raccolta di ferro e di oro per la patria) e propagandando il mito dell'autosufficienza economica.

Parte terza Capitolo 10 - Il Fascismo

8. La politica coloniale e l'avvicinamento alla Germania

La conquista dell'Etiopia

Fino agli anni Trenta il governo fascista aveva perseguito una politica estera tesa a **garantire all'Italia prestigio, credibilità e autorevolezza**. Il governo di Roma intratteneva rapporti amichevoli con i Paesi europei democratici e partecipava all'attività della Società delle Nazioni.

All'inizio degli anni Trenta, però, la politica estera italiana si fece più aggressiva e Mussolini iniziò a lavorare per la **conquista di un impero coloniale** che desse anche all'Italia "un posto al sole", come era successo alle altre potenze europee. Attraverso una martellante opera di **propaganda**, Mussolini riuscì a ottenere una **vastissima adesione popolare al suo progetto**, tanto che la **conquista dell'Etiopia** costituì il culmine del consenso al regime.

Mussolini dichiarò guerra all'Etiopia nell'ottobre del 1935 e nel giro di pochi mesi, reprimendo duramente la resistenza della popolazione locale, le truppe italiane conquistarono il Paese, destituendo il legittimo re (*negus*) Hailé Selassié. Il 9 maggio 1936 Mussolini proclamava la **nascita dell'Impero italiano**. Di esso facevano parte anche l'**Eritrea**, soggetta alla penetrazione italiana dal 1882, e alcune **regioni della Somalia**, colonia italiana dal 1905.

> **Per ricordare**
> - Quale fu inizialmente la linea di politica estera adottata da Mussolini?
> - Quale obiettivo si propose di realizzare Mussolini?
> - Quali regioni dell'Africa facevano parte dell'Impero italiano?

L'Asse Roma-Berlino e l'alleanza con la Germania di Hitler

Dopo la conquista dell'Etiopia, l'Italia impresse un'ulteriore **svolta alla sua politica estera**, intraprendendo altre campagne militari e **avvicinandosi alla Germania nazista**, verso il cui leader, Hitler, Mussolini non aveva nutrito inizialmente alcuna simpatia.

Nel 1936 venne siglato un **patto di amicizia tra i due Stati, l'Asse Roma-Berlino**, in seguito al quale Germania e Italia **si impegnavano a intervenire** insieme **nella guerra civile spagnola** (vedi pagg. 215-217) e l'Italia otteneva il consenso ad **occupare l'Albania**.

Negli anni successivi l'Italia **abbandonò la Società delle Nazioni e si affiancò alla Germania nazista** nella tragica avventura della Seconda Guerra Mondiale.

> **Per ricordare**
> - Quale ulteriore svolta Mussolini impresse alla politica estera italiana?
> - Quale patto strinsero Italia e Germania? Che cosa stabiliva?
> - Che cosa fece l'Italia negli anni successivi?

LE LEGGI RAZZIALI ANTISEMITE

L'avvicinamento alla Germania di Hitler ebbe **pesanti ripercussioni anche sulla legislazione interna**, in particolare per quel che riguardava le posizioni prese contro gli Ebrei, ormai apertamente perseguitati da Hitler. L'ideologia fascista contemplava la "difesa della razza e della stirpe italiana", ma **il regime non aveva mai intrapreso politiche razziste**, tanto meno contro gli Ebrei. Gli Ebrei italiani erano circa 50 000 e costituivano una parte molto esigua della popolazione; numerosi avevano aderito al Fascismo e facevano parte degli organi di partito.

Nel **1938** l'atteggiamento mutò, sia per l'influenza della politica razziale nazista sia perché si voleva dare nuovo slancio al regime. Fu il **Manifesto degli scienziati razzisti** a fissare in dieci punti le posizioni del regime, affermando l'esistenza di una "**pura razza italiana**", alla quale non appartenevano gli Ebrei.

Alla fine del 1938 il Governo approvò le **leggi razziali**. Tali leggi, **promulgate dal re Vittorio Emanuele III** senza porre obiezioni, sancivano la **discriminazione nei confronti degli Ebrei**: erano **vietati i matrimoni misti**; gli Ebrei non potevano accedere all'**amministrazione statale**, all'**insegnamento universitario**, al **servizio militare** e alle **attività imprenditoriali**.

Per ricordare

- Qual era la posizione del Fascismo riguardo alle politiche razziste prima dell'alleanza con la Germania?
- Come cambiò la posizione di Mussolini nei confronti degli Ebrei italiani dopo il 1938?
- Quali restrizioni erano previste per gli Ebrei nelle leggi razziali italiane?

Hitler e Mussolini sfilano in auto nel corso della visita in Germania del dittatore fascista.

LE REAZIONI CONTRO LE LEGGI RAZZIALI

La politica razziale del governo suscitò **sdegno e reazioni negative**. Papa **Pio XI**, che nel 1937, con l'enciclica *Mit brennender Sorge* ("Con viva preoccupazione"), aveva condannato il razzismo nazista, altrettanto aspramente **criticò le leggi razziali italiane**.

Allo stesso modo una parte degli Italiani **non condivise la politica antisemita**: si determinò allora la **prima frattura tra il regime e il consenso popolare**.

Durante la Seconda Guerra Mondiale, soprattutto dopo il 1943 (quando l'Italia subì l'occupazione nazista), la persecuzione contro gli Ebrei si fece più spietata e **migliaia di Ebrei italiani furono deportati nei campi di sterminio tedeschi**.

Molti Italiani collaborarono attivamente alle **deportazioni**; altri, invece, si adoperarono per strappare a questa sorte le famiglie ebraiche.

Per ricordare

- Come si espresse Pio XI riguardo alle leggi razziali?
- Come reagì la popolazione italiana?
- Che cosa accadde agli Ebrei italiani durante la Seconda Guerra Mondiale?

Deportazione
È il trasferimento forzato di gruppi di persone dal luogo in cui normalmente vivono a un altro, deciso e messo in atto da un'autorità politica.

Approfondimenti

Storia e politica

GLI ANTIFASCISTI AL CONFINO E IN ESILIO

OPPOSITORI AL CONFINO

Nel 1925 lo storico **Gaetano Salvemini** dava le dimissioni dall'insegnamento universitario, denunciando che la "dittatura fascista" aveva soppresso completamente "quelle condizioni di libertà che sole potevano garantire una libera educazione civile". Il gesto di Salvemini fu esemplare in quanto veniva da un intellettuale di spicco. Lo storico fu costretto all'esilio come altri uomini di cultura, politici e persone comuni.

Se questa già era la situazione nel 1925, nel 1926 ogni espressione contraria al Fascismo era ritenuta un delitto contro lo Stato e come tale giudicata da un tribunale speciale. Gli oppositori del regime furono condannati al **carcere** o a un domicilio coatto, il **"confino"**, in isole o in luoghi lontani, dove gli spostamenti e le comunicazioni erano molto difficili e controllati.

Questa fu l'esperienza di molti antifascisti, tra i quali **Altiero Spinelli** ed **Ernesto Rossi**, che furono confinati a Ventotene; durante il loro soggiorno coatto nell'isola essi meditarono sulle vicende politiche del Paese e dell'Europa e scrissero un "manifesto" che è considerato un fondamento dell'europeismo (**"Manifesto di Ventotene"**). Il medico e pittore **Carlo Levi** dovette lasciare Torino e fu mandato in Basilicata: egli narrò gli anni di confino nel romanzo *Cristo si è fermato a Eboli*.

Carlo Levi, intellettuale antifascista e scrittore, deve la sua notorietà al romanzo autobiografico pubblicato nel 1945.
Nella pagina a fianco, i redattori del periodico "Non mollare", il primo foglio clandestino stampato e diffuso in Italia, intorno al quale ruotavano alcuni dei principali intellettuali antifascisti. Tra questi, i fratelli Carlo e Nello Rosselli (nella fotografia il terzo e l'ultimo da sinistra) che, mandati al confino nel 1926 erano riusciti a fuggire in Francia, dove trovarono la morte nel 1937 per mano di sicari fascisti.

I FUORIUSCITI E LE ORGANIZZAZIONI ANTIFASCISTE ALL'ESTERO

Due socialisti, **Carlo Rosselli** ed **Emilio Lussu**, riuscirono a fuggire dal confino di Lipari e si unirono al gruppo dei fuoriusciti a **Parigi**. Molti degli esponenti più illustri dell'antifascismo avevano preso, infatti, la via dell'esilio ("**fuoriuscitismo**") e si erano stabiliti soprattutto in Francia, Svizzera, Gran Bretagna, Belgio, o negli Stati Uniti. In questi Paesi i vari gruppi politici organizzarono giornali e propaganda per la lotta clandestina.

Uomini di diverse tendenze, come Filippo Turati, don Luigi Sturzo, Gaetano Salvemini e i fratelli Carlo e Nello Rosselli, avevano fondato a Parigi l'organizzazione "**Concentrazione antifascista**", con lo scopo di denunciare la vera natura del regime ai Paesi democratici. Sempre a Parigi si formò in seguito il movimento "**Giustizia e libertà**", che, con un'azione più decisa rispetto a "Concentrazione antifascista", voleva organizzare la lotta in Italia attraverso una rete cospirativa.

I comunisti, guidati da **Palmiro Togliatti** (segretario del Partito Comunista dal 1927) che si trovava in esilio a Mosca, cercavano di far arrivare i loro messaggi politici in Italia attraverso l'organizzazione clandestina del partito, duramente colpita dalla polizia fascista.

LA DIFFICILE VITA DEGLI ANTIFASCISTI IN ESILIO

Le condizioni di vita dei fuoriusciti erano spesso difficili. **Sandro Pertini**, che divenne Presidente della Repubblica Italiana nel 1978, ricordava spesso il suo passato di confinato a Ventotene e di muratore durante l'esilio in Francia.

Uscire dai confini dell'Italia non voleva dire sempre garantirsi la sicurezza: i **fratelli Rosselli** furono **uccisi** a Parigi **da sicari fascisti**. Il movimento antifascista crebbe negli anni Trenta, soprattutto dopo che Mussolini strinse l'alleanza con Hitler; si fece allora più dura la repressione del regime.

Nel ventennio fascista furono uccise per condanna a morte 29 persone, 20 000 furono confinate e molte migliaia furono incarcerate per motivi politici.

Sintesi

CHE COS'È IL FASCISMO?

- Il movimento fascista si organizzò come un partito milizia con lo scopo di conquistare il potere, servendosi contemporaneamente di mezzi illegali e legali.
- Il Fascismo fu un regime totalitario, che cercò di plasmare l'intera società, la mentalità e i costumi del popolo italiano. Il Fascismo creò un regime dittatoriale, che ridusse al silenzio ogni forma di opposizione e di dissenso, cercando inoltre di indottrinare le masse.

LA CRISI DEL DOPOGUERRA

- Alla fine della Prima Guerra Mondiale l'Italia fu colpita da una grave crisi economica, che generò malcontento in vasti strati della popolazione e favorì il diffondersi di movimenti e forze antiliberali.
- Nel biennio 1919-1920 ("biennio rosso") si verificò un'ondata di scioperi e di agitazioni, nel corso dei quali furono occupate le fabbriche e le terre. La parte massimalista del Partito Socialista e le organizzazioni sindacali non si mostrarono uniti circa il modo di gestire le agitazioni, che si aggravarono anche per l'intervento dei nazionalisti.
- Il clima incerto e teso generò paura soprattutto nei ceti medi e rivelò l'estrema debolezza dei governi liberali.
- Sul versante politico il dopoguerra vide la nascita di nuovi partiti. Nel 1919 don Luigi Sturzo fondò il Partito Popolare Italiano, il primo partito di ispirazione cristiana. Nel 1921 gli esponenti della corrente comunista si staccarono dal Partito Socialista e fondarono il Partito Comunista d'Italia.

NASCE IL MOVIMENTO FASCISTA

- Nel 1919 Benito Mussolini fondò i Fasci italiani di combattimento, un movimento che riuscì a svilupparsi rapidamente, presentandosi come difensore dell'ordine e degli interessi della borghesia produttiva e dei proprietari terrieri. Le squadre armate fasciste organizzavano spedizioni punitive contro le sedi di associazioni sindacali, cattoliche e socialiste.
- Il risultato delle elezioni del 1921, che portarono in Parlamento 35 deputati fascisti, determinò le dimissioni di Giolitti. Alla fine dello stesso anno il movimento fascista si trasformò in partito, il Partito Nazionale Fascista.

LA CONQUISTA DEL POTERE

- Con la Marcia su Roma di decine di migliaia di camicie nere, Mussolini esercitò una fortissima pressione su Vittorio Emanuele III, il quale finì con l'affidargli l'incarico di formare il nuovo governo.
- I primi provvedimenti del nuovo governo mirarono a ridurre i poteri del Parlamento e a creare organi di partito (Gran Consiglio del Fascismo, Milizia Volontaria per la Sicurezza Nazionale) che avrebbero sostituito quelli istituzionali.
- Dopo avere ottenuto un grande successo alle elezioni del 1924, grazie a violenze e intimidazioni, il Fascismo entrò in crisi in seguito all'assassinio del deputato socialista Matteotti. Lo sdegno popolare e la reazione delle opposizioni (Secessione dell'Aventino), tuttavia, non decretarono la caduta del Fascismo, che impresse invece una svolta autoritaria al regime: era l'inizio della dittatura fascista.

L'INSTAURAZIONE DELLA DITTATURA

- Tra il 1925 e il 1926 vennero approvate leggi che trasformarono lo Stato in un regime dittatoriale e totalitario: Mussolini (chiamato "duce") concentrò tutti i poteri nelle proprie mani; venne abolita la libertà di stampa, di associazione e di sciopero; vennero sciolti tutti i partiti ad eccezione di quello fascista.
- Per ottenere l'appoggio del mondo cattolico, Mussolini stabilì un accordo con la Chiesa che poneva fine all'annosa "Questione Romana": l'11 febbraio 1929 vennero firmati i Patti Lateranensi.

LA "FASCISTIZZAZIONE" DELLA SOCIETÀ E L'ECONOMIA DURANTE L'ETÀ FASCISTA

- Tutte le attività del Paese passarono sotto il controllo dello Stato e del Partito Fascista. In particolare, il regime esercitò un controllo fortissimo sull'educazione delle nuove generazioni.
- Gli oppositori del Fascismo vennero perseguitati, incarcerati o inviati al confino.
- Il Fascismo si orientò verso l'intervento dello Stato nell'economia. Con l'istituzione delle corporazioni e del sindacato unico lo Stato esercitò un controllo diretto sul mondo produttivo.
- Il regime inaugurò un vasto programma di opere pubbliche, utile anche per rilanciare l'occupazione. In seguito alla conquista dell'Etiopia, per superare le sanzioni imposte all'Italia dalla Società delle Nazioni, Mussolini proclamò l'autarchia, che però ebbe ripercussioni negative sull'economia del Paese.

LA POLITICA COLONIALE E L'AVVICINAMENTO ALLA GERMANIA

- A partire dagli anni Trenta il Fascismo attuò una politica di espansione coloniale, conquistando nel 1936 l'Etiopia e proclamando la nascita dell'Impero italiano.
- Dopo questa impresa Mussolini diede una svolta alla politica estera italiana, avvicinandosi sempre più alla Germania nazista, con la quale nel 1936 firmò l'accordo noto come Asse Roma-Berlino.
- Nel 1938 il regime approvò una serie di leggi razziali che discriminavano gli Ebrei italiani. Le reazioni alla promulgazione di queste leggi furono negative, sia da parte del Papa Pio XI sia da parte della popolazione italiana.

Anche noi storici

Conoscere eventi e fenomeni storici

1. *Indica se le seguenti affermazioni sono vere (V) o false (F).*

	V	F
a. La situazione difficile del dopoguerra favorì l'ascesa del Fascismo e l'abbattimento del sistema liberale.	✗	
b. Nel "biennio rosso" la lotta politica e le proteste furono sostenute dai fascisti.		✗
c. Nel "biennio rosso" le squadracce fasciste sostennero gli interessi delle classi dirigenti e dei proprietari terrieri.	✗	
d. Il Partito Popolare Italiano era un partito di ispirazione cristiana.	✗	
e. Il Partito Comunista nacque dalla scissione del Partito Liberale.		✗
f. Al tempo della Marcia su Roma il Partito Fascista era la maggiore forza politica del Paese.		✗
g. Mussolini organizzò la Marcia su Roma per conquistare direttamente con la forza il potere.		✗
h. Per fermare la Marcia su Roma il re Vittorio Emanuele III proclamò lo stato d'assedio.		✗
i. Mussolini ridusse i poteri del Parlamento.	✗	
l. Mussolini abolì la monarchia costituzionale.		✗
m. Il delitto Matteotti mise in difficoltà il regime fascista.		✗

Riconoscere relazioni – Individuare rapporti di causa ed effetto

2. *Collega i seguenti fatti e fenomeni alla corretta causa / spiegazione (riporta accanto la lettera corrispondente).*

1. Il Fascismo fu un regime totalitario **g**
2. Nel dopoguerra i lavoratori dell'industria erano in difficoltà **b**
3. Nel dopoguerra l'agricoltura era in crisi **h**
4. I partiti di massa non riuscivano a ottenere la maggioranza nelle elezioni **a**
5. Le azioni violente delle squadre armate fasciste non furono represse **d**
6. Il mancato intervento del re dopo il delitto Matteotti e l'incapacità dell'opposizione di sfruttare la situazione ebbero gravi conseguenze **c**
7. I partiti, dopo l'assassinio di Matteotti, abbandonarono il Parlamento **e**
8. Mussolini cercò la conciliazione con il Vaticano **f**

a. perché erano indeboliti da numerose divisioni interne.
b. perché in seguito alla riconversione industriale era aumentata la disoccupazione.
c. perché era diminuita la manodopera e c'era la concorrenza dei prodotti degli Stati Uniti.
d. perché si pensava che il movimento fascista fosse un fenomeno transitorio.
e. perché intendevano suscitare la ribellione popolare e l'intervento del re.
f. per consolidare il suo potere e ottenere l'appoggio dei cattolici.
g. perché volle plasmare l'intera società, la mentalità e i costumi secondo l'ideologia fascista, subordinando l'individuo allo Stato.
h. perché aprirono la strada all'instaurazione definitiva della dittatura di Mussolini.

Conoscere eventi e fenomeni storici

3. *Completa il seguente testo sull'ascesa del Fascismo, inserendo correttamente le espressioni sotto elencate.*

La prima formazione politica fondata da Mussolini furono i **Fasci Italiani Di combattimento**. Tale movimento si affermò nel corso del "biennio rosso" organizzandosi in **istituzioni** che attuavano **spedizioni punitive** contro **comunisti, socialisti, cattolici** e le loro organizzazioni politiche e sociali.

La Marcia su Roma, compiuta dalle **camicie nere** organizzate militarmente, fu concepita come un'arma di ricatto e di pressione sulle **squadre armate**

Ottenuto l'incarico di formare il nuovo governo dalle mani del **Re**, Mussolini volle ridurre i poteri del **Parlamento** attribuendoli all'**esecutivo**

[a. comunisti, socialisti, cattolici - b. camicie nere - c. squadre armate - d. esecutivo - e. Fasci italiani di combattimento - f. spedizioni punitive - g. Parlamento - h. istituzioni - i. re]

PARTE TERZA **CAPITOLO 10** - IL FASCISMO 189

Organizzare le conoscenze in forma grafica e schematica

4. Completa lo schema sulle trasformazioni istituzionali dello Stato italiano introdotte con le "leggi fascistissime".

1. Divisione dei poteri	2. Libertà politiche e civili	3. Difesa dello Stato
a. Potere concentrato nelle mani di *Mussolini* che assume il titolo di *Duce* e che delle proprie azioni non deve più rispondere al *Parlamento* ma solo al *re*. **b.** Parlamento privato dei suoi .... e delle sue funzioni, conferite in buona parte al *Gran Consiglio del Fascismo*.	**c.** Soppressione delle .... politiche e civili: abolizione della libertà di *stampa*, *associazione* e sciopero; scioglimento di tutti i *partiti*, ad eccezione di quello fascista; lista elettorale	**d.** Istituzione del Tribunale Speciale per la Difesa dello Stato, cui spettava giudicare i .... contro il ...., e di una polizia segreta, l'...................., che controllava e reprimeva ogni forma di opposizione. La Milizia Volontaria per la Sicurezza Nazionale divenne un corpo delle .... agli ordini diretti di Mussolini.

Orientarsi nel tempo

5. Ordina nella corretta sequenza cronologica i seguenti eventi (riporta nel box la lettera corrispondente).

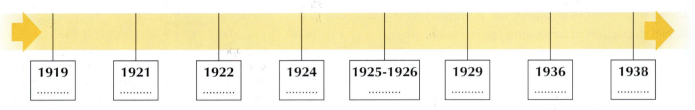

1919 — 1921 — 1922 — 1924 — 1925-1926 — 1929 — 1936 — 1938

[**a.** Fondazione dei Fasci di combattimento – **b.** Marcia su Roma – **c.** Leggi fascistissime – **d.** Il movimento fascista diventa partito – **e.** Leggi razziali – **f.** Nascita dell'Impero italiano – **g.** Delitto Matteotti – **h.** Patti Lateranensi – **i.** Asse Roma-Berlino – **l.** Secessione dell'Aventino]

Ricavare informazioni da un documento iconografico – Conoscere eventi e fenomeni storici

6. Osserva attentamente le immagini, quindi esegui quanto proposto.

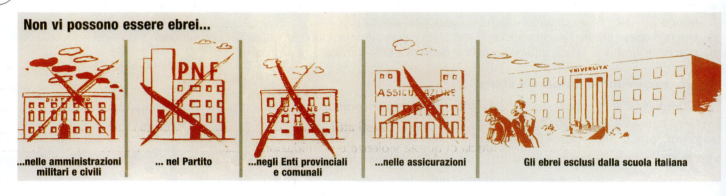

Non vi possono essere ebrei... ...nelle amministrazioni militari e civili — ... nel Partito — ...negli Enti provinciali e comunali — ...nelle assicurazioni — Gli ebrei esclusi dalla scuola italiana

a. Che cosa illustrano le vignette riprodotte? A quale politica del regime fascista fanno riferimento? Quando venne adottata? *Illustrano divieti degli ebrei alla politica economica 1938*

b. Osserva le vignette: che cosa veniva vietato agli Ebrei? *Gli veniva vietato di partecipare alle manifestazioni militari, al partito*

c. Quali altri divieti erano imposti agli Ebrei? *i matrimoni misti, scuola e militari*

d. Perché il regime fascista adottò tali provvedimenti? ....

....

e. Quale fu la reazione a tali provvedimenti? ....

Ricavare informazioni da un documento storico – Conoscere eventi e fenomeni storici

7. *Il testo che segue è tratto da un articolo del "Popolo Nuovo", organo del Partito Popolare Italiano. Esso documenta il clima di intimidazioni e di violenza in cui si svolsero le elezioni del 1924. Leggilo con attenzione, quindi esegui quanto proposto.*

> *Intimidazioni e violenza, segno distintivo delle elezioni del 1924*
>
> I quotidiani, non fascisti, hanno documentato innumerevoli casi di violenza, che del resto erano la conseguenza e il segno distintivo del regime fascista.
>
> Ad Andrìa un popolare è stato costretto a votare varie decine di volte per la lista del Fascio. A Grotte di Castro la votazione avveniva palesemente, e se qualcuno chiedeva di entrare in cabina, vi era accompagnato da uno o due fascisti. A Poli (Roma) una cabina aveva un paravento fatto di manifesti incollati: attraverso un foro i fascisti controllavano l'andamento del voto.
>
> A Viterbo, sotto il tavolo di votazione, un fascista con la rivoltella in pugno invitava a votare la lista nazionale fascista; in altre gli elettori entravano accompagnati da fascisti e non mancarono anche qui i paraventi, con i buchi per controllare e destinare alla bastonatura gl'incauti.
>
> Invalidi ed ex-combattenti furono schiaffeggiati e insultati per aver votato per il Partito Popolare Italiano. Inutile aggiungere che votarono per il Fascio anche gli assenti.
>
> A Frascati le sezioni furono circondate da randellatori, che strapparono i certificati ai primi accorsi a votare, sostituendoli con altri; quelli che protestarono furono presi a randellate a sangue; furono bloccati in casa i più noti popolari. Alcunché di simile è accaduto a Tivoli, dove i rappresentanti dei partiti di minoranza non hanno avuto accesso alle Sezioni, inoltre votarono i morti e furono annullate centinaia di schede popolari. Un antifascista è stato ucciso.
>
> A Bassanello (Viterbo) si è scatenato il terrore; il popolare Pace fu assalito in casa da bande di fascisti. Quindi con altri popolari il disgraziato fu portato in una località e nell'oscurità della sera tutti furono bastonati a sangue e lasciati nel fango. Dopo le elezioni, avendo promesso punizioni gravi ai paesi in cui il Fascio non avesse ottenuto una schiacciante maggioranza, i fascisti passarono ai fatti, giungendo a distruggere cooperative e circoli, sopra tutto cattolici, specialmente della Lombardia; una raffica senza controllo si è abbattuta sui paesi designati alla punizione, senza che le autorità intervenissero in alcun caso. Organismi fiorenti distrutti; ricchezze copiose date alle fiamme. "Il Cittadino" di Monza per la seconda volta ha avuto la tipografia distrutta. Il Circolo cattolico di Murano è stato incendiato dai fascisti.
>
> da *Il Popolo Nuovo*, 15 aprile 1924

a. A quali tipi di intimidazioni e di violenze ricorsero i fascisti? ....

....

....

b. A quale regione d'Italia si riferiscono la maggior parte dei fatti riportati? ....

c. Che cosa fecero i fascisti, dopo le elezioni, nei paesi in cui non avevano ottenuto la maggioranza dei voti? ....

....

....

d. Quale è stata la reazione delle autorità di fronte a questi atti? ....

e. Ricordi chi pagò con la vita la denuncia di queste violenze e intimidazioni? ....

Rielaborare le conoscenze in un testo scritto

8. *Seguendo la traccia elabora sul tuo quaderno un testo sulla "fascistizzazione" della società.*

a. Come erano organizzati i ragazzi?
b. Che cosa dovevano fare i ragazzi per seguire l'ideologia imposta dal Fascismo?
c. In quale modo il sistema scolastico-educativo doveva conformarsi al Fascismo?
d. Qual era lo scopo di questo tipo di educazione?

Attivazioni didattiche

Organizzare le conoscenze in forma schematica

9. Sintetizza i caratteri della politica economica del Fascismo, completando correttamente lo schema con i termini e le espressioni sotto elencate (riporta la lettera corrispondente).

POLITICA ECONOMICA

Tipo di economia	Tipo di organizzazione sindacale e del lavoro	Programma di opere pubbliche	Provvedimenti contro le sanzioni imposte dalla Società delle Nazioni
1. sistema di ...., in parte pubblica e in parte .... 2. istituzione dell'IMI (........) e dell'IRI (........) 3. scopo:	4. ordinamento di tipo .... 5. abolizione di .... 6. istituzione delle ...., cioè organismi nei quali lavoratori e datori di lavoro gestivano l'attività economica sotto il controllo dello Stato 7. scopo: neutralizzare i conflitti sociali e	8. ristrutturazioni urbanistiche; ammodernamento della rete ferroviaria e portuale; bonifiche nelle aree paludose (............) 9. scopo delle bonifiche:	10. politica dell' .... 11. scopo: rendere l'economia autosufficiente facendo a meno delle .... dai Paesi esteri 12. conseguenze: danni all' .... e alla piccola e media ....

[**a.** privata – **b.** autarchia – **c.** corporazioni – **d.** sindacati – **e.** industria – **f.** Agro Pontino, foce del Po, Maremma e Sardegna – **g.** sostenere finanziariamente le industrie – **h.** importazioni – **i.** esercitare il controllo politico sul mondo produttivo – **l.** corporativo – **m.** economia mista – **n.** Istituto per la Ricostruzione Industriale – **o.** agricoltura – **p.** Istituto Mobiliare Italiano – **q.** ricavare terreni coltivabili e aree abitabili]

Storia, mass media e società

La radio e il cinema entrano nella vita degli Italiani

• Nel corso degli anni Trenta ebbero un notevole sviluppo e successo la radio e il cinema, che il regime fascista seppe abilmente sfruttare per fini propagandistici e per creare consenso.

Vi proponiamo alcune ricerche per approfondire la conoscenza delle origini di questi mass media e del loro ruolo nella società italiana.

1. Le trasmissioni radiofoniche, colonna sonora della società italiana – Nel 1928 nasceva l'**EIAR**, *Ente Italiano Audizioni Radiofoniche*, destinato a svolgere un ruolo importante sia per l'intrattenimento che per la propaganda di regime. Approfondite la storia della radio italiana seguendo questa traccia.

a. La radio delle origini: le prime trasmissioni radiofoniche; la pratica dell'ascolto collettivo; il numero degli abbonati nel periodo tra le due guerre; i principali programmi di intrattenimento (musicali, sportivi, per bambini, per le famiglie in genere, ecc.); i radiogiornali e le rubriche di informazione politica; i programmi didattici e di carattere ideologico; i messaggi pubblicitari; i personaggi radiofonici più popolari.

b. L'evoluzione della radio italiana dal secondo dopoguerra ad oggi: come sono cambiati i programmi radiofonici e la funzione della radio; la comparsa delle radio private; i programmi storici di maggior successo; il ruolo della radio nel panorama attuale dei mezzi di comunicazione di massa.

2. L'arma potente della cinematografia – Uno degli slogan di Mussolini recitava *"La cinematografia è l'arma più forte"*, a dimostrazione dell'importanza che il regime attribuiva a questo mezzo di comunicazione di massa. Il regime adottò numerosi provvedimenti per sostenere la cinematografia italiana (ad esempio con forme di finanziamento statale e di contenimento dell'importazione di film stranieri, in particolare statunitensi); promosse il primo *Festival del cinema di Venezia* (1932) e la fondazione degli studi cinematografici di *Cinecittà* (1937); dal 1925, inoltre, assunse il controllo dell'*Unione Cinematografica Educativa*, meglio nota come *Istituto Luce*, un ente che si occupava della produzione di documentari di istruzione, di propaganda e cinegiornali.

Ecco alcuni percorsi di ricerca per approfondire la conoscenza della cinematografia italiana tra le due guerre.

a. Il cinema e il Fascismo (temi della cinematografia durante il ventennio fascista; registi e attori; film più rappresentativi del periodo; i film di propaganda e i film di evasione; i film stranieri di successo).

b. Cinecittà, la Hollywood italiana (ideatori degli studios, localizzazione, struttura, storia degli studi cinematografici, film realizzati a Cinecittà; crisi e rinascita degli studi; attuale funzione).

c. L'Istituto Luce e il suo patrimonio storico-culturale (scopi dell'istituzione, promotori e ideatori, la produzione cinematografica dell'istituto durante il ventennio fascista; l'Archivio storico dell'Istituto Luce; l'Istituto Luce oggi).

Materiali per svolgere le ricerche sono reperibili su enciclopedie specifiche (segnaliamo, ad esempio, le enciclopedie *Radio* e *Cinema* nella collana *Le Garzantine*; l'enciclopedia *Cinema* della De Agostini; il *Dizionario dei film* Morandini e il *Dizionario dei film* Mereghetti) e sui siti ufficiali di Cinecittà (**www.cinecittà.com**) e dell'Istituto Luce (**www.luce.it** e **www.archivioluce.com**).

Organizzate i materiali raccolti ed elaborate delle **relazioni scritte** oppure degli **ipertesti**.

La posa della prima pietra degli studi di Cinecittà inaugurati nel 1937. Sullo sfondo campeggiano la gigantografia di Mussolini dietro la macchina da presa e il suo noto slogan sul potere della cinematografia.

11 Il Nazismo

1. Che cos'è il Nazismo?

Un feroce regime totalitario

Gli anni del dopoguerra furono per la Germania **duri e difficili**. Al crollo dell'Impero tedesco, con l'abdicazione nel 1918 di Guglielmo II, seguì, tra il 1919 e il 1933, un **breve e tormentato periodo repubblicano**, nel corso del quale sorsero **movimenti di estrema destra**. Tra questi movimenti si affermò il **Nazionalsocialismo**, o **Nazismo**, fondato da **Adolf Hitler**.

Nel giro di pochi anni Hitler conquistò il potere e un immenso consenso popolare, instaurando nel 1933 **uno dei più feroci regimi totalitari della storia**, crollato nel 1945.

La follia della superiorità della "razza ariana"

Basandosi sull'assurda **teoria della superiorità della razza ariana germanica** il Nazismo progettò la sottomissione e l'eliminazione delle **razze considerate "inferiori"**, in particolare degli Ebrei, e il dominio sull'Europa.

Il folle disegno nazista **sconvolse l'intero continente e le coscienze umane**, innescando un **secondo devastante conflitto mondiale** e perseguendo con allucinante scientificità lo **sterminio di massa** di un intero popolo (**genocidio**): quello degli **Ebrei**.

Per ricordare
- Che cosa accadde in Germania dopo la Grande Guerra?
- Che cosa fu il Nazismo?

Per ricordare
- Quale teoria sosteneva il Nazismo riguardo alla "razza"?
- Quali furono le conseguenze di questa teoria?

2. La Germania nel dopoguerra

La nascita della Repubblica di Weimar

La sconfitta militare, come abbiamo già anticipato, aveva portato in Germania alla nascita di una **repubblica** che, assai presto, aveva dovuto fronteggiare un **tentativo di insurrezione** da parte dell'ala estremista (chiamata **movimento spartachista**) del Partito Socialdemocratico Tedesco (vedi pag. 110).

Nell'agosto del 1919 venne promulgata una nuova Costituzione, la **Costituzione di Weimar** (dal nome della città in cui venne firmata e dove era stata posta la capitale), una delle più avanzate costituzioni europee. In base ad essa, la Germania si organizzò come uno **Stato democratico, parlamentare e federale**, divenuto noto con il nome di "**Repubblica di Weimar**".

> **Per ricordare**
> - Perché la repubblica nata dopo la guerra si trovò subito in difficoltà?
> - Come doveva essere organizzata la Germania secondo la Costituzione di Weimar?

Le riparazioni di guerra e la crisi economica

La Repubblica di Weimar dovette accettare le pesanti condizioni imposte dal Trattato di Versailles: il **pagamento dei danni di guerra** pari a 269 miliardi di marchi-oro, la **perdita delle colonie e dei territori al confine con la Francia**. Sanzioni durissime, che suscitarono un grande malcontento tra la popolazione.

Pressata dalle richieste degli Stati vincitori, **l'economia tedesca arrivò presto al collasso** e la crisi nella quale precipitò causò **milioni di disoccupati** e un **aumento vertiginoso dell'inflazione**, con il crollo del valore della moneta: il marco. Quello che prima della guerra costava un marco, nel 1923 costava 50 milioni di marchi; se nel 1914 per acquistare 1 dollaro servivano circa 4 marchi, alla fine del 1923 occorreva pagarne 4200 miliardi! Tutto questo produsse un vero e proprio **sconvolgimento, anche a livello psicologico**, per il venir meno di qualsiasi punto di riferimento.

Bambini tedeschi giocano con pacchi di banconote ormai prive di valore: con il marco crolla l'intera economia della Germania.

Nella pagina precedente: particolare di un affresco del pittore messicano Diego Rivera.

> **Per ricordare**
> - Quali sanzioni stabilì il Trattato di Versailles per la Germania?
> - Quali furono le conseguenze delle richieste stabilite nel trattato?

LE CONSEGUENZE POLITICHE DELLA CRISI ECONOMICA

Questa situazione catastrofica ebbe ripercussioni anche sul piano politico: si affermarono, infatti, partiti e **movimenti di estrema destra antidemocratici**, che contestavano le sanzioni imposte e accusavano le istituzioni repubblicane di debolezza. Tali movimenti **ruppero gli equilibri politici** della neonata repubblica.

Alle prime elezioni libere del dopoguerra aveva prevalso la sinistra moderata, rappresentata dal forte **Partito Socialdemocratico**, seguito da due partiti di centro (il **Partito Cattolico** e il **Partito Democratico**, di ispirazione liberale) che raccoglievano il 40% dei consensi. Ai margini dei partiti maggiori si trovavano il **Partito Comunista** (i cui consensi elettorali passarono dal 2% del 1919 al 17% del 1932) e numerosi gruppi violenti di estrema destra.

L'EVOLUZIONE POLITICA NEGLI ANNI VENTI

Nel corso degli anni Venti l'elettorato tedesco si orientò gradualmente verso i partiti di destra, mentre persero sempre più consensi i Socialdemocratici e i partiti di centro. Alle elezioni presidenziali del **1925** venne eletto presidente un **candidato della destra**, il maresciallo **Paul Ludwig von Hindenburg**, ex capo di Stato maggiore dell'esercito durante la guerra.

Questo **orientamento verso i movimenti di destra** si rivelò irreversibile, anche quando la situazione economica cominciò a migliorare. Grazie anche agli **aiuti economici provenienti dagli Stati Uniti**, infatti, **la produzione industriale riprese a marciare** e la **disoccupazione iniziò a diminuire**; inoltre, il governo repubblicano ottenne alcuni successi, come l'**alleggerimento delle sanzioni**, con la riduzione dei danni di guerra a 132 miliardi di marchi.

Il superamento dell'isolamento internazionale con l'**ingresso nella Società delle Nazioni** e il **recupero della Ruhr**, che era stata occupata dall'esercito francese, segnarono altri importanti successi del governo di Weimar.

Per ricordare

- Quali furono le ripercussioni sul piano politico della crisi economica?
- Quali erano i partiti protagonisti della vita politica in Germania?

Per ricordare

- Chi fu eletto presidente della repubblica nelle elezioni del 1925?
- Quali furono i motivi della ripresa economica tedesca?
- Quali importanti successi ottenne la Repubblica di Weimar sul piano internazionale?

PARTE TERZA CAPITOLO 11 - IL NAZISMO

3. Hitler e la nascita del Nazismo

CHI ERA ADOLF HITLER?

Adolf Hitler (1889-1945), di origine austriaca, era figlio di un funzionario delle dogane; dopo aver perso i genitori aveva condotto una **vita randagia e priva di obiettivi**, finché si trasferì in Germania. Allo scoppio del primo conflitto mondiale, **si arruolò come volontario** nell'esercito tedesco e fu durante la guerra che maturò la decisione di dedicarsi all'impegno politico.

Nel 1920 fu tra i fondatori del **Partito Nazionalsocialista Tedesco dei Lavoratori**, detto anche **Partito Nazista**, del quale divenne capo nel 1921, lo stesso anno nel quale decise di fondare anche un **corpo paramilitare, le SA** o *Sturmabteilungen* ("Squadre d'assalto"). Il programma del partito prevedeva la **lotta per modificare il Trattato di Versailles** ed era imperniato su un forte **antisemitismo**.

Nel 1923 i Nazisti organizzarono un **colpo di Stato** (**Putsch di Monaco**), che però fallì e portò all'**arresto di coloro che vi avevano preso parte**, tra i quali vi era lo stesso Hitler. Condannato a cinque anni di reclusione, tuttavia Hitler tornò libero nel 1924.

Nella pagina precedente, un drammatico documento della crisi economica e sociale in cui era precipitata la Germania: bambini in attesa di ricevere la razione giornaliera di latte.

Fondamenti

I CAPISALDI DELL'IDEOLOGIA NAZISTA

Fu proprio in carcere che Hitler elaborò le linee guida del Nazismo, raccogliendole nel volume *Mein Kampf* (*La mia battaglia*).

1. Cardine dell'ideologia nazista era il concetto della **superiorità della razza ariana** (di cui i Tedeschi erano l'espressione più pura), alla quale dovevano essere assoggettate tutte le altre razze, considerate inferiori. Alla razza ariana spettava il **dominio sul mondo**.

2. Compito del Nazionalsocialismo era la tutela e il ripristino della purezza della razza. Per raggiungere tale scopo occorreva **respingere ai margini della società tutti i non ariani, gli Ebrei in primo luogo**, considerati nemici del popolo tedesco e, come tali, **da annientare**.

3. Per garantire un futuro al popolo tedesco era necessaria la **conquista di uno spazio vitale** (*Lebensraum*), individuato nei **territori a Est della Germania**. Solo l'espansione verso Est avrebbe permesso ai Tedeschi di soddisfare le loro esigenze e quindi di compiere la propria missione nel mondo.

Uscito dal carcere, Hitler **riorganizzò il partito nella prospettiva di scalare il potere**, servendosi questa volta di "**vie legali**". Fondò un nuovo corpo paramilitare, le **SS** o *Schutzstaffeln* ("Squadre di protezione"), con lo scopo di **arginare l'autonomia che le SA** si erano conquistate, sfuggendo di fatto al controllo di Hitler.

Per ricordare

- Come trascorse Hitler la sua giovinezza?
- Quali erano gli obiettivi principali del Partito Nazista?
- Che cosa accadde nel 1923?

Per ricordare

- Quali erano le linee guida dl Nazismo? In quale libro furono esposte?
- Che cosa fece Hitler una volta uscito dal carcere?

Parola chiave

ANTISEMITISMO

- Con questo termine viene designato l'insieme delle manifestazioni di **ostilità nei confronti degli Ebrei**, appartenenti all'antica stirpe dei Semiti. Questa ostilità nel corso della storia si trasformò talvolta in un vero e proprio movimento ideologico e politico e si manifestò sia in campo religioso sia in campo sociale e politico. Spesso vi furono episodi di emarginazione e persecuzione, che nel Novecento assunsero dimensioni imponenti nei Paesi che accettarono ideologie ultranazionaliste e razziste, come nel caso della Germania di Hitler.

PARTE TERZA CAPITOLO 11 - IL NAZISMO

Protagonisti

ADOLF HITLER

Adolf Hitler ha incarnato l'**emblema del dittatore** che impone le sue visioni e i suoi progetti deliranti al popolo e tenta di imporli al mondo intero. Tali progetti di dominio sono stati pagati al prezzo del genocidio degli Ebrei e di una guerra mondiale.

Una giovinezza frustrata

Nato nel 1889 nel villaggio austriaco di Braunau, da una famiglia della piccola borghesia provinciale, Hitler ebbe un'**infanzia poco felice**, dominata dalla presenza di un padre rozzo e autoritario. Da adolescente avrebbe voluto dedicarsi all'arte, ma fu contrastato dal padre, che lo spingeva a continuare la sua strada di funzionario delle dogane. Venne quindi iscritto alle scuole tecniche, ma non finì gli studi. Dopo la morte del padre, cercò di coronare il suo sogno di diventare un artista, ma per due volte non passò l'esame di ammissione all'Accademia delle Belle Arti di Vienna.

Questo gli lasciò un fondo di **insoddisfazione**, di **frustrazione** e anche di **rancore** verso gli uomini, che riaffiorerà in ogni sua scelta di vita.

Rimasto **orfano** anche della madre, a 18 anni cercò fortuna a Vienna. Nella capitale austriaca visse per otto anni, **senza un mestiere fisso**, facendo piccoli lavoretti, come illustrare cartoline da vendere per strada, e dormendo negli ospizi. I contemporanei lo ricordano come un tipo bizzarro, lunatico, pigro, che disdegnava il lavoro regolare, ma si perdeva in **sogni di grandezza**.

L'esperienza militare e il formarsi delle concezioni razziste

Allo scoppio della Prima Guerra Mondiale Hitler **si arruolò volontario nell'esercito** tedesco e fu ferito in combattimento due volte, nella battaglia della Somme (1916) e di Ypres (1918).

Questi episodi gli valsero i gradi di caporale e una decorazione al merito. Sin dal termine della guerra cominciò ad impegnarsi in campo politico.

Elaborò presto la teoria che l'essenza della vita stava nella lotta, che il più forte, il "**superuomo**", aveva il diritto di prevalere sugli altri. La democrazia, che tendeva fondamentalmente all'uguaglianza, gli appariva inadeguata e anzi odiosa.

Maturò quindi la convinzione che gli **uomini** fossero **divisi in razze superiori e inferiori**. Al gradino più alto metteva i popoli indoeuropei, chiamati Ariani e indicati come progenitori dei Germani. Il popolo tedesco diveniva perciò la "razza eletta" alla quale era riservato il governo del mondo intero. Le "razze inferiori" erano destinate solo a servire o a essere annientate.

Le convinzioni razziste e la dottrina della superiorità germanica verranno poi espresse sistematicamente nel *Mein Kampf*, vero e proprio manifesto ideologico e programmatico del Nazismo.

La conquista del consenso popolare e del potere

Con queste idee deliranti, dopo la Prima Guerra Mondiale si circondò di gruppi di nazionalisti esagitati, ex combattenti disoccupati e pronti a usare ogni tipo di violenza. Alla realizzazione del suo **folle progetto di dominio** Hitler lavorò tutta la vita, riuscendo purtroppo a realizzarne una parte, fermato all'ultimo passo dalla mobilitazione di un gruppo di nazioni alleate.

Sappiamo che giunse al potere attraverso regolari elezioni e quindi con il **consenso di un gran numero di elettori**. Come poterono i Tedeschi affidarsi a un uomo di tal sorta, fanatico e visionario? La spiegazione la possiamo trovare nel momento storico

in cui si trovava la Germania negli anni Trenta, dopo la grande crisi del '29, tra miseria, disoccupazione, tensioni sociali e politiche.

L'ARMA DELL'ORATORIA E DEL RITO DI MASSA

Ma ebbe la sua parte anche la straordinaria **abilità di Hitler** come organizzatore e soprattutto **come oratore**. I suoi discorsi formavano, insieme agli altri simboli del partito, una specie di **liturgia** che ammaliava gli uditori. Ecco come lo storico tedesco George L. Mosse ha descritto questa abilità di Hitler di trascinare le folle, creando una sorta di isterismo collettivo:

> Spesso i suoi discorsi avevano una costruzione logica, ma la logica interna era mascherata dal ritmo e dal crescendo della voce. Il pubblico recepiva in tal modo la logica del discorso emotivamente, avvertiva solo la combattività e la fede, senza afferrare il contenuto concreto o senza soffermarsi a riflettere sul suo significato. La folla era attratta dalla forma del discorso, "viveva" il discorso più che analizzarne il contenuto...
>
> Hitler dettava i suoi discorsi sotto la spinta di una grande eccitazione, istintivamente e molto rapidamente (erano sempre necessarie due segretarie per tener dietro a questa dettatura)... Il discorso era un simbolo tra gli altri simboli. Hitler stesso era un simbolo vivente... La parata, i movimenti accuratamente predisposti della folla, la fiamma, gli effetti della luce e i discorsi di Hitler finivano per costituire una totalità drammatica. E infatti Hitler organizzò la sua vita pubblica e persino quella privata, intorno a se stesso come simbolo vivente. Perfino l'uniforme da lui indossata, inconfondibile e semplice, caratterizzava la semplicità e l'evidenza che ogni simbolo deve avere, anche quando si incarna in un essere umano. Gli emblemi da lui esibiti avevano essi pure un significato diretto: la camicia bruna, la svastica e il mazzetto di fronde di quercia che adottò quando si autonominò comandante in capo dell'esercito. Nessuno doveva essere sfiorato dal pensiero che avesse una vita privata...
>
> Aver trasformato un uomo in un simbolo si dimostrò efficace: a volte l'olivastro e bruno Hitler apparve all'immaginazione popolare come il tipo di uomo ideale. Troviamo un numero incredibile di persone che affermavano che Hitler era biondo e aveva gli occhi azzurri. In questo caso il sogno era diventato realtà.
>
> da G. L. Mosse, *La nazionalizzazione delle masse*, Il Mulino

Leggere un documento

Mein Kampf: razza e Stato nel pensiero di Hitler

Scritto durante la prigionia, il **Mein Kampf** *venne pubblicato per la prima volta nel 1925; allora ne furono vendute poco più di novemila copie. Ma dal 1929 in poi, con l'affermazione del Partito Nazionalsocialista, le vendite ebbero un'impennata. Dopo la presa del potere da parte di Hitler, infatti, e la nazificazione della Germania, il* **Mein Kampf** *divenne un testo obbligatorio. Nel 1940 ne furono vendute sei milioni di copie in tutto il Paese.*
Nel Mein Kampf Hitler delinea la sua battaglia (come recita il titolo), cioè la teoria che sta alla base della dottrina nazista:
1. i popoli ariani si sono dimostrati superiori alle altre razze e pertanto hanno il compito di dominare;
2. compito fondamentale dello Stato è la conservazione della "razza ariana".

Il primo dovere d'un nuovo movimento basato su una concezione razzista del mondo è quello di fare in modo che la nozione dell'essenza e dello scopo dell'esistenza dello Stato assuma una forma chiara ed unitaria. Bisogna anzitutto riconoscere questo, che lo Stato non rappresenta un fine ma un mezzo. Esso è la premessa della formazione d'una superiore civiltà umana, ma non è la causa di questa. La causa è riposta solo nella presenza d'una razza idonea alla civiltà. [...]

> **Non tutte le razze sono creatrici di civiltà. Quelle che lo sono, possono adempiere il loro compito solo se possiedono lo Stato come strumento.**

Così, la premessa dell'esistenza d'un'umanità superiore non è lo Stato ma la nazione, sola capace di addurla. Questa capacità è sempre presente, ma deve essere destata all'azione pratica da determinate condizioni esteriori. Le nazioni o, meglio, le razze dotate di qualità creatrici portano in sé, latenti, queste condizioni, anche se, in un dato momento, sfavorevoli circostanze esterne non permettono alle loro buone disposizioni di realizzarsi. È una incredibile stoltezza il rappresentare come barbari i Germani dei tempi anteriori al cristianesimo. Non furono mai tali. Ma l'asprezza del loro clima nordico li costrinse a condizioni di vita che ostacolarono lo sviluppo delle loro forze creatrici. Se fossero giunti nelle miti terre del Sud e nel materiale di popoli inferiori avessero trovate le prime risorse tecniche, la capacità di cultura sonnecchiante in essi avrebbe prodotto una splendida fioritura, come avvenne, per esempio, ai Greci. Ma questa stessa forza primordiale, creatrice di civiltà, non dipende solo dal clima nordico. Un lappone, trasferito nel Sud, non sarebbe, più d'un eschimese, creatore di civiltà. No, questa meravigliosa facoltà di creare è donata precisamente all'Ario, sia ch'egli la porti con sé sonnecchiando o sia che la desti alla vita, secondo che le circostanze favorevoli glielo permettono o una matrigna Natura glielo vieta. [...]

> **Hitler, esaltando gli antichi Germani, parte dal presupposto che essi erano degli Arii, "quindi" superiori per natura. Per realizzare le loro potenzialità avevano solo bisogno di certe condizioni ambientali.**

Dobbiamo distinguere con la massima nettezza fra lo Stato, che è un recipiente, e la razza, che è il contenuto. Questo recipiente ha un senso solo se è capace di contenere e salvaguardare il contenuto; in caso diverso, non ha valore.

Lo scopo supremo dello Stato nazionale è quello di conservare quei primordiali elementi di razza che, quali donatori di civiltà, creano la bellezza e la dignità d'un'umanità superiore. Noi, Arii, in uno Stato possiamo solo raffigurarci l'organismo vivente di una nazione: organismo che non solo assicura la durata di questa nazione, ma la conduce alla suprema libertà sviluppandone le capacità spirituali e ideali.

> **A differenza di Mussolini, che fonda l'ideologia fascista sul concetto di Stato (che diventa un valore assoluto), per Hitler l'assoluto è la difesa della "superiore razza ariana", di cui lo Stato è solo uno strumento.**

da Hitler, Mein Kampf

4. L'affermazione del Nazismo e la nascita del *Terzo Reich*

Hitler cancelliere della Repubblica di Weimar

L'ascesa del Partito Nazista, che fino ad allora aveva riscosso pochi consensi, fu favorita dai **contraccolpi della grande crisi del 1929**, che riacutizzò **le difficoltà economiche** del primo dopoguerra.

Con la parola d'ordine del "riscatto della patria", i Nazisti si fecero **portavoce del malcontento diffuso** nella società tedesca, acquistando vasti **consensi** tra i **grandi industriali**, i **proprietari terrieri**, ma anche tra gli **strati più poveri della popolazione**.

Le elezioni del **1930** provocarono un vero e proprio terremoto politico: Socialdemocratici e partiti di centro subirono un forte calo di consensi, mentre **il Partito Nazista diventava il secondo partito del Paese**, portando in Parlamento ben 107 deputati.

Alle elezioni del 1932 i Nazisti consolidarono il loro vantaggio, tanto che nel **gennaio 1933** il presidente von Hindenburg si trovò costretto a **nominare Hitler cancelliere**, affidandogli l'incarico di formare il nuovo governo.

Per ricordare
- Che cosa favorì l'ascesa del Partito Nazista?
- Chi furono i primi sostenitori del Nazismo?
- Che cosa accadde alle elezioni del 1930?
- Perché von Hindenburg nominò Hitler Cancelliere?

Cancelliere
Nome con il quale in Germania viene chiamato il primo ministro.

Il cancelliere Adolf Hitler accanto al presidente della repubblica von Hindenburg.

Hitler instaura la dittatura

Divenuto cancelliere in maniera del tutto "legale", Hitler **demolì in modo fulmineo le istituzioni democratiche**, instaurando un **regime dittatoriale** basato sul suo potere personale.

Già alla vigilia delle elezioni del 1933, Hitler aveva attribuito ai comunisti la responsabilità dell'**incendio del *Reichstag*** (il palazzo del Parlamento) – che in realtà fu organizzato dagli stessi Nazisti – per **screditare agli occhi dell'opinione pubblica gli avversari politici**.

Una volta giunto al potere, Hitler proseguì nella linea di **eliminazione di qualsiasi opposizione**: sospese il Parlamento e la Costituzione di Weimar e **sciolse tutti i partiti**, ad eccezione di quello nazista. Da ultimo, **soppresse i sindacati**, fece **chiudere i giornali** non schierati con il Nazismo, istituì un **nuovo corpo di polizia** politica, la *Gestapo* – che divenne lo strumento per il controllo del Paese – e diede inizio alla **campagna di discriminazione contro gli Ebrei**.

Finiva così la breve stagione della Repubblica di Weimar.

Per ricordare
- Che cosa fece Hitler appena diventato cancelliere?
- Perché Hitler incolpò i comunisti dell'incendio del *Reichstag*?
- Quali provvedimenti furono presi da Hitler per mettere a tacere le opposizioni?

HITLER CONSOLIDA IL PROPRIO POTERE

Nell'estate del **1934** (precisamente nella notte del **30 giugno**, nota come la "**Notte dei lunghi coltelli**"), Hitler **si sbarazzò degli avversari interni alla sua forza politica**. Le SS, infatti, assassinarono l'intero stato maggiore delle SA e diversi esponenti del partito (alcune centinaia di persone).

Grazie a queste epurazioni, **la guida del partito e dello Stato venne saldamente assunta da Hitler e dai suoi più stretti collaboratori**: **Heinrich Himmler**, capo delle SS e poi della *Gestapo*, **Joseph Goebbels**, ministro della propaganda e dell'informazione, e **Hermann Göring**, destinato probabilmente a essere il successore di Hitler.

Alla morte di von Hindenburg (1934), Hitler, appoggiato dai militari, cumulò la carica di **cancelliere** e quella di **capo dello Stato**, attribuendosi il titolo di **Führer** ("Guida"). Era l'atto di nascita di quello che venne poi chiamato *Terzo Reich*. Nel 1938 assunse inoltre personalmente il comando delle forze armate.

Per ricordare

- Che cosa fu la "Notte dei lunghi coltelli"?
- Quale risultato ottenne Hitler attraverso l'eliminazione degli oppositori interni al partito?
- Quali cariche assunse Hitler dopo la morte di von Hindenburg? Quale titolo si attribuì?

Terzo Reich
La parola *Reich* significa letteralmente "regno", "impero". Il *Primo Reich* tedesco fu quello fondato da Ottone I nel 962 con l'istituzione del Sacro Romano Impero Germanico. Il *Secondo Reich* fu l'Impero tedesco proclamato nel 1871 e caduto alla fine della Grande Guerra. Hitler si vantò di avere fondato in Germania un *Terzo Reich*, ossia un "Terzo impero".

Alcuni tra i più fedeli collaboratori di Hitler, in una foto del 1933; nel gruppo si riconoscono Goebbels (seduto in primo piano), Göring, Himmler e il capo delle SA Ernst Röhm (rispettivamente il terzo, il quarto e il quinto in piedi da sinistra).

Nella pagina seguente: Goebbels e Göring assistono a un rogo di libri di autori ebrei a Berlino.

5. La "nazificazione" della Germania

Un massiccio uso della propaganda politica

Il regime hitleriano fu la **massima espressione del totalitarismo**. Dopo avere conquistato il potere, infatti, Hitler sottopose a un **controllo assoluto tutte le attività pubbliche e private presenti in Germania**, perseguendo con rigore e scientificità la "nazificazione" del Paese e la ricerca del **consenso di massa**.

"Nessuno, se non è vissuto per anni in un Paese totalitario, può rendersi conto di quanto sia difficile sfuggire alle paurose conseguenze della propaganda ben studiata e incessante di un regime. Spesso in una casa o in un ufficio tedesco, mi è capitato di trovarmi di fronte alle affermazioni più strane da parte di persone apparentemente istruite e intelligenti. Era chiaro che stavano ripetendo automaticamente qualche assurdità sentita alla radio o letta nei giornali". Così il giornalista e storico statunitense W. L. Shirer, che in qualità di inviato aveva seguito l'ascesa al potere del Nazismo e il suo crollo, testimoniò gli effetti della propaganda nazista.

La **propaganda** ossessiva, orchestrata da Goebbels, utilizzando in modo spregiudicato tutti i mezzi di comunicazione, **riuscì a plasmare la mente di milioni di persone**, ottenendo l'adesione fanatica all'aberrante ideologia del regime.

Per ricordare
- Perché il regime di Hitler rappresentò la massima espressione del totalitarismo?
- Perché fu importante l'uso della propaganda politica?

Il controllo della cultura e la repressione dell'opposizione

Istruzione ed **educazione** divennero **competenza esclusiva dello Stato e delle organizzazioni di partito**, come la *Hitlerjugend* ("Gioventù hitleriana"). Al fine di asservire la cultura all'ideologia nazista, vennero ammessi all'Università solo **docenti di razza ariana** e di fede nazista (2000 professori ebrei furono espulsi dal mondo accademico) e si procedette all'**epurazione di tutte le opere contrarie al nuovo spirito tedesco**.

Nel 1933 vennero **bruciati in grandi roghi centinaia di migliaia di libri**, di autori sia tedeschi (come *Thomas Mann, Albert Einstein, Eric Marie Remarque*, ecc.) sia stranieri (ad esempio, *Jack London, Sigmund Freud, André Gide, Émile Zola, Marcel Proust*, ecc.). **Arte, cinema, letteratura e teatro** non poterono più essere la libera espressione dell'artista, ma dovettero **rappresentare gli ideali dell'ideologia nazista**. Scienziati e intellettuali non in linea con il regime furono **costretti ad abbandonare la Germania** (fu il caso di *Einstein, Mann, Brecht* e di molti altri).

I **capi dei partiti di opposizione** e i **dissidenti** furono **eliminati o rinchiusi nei *lager***, cioè in campi di concentramento, che fecero la loro comparsa nel 1933 (il primo lager fu quello di *Dachau*). I *lager* sarebbero diventati nel giro di pochi anni dei **campi di sterminio**, nei quali furono internati per essere eliminati milioni di persone (vedi pagg. 242-246).

Per ricordare
- In che modo Hitler estese il proprio controllo sull'educazione e sull'istruzione?
- Quali strumenti furono usati per diffondere l'ideologia nazista?
- Che cosa accadde agli oppositori? Che cos'erano i *lager*?

Dissidente
Parola derivante dal latino *dissidere*, che letteralmente significa "sedere separatamente". Indica una persona che mostra il proprio disaccordo su temi di carattere politico o religioso e si pone perciò su posizioni diverse rispetto a un gruppo o a un partito.

Leggere un'immagine

I simboli del Nazismo

*Hitler fu sempre molto attento alla sensibilità delle masse e diede particolare importanza ai **riti**, alle **scenografie**, alla scelta di colori e **simboli**. La fotografia illustra la grande parata organizzata il 20 aprile 1939 in occasione del 50° compleanno di Hitler.
I simboli principali del Nazismo furono l'**aquila imperiale** e la **svastica**.*

Questa è la versione classica dell'**aquila** nazista: essa è raffigurata con le **ali abbassate** e la testa rivolta a destra; poggia con le zampe su una corona che incornicia una svastica. L'aquila nazista richiama direttamente quella dell'Impero germanico e simboleggia la tradizione regale e di dominio della Germania.

La forma definitiva dell'**emblema nazista** fu una bandiera di colore rosso (a sottolineare il carattere sociale del movimento) con un disco bianco (simbolo del nazionalismo), nel cui centro campeggiava l'elemento più importante: una croce nera uncinata o svastica.
Essa alludeva alla missione del Nazismo, cioè combattere per la vittoria e il dominio della razza ariana nel mondo.

Altra versione dell'**aquila** imperiale con le **ali spiegate**.

La **svastica nazista** differisce dalla svastica tradizionale (già conosciuta dal mondo indoeuropeo e mediterraneo antico) per l'orientamento degli uncini volti da sinistra a destra. Questa svastica destrorsa era il simbolo di una setta mistico-esoterica, la *Thule Gesellschaft*, fondata a Monaco agli inizi del Novecento, che si rifaceva a una setta religiosa del Tibet. A tale setta furono iscritti Alfred Rosenberg, il filosofo del Nazismo, e Rudolf Hess, che aveva aiutato Hitler nella redazione di *Mein Kampf*. Hitler conosceva benissimo questa setta razzista, che predicava la purezza della razza ariana.

La persecuzione contro gli Ebrei

Nella seconda metà degli anni Trenta il regime nazista organizzò in modo sistematico la **persecuzione antisemita**. Attraverso la propaganda venne alimentato l'**odio contro i cittadini ebrei**, additati come **nemici del popolo tedesco** (già nel 1933 il governo aveva invitato a **boicottare** i loro negozi).

Nel 1935, con l'approvazione delle **Leggi di Norimberga**, venne sancita giuridicamente la **discriminazione contro gli Ebrei**: da quel momento essi non poterono più essere considerati cittadini del *Reich*: vennero perciò **esclusi dal servizio militare** e furono **proibiti i matrimoni tra Ebrei e ariani**.

Nel 1938 dalla discriminazione si passò alla **persecuzione violenta vera e propria**. Nella notte tra il 9 e il 10 novembre un'**ondata di violenza antisemita** percorse tutta la Germania: vennero distrutte oltre 200 sinagoghe, devastati 7500 negozi, arrestate e deportate nei lager circa 26 000 persone. A motivo delle centinaia di vetrine di negozi infrante, quella notte passò alla storia come la "**Notte dei cristalli**": era l'**inizio del piano di eliminazione della "razza ebraica"**, che avrebbe raggiunto il culmine nel corso della Seconda Guerra Mondiale.

Per ricordare
- In che modo la propaganda nazista presentava gli Ebrei?
- Che cosa stabilivano le Leggi di Norimberga?
- Che cosa fu la "Notte dei cristalli"?

Boicottaggio
Azione con la quale si isolano persone, enti, prodotti, ecc. sconsigliando o vietando di frequentare determinati luoghi, di acquistare certi prodotti o di partecipare a particolari iniziative o incontri.

Discriminazione
Parola derivante dal latino *discrimen*, che significa "distinzione, separazione". Indica un comportamento che tende a emarginare o a escludere persone o gruppi, trattandoli in modo diverso e escludendoli da attività o luoghi particolari e negando loro alcuni fondamentali diritti.

Un anziano ebreo viene fermato per un controllo di polizia.

6. La politica economica ed estera

UNA RAPIDA RIPRESA ECONOMICA

Appoggiato dalle **gerarchie militari** e dalle **grandi industrie**, il regime nazista avviò la **ricostruzione della potenza economica e militare tedesca**, realizzando così uno dei principali obiettivi di Hitler. Grazie a un vasto programma di **opere pubbliche** e ai progetti di **riarmo**, l'economia tedesca ebbe una **sorprendente ripresa**, tanto che nel 1938 la produzione industriale era raddoppiata rispetto al 1932 e la **disoccupazione era fortemente diminuita**.

Il **tenore di vita della popolazione migliorò notevolmente**, assicurando al regime il **consenso di tutti i lavoratori**, che vedevano in Hitler l'artefice del loro riconquistato benessere.

Per ricordare
- In che modo proseguì la ripresa economica tedesca?
- Come cambiò il tenore di vita della popolazione in Germania?

Il padiglione della Germania all'Esposizione Universale di Parigi del 1937.

UN'AGGRESSIVA POLITICA ESTERA

Durante la seconda metà degli anni Trenta il regime nazista iniziò a realizzare i suoi **obiettivi diplomatici**, tesi a **ottenere la revisione del Trattato di Versailles**.

Nel 1935, in violazione del trattato, Hitler reintrodusse il **servizio militare obbligatorio**; si accordò, quindi, con la Gran Bretagna per avere il permesso di **ricostruire la flotta da guerra** e provvide a dotare tutto l'esercito di **armamenti moderni e potenti**.

Nel 1936, contravvenendo anche in questo caso alle imposizioni del Trattato di Versailles, truppe tedesche **occuparono la Renania**, al confine con la Francia. Nello stesso anno, la Germania stipulò un patto di amicizia con l'Italia (**Asse Roma-Berlino**, vedi pag. 184). Questi atti segnarono l'inizio di una politica estera che, negli anni successivi, si sarebbe fatta sempre più aggressiva, fino a trascinare il mondo intero in un altro catastrofico conflitto: la Seconda Guerra Mondiale.

Per ricordare
- A quale obiettivo tendeva la politica estera nazista?
- Che cosa fece Hitler in violazione del Trattato di Versailles?
- Quali altre iniziative furono prese da Hitler?

Approfondimenti

Storia e tecnologia

LA VOLKSWAGEN: L'AUTO PER IL POPOLO VOLUTA DA HITLER

Nel 1936 Hitler incaricò l'ingegnere *Ferdinand Porsche* di realizzare un'**automobile** che, grazie al suo prezzo ridotto, fosse **accessibile al cittadino medio** tedesco. Solo in tal modo si sarebbe potuto avviare la motorizzazione di massa in Germania.

Nacque così la **Volkswagen**, ovvero l'"**auto del popolo**", le cui caratteristiche, oltre all'economicità, erano la robustezza e la semplicità costruttiva.

Dopo la presentazione dei primi prototipi a Hitler, si procedette nella fase esecutiva per la produzione in serie. A tale scopo venne creata una fabbrica, la cui costruzione fu avviata nel 1938. Il luogo scelto per realizzare l'impianto produttivo si trovava nei pressi del villaggio di Hesslingen, in Bassa Sassonia. Insieme allo stabilimento fu pianificata la costruzione di una città, per ospitarne i lavoratori. Questa *Stadt des Wagens* ("Città delle automobili") prese poi il nome di **Wolfsburg** ed è ancora oggi la sede dell'omonima casa automobilistica tedesca.

Lo scoppio della Seconda Guerra Mondiale costrinse presto a convertire il primo progetto all'uso militare. Dal 1940 la fabbrica di Wolfsburg produsse per la *Wehrmacht* (l'esercito tedesco) la *Kübelwagen* ("auto-tinozza"), un mezzo da trasporto leggero derivato dalla Volkswagen, di cui manteneva le caratterisitiche di leggerezza, robustezza e semplicità costruttiva. Anche il motore era il medesimo: si trattava di un 4 cilindri a benzina da 998 cm^3, raffreddato ad aria, molto affidabile e di facile manutenzione.

Conclusa la guerra, la fabbrica Volkswagen riprese la produzione ad uso civile, collocando sul mercato una versione aggiornata e rivista del modello realizzato prima della guerra. Denominata semplicemente *Volkswagen 1200*, ma universalmente nota come **Maggiolino**, questa autovettura ha conosciuto un enorme successo.

Sintesi

CHE COS'È IL NAZISMO?

- Il movimento nazista, fondato da Adolf Hitler, si affermò nei difficili anni del dopoguerra in Germania. Nel 1933 Hitler conquistò il potere instaurando uno dei più feroci regimi totalitari della storia.

LA GERMANIA NEL DOPOGUERRA

- La Grande Guerra aveva determinato la fine dell'Impero tedesco e la nascita della Repubblica di Weimar. La nuova repubblica dovette accettare le durissime condizioni imposte dai trattati di pace, che provocarono in Germania una gravissima crisi economica, con uno spaventoso aumento della disoccupazione e dell'inflazione.
- Questa situazione alimentò la formazione di movimenti nazionalisti e di estrema destra, verso i quali si orientò in modo sempre più massiccio l'elettorato tedesco.

HITLER E LA NASCITA DEL NAZISMO

- Tra i partiti nazionalisti più forti vi era il Partito Nazionalsocialista Tedesco dei Lavoratori, che aveva come leader Adolf Hitler. Il programma del partito prevedeva la revisione dei trattati di pace ed era imperniato su un forte antisemitismo.
- Arrestato e incarcerato dopo un fallito colpo di Stato (*Putsch* di Monaco), Hitler scrisse in carcere *Mein Kampf (La mia battaglia)*, l'opera in cui espose i princìpi ideologici del Nazismo: superiorità della razza ariana germanica; tutela della purezza della razza ariana attraverso la discriminazione e l'eliminazione dei "non ariani"; necessità per la Germania di riconquistare il suo spazio vitale in Europa, espandendosi verso Est.

L'AFFERMAZIONE DEL NAZISMO E LA NASCITA DEL TERZO REICH

- I contraccolpi della crisi economica del 1929 favorirono l'ascesa del Partito Nazista. Le elezioni del 1930 causarono un vero terremoto politico: calarono vistosamente i consensi verso i partiti moderati, aumentarono i voti ai Comunisti, ma soprattutto ebbero un sorprendente successo i Nazisti.
- Hitler riuscì a guadagnare consensi tra i grandi industriali, i proprietari terrieri, i militari, ma anche tra gli strati più poveri della popolazione. Alle elezioni presidenziali del 1932 i Nazisti incrementarono ancora il loro successo, tanto che Hitler ottenne la carica di cancelliere.
- Una volta raggiunto il potere, Hitler demolì le istituzioni democratiche e instaurò un regime dittatoriale, fondato sul suo potere personale: sospese il Parlamento e la Costituzione di Weimar; dichiarò fuorilegge tutti i partiti a eccezione di quello nazista; sciolse i sindacati e chiuse i giornali non allineati con il regime; istituì un corpo speciale di polizia (la *Gestapo*), con il compito di reprimere ogni forma di opposizione; diede inizio alla discriminazione contro gli Ebrei.
- Per consolidare il suo potere, nel 1934 Hitler si sbarazzò degli avversari interni al partito (la "Notte dei lunghi coltelli") e alla morte del presidente von Hindenburg assunse, con l'appoggio dei militari, contemporaneamente la carica di cancelliere e di capo dello Stato con il titolo di *Führer*. Nacque così il *Terzo Reich*.

LA "NAZIFICAZIONE" DELLA GERMANIA

- Il regime hitleriano avviò un rapido processo di "nazificazione" della Germania, attraverso l'uso degli strumenti di propaganda. L'istruzione e l'educazione dei giovani divennero competenza dello Stato e delle organizzazioni di partito; ogni manifestazione culturale dovette corrispondere agli schemi tipici dell'ideologia nazista.
- Numerosi intellettuali furono costretti a rifugiarsi all'estero, mentre gli oppositori furono eliminati o internati nei lager.
- Venne sempre più alimentato l'odio contro i cittadini ebrei: la promulgazione delle leggi razziali (Leggi di Norimberga) sancì la discriminazione nei loro confronti. Nel 1938, con un episodio di violenta persecuzione (la "Notte dei cristalli"), ebbe di fatto inizio il piano per l'eliminazione della popolazione di origine ebraica.

LA POLITICA ECONOMICA ED ESTERA

- Obiettivo di Hitler era la ricostruzione della potenza economica e militare della Germania. Il programma di opere pubbliche e il riarmo favorirono anche la ripresa economica, che portò a un decisivo miglioramento delle condizioni di vita della popolazione.
- Nella seconda metà degli anni Trenta il regime diede inizio a una politica estera aggressiva, violando a più riprese alcune disposizioni dei trattati di pace. Nel 1936 Hitler strinse con l'Italia un patto di amicizia (l'Asse Roma-Berlino).

Anche noi storici

Conoscere eventi e fenomeni storici

1. *Indica con X la risposta corretta tra quelle proposte.*

a. La Repubblica di Weimar fu
- ☐ 1. uno Stato di tipo democratico, parlamentare e federale.
- ☐ 2. uno Stato di tipo dittatoriale.
- ☐ 3. uno Stato di tipo socialista come quello sovietico.

b. Hitler fu tra i fondatori
- ☐ 1. del Partito Comunista.
- ☐ 2. del Partito Socialista.
- ☐ 3. del Partito Nazionalsocialista detto anche Nazista.

c. Il Putsch di Monaco fu
- ☐ 1. l'opera in cui Hitler espose le sue teorie razziste.
- ☐ 2. il tentativo di colpo di Stato organizzato dai Nazisti.
- ☐ 3. il tentativo di insurrezione del movimento spartachista.

d. Le SS erano
- ☐ 1. un corpo paramilitare fondato da Hitler per arginare il potere delle SA.
- ☐ 2. un corpo delle forze armate tedesche.
- ☐ 3. la polizia segreta.

e. Dal 1924 Hitler si propose di conquistare il potere
- ☐ 1. attraverso un atto di forza con le sue squadre.
- ☐ 2. per vie legali.
- ☐ 3. attraverso l'occupazione del Parlamento.

f. Nel 1933 Hitler fu nominato
- ☐ 1. capo dello Stato al posto di Hindenburg.
- ☐ 2. capo del Partito Nazista.
- ☐ 3. cancelliere della Repubblica di Weimar.

g. Nella "Notte dei lunghi coltelli"
- ☐ 1. furono uccisi gli oppositori del Partito Nazista.
- ☐ 2. ebbe inizio la persecuzione contro gli Ebrei, di cui vennero distrutti negozi e sinagoghe.
- ☐ 3. furono eliminati gli avversari interni al Partito Nazista e lo stato maggiore delle SA.

h. Nella "Notte dei cristalli"
- ☐ 1. furono uccisi gli oppositori del Partito Nazista.
- ☐ 2. ebbe inizio la persecuzione contro gli Ebrei, di cui vennero distrutti negozi e sinagoghe.
- ☐ 3. furono eliminati gli avversari interni al Partito Nazista e lo stato maggiore delle SA.

Riconoscere relazioni – Individuare rapporti di causa ed effetto

2. *Collega i seguenti fatti e fenomeni alla corretta causa / spiegazione (riporta accanto la lettera corrispondente).*

1. Nella Germania del dopoguerra c'era grande malcontento tra la popolazione **c**.
2. I movimenti antidemocratici di estrema destra si affermarono **b**.
3. Secondo Hitler, alla razza ariana dovevano stare soggette le altre razze **a**.
4. Gli Ebrei, secondo Hitler, dovevano essere annientati **f**.
5. I Tedeschi dovevano occupare i territori a oriente della Germania **e**.
6. Hitler attribuì ai comunisti l'incendio del Parlamento attuato dai nazisti **g**.

a. perché ad essa, che era superiore, spettava il dominio del mondo – **b.** perché contestavano le sanzioni di guerra e la debolezza della repubblica – **c.** a causa delle difficili condizioni economiche e delle pesanti sanzioni di guerra – **d.** perché le condizioni di pace erano molto pesanti – **e.** perché questo era lo "spazio vitale" necessario per garantire un futuro al Paese – **f.** perché si doveva difendere la purezza della razza ariana – **g.** perché voleva screditare gli avversari politici agli occhi della popolazione]

Orientarsi nel tempo

3. *Indica le tappe dell'ascesa al potere di Hitler, collocando nella corretta successione cronologica gli eventi elencati.*

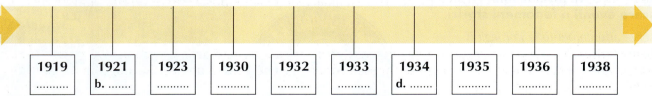

1919 ..... | 1921 **b.** | 1923 ..... | 1930 ..... | 1932 ..... | 1933 ..... | 1934 **d.** | 1935 ..... | 1936 ..... | 1938 .....

[**a.** Putsch di Monaco – **b.** Hitler diviene capo del Partito Nazionalsocialista – **c.** Hitler è nominato cancelliere – **d.** eliminazione degli avversari politici – **e.** Hitler assume la presidenza, concentrando nella sua persona tutti i poteri dello Stato – **f.** incendio del Reichstag – **g.** Leggi di Norimberga – **h.** Notte dei lunghi coltelli – **i.** Notte dei cristalli – **l.** affermazione elettorale del Nazionalsocialismo – **m.** Hitler partecipa alla fondazione del Partito Nazista – **n.** occupazione della Renania – **o.** Asse Roma-Berlino]

PARTE TERZA **CAPITOLO 11** - IL NAZISMO 209

Organizzare le conoscenze in forma schematica

4. Sintetizza le tappe della demolizione delle istituzioni democratiche della Repubblica di Weimar, completando lo schema.

LA DEMOLIZIONE DELLE ISTITUZIONI DEMOCRATICHE DELLA REPUBBLICA DI WEIMAR
a. sospensione del .... e della .... di Weimar
b. scioglimento di tutti i .... ad eccezione di quello nazista
c. soppressione dei ....
d. chiusura dei .... non schierati con il Nazismo
e. istituzione di un nuovo corpo di polizia, la ...., quale strumento di controllo del Paese
f. soppressione del principio di uguaglianza dei cittadini, con l'introduzione della .... nei confronti degli ....

Rappresentare graficamente fenomeni – Ricavare informazioni da un grafico

5. Osserva attentamente la tabella, quindi esegui quanto proposto.

I DISOCCUPATI IN GERMANIA (1928 – 1936)

Anno	Disoccupati (milioni)
1928	0,8
1929	1,9
1930	3,0
1931	4,5
1932	5,6
1933	6,1
1934	3,8
1935	2,4
1936	1,9

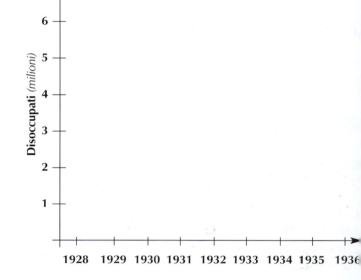

a. Rappresenta graficamente i dati riportati nella tabella.
b. Osserva il grafico che hai realizzato, quindi descrivi l'andamento della disoccupazione in Germania nell'arco di tempo considerato (evoluzione della disoccupazione, incremento del fenomeno tra il 1928 e il 1933, anno in cui fu raggiunto il picco di disoccupati, anno in cui il numero di disoccupati iniziò a calare, ecc.), mettendo in relazione il fenomeno con quanto hai studiato.

....
....
....

Ricavare informazioni da un documento iconografico e da un documento storico – Conoscere eventi e fenomeni storici

6. Osserva attentamente le immagini e leggi il documento, quindi esegui quanto proposto.

1. *Sottobicchiere per birrerie con la scritta: "Chi compra da un ebreo è un traditore del suo popolo".*
2. *Un negozio di borsette di proprietà di commercianti ebrei con le vetrine devastate dalle squadre naziste.*

1   2

210   PARTE TERZA   CAPITOLO 11 - IL NAZISMO

3   *Legge per la protezione del sangue e dell'onore tedesco*

ART.1.1 - Sono proibiti i matrimoni tra Ebrei e cittadini dello Stato di sangue tedesco o affine. I matrimoni già celebrati sono nulli anche se celebrati all'estero per sfuggire a questa legge. [...]

ART. 2 - Sono proibiti rapporti extramatrimoniali tra Ebrei e cittadini dello Stato di sangue tedesco o affine.

ART 3 - Gli Ebrei non potranno assumere al loro servizio come domestiche cittadine di sangue tedesco o affine sotto i 45 anni.

a. A quale aspetto dell'ideologia nazista e a quale politica del regime fanno riferimento i documenti riportati? ....
b. I documenti si riferiscono a tre momenti fondamentali della politica antisemita del Nazismo. Indicali completando quanto segue:

Documento n.1 - anno 1933: invito al .... dei negozi e delle attività economiche degli Ebrei, considerati .... del popolo tedesco.

Documento n. ... - anno ....: promulgazione delle Leggi di ...., che sanciscono per legge la discriminazione contro gli Ebrei.

Documento n. ... - anno 1938: ondata di violenza antisemita, nota come ...., ..., nel corso della quale vennero distrutte sinagoghe, devastati ...., arrestati e deportati nei lager migliaia di Ebrei.

Rielaborare le conoscenze in un testo scritto

7. Elabora sul tuo quaderno un testo sul processo di "nazificazione" della Germania, trattando i seguenti punti.

La "nazificazione" della Germania
a. L'educazione dei giovani e l'istruzione
b. La cultura e la produzione libraria contraria al regime
c. La funzione assegnata alle arti
d. La propaganda
e. Provvedimenti nei confronti dei dissidenti e degli oppositori

Comprendere e utilizzare il linguaggio della storia

8. *Indica il termine corrispondente alle seguenti definizioni.*

a. "Squadre di protezione" armate del Partito Nazista: *SS*
b. Sterminio di massa di un popolo o gruppo etnico: *genocidio*
c. Territori da conquistare ad est necessari per garantire un futuro al popolo tedesco: *spazio vitale (Lebensraum)*
d. Titolo attribuito a Hitler, con il significato di "guida": *Führer*
e. Nell'ordinamento tedesco, denominazione del capo di governo o primo ministro: *cancelliere*
f. Campi di concentramento e di sterminio: *lager*
g. Polizia politica nazista: *Gestapo*
h. Palazzo del Parlamento: *Reichstag*
i. Insieme delle manifestazioni di ostilità e di persecuzione nei confronti degli Ebrei: *antisemitismo*

[1. genocidio – 2. spazio vitale (Lebensraum) – 3. SS – 4. Gestapo – 5. cancelliere – 6. Reichstag – 7. Führer – 8. lager – 9. antisemitismo]

Ricavare informazioni da un documento storico

9. *Lo storico William Sheridan Allen, dopo aver analizzato i documenti e la stampa locale, ha ricostruito il processo di "nazificazione" di una cittadina tedesca, indicata con il nome fittizio di Thalburg. Nel testo che segue, lo storico sottolinea il ricorso sistematico dei Nazisti al terrore come arma per mantenere il potere sulla popolazione. Leggilo con attenzione, quindi esegui quanto proposto.*

Il terrore come arma per mantenere il potere

I Nazisti, nei primi mesi dopo la nomina di Hitler a cancelliere, dovevano dimostrare che erano decisi a usare il potere in modo efficiente e spietato. Se fossero riusciti a far questo, se gli abitanti di Thalburg fossero arrivati a credere che non potevano aspettarsi pietà dai loro nuovi capi nazisti, l'ondata iniziale di terrore si sarebbe ingigantita nel pensiero dei cittadini, fino al punto da far credere che ogni opposizione sarebbe stata del tutto inutile.

Ciò è esattamente quel che fecero i Nazisti di Thalburg. All'incirca nel luglio 1933, ogni thalburghese sapeva di aver perso la sua libertà personale. L'intera macchina della polizia di stato avrebbe potuto essere usata contro di lui. Verso la metà di luglio uscì questa notizia: "Nove prigionieri sono stati portati questa mattina dalla polizia di Thalburg a Moringen e sette sono stati inviati al campo di concentramento". I thalburghesi erano avvertiti che c'era un campo di concentramento poco lontano.

I resoconti della stampa chiarivano pure che se i Nazisti ponevano gli occhi su qualcuno, in un modo o nell'altro lo prendevano. Le ragioni addotte per gli arresti erano di scarsa importanza. Per esempio, una venditrice ambulante fu arrestata "per aver diffuso voci politiche false e atte a turbare l'ordine pubblico". Un operaio venne arrestato per "dichiarazioni irriverenti sul nazionalsocialismo".

Perciò, a metà dell'estate del 1933, la popolazione aveva le idee chiare sul fatto che bastava esprimere un'opinione contraria al nuovo sistema per essere perseguitati.

Data l'atmosfera di terrore, persino gli amici sentirono di doversi tradire l'un l'altro pur di sopravvivere. Così, nella prima parte del 1933 ci fu il caso di un dottore, che andò a un ricevimento e dopo un bicchiere di troppo, cercò di divertire la gente imitando il modo di parlare di Hitler. La mattina dopo la sua ospite lo denunciò al comando nazista. La voce si diffuse rapidamente e ben presto i cittadini arrivarono alla conclusione che era meglio non andare per niente ai ricevimenti. La vita sociale diminuì enormemente. Si diceva che non ci si poteva più fidare di nessuno.

A questa situazione si arrivò senza un colpo di Stato nazista, ma attraverso una serie di passi successivi, che non furono percepiti come una rivoluzione. Quando si ebbe piena coscienza della natura del Nazismo, fu troppo tardi.

rid. e adatt. da W. Sh. Allen, *Come si diventa nazisti. Storia di una piccola città, 1930-1935*, Einaudi

a. Perché i Nazisti dovevano dimostrare di essere decisi usare il potere in modo efficiente e spietato?

☐ **1.** Perché temevano la rivolta popolare.

☒ **2.** Per ingigantire il terrore tra la popolazione e soprattutto far credere che era inutile ogni forma di opposizione.

b. In quale modo veniva accresciuto il terrore attraverso i mezzi di informazione?

☒ **1.** Attraverso la pubblicazione di notizie di arresti e di deportazioni anche per motivi del tutto irrilevanti, soprattutto miranti a far credere che nessuno poteva sfuggire alla polizia.

☐ **2.** Attraverso la pubblicazione di notizie di rapimenti e omicidi di oppositori.

c. Quale fu il risultato di tale regime di terrore sulla popolazione?

☒ **1.** La gente aveva ormai capito che bastava esprimere un'opinione contraria a quella dei Nazisti per essere oggetto di persecuzione.

☐ **2.** La popolazione maturò ancora più decisamente la volontà di ribellarsi.

d. Quale conseguenza ebbe questa atmosfera di terrore sui rapporti personali e sulla vita sociale in genere?

☐ **1.** Rese le persone più solidali.

☒ **2.** Spinse a tradire persino gli amici pur di sopravvivere e ridusse notevolmente i rapporti sociali.

e. Ci fu subito la percezione tra la popolazione della vera natura totalitaria del Nazismo?

☐ **1.** Sì.

☒ **2.** No, perché l'instaurazione della dittatura nazista avvenne attraverso passi che non furono percepiti come pericolosi o tali da sovvertire l'ordine sociale.

Storia e cultura

I roghi dei libri: distruggere i libri per annientare gli uomini

I roghi dei libri svoltisi in numerose città tedesche nel corso del 1933 costituiscono uno degli eventi simbolo del processo di "nazificazione", gravido di conseguenze per la storia della Germania e dell'umanità. **Distruggere i libri** non è solo una costante dei regimi totalitari, ma della storia dell'uomo in generale: basti pensare ai roghi avvenuti in Cina nel III sec. a.C., a quello della biblioteca di Costantinopoli da parte dei crociati nel 1204, ai roghi dell'Inquisizione oppure, in tempi più recenti, alla distruzione delle biblioteche di Sarajevo nella Bosnia ed Erzegovina. Perché i libri **"fanno paura"** al punto da volerli annientare con il fuoco? Che cosa rappresentano? Quali sono le conseguenze della loro distruzione?

Per approfondire questi argomenti vi suggeriamo alcuni percorsi di ricerca, proponendovi come primo spunto di riflessione la lettura di una poesia di Bertolt Brecht, il poeta e drammaturgo tedesco, le cui opere furono messe al bando in quanto autore "comunista".

1. Il rogo dei libri nelle parole di Bertolt Brecht

> *Il rogo dei libri*
>
> Quando il regime ordinò che in pubblico fossero arsi
> i libri di contenuto malefico e per ogni dove
> furono i buoi costretti a trascinare
> ai roghi carri di libri, un poeta scoprì
> - uno di quelli al bando, uno dei meglio - l'elenco
> studiando, degli inceneriti, sgomento, che i suoi
> libri erano stati dimenticati. Corse
> al suo scrittoio, alato d'ira, e scrisse ai potenti una lettera.
> Bruciatemi!, scrisse di volo, bruciatemi!
> Questo torto non fatemelo! Non lasciatemi fuori! Che forse
> la verità non l'ho sempre, nei miei libri, dichiarata? E ora
> mi trattate come se fossi un mentitore! Vi comando:
> bruciatemi!
>
> Bertolt Brecht, *Poesie e canzoni*, trad. di F. Fortini

Che cosa vuole dire Brecht con questa poesia? Qual è il significato dell'invocazione *"bruciatemi!"*?

2. Perché i libri fanno paura?
Per riflettere su questo argomento vi suggeriamo la lettura di due libri:
a. il romanzo di fantascienza *"Fahrenheit 451"*, dello scrittore statunitense Ray Bradbury, pubblicato nel 1951 (e dal quale è stato tratto un noto film del regista François Truffaut). In esso lo scrittore immagina una società dispotica del futuro, nella quale i libri sono proibiti e destinati ad essere bruciati dai pompieri;
b. il breve saggio *"I roghi dei libri"* di Leo Loewenthal, nel quale lo studioso ripercorre la storia della distruzione dei libri, mettendone a fuoco le motivazioni.

Procuratevi in biblioteca questi libri, ricercate recensioni su enciclopedie o manuali di letteratura o siti Internet. Con l'aiuto dell'insegnante scegliete dei passi significativi da leggere, quindi rielaborate i materiali stendendo delle **relazioni scritte** sul contenuto/trama delle opere, sul loro significato e valore letterario e culturale in genere. Infine organizzate in classe una **discussione** sui temi trattati nelle opere proposte.

3. Distruggere i libri, un crimine contro l'umanità
I roghi dei libri non appartengono solo al passato. La storia recente, infatti, continua a registrare questa pratica, che le convenzioni internazionali (*Convenzione di Ginevra, Convenzione dell'Aja sulla Protezione della proprietà culturale in caso di guerra*) condannano come **crimini di guerra**. È il caso del patrimonio librario e bibliotecario di *Sarajevo* (in particolare della *Biblioteca Universitaria*) e di *Baghdad*, distrutti nel corso dei conflitti che hanno insanguinato rispettivamente i Balcani (1992-1995) e l'Iraq (2003).

Svolgete una ricerca sui motivi della distruzione del patrimonio bibliotecario e culturale di questi Paesi, sui danni arrecati e sui progetti internazionali per ricostituire le raccolte di libri perduti.

Ricercate informazioni su siti Internet, su riviste e annuari, quindi stendete una **relazione scritta** oppure realizzate un **cartellone** corredato di immagini e grafici.

12. Crisi delle democrazie e regimi autoritari

1. I fascismi europei

Come in Italia e in Germania, anche in altri Paesi europei negli anni Venti e Trenta si affermarono regimi autoritari di orientamento conservatore, alcuni dei quali di tipo fascista. Ciò accadde, perlopiù, dove le istituzioni liberal-democratiche erano più fragili o di più recente introduzione.

Per ricordare
- In quali Stati europei si affermarono regimi autoritari?

EUROPA CENTRO-ORIENTALE

In **Ungheria** si affermò il regime autoritario dell'ammiraglio Miklós Horthy, che resse le sorti del Paese fino al 1944. Dagli anni Trenta operò nel Paese il Partito delle Croci Frecciate, di ispirazione nazista. Nel 1926 in **Polonia** il maresciallo Jòzef Pilsudski instaurò una dittatura militare.

AREA BALCANICA

In **Bulgaria** un *colpo di Stato* militare interruppe nel 1923 la prima esperienza democratica del Paese. In **Iugoslavia**, nel 1929, il re Alessandro I sciolse il Parlamento e instaurò una dittatura personale. La **Grecia**, divenuta una repubblica nel 1924, fu afflitta da una cronica instabilità politica, aggravata da ripetuti pronunciamenti militari e tentativi di colpi di Stato.

PENISOLA IBERICA

In **Portogallo**, dopo un lungo periodo di instabilità politica, colpi di Stato e interventi militari, l'economista Antonio de Oliveira Salazar, nominato capo del governo nel 1932, accentrò il potere nelle sue mani avviando una dittatura sul modello fascista. Tra il 1923 e il 1930 la **Spagna** fu governata dal generale Miguel Primo de Rivera, autore di un colpo di Stato. Divenuta una repubblica nel 1931, fu teatro di una sanguinosa guerra civile (1936-1939) al termine della quale venne instaurato un regime dittatoriale ad opera di **Francisco Franco**.

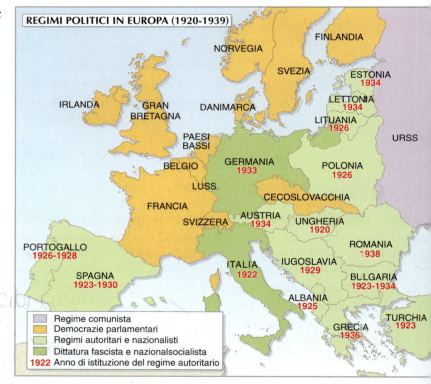

REGIMI POLITICI IN EUROPA (1920-1939)

- Regime comunista
- Democrazie parlamentari
- Regimi autoritari e nazionalisti
- Dittatura fascista e nazionalsocialista
- 1922 Anno di istituzione del regime autoritario

Parola chiave

COLPO DI STATO
- Si tratta di un'azione di forza, quasi sempre compiuta con l'aiuto dell'esercito, con la quale viene deposto il governo di un Paese per instaurare un altro regime, generalmente di tipo autoritario. Capita talvolta che un colpo di Stato avvenga anche senza azioni di forza improvvise contro le istituzioni, ma sia condotto a termine progressivamente attraverso il condizionamento dell'opinione pubblica, il susseguirsi di episodi di terrorismo e di violenza o con l'uso spregiudicato delle leggi, come accadde di fatto con l'instaurazione delle dittature di Mussolini e di Hitler.

2. La guerra civile spagnola e la dittatura franchista

IL PASSAGGIO DALLA MONARCHIA ALLA REPUBBLICA

Negli anni Venti la Spagna, che non aveva partecipato alla Prima Guerra Mondiale e aveva conservato una posizione di neutralità, fu travagliata da **forti contrasti interni**, dovuti alle **precarie condizioni economiche**, alle **rivendicazioni autonomiste** della Catalogna e alla **rivolta** nella colonia del **Marocco**.

Nel 1931 venne instaurata la **repubblica** e il re Alfonso XIII di Borbone fu costretto a fuggire in esilio a Roma. Il governo repubblicano, sostenuto dai socialisti, varò una serie di riforme tese a modernizzare il Paese (**riforma agraria**, riforma **dell'esercito** e **dell'istruzione**) e a laicizzare lo Stato (**separazione tra Stato e Chiesa**), assumendo anche posizioni apertamente anticlericali (**requisizione dei beni ecclesiastici**). Questi provvedimenti, però, vennero fortemente avversati dai ceti privilegiati (latifondisti, grandi industriali e finanzieri) e dalle organizzazioni di estrema destra (tra le quali spiccava la **Falange**).

Dopo le elezioni del 1933, che diedero la vittoria a una coalizione di centro-destra, alcuni di essi furono **abrogati**. Nel 1935 i partiti di sinistra riuniti nel Fronte Popolare ottennero però una schiacciante vittoria elettorale. Di fronte all'esito elettorale si formò un **movimento nazionalista**, sostenuto da una parte dell'esercito e dalla Chiesa. Nel 1936 i nazionalisti organizzarono un **colpo di Stato**, sotto la guida del generale **Francisco Franco** (1892-1975), detto il *caudillo* (che significa "condottiero") o *generalissimo*.

Per ricordare

- Quali furono i motivi dei contrasti interni alla Spagna negli anni Venti?
- Quali riforme furono attuate dal governo repubblicano? Da chi furono ostacolate?
- Che cosa accadde dopo le elezioni del 1933?

Abrogazione
Atto legislativo che annulla una o più leggi che riguardano una certa materia.

Fucilazione di un miliziano repubblicano.

Per ricordare

- Quando ebbe luogo la guerra civile spagnola?
- Quali governi aiutarono il movimento nazionalista di Francisco Franco?
- Chi sostenevano le Brigate Internazionali? Da chi erano composte?
- Quale fu l'atteggiamento delle altre potenze europee?

LA GUERRA CIVILE SPAGNOLA

I nazionalisti non riuscirono, tuttavia, a ottenere il controllo dell'intera Spagna e diedero vita a un governo illegittimo che si insediò nella città di **Burgos**. Iniziò così una sanguinosa **guerra civile**, destinata a durare quasi quattro anni (**1936-1939**). Il governo ufficiale, sostenuto da gran parte della popolazione e da settori dell'esercito, riuscì inizialmente a fronteggiare le forze franchiste.

A determinare le sorti della guerra fu l'intervento delle **potenze straniere**, che fornirono mezzi e uomini alla Falange franchista: la **Germania** di Hitler e l'**Italia** di Mussolini. Per Hitler, la Spagna divenne un **terreno di prova** per le nuove tattiche belliche: per la prima volta nella storia furono utilizzati gli aerei per **bombardare le popolazioni civili nelle città**, inaugurando così una pratica che sarebbe stata abbondantemente usata nel corso della Secondo Guerra Mondiale. Particolarmente feroce fu il bombardamento della città di **Guernica**, nei Paesi Baschi, rasa al suolo nel 1937.

L'esercito regolare ottenne l'aiuto da parte delle **Brigate Internazionali** un corpo di **volontari antifascisti** provenienti da oltre 50 Paesi del quale facevano parte **politici** (come gli italiani Luigi Longo e Pietro Nenni e **intellettuali** (come gli scrittori Ernest Hemingway e George Orwell)

L'**Unione Sovietica** di Stalin si limitò a **inviare armi e materiale bellico**. **Gran Bretagna e Francia**, invece, si mantennero neutrali nel timore che il conflitto potesse estendersi al resto dell'Europa

Milizie repubblicane si preparano a raggiungere il fronte.

LA DITTATURA DI FRANCO

Ben presto, la **disparità delle forze** in campo diede ragione ai **franchisti**. Le truppe del "generalissimo" sfondarono nel 1938 le difese dei repubblicani (chiamati miliziani). A una a una **caddero tutte le roccaforti antifasciste**: Malaga, Bilbao, Lerida. Barcellona, rimasta isolata, si arrese nel gennaio 1939. I repubblicani, asserragliati nella capitale, si arresero ai franchisti il 28 marzo 1939.

Francisco Franco assunse la guida dello Stato, instaurando una **dittatura** che sarebbe durata quasi quarant'anni. La Falange divenne l'unico partito della nazione, nel 1947 fu **ripristinata, almeno formalmente, la monarchia** con la reggenza a vita di Franco e il Paese fu ricondotto ai valori tradizionali della religiosità, dell'autoritarismo, del militarismo

Il **bilancio** della guerra civile spagnola fu **drammatico**: alle centinaia di migliaia di caduti in guerra bisogna aggiungere trettanti profughi e più di 100 mila fucilati negli anni successivi al conflitto, vittime della *feroz matanza* (cioè "feroce massacro") con cui Franco si liberò dei nemici del regime.

Per ricordare

- Chi uscì vincitore dalla guerra civile spagnola? Perché?
- Quali furono le caratteristiche del regime instaurato da Franco?
- Come vennero trattati i nemici del regime franchista?

Leggere un'immagine

Guernica: il grido di dolore di Picasso

*Esiste un'opera d'arte che è diventata l'**immagine-simbolo** degli orrori della guerra civile spagnola e con essa di ogni guerra: si tratta di **Guernica**, un dipinto su tela, opera del grande artista spagnolo **Pablo Picasso** (1881-1973).*
La tela fu ispirata dal bombardamento della cittadina basca di Guernica da parte degli aerei tedeschi, che la rasero al suolo. Picasso apprese la notizia a Parigi, dove viveva. Sconvolto e commosso dalla tragica sorte della città, elaborò, nel giro di pochi mesi, la sua opera più famosa.
*In essa l'artista non descrive l'evento: non vediamo case diroccate né soldati in armi, non c'è traccia del rosso del sangue; l'opera vuole evocare lo **sdegno contro la violenza e la guerra**, qualunque guerra, di fronte alla cui tragicità nessuna coscienza può "chiudere gli occhi". Per questo motivo l'opera è densa di valori simbolici: dalla figura del toro a quelle sfaccettate e scomposte dei caduti, a quelle dei superstiti, emblema del dolore e della disperazione.*

La composizione si apre a sinistra con la figura di un toro, sotto i cui occhi si svolge il dramma. Il toro, tipico della cultura spagnola, ricorda il mitico Minotauro e simboleggia la forza bruta e l'irrazionalità della guerra.

La luce di una lampada domestica rischiara la scena, emanando raggi che richiamano le fiamme della guerra, la quale irrompe nelle case e nelle stalle senza risparmiare bambini, donne e animali.
Sotto, un cavallo si dibatte in un drammatico movimento: rappresenta il popolo colpito.

Un uomo fugge con le braccia alzate dalla sua casa in fiamme. La posizione della figura ricorda quella della Maddalena di molte crocifissioni, che manifesta così la propria disperazione. La posizione è simmetrica rispetto al toro, per questo il suo gesto è così evidente.

La madre con il bambino morto tra le braccia richiama chiaramente le figure delle *Pietà*.

Un caduto, in primo piano, ci ricorda una statua spezzata ed esprime simbolicamente la sconfitta dell'uomo. La visione simultanea degli occhi su un solo piano rende drammatico il suo sguardo.

Vicino alla mano del caduto, che ancora impugna la spada spezzata, s'innalza un fiore: è la speranza in un riscatto dell'uomo?

Parte terza Capitolo 12 - Crisi delle democrazie e regimi autoritari

3. Regimi autoritari nei Paesi extraeuropei

L'INFLUENZA DEGLI STATI UNITI NEL CONTINENTE AMERICANO

Nel corso degli anni Venti i Paesi dell'America centrale e meridionale entrarono nell'orbita dell'**influenza politica ed economica degli Stati Uniti**. Le grandi compagnie commerciali statunitensi, infatti, esercitavano il controllo sulle risorse del territorio e interferivano nelle decisioni politiche dei governi.

Gli Stati Uniti divennero l'**unico mercato** nel quale i Paesi latino-americani potevano vendere i loro prodotti agricoli e minerari, tanto che la **crisi del 1929** determinò un vero e proprio **collasso dell'economia del Centro e Sudamerica**.

> **Per ricordare**
> - Quali erano i rapporti tra gli Stati Uniti e i Paesi dell'America centrale e meridionale?
> - Perché la crisi del 1929 determinò il tracollo dell'economia dei Paesi latino-americani?

L'AMERICA LATINA TRA DITTATURA E DEMOCRAZIA

Si venne così a creare in tutta l'area una situazione di **forte instabilità politica**. Si susseguirono colpi di Stato, rivoluzioni, guerre civili e sommosse, che portarono all'instaurazione di numerosi **regimi dittatoriali**, sostenuti dai grandi proprietari terrieri e dall'esercito, con l'appoggio delle compagnie commerciali straniere.

In **Nicaragua** venne instaurata la dittatura di Anastasio Somoza; a **Cuba** quella di Fulgencio Batista; in **Brasile** Getulio Vargas diede avvio a un regime autoritario con l'appoggio delle masse popolari, una caratteristica questa (detta **populismo**) tipica della politica sudamericana.

Diversa, invece, fu l'evoluzione politica del **Messico**, che, sotto la guida di Lázaro Cárdenas, si diede un **governo democratico**. Esso attuò **importanti riforme** – come quella agraria – e la **nazionalizzazione delle risorse**, che svincolarono il Paese dal controllo straniero.

> **Per ricordare**
> - Quali furono le conseguenze della crisi economica?
> - Che cosa accadde nei diversi Stati?
> - Perché il Messico rappresentò un'eccezione?

IL MILITARISMO GIAPPONESE

Al di là dell'Oceano Pacifico, anche il Giappone visse un turbolento **periodo di instabilità**, conclusosi con l'instaurazione di un **regime autoritario**, **militarista** e **ultranazionalista**, appoggiato dall'imperatore **Hirohito** (1901-1989), salito al trono nel 1926.

In questo periodo il Giappone – che dopo la Grande Guerra aveva ottenuto le colonie tedesche in Cina – visse una fase di **intenso sviluppo economico**, diventando una delle maggiori potenze industriali e militari del mondo. La nascita di un regime autoritario e nazionalista favorì la ripresa della **politica espansionistica**, soprattutto **ai danni della Cina**.

Nel 1931 l'occupazione della regione cinese della **Manciuria** costituì la premessa per lo scoppio, nel 1937, della **guerra sino-giapponese**, nel corso della quale il Giappone arrivò a conquistare le maggiori città cinesi.

In campo internazionale la politica aggressiva del Giappone trovò il suo naturale riferimento nei **regimi fascista e nazista**, ai quali il Paese del "Sol Levante" legherà la sua sorte nel corso della Seconda Guerra Mondiale.

> **Per ricordare**
> - Quali erano le caratteristiche del regime autoritario instaurato in Giappone?
> - Quale tipo di politica riprese il nuovo regime?
> - Perché scoppiò la guerra sino-giapponese?
> - Con quali Paesi europei il Giappone decise di allearsi?

LE DIFFICOLTÀ DELLA REPUBBLICA CINESE

Le nuove istituzioni repubblicane, affermatesi in Cina dopo la rivoluzione del 1911 – guidata da Sun Yat-sen (vedi pag. 42) –, ebbero vita travagliata e il Paese fu sconvolto da una serie di guerre civili. I **sostenitori del vecchio impero** si opponevano alle **forze repubblicane**, riunite nel **Kuomintang** (Partito Nazionale del Popolo).

Alla morte di Sun Yat-sen la direzione del Kuomintang fu assunta da **Chiang Kai-shek**, leader dell'ala nazionalista, il quale si adoperò per **conquistare il potere** ed entrò in **conflitto con i comunisti**, che nel 1921 avevano fondato il **Partito Comunista Cinese**. Nel 1927 scoppiò una **guerra civile**, quando, per ordine di Chiang, furono uccisi alcuni esponenti comunisti.

Il **Partito Comunista, dichiarato fuorilegge**, fu costretto a operare in **clandestinità**; i comunisti, guidati da **Mao Zedong** (o **Mao Tse-tung**, secondo il vecchio sistema di trascrizione della lingua cinese) e da **Chou En-lai**, si rifugiarono nelle regioni meridionali del Paese e si riorganizzarono nelle campagne.

Per ricordare
- Quali forze erano protagoniste delle guerre civili in Cina?
- Perché Chiang Kai-shek entrò in conflitto con i comunisti?
- Che cosa fecero i comunisti dopo che il loro partito fu dichiarato fuorilegge?

LA LUNGA MARCIA E LA DIFFUSIONE DEL COMUNISMO IN CINA

Nel 1934, di fronte all'**attacco sferrato dall'esercito di Chiang**, i comunisti furono costretti a fuggire: iniziava così la **Lunga Marcia** (1934-1936), nel corso della quale Mao e i suoi seguaci percorsero, tra mille stenti, ben 12 000 km, attraversando tutta la Cina e rifugiandosi, alla fine, nella provincia settentrionale dello Shaanxi.

La Lunga Marcia si trasformò in un'impresa che in seguito venne presentata in modo trionfalistico e guadagnò ai comunisti un **larghissimo seguito** tra i Cinesi. Passando di villaggio in villaggio, infatti, i seguaci di Mao **diffusero tra la popolazione la dottrina marxista** e **conquistarono il consenso delle masse contadine**, preparando in tal modo il terreno per la futura rivoluzione.

Sebbene in lotta tra loro, nazionalisti e comunisti si trovarono costretti a una **collaborazione militare per contrastare il nemico giapponese**, che in quegli anni aveva inaugurato la propria politica espansionistica proprio a spese della Cina. Il conflitto tra nazionalisti e comunisti però **non si spense** e i due schieramenti si sarebbero di nuovo affrontati.

Per ricordare
- Perché i comunisti dovettero affrontare la Lunga Marcia?
- Perché la Lunga Marcia pose le basi per la successiva rivoluzione comunista cinese?
- Quali furono i rapporti tra nazionalisti e comunisti durante la guerra con il Giappone?

Chou En-lai (a sinistra) e Mao Zedong (al centro) al tempo della Lunga Marcia.

Approfondimenti

Storia e arte

"IL MILIZIANO CHE CADE", ICONA DEL NOVECENTO

Forma d'arte e al tempo stesso fonte storiografica, la **fotografia** ha accompagnato l'intero svolgersi del Novecento, fissando in immagini talvolta divenute emblematiche i momenti più significativi e spesso drammatici dell'epoca contemporanea (vedi pagg. 14-15).

Robert Capa, fotoreporter di guerra

Un genere particolarmente fecondo e praticato dai fotografi più celebri del secolo è stato il **reportage di guerra**, che ha avuto nell'opera di **Robert Capa** (1913-1954) il suo moderno modello.

Ebreo ungherese (il suo vero nome era *Endre Ernő Friedmann*) fuggito dalla Germania dopo l'avvento del Nazismo, Robert Capa documentò per diverse testate (come i giornali francesi *Ce soir* e *Regards* e la rivista statunitense *Life*) le guerre della prima metà del Novecento (fu ucciso, appena quarantenne, dall'esplosione di una mina durante la guerra in Indocina, nel 1954).

La nascita di un'immagine diventata simbolo di un secolo

Recatosi in Spagna per documentare la guerra civile, Capa vi realizzò lo scatto che forse più di ogni altro gli ha dato la fama, oltre a fissare nella memoria collettiva il ricordo di un conflitto vissuto dai contemporanei con una grande intensità emotiva e ideologica. Si tratta della fotografia del **Miliziano che cade**, scattata il 5 settembre 1936 e divenuta un'**icona mondiale**, essendo assurta a rappresentare il sacrificio dell'uomo nella lotta per la libertà, contro ogni forma di dittatura.

Lo stesso Capa ha così descritto la circostanza in cui l'immagine è stata realizzata:

"Mi trovavo dietro un mucchio di terra, al riparo. I franchisti tiravano con delle mitragliatrici e c'era molto pericolo. Sulla mia sinistra c'erano, in una trincea, i miliziani. Di tanto in tanto un gruppetto di loro saltava fuori perché aveva l'ordine di conquistare la posizione dei nazionalisti. La mia paura era

La Leica III utilizzata da Robert Capa in Spagna era una macchina fotografica apprezzata dai fotoreporter del tempo per le sue caratteristiche di robustezza, leggerezza e versatilità, accompagnate da un'eccezionale resa ottica.

tale che ad un certo momento, spinto dal dovere professionale, ho tirato fuori un braccio con la Leica, ho puntato e quando ho sentito partire la scarica ho scattato, poi ho ritirato la macchina e me ne sono andato."

A causa della perfezione tecnica dello scatto (tempismo, vicinanza all'azione, soggetto nettamente stagliato su uno sfondo dai notevoli elementi paesaggistici) e della simpatia di Capa verso la causa repubblicana, sono stati avanzati diversi dubbi circa l'**autenticità** di questa fotografia, considerata piuttosto come una delle tante "**messe in scena**" realizzate in genere dai fotografi al seguito delle truppe, in condizioni di relativa sicurezza e magari con intenti propagandistici. Ne è nata una lunga controversia che ha prodotto un'ampia letteratura.

La recente scoperta di tutte le immagini scattate in quel giorno e in quel luogo da Capa permetterà di chiarire se l'immagine del *Miliziano che cade* sia effettivamente un'istantanea di guerra. Alcune ricerche del resto sarebbero approdate addirittura all'identificazione del soldato colpito a morte in quel 5 settembre 1936 sul Cerro Muriano in Andalusia: il ventiquattrenne Federico Borrell García, detto "Taino", appartenente alla Colonna Alcoyana delle milizie repubblicane.

Sintesi

I FASCISMI EUROPEI

- Come in Italia e in Germania, anche in altri Paesi europei sorsero dittature e regimi autoritari. Questo accadde in particolare nell'Europa centro-orientale, nell'area balcanica e nella Penisola iberica, laddove le istituzioni liberal-democratiche non erano sufficientemente radicate.

LA GUERRA CIVILE SPAGNOLA E LA DITTATURA FRANCHISTA

- Particolarmente drammatici furono gli eventi accaduti in Spagna. Nel 1931 venne proclamata la repubblica e salì al potere un governo espressione dell'alleanza fra repubblicani e socialisti, contrastato dalla destra. Le elezioni del 1933 sancirono la vittoria di una coalizione di centro-destra, che abrogò diverse misure adottate dal governo precedente.
- Di fronte alla vittoria elettorale del Fronte Popolare, nel 1935, i nazionalisti crearono un forte movimento di opposizione capeggiato dal generale Francisco Franco, che nel 1936 attuò un colpo di Stato.
- Il colpo di Stato franchista innescò una guerra civile che si prolungò fino al 1939 e si concluse con la vittoria delle milizie franchiste. Franco ebbe l'appoggio di Italia e Germania, mentre il governo legittimo fu aiutato dai volontari delle Brigate Internazionali. Una volta salito al potere Franco instaurò un regime dittatoriale destinato a durare circa 40 anni, durante i quali condusse una forte repressione contro i suoi oppositori.

REGIMI AUTORITARI NEI PAESI EXTRAEUROPEI

- Nel corso degli anni Venti i Paesi dell'America centrale e meridionale subirono fortemente l'influenza economica e politica degli Stati Uniti e risentirono dei contraccolpi della crisi del 1929.
- Il tracollo dell'economia portò all'instaurazione di regimi autoritari in quasi tutti gli Stati dell'America Latina. Il Messico riuscì invece a conservare un governo democratico.
- In Giappone l'imperatore Hirohito appoggiò la nascita di un regime autoritario che pose fine a un periodo di grande instabilità politica. La ripresa dell'economia e la stabilità politica permisero al Giappone di riprendere una politica espansionistica ai danni della Cina, con l'occupazione della Manciuria che portò allo scoppio della guerra sino-giapponese.
- In Cina, dopo la rivoluzione del 1911, si verificarono violenti scontri fra i sostenitori del vecchio impero e le forze repubblicane riunite nel *Kuomintang*. In seguito, lo scontro oppose lo schieramento nazionalista a quello dei comunisti, che nel 1921 avevano fondato il Partito Comunista Cinese. Il governo repubblicano dichiarò fuorilegge il Partito Comunista Cinese. I comunisti si rifugiarono nelle regioni meridionali del Paese, da dove però dovettero nuovamente fuggire, iniziando una Lunga Marcia verso nord. La Lunga Marcia permise ai comunisti, guidati da Mao Zedong, di diffondere la dottrina marxista tra i contadini cinesi, ponendo così le basi per la successiva rivoluzione comunista.

Anche noi storici

Conoscere eventi e fenomeni storici

1. Indica se le seguenti affermazioni sono vere (V) o false (F).

		V	F
a.	Negli anni Venti e Trenta si affermarono in Europa numerosi regimi autoritari.	☐	☐
b.	La Spagna attraversava un periodo di precarie condizioni economiche in conseguenza dell'intervento nella Prima Guerra Mondiale.	☐	☐
c.	La Falange spagnola era un'organizzazione di estrema destra.	☐	☐
d.	Le potenze europee non intervennero nella guerra civile spagnola.	☐	☐
e.	La guerra civile spagnola si concluse con la vittoria dei repubblicani.	☐	☐
f.	Francisco Franco instaurò un regime dittatoriale fortemente osteggiato dalla Chiesa.	☐	☐
g.	Negli anni Venti gli Stati Uniti influenzavano pesantemente l'economia e la politica dell'America Latina.	☐	☐
h.	L'unico governo democratico dell'America Latina era quello del Brasile.	☐	☐
i.	Negli anni Venti e Trenta il Giappone ebbe un intenso sviluppo economico.	☐	☐
l.	L'imperatore Hirohito diede al Giappone una costituzione democratica.	☐	☐
m.	Chiang Kai-shek a capo dei comunisti cinesi intraprese la Lunga Marcia per sfuggire ai nazionalisti di Mao Zedong.	☐	☐

Attivazioni didattiche

Conoscere eventi e fenomeni storici

2. *Collega i personaggi, gli eventi, i movimenti e i luoghi elencati al Paese cui si riferiscono.*

a. Jòzef Pilsudski ....

b. Antonio de Oliveira Salazar ....

c. Alfonso XIII di Borbone ....

d. Francisco Franco ....

e. Guernica ....

f. Chou En-lai ....

g. Hirohito ....

h. Manciuria ....

i. Anastasio Somoza ....

l. Lázaro Cárdenas ....

m. Brigate Internazionali ....

n. Feroz matanza ....

o. Miklós Horthy ....

p. Miguel Primo de Rivera ....

q. Mao Zedong ....

Ricavare informazioni da un documento storico

3. *Leggi attentamente i testi che seguono, tratti da lettere di Italiani che combatterono nella guerra civile spagnola, quindi esegui quanto proposto.*

Gli Italiani nella guerra civile spagnola

Lettera n. 1

Sono partito da poco da Tolosa e ti scrivo sul traballante treno: fra 4 ore passo la frontiera […] ho visto sul treno che ce ne sono parecchi di tutte le nazionalità: ma il contingente più forte è italiano, e ciò che nemmeno io mi sarei mai aspettato, molti direttamente dall'Italia. Cosa che ci fa onore perché credevo proprio che fosse diventata la terra dei morti la nostra Italia […] La vera tradizione garibaldina, che va in aiuto del debole oppresso, che vuol essere libero non è morta[…]la camicia rossa è ancora rossa: repubblicana, intendiamoci, non bolscevica! Non credere che qui sia tutta Russia. C'è del sano socialismo e della vera democrazia che combatte[…]sono fiero di far parte di questa schiera che mantiene pura la camicia rossa.

Lettera n. 2

Sono quasi sette mesi che mi trovo in terra di Spagna… Qui abbiamo visto il comunismo in atto con le sue stragi e devastazioni indescrivibili. Il nostro cuore di italiani e fascisti non poteva rimanere insensibile, il nostro spirito si è maggiormente rafforzato, la nostra volontà è diventata ferrea, comprendendo l'alta missione a noi affidata […]. Abbiamo vinto e vinceremo sino alla distruzione completa del nemico della civiltà […]. Da cinque anni il popolo spagnolo subiva tutte le persecuzioni e i soprusi e finalmente una minoranza insorse per salvare la Spagna dalle ideologie comuniste. La vittoria finale non sarà più tanto lontana, auguriamoci che rimanga un certo dinamismo altrimenti sarà un popolo finito.

rid. e adatt. dalle *Lettere di combattenti italiani in Spagna*, in *Archivio di Storia Contemporanea del Museo del Risorgimento*, Milano

Sottolinea l'affermazione corretta e rispondi alle domande.

a. Gli Italiani combatterono **1.** *solo nelle Brigate Internazionali a sostegno dei repubblicani.* /**2.** *sia nelle file dei franchisti che dei repubblicani,* /**3.** *solo a sostegno dei franchisti.*

b. L'autore della lettera n.1 partecipò alla guerra civile combattendo a fianco dei **1.** *franchisti* /**2.** *repubblicani.*

c. L'autore della lettera n.2 partecipò alla guerra combattendo al fianco dei **1.** *franchisti* /**2.** *repubblicani.*

d. Che cosa secondo l'autore della lettera n.1 fa onore all'Italia? In nome di quali ideali è fiero di combattere? ....
....

e. In nome di quali ideali afferma di combattere l'autore della lettera n.2? ....
....

Comprendere e utilizzare il linguaggio della storia

4. *Indica il significato dei seguenti termini ed espressioni (riporta accanto il numero corrispondente).*

a. Kuomintang ...... – **b.** Falange ...... – **c.** Caudillo ...... – **d.** Nazionalizzazione ...... – **e.** Colpo di Stato ......

[**1.** *titolo attribuito al generale Franco* – **2.** *azione di forza, spesso sostenuta dall'esercito, volta a deporre un governo per instaurare un altro regime, solitamente di tipo autoritario* – **3.** *denominazione del Partito Nazionale del Popolo, che riuniva le forze repubblicane cinesi* – **4.** *trasferimento sotto la proprietà o il controllo dello Stato di attività economiche, risorse, industrie e servizi* – **5.** *organizzazione politica e militare spagnola di ideologia fascista, divenuta partito unico durante la dittatura franchista*]

222 **PARTE TERZA CAPITOLO 12 -** CRISI DELLE DEMOCRAZIE E REGIMI AUTORITARI

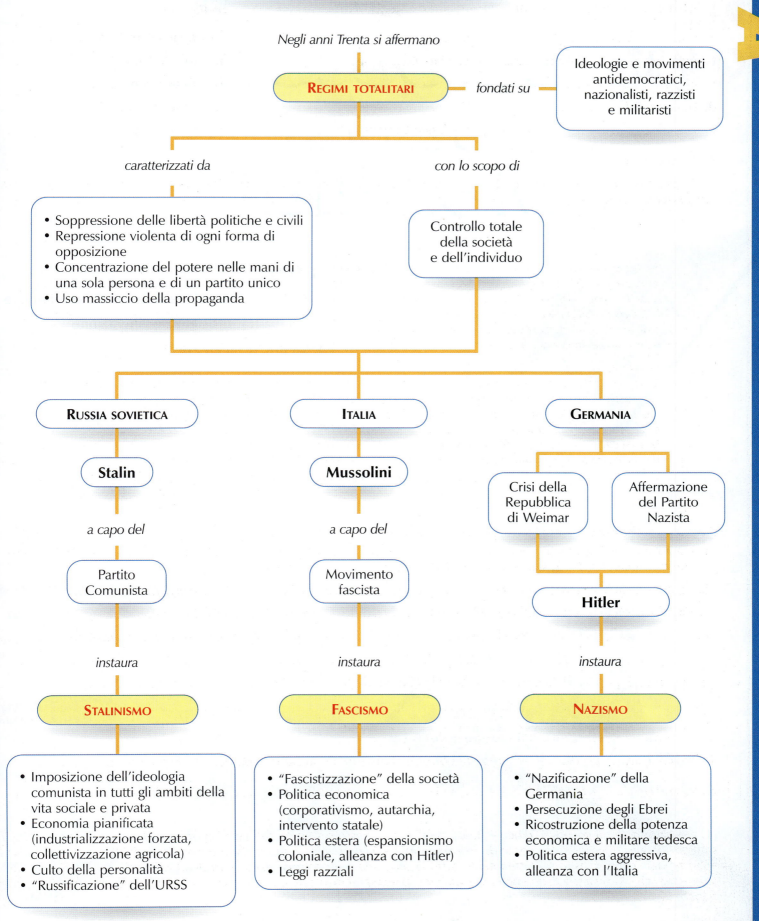

PARTE QUARTA
La Seconda Guerra Mondiale

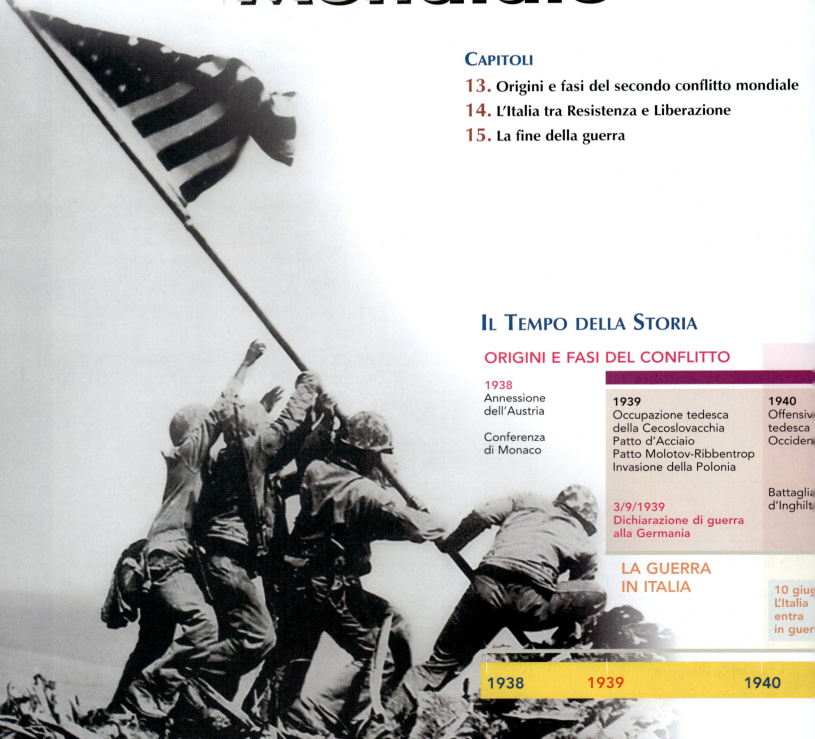

Capitoli

13. Origini e fasi del secondo conflitto mondiale
14. L'Italia tra Resistenza e Liberazione
15. La fine della guerra

Il Tempo della Storia

ORIGINI E FASI DEL CONFLITTO

1938
Annessione dell'Austria

Conferenza di Monaco

1939
Occupazione tedesca della Cecoslovacchia
Patto d'Acciaio
Patto Molotov-Ribbentrop
Invasione della Polonia

3/9/1939
Dichiarazione di guerra alla Germania

1940
Offensiva tedesca Occidentale

Battaglia d'Inghilterra

LA GUERRA IN ITALIA

10 giugno
L'Italia entra in guerra

1938 — 1939 — 1940

Entriamo nella Storia

- A soli venti anni dalla fine della Grande Guerra il mondo precipitò inesorabilmente nel baratro di un nuovo conflitto, la **Seconda Guerra Mondiale**. Scatenato dalla **politica aggressiva** del regime di **Hitler** (mal contrastata dalle potenze europee), il secondo conflitto mondiale fu alimentato da fenomeni e processi sviluppatisi nel dopoguerra, anche come conseguenza dei trattati di pace: lo spirito di rivalsa tedesco, i precari equilibri internazionali, le devastanti crisi economiche, l'affermarsi di **regimi autoritari razzisti e militaristi**.

- La Seconda Guerra Mondiale fu una **guerra totale**, dagli **effetti distruttivi** quali mai si erano visti prima. Non solo per l'impiego della **bomba atomica**, ma anche per la distruzione fisica e morale delle popolazioni civili e per lo **sterminio del popolo ebraico** (*Shoah*), che pagò il tributo più alto alla **crisi di civiltà** che investì l'Europa durante la guerra.

- Le prime fasi del conflitto videro una rapida e travolgente avanzata tedesca, che convinse Mussolini a decidere l'**intervento dell'Italia** a fianco della Germania. Di fronte alla minaccia di un'estensione del dominio nazista all'intero continente, le **democrazie occidentali e l'URSS**, con il contributo determinante degli **Stati Uniti**, seppero lanciare una poderosa controffensiva, che decretò nel 1945 la **sconfitta nazifascista** e la resa della Germania.

- L'avanzata alleata determinò la **caduta del regime fascista** e costrinse l'Italia a firmare l'armistizio (settembre 1943), all'indomani del quale essa si trovò **divisa in due parti**: le regioni centro-settentrionali occupate dai Tedeschi (dove Mussolini aveva costituito la **Repubblica Sociale Italiana** e dove si svilupperà il movimento della **Resistenza**) e le regioni meridionali controllate dalle truppe angloamericane.

Le domande del Presente

Come viene usato il potere deterrente delle armi di distruzione di massa?

L'apparizione della bomba atomica ha modificato la capacità di distruzione della specie umana, esponendola al pericolo di scomparire dalla faccia del pianeta. Al tempo stesso ha trasformato radicalmente il modo di concepire le relazioni internazionali.

Dalla seconda metà del Novecento, infatti, arsenali nucleari sempre più sofisticati sono diventati il **deterrente** per eccellenza, cioè un'**arma di dissuasione** di cui si sono dotate prima le due superpotenze e poi altri Stati, per prevenire eventuali attacchi con la **minaccia della distruzione reciproca**.

Nella mutata situazione storica, con l'affievolirsi della contrapposizione USA-URSS e con l'ascesa di nuove potenze, come verrà utilizzato il potere deterrente delle armi di distruzione di massa, non solo nucleari?

1939-1945 SECONDA GUERRA MONDIALE

1941
Invasione tedesca dell'URSS

Attacco giapponese a Pearl Harbor

8/12/1941 Gli USA entrano in guerra

1942-1943
Assedio di Stalingrado
Sconfitta italo-tedesca ad El Alamein
Ritirata tedesca e dell'ARMIR
Vittoria alleata sul fronte nordafricano

Sbarco alleato in Sicilia
Armistizio
Occupazione tedesca dell'Italia centro-sett.
Fondazione della RSI

1944
Controffensiva sovietica

Sbarco in Normandia

Avanzata degli Alleati verso Nord

1945
Conferenza di Yalta
maggio
Resa della Germania
agosto
Bombe atomiche su Hiroshima e Nagasaki
settembre
Resa del Giappone

25 aprile
Liberazione dall'occupazione tedesca

1941 — 1942 — 1943 — 1944 — 1945

13 Origini e fasi del secondo conflitto mondiale

A. Verso la guerra

1. Le origini del conflitto

Un nuovo conflitto mondiale

A distanza di soli venti anni dalla fine della Prima Guerra Mondiale, l'Europa precipitò nel baratro di un nuovo conflitto, che sarebbe durato ben sei anni, **dal 1939 al 1945**. La **Seconda Guerra Mondiale**, al pari della prima, **scoppiò in Europa e si estese al resto del mondo**, coinvolgendo Paesi di tutti i continenti.

Considerando le principali nazioni coinvolte, la guerra vide lo scontro tra **Germania, Italia e Giappone** da una parte, e una coalizione di "Alleati" costituita da **Gran Bretagna, Francia, Stati Uniti** e **Unione Sovietica** dall'altra.

Nella prima fase del conflitto (1939-1941/1942) prevalse nettamente l'**esercito tedesco**; seguì (1942/1943-1945) la **controffensiva degli Alleati**, che portò all'armistizio con l'Italia e alla resa finale della Germania e del Giappone.

Per ricordare
- In quali anni si svolse la Seconda Guerra Mondiale?
- Quali erano i fronti contrapposti?
- Da quali fasi fu segnato il conflitto?

I caratteri del conflitto

La Seconda Guerra Mondiale fu il conflitto più terribile che l'umanità abbia mai sostenuto. Essa esasperò ed aggravò alcuni caratteri del precedente conflitto mondiale (vedi pagg. 68-93), ma presentò anche **aspetti completamente nuovi**.

1. La Seconda Guerra Mondiale **coinvolse in modo massiccio le popolazioni civili**. Esse furono sottoposte a durissimi **bombardamenti aerei**, a deportazioni, a rastrellamenti e a rappresaglie, ma furono anche le protagoniste della resistenza agli invasori. L'**utilizzo dell'aviazione** mutò radicalmente il carattere del conflitto: i bombardamenti aerei, infatti, colpirono non solo le postazioni militari, ma anche le **città** e le **fabbriche**, con l'intento di **distruggere fisicamente e moralmente le popolazioni** e di mettere in crisi i **sistemi sociali e produttivi** dei Paesi nemici. Venne dunque meno, durante il conflitto, la distinzione tra militari e civili.

2. La guerra assunse i caratteri di uno **scontro di tipo ideologico** tra diverse concezioni dell'uomo e del mondo e tra diversi sistemi politici: **regimi totalitari** da una parte, che aspiravano al dominio dell'Europa e del mondo, e **Paesi democratici** (con la significativa eccezione dell'URSS) dall'altra, che lottavano per riaffermare le ragioni della libertà e della civiltà. Tale scontro si riprodusse, all'interno dei Paesi occupati, tra i sostenitori delle forze di occupazione e coloro che lottarono contro gli invasori e le loro ideologie, dando vita alla **Resistenza**.

3. Ci fu una progressione nell'utilizzo di **armi sempre più micidiali**: dai missili tedeschi V1 e V2 ai carri armati, dagli aerei da bombardamento, capaci di trasportare tonnellate di esplosivo, all'arma di distruzione di massa più tremenda, la **bomba atomica**, impiegata alla conclusione della guerra.

4. La guerra sancì il **declino economico dell'Europa** e il suo definitivo ridimensionamento politico sullo scenario internazionale, dove agli **Stati Uniti** si affiancò come potenza di rilevanza mondiale l'**Unione Sovietica**.

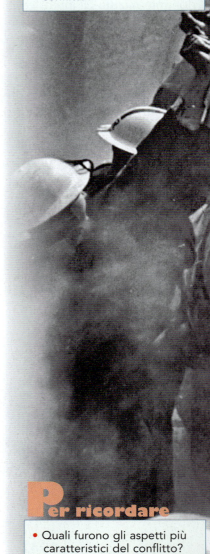

Per ricordare
- Quali furono gli aspetti più caratteristici del conflitto?

LO SPIRITO DI RIVALSA TEDESCO E LA POLITICA DELLO SPAZIO VITALE

Le **origini** della Seconda Guerra Mondiale vanno ricercate, come abbiamo già anticipato, nell'assetto dato all'Europa dai **trattati di pace stipulati alla fine del primo conflitto mondiale**.

Le **dure condizioni imposte alla Germania**, le conseguenze della crisi economica del 1929 e la debolezza della Società delle Nazioni, incapace di far rispettare le clausole dei trattati, favorirono il diffondersi in Germania di un forte **spirito di rivalsa**, che fu tra i fattori scatenanti della guerra.

Fin dalla sua ascesa al potere, Hitler aveva formulato un chiaro **programma espansionistico**, volto in primo luogo all'**acquisizione dei territori di lingua tedesca**, con l'intento di costituire una "**grande Germania**", cioè un'unica nazione per tutti i popoli di lingua tedesca e di "razza ariana". Tale programma prevedeva successivamente la conquista di uno "**spazio vitale**" a Est, a spese delle popolazioni slave.

In conseguenza di tale programma e **contravvenendo alle clausole del Trattato di Versailles**, Hitler aveva provveduto a **riarmare l'esercito**, la *Wehrmacht*, dotandolo di un **moderno e potente arsenale bellico**.

Bombardamento sulla città di Londra, una delle metropoli più provate dagli attacchi contro obiettivi civili.

Per ricordare

- Perché le cause del secondo conflitto mondiale vanno ricercate nei trattati di pace che sancirono la fine della Grande Guerra?
- Che cosa implicava il programma espansionistico formulato da Hitler?
- Che cosa fece Hitler, contravvenendo alle clausole del Trattato di Versailles?

2. Le reazioni europee e l'invasione della Polonia

L'ANNESSIONE DELL'AUSTRIA E DEI SUDETI

Di fronte agli evidenti piani espansionistici di Hitler, **le maggiori potenze europee**, Gran Bretagna e Francia, **reagirono piuttosto debolmente**, limitandosi a protestare formalmente nella sede della Società delle Nazioni. La crescita della Germania, del resto, rappresentava, per gran parte dell'opinione pubblica europea, un'efficace **difesa contro il Socialismo rivoluzionario** guidato dall'URSS.

Nel marzo 1938, il dittatore tedesco iniziò la sua politica di espansione con l'**annessione dell'Austria** (*Anschluss*), completata nel giro di pochi giorni e sancita da un **plebiscito**.

Pochi mesi dopo minacciò l'integrità territoriale della Cecoslovacchia, assumendo a pretesto la presenza di una **minoranza di lingua tedesca** nella regione dei **Monti Sudeti**.

Per ricordare

- Come reagirono le principali potenze europee? Perché?
- Come avvenne l'annessione dell'Austria?
- Quale pretesto usò Hitler per avanzare diritti sui Monti Sudeti?

Arthur N. Chamberlain, fautore della politica dell'appeasement, al ritorno dalla Conferenza di Monaco.

LA POLITICA DELL'APPEASEMENT E LA CONFERENZA DI MONACO

Le minacce tedesche spinsero le potenze europee a intervenire, con lo scopo di **limitare le pretese espansionistiche della Germania** ed evitare, al tempo stesso, un conflitto aperto. In questa prospettiva si collocava la **politica dell'*appeasement*** (cioè della "pacificazione"), sostenuta dal primo ministro britannico Arthur N. Chamberlain, intesa a fronteggiare l'aggressiva politica estera tedesca sul **piano diplomatico** con alcune **concessioni**.

Nel settembre 1938 venne indetta a questo scopo la **Conferenza di Monaco**, cui parteciparono i capi di governo francese, britannico, tedesco e italiano. La Conferenza **concesse** a Hitler **la possibilità di annettere i Sudeti**, a patto di non proseguire con l'occupazione di altri territori. Di fatto Hitler – che poteva contare sull'alleanza dell'Italia – si convinse della **debolezza di Francia e Gran Bretagna** e si preparò a **completare l'espansione nell'Est europeo**. L'atteggiamento francese e britannico fece sentire gli Stati dell'Europa orientale abbandonati alla mercé di Hitler e convinse l'Unione Sovietica, esclusa dalla Conferenza e dalle decisioni di Monaco, che i quattro Paesi partecipanti avessero raggiunto accordi in funzione antisovietica.

Il giorno successivo alla conclusione della conferenza, le truppe tedesche **occuparono i Monti Sudeti**; nel marzo 1939, come era già nei suoi piani, Hitler **invase la Cecoslovacchia** occupando la Boemia e la Moravia (trasformate in **protettorati del Reich**), mentre la Slovacchia divenne uno Stato fantoccio, che appoggiava la Germania nazista.

Per ricordare

- Qual era l'obiettivo della politica dell'*appeasement* sostenuta da Chamberlain?
- Quale fu l'esito della Conferenza di Monaco?
- Che cosa accadde alla Cecoslovacchia?

Leggere una carta

Le regioni della Saar e della Renania, che secondo gli accordi di Versailles dovevano rimanere smilitarizzate, furono annesse alla Germania nel 1935 e nel 1936, senza che le potenze europee reagissero in modo significativo.

La catena montuosa dei Sudeti occupava una parte limitata della regione occidentale della Cecoslovacchia, ma rappresentava una sorta di accesso verso Oriente.

L'annessione dell'Austria non avvenne in modo violento, anche se forti furono le pressioni esercitate dai Tedeschi sulla popolazione e sulle autorità politiche austriache.

Hitler salutato dalla folla dopo l'entrata in Cecoslovacchia.

PARTE QUARTA **CAPITOLO 13** - ORIGINI E FASI DEL SECONDO CONFLITTO MONDIALE

IL PATTO MOLOTOV-RIBBENTROP

Mentre le truppe tedesche procedevano occupando l'Europa orientale, Hitler, con l'intento di invadere la Polonia, cominciò ad avanzare **pretese sulla città libera di Danzica** e sul cosiddetto "Corridoio polacco" (la striscia di territorio polacco che separava la Germania dalla regione tedesca della Prussia orientale), provocando **continui incidenti lungo i confini**.

Prima di procedere all'attacco, tuttavia, volle **assicurarsi la neutralità dell'Unione Sovietica**. Nell'estate del 1939, infatti, venne stipulato un **patto di non aggressione**, noto come **Patto Molotov-Ribbentrop** (dal nome dei ministri – sovietico e tedesco – che firmarono il trattato). Tale patto, nel quale ciascuno dei due Stati si impegnava a non attaccare l'altro in caso di conflitto, era accompagnato da un protocollo segreto: un'intesa che prevedeva la **spartizione della Polonia e dei Paesi Baltici tra Germania e URSS**.

Nel maggio dello stesso anno la Germania aveva stipulato un'**alleanza militare con l'Italia**, nota come **Patto d'Acciaio**, alla quale in seguito si unì anche il Giappone.

> **Per ricordare**
> - Perché Hitler iniziò ad avanzare pretese su Danzica?
> - Che cosa stabiliva il Patto Molotov-Ribbentrop? Che cosa prevedeva il protocollo segreto?
> - Quali Paesi facevano parte del Patto d'Acciaio?

Protocollo
Parola derivante dal greco *protókollon*, che un tempo indicava il primo foglio di un papiro unito ai successivi con la colla (da *prótos*, "primo" e *kólla*, "colla"). Nel diritto internazionale, il termine indica il documento che contiene i termini di un accordo stipulato tra Stati o altri soggetti di diritto internazionale.

L'INVASIONE DELLA POLONIA E LO SCOPPIO DELLA GUERRA

Di fronte alle iniziative di Hitler, **Francia e Gran Bretagna decisero di abbandonare la politica dell'*appeasement***, assicurando il loro **appoggio alla Polonia**, verso la quale si erano indirizzate le mire espansionistiche della Germania.

Il **1° settembre 1939**, senza inviare alcuna dichiarazione di guerra, le truppe tedesche violarono il confine polacco. Il **3 settembre Francia e Gran Bretagna dichiararono guerra alla Germania**: era l'**inizio della Seconda Guerra Mondiale**.

Nel giro di poche settimane il potente esercito tedesco ebbe ragione delle truppe polacche e conquistò la **Polonia** prima che gli Stati alleati potessero organizzare operazioni militari per ostacolarne l'avanzata. Nello stesso tempo, l'**Unione Sovietica ne occupava le regioni orientali**, deportando migliaia di Polacchi ed eliminando circa 15 000 ufficiali.

> **Per ricordare**
> - Che cosa fecero Francia e Gran Bretagna?
> - Quando iniziò la Seconda Guerra Mondiale?
> - Come fu condotta l'occupazione della Polonia?

1 settembre 1939: soldati tedeschi rimuovono le barriere che segnano il confine con la Polonia.

B. IL MONDO IN GUERRA
1. La prima fase del conflitto

HITLER ALLA CONQUISTA DELL'EUROPA

Nei primi mesi del conflitto la poderosa macchina da guerra tedesca portò a termine l'**occupazione** di gran parte **dell'Europa centro-orientale e settentrionale**.

L'esercito tedesco adottò la **tattica** della guerra-lampo (*Blitzkrieg*), che consisteva in un'**azione rapida e simultanea** delle forze corazzate, dell'aviazione e della fanteria. Una volta che le veloci unità corazzate avevano sfondato le linee nemiche con l'appoggio dell'aviazione, entrava in azione la fanteria, che si occupava di eliminare le truppe nemiche rimaste isolate tra loro.

In questo modo i Tedeschi invasero la **Polonia occidentale** – con Danzica e la stessa capitale, Varsavia – nei primi mesi del 1940, occuparono la **Danimarca** e la **Norvegia**, dove vennero insediati **governi collaborazionisti**, cioè fedeli alle direttive degli invasori.

Contemporaneamente l'Unione Sovietica, dopo avere invaso la **Polonia orientale** sulla base di quanto stabilito nel **Patto Molotov-Ribbentrop**, occupò anche i **Paesi Baltici** e la **Finlandia**, che oppose una strenua resistenza, rivelando così la debolezza militare sovietica.

Per ricordare

- Quali territori occuparono i Tedeschi nei primi mesi di guerra?
- Quale tattica venne impiegata dall'esercito di Hitler?
- Che cosa fecero i Tedeschi nei territori occupati?
- Quali Stati furono invasi dai Sovietici?

Tattica
Settore dell'arte militare che studia l'azione delle truppe sul territorio per raggiungere gli scopi parziali prefissati all'interno di un piano più ampio, che è la strategia.

Governo collaborazionista
Si tratta di un governo istituito al solo scopo di prestare collaborazione a un invasore, tenendo conto non degli interessi della popolazione, ma degli obiettivi politici ed economici della potenza che in quel momento esercita il proprio potere sul governo stesso e sull'intero Stato.

Leggere una carta

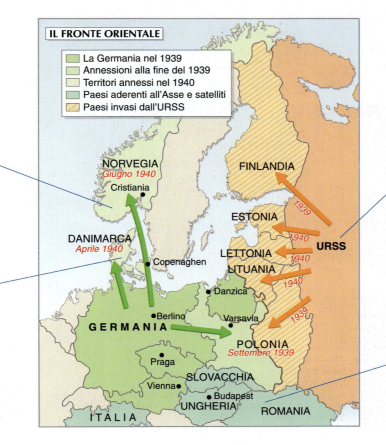

L'invasione della Polonia fu seguita, dopo pochi mesi, dall'occupazione della Danimarca e della Norvegia. In questo modo la Germania dominava gran parte dell'Europa centrale e settentrionale.

Con l'occupazione della Polonia orientale e l'invasione della Finlandia e dei Paesi Baltici, Stalin riportò di fatto all'Unione Sovietica i territori persi con il trattato di Brest-Litovsk che aveva sancito l'uscita della Russia dalla Prima Guerra Mondiale.

Oltre all'Italia, alleata nell'Asse Roma-Berlino-Tokyo, nell'Europa meridionale e orientale la Germania poteva contare sull'appoggio di Stati-satellite come la Slovacchia, l'Ungheria e la Romania.

L'INVASIONE DELLA FRANCIA

Dopo aver consolidato il fronte orientale, Hitler decise di rivolgere il suo attacco ad Ovest, contro la **Francia**. I Francesi, che avevano costruito un **possente sistema di fortificazioni** (chiamato "*Linea Maginot*") lungo i confini con la Germania, non avevano però previsto che le truppe di Hitler avrebbero **aggirato quella postazione**.

I Tedeschi, infatti, anziché attaccare direttamente la Francia dal territorio della Germania, **violarono la neutralità di Belgio**, **Paesi Bassi** e **Lussemburgo** e, attraversando quegli Stati, **penetrarono nel territorio francese da Nord** quasi senza incontrare resistenza. Il **14 giugno 1940** le truppe tedesche entravano a Parigi.

Mentre i membri del governo e i capi dell'esercito, tra i quali il generale **Charles De Gaulle** (1890-1970), sceglievano la via dell'**esilio** per **organizzare la resistenza** contro l'invasore, il vecchio maresciallo **Philippe Pétain** firmò l'**armistizio** e accettò di **collaborare con i Nazisti**.

Per tutta la durata del conflitto, la Francia rimase **divisa in due**: il Nord occupato e amministrato dai Tedeschi, il Sud sotto il **governo collaborazionista** di Pétain con sede a Vichy. Il **governo di Vichy** instaurò un regime autoritario, che **soppresse le libertà democratiche e promulgò leggi antisemite**.

Per ricordare

- In che modo i Francesi avevano pensato di resistere agli attacchi tedeschi?
- Perché il sistema di difesa francese risultò inutile?
- Che cosa fecero i membri del governo francese e i capi dell'esercito?
- Come agì il governo collaborazionista del maresciallo Pétain?

Leggere una carta

L'INVASIONE DELLA FRANCIA (maggio - giugno 1940)

L'avanzata dei Tedeschi sul suolo francese fu inarrestabile e in un mese e mezzo occuparono tutto il Paese.

Per invadere la Francia Hitler usò la stessa tattica che la Germania aveva usato nella Prima Guerra Mondiale: anche allora i Tedeschi erano entrati in territorio francese da Nord violando la neutralità del Belgio.

Il governo di Vichy governava le regioni meridionali della Francia, meglio controllabili perché confinanti con Paesi amici come l'Italia fascista e la Spagna di Franco.

La *Linea Maginot* costituiva uno straordinario complesso di fortificazioni, trincee e canali sotterranei che correva lungo tutto il confine con la Germania. Dopo averla resa inutile entrando in Francia passando da Nord, i Tedeschi la attaccarono alle spalle.

Legenda carta:

Offensive tedesche
Linee del fronte
Linea Maginot
Armate francesi accerchiate (18 - 22 giugno)
Governo di Vichy

Avanzate tedesche:
dal 10 al 17 maggio
dal 18 al 28 maggio
dal 29 maggio al 14 giugno
dal 14 al 25 giugno

L'INTERVENTO DELL'ITALIA E IL PATTO TRIPARTITO

Nonostante fosse legata ai Tedeschi dal Patto d'Acciaio, inizialmente l'Italia non entrò in guerra, dichiarando la **non belligeranza**. La scelta di Mussolini era stata dettata da vari fattori:
- l'**impreparazione dell'esercito**;
- l'**opposizione alla guerra** da parte del re, della Chiesa e di numerosi gerarchi fascisti, dichiaratamente ostili ai Tedeschi;
- l'**insofferenza verso Hitler**, che aveva messo in atto i suoi piani senza consultare l'alleato italiano.

Di fronte alle incalzanti e rapide **vittorie tedesche**, però, Mussolini si convinse che la guerra sarebbe **terminata presto** e che sarebbe stato vantaggioso per l'Italia sedersi al tavolo delle trattative come Stato vincitore. Così, pochi giorni prima della resa francese, **l'Italia entrò in guerra** accanto alla Germania (**10 giugno 1940**), dichiarando guerra a Francia e Gran Bretagna.

Nel settembre del 1940 Germania, Italia e Giappone stipularono il **Patto Tripartito**: l'Asse Roma-Berlino si trasformava così nell'**Asse Roma-Berlino-Tokyo**. L'accordo prevedeva, in caso di vittoria, la **spartizione in tre aree di influenza**: l'Europa continentale sotto l'egemonia della Germania, il Mediterraneo all'Italia, l'Asia orientale e insulare sotto il dominio del Giappone.

Per ricordare
- Per quali motivi inizialmente Mussolini non volle prendere parte al conflitto?
- Perché Mussolini si convinse a entrare in guerra?
- Quali potenze stipularono il Patto Tripartito? Che cosa prevedeva l'accordo?

Soldati italiani in Libia.

GLI INSUCCESSI DELL'ITALIA

Le **operazioni dell'esercito italiano**, che si svolsero principalmente nei Balcani e nell'Africa Orientale, registrarono immediatamente **vistosi insuccessi**. Nel dicembre del 1940 le truppe inglesi sconfissero ripetutamente l'esercito italiano in Libia, conquistando la Cirenaica. Hitler fu quindi costretto ad inviare un corpo d'armata (*Afrikakorps*), al comando del generale Erwin Rommel, per **riconquistare le posizioni perdute** dall'alleato italiano. L'Africa orientale italiana (Etiopia, Somalia, Eritrea) cadeva intanto nelle mani degli Inglesi.

Nell'ottobre dello stesso anno Mussolini, per dimostrare la propria autonomia rispetto all'alleato, aveva deciso di **invadere la Grecia**. I Greci **seppero resistere** e ricacciarono le truppe italiane in Albania (che già dal 1939 era sotto il dominio italiano); ancora una volta **i Tedeschi dovettero intervenire** per riportare la regione sotto il loro controllo.

Le conseguenze di tali insuccessi furono la progressiva **subordinazione dell'Italia nei confronti della Germania** e la crescita del **dissenso interno** verso le scelte di Mussolini, sia da parte del governo sia da parte della popolazione, che aveva iniziato a sperimentare gli effetti dei primi bombardamenti inglesi.

Per ricordare
- Come si concluse la spedizione militare dell'Italia in Africa?
- Quale esito ebbe la campagna di Grecia?
- Quali furono le conseguenze degli insuccessi militari italiani?

PARTE QUARTA **CAPITOLO 13** - ORIGINI E FASI DEL SECONDO CONFLITTO MONDIALE

2. La guerra contro la Gran Bretagna e l'estensione del conflitto

HITLER INIZIA LA "BATTAGLIA D'INGHILTERRA"

Con la Francia ridotta all'impotenza, l'**unico Stato europeo in grado di fronteggiare l'avanzata nazista** era la **Gran Bretagna**, alla cui guida, dal maggio 1940, era il primo ministro **Winston Churchill** (1874-1965). Da sempre contrario alla politica dell'*appeasement*, egli trasmise alla popolazione la **volontà di resistere a ogni costo** contro l'avanzata nazista in Europa.

Nell'estate del 1940 Hitler lanciò contro la Gran Bretagna l'operazione "**Leone marino**", finalizzata all'invasione dell'isola. I piani tedeschi prevedevano il **bombardamento massiccio delle città e delle aree industriali inglesi**. La necessità tedesca di assicurarsi il dominio dell'aria in vista del successivo sbarco sull'isola scatenò la cosiddetta "**Battaglia d'Inghilterra**", il **primo grande conflitto aereo** della storia.

Per ricordare
- Perché Hitler attaccò la Gran Bretagna?
- Quale significato ebbe la "Battaglia d'Inghilterra"?

Spitfires inglesi, aerei da caccia protagonisti della Battaglia d'Inghilterra.

L'INATTESA RESISTENZA INGLESE

Per mesi e mesi la Gran Bretagna subì i violenti bombardamenti della Luftwaffe (l'aviazione tedesca), che rasero al suolo intere città, bloccando le attività vitali della nazione. Nonostante le distruzioni, **il Paese seppe resistere**, grazie alle capacità dei piloti e dei mezzi della **RAF** (*Royal Air Force*, l'aviazione britannica) e all'**impiego dei radar**, che permettevano di avvistare in anticipo l'arrivo degli aerei nemici e quindi di organizzare la difesa antiaerea.

Hitler fu costretto ad **abbandonare il progetto di invadere la Gran Bretagna**, pur continuando gli **attacchi navali** contro unità mercantili e convogli diretti a o provenienti dai porti dell'isola.

Per far fronte agli attacchi tedeschi la Gran Bretagna poté contare sull'**appoggio indiretto degli Stati Uniti** che, dopo la rielezione di Roosevelt, pur non partecipando direttamente alla guerra si erano impegnati a **concedere prestiti e aiuti** ai Paesi in lotta contro il Nazismo.

Per ricordare
- In che modo gli Inglesi riuscirono a resistere agli attacchi tedeschi?
- Che cosa fece Hitler dopo avere abbandonato il progetto d'invadere la Gran Bretagna?
- Come si comportarono gli Stati Uniti nella prima fase della guerra?

Contro l'Unione Sovietica: l'Operazione Barbarossa

Abbandonato il proposito di invadere l'Inghilterra e dopo avere conquistato quasi tutta l'Europa continentale, **nell'estate del 1941 Hitler lanciò l'attacco all'URSS**. Il piano tedesco, delineato alla fine del 1940 e noto come *Operazione Barbarossa*, rientrava nell'obiettivo della **conquista dello spazio vitale a Est**.

Stalin, sicuro che **Hitler non avrebbe attaccato l'Unione Sovietica prima di avere sconfitto la Gran Bretagna, fu colto di sorpresa**. Il 22 giugno 1941, **senza alcuna dichiarazione di guerra**, 160 divisioni tedesche con quattro milioni di uomini, 5 000 carri armati e 3 000 aerei penetrarono nel territorio sovietico, travolgendone le difese.

In pochi mesi l'esercito tedesco occupò i **Paesi Baltici**, l'**Ucraina** e la **Crimea**, spingendosi fino a Leningrado e **a pochi chilometri da Mosca**, dove nel dicembre 1941 si assestò il fronte. Alla spedizione partecipò anche un **contingente italiano** di 60 000 uomini, che nel 1942 verrà sostituito con un'armata di circa 230 000 uomini, denominata **ARMIR** (Armata Italiana in Russia).

Dopo un iniziale sbandamento, **l'esercito sovietico si riorganizzò** e la stessa popolazione civile costituì delle **bande partigiane** per ostacolare l'avanzata tedesca. I Russi, del resto, potevano contare su un alleato assai fidato, il terribile **inverno**. L'inverno, infatti, mise in difficoltà le truppe tedesche, che dovettero **sospendere l'avanzata**, limitandosi ad assediare le grandi città, intorno alle quali si concentrò la resistenza sovietica, come Mosca e Leningrado.

Per ricordare

- Quando Hitler decise di invadere l'Unione Sovietica? Perché?
- Perché Stalin fu colto di sorpresa dall'attacco tedesco?
- Quali territori furono occupati dai Tedeschi?
- Che cos'era l'ARMIR?
- Quali difficoltà incontrarono i Tedeschi?

Partigiano
Appartenente a formazioni irregolari armate che operano in un Paese occupato da un esercito nemico, svolgendo azioni di guerriglia e di disturbo. Durante la Seconda Guerra Mondiale, questo termine indicò gli appartenenti ai movimenti di liberazione che combattevano contro i Tedeschi.

L'INVASIONE DELLA RUSSIA (giugno - dicembre 1941)

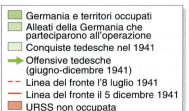

Leggere un documento

La Carta Atlantica: la risposta democratica all'ordine mondiale di Hitler

Il 14 agosto 1941 il primo ministro inglese W. Churchill e il presidente americano F. D. Roosevelt si incontrarono su una nave da guerra al largo dell'Isola di Terranova, dove firmarono una dichiarazione comune, nota come **Carta Atlantica**.
Benché a quella data gli Stati Uniti non fossero ancora entrati in guerra, essi svolgevano il ruolo di "arsenale delle democrazie", mettendo il proprio apparato economico-produttivo a disposizione della lotta contro il Nazismo.
La Carta Atlantica fissava sia lo scopo delle democrazie occidentali impegnate nel conflitto (la sconfitta del Nazismo e dei suoi alleati) sia le **linee guida della pace futura**.
I due statisti definirono in 8 punti gli obiettivi della politica internazionale dei Paesi democratici (rispetto della libertà e della dignità umana, ripudio della violenza e della forza), antitetici ai princìpi che ispiravano la politica nazista.
Riportiamo le parti più significative della dichiarazione.

Il Presidente degli Stati Uniti d'America Roosevelt e il Primo Ministro sig. Churchill [...] ritengono opportuno rendere noti taluni principi comuni alla politica nazionale dei rispettivi Paesi, sui quali essi fondano le loro speranze per un più felice avvenire del mondo.

> Gran Bretagna e Stati Uniti in effetti non ambivano a conquiste territoriali, ma il ruolo avuto durante la guerra accrebbe in seguito notevolmente il loro peso internazionale.

I. I loro Paesi non aspirano a ingrandimenti territoriali o d'altro genere;

> Questi enunciati, che costituiranno il nocciolo fondamentale del "principio di autodeterminazione dei popoli", riprendono il principio di nazionalità espresso da Wilson al termine della Prima Guerra Mondiale.

II. essi non desiderano mutamenti territoriali che non siano conformi al desiderio, liberamente espresso, dei popoli interessati;

III. essi rispettano il diritto di tutti i popoli a scegliersi la forma di governo sotto la quale intendono vivere; e desiderano vedere restituiti i diritti sovrani di autogoverno a coloro che ne sono stati privati con la forza;

IV. [...] essi cercheranno di far sì che tutti i Paesi, grandi e piccoli, vincitori e vinti, abbiano accesso, in condizioni di parità, ai commerci e alle materie prime mondiali necessarie alla loro prosperità economica;

> La decisione di non penalizzare gli Stati sconfitti era finalizzata a impedire il rinnovarsi di sentimenti di rivincita analoghi a quelli seguiti alla Grande Guerra, che avevano portato a una profonda instabilità politica.

V. essi desiderano attuare fra tutti i popoli la più piena collaborazione nel campo economico, al fine di assicurare a tutti migliori condizioni di lavoro, progresso economico e sicurezza sociale;

VI. dopo la definitiva distruzione della tirannia nazista, essi sperano di veder stabilita una pace che offra a tutti i popoli i mezzi per vivere sicuri entro i loro confini e dia affidamento che tutti gli uomini, in tutti i Paesi, possano vivere la loro vita, liberi dal timore e dal bisogno;

VII. una simile pace dovrebbe permettere a tutti gli uomini di navigare senza impedimenti oceani e mari;

> Fallita l'esperienza della Società delle Nazioni, questo sarà il principio fondante della nuova Organizzazione delle Nazioni Unite (ONU), sorta dopo la guerra.

VIII. essi sono convinti che [...] tutte le Nazioni del mondo debbano abbandonare l'impiego della forza. Poiché nessuna pace futura potrebbe essere mantenuta se gli Stati che minacciano, o possono minacciare, aggressioni al di fuori dei loro confini, continuassero a impiegare armi terrestri, navali ed aeree, essi ritengono che, in attesa che si sia stabilito un sistema permanente di sicurezza generale, sia indispensabile procedere al disarmo di quei Paesi. [...]

rid. da F. Catalano, *Stato e società nei secoli*, D'Anna

236 PARTE QUARTA CAPITOLO 13 - ORIGINI E FASI DEL SECONDO CONFLITTO MONDIALE

L'INTERVENTO DEGLI STATI UNITI: IL CONFLITTO DIVENTA MONDIALE

Contemporaneamente all'avanzata tedesca in Unione Sovietica, si aprì un **nuovo fronte di guerra** nell'Oceano Pacifico.

Il **Giappone** nel 1940 aveva iniziato una massiccia **campagna espansionistica** prima nella penisola indocinese, poi in Indonesia e nelle isole del Pacifico, a danno delle basi statunitensi, britanniche e olandesi. Tale politica **allarmò gli Stati Uniti**, che sospesero le forniture di petrolio verso il Giappone.

Il 7 dicembre 1941 **gli aerei nipponici attaccarono e affondarono larga parte della flotta statunitense a Pearl Harbor**, nelle Isole Hawaii. Il giorno successivo gli Stati Uniti dichiararono guerra al Giappone, quindi a Germania e Italia. Con l'ingresso degli Stati Uniti **la guerra divenne mondiale** e **mutarono i rapporti di forza tra i Paesi dell'Asse e gli Alleati**, a favore di questi ultimi.

Alla metà del 1942 le potenze dell'Asse raggiunsero la massima espansione in Europa, nell'Africa settentrionale e nell'Estremo Oriente. Il **1942**, tuttavia, segnò una **svolta nell'andamento della guerra**: Germania, Italia e Giappone subirono **sconfitte decisive su tutti i fronti**.

Per ricordare

- Quale nuovo fronte si aprì alla fine del 1941?
- Che cosa mise in allarme gli Stati Uniti?
- Che cosa accadde a Pearl Harbor? Con chi si allearono gli Stati Uniti?
- Quali conseguenze ebbe l'ingresso degli Stati Uniti?
- Perché il 1942 fu un anno di svolta?

LE ALLEANZE MONDIALI NEL CORSO DELLA GUERRA

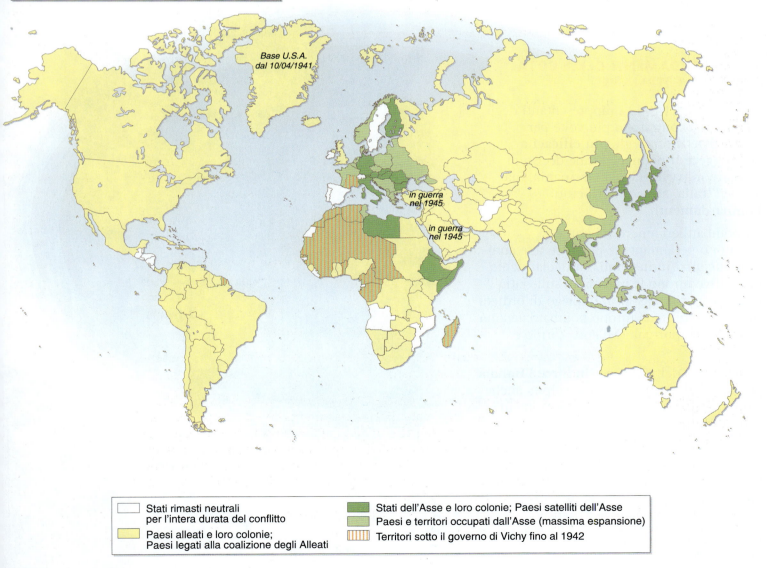

- Stati rimasti neutrali per l'intera durata del conflitto
- Paesi alleati e loro colonie; Paesi legati alla coalizione degli Alleati
- Stati dell'Asse e loro colonie; Paesi satelliti dell'Asse
- Paesi e territori occupati dall'Asse (massima espansione)
- Territori sotto il governo di Vichy fino al 1942

3. La seconda fase del conflitto

IL FALLIMENTO DELL'OPERAZIONE BARBAROSSA

Le ostilità sul **fronte russo** ripresero nella primavera del 1942. In agosto i Tedeschi giunsero ad assediare Stalingrado, sul fiume Volga. La difesa della città, cinta d'assedio dai Nazisti, divenne il **simbolo della lotta di liberazione** di un intero popolo e fu **fatale per l'esercito di Hitler**.

Per il secondo anno consecutivo i soldati tedeschi dovettero affrontare il **terribile inverno russo**, stretti tra gli **attacchi dell'Armata Rossa** e le **iniziative dei partigiani** che ostacolavano o impedivano i rifornimenti alle truppe.

Proprio da Stalingrado partì la **controffensiva russa**. I Tedeschi, circondati, furono in gran parte uccisi o **costretti** a ritirarsi e infine **ad arrendersi il 2 febbraio del 1943**. Nel gennaio 1943 anche le truppe italiane dell'**ARMIR**, attestate sul fiume Don, dovettero iniziare la **ritirata**, subendo **perdite elevatissime** e patendo **indicibili sofferenze**.

> **Per ricordare**
> - Quale significato assunse l'assedio di Stalingrado?
> - In qual situazione si trovarono i soldati tedeschi?
> - Come si concluse l'Operazione Barbarossa?
> - Quale fu la sorte dell'ARMIR?

I BOMBARDAMENTI DELLE CITTÀ TEDESCHE E ITALIANE

Nel corso del 1943 i rappresentanti degli **Alleati** si incontrarono più volte per concordare le strategie più efficaci a **sconfiggere il nemico**. Venne deciso di **fiaccare** in particolare la **Germania**, ma anche l'**Italia**, attraverso ripetuti **bombardamenti**.

I bombardieri americani e inglesi colpirono pesantemente per oltre due anni **città e centri industriali**. Particolarmente distruttive furono le incursioni sulle città tedesche per il massiccio impiego di ordigni incendiari. In Italia furono bombardate città industriali e portuali (Milano, Torino e Genova).

Nell'estate del 1943, per **indurre l'Italia a ritirarsi dal conflitto**, venne colpita anche **Roma**, suscitando una forte emozione in tutto il Paese.

Strategia
Settore dell'arte militare che si occupa del modo di condurre le guerre, di progettare piani di attacco e di difesa di ampio respiro che si concretizzano poi in singole azioni organizzate secondo regole di tattica militare.

> **Per ricordare**
> - Qual era l'obiettivo degli incontri dei rappresentati delle potenze alleate?
> - Quali erano gli obiettivi dei bombardamenti alleati?
> - Perché venne colpita Roma?

238 PARTE QUARTA CAPITOLO 13

Protagonisti

GLI ALPINI DELL'ARMIR

UN ESERCITO DI ANONIMI EROI

La partecipazione alla campagna di Russia costituisce una delle **pagine più tragiche** della storia italiana. Il contingente era composto prevalentemente da **alpini** che, a migliaia, furono inviati al fronte privi di un equipaggiamento adeguato, senza precise indicazioni strategiche. Inviati verso la piana del Don con scarsissime provviste e con carte topografiche del tutto approssimative, trascinando i pezzi di artiglieria a dorso di mulo o su slitte improvvisate, decine di migliaia di alpini offrirono testimonianza di uno straordinario eroismo e contribuirono ad alimentare il mito di unità come la *Brigata Julia*, che lasciò sul terreno sovietico migliaia di eroi anonimi, disposti a combattere fino alla morte per difendere le posizioni loro assegnate.

Un commovente racconto delle imprese della Julia e di altre unità di alpini è stato raccolto da Giulio Bedeschi nel libro di memorie *Centomila gavette di ghiaccio*.

UNA TRAGICA RITIRATA

La **ritirata dal fronte del Don** attraverso lo sterminato territorio russo fu drammatica, soprattutto per le truppe attestate sul fiume che, abbandonate dai Tedeschi, furono costrette a percorrere a piedi centinaia di chilometri per raggiungere i confini polacchi, con temperature che sfioravano i 40 gradi sotto lo zero, incalzate dalle truppe sovietiche e dai partigiani.

Dei 227 000 soldati dell'ARMIR circa 85 000 furono i caduti e i dispersi; 30 000 uomini subirono gli effetti del congelamento.

Ecco la testimonianza di uno dei sopravvissuti alla ritirata, lo scrittore Mario Rigoni Stern, sergente degli alpini, recentemente scomparso.

Si andava con la testa bassa, uno dietro l'altro, muti come ombre. Era freddo, molto freddo, ma, sotto il peso dello zaino pieno di munizioni, si sudava. Ogni tanto qualcuno cadeva sulla neve e si rialzava a fatica. Si levò il vento. Dapprima quasi insensibile, poi forte sino a diventare tormenta. Veniva libero, immenso, dalla steppa senza limiti. Nel buio freddo trovava noi, povere piccole cose sperdute nella guerra, ci scuoteva, ci faceva barcollare. Bisognava tenere forte la coperta che ci riparava la testa e le spalle. Ma la neve entrava da sotto e pungeva il viso, il collo, i polsi come aghi di pino. Si camminava uno dietro l'altro con la testa bassa. Sotto la coperta e sotto il camice bianco si sudava ma bastava fermarsi un attimo per tremare dal freddo. Ed era molto freddo. Lo zaino pieno di munizioni ad ogni passo aumentava di peso; pareva, da un momento all'altro, di dover schiantare come un abete giovane carico di neve. 'Ora mi butto sulla neve e non mi alzo più, è finita. Ancora cento passi e poi butto via le munizioni. Ma non finisce mai questa notte e questa tormenta?'. Ma si camminava. Un passo dietro l'altro, un passo dietro l'altro [...].

Chiudevo gli occhi ma camminavo. Un passo. Ancora un passo. Il capitano in testa alla compagnia perse il collegamento con gli altri reparti. Eravamo fuori dalla strada giusta. Ogni tanto accendeva la pila sotto la coperta e consultava la bussola [...].

In testa si fermarono, ci fermammo tutti. Nessuno parlava, sembrava una colonna di ombre. Mi buttai sulla neve con la coperta sulla testa; aprii lo zaino e seppellii nella neve due pacchi di cartucce per mitragliatore. [...] Non finiva mai quella notte. Dovevamo arrivare in un paese delle retrovie dove c'erano magazzini e comandi. Ma noi non sapevamo nessun nome di paese delle retrovie [...]. Noi non sapevamo nemmeno il nome del paese dove era il nostro caposaldo; ed è per questo che qui trovate soltanto nomi di alpini e di cose. Sapevamo solo che il fiume davanti al nostro caposaldo era il Don e che per arrivare a casa c'erano tanti e tanti chilometri e potevano essere mille o diecimila. E, quando era sereno, dove l'Est e dove l'Ovest. Di più niente.

rid. da M. Rigoni Stern, *Il sergente nella neve. Ricordi della ritirata di Russia*

Soldati dell'ARMIR durante la lunga ritirata dal fronte del Don. Di fronte al coraggio dimostrato dagli alpini nell'affrontare le drammatiche e disumane condizioni della ritirata, la stessa Radio Mosca riconobbe che "solo le truppe alpine italiane dovevano ritenersi invitte (cioè non sconfitte) in terra di Russia".

LA CONTROFFENSIVA ANGLOAMERICANA NEL MEDITERRANEO E NEL PACIFICO

Nella primavera del 1943 gli eserciti angloamericani conquistarono il **fronte nordafricano**, dopo avere inflitto nell'ottobre 1942, a **El Alamein**, una **sconfitta decisiva alle truppe italo-tedesche**, costrette a ripiegare di fronte all'avanzata dei Britannici al comando del generale **B. L. Montgomery**. Nel giro di pochi mesi, le forze dell'Asse in Africa furono **costrette alla resa**.

Con il controllo del Nordafrica, gli Alleati poterono disporre di una testa di ponte per effettuare lo **sbarco in Sicilia** nel luglio 1943, che porterà alla **caduta di Mussolini** e alla firma dell'**armistizio** da parte dell'Italia.

Sul **fronte del Pacifico**, l'**espansione giapponese**, proceduta inarrestabile fino alla primavera del 1942, subì una **battuta d'arresto** nel giugno dello stesso anno, quando **la flotta nipponica venne sconfitta nella battaglia delle isole Midway**.

Nei mesi successivi gli Statunitensi sconfissero ripetutamente i Giapponesi, costretti da allora a una **guerra di difesa**. Nell'ultima fase del conflitto vennero impiegate squadriglie di **piloti suicidi** (detti *kamikaze*), che si lanciavano in picchiata sugli obiettivi nemici, a bordo di **aerei carichi di esplosivo**.

Per ricordare

- Che cosa accadde a El Alamein?
- Perché la caduta del fronte nordafricano fu importante per le successive vicende italiane?
- Dove fu annientata la flotta giapponese?
- Chi erano i *kamikaze*?

Aerei della flotta americana impegnati nella battaglia di Midway.

4. L'Europa nelle mani dei Nazisti

Lo sfruttamento dei territori occupati dai Tedeschi

Al momento della massima espansione i Nazisti dominavano direttamente o indirettamente gran parte dell'Europa continentale. Conformemente alle teorie naziste, i Tedeschi attuarono il **dominio e lo sfruttamento dei territori occupati** al fine di soddisfare le esigenze del "**popolo superiore**".

Accanto ai territori soggetti alla Germania o posti sotto il suo protettorato, esistevano i Paesi occupati e amministrati dai Tedeschi e i **Paesi satelliti**, cioè Stati nei quali si erano instaurati dei **governi "fantoccio"** che appoggiavano i Nazisti. Nei territori occupati l'amministrazione era affidata a comandanti militari (ministri plenipotenziari), nominati direttamente da Hitler.

Condotto in modo sistematico, lo **sfruttamento economico** di tali territori, considerati vere e proprie **colonie**, riguardò soprattutto le **industrie**, che vennero **poste sotto il controllo tedesco**. In alcuni casi i **macchinari** vennero persino smontati e **trasferiti in Germania**; **migliaia di lavoratori furono deportati forzatamente** e costretti a lavorare negli stabilimenti tedeschi.

Per ricordare
- Come si comportarono i Nazisti nei territori che avevano occupato?
- Che cosa erano i "Paesi satelliti" della Germania?
- Come vennero trattate le industrie? Perché?

Il regime di terrore

"La vita di un uomo non ha molto valore e solo l'uso di una straordinaria severità può provocare paura ed essere un deterrente efficace. La pena di morte di 50 o 100 comunisti deve considerarsi una ritorsione adeguata per la morte di un soldato tedesco". Questa disposizione del Comando Supremo Germanico rende bene l'idea dei metodi con i quali i Nazisti mantenevano l'ordine nei territori sotto il loro dominio. Le forze di occupazione, appoggiate dalla *Gestapo*, instaurarono un **regime di terrore**, caratterizzato da dure forme di **repressione**, **fucilazioni di massa**, **torture** e **massacri** indiscriminati della popolazione civile.

Milioni di persone, che **si opponevano** al regime o appartenevano alle cosiddette "**razze inferiori**", vennero **deportate nei campi di concentramento e di sterminio**.

Per ricordare
- Perché si può dire che i Nazisti instaurarono nei territori conquistati un "regime di terrore"?
- Quale sorte fu riservata a chi era ritenuto appartenente a una "razza inferiore" o si opponeva al regime nazista?

Invasa dalle truppe dell'Asse nel 1941, la Iugoslavia venne smembrata tra Germania, Italia e Ungheria. Venne creato uno Stato indipendente di *Croazia* alleato dell'Asse e in *Serbia* venne instaurato uno Stato fantoccio. Il *Montenegro* divenne un protettorato italiano.

5. I *lager* e il genocidio degli Ebrei

LE FABBRICHE DELLA MORTE PER ANNIENTARE IL "NEMICO"

I **campi di concentramento e di sterminio nazisti**, i cosiddetti *lager*, rappresentano uno dei capitoli più drammatici della storia dell'umanità. In questi luoghi, infatti, si consumò uno **spaventoso genocidio** e vennero commesse le più **crudeli atrocità**.

I *lager*, sorti fin dal 1933 (vedi pag. 203), si collocavano nella strategia nazista come strumento per **annientare tutti coloro che venivano definiti "nemici oggettivi"**. L'annientamento prevedeva la **distruzione dell'identità, della dignità e, infine, della stessa vita dei prigionieri**. Si calcola che siano stati internati tra gli **otto** e i **dieci milioni di persone**, soprattutto Ebrei, ma anche **oppositori politici**, **zingari**, **omosessuali** e **criminali**, sia tedeschi che deportati dai Paesi occupati. Tra i soli Ebrei, le vittime furono circa sei milioni.

LA "SOLUZIONE FINALE" DELLA QUESTIONE EBRAICA

Gli Ebrei costituivano il principale "nemico" da annientare. La campagna antisemita raggiunse il culmine **tra il 1942 e il 1943**, quando Hitler decise di attuare la "**soluzione finale**" della questione ebraica, che prevedeva l'**eliminazione di massa di tutti gli Ebrei d'Europa**. Lo sterminio degli Ebrei è noto anche con il termine di *Shoah*, termine che in ebraico significa letteralmente "catastrofe", "annientamento".

L'organizzazione della **deportazione** e dello **sterminio** fu diretta da **Heinrich Himmler**, capo delle SS. Auschwitz-Birkenau (vedi pagg. 244-246), Treblinka, Dachau, Mauthausen, Bergen-Belsen sono solo i più famigerati tra i *lager* in cui avvenne lo sterminio degli Ebrei.

La soluzione finale venne messa in atto con fredda determinazione e spietata efficienza. Nelle **città controllate dal Terzo Reich** vennero costituiti dei **ghetti**, nei quali furono ammassati gli Ebrei in attesa della deportazione nei *lager*. I loro **beni furono incamerati dall'esercito tedesco**; nelle loro case si insediarono gli ufficiali nazisti.

Per ricordare

- Che cosa erano i *lager*?
- Chi veniva internato e ucciso nei *lager* nazisti?
- Quale obiettivo si proponeva di raggiungere Hitler attraverso la "soluzione finale"?
- Che cosa significa *Shoah*?
- Chi fu incaricato di organizzare la deportazione e lo sterminio degli Ebrei?
- Che cosa accadde nelle città controllate dall'esercito tedesco?

Parola chiave

GENOCIDIO

- Termine derivante dalla parola greca *ghénos*, "stirpe" e coniato in forma inglese, *genocide*, dal giurista polacco R. Lemkin nel 1944. La parola "genocidio" è entrata nell'uso nel 1946 durante il Processo di Norimberga, nel quale furono giudicati i più importanti gerarchi nazisti, responsabili degli orrori della guerra. Con genocidio si intende la **sistematica e intenzionale distruzione di un popolo**, messa in atto con il preciso intento di cancellarne l'esistenza. Tale pratica criminale è quasi sempre alimentata da razzismo, intolleranza e da un esasperato senso di "superiorità".

> **Ghetto**
> Termine di origine veneziana (*ghèto*) che fin dal XVI secolo indica la parte della città abitata dagli Ebrei. Oggi questa parola è usata anche per i quartieri nei quali sono raggruppate minoranze socialmente o razzialmente emarginate dalla società.

L'ORRORE DELLA *SHOAH*

I deportati venivano **spogliati di tutti i loro averi personali** (orologi, gioielli, capi di vestiario e persino denti d'oro). Trasportati verso i *lager* su carri bestiame in condizioni disumane, una volta giunti a destinazione i prigionieri venivano **distinti** tra coloro che erano in grado di **lavorare** e quelli che erano destinati subito alla **eliminazione**.

I primi venivano costretti a **lavorare fino allo stremo delle forze**, a subire i **maltrattamenti** più atroci, a patire la **fame**, il **freddo**, le **malattie** fino a morirne. Altri perirono in seguito agli orrendi **esperimenti medici** cui furono sottoposti nei *lager* o nelle fabbriche chimiche e farmaceutiche tedesche, alle quali venivano forniti come **cavie umane** per testare nuovi farmaci.

L'eliminazione fisica dei prigionieri avveniva inizialmente con l'utilizzo di armi da fuoco, ma poiché tale sistema risultava lento ed antieconomico, vennero sperimentati **sistemi di annientamento** più "efficaci", come l'utilizzo dei **gas di scarico** dei mezzi di trasporto e, infine, del **gas zyklon B**.

Nei campi di Auschwitz-Birkenau vennero costruite le **camere a gas** più grandi e perfezionate, **camuffate da docce o sale di disinfestazione**, in grado di eliminare 10000 persone al giorno; in questi *lager* venne fatta affluire la maggior parte dei deportati. Dopo essere stati uccisi con il gas, i corpi venivano bruciati nei **forni crematori**.

L'INDIFFERENZA DI FRONTE ALLA TRAGEDIA E IL DRAMMA DEI SOPRAVVISSUTI

I governi europei e quello degli Stati Uniti erano consapevoli di quanto accadeva agli Ebrei europei, ma **nessuno aveva idea delle esatte proporzioni della carneficina** e, finché durò la guerra, nulla di concreto fu tentato per impedire la tortura e l'assassinio di milioni di persone. Solo **al termine del conflitto**, quando le truppe alleate entrarono nei *lager*, **il mondo intero prese coscienza di questa atroce realtà**, nonostante i Nazisti avessero cercato di cancellare ogni prova.

Si calcola che il 90% dei deportati sia stato sterminato e tra questi ben **sei milioni di Ebrei**, i due terzi di tutti gli Ebrei d'Europa, soprattutto dei **Paesi dell'Est**.

A testimoniare l'immane tragedia della *Shoah* rimasero i **pochissimi sopravvissuti**, ridotti a larve umane. Molti di loro non riuscirono a vivere con il ricordo di quanto avevano visto e patito e, sopravvissuti ai *lager*, finirono ricoverati in **centri di cura psichiatrica** o **si tolsero la vita**.

Per ricordare

- Che cosa accadeva a coloro che venivano deportati?
- Come venivano uccisi i deportati nei *lager*?
- Quando il mondo prese realmente coscienza della tragedia degli Ebrei?
- Quanti Ebrei furono sterminati nei *lager*?
- Che cosa accadde a molti sopravvissuti alla *Shoah*?

Approfondimenti

IL CAMPO DELLA MORTE DI AUSCHWITZ-BIRKENAU

Un *lager*

Con il termine comune di *lager*, si intendono due tipi diversi di realtà: il **campo di concentramento** e il **campo di sterminio**.

I campi di concentramento erano luoghi nei quali i prigionieri vivevano in condizioni disumane, condannati a lavorare spesso fino a morire di fatica, dove si soffriva la fame e gli ammalati venivano lasciati morire senza cure... Non erano tuttavia luoghi costruiti al semplice scopo di uccidere.

Tali invece furono i campi di sterminio, progettati e attrezzati esclusivamente allo scopo di **uccidere in massa** coloro che vi venivano portati e di smaltirne i cadaveri attraverso i **forni crematori** o la sepoltura in enormi **fosse comuni**.

Il campo di Auschwitz-Birkenau

Il tristemente famoso complesso di **Auschwitz** (dal 1939 denominazione imposta dai Tedeschi alla cittadina polacca di *Oświęcim*) comprendeva entrambe le tipologie. Esso accolse i primi prigionieri, 728 Polacchi, il 14 giugno 1940. Era stato preparato tra l'aprile e il giugno di quell'anno. Era vasto non solo nel complesso degli edifici; il territorio che dipendeva dalle autorità del *lager* era di 40 km quadrati. A tre chilometri circa di distanza sorgeva il campo di **Birkenau**, ancora più grande. Ad essi erano collegati quaranta "**sottocampi**", situati soprattutto nella Slesia.

L'arrivo al campo

I prigionieri giungevano ammassati nei vagoni piombati, stremati per aver viaggiato giorni o anche settimane, senza un luogo per poter riposare, privi di cibo, senza servizi igienici.

All'arrivo dei convogli veniva fatta la **selezione** delle persone. Quelli che non erano in grado di lavorare erano **avviati alle camere a gas**: erano soprattutto donne e bambini; gli altri erano **spinti al bagno**. Dovevano privarsi dei loro vestiti, venivano rasati e, dopo essersi lavati, uscire nudi nel cortile sia che fosse estate o pieno in-

Ingresso del campo di Auschwitz, con la scritta Arbeit macht frei, che significa "il lavoro rende liberi".

verno. Era loro data la divisa a righe bianche e azzurre, un paio di zoccoli di legno o di scarpe. Nel cortile i prigionieri venivano registrati con un **numero tatuato** sull'avambraccio sinistro: era quello il **loro nuovo nome**, al quale dovevano rispondere.

Gli oggetti di qualche valore portati dai prigionieri venivano requisiti, catalogati e spediti a diverse organizzazioni hitleriane.

LA VITA NEL CAMPO

La vita nel campo aveva inizio con la **quarantena**, che durava da sei a otto settimane ed era un periodo durissimo di privazioni e di punizioni continue per **cancellare** del tutto la **personalità individuale** e **spezzare ogni resistenza**. I prigionieri dovevano compiere continue esercitazioni fisiche, imparare i canti di marcia hitleriani e ricevevano pochissimo cibo, perché durante la quarantena non lavoravano.

Ogni giorno i prigionieri partecipavano a estenuanti **appelli**, che si svolgevano nel cortile, in piedi per ore. Questo momento era prolungato appositamente, tra le urla, l'abbaiare dei cani e le punizioni.

Poi i prigionieri, incolonnati, si recavano al **lavoro**. Uomini e donne lavoravano senza tregua a costruire il loro e altri campi di sterminio: edificavano baracche e aprivano strade. Altri erano addetti alla costruzione di stabilimenti dove trovavano posto i prigionieri stessi: lavoravano per importanti industrie tedesche in fonderie, fabbriche di prodotti chimici e di munizioni, miniere.

I prigionieri erano suddivisi in **categorie**, contrassegnate da triangoli colorati, secondo una precisa gerarchia. Alla base, sul gradino più basso, stavano gli **Ebrei** (*stella di Davide* e, più tardi, *triangolo giallo*), oggetto di ogni tipo di violenza; seguivano gli **zingari** (*triangolo marrone*), gli **omosessuali** (*rosa*), gli **asociali** (*nero*), i **prigionieri politici** e i **religiosi** cattolici (*rosso*), i **testimoni di Geova** (*viola*) e, infine, sul gradino più alto, i **criminali comuni** (*verde*), ai quali venivano affidati compiti di sorveglianza su tutti gli altri detenuti, vittime della loro brutalità.

I "BLOCCHI"

Gli edifici destinati al ricovero dei deportati erano **baracche** di legno o muratura, dette *block*.

In ogni piano di ciascun edificio erano ammassate 700-800 persone. In ogni letto, su un materasso di paglia, dovevano stare due prigionieri; a Birkenau, invece dei letti, c'erano giacigli posti su tre ripiani. Anche di notte i prigionieri, che dovevano dormire su un fianco per gli spazi ristretti, non potevano avere momenti di isolamento e di sollievo.

LE CAMERE A GAS

La maggior parte delle persone furono eliminate nelle **camere a gas**. Ad Auschwitz esistono ancora i locali delle "docce" da cui si espandeva il gas sulle persone, grandi e piccoli, ammassati a centinaia. Venivano rinchiusi in questi locali i prigionieri che, appena arrivati, non erano giudicati idonei al lavoro e quelli che la vita del campo aveva fiaccato. Nei magazzini sono state trovate molte scatole, piene e vuote, del gas *zyclon B*. Squadre di prigionieri, destinati anch'essi alla morte perché non fossero testimoni, sgombravano le camere a gas e mettevano i cadaveri nei **forni crematori**. Il fumo denso e acre che usciva dai camini – secondo le testimonianze – era uno dei presagi più sinistri per i prigionieri che giungevano al campo. Le ceneri furono trovate anche negli acquitrini che si estendono nel terreno paludoso della zona.

LA DATA DI LIBERAZIONE DEL CAMPO, "GIORNATA DELLA MEMORIA"

Il **27 gennaio 1945** arrivarono nel campo di Auschwitz i soldati sovietici. Questa data, in cui furono aperti i cancelli del *lager*, è celebrata ogni anno in Italia come "**giornata della memoria**".

Auschwitz, come luogo della memoria, non solo suscita sentimenti, ma **provoca interrogativi** e **interpella la coscienza di ognuno**. Come è potuto accadere che persone di una Nazione di grande civiltà, come la Germania, arrivassero a uccidere milioni di individui con una perfetta organizzazione e con cinismo inaudito? Come hanno potuto distruggere nella loro personalità anche i sopravvissuti? Questi interrogativi ogni anno, specialmente nel "giorno della memoria", spingono ciascuno a vigilare su se stesso, sulle manifestazioni ed espressioni di intolleranza e di razzismo, di indifferenza e di disinteresse.

Tutto ciò è potuto accadere non solo per il progetto di alcuni, ma per l'indifferenza di tutti.

PATRIMONIO MONDIALE DELL'UMANITÀ

Dal 1979 il campo di concentramento di Auschwitz è stato inserito dall'UNESCO nella lista dei beni appartenenti al **Patrimonio dell'Umanità**. Nel 2007, su istanza presentata dalla Polonia, il Comitato del Patrimonio Mon-

APPROFONDIMENTI

diale ha modificato la denominazione del sito in "*Auschwitz-Birkenau. Campo tedesco nazista di concentramento e di sterminio (1940-1945)*". Il Comitato ha inoltre approvato una "**dichiarazione di valore**" **del sito**, nella quale si legge fra l'altro:

Auschwitz-Birkenau era il principale e il più celebre dei sei campi di concentramento e di sterminio creati dalla Germania nazista per mettere in atto la sua politica di soluzione finale diretta allo sterminio di massa degli Ebrei d'Europa. Edificato in Polonia sotto l'occupazione tedesca nazista, inizialmente come campo di concentramento per Polacchi e in seguito per prigionieri di guerra sovietici, il campo è divenuto presto una prigione per numerose altre nazionalità. Tra gli anni 1942 e 1944, è divenuto **il principale campo di sterminio di massa** dove gli Ebrei sono stati torturati e uccisi a causa delle loro presunte origini razziali. Oltre allo sterminio di massa di più di un milione di uomini, di donne e di bambini ebrei, e di decine di migliaia di vittime polacche, Auschwitz è anche servito da campo di sterminio di migliaia di Rom e di Sinti e di altri prigionieri di diverse nazionalità europee.

La politica nazista di spoliazione, degradazione e sterminio degli Ebrei era fondata su un'ideologia razzista e antisemita propugnata dal Terzo Reich.

[...] Al centro di un vasto panorama di spoliazione e di sofferenza umana, i resti dei due campi di Auschwitz I e di Auschwitz II-Birkenau, oltre alle loro zone di protezione, sono stati inseriti nella *Lista del Patrimonio Mondiale* come **testimonianza di questo inumano**, crudele e metodico **tentativo di privare della dignità umana** gruppi considerati inferiori, giungendo poi al loro sistematico assassinio. I campi sono una vivida testimonianza **della natura criminale della politica antisemita e razzista praticata dai Nazisti**, che ha portato all'annientamento di più di 1,2 milioni di persone nei forni crematori, il 90% dei quali erano Ebrei.

LE VITTIME EBREE DELLA *SHOAH*

PAESE	POPOLAZIONE EBRAICA PRIMA DELLA GUERRA	VITTIME DELLA SHOAH
Austria	185 000	50 000
Belgio	65 700	28 900
Boemia e Moravia	118 310	7 8150
Danimarca	7 800	60
Estonia	4 500	2 000*
Finlandia	2 000	7
Francia	350 000	77 320
Germania	566 000	141 500*
Grecia	77 380	67 000*
Ungheria	825 000	569 000*
Italia	44 500	7 680
Lettonia	91 500	71 500*
Lituania	168 000	143 000*
Lussemburgo	3 500	1 950
Paesi Bassi	140 000	100 000
Norvegia	1 700	762
Polonia	3 300 000	3 000 000*
Romania	609 000	287 000*
Slovacchia	88 950	71 000*
URSS	3 020 000	1 100 000*
Iugoslavia	78 000	63 300*
TOTALE	**9 796 840**	**5 860 129**

*Per questi Paesi la cifra riportata si riferisce al numero massimo di vittime stimate.

Fonte: *Encyclopedia of the Holocaust*, Yad Vashem-Shoah Resource Center, 2008

CAMPI DI CONCENTRAMENTO E STERMINIO NELLA GERMANIA NAZISTA

Sintesi

LE ORIGINI DEL CONFLITTO

- La Seconda Guerra Mondiale, scoppiata ancora una volta in Europa, si estese presto a tutti i continenti e si prolungò dal 1939 al 1945.
- Il secondo conflitto mondiale presentò aspetti completamente nuovi rispetto alla Grande Guerra, come il coinvolgimento della popolazione civile (soprattutto a motivo dei bombardamenti aerei sulle città), lo scontro ideologico, che oppose militarmente regimi totalitari e Paesi democratici, e l'impiego di armi sempre più micidiali, fino alla bomba atomica.
- L'assetto dato all'Europa dai trattati di pace, lo spirito di rivalsa della Germania e i piani espansionistici di Hitler furono le cause principali della Seconda Guerra Mondiale.

LE REAZIONI EUROPEE E L'INVASIONE DELLA POLONIA

- Perseguendo una politica espansionistica ispirata alla teoria dello "spazio vitale" Hitler iniziò a occupare i territori di lingua tedesca e, contravvenendo a quanto stabilito nei trattati di pace, riarmò l'esercito dotandolo di un potente arsenale bellico.
- Nel 1938 Hitler procedette all'annessione dell'Austria e avanzò pretese territoriali sulla regione dei Monti Sudeti (in Cecoslovacchia), abitata da una minoranza di lingua tedesca.
- Per arginare le ambizioni espansionistiche tedesche ed evitare un conflitto aperto, le potenze europee adottarono la politica dell'*appeasement* (cioè della "pacificazione").
- Nel settembre 1938, la Conferenza di Monaco permise a Hitler di annettere i Sudeti, a patto di non proseguire nella politica espansionistica. Hitler interpretò l'accordo come un segno di debolezza delle potenze europee e proseguì nella politica di aggressione contro gli Stati dell'Europa orientale.
- Il Patto Molotov-Ribbentrop assicurò a Hitler la neutralità dell'Unione Sovietica in caso di conflitto e, con un protocollo segreto, stabilì la spartizione della Polonia tra la Germania e l'URSS.
  Il 1° settembre 1939 Hitler invase la Polonia, mentre l'Unione Sovietica ne occupava i territori orientali; il 3 settembre Gran Bretagna e Francia dichiararono guerra alla Germania. La Seconda Guerra Mondiale era iniziata.

LA PRIMA FASE DEL CONFLITTO

- Adottando la tattica della guerra-lampo, l'esercito tedesco portò a termine in pochi mesi l'occupazione dell'Europa settentrionale, orientale e centrale. Anche i Sovietici, in base a quanto stabilito nel Patto Molotov-Ribbentrop, occuparono una parte della Polonia e invasero anche i Paesi Baltici e la Finlandia.

- Per aggirare la Linea Maginot e penetrare facilmente in Francia, Hitler violò la neutralità di Belgio, Paesi Bassi e Lussemburgo e penetrò nel territorio francese da Nord. La Francia venne rapidamente invasa e, dopo la fuga dei membri del governo e dei capi dell'esercito, nelle regioni del Sud venne instaurato il governo collaborazionista di Vichy.
- L'Italia, impreparata ad affrontare la guerra, inizialmente dichiarò la propria non belligeranza, ma in seguito, nel giugno del 1940, scese in guerra a fianco della Germania. Anche il Giappone si alleò alla Germania attraverso il Patto Tripartito, formando così l'Asse Roma-Berlino-Tokyo.
- Le prime iniziative militari dell'Italia, In Africa e in Grecia, registrarono clamorosi insuccessi, tanto che si rese necessario l'intervento tedesco per recuperare le situazioni compromesse.

LA GUERRA CONTRO LA GRAN BRETAGNA E L'ESTENSIONE DEL CONFLITTO

- Contro la Gran Bretagna, Hitler lanciò l'operazione "Leone marino", che prevedeva massicci bombardamenti sulle città e gli impianti industriali inglesi, prima dell'invasione. L'attacco aereo e marittimo alla Gran Bretagna, però, fallì, grazie alla resistenza opposta dall'aviazione militare britannica, la RAF.
- Nell'estate del 1941 Hitler rivolse le sue armate contro l'URSS (Operazione Barbarossa), travolgendo le difese sovietiche e spingendosi fino a pochi chilometri da Mosca. Anche gli Italiani parteciparono all'operazione, con un corpo di spedizione che in seguito sarebbe divenuto un'armata (ARMIR).
- Alla fine dello stesso anno si aprì il fronte del Pacifico: il Giappone attaccò la base statunitense di Pearl Harbor, determinando l'intervento degli USA nella guerra. La discesa in campo degli Stati Uniti impresse una svolta alle sorti del conflitto e a partire dalla seconda metà del 1942 le potenze dell'Asse e i loro alleati iniziarono a perdere terreno.

LA SECONDA FASE DEL CONFLITTO

- Nella primavera del 1942 le truppe tedesche cinsero d'assedio Stalingrado, ma la città riuscì a resistere agli attacchi. L'Armata Rossa costrinse alla ritirata le truppe tedesche e italiane.
- Nel corso del 1943 i rappresentanti delle potenze alleate si incontrarono per mettere a punto una strategia in grado di porre fine vittoriosamente al conflitto. Vennero decisi pesanti bombardamenti contro città e centri industriali tedeschi e italiani.
- Gli Angloamericani sconfissero le truppe italo-tedesche ad El Alamein e nel 1943 conquistarono tutto il fronte nordafricano; nel Pacifico le forze statunitensi sconfissero ripetutamente i Giapponesi.

Attivazioni didattiche

L'EUROPA NELLE MANI DEI NAZISTI

- I Nazisti sfruttarono le risorse economiche dei Paesi occupati impadronendosi dei centri produttivi e deportarono molti lavoratori in Germania per farli lavorare negli stabilimenti tedeschi.
- Le popolazioni dei territori conquistati dai tedeschi furono sottoposte a un vero e proprio "regime di terrore". Milioni di persone furono deportate nei campi di concentramento e di sterminio.

I *LAGER* E IL GENOCIDIO DEGLI EBREI

- I *lager* nazisti rappresentarono lo strumento con il quale Hitler eliminò gli oppositori politici e tutti coloro che erano considerati "nemici oggettivi" del Nazismo: in primo luogo gli Ebrei.

- Negli anni del conflitto Hitler decise di attuare la "soluzione finale" della questione ebraica, cioè lo sterminio di massa degli Ebrei.
- Nelle città occupate dai Nazisti gli Ebrei furono confinati nei ghetti, i loro beni e le loro abitazioni vennero confiscati.
- Una volta deportati nei *lager*, i prigionieri venivano obbligati a lavorare in condizioni disumane, oppure usati come cavie per esperimenti scientifici o eliminati mediante camere a gas. I corpi dei prigionieri venivano poi distrutti nei forni crematori.
- Per tutta la durata della guerra non furono chiare ai governi alleati le proporzioni della carneficina che Hitler aveva pianificato. Solo quando il conflitto ebbe termine fu possibile rendersi conto della gravità della tragedia.

Anche noi storici

Conoscere eventi e fenomeni storici

1. *Indica se le seguenti affermazioni sono vere (V) o false (F).*

		V	F
a.	Le maggiori potenze europee presero una posizione decisa contro i piani espansionistici di Hitler.	☐	☐
b.	La politica espansionistica di Hitler ebbe inizio con l'annessione della Polonia.	☐	☐
c.	La Gran Bretagna preferì inizialmente trattare con la Germania per via diplomatica.	☐	☐
d.	Di fronte alle minacce tedesche Francia e Gran Bretagna appoggiarono la Polonia.	☐	☐
e.	La Seconda Guerra Mondiale ebbe inizio con l'invasione tedesca della Cecoslovacchia.	☐	☐
f.	Nei primi mesi di guerra le truppe tedesche avanzarono verso l'Europa orientale.	☐	☐
g.	Nella Francia meridionale si insediò un governo collaborazionista.	☐	☐
h.	L'opinione pubblica italiana era favorevole alla guerra.	☐	☐
i.	Le prime campagne militari italiane in Africa furono vittoriose.	☐	☐
l.	Hitler attaccò l'URSS dopo aver lanciato un ultimatum.	☐	☐
m.	I Tedeschi in Russia dovettero affrontare l'esercito e le formazioni partigiane.	☐	☐
n.	L'intervento degli Stati Uniti fu la conseguenza dell'attacco giapponese a Pearl Harbor.	☐	☐
o.	Nel 1942 le potenze dell'Asse raggiunsero la massima espansione in Europa, in Africa e nell'Estremo Oriente.	☐	☐
p.	Il 1943 fu un anno tragico per i bombardamenti sulle città italiane.	☐	☐
q.	Gli Alleati furono del tutto all'oscuro dello sterminio degli Ebrei fino alla fine della guerra.	☐	☐
r.	Durante il conflitto non si tentò nulla di concreto per fermare lo sterminio degli Ebrei e degli altri internati nei *lager*.	☐	☐

Conoscere eventi e fenomeni storici

2. *Indica con X la conclusione corretta tra quelle proposte.*

a. Dopo la Conferenza di Monaco Hitler continuò la sua politica di espansione

    ☐ **1.** nel sud della Germania.

    ☐ **2.** contro gli Stati dell'Europa orientale.

    ☐ **3.** contro la Cecoslovacchia e la Polonia.

248 PARTE QUARTA CAPITOLO 13 - ORIGINI E FASI DEL SECONDO CONFLITTO MONDIALE

b. Nel patto di non aggressione tra Germania e URSS era prevista

   ☐ **1.** l'annessione della Polonia alla Germania e dei Paesi Baltici all'URSS.

   ☐ **2.** la spartizione della Polonia e dei Paesi Baltici tra Germania e URSS.

   ☐ **3.** l'annessione della Polonia all'URSS e dei Paesi Baltici alla Germania.

c. L'esercito tedesco adottò inizialmente la tattica

   ☐ **1.** della guerra lampo.   ☐ **2.** della guerra di posizione.   ☐ **3.** della guerra di occupazione.

d. In seguito all'intervento delle truppe tedesche in Africa e nella Penisola Balcanica l'Italia

   ☐ **1.** rafforzò la sua posizione internazionale.

   ☐ **2.** ebbe successi su tutti i fronti.

   ☐ **3.** si trovò in posizione subordinata rispetto alla Germania.

e. Nel 1943 per sconfiggere i nemici gli Alleati decisero di

   ☐ **1.** ricorrere a bombardamenti sulle città e sui centri industriali.

   ☐ **2.** sferrare un attacco su nuovi fronti.

   ☐ **3.** occupare i territori e deportare i civili.

f. Dal 1942 nel Pacifico i Giapponesi

   ☐ **1.** sconfissero ripetutamente gli Stati Uniti.

   ☐ **2.** coinvolsero i popoli dell'Asia Orientale nella guerra contro gli Stati Uniti.

   ☐ **3.** furono costretti a una guerra di difesa.

Riconoscere relazioni – Individuare rapporti di causa ed effetto

3. *Collega i seguenti fatti e fenomeni alla corretta causa / spiegazione (riporta accanto la lettera corrispondente).*

1. La Germania aveva violato le clausole del trattato di Versailles …

2. Hitler aggredì la Cecoslovacchia …

3. Alla Conferenza di Monaco Hitler si convinse che poteva continuare la politica di aggressione …

4. La Germania strinse un patto con l'URSS …

5. La Germania occupando Belgio, Paesi Bassi e Lussemburgo violò il diritto internazionale …

6. Il sistema di fortificazioni Maginot non protesse la Francia dall'invasione tedesca …

7. Mussolini decise l'entrata in guerra …

8. Il controllo del Nordafrica da parte alleata fu importante …

9. Gli Stati Uniti intervennero nel conflitto …

a. *con il pretesto che nei Monti Sudeti vivevano minoranze tedesche.*

b. *perché erano Paesi neutrali.*

c. *perché gli aerei giapponesi avevano affondato gran parte della flotta statunitense nel Pacifico.*

d. *perché aveva ricostituito l'esercito e un potente arsenale bellico.*

e. *perché voleva assicurarsi la neutralità dell'URSS nell'aggressione alla Polonia e nell'espansione verso Est.*

f. *perché potevano disporre di una testa di ponte per sbarcare in Sicilia.*

g. *perché aveva compreso la debolezza delle potenze europee.*

h. *perchè le truppe tedesche lo aggirarono penetrando da Nord.*

i. *perché le fulminee vittorie tedesche lo convinsero che la guerra sarebbe durata poco e l'Italia avrebbe potuto sedere al tavolo dei vincitori.*

Rielaborare le conoscenze in un testo scritto

4. *Seguendo la traccia elabora sul tuo quaderno un testo scritto.*

I caratteri della Seconda Guerra Mondiale

Principali aspetti che caratterizzano il Secondo Conflitto Mondiale rispetto alle guerre precedenti:

• aspetti ideologici • condizioni e coinvolgimento delle popolazioni civili • armi impiegate • conseguenze del conflitto sugli equilibri internazionali.

Orientarsi nel tempo

5. Inserisci nella corretta sequenza cronologica gli eventi indicati (riporta la lettera corrispondente); per gli eventi sottolineati specifica anche il giorno e il mese.

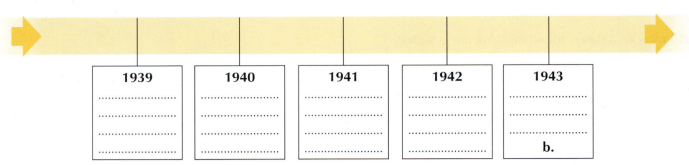

[**a.** inizio della controffensiva alleata in Nordafrica – **b.** l'Italia firma l'armistizio – **c.** <u>invasione tedesca della Polonia</u> – **d.** <u>l'Italia entra in guerra</u> – **e.** invasione tedesca della Francia – **f.** Francia e Gran Bretagna dichiarano guerra alla Germania – **g.** invasione tedesca dell'URSS – **h.** inizio dell'offensiva tedesca in Occidente – **i.** <u>attacco giapponese a Pearl Harbor</u> – **l.** operazione "Leone marino" e inizio della Battaglia d'Inghilterra – **m.** assedio di Stalingrado – **n.** <u>sbarco degli Alleati in Sicilia</u> – **o.** resa delle truppe tedesche a Stalingrado – **p.** bombardamento di Roma – **q.** <u>intervento degli Stati Uniti nel conflitto</u> – **r.** sconfitta italo-tedesca ad El Alamein – **s.** sconfitta nipponica alle isole Midway – **t.** ritirata dell'ARMIR]

Ricavare informazioni da un documento storiografico

6. Nel brano che segue lo storico e giornalista americano W.L.Shirer ricostruisce le ultime fasi della battaglia di Stalingrado (gennaio 1943), dove una parte dell'esercito tedesco ancora asserragliato nella città era ormai completamente accerchiato e senza alcuna speranza di via d'uscita. Contro ogni logica, le truppe della sesta armata al comando del generale F. von Paulus furono costrette per ordine di Hitler a non arrendersi, subendo perdite umane impressionanti. Leggi il documento, quindi rispondi alle domande.

Truppe di Stalingrado, vi proibisco di arrendervi!
Due giovani ufficiali dell'Armata Rossa presentarono un ultimatum a von Paulus:
" La situazione delle vostre truppe è disperata. State soffrendo la fame, le malattie e il freddo. Il crudo inverno russo è appena cominciato. I vostri soldati mancano di equipaggiamento invernale e vivono in condizioni sanitarie pietose. La vostra situazione è senza speranza, ogni ulteriore resistenza è insensata. In vista di ciò, per evitare un inutile spargimento di sangue vi invitiamo ad arrendervi alle seguenti condizioni".
Le condizioni erano onorevoli […] A von Paulus vennero date 24 ore per rispondere.
Egli trasmise immediatamente ad Hitler il testo dell'ultimatum e chiese libertà d'azione. La richiesta fu nettamente respinta dal supremo Signore della Guerra. Ventiquattro ore dopo lo spirare dell'ultimatum, il 10 gennaio, i Russi iniziarono l'ultima fase della battaglia di Stalingrado, con un bombardamento di cinquemila pezzi di artiglieria.
I combattimenti furono accaniti e cruenti. Le due parti si batterono con un coraggio e una temerità incredibili su di un terreno devastato e gelato e fra le rovine della città. Sei giorni dopo la sacca tedesca si trovò ridotta alla metà. […]
Combattuto tra il suo dovere di obbedire al folle Führer e l'obbligo di salvare dallo sterminio ciò che restava delle sue truppe, Paulus si rivolse ancora una volta a Hitler inviandogli per radio il 24 gennaio la seguente comunicazione:
"Le truppe mancano di munizioni e di viveri. Vi sono 18 000 feriti senza rifornimenti né vestiti né medicinali. Resistere ancora non ha senso. Il crollo è inevitabile. L'esercito chiede immediata autorizzazione ad arrendersi per salvare la vita delle truppe che restano".
La risposta di Hitler fu: "Proibisco la resa! La sesta armata terrà le posizioni fino all'ultimo uomo e all'ultima cartuccia". Continuare la resistenza era non solo assurdo e inutile, ma anche impossibile […] Il 28 gennaio quello che restava di ciò che un tempo era stata una grande armata ritrovò diviso in tre piccole sacche […] Il 30 gennaio Paulus comunicò a Hitler per radio: "Il crollo finale non può più essere ritardato che di altre 24 ore".
Questa comunicazione indusse Hitler a coprire di promozioni gli ufficiali il cui destino a Stalingrado era segnato, nella speranza evidentemente che simili onori avrebbero rafforzato il loro proposito di morire gloriosamente sulle posizioni insanguinate. Il 31 gennaio von Paulus inviò l'ultimo suo messaggio al quartier generale tedesco:
"La sesta armata, fedele al suo giuramento e conscia di tutta l'importanza del suo compito, ha tenuto le posizioni fino all'ultimo uomo e all'ultima cartuccia - per il Führer e per la patria - sino alla fine".
Al quartier generale non vi furono combattimenti all'ultimo momento, Paulus e il suo stato maggiore non resistettero fino all'ultimo uomo e si consegnarono all'ufficiale russo che giunto all'ingresso del bunker intimava la resa. […]
Finalmente su quel campo di battaglia coperto di neve e spruzzato di sangue scese il silenzio. […] Intanto 91 000 soldati tedeschi affamati, intirizziti, dei quali molti feriti, tutti inebetiti ed affranti, procedevano incespicando tra la neve e il freddo, stringendo sulle teste le coperte incrostate di sangue per proteggersi da una temperatura di ventiquattro gradi sot-

to zero, alla volta dei campi di prigionia in Siberia. A parte circa 20 000 romeni e 29 000 feriti evacuati per via aerea, era tutto ciò che rimaneva di un esercito vittorioso che due mesi prima aveva contato 285 000 uomini. Il resto era stato massacrato. Dei 91 000 tedeschi avviati alla prigionia solo 5 000 avrebbero rivisto la patria.
Nel frattempo Hitler, responsabile per stupidità e testardaggine di quel disastro, se la prendeva con i generali di Stalingrado, perché non avevano saputo come e quando morire.

rid. e adatt. da W.L. Shirer, *Storia del Terzo Reich*, Einaudi

a. Con quali argomenti i Russi cercarono di convincere von Paulus ad arrendersi? ....
....
b. Quale fu la reazione di von Paulus agli ultimatum e alle offerte di resa dei Russi? Che cosa chiese ripetutamente a Hitler?
....
....
c. Quali furono le reazioni di Hitler alle richieste di von Paulus? ....
....
d. Come si concluse l'agonia dell'esercito tedesco asserragliato a Stalingrado? Quale fu il bilancio della battaglia per i Tedeschi? ....
....
....
e. Quale fu la reazione di Hitler all'esito della battaglia? Come giudicò l'operato dei suoi generali? ....
f. Quale giudizio emerge dalla narrazione dello storico circa l'operato di von Paulus e delle armate tedesche? Quali opposti sentimenti si combattevano nell'animo del generale? ....
....
g. Quale giudizio emerge su Hitler? Da che cosa lo deduci? Come viene definito il comportamento del Führer? A chi viene addebitata la responsabilità del massacro finale di Stalingrado?..
....

Ricavare informazioni da un documento iconografico

7. La fotografia documenta uno degli eventi iniziali della Seconda Guerra Mondiale. Osservala con attenzione, quindi indica la didascalia corretta fra quelle proposte.

☐ **a.** Soldati tedeschi violano la frontiera della Polonia, il 1° settembre 1939.

☐ **b.** Soldati russi attraversano l'Arco di Trionfo a Parigi, dopo l'invasione della Francia.

☐ **c.** Soldati tedeschi attraversano l'Arco di Trionfo a Parigi, dopo l'invasione della Francia.

☐ **d.** Le truppe tedesche vengono accolte trionfalmente a Praga dopo l'annessione della Cecoslovacchia nel 1938.

☐ **e.** I soldati tedeschi arresisi a Stalingrado vengono avviati verso i campi di prigionia russi.

Attivazioni didattiche

La memoria storica

La memoria della Shoah

• Lo sterminio scientificamente programmato e attuato dai Nazisti dei cosiddetti "subumani", Ebrei in primo luogo, è stato definito la **vergogna del secolo**, una mostruosità tale da sembrare incredibile. Conoscere, capire e ricordare quello che è considerato il punto più alto della **crisi di civiltà** che ha investito l'Europa è il dovere nostro e delle generazioni future.
Per approfondire la conoscenza della Shoah vi proponiamo la seguente ricerca.

Lo *Yad Vashem*, custode della memoria della *Shoah* - Lo Yad Vashem è il **memoriale** ufficiale dello Stato di Israele, eretto a Gerusalemme nel 1953 per ricordare le milioni di vittime della *Shoah*, i cui nomi sono riportati nella *Sala dei Nomi* (fotografia accanto). Esso è anche un museo e un centro di ricerca, che custodisce uno sterminato archivio di documenti sulla *Shoah*, oltre al *Viale* e al *Giardino dei Giusti fra le nazioni*, nel quale sono ricordati tutti coloro che salvarono gli Ebrei dallo sterminio.

Il sito Internet di questo memoriale e centro di ricerca (www.yadvashem.org) offre (in inglese) numerosi strumenti e materiali sull'argomento (documenti, immagini, video, testimonianze, mappe, saggi, lettere e diari) e contiene una sezione didattica anche in italiano:

(www.yadvashem.org/education/italian/homepage.htm).

Sotto la guida delle insegnanti di lettere e di lingua inglese consultate il sito, scegliendo di analizzare il contenuto di alcune sezioni.

- Proponiamo, in particolare, di accedere (nella parte *About the Holocaust*) al database *Shoah Reserarce Center* e da qui alla sezione *Gates of knowledge*, dedicata alla spiegazione delle **parole**, dei **concetti** e degli **eventi-chiave** (a partire dai termini *Olocausto* e *Shoah*: quale differenza c'è tra i due termini che vengono per lo più usati indifferentemente nel linguaggio comune?).
- Cliccando sulla voce *Righteous Among the Nations* (**I Giusti tra le nazioni**) si accede alla sezione dedicata a coloro che salvarono gli Ebrei, dove si trova l'elenco per nazione dei Giusti (tra cui centinaia di Italiani) riconosciuti dallo *Yad Vashem*. È possibile fare un giro virtuale del Viale e del Giardino, dove alberi e targhe ricordano coloro che, sottraendo alla morte gli Ebrei, salvarono l'onore e la dignità del genere umano.

© David Shankbone

Attualizziamo il passato

Perché i crimini contro l'umanità continuano a essere "urla nel silenzio"?

• La presa di coscienza collettiva dell'orrore della Shoah, il ricordo di ciò che è stato, le dichiarazioni e gli impegni sottoscritti dalla comunità internazionale non sono stati sufficienti ad evitare il ripetersi di simili tragedie. Basti pensare ai milioni di morti nei **campi della morte cambogiani** (1975-1979), alle **pulizie etniche dei Balcani** (1992-1995), ai genocidi del **Ruanda** (1994) e ai massacri nel **Darfur** (2007-2008), per citare solo quelli di proporzioni spaventose per il numero di vittime e l'efferatezza dei crimini commessi.
Perché la comunità internazionale, pur essendo a conoscenza di tali crimini, non interviene con decisione per fermarli? Perché le notizie e le testimonianze di massacri e ferocie inenarrabili continuano a rimanere "**urla nel silenzio**"?
Dopo aver raccolto notizie e informazioni sui crimini contro l'umanità sopra ricordati (consultate testi di storia, enciclopedie e siti Internet), organizzate una **discussione** sull'argomento sotto la guida dell'insegnante. Spunti per la discussione possono essere forniti dalla visione del film "Urla del silenzio" (1984) del regista R. Joffè, dedicato al genocidio cambogiano consumatosi nell'indifferenza generale.

14 L'Italia tra Resistenza e Liberazione

1. La caduta del Fascismo

La fine del consenso

La **catena di insuccessi militari** italiani, l'incubo dei **bombardamenti** alleati, le **difficoltà economiche** e la prospettiva di uno sbarco alleato minarono profondamente il **consenso** verso il regime fascista. **Mussolini era ritenuto responsabile** di questa situazione anche da larga parte del suo partito.

Nella primavera del 1943 il malcontento si espresse in una lunga serie di **scioperi**, che interessarono le maggiori fabbriche del Nord. Le motivazioni economiche si intrecciarono all'**insofferenza politica** nei confronti di un regime che stava conducendo il Paese alla rovina.

Per ricordare
- Che cosa contribuì a indebolire il consenso verso il Fascismo?
- Che cosa accadde nella primavera del 1943?

Lo sbarco alleato in Sicilia e il crollo del regime

Nell'estate del 1943 gli Alleati decisero di **colpire la Germania**, attaccando il suo **alleato più debole**: il **10 luglio 1943**, infatti, le truppe angloamericane **sbarcarono in Sicilia**, da dove iniziarono la **risalita** verso Nord.

Alcuni esponenti del Partito Fascista e lo stesso re si convinsero che bisognava **portare l'Italia fuori dalla guerra** ed **estromettere Mussolini** dal governo. D'altra parte, i **bombardamenti** sempre più intensi condotti dagli Alleati sulle città italiane rendevano insostenibile la situazione e contribuirono ad accelerare la fine del regime.

Nella riunione del **25 luglio 1943** la maggioranza del Gran Consiglio del Fascismo votò una **mozione di sfiducia a Mussolini**, che fu così costretto alle **dimissioni**. Quando si presentò al re per le dimissioni, il duce fu **arrestato** e condotto in una località segreta sui monti del Gran Sasso, in Abruzzo. Vittorio Emanuele III **nominò un nuovo governo** presieduto dal maresciallo **Pietro Badoglio**, decretando la **fine del regime fascista**.

Una batteria americana operante in Sicilia dopo lo sbarco alleato.

Per ricordare
- Perché gli Alleati decisero lo sbarco in Sicilia?
- Quali fattori contribuirono ad accelerare la fine del regime fascista?
- Quando cadde Mussolini? Che cosa fece Vittorio Emanuele III?

2. L'occupazione tedesca e la Repubblica di Salò

L'ARMISTIZIO DELL'8 SETTEMBRE

Badoglio, pur avendo dichiarato pubblicamente di voler continuare la guerra a fianco della Germania, di fatto iniziò a **trattare segretamente con gli Angloamericani** per trovare una via d'uscita al conflitto. Queste manovre ovviamente non sfuggirono a Hitler il quale, consapevole del pericolo di un avvicinamento delle forze alleate, iniziò a fare **affluire verso le frontiere italiane numerose divisioni**.

Il **3 settembre 1943**, a Cassibile, in Sicilia, l'Italia firmò l'**armistizio con gli Alleati**, che venne reso pubblico l'**8 settembre**. Anziché consentire l'uscita dalla guerra, però, l'armistizio precipitò l'Italia in un **conflitto ancor più grave**.

Il **modo in cui furono condotte le trattative**, il fatto che esso venisse reso pubblico dagli Alleati **senza concordare con il governo** le misure necessarie per affrontarne le conseguenze, il **comportamento del re e di Badoglio** furono le cause della **situazione disastrosa** in cui precipitò l'Italia all'indomani dell'8 settembre.

Per ricordare

- Che cosa fece Badoglio? Quale fu la reazione di Hitler?
- Quando l'Italia firmò l'armistizio con gli Alleati?
- Perché l'armistizio peggiorò la situazione dell'Italia?

Leggere un documento

8 settembre 1943: Badoglio annuncia la firma dell'armistizio

*L'**8 settembre** è una **data fondamentale** nella storia italiana. L'**annuncio della firma dell'armistizio** con gli Angloamericani indicava la volontà dell'Italia di uscire dal conflitto. Purtroppo la guerra in Italia sarebbe durata ancora per molti mesi.*
Protagonista e voce di quella giornata fu il Maresciallo d'Italia Pietro Badoglio, Presidente del Consiglio dopo la caduta di Mussolini. Nel messaggio letto alla radio alle 19.42 dell'8 settembre egli annunciava l'armistizio con gli Angloamericani, senza fare alcuna menzione dei Tedeschi. Quale sarebbe stata la loro reazione? Come avrebbero dovuto comportarsi le truppe italiane nei loro confronti? Questi interrogativi, colpevolmente privi di risposta, alimentarono incertezza e angoscia in milioni di Italiani.

> Badoglio è esplicito nel descrivere la situazione militare: l'Italia non era più in grado di proseguire la guerra contro un nemico dalla forza tanto superiore.

> La scelta dell'armistizio è dettata dalla volontà di risparmiare altre e più gravi sofferenze all'Italia.

Il Governo italiano, riconosciuta l'impossibilità di continuare l'impari lotta contro la soverchiante potenza avversaria, nell'intento di risparmiare ulteriori e più gravi sciagure alla Nazione, ha chiesto un armistizio al generale Eisenhower, comandante in capo delle forze alleate angloamericane.

La richiesta è stata accolta.

Conseguentemente, ogni atto di ostilità contro le forze angloamericane deve cessare da parte delle forze italiane in ogni luogo. Esse, però, reagiranno ad eventuali attacchi da qualsiasi altra provenienza.

> Attacchi da parte di chi? Il messaggio è ambiguo...
> Si pensa ai Tedeschi? Se è così, perché non lo si dice?
> Evidentemente si teme la loro reazione ...

---

254 **PARTE QUARTA CAPITOLO 14** - L'ITALIA TRA RESISTENZA E LIBERAZIONE

L'OCCUPAZIONE TEDESCA

Dopo l'annuncio dell'armistizio, venti divisioni tedesche, al comando del feldmaresciallo Albert Kesselring, **si insediarono nei principali punti strategici dell'Italia centrale e settentrionale**, a partire da Roma: era l'inizio dell'**occupazione tedesca**, che sarebbe durata fino all'aprile 1945.

Di fronte alle iniziative dei Tedeschi, Vittorio Emanuele III, con la famiglia reale, Badoglio e tutto il governo **abbandonarono la capitale e si rifugiarono a Brindisi**. Fuggendo da Roma, il re intendeva salvare se stesso e assicurare la sopravvivenza dello Stato italiano, seppure in una sorta di esilio. Tuttavia, la sua partenza precipitosa lasciò il Paese allo sbando e l'esercito, privo di ordini, si trovò in balìa dei Tedeschi, gli ex alleati ora divenuti nemici. La fuga di Vittorio Emanuele rappresentò così un **evento disastroso** per l'Italia e una **vergogna per la dinastia dei Savoia**.

Anche le **truppe italiane** che si trovavano in Grecia e in Albania furono **aggredite dai Tedeschi**: i soldati italiani furono **disarmati e deportati** in Germania, oppure **eliminati**, se tentavano di opporsi. Fu quello che accadde ai soldati della **Divisione Acqui** nell'isola greca di Cefalonia, che si difesero strenuamente; i superstiti vennero in gran parte passati per le armi, in spregio a qualsiasi codice militare, o inviati nei *lager* tedeschi.

> **Per ricordare**
> - Come reagirono i Tedeschi alla firma dell'armistizio?
> - Che cosa fecero il re e Badoglio di fronte all'occupazione nazista? Con quali conseguenze?
> - Che cosa accadde ai soldati italiani in Grecia e in Albania?

LA REPUBBLICA DI SALÒ

Nel tentativo di **mantenere il controllo sulla penisola italiana** – importantissima dal punto di vista strategico per la sua posizione –, i Tedeschi organizzarono la **liberazione di Mussolini**, prigioniero sui monti del Gran Sasso, ponendolo poi a capo, il 23 settembre 1943, di un **nuovo Stato fascista**, limitato alle regioni settentrionali e con capitale a **Salò**, sul Lago di Garda: la **Repubblica Sociale Italiana** (RSI).

Una volta libero, **Mussolini punì duramente i membri del Gran Consiglio che l'avevano messo in minoranza** nella riunione del 25 luglio. Considerati traditori, vennero processati (**processo di Verona**) e cinque di loro furono **giustiziati**: tra di essi vi fu anche **Galeazzo Ciano**, marito di una delle figlie del duce e indicato come possibile successore del dittatore.

La RSI fu di fatto uno **Stato "fantoccio"** subordinato ai Tedeschi; le sue milizie, chiamate in modo spregiativo "**repubblichine**", affiancarono le SS e la polizia tedesca nelle **azioni di rastrellamento** contro i partigiani e la popolazione civile.

> **Per ricordare**
> - Perché i Tedeschi liberarono Mussolini? Che cosa accadde dopo la sua liberazione?
> - Come furono puniti coloro che avevano sfiduciato Mussolini il 25 luglio?
> - Quali furono le caratteristiche della RSI?

Rastrellamento
Perlustrazione attuata in modo sistematico in una zona determinata allo scopo di catturare persone in genere colpevoli di qualche reato. In tempo di guerra, i rastrellamenti servivano a catturare persone da imprigionare, deportare o eliminare.

Giovanissimi militi delle Brigate Nere, formazioni armate addette alla repressione della guerriglia partigiana.

L'ITALIA DIVISA IN DUE PARTI

Mentre Mussolini tentava invano di recuperare il potere perduto, **le truppe angloamericane risalivano la penisola da Sud verso Nord**. Per arrestarne l'avanzata, i Tedeschi predisposero una linea difensiva (**Linea Gustav**) all'altezza di Cassino.

Alla fine del 1943 l'Italia si presentava **divisa in due parti**:
1. il **Centro-Nord** occupato dai Tedeschi affiancati dai Fascisti della RSI;
2. le **regioni meridionali** sotto il controllo degli Angloamericani, dove si era insediato il governo Badoglio, che nel mese di ottobre aveva dichiarato guerra alla Germania.

Le truppe angloamericane, fermate lungo la Linea Gustav nell'autunno del 1943, ripresero l'avanzata verso Nord nel **gennaio 1944**, sbarcando ad **Anzio**; tuttavia, gli Alleati riuscirono a superare **Cassino solo nel mese di maggio** e a **liberare Roma agli inizi di giugno**. Le divisioni tedesche furono costrette a ripiegare e nei mesi successivi il fronte si assestò lungo la **Linea Gotica** (la linea difensiva che univa il Tirreno all'Adriatico all'altezza di Forte dei Marmi e Rimini).

Per ricordare

- Che cosa intendevano fare gli Angloamericani?
- Qual era la situazione dell'Italia?
- Quali furono le tappe dell'avanzata degli Alleati sul suolo italiano?

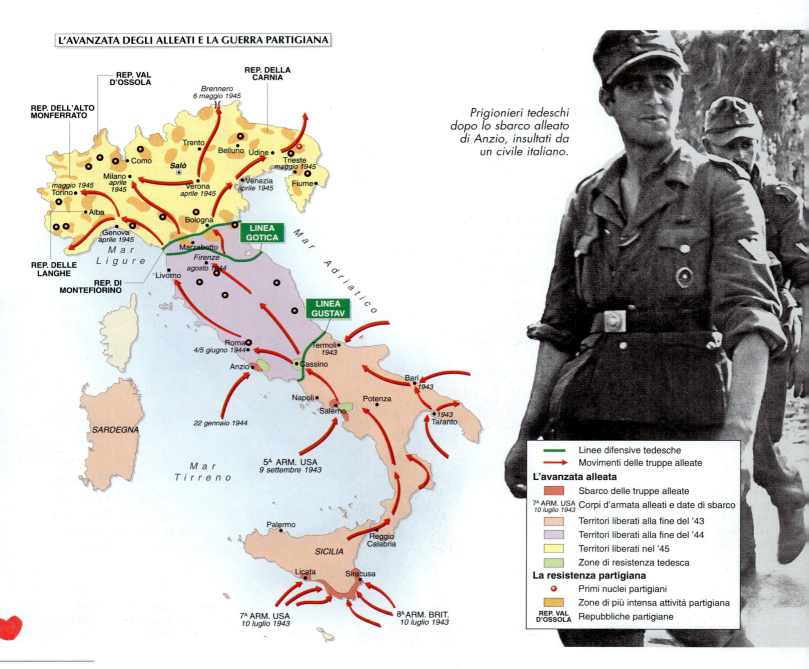

Prigionieri tedeschi dopo lo sbarco alleato di Anzio, insultati da un civile italiano.

3. La Resistenza

La Resistenza: una guerra civile

Nei territori occupati i Tedeschi perseguirono la politica di **sfruttamento economico del territorio**, ponendo sotto il loro controllo le **fabbriche**, la cui produzione fu destinata all'esportazione in Germania. Gli stabilimenti vicini al fronte vennero smantellati e migliaia di lavoratori furono **deportati in Germania**.

In questi stessi territori iniziò la **Resistenza armata** contro i Nazifascisti, che si trasformò presto in una sanguinosa **guerra civile** che **oppose i partigiani ai Fascisti fedeli alla RSI**: una lotta fratricida fra italiani che combattevano su fronti opposti. Come in ogni guerra civile, si affermò in diverse occasioni la logica della **resa dei conti**, delle **vendette private**, delle **esecuzioni sommarie**.

La guerra di Resistenza si prolungò per **venti mesi**: il periodo intercorso tra l'armistizio dell'8 settembre e la liberazione contro gli occupanti tedeschi e i loro alleati fascisti della RSI.

Per ricordare
- Come si comportarono i Tedeschi nei territori italiani occupati?
- Perché la resistenza armata contro i Tedeschi assunse i connotati di una guerra civile?
- Quanto tempo durò la guerra di resistenza contro i Nazifascisti?

Per ricordare
- Chi furono i protagonisti della Resistenza?
- Dove operavano le brigate partigiane?
- Quale provenienza avevano coloro che facevano parte delle brigate partigiane?

I gruppi partigiani

La Resistenza italiana ebbe come protagonisti **gruppi assai compositi di partigiani**. I primi furono costituiti da **soldati dell'ex esercito regio** che, abbandonati i loro reparti, si rifugiarono sulle montagne; ad essi si affiancarono ben presto militanti dei **partiti antifascisti**, ma anche **cittadini e giovani** che volevano lottare per liberare il Paese e sottrarsi al reclutamento forzato da parte delle SS o della RSI. La guerra di Resistenza fu combattuta anche da **reparti dell'esercito regolare** che, dopo l'armistizio, contrastarono l'esercito tedesco combattendo a fianco degli Angloamericani.

Le **brigate partigiane** avevano costituito le loro basi **sulle montagne**, dalle quali partivano per **azioni di guerriglia** e di **sabotaggio** ai danni dell'esercito tedesco e dei presìdi fascisti. In seguito si svilupparono formazioni che operavano prevalentemente nelle **grandi città**, come i **GAP** (Gruppi di Azione Partigiana) e le **SAP** (Squadre di Azione Patriottica).

Le organizzazioni partigiane, che contarono tra i 250 000 e i 300 000 combattenti, erano costituite da **persone di ogni ceto sociale e fede politica**. Buona parte di esse era legata ai vari partiti antifascisti, mentre altre non avevano un colore politico definito.

Sabotaggio
Azione di disturbo tesa a ostacolare in diversi modi, talvolta anche violenti, progetti o iniziative di avversari politici o economici.

Il Comitato di Liberazione Nazionale

Dopo le prime azioni isolate, il **coordinamento** e la **rappresentanza politica della lotta partigiana** vennero assunti dal **Comitato di Liberazione Nazionale** (**CLN**), costituito nei primi giorni successivi all'8 settembre dai rappresentanti di sei partiti: **PCI**, **PSI** (che dal 1943 al 1947 assunse la denominazione PSIUP, Partito Socialista Italiano di Unità Proletaria), **Democrazia Cristiana** (fondata da Alcide De Gasperi e che sostituì il Partito Popolare), **Partito d'Azione**, **Partito Liberale** e **Democrazia del lavoro**.

Nel Nord Italia venne istituito il **CLNAI** (**Comitato di Liberazione Nazionale dell'Alta Italia**), presieduto da Alfredo Pizzoni.

Le formazioni partigiane diedero vita, tra la Pianura Padana e le valli alpine, ad alcune **repubbliche partigiane** (Val d'Ossola, Alto Monferrato, Langhe, Carnia, Montefiorino), che furono però **travolte dalla superiorità militare nazifascista**.

- Quale ruolo svolse il Comitato di Liberazione Nazionale? Quali partiti ne facevano parte?
- Che cos'era il CLNAI?
- Quale fu la sorte delle repubbliche partigiane dell'Italia settentrionale?

Leggere una carta

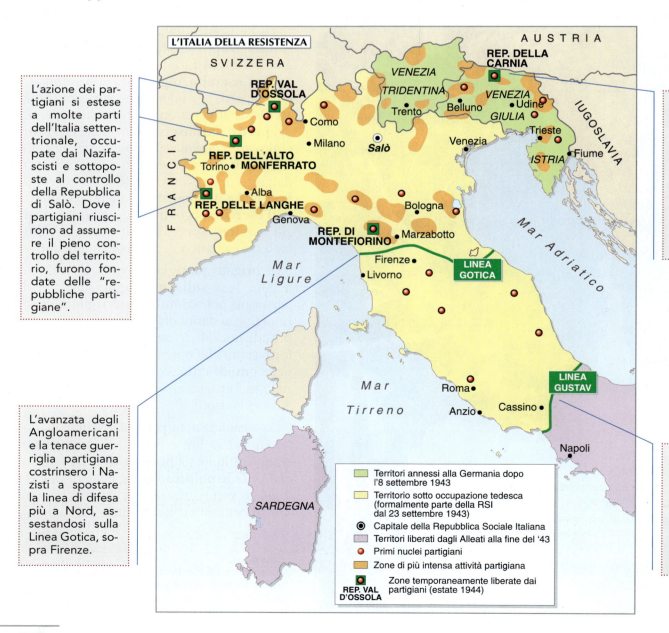

Il contrasto tra il CLN e il re

Oltre a coordinare la lotta armata per liberare l'Italia dall'invasore, il CLN elaborò **le strategie politiche per definire l'assetto istituzionale da dare al Paese** una volta terminata la guerra. Il Comitato entrò in contrasto con il governo Badoglio e il re, considerati troppo **compromessi con il regime fascista** e di cui si chiedeva quindi l'allontanamento.

Tuttavia, per evitare che tali contrasti minassero la compattezza del fronte antifascista, si decise di formare un **governo con la partecipazione di monarchici e antifascisti**, rimandando alla **conclusione della guerra** la soluzione della questione relativa al ruolo della monarchia nel futuro assetto dello Stato.

Per ricordare

- Quale fu il principale motivo del contrasto fra il CLN e Vittorio Emanuele III?
- Che cosa si fece per mantenere la compattezza del fronte antifascista?

Le rappresaglie naziste e la deportazione degli ebrei

Durante l'occupazione tedesca la penisola fu sconvolta dalla feroce **reazione nazista**, fiancheggiata dalle milizie della RSI, che colpì i **partigiani** (chiamati "banditi") ma anche la **popolazione civile**. Essa si espresse con la logica della rappresaglia, distruggendo interi paesi, eliminando gli oppositori, istituendo la regola del 10 contro 1 (per ogni soldato tedesco morto venivano giustiziati 10 Italiani).

Numerosi furono gli episodi di violenze e di massacri; ricordiamo alcuni dei più tragici. A **Boves**, nel Cuneese, dal settembre 1943 alla liberazione, le truppe tedesche del maggiore **Peiper** incendiarono a più riprese le case del paese, uccidendo decine di civili e compiendo ogni tipo di violenze con l'intento di fiaccare la resistenza armata, che proprio da qui aveva preso l'avvio all'indomani dell'armistizio.

Il 28 dicembre 1943 i **sette fratelli Cervi**, organizzatori della Resistenza nella campagna emiliana, catturati con il padre dai Fascisti, furono tutti fucilati, mentre il padre venne rilasciato per l'età avanzata. Alcuni mesi prima della Liberazione di Roma, in risposta ad un attentato nel quale erano morti 33 Tedeschi, il colonnello **Herbert Kappler** fece fucilare 335 persone innocenti alle **Fosse Ardeatine**.

Di una lunga catena di massacri si rese responsabile nel 1944 il maggiore delle SS **Walter Reder** nell'Appennino tosco-emiliano, culminati nell'uccisione di 560 civili a **Sant'Anna di Stazzema** e nell'eccidio di **Marzabotto**, dove un intero paese venne dato alle fiamme e 1836 persone furono uccise.

Come negli altri Paesi sotto l'occupazione o il controllo nazista, anche in Italia i Tedeschi insieme ai Fascisti della RSI misero in atto la "soluzione finale" della questione ebraica. Già vittime di discriminazioni e persecuzioni dopo l'emanazione delle leggi razziali del 1938, tra il 1943 e il 1945 circa **8000 Ebrei** vennero arrestati. Dei **7000 deportati** nei *lager* (la quasi totalità ad Auschwitz) meno di 1000 fecero ritorno a casa.

Per ricordare

- Contro chi furono dirette le rappresaglie condotte dai Nazisti?
- Quali furono gli episodi più sanguinosi?
- Che cosa successe agli Ebrei italiani?

Parola chiave

Rappresaglia
- Parola derivante dal latino *prehendere*, "prendere", che in tempi antichi si riferiva al diritto di prendere con la forza quel che era ritenuto giusto per riparare a un danno subìto. Nel Medioevo, questo diritto era accordato ai singoli cittadini o a una città, nel momento in cui dovevano in qualche modo rivalersi nei confronti di uno straniero che non aveva adempiuto ai propri obblighi.
Nel contesto di una guerra o di un contrasto diplomatico, la rappresaglia si traduce in una ritorsione, un'**azione punitiva** – talvolta anche di tipo violento –, attuata per riparare a un presunto torto. La violenza di una rappresaglia, nel contesto di un conflitto, può toccare punte di gravità estrema, tanto da apparire disumana, con l'uccisione di decine di persone o la distruzione di città e villaggi.

Parte quarta Capitolo 14 - *L'Italia tra Resistenza e Liberazione*

Protagonisti

I PARTIGIANI

Chi intraprese la strada della Resistenza si trovò, da un giorno all'altro, catapultato in una realtà completamente diversa. Costretti a vivere in **clandestinità**, a rischiare la propria vita in ogni momento, i **partigiani** dovettero partecipare ad azioni di guerra, di guerriglia, di sabotaggio, per le quali la maggior parte di loro non era addestrata. Se si eccettuano, infatti, gli ex soldati dell'esercito, gli altri partigiani erano uomini e donne che dovettero **imparare sul campo il mestiere della guerra**: operai, professori, contadini, avvocati, intellettuali, militanti di partiti antifascisti ma anche ex fascisti, ecc.

TRA LE MONTAGNE DELLA VAL D'OSSOLA

Lo scrittore, giornalista e storico *Giorgio Bocca*, che militò nelle brigate *Giustizia e Libertà* del Piemonte, ha approfondito in numerosi studi la storia della Resistenza italiana e ha lasciato in varie opere la testimonianza della sua esperienza. Nel volume "*Una Repubblica partigiana. Ossola 10 settembre-23 ottobre 1944*" ha descritto gli ideali, gli obiettivi, i sentimenti, i metodi di lotta dei partigiani della **Val d'Ossola**, una delle **repubbliche partigiane** sorte nell'Italia settentrionale. Ecco come racconta una delle ultime battaglie prima della capitolazione di questa repubblica.

Nella guerra partigiana la paura e il coraggio, la sicurezza e il panico, la calma e l'ansia possono ignorarsi. Nell'alta valle pare di essere alla fine, dopo un giorno di battaglia. Giù si è tranquilli e fiduciosi [...]. Su a Duomo, Tibaldi sta telefonando a Locarno perché preparino d'urgenza un treno per lo sgombero dei feriti e degli ammalati [...]. L'attacco incomincia la mattina dell'11. Una lunga preparazione di artiglieria, poi vengono sotto lungo il greto e a mezza costa. La Val d'Ossola si difende dalle sue posizioni sopra Bettola, ripari e trinceramenti a terrazzini sul pendio ripido. Quelli della Valtoce escono dalla linea fortificata e vanno incontro al nemico nella terra di nessuno. La guerra partigiana può essere anche questo strano gioco a nascondersi, nel mattino: una pattuglia della X Mas *[una delle formazioni militari legate alla Repubblica Sociale Italiana]* che sbuca improvvisamente davanti il casello della ferrovia, le raffiche rabbiose, il silenzio. Ma sparano già alla destra, forse gli amici, forse i nemici. Alla casa "del cane" dieci ragazzi pancia a terra nel sole: hanno sloggiato i Fascisti, aspettano il contrattacco. E d'improvviso si risveglia il temporale delle artiglierie, quando gli 88 battono la punta di Migiandone si vedono volare terra e rami. [...] Si arretra tutti assieme obbligando i Fascisti a guadagnare il terreno lentamente. Non diciamo secondo i piani prestabiliti perché non ne esistono, ma comunque in una maniera decente. Scende la sera dell'11 e i reparti tedeschi e fascisti non hanno ancora, praticamente, attaccato la prima linea fortificata.

Un gruppo di partigiani studia una carta del territorio.

GLI ITALIANI E LA RESISTENZA IUGOSLAVA

Negli anni compresi tra il 1943 e il 1947 si consumò anche la tragedia che colpì le **popolazioni italiane della Venezia Giulia e dell'Istria**. In queste regioni, annesse all'Italia dopo la Prima Guerra Mondiale, il regime fascista aveva attuato una **politica di "italianizzazione"**, tesa a colpire le minoranze linguistiche costituite da Sloveni e da Croati. Si era giunti a vietare l'insegnamento e l'uso pubblico delle lingue slovena e croata, mentre venivano italianizzati i cognomi e i nomi delle località, suscitando un forte risentimento nelle popolazioni slave.

Inoltre, nell'aprile del 1941, gli Italiani avevano partecipato con i Tedeschi all'**aggressione contro la Iugoslavia**: il Paese venne smembrato e l'Italia si annesse gran parte della Dalmazia. In qualità di occupanti gli Italiani dovettero affrontare e **reprimere il movimento di resistenza iugoslavo**.

Dopo l'8 settembre 1943 e la dissoluzione dell'esercito italiano, una parte dei militari che si trovavano in Iugoslavia **prese parte alla resistenza contro i Nazifascisti**, combattendo nelle file dell'Armata Popolare guidata dal comunista **Josif Broz**, detto **Tito**. La **popolazione italiana** della Venezia Giulia e soprattutto dell'Istria rimase invece **esposta a violenze e rappresaglie**, che colpirono non solo gli esponenti del potere politico e militare, ma anche cittadini comuni.

LA TRAGEDIA DELLE FOIBE

La violenza contro gli Italiani crebbe ulteriormente nei primi mesi del 1945, quando i partigiani di Tito cercarono di estendere il proprio controllo sulla Venezia Giulia. Vittime di questa violenza non furono solo i **Fascisti** – contro i quali combattevano i partigiani di Tito – ma anche **antifascisti e partigiani italiani**, che avevano combattuto con Tito ma che rifiutavano il suo progetto di "slavizzare" le terre italiane.

La situazione si fece drammatica. Si calcola che in quegli anni siano stati uccisi **migliaia di Italiani** che, spesso ancora vivi, **furono gettati nelle foibe**, le profonde doline tipiche dell'altopiano carsico.

Solo nel 1947, in base a un accordo internazionale, **Trieste** ottenne la condizione di "città libera" sotto il controllo delle truppe alleate, mentre l'**Istria** e la **Dalmazia** divennero definitivamente iugoslave. In seguito a tali accordi, **molti Italiani abbandonarono quelle regioni**, rifugiandosi in Italia (vedi pag. 281).

Per ricordare

- Chi furono le vittime dei partigiani comunisti iugoslavi?
- Dove furono gettati i corpi degli Italiani uccisi dagli Iugoslavi?
- Quali accordi furono presi nel 1947?

Per ricordare

- Quale fu la politica del Fascismo nei confronti delle minoranze slave?
- Quale ruolo ebbe l'esercito italiano sul fronte iugoslavo?
- Che cosa accadde dopo l'armistizio dell'8 settembre nella Venezia Giulia e in Iugoslavia?

Il comandante Tito passa in rassegna le proprie truppe.

LE FOIBE IN ISTRIA E NEL CARSO TRIESTINO

PARTE QUARTA CAPITOLO 14 - L'ITALIA TRA RESISTENZA E LIBERAZIONE 261

4. La liberazione dell'Italia

L'INSURREZIONE PARTIGIANA E LA MORTE DI MUSSOLINI

A partire dall'estate del 1944, l'**offensiva angloamericana riprese con vigore**, efficacemente supportata dalle **azioni partigiane**. Roma venne liberata il 4-5 giugno, Firenze in agosto; nella capitale si insediò un **governo di unità nazionale**, espressione del CLN, presieduto dal socialista **Ivanoe Bonomi**.

Al Nord i Tedeschi intensificarono la **repressione**, ma già nei primi mesi del 1945 iniziarono a manifestarsi i segnali di quell'**insurrezione partigiana** che portò alla **liberazione di molte città**, costringendo alla fuga l'esercito tedesco.

L'ordine di **insurrezione generale** fu lanciato ufficialmente dal CLNAI il **25 aprile 1945** (ricordato come il giorno della **Liberazione**), dopo che il 21 aprile era stata liberata la città di Bologna. Pochi giorni dopo Genova, Modena, Reggio, Parma, Cuneo, Torino, Biella, Vercelli, Novara e Milano accoglievano le truppe angloamericane. Alla fine di aprile **l'esercito tedesco firmava la resa**.

Mussolini, ormai isolato e senza più l'appoggio dei Tedeschi, cercò di lasciare l'Italia per rifugiarsi in **Svizzera**. Scoperto e **arrestato dai partigiani nei pressi di Dongo**, sul lago di Como, fu **ucciso il 28 aprile** insieme all'amante Claretta Petacci e ad alcuni gerarchi. I loro corpi furono esposti a Milano, in Piazzale Loreto.

I VALORI DELLA RESISTENZA, FONDAMENTO DELLA NUOVA ITALIA

L'Italia liberata si trovava di fronte al compito di una **difficile ricostruzione materiale e morale**. Il Paese usciva **distrutto** da un ventennio di dittatura fascista, dal conflitto mondiale e da una tragica guerra civile. Bisognava **ricostituire un apparato economico**, un **tessuto di vita sociale e civile**, uno **Stato**, un'**identità nazionale**.

Fin dai giorni della Liberazione fu chiaro che i valori e i princìpi della cultura laica e cattolica che avevano animato la Resistenza sarebbero divenuti il fondamento di una nuova Italia:

1. il **primato della libertà e della democrazia** contro ogni forma di oppressione e di totalitarismo;

2. la **partecipazione diretta** alla vita politica e la consapevolezza che le sorti future del Paese erano nelle mani di tutti;

3. la **solidarietà tra le diverse forze politiche e sociali** nel perseguire l'ideale del bene comune.

Per ricordare
- Che cosa accadde a partire dall'estate del 1944?
- Quali esiti ebbe l'insurrezione partigiana nel Norditalia?
- Quale sorte toccò a Mussolini?

Per ricordare
- Quali erano le condizioni dell'Italia alla fine della guerra?
- Su quali valori si sarebbe fondato il nuovo Stato italiano?

Un SS prigioniero viene perquisito da un militare americano.

APPROFONDIMENTI

Storia e vita quotidiana

VIVERE IN TEMPO DI GUERRA

La guerra venne combattuta non solo dai soldati sui fronti militari, ma anche dal cosiddetto "**fronte interno**", cioè nella vita di tutti i giorni dalla **popolazione civile**. La guerra, infatti, **sconvolse ogni aspetto della vita quotidiana** degli Italiani.

IL RAZIONAMENTO DEI GENERI DI PRIMA NECESSITÀ

Per gli Italiani sopravvissuti al conflitto, la Seconda Guerra Mondiale è legata al ricordo della **fame**, che tormentò la maggior parte della popolazione. Inizialmente il governo adottò la politica del **razionamento**, stabilendo delle quote nella distribuzione dei **generi alimentari** e di prima necessità. Ogni cittadino riceveva una **tessera** con i bollini riferiti ai beni e alla data dell'acquisto: ogni bollino permetteva l'acquisto di una quantità stabilita di quel genere alimentare in quella data e a un prezzo imposto. Il sistema dei bollini riguardava molti generi alimentari (dai grassi al sale, dallo zucchero alle uova), i prodotti tessili e le sigarette.

Negli ultimi mesi della guerra procurarsi il cibo divenne la principale preoccupazione della giornata. Comparvero orti nei parchi cittadini o sui balconi delle case, ogni pezzo di terreno venne messo a coltura. Quando il caffè e il tabacco scomparvero dalla circolazione, vennero sostituiti con dei "succedanei" (o surrogati): al posto del caffè, per esempio, si usavano le "*ciofeche*", cioè i caffè senza caffè, ottenuti con derivati di cicoria, orzo, melassa di fichi e granaglie varie tostate.

IL MERCATO NERO

Poiché i prodotti alimentari ottenibili con le tessere del razionamento erano insufficienti e la merce scarseggiava, si ricorreva al **mercato nero**, cioè a un sistema di distribuzione clandestino che non rispettava i prezzi e le limitazioni imposte dalla legge. C'era chi si accaparrava grandi quantità di merci e le teneva nascoste nei propri magazzini; alcuni negozianti nascondevano parte delle merci da vendere a prezzo imposto per riservarle ai clienti disposti a pagare di più sottobanco. Gli stessi contadini, che fornivano i prodotti agli ammassi governativi per la distribuzione razionata, in seguito preferirono ricorrere alla vendita diretta, per guadagnare di più e per barattare i prodotti alimentari con altri generi (gioielli, biancheria, ecc.). Negli ultimi mesi di guerra uno dei prodotti più ambiti fu il **sale**, venduto a peso d'oro.

SOTTO I BOMBARDAMENTI

Anche se le città italiane non vennero sfigurate come quelle tedesche dagli spaventosi incendi provocati dai **bombardamenti**, essendo gli edifici costruiti prevalentemente in pietra e mattoni, tuttavia le devastazioni prodotte furono immani e non solo materiali. Gli Italiani impararono a distinguere il "**piccolo allarme**" (lanciato quando era probabile che gli aerei alleati transitassero nella zona) dal "**grande allarme**", fatto risuonare quando la città era l'obiettivo dei bombardieri. I dispositivi antiaerei italiani erano alquanto inefficienti, così come del tutto insufficienti erano i **rifugi antiaerei**. Chi si trovava la casa distrutta dopo un bombardamento doveva cercarsi qualche altra sistemazione, dopo aver tentato di recuperare tra le macerie quanto possibile. Chi poteva lasciava la città, bersaglio preferito dei bombardamenti, per sfollare in campagna; il numero degli **sfollati** crebbe enormemente nel corso del conflitto.

adatt. da *Diario della Seconda Guerra Mondiale*, De Agostini

PARTE QUARTA CAPITOLO 14 - L'ITALIA TRA RESISTENZA E LIBERAZIONE 263

Sintesi

LA CADUTA DEL FASCISMO

- I continui insuccessi militari e le sofferenze patite dalla popolazione civile minarono in maniera profonda il consenso nei confronti del Fascismo.
- Dopo lo sbarco alleato in Sicilia, Mussolini fu costretto a dimettersi (25 luglio 1943) e venne fatto arrestare dal re, che nominò un nuovo governo.

L'OCCUPAZIONE TEDESCA E LA REPUBBLICA DI SALÒ

- Il 3 settembre 1943 l'Italia firmò l'armistizio con gli Alleati. L'annuncio dell'armistizio (8 settembre) determinò l'occupazione tedesca dell'Italia settentrionale e centrale.
- Di fronte all'avanzata dei Tedeschi il re e Badoglio abbandonarono Roma, il 9 settembre 1943, lasciando il Paese e l'esercito allo sbando in balìa dei Tedeschi. Anche i soldati italiani in Albania e in Grecia furono aggrediti dai Tedeschi, che li uccisero o li deportarono nei *lager*.
- Per mantenere il controllo della penisola, i Tedeschi liberarono Mussolini e lo aiutarono a ricostituire un nuovo Stato fascista nell'Italia settentrionale con sede a Salò, denominato Repubblica Sociale Italiana (o Repubblica di Salò).
- L'Italia si trovò divisa in due parti: il Centro-Nord era occupato dai nazifascisti, mentre le regioni meridionali erano sotto il controllo degli Angloamericani, decisi a risalire tutta la penisola per liberare anche le regioni settentrionali.

LA RESISTENZA

- Nei territori occupati i Tedeschi misero in atto una politica di sfruttamento economico, deportando il Germania anche migliaia di lavoratori.
- Contro i Tedeschi e i loro alleati della RSI si organizzò la guerra di Resistenza, che ebbe come protagoniste le brigate partigiane coordinate dal Comitato di Liberazione Nazionale (CLN).
- Il CLN, oltre a coordinare l'azione dei partigiani, iniziò anche a progettare l'assetto da dare all'Italia dopo la fine della guerra. Vittorio Emanuele III e Badoglio apparivano troppo compromessi con il regime fascista e per questo motivo il CLN era favorevole a un loro allontanamento. Tuttavia, per mantenere la compattezza del fronte antifascista, ogni decisione fu rimandata a dopo la fine del conflitto.
- I Nazisti furono protagonisti di sanguinose rappresaglie contro i partigiani e la popolazione civile. Nella Venezia Giulia e soprattutto in Istria, la popolazione italiana fu esposta alla violenza dei partigiani comunisti iugoslavi. Molti Italiani furono uccisi, spesso gettati ancora vivi nelle foibe.

LA LIBERAZIONE DELL'ITALIA

- Tra l'estate del 1944 e i primi mesi del 1945 l'avanzata delle truppe angloamericane costrinse l'esercito tedesco alla fuga.
- Il 25 aprile 1945 (data della Liberazione) il CLNAI diede l'ordine di insurrezione che portò alla liberazione delle città dell'Italia settentrionale. Mussolini, scoperto mentre tentava di fuggire in Svizzera, fu catturato dai partigiani e venne fucilato il 28 aprile.

Anche noi storici

Conoscere eventi e fenomeni storici

1. Indica se le seguenti affermazioni sono vere (V) o false (F).

	V	F
a. Nell'estate del 1943 il re e alti esponenti del Partito Fascista volevano allontanare Mussolini dal governo.	☐	☐
b. Mussolini fu arrestato e imprigionato dalla Gestapo.	☐	☐
c. Il re nominò capo del governo Pietro Badoglio.	☐	☐
d. Badoglio dichiarò in Parlamento che voleva porre termine alla guerra.	☐	☐
e. Il 3 settembre l'Italia firmò l'armistizio con la Germania.	☐	☐
f. Il re e Badoglio fuggirono da Roma di fronte all'occupazione tedesca.	☐	☐
g. Le truppe tedesche occuparono l'Italia meridionale.	☐	☐
h. Mussolini liberato dai Tedeschi fondò la Repubblica di Salò.	☐	☐
i. Tra il 1943 e il 1945 l'Italia risultava divisa tra zone occupate dai Tedeschi e zone occupate dagli Angloamericani.	☐	☐
l. La Resistenza armata oppose i partigiani agli occupanti tedeschi e ai loro alleati fascisti della RSI.	☐	☐
m. Tra i partigiani della Resistenza c'erano solo militanti comunisti e socialisti.	☐	☐
n. La popolazione italiana della Venezia Giulia fu vittima delle violenze e rappresaglie dei partigiani comunisti di Tito.	☐	☐
o. Dopo la resa dell'esercito tedesco Mussolini si consegnò ai partigiani per essere processato.	☐	☐

Riconoscere relazioni – Individuare rapporti di causa ed effetto

2. Collega i seguenti fatti e fenomeni alla corretta causa / spiegazione (riporta accanto la lettera corrispondente).

1. Nel 1943 in Italia venne meno il consenso verso Mussolini …
2. Gli Alleati decisero di colpire l'Italia …
3. Mussolini presentò al re le dimissioni …
4. Hitler fece affluire verso l'Italia numerose divisioni armate …
5. L'armistizio con gli Alleati precipitò l'Italia in una situazione disastrosa …
6. I Tedeschi trattarono gli Italiani e l'esercito italiano da nemici…
7. Mussolini punì con la pena capitale i membri del Gran Consiglio del Fascismo …
8. La Repubblica Sociale Italiana di Salò fu uno "Stato fantoccio" ...
9. Le minoranze slave e croate della Venezia Giulia e dell'Istria nutrivano un forte risentimento verso il regime fascista e gli Italiani in generale …
10. Il 25 aprile è noto come il giorno della Liberazione …

a. perché costituiva la parte debole delle potenze dell'Asse.
b. perché seppe che il governo italiano trattava con gli Angloamericani.
c. perché era ritenuto colpevole della situazione drammatica in cui versava l'Italia.
d. perché l'armistizio era ritenuto un tradimento nei confronti dell'ex alleato tedesco.
e. perché le modalità della trattativa e il suo annuncio erano avvenuti senza concordare le misure per fronteggiare la reazione tedesca.
f. perché era stata voluta, sostenuta e guidata dai Tedeschi.
g. perché avevano votato la sfiducia e fatto cadere il governo fascista.
h. perché ci fu l'insurrezione generale partigiana contro i Nazifascisti nell'Italia Settentrionale.
i. perché il Fascismo aveva imposto una politica di italianizzazione, cercando di soffocare la loro identità, e gli Italiani avevano partecipato all'aggressione tedesca della Iugoslavia.
l. perché il Gran Consiglio aveva votato la mozione di sfiducia nei suoi confronti.

Orientarsi nel tempo

3. Inserisci nella corretta sequenza cronologica gli eventi indicati (riporta la lettera corrispondente).

1943
10 luglio ....
25 luglio ....
3 settembre ....
8 settembre ....
23 settembre ....

1944
22 gennaio ....
4-5 giugno ....
agosto ....

1945
25 aprile ....
28 aprile ....

[**a.** mozione di sfiducia verso Mussolini – **b.** sbarco alleato ad Anzio – **c.** sbarco alleato in Sicilia – **d.** nascita della Repubblica di Salò – **e.** annuncio dell'armistizio tra l'Italia e gli Alleati – **f.** uccisione di Mussolini – **g.** liberazione di Roma – **h.** ordine di insurrezione generale del CLNAI – **i.** firma dell'armistizio tra Italia e Alleati – **l.** liberazione di Firenze]

Comprendere e utilizzare il linguaggio della storia

4. Spiega con parole tue il significato delle seguenti parole e scrivi per esteso il nome delle istituzioni indicate con la sigla.

a. Rastrellamento ....
b. Rappresaglia ....
c. Sabotaggio ....
d. Mercato nero ....
e. Razionamento ....
f. Foibe ....

g. Linea Gustav ....
h. Linea Gotica ....
i. RSI ....
l. CLN ....
m. CLNAI ....
n. GAP ....

PARTE QUARTA CAPITOLO 14 - L'ITALIA TRA RESISTENZA E LIBERAZIONE

Il patrimonio storico-culturale

La memoria della guerra d'Italia

• Tutto il popolo italiano fu coinvolto nei drammatici eventi che segnarono gli anni dell'occupazione tedesca e della Resistenza. In ogni regione ci sono luoghi, monumenti e musei che costituiscono il patrimonio storico-culturale di quegli anni, insieme alle testimonianze vive di coloro che allora erano ragazzi.
Vi suggeriamo alcuni percorsi di ricerca per approfondire la conoscenza di queste testimonianze nel vostro territorio.

a. Luoghi, monumenti e testimonianze della guerra d'Italia - Ricercate se nel territorio della vostra città (o provincia o regione) esistono luoghi e monumenti legati alla guerra tra il 1943-1945 o musei che conservano testimonianze di questo periodo storico. Dopo aver raccolto informazioni e materiali nella biblioteca locale o presso associazioni culturali operanti sul territorio, con l'aiuto dell'insegnante preparate una **visita guidata** al luogo o al museo. Completate la ricerca stendendo una **relazione scritta**.

b. La toponomastica legata alla storia italiana tra il 1943 e il 1945 - Un percorso di ricerca potrebbe riguardare la toponomastica (cioè il complesso dei nomi di luoghi del territorio), volta a individuare nomi di vie, piazze, quartieri, ecc. che ricordano personaggi, eventi, episodi di questo periodo storico.

- La ricognizione può essere fatta direttamente percorrendo le strade del quartiere/paese e documentandola fotograficamente o attraverso un video. In alternativa la ricognizione può essere fatta consultando lo stradario.
- Elencate tutti i toponimi, descrivendo brevemente l'evento o l'operato dei personaggi cui il toponimo fa riferimento. In percentuale, quanti toponimi sono relativi a questo periodo sul totale della toponomastica del paese? Esistono toponimi relativi a quel periodo che sono stati introdotti o sostituiti in anni recenti? Con quali motivazioni? Ricercatele, consultando la documentazione disponibile in municipio.
- Sistemate e rielaborate i materiali raccolti, preparando una relazione scritta oppure illustrando il risultato della ricerca su un **cartellone** da esporre nell'aula e in altri spazi dell'edificio scolastico oppure nella biblioteca.

c. Intervista sulla guerra - Con l'aiuto dell'insegnante preparate un'intervista da rivolgere a persone anziane che hanno vissuto in prima persona o hanno sentito raccontare da fonti dirette episodi della guerra, storie di partigiani, soldati, persone perseguitate, militanti delle opposte parti in lotta, aspetti della vita quotidiana (come si viveva in città, nei paesi e nelle campagne, che cosa accadeva sotto i bombardamenti, che cosa si mangiava, come avveniva la frequenza scolastica, ecc.) tra il 1943 e il 1945. Una volta preparate le domande, dividetevi in gruppi per effettuare le interviste, raccogliendo le testimonianze con un registratore oppure annotandole su un taccuino. Rielaborate il testo delle interviste e stendete una **relazione scritta**.

Il Monumento al Partigiano nella città di Bergamo, opera dello scultore Giacomo Manzù.

15 La fine della guerra

1. La liberazione dell'Europa

LA RESISTENZA IN EUROPA: GUERRE DI LIBERAZIONE E GUERRE CIVILI

Movimenti di resistenza armata simili a quello sorto in Italia nacquero in tutta l'Europa. Come in Italia, anche i partigiani degli altri Paesi provenivano da **ogni ceto sociale** e professavano **idee politiche diverse**; lottavano contro gli invasori ricorrendo a **sabotaggi**, azioni di **guerriglia** e di **spionaggio**, in contatto con gli eserciti angloamericani, dai quali ricevevano rifornimenti.

La lotta di liberazione si manifestò però in **forme diverse**: in alcuni Stati – Paesi scandinavi, Belgio, Paesi Bassi – la resistenza si limitò alla **lotta contro i Nazisti** per recuperare la libertà politica, in altri – Iugoslavia, Grecia e Polonia – tale lotta assunse anche i caratteri di una **guerra civile** tra opposte fazioni, divise sui **progetti politici** da realizzare negli Stati liberati.

Per ricordare
- Quali erano le caratteristiche dei movimenti di resistenza europei?
- Come si espresse la lotta di liberazione in Europa?

LO SBARCO IN NORMANDIA

Nonostante l'esercito tedesco avesse ripiegato su molti fronti, Hitler manteneva ancora il controllo su tutta l'Europa nordoccidentale. Da tempo i Russi, che dall'estate del 1943 avevano iniziato un'inarrestabile avanzata, chiedevano agli Angloamericani l'apertura di un **secondo fronte**, dopo quello italiano, per **alleggerire la pressione tedesca sulle armate sovietiche** e per **completare l'accerchiamento della Germania**.

Alla **Conferenza di Teheran** (tenutasi tra la fine di novembre e l'inizio di dicembre del 1943) gli Alleati decisero di effettuare lo **sbarco in Francia**, attaccando da Ovest quella che, dopo l'occupazione nazista, era definita la "fortezza Europa".

L'**estate del 1944** rappresentò uno dei momenti decisivi per le sorti del conflitto. Il 6 giugno (passato alla storia come il **D-Day**, cioè il *Decision Day*, il "giorno della decisione") ebbe inizio l'**Operazione Overlord**, cioè lo sbarco delle truppe alleate sulle spiagge della **Normandia**.

Per ricordare
- Perché i Sovietici insistevano per aprire un altro fronte?
- Che cosa fu deciso durante la Conferenza di Teheran?
- Quando ebbe inizio l'attacco contro i Nazisti in Francia?

LA LIBERAZIONE DELLA FRANCIA

La gigantesca operazione (guidata dal generale statunitense Dwight David Eisenhower) vide impegnati oltre 6 000 navi, 4 000 mezzi da sbarco e 11 600 aerei; nei giorni successivi vennero trasportati in Francia circa 620 000 soldati e 95 000 mezzi corazzati. I **Tedeschi**, che **avevano previsto lo sbarco** ma che **non riuscirono a individuarne l'area precisa**, si opposero inutilmente all'avanzata delle truppe angloamericane.

Nell'agosto dello stesso anno venne attuato un **secondo sbarco in Provenza**, nel Sud della Francia, da parte di truppe prevalentemente guidate dal **generale De Gaulle** che, all'estero, aveva organizzato un esercito pronto a intervenire in appoggio agli Alleati.

Parigi insorse contro i Tedeschi e la città venne **liberata** (26 agosto); in settembre quasi tutta la Francia e il **Belgio** erano liberi. Nei mesi successivi, nonostante il successo della controffensiva tedesca sulle Ardenne, **le truppe angloamericane si spinsero nel cuore della Germania nazista**.

Per ricordare

- Perché i Tedeschi non seppero opporsi allo sbarco alleato?
- Chi guidò lo sbarco in Provenza?
- Quale fu il risultato della liberazione della Francia?

L'AVANZATA RUSSA SUL FRONTE ORIENTALE

Sul fronte orientale i **Sovietici**, dopo aver liberato gran parte del loro territorio e i **Paesi Baltici**, nel 1944 raggiunsero la **Polonia**; quindi l'Armata Rossa avanzò in **Romania**, **Ungheria** e **Iugoslavia**, rafforzando l'azione della Resistenza locale e affrettando la **liberazione** di questi Paesi.

In Germania, il procedere inarrestabile delle truppe angloamericane da Ovest e dei Russi da Est convinse l'**opposizione interna** che ormai **la guerra era perduta** e che era necessario evitare l'estrema rovina. In questo contesto maturò il **fallito attentato contro Hitler**, nel luglio 1944, progettato dal colonnello von Stauffenberg e da altri ufficiali dell'esercito, che furono poi giustiziati insieme a circa 5 000 altre persone, sospettate di aver partecipato al complotto o semplicemente imparentate con i colpevoli.

Per ricordare

- Come procedettero le operazioni sul fronte orientale?
- Perché alcuni ufficiali tedeschi cercarono di uccidere Hitler? Quale fu l'esito dell'attentato?

Leggere una carta

L'avanzata delle truppe sovietiche culminò con la presa di Berlino, che segnò la capitolazione della Germania.

Dal 3 settembre 1943 l'Italia non era più alleata della Germania, ma fino all'aprile del 1945 una parte delle regioni settentrionali era ancora sotto il controllo nazista.

La controffensiva sovietica portò innanzitutto alla riconquista dei territori in precedenza occupati dai Tedeschi, portando il fronte a una posizione che coincideva pressappoco con quella dei primi mesi di guerra.

La rapida avanzata dell'Armata Rossa nella Penisola balcanica fu possibile anche grazie all'appoggio dei movimenti di liberazione già operanti nei diversi Paesi.

LA CONTROFFENSIVA SOVIETICA (1943-1945)

FINLANDIA · Leningrado · ESTONIA · LETTONIA · LITUANIA · DANIMARCA · Mosca · URSS · PAESI BASSI · Berlino · GERMANIA · Varsavia · POLONIA · BELGIO · FRANCIA · SLOVACCHIA · SVIZZERA · Budapest · UNGHERIA · ROMANIA · ITALIA · CROAZIA · Bucarest · Mar Nero · SERBIA · MONTENEGRO · BULGARIA · ALBANIA

fine del 1943 · Aprile 1945 · Estate 1944 · fino al 3 settembre 1943

- Territori dell'URSS non occupati (luglio 1943)
- Territori riconquistati dall'URSS
- Germania e territori occupati
- Paesi alleati della Germania
- Offensive sovietiche
- Linee del fronte
- Limite estremo di avanzamento dell'Armata Rossa

PARTE QUARTA CAPITOLO 15 - LA FINE DELLA GUERRA

2. La vittoria finale degli Alleati

LA CONFERENZA DI YALTA

Mentre le operazioni militari erano ancora in corso, nel **febbraio 1945** i capi di governo di **Stati Uniti**, **Gran Bretagna** e **Unione Sovietica** (rispettivamente **Roosevelt**, **Churchill** e **Stalin**) si riunirono a Yalta, in Crimea.

La **Conferenza di Yalta** doveva mettere a punto le **manovre finali del conflitto**, ma soprattutto preparare il **futuro assetto mondiale**. In quell'occasione furono prese decisioni fondamentali per il futuro dell'Europa e del mondo:
- fu stabilito che, a guerra finita, la **Germania** doveva essere divisa in **quattro zone di occupazione** (controllate dalle potenze vincitrici, Francia inclusa);
- i Paesi liberati avrebbero potuto **scegliere democraticamente i propri governi**;
- furono poste le basi per la nascita dell'**Organizzazione delle Nazioni Unite**, che avrebbe sostituito la Società delle Nazioni, l'organismo internazionale nato dopo il primo conflitto mondiale, che si era però dimostrato incapace di garantire la pace.

Per ricordare
- Chi furono i protagonisti della Conferenza di Yalta?
- Qual era lo scopo della Conferenza? Quali decisioni vennero prese?

LA RESA DELLA GERMANIA

Nei **primi mesi del 1945** le truppe angloamericane e quelle sovietiche **accerchiarono completamente la Germania**, sulle cui città continuavano senza sosta i bombardamenti aerei. Mentre in Italia gli eserciti angloamericani, con l'appoggio delle formazioni partigiane, liberavano la penisola, in Germania gli Angloamericani **varcavano il Reno**, dilagando in Germania e puntando verso Monaco; contemporaneamente le truppe sovietiche procedevano verso **Berlino**. Verso la fine di aprile, i due eserciti sfondarono le difese tedesche e si congiunsero sul fiume **Elba**.

Il 30 aprile **Hitler**, rinchiuso nel bunker sotto la Cancelleria, **si tolse la vita**, poche ore prima che l'Armata Rossa sferrasse l'attacco finale contro Berlino. Nei **primi giorni di maggio la Germania firmò la resa incondizionata**: era l'atto finale della Seconda Guerra Mondiale in Europa.

Capitolata la Germania, nell'estate del 1945 i capi di Stato delle potenze vincitrici si riunirono a **Potsdam**, nei pressi di Berlino. Nel corso della **Conferenza di Potsdam** venne **lanciato l'ultimatum al Giappone** per la resa incondizionata e vennero **ribadite le decisioni di Yalta**.

Per ricordare
- Come procedettero le operazioni di accerchiamento della Germania?
- Che cosa fece Hitler? Quando la Germania firmò la resa?
- Che cosa venne deciso nella Conferenza di Potsdam?

La Conferenza di Potsdam, nel luglio del 1945.

PARTE QUARTA CAPITOLO 15 - LA FINE DELLA GUERRA

LA GUERRA CONTINUA NEL PACIFICO

Sul fronte del Pacifico la guerra continuava, nonostante le sue sorti fossero ormai decise. Nella **battaglia delle Filippine** (giugno 1944), infatti, **la flotta nipponica era stata annientata**; nei mesi successivi **gli Statunitensi conquistarono una ad una le isole del Pacifico** e bombardarono pesantemente le città giapponesi (tra le quali Tokyo, dove si contarono 185 000 tra morti e feriti).

Agli inizi dell'estate del 1945 **il Giappone era allo stremo**, nonostante continuassero le azioni di guerra da parte delle sue forze armate. A quel punto l'imperatore **Hirohito** espresse la sua **disponibilità alla resa**, a patto che il Giappone mantenesse la propria **indipendenza**.

Il nuovo presidente degli Stati Uniti, **Harry S. Truman** – salito al potere dopo la morte di Roosevelt – non accettò le richieste dell'imperatore e rimase fermo nel pretendere la **resa senza condizioni**. Per piegare definitivamente la resistenza giapponese, Truman **decise di usare** una nuova arma, la **bomba atomica**, la più micidiale di tutte le armi mai usate dall'uomo, messa a punto da poco nei laboratori statunitensi da alcuni tra i più importanti scienziati dell'epoca, tra i quali l'italiano Enrico Fermi (vedi pagine seguenti).

Per ricordare

- Come procedevano le operazioni militari nel Pacifico?
- Che cosa fece l'imperatore Hirohito?
- Perché Truman rifiutò la proposta di Hirohito? Che cosa fece il presidente statunitense?

LA BOMBA ATOMICA E LA RESA DEL GIAPPONE

Il **6 agosto 1945** un ordigno nucleare fu sganciato sulla città di **Hiroshima** e il **9 agosto** una seconda bomba atomica fu fatta esplodere su **Nagasaki**. Le due città furono **incenerite** nel giro di pochi secondi; **decine di migliaia di persone morirono al momento dell'esplosione**; incalcolabile fu il numero di quelli che morirono nei giorni, nei mesi e negli anni successivi, a causa delle **radiazioni** disperse dall'esplosione atomica.

Il 14 agosto l'imperatore annunciava la **resa incondizionata del Giappone**, firmata il **2 settembre 1945**, ponendo fine al più lungo e devastante conflitto della storia.

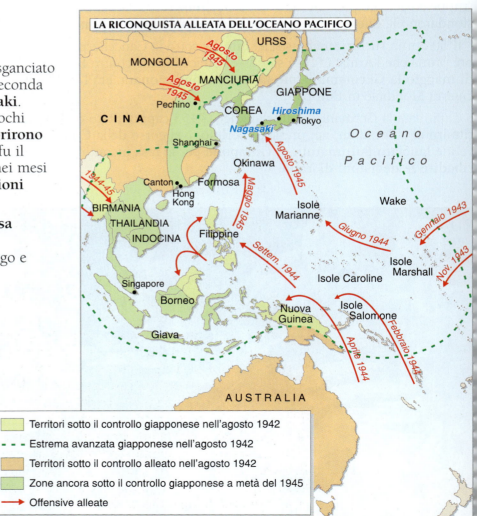

Per ricordare

- Su quali città giapponesi furono sganciate le prime bombe atomiche?
- Quale fu il risultato dell'attacco nucleare?
- Quale fu la conseguenza militare dell'attacco nucleare?

APPROFONDIMENTI

Storia e scienza

LA BOMBA ATOMICA: LA SCIENZA AL SERVIZIO DELLA GUERRA

ARRIVARE PRIMA DI HITLER

Fra gli anni Trenta e Quaranta del Novecento numerosi scienziati europei impegnati nello **studio dell'atomo** (*Enrico Fermi, Leo Szilard, Niels Bohr, Albert Einstein*, ecc.) si erano rifugiati negli Stati Uniti per sfuggire alla persecuzione nazifascista. Essi sapevano che i Tedeschi stavano conducendo ricerche sulla fissione dell'atomo in vista di un utilizzo militare. Di fronte alla minaccia rappresentata dal regime nazista, il 2 agosto 1939 Albert Einstein decise di rivolgersi con una lettera (probabilmente redatta da Leo Szilard) al presidente Roosevelt, mettendolo al corrente della situazione e sottolineando la possibilità di realizzare una **bomba atomica**.

Da questa iniziativa presero avvio diversi progetti di ricerca che, nell'estate del 1942, confluirono nel cosiddetto **Progetto Manhattan**, la cui direzione fu affidata al fisico statunitense di origine ebraica *Robert Oppenheimer*.

ENRICO FERMI: IL "NAVIGATORE ITALIANO" DELL'ATOMO

Al Progetto Manhattan, finalizzato alla realizzazione della bomba atomica, lavoravano circa 30 000 scienziati e ingegneri, molti militari, politici, operai: in totale 250 000 uomini. Tra questi, il compito di realizzare la prima reazione atomica a catena controllata – la cosiddetta "pila atomica" – toccò al fisico italiano **Enrico Fermi**.

Alcuni anni prima (il 20 ottobre 1934), in Italia, Fermi, a capo di un gruppo di giovani ricercatori, aveva fatto una scoperta fondamentale per il futuro della fisica nucleare: la possibilità di produrre reazioni nel nucleo atomico con il bombardamento a mezzo di neutroni rallentati dalla paraffina. Fu questo a far meritare a Fermi il **Premio Nobel** nel 1938 e a dare avvio alle sperimentazioni atomiche negli Stati Uniti, dove si era rifugiato per proteggere la moglie ebrea dalle leggi razziali del Fascismo.

Il 2 dicembre 1942, il gruppo di Chicago guidato da Fermi avvia la **prima reazione nucleare** a catena autoalimentata. Significativa la comunicazione in codice inviata al presidente Roosevelt per informarlo della riuscita dell'esperimento: "*Il navigatore italiano ha raggiunto il nuovo mondo*". Come Cristoforo Colombo 450 anni prima era sbarcato nel continente americano, così Fermi, altro "navigatore italiano", aveva raggiunto il nuovo mondo dell'energia atomica.

L'ERA DEL "TERRORE NUCLEARE"

Il Progetto Manhattan proseguì con la costruzione di un immenso laboratorio segreto a **Los Alamos**, una località semideserta del New Mexico, che si popolò di scienziati e tecnici agli ordini di Oppenheimer.

Qui nacque la **prima bomba atomica**, che fu sperimentata ad **Alamogordo**, nel deserto, il 16 luglio 1945. Il **6** e il **9 agosto** altre due **bombe** venivano **sganciate su Hiroshima e Nagasaki**.

Terrificante fu il bagliore accecante e il boato di una intensità mai sentita. Fu Truman, neopresidente degli Stati Uniti, che prese la grave decisione di utilizzare il micidiale ordigno per indurre alla resa il recalcitrante Giappone e per mostrare al resto del mondo (in particolare all'Unione Sovietica di Stalin) la straordinaria potenza raggiunta dall'arsenale statunitense.

La scelta di sganciare la bomba atomica costituì un "**punto di non ritorno**", perché inaugurò l'era nella quale l'umanità sarebbe stata in grado di autodistruggersi, di votarsi al suicidio collettivo.

Negli anni seguenti il mondo fu costretto a convivere con questo terrore, assistendo alla **corsa al riarmo nucleare** da parte delle due superpotenze (USA e URSS), prima, e di altri Stati nei decenni successivi, fino a oggi.

PARTE QUARTA CAPITOLO 15 - LA FINE DELLA GUERRA

Un "peccato" degli scienziati?

Molti scienziati che avevano partecipato al progetto in funzione antitedesca, consci del potenziale distruttivo dell'ordigno, si erano chiesti se, essendo venuta meno la minaccia nazista, fosse ancora il caso di utilizzarlo. Il lancio delle bombe atomiche su Hiroshima e Nagasaki provocò in **Robert Oppenheimer** un profondo turbamento e la **presa di coscienza di una grave responsabilità**. Riferendosi al progetto da lui diretto ebbe modo di affermare: *"Allora gli scienziati hanno conosciuto il peccato di avere tollerato e, in larga misura, di avere portato a termine la realizzazione della bomba atomica"*.

L'ultimo messaggio di Albert Einstein: "Ricordate la vostra umanità"

Lo stesso Oppenheimer, nel dopoguerra, si oppose decisamente alla costruzione della bomba all'idrogeno (o **bomba H**), ovvero la bomba a fusione termonucleare incontrollata, migliaia di volte più potente della bomba all'uranio lanciata su Hiroshima. L'ordigno venne tuttavia realizzato sotto la direzione del fisico ungherese Edward Teller, che aveva partecipato al Progetto Manhattan.

Anche **Albert Einstein**, che nel 1939 contribuì ad avviare le ricerche militari nel campo nucleare in funzione antinazista, fin dal 1945 aveva espresso preoccupazione per il futuro dell'umanità. Nel suo **Messaggio all'umanità**, scritto nel 1955 e firmato da altri sette Premi Nobel, egli scriveva:

Nella tragica situazione – cui l'umanità si trova di fronte – riteniamo che gli scienziati debbano riunirsi per accertare i pericoli determinati dallo sviluppo delle armi di distruzione di massa. [...] L'opinione pubblica e anche molte persone in posizione autorevole non si sono rese conto di quali sarebbero le conseguenze di una guerra con armi nucleari. [...] È stato dichiarato che ora è possibile costruire una bomba 2500 volte più potente di quella che distrusse Hiroshima. [...] Una guerra con bombe all'idrogeno potrebbe molto probabilmente porre fine alla razza umana. [...] Se vogliamo, possiamo avere davanti a noi un continuo progresso in benessere, conoscenze e saggezza. Vogliamo invece scegliere la morte perché non siamo capaci di dimenticare le nostre controversie?

Rivolgiamo un appello come esseri umani ad esseri umani: ricordate la vostra umanità e dimenticate il resto. Se sarete capaci di farlo vi è aperta la via di un nuovo paradiso, altrimenti è davanti a voi il rischio della morte universale.

Fu questo l'ultimo messaggio di Einstein. Pochi giorni dopo, il grande scienziato moriva, lasciando al mondo un'impareggiabile eredità di scoperte scientifiche, di profondità culturale e di saggezza umana, pur con i limiti e le debolezze propri dell'uomo.

Albert Einstein con Robert Oppenheimer.

Sintesi

LA LIBERAZIONE DELL'EUROPA

- In tutta Europa sorsero movimenti di resistenza armata che appoggiarono l'azione delle truppe angloamericane. Mentre però in alcuni Stati la resistenza si limitò a lottare contro i Nazisti, in altri assunse i connotati di una guerra civile tra fazioni che sostenevano diversi progetti politici.
- Nell'estate del 1944 gli Alleati portarono l'attacco alla Germania aprendo un nuovo fronte a Ovest. Il 6 giugno (D-Day) venne avviato lo sbarco in Normandia. Nel giro di pochi mesi le truppe alleate liberarono la Francia, il Belgio ed avanzarono verso la Germania.
- Sul fronte orientale le truppe sovietiche continuarono ad avanzare, liberando i Paesi Baltici, la Polonia e spingendosi fino in Iugoslavia. Nel frattempo, alcuni ufficiali tedeschi cercarono di uccidere Hitler in modo da evitare la rovina definitiva della Germania, ma l'attentato fallì e i congiurati furono giustiziati.

LA VITTORIA FINALE DEGLI ALLEATI

- Nel febbraio 1945 alla Conferenza di Yalta i capi di Stato di Gran Bretagna, Stati Uniti e Unione Sovietica si accordarono sulla sorte della Germania e sul futuro assetto del mondo.
- Alla fine di aprile le truppe angloamericane e sovietiche sfondarono le difese tedesche; Hitler si suicidò il 30 aprile e nei primi giorni di maggio la Germania firmò la resa incondizionata.
- Sul fronte del Pacifico la guerra continuava, anche se ormai il Giappone era allo stremo delle forze e le sorti della guerra apparivano ormai decise. L'imperatore Hirohito si dimostrò disponibile ad arrendersi, ma pose come condizione il mantenimento dell'indipendenza del Giappone.
- Deciso a ottenere la resa incondizionata, il presidente americano Truman lanciò due ordigni atomici sulle città di Hiroshima e Nagasaki, che furono completamente distrutte. Il 2 settembre 1945 il Giappone firmò la resa incondizionata, ponendo così termine in modo definitivo alla Seconda Guerra Mondiale.

Anche noi storici

Conoscere eventi e fenomeni storici

1. *Indica se le seguenti affermazioni sono vere (V) o false (F).*

	V	F
a. Lo sbarco alleato in Normandia avvenne prima dello sbarco in Sicilia.	☐	☐
b. I Tedeschi avevano previsto lo sbarco alleato e riuscirono ad arrestare l'avanzata alleata.	☐	☐
c. L'esercito tedesco sbarcò a Sud della Francia per opporsi agli Alleati.	☐	☐
d. Dopo la liberazione della Francia le truppe alleate attaccarono la Germania.	☐	☐
e. Tra il 1943 e il 1945 l'esercito sovietico liberò dai Nazisti l'Europa centro-orientale.	☐	☐
f. L'attentato contro Hitler fu un complotto sovietico.	☐	☐
g. Alla Conferenza di Yalta parteciparono Stati Uniti, Gran Bretagna e Unione Sovietica.	☐	☐
h. Alla Conferenza di Yalta la Francia venne considerata tra le potenze vincitrici.	☐	☐
i. La Conferenza di Yalta gettò le basi della Società delle Nazioni.	☐	☐
l. L'esercito sovietico entrò in Berlino alla fine di aprile 1945.	☐	☐
m. La Germania firmò la resa incondizionata il 2 settembre 1945.	☐	☐
n. Nel 1944 il Giappone continuava vittoriosamente la guerra nel Pacifico.	☐	☐
o. Il Giappone accettò la resa incondizionata dopo l'attacco nucleare su Hiroshima e Nagasaki.	☐	☐

Orientarsi nel tempo

2. *Indica la data dei seguenti eventi.*

a. Liberazione della Francia e del Belgio ....

b. Conferenza di Teheran ....

c. Attentato a Hitler ....

d. Conferenza di Yalta ....

e. Bomba su Nagasaki ....

f. Conferenza di Potsdam ....

g. Resa del Giappone ....

h. Bomba su Hiroshima ....

i. Resa della Germania ....

l. D-Day ....

PARTE QUARTA CAPITOLO 15 - LA FINE DELLA GUERRA 273

Riconoscere relazioni – Individuare rapporti di causa ed effetto

3. *Collega i seguenti fatti e fenomeni alla corretta causa/spiegazione (riporta accanto la lettera corrispondente).*

1. I Russi sollecitavano gli Angloamericani ad aprire un fronte a Ovest …
2. Il 6 giugno 1944 fu uno dei momenti decisivi del conflitto …
3. Nel 1944 i Tedeschi capirono che ormai la guerra era perduta …
4. Nella Conferenza di Yalta furono prese decisioni importanti …
5. L'imperatore giapponese espresse la sua disponibilità alla resa …
6. Il presidente degli Stati Uniti decise di usare la bomba atomica …

a. perché il Paese era allo stremo a causa dei pesanti bombardamenti sulle città.
b. perché contro la Germania da Ovest avanzavano gli Angloamericani e da Est i Sovietici.
c. per alleggerire la pressione tedesca sulle armate sovietiche e per completare l'accerchiamento della Germania.
d. perché con lo sbarco delle truppe alleate venne portato l'attacco risolutivo alla Germania nazista.
e. per piegare definitivamente la resistenza giapponese e per dimostrare al mondo la potenza dell'arsenale militare statunitense.
f. perché si decise il futuro degli Stati liberati e della Germania.

Attualizziamo il passato / Storia e scienza

La nascita dell'era atomica

• *Suggeriamo alcuni percorsi di ricerca per approfondire il tema della nascita dell'era atomica e delle sue conseguenze per la storia dell'umanità, proponendo come spunti di riflessione le considerazioni di uno scienziato e di un divulgatore scientifico.*

a. Il nuovo albero del bene e del male - *"La tragedia di Hiroshima e Nagasaki suscitò orrore ma non fermò la corsa a riempire gli arsenali di testate atomiche in grado di distruggere il pianeta. Contemporaneamente, però, l'energia dell'atomo mostrò la sua valenza positiva: dall'impiego dei radioisotopi in medicina alle centrali per produrre energia elettrica. Ancora una volta è l'uomo che deve scegliere se utilizzare le proprie scoperte per migliorare o per distruggere la vita".*

Così esordisce il giornalista scientifico Giovanni Caprara in un articolo dedicato al "doppio volto" del nucleare, sottolineando come le circostanze storiche fecero sì che prevalesse inizialmente l'uso bellico e che le applicazioni utili all'uomo venissero subito accantonate. A partire dagli anni Cinquanta, tuttavia, nacquero molte iniziative per favorire lo sviluppo e la diffusione di tecnologie nucleari "pacifiche".

1. Gli impieghi "pacifici" del nucleare - Con l'aiuto dell'insegnante di scienze svolgete una ricerca sull'impiego attuale del nucleare nel campo della medicina, della produzione di energia elettrica, della ricerca ed esplorazione spaziale. Raccogliete informazioni, consultando enciclopedie e testi di scienze, dizionari scientifici e tecnologici illustrati e siti Internet. Rielaborate i materiali raccolti stendendo una **relazione scritta**, corredata di immagini.

2. Scienza ed etica - Prendendo spunto dall'ultima affermazione del giornalista, sotto la guida dell'insegnante organizzate una **discussione** sul tema dell'utilizzo delle scoperte e ricerche scientifiche. Vi suggeriamo una possibile traccia: esistono scoperte scientifiche buone e cattive? Tutto ciò che è possibile dal punto di vista della ricerca scientifica è automaticamente lecito? Quali branche della ricerca scientifica sono particolarmente delicate? È giusto porre limiti alla ricerca scientifica? Esiste una responsabilità degli scienziati?

b. Il nuovo "fuoco" che cambiò la storia dell'umanità - *"Per diecimila anni, dall'alba della civiltà al 1942, l'uomo aveva usato sempre lo stesso tipo di fuoco. Quello che nasce dalla struttura elettromagnetica della materia, con la trasformazione di massa in energia. Furono Enrico Fermi, Eugene Wiger e collaboratori a scoprire a Chicago, il 2 dicembre 1942, che era possibile accendere un altro tipo di fuoco, in cui per ottenere la trasformazione di tre grammi di massa in energia bastavano appena 3 kg di materiale nuclearmente fissile, come l'uranio e il plutonio. Quel nuovo ed efficientissimo modo di trasformare massa in energia - il fuoco nucleare - nasce dalla struttura nucleare della materia. Il fuoco nucleare di pace, acceso a Chicago nel 1942, è una delle più grandi conquiste tecnologiche dell'intelletto umano."*

Queste parole del fisico italiano Antonino Zichichi sottolineano la portata epocale delle ricerche avviate da Enrico Fermi, che realizzò il **primo reattore nucleare** (la cosiddetta "pila atomica"), ottenendo la prima reazione a catena controllata, un passo fondamentale per lo sfruttamento dell'energia atomica. Sotto la guida dell'insegnante di scienze svolgete una ricerca sull'energia atomica, ricercando informazioni su testi di scienze ed enciclopedie scientifiche. Rielaborate i materiali stendendo una **relazione scritta**.

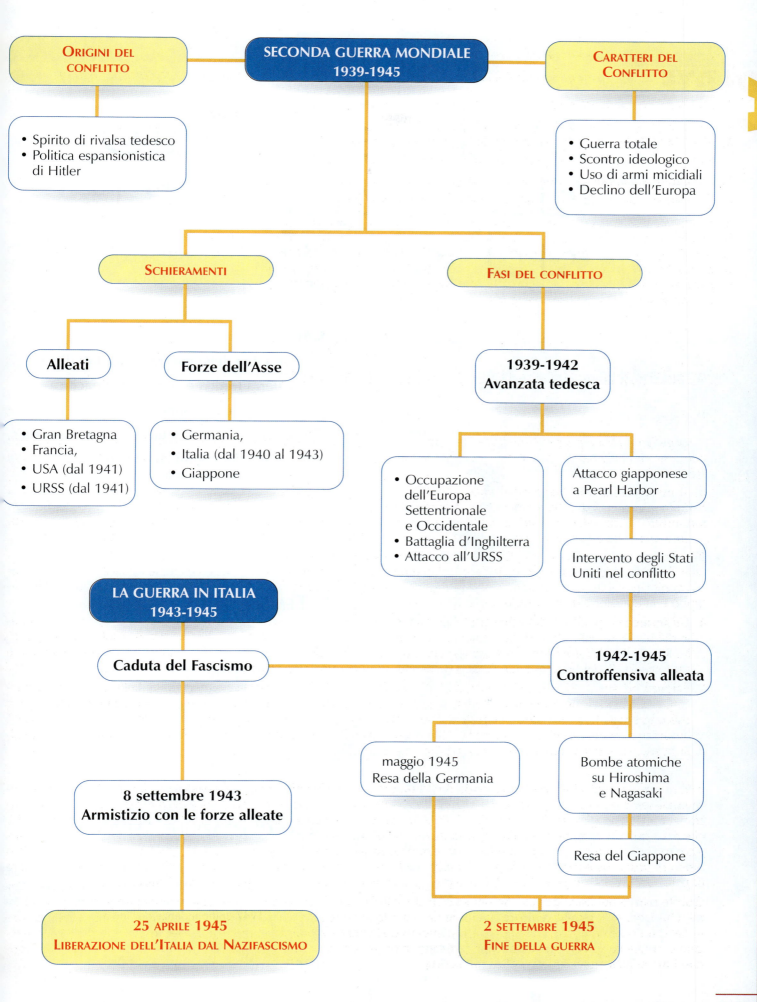

PARTE QUINTA
Dal secondo dopoguerra ad oggi

Capitoli

16. L'eredità della guerra e i trattati di pace
17. Guerra fredda e coesistenza pacifica
18. La decolonizzazione
19. Il Medio Oriente: una storia tormentata
20. La fine dei regimi comunisti e l'Unione Europea

Il Tempo della Storia

GUERRA FREDDA, COESISTENZA PACIFICA

1957 Nasce la
1953 Morte di Stalin
1945 Nascita dell'ONU

DECOLONIZZAZIONE, TERZO MONDO

1955 Conferenza di Ban
1949 Nasce la Repubblica Popolare Cine
1948 Nasce lo Stato di Israele
1947 Indipendenza dell'India

1945 — 1955

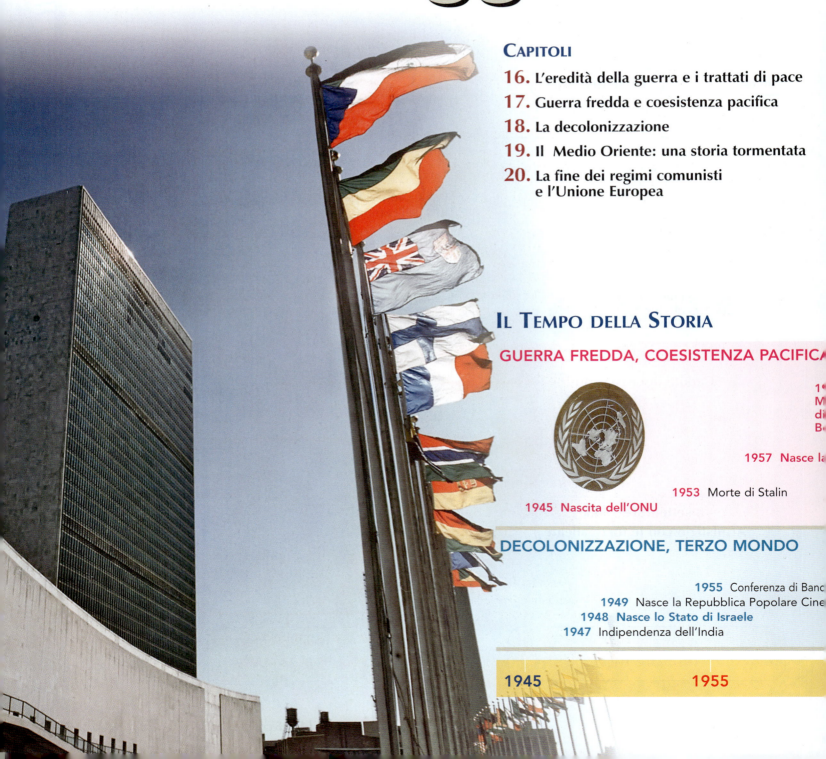

ENTRIAMO NELLA STORIA

- L'esito della guerra, i trattati di pace e la minaccia nucleare gettarono le basi di un **nuovo ordine mondiale**. La neonata **ONU** non fu in grado di impedire la divisione del mondo in **due blocchi contrapposti** che facevano capo alle nuove **superpotenze**, USA e URSS: il blocco **occidentale** e il blocco **comunista**. Due blocchi che si affrontarono creando una situazione di tensione permanente, chiamata **guerra fredda**.
L'**Europa** fu sacrificata alla logica dello scontro tra le due superpotenze e venne divisa in due parti, l'Europa orientale comunista e l'Europa occidentale democratica: una separazione il cui emblema furono la **divisione della Germania** e il **muro di Berlino**. Contemporaneamente il vecchio continente avviava un processo di **integrazione economica** (**CEE**).
- La guerra innescò il processo di **decolonizzazione**, in seguito al quale molti Stati africani e asiatici conquistarono l'**indipendenza**, costituendo un nuovo soggetto internazionale, chiamato **Terzo Mondo**. Divenuti anch'essi terreno di scontro tra le superpotenze, i Paesi del Terzo Mondo si avviarono in buona parte verso un futuro di **sottosviluppo** e **instabilità**.
- Dalla fine degli anni Cinquanta le superpotenze mettevano in atto un processo di distensione (**coesistenza pacifica**). Una fase che non fu priva di tensioni e che vide fiorire movimenti di protesta (**contestazione giovanile**), volti a sollecitare un maggior impegno per la pace e la giustizia.
- L'ordine mondiale creato dalla guerra viene dissolto negli anni **1989-1991**, quando si consuma la crisi del modello sovietico, che decreta la **fine dei regimi comunisti** (simbolicamente rappresentata dalla **caduta del muro di Berlino**) e porta alla **dissoluzione dell'URSS**. A fronte di questa svolta epocale, **si rafforza il processo di integrazione politica** dell'Europa con la nascita dell'Unione Europea. Gli USA rimangono l'unica superpotenza a esercitare l'**egemonia** politica, economica e militare. Un'egemonia insidiata dalle potenze emergenti di Cina e India e minacciata dal **terrorismo internazionale**, i cui clamorosi attentati dell'**11 settembre 2001** hanno aperto una **nuova fase storica**.

LE DOMANDE DEL PRESENTE

Quanti "muri" dividono ancora il mondo?

L'abbattimento del "muro della vergogna" (come venne definito il muro di Berlino) fu salutato come il preludio di un nuovo mondo, nel quale non ci sarebbero più stati divisioni e conflitti in nome di ideologie, religioni, appartenenze etniche diverse.

Eppure il nostro tempo, non solo continua a conservare **molti muri** ma addirittura ne innalza sempre di nuovi: muri per fermare gli immigrati, per nascondere alla vista quartieri "non perbene", per creare barriere di difesa da popoli vicini.

Muri dietro i quali si nasconde l'incapacità di risolvere le sofferenze di persone e di popoli oppure la paura dello straniero. Barriere che, la storia insegna, "una volta innalzate, sono **difficili da abbattere**, soprattutto quando crescono **nelle coscienze**".

E INTEGRAZIONE EUROPEA

Guerra in Vietnam-1973

1968 Primavera di Praga
1968 Contestazione giovanile
1989 Caduta del muro di Berlino
1990 Riunificazione della Germania
1991 Dissoluzione della Iugoslavia
1991 Fine dell'URSS
1992-1993 Nasce l'UE
2002 Entra in vigore l'euro
2007 Trattato di Lisbona

NUOVI EQUILIBRI

1976 Muore Mao
1978 Deng Xiao Ping avvia riforme economiche in Cina

1990-91 I Guerra del Golfo
1993 Accordi di Oslo tra Palestinesi e Israeliani

2001 Attentati dell'11 settembre
2003-2004 II Guerra del Golfo
2008 Crisi finanziaria globale

1975 — 1985 — 1995 — 2005

16. L'eredità della guerra e i trattati di pace

1. Stati sconfitti e potenze vincitrici

Il bilancio della Seconda Guerra Mondiale

Se valutiamo la Seconda Guerra Mondiale nel suo insieme, il primo dato che emerge è il **numero agghiacciante delle vittime: oltre 50 milioni**. Colpiscono però anche le novità introdotte nelle **strategie di morte**:
• **i bombardamenti a tappeto** dei centri urbani, che fecero strage della popolazione civile;
• la **volontà di sterminare** intere popolazioni: gli Ebrei innanzitutto, ma anche gli Zingari e gli Slavi da parte dei Nazisti, il massacro di Cinesi da parte dei Giapponesi;

I lunghi anni di guerra e le devastazioni provocate dal conflitto avevano **prostrato l'economia** di quasi tutti i Paesi coinvolti. Fabbriche, ponti, strade, abitazioni erano stati distrutti, i commerci e le reti di comunicazione erano quasi scomparsi. **Tutti gli Stati si erano indeboliti e** non avevano denaro da investire nella ricostruzione.

Anche le **condizioni di vita** delle popolazioni apparivano **molto dure**. La **povertà** era assai diffusa, le normali attività riprendevano fra mille difficoltà, il **tasso di disoccupazione era altissimo**. Ad aggravare la situazione vi era anche l'esasperazione delle **divisioni politiche e ideologiche** che, in molte nazioni, creavano il presupposto di contrasti e contrapposizioni talora violente nella popolazione.

Per ricordare

• Che cosa colpisce maggiormente circa il bilancio della Seconda Guerra Mondiale?
• Quali erano le condizioni economiche dei Paesi usciti dalla guerra?
• In quale situazione si trovavano le popolazioni?

I gerarchi nazisti sul banco degli imputati durante il processo di Norimberga.

LA FINE DELL'EGEMONIA EUROPEA

Dopo il perfezionamento dei trattati di pace, nel **1947**, il volto del mondo apparve profondamente mutato. Il **ruolo dell'Europa** sulla scena mondiale risultò drasticamente **ridimensionato**; la **fine dei grandi imperi coloniali**, esito inevitabile del conflitto, contribuì ad attenuare l'importanza delle vecchie potenze, mentre due soli giganti emergevano come superpotenze: gli **Stati Uniti** e l'**Unione Sovietica**, i veri vincitori della guerra, in grado di imporre la loro egemonia sul resto del mondo.

Nel rispetto dei nuovi equilibri che si andavano delineando a livello mondiale, l'Europa fu **divisa in due zone di influenza**: l'**Europa occidentale** sotto la guida degli Stati Uniti, l'**Europa orientale** sotto il controllo dell'Unione Sovietica.

Per ricordare
- Quali nuove superpotenze emersero dopo la Seconda Guerra Mondiale?
- Quale sorte toccò all'Europa?

ANCORA UNA PACE PUNITIVA PER LA GERMANIA

Come era accaduto alla fine della Prima Guerra Mondiale, la Germania, ritenuta **responsabile di avere scatenato il conflitto** e di averlo condotto con una **violenza** che a tutti era parsa disumana, fu **punita severamente** dagli Stati vincitori.

Le sanzioni imposte alla Germania furono pesantissime:
- l'**esercito** tedesco venne **smantellato** e il Paese disarmato;
- i **criminali di guerra** e gli **alti ufficiali nazisti**, responsabili di stragi e persecuzioni razziali, vennero **processati a Norimberga** (dal novembre 1945 all'ottobre 1946) con l'accusa di **crimini contro l'umanità**: alcuni furono condannati a morte, altri al carcere per periodi più o meno prolungati (qualcuno a vita);
- il territorio tedesco venne diviso in **quattro zone di occupazione**, ciascuna sotto il controllo di una delle potenze vincitrici: Stati Uniti, Gran Bretagna, Francia e Unione Sovietica.

Il **territorio austriaco**, annesso alla Germania da Hitler, aveva fatto parte della nazione tedesca per tutta la durata del conflitto. Al termine della guerra subì un **periodo di occupazione** da parte delle forze alleate, ma nel **1955** riconquistò la **piena autonomia** con la nascita della nuova **Repubblica austriaca**.

Per ricordare
- Perché la Germania fu colpita con particolare durezza dai trattati di pace?
- Quali sanzioni furono imposte alla Germania?
- Che cosa accadde nei territori austriaci?

LA DIVISIONE DELLA GERMANIA

Parte quinta Capitolo 16 - L'eredità della guerra e i trattati di pace

Le due Germanie e la divisione di Berlino

Tra il 1948 e il 1949 Gran Bretagna, Stati Uniti e Francia riunirono sotto un governo unico le rispettive zone di influenza, favorendo così **la nascita di uno Stato autonomo**, guidato da un regime democratico e parlamentare: la **Repubblica Federale Tedesca (RFT)**, con capitale Bonn.

Anche l'Unione Sovietica diede vita, nel settore di sua competenza, a un nuovo Stato comunista, la **Repubblica Democratica Tedesca (RDT)**, formalmente indipendente ma posta sotto uno **strettissimo controllo da parte di Mosca**.

La vecchia capitale, **Berlino**, che si trovava nel territorio della RDT, venne anch'essa divisa in **quattro zone** poste sotto il controllo delle potenze vincitrici. La città divenne presto il **simbolo dello scontro fra due diverse ideologie** (quella democratica occidentale e quella comunista sovietica), tanto che nel **1961**, su iniziativa della Repubblica Democratica Tedesca, fu innalzato un **muro** per separare la zona sotto il controllo dell'Unione Sovietica da quella sotto il controllo alleato.

Per ricordare

- Che cosa accadde nei settori della Germania controllati dalle potenze occidentali?
- Come fu governata la Repubblica Democratica Tedesca?
- Quale sorte toccò alla città di Berlino?

La costruzione del muro di Berlino.

LE MODERATE SANZIONI CONTRO L'ITALIA

L'Italia si trovava in una posizione particolare: era stata alleata della Germania fino al 1943, poi era **passata dalla parte degli Alleati** e aveva organizzato una intensa attività di **Resistenza antinazista e antifascista**. Per questi motivi **non subì il trattamento punitivo** che era stato invece riservato alla Germania.

L'Italia perse, comunque, i territori occupati dell'**Albania**, tutte le **colonie in Africa** (Libia, Eritrea, Etiopia, Somalia), le città di **Zara e Fiume**, l'alto e il medio Isonzo, l'Istria e altre **piccole porzioni di territorio ai confini con la Francia** (in corrispondenza dei passi del Colle di Tenda, del Moncenisio e del Piccolo San Bernardo: vedi pag. seguente).

Una sorte particolare toccò al territorio di **Trieste**, diviso in **due zone**: la **zona B** affidata all'amministrazione della Iugoslavia (che poi procedette alla sua annessione); la **zona A** controllata **dagli Angloamericani**. Nel **1954** la zona A divenne a tutti gli effetti parte del territorio italiano.

Per ricordare

- Perché l'Italia non subì il trattamento punitivo riservato alla Germania?
- A quali territori dovette rinunciare l'Italia?
- Che cosa avvenne nel territorio di Trieste?

L'EUROPA CENTRO-ORIENTALE E IL PROBLEMA DEI PROFUGHI

I cambiamenti territoriali più importanti avvennero nell'Europa **centro-orientale** e nell'**area baltica**. Alla **Polonia** venne riconosciuto il possesso dei territori già occupati dalla Germania, ma essa dovette cedere **ampie zone all'Unione Sovietica**, che ottenne anche le **Repubbliche baltiche** (Estonia, Lettonia, Lituania) e alcune **aree di confine con la Finlandia, la Romania e la Cecoslovacchia**.

La **spartizione dei territori**, in particolare nell'Europa orientale e centrale, e la creazione di **nuovi confini** per molti Stati causarono importanti **movimenti di popolazioni**. Migliaia di persone abbandonarono i territori in cui vivevano per cercare una nuova sistemazione; in particolare, popolazioni di lingua tedesca abbandonarono le zone cedute alla Polonia e all'Unione Sovietica, cercando rifugio come **profughi** nella nuova Germania.

Questo dramma toccò anche circa **250 000 tra Istriani, Fiumani e Dalmati di lingua italiana** che, dopo l'**annessione dell'Istria** alla Iugoslavia, si misero in viaggio come **esuli**, abbandonando ogni cosa, per **andare a vivere sul suolo italiano**, l'unico che ormai riconoscevano come patria. Si trattò di una vera **tragedia storica**, a lungo dimenticata e che solo di recente lo Stato italiano ha voluto ricordare, insieme alle vittime delle foibe (vedi pag. 261), proclamando il 10 febbraio come "Giorno del ricordo".

Per ricordare

- Quali cambiamenti avvennero nell'Europa centro-orientale?
- Quali fenomeni determinò la spartizione dei territori europei?
- Quale fu la sorte di molti Italiani che vivevano nell'Istria?

Leggere una carta

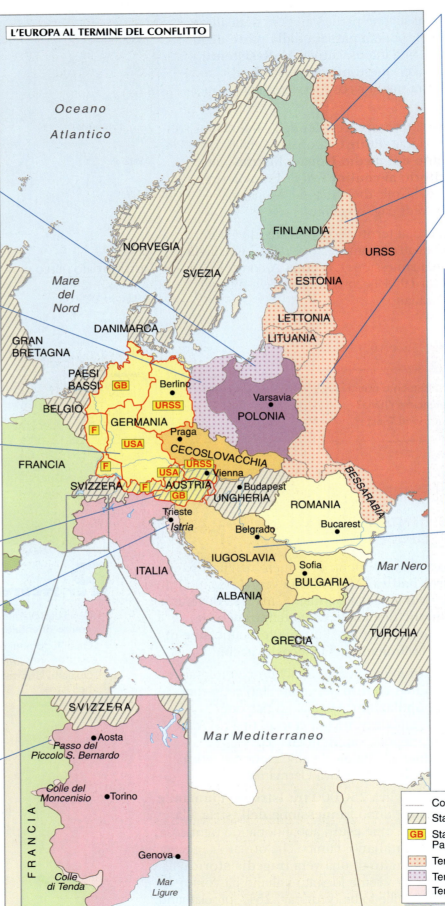

L'EUROPA AL TERMINE DEL CONFLITTO

La Germania fu lo Stato più penalizzato quanto a perdite territoriali. Molte regioni che avevano fatto parte del Reich tedesco furono assegnate alla Polonia: proprio la nazione contro la quale Hitler si era scagliato con violenza all'inizio della guerra e che avrebbe voluto annettere alla Germania.

Germania e Austria furono per anni divise in zone d'influenza il cui controllo fu assegnato alle potenze vincitrici del conflitto.

L'Italia subì poche perdite territoriali, ma dolorose. Soprattutto, fu grave la perdita dell'Istria, che era stata tra i maggiori vantaggi ricavati dal primo conflitto mondiale.

Perdite meno rilevanti furono i territori in corrispondenza di alcuni passi alpini ceduti alla Francia.

Nell'Europa orientale l'Unione Sovietica riacquistò i territori che aveva dovuto cedere con la pace di Brest-Litovsk, alla fine del primo conflitto mondiale. Ebbe inoltre anche la parte settentrionale della Prussia orientale e regioni che in precedenza erano appartenute alla Finlandia e alla Romania.

La Iugoslavia, nella quale venne instaurato il regime filocomunista di Tito, ampliò i propri territori a spese dell'Italia, che dovette cedere l'Istria. L'equilibrio politico di questo Stato era però precario, a motivo della presenza sul territorio di Serbi, Croati, Sloveni, Bosniaci e Montenegrini: gruppi diversi per cultura, tradizioni religiose, lingue ecc., tenuti insieme dal ferreo controllo esercitato da Tito.

- .... Confini nel 1937
- Stati con confini invariati
- **GB** Stati sotto occupazione militare e Paese occupante
- Territori acquisiti dall'URSS
- Territori acquisiti dalla Polonia
- Territori ceduti dall'Italia

PARTE QUINTA CAPITOLO 16 - L'eredità della guerra e i trattati di pace

LA DURA PACE IMPOSTA AL GIAPPONE

La pace con il Giappone venne definita con un trattato concluso solo nel settembre del **1951** e stabilì **condizioni assai dure**, perché l'Impero del Sol Levante era stato un **fedele alleato della Germania** e durante la guerra aveva dimostrato un'**eccezionale aggressività**.

Secondo quanto stabilito dal trattato di pace, il Giappone dovette **cedere i territori conquistati nel corso di tutta la prima parte del Novecento**; inoltre:
- venne imposta una **nuova Costituzione**, che aboliva il culto tradizionalmente riservato alla persona dell'imperatore (considerato una divinità) e introduceva **elementi caratteristici delle democrazie occidentali**, come il voto alle donne;
- l'**esercito fu definitivamente sciolto**;
- fu messa in atto una **profonda riforma agraria**;
- vennero **smantellate le grandi concentrazioni del potere finanziario-industriale**;
- i **criminali di guerra** e i **dirigenti** compromessi con il precedente regime furono **sottoposti a processo**.

La **democrazia** imposta dagli occidentali supponeva un **sistema di idee e di valori** estranei alla mentalità giapponese e, d'altra parte, l'improvviso venir meno di tradizioni millenarie disorientò la popolazione. I Giapponesi, inoltre, dovettero anche subire l'umiliante presenza, fino al 1952, di un **contingente d'occupazione statunitense**, al comando del generale Douglas Mac Arthur.

Per ricordare
- Perché anche il Giappone fu trattato con durezza dalle potenze vincitrici?
- Quali sanzioni furono imposte al Giappone?
- Perché la democrazia non riusciva ad affermarsi?

Il Primo Ministro giapponese Tojo durante il processo che lo vide imputato come criminale di guerra.

LA RIPRESA DELL'ECONOMIA GIAPPONESE

Nei primi anni del dopoguerra l'**economia** giapponese **faticò molto a riprendersi**, per motivi diversi:
- le **città erano da ricostruire** dopo i pesanti bombardamenti subiti;
- i **reduci di guerra non riuscivano ad inserirsi** nella nuova società;
- **non c'era alcuna tradizione di economia di mercato** e mancava il necessario spirito di iniziativa.

Una svolta decisiva nell'andamento economico si verificò nel **1951**, quando gli Stati Uniti, impegnati nella guerra di Corea (vedi pag. 298), chiesero sostegno proprio al Giappone, ormai alleato. L'impegno a **produrre quanto serviva all'esercito americano rilanciò l'economia** giapponese e costrinse gli Stati Uniti a riconoscere al Paese una **maggiore autonomia**.

Dal 1954 al 1972 l'economia giapponese conobbe uno **sviluppo inarrestabile**, soprattutto nel **settore industriale** (siderurgico, meccanico e chimico), fino a diventare, ai giorni nostri, una delle prime economie industriali al mondo.

Per ricordare
- Quali elementi contribuirono a rendere faticosa la ripresa economica del Giappone?
- Perché il 1951 rappresentò una svolta per l'economia giapponese?
- Come proseguì lo sviluppo dell'economia giapponese?

2. Una nuova situazione mondiale

LE DUE SUPERPOTENZE MONDIALI

Come abbiamo avuto già modo di osservare, alla fine della Seconda Guerra Mondiale due soli giganti emergevano come superpotenze: gli **Stati Uniti** e l'**Unione Sovietica**. Erano questi i **veri vincitori della guerra**, in grado (soprattutto dopo gli accordi di Yalta e di Potsdam) di **imporre la loro egemonia al resto del mondo**.

Gli **Stati Uniti** basavano la loro forza su un **apparato produttivo efficiente**, sul **modello economico capitalistico** (libero mercato, iniziativa privata e circolazione di capitali), sulle **istituzioni democratiche**. Nell'immediato dopoguerra gli USA erano inoltre l'unica potenza a disporre di **armi nucleari**.

L'**Unione Sovietica** vantava una **ferrea organizzazione statale**, una **grande forza militare**, un **territorio immenso ricco di materie prime**; era governata da un **sistema comunista**, cioè da un regime totalitario che assegnava allo Stato la proprietà di tutti i mezzi produttivi; si poteva definire, inoltre, **garante del movimento comunista** che, in breve, si affermò in molte parti del mondo.

Il modello politico ed economico degli **Stati Uniti** caratterizzò anche tutti i maggiori **Paesi dell'Europa occidentale**, mentre nell'**Europa orientale** si affermarono **regimi comunisti**, strettamente dipendenti dal punto di vista politico ed economico dall'URSS.

> **Per ricordare**
> - Perché Stati Uniti e Unione Sovietica erano in grado di imporre la propria egemonia al resto del mondo?
> - Su che cosa si fondava la forza degli Stati Uniti?
> - Su qual basi si reggeva la potenza sovietica?
> - Quali zone del mondo seguirono il modello americano e quali quello sovietico?

Carristi dell'Armata Rossa festeggiano la presa di Berlino: l'Unione Sovietica estenderà la propria influenza nel cuore dell'Europa.

Leggere un documento

La scelta tra due modelli opposti: Capitalismo e Comunismo

*Il 12 marzo 1947, in un discorso pronunciato davanti al Congresso degli Stati Uniti, il presidente statunitense Harry Spencer Truman (1884-1972) denunciava apertamente l'**opposizione di due modelli politico-sociali**: quello capitalistico e liberale, rappresentato e difeso dagli USA, e quello comunista totalitario, rappresentato dall'URSS.*
*I due modelli vengono presentati come contrapposti, segno dell'antagonismo che stava iniziando a dividere il mondo in aree sottoposte all'influenza delle due maggiori potenze. In nome di questa contrapposizione, gli Stati Uniti dovevano, secondo Truman, proporsi come difensori della libertà e della democrazia contro i pericoli di espansione del Comunismo internazionale. Veniva così enunciata la concezione, nota come "**Dottrina Truman**", alla quale gli Stati Uniti avrebbero ispirato la propria politica estera negli anni successivi.*

> Per Truman, ispirato dai princìpi ideali del liberalismo e del liberismo, "libertà" è la "parola chiave" alla base delle società democratiche e capitalistiche dell'Occidente.

> La mancanza del benessere economico è per Truman all'origine della protesta sociale e del propagarsi di idee rivoluzionarie e illiberali.

> Pochi mesi dopo, George Marshall, segretario di Stato del presidente Truman, diede inizio al piano di aiuti economici (piano Marshall) ai Paesi europei, per favorire la ricostruzione e lo sviluppo, contro il pericolo di un'espansione del Comunismo nell'Europa occidentale.

Ogni nazione si trova ormai di fronte alla scelta tra due modi di vita opposti. Il primo si basa sulla volontà della maggioranza ed è caratterizzato da istituzioni libere, un Governo rappresentativo, elezioni libere, garanzie che assicurano la **libertà individuale**, la libertà di parola e di religione e l'assenza di ogni oppressione politica.
L'altro si basa sulla volontà di una minoranza **imposta con la forza alla maggioranza**. Si fonda sul terrore e sull'oppressione, sul controllo della stampa e della radio, su elezioni truccate e sulla soppressione delle libertà personali.
I semi dei regimi totalitari sono **nutriti dalla miseria e dalla povertà**. Essi crescono e si moltiplicano nel suolo arido dell'arretratezza economica e del disordine. Essi raggiungono la loro massima capacità di sviluppo quando la speranza di un popolo in una vita migliore è morta.
È necessario che noi manteniamo in vita questa speranza. I popoli liberi del mondo **attendono da noi che li aiutiamo** a salvaguardare le loro libertà. Se noi esitiamo nel nostro **programma di sostegno e di guida**, possiamo mettere in pericolo la pace del mondo e comprometteremmo sicuramente il benessere della nostra nazione.

rid. da Messaggio al Congresso del Presidente H.S. Truman, 12 marzo 1947

> Il modello comunista viene presentato, invece, come la negazione delle libertà che caratterizzano le democrazie occidentali.

> Truman considera la difesa dei princìpi liberali e democratici degli altri Stati un vantaggio per il suo stesso Paese e per il mantenimento della pace del mondo, in quanto riconosce nel mondo comunista una volontà aggressiva e di conquista.

Il presidente degli Stati Uniti Harry Truman, convinto sostenitore della contrapposizione al blocco sovietico.

Parte quinta Capitolo 16 - L'eredità della guerra e i trattati di pace

LA FINE DEI GRANDI IMPERI COLONIALI

La conclusione della Seconda Guerra Mondiale segnò anche la fine dei grandi imperi coloniali degli Stati europei. Questo fenomeno ha costituito **uno dei fattori di trasformazione più importanti** della situazione mondiale del dopoguerra, anche per gli **stretti rapporti fra i movimenti indipendentistici e le due superpotenze**, in particolare l'URSS.

Nei decenni successivi alla fine della guerra il **numero degli Stati indipendenti è aumentato** continuamente. I processi di indipendenza hanno spesso provocato **nuove guerre con le potenze coloniali**, oppure **conflitti fra gli Stati appena nati** per motivi territoriali o politici.

Molto gravi sono stati anche **i problemi dello sviluppo economico e sociale** sorti con l'indipendenza dei **nuovi Paesi africani ed asiatici**.

> **Per ricordare**
> - Perché la fine degli imperi coloniali fu importante?
> - Quali sono state le conseguenze della fine del colonialismo?
> - Quali altri problemi sono sorti?

LA MINACCIA NUCLEARE

Anche le bombe atomiche sganciate su Hiroshima e Nagasaki contribuirono a **cambiare le relazioni e gli equilibri internazionali**. Il primato degli Stati Uniti in questo genere di armamenti sollecitò l'Unione Sovietica a dotarsi anch'essa di ordigni nucleari, realizzando nel 1949 la propria bomba atomica. Si avviò così una **corsa agli armamenti nucleari** che coinvolse diverse potenze e che proiettò sul mondo intero l'ombra minacciosa di **una possibile guerra atomica**.

> **Per ricordare**
> - Quali conseguenze portò sul piano internazionale lo scoppio delle prime bombe atomiche?

LA NASCITA DELL'ORGANIZZAZIONE DELLE NAZIONI UNITE

La drammatica esperienza della Seconda Guerra Mondiale mise in luce la necessità di un organismo, posto al di sopra delle singole nazioni, in grado di **salvaguardare la pace** attraverso un'attiva **collaborazione tra i popoli**.

Il medesimo obiettivo era stato perseguito precedentemente dalla Società delle Nazioni, istituita nel 1920, che giunse a comprendere 55 Stati, ma alla quale **mancò la determinante adesione degli Stati Uniti**. La fine della Società delle Nazioni fu praticamente decretata con l'invasione tedesca della Polonia e lo scoppio della guerra.

Sotto la spinta degli Stati Uniti e delle nazioni vincitrici, nell'**aprile 1945** i delegati di 50 Paesi si riunirono nella **Conferenza di San Francisco** per elaborare la **Carta (o Statuto) delle Nazioni Unite** (firmata il **26 giugno** ed entrata in vigore il **24 ottobre** dello stesso anno) ovvero il testo che fondava l'**Organizzazione delle Nazioni Unite (ONU)**.

> **Per ricordare**
> - Quale esigenza fu particolarmente sentita dopo la fine della Seconda Guerra Mondiale?
> - Perché la Società delle Nazioni non riuscì a raggiungere gli obiettivi sperati?
> - Che cosa accadde alla Conferenza di San Francisco?

Sintesi

STATI SCONFITTI E POTENZE VINCITRICI

- La Seconda Guerra Mondiale lasciò dietro di sé uno spaventoso numero di vittime e provocò la devastazione di interi Paesi. L'economia degli Stati coinvolti nel conflitto era ridotta in condizioni disastrose e gran parte della popolazione viveva in una situazione di estrema povertà.
- In seguito ai trattati di pace, il ruolo dell'Europa risultò fortemente ridimensionato, a favore delle due superpotenze, Stati Uniti e Unione Sovietica. Il vecchio continente venne diviso in due aree di influenza: l'Europa occidentale sotto la guida degli Stati Uniti e l'Europa orientale sotto il controllo dell'Unione Sovietica.
- Le sanzioni imposte alla Germania con i trattati di pace furono particolarmente aspre. L'esercito tedesco venne smantellato, i criminali di guerra e gli alti ufficiali nazisti furono processati a Norimberga e il territorio della Germania venne suddiviso in quattro zone di influenza, ciascuna delle quali fu assegnata a una delle potenze vincitrici.
- Negli anni successivi sorsero due nuovi Stati: la Repubblica Federale Tedesca, governata da un regime democratico e parlamentare, e la Repubblica Democratica Tedesca, strettamente controllata da Mosca. Anche la città di Berlino fu divisa in quattro settori e dal 1961 la parte orientale fu separata da quella occidentale mediante un muro.
- L'Italia fu sottoposta a sanzioni meno gravose rispetto alla Germania perché terminò la guerra dalla parte degli Alleati. Perse comunque tutte le colonie, l'Istria, la Dalmazia, l'Albania e una piccola porzione di territorio ai confini con la Francia. La regione di Trieste venne divisa in due parti e solo nel 1954 la zona controllata dagli Angloamericani divenne parte del territorio italiano. L'altra regione venne invece annessa dalla Iugoslavia.
- I cambiamenti territoriali più importanti avvennero nell'Europa centro-orientale e andarono a vantaggio dell'Unione Sovietica, che ampliò il proprio territorio appropriandosi di parti della Polonia, delle Repubbliche baltiche (Estonia, Lettonia, Lituania) e di altre aree al confine con la Romania e la Cecoslovacchia.
- Anche il Giappone fu trattato con durezza, a motivo della fedeltà dimostrata nei confronti della Germania. Un trattato di pace fu concluso solo nel 1951 e prevedeva sanzioni durissime. Il Giappone divenne però anche un forte alleato degli Stati Uniti e proprio il legame con gli Americani favorì il rilancio dell'economia, soprattutto nel settore industriale.

UNA NUOVA SITUAZIONE MONDIALE

- La guerra sancì la nascita di due superpotenze: gli Stati Uniti e l'Unione Sovietica, ognuna delle quali rappresentava un particolare modello economico e politico. L'Europa occidentale aderì al modello statunitense, mentre i Paesi dell'Europa orientale seguirono il modello sovietico.
- La conclusione della Seconda Guerra Mondiale segnò pure la fine dei grandi imperi coloniali degli Stati europei. Tale processo vide lo scoppio di nuove guerre tra le colonie e le potenze europee, e anche tra gli Stati che avevano appena conquistato l'indipendenza.
- Anche lo scoppio delle bombe atomiche di Hiroshima e Nagasaki contribuì a cambiare le relazioni e gli equilibri internazionali, avviando la corsa agli armamenti nucleari e delineando la minaccia della guerra atomica.
- Un fatto positivo del secondo dopoguerra fu la nascita dell'ONU, decisa nel 1945 per dare vita ad un organismo che in futuro risolvesse le divergenze e i conflitti tra gli Stati attraverso la diplomazia e le trattative, garantendo così la pace.

Nella pagina a fianco, l'emblema dell'ONU nella sala dell'Assemblea Generale.

Anche noi storici

Conoscere eventi e fenomeni storici

1. *Sottolinea l'affermazione corretta tra quelle proposte.*

a. Dopo il conflitto il ruolo dell'Europa sulla scena mondiale risultò **1.** *ridimensionato* / **2.** *rafforzato*.

b. La guerra determinò **1.** *l'espansione* / **2.** *la fine* degli imperi coloniali.

c. Dopo la guerra la scena mondiale fu dominata da due superpotenze: **1.** *Giappone e Cina* / **2.** *USA e URSS*.

d. L'Europa fu divisa in due zone di influenza: l'Europa occidentale sotto l'influsso **1.** *degli USA* / **2.** *dell'URSS,* quella orientale sotto l'influsso / **3.** *degli USA* / **4.** *dell'URSS*.

Conoscere eventi e fenomeni storici

2. *Indica con X se le seguenti affermazioni sono vere (V) o false (F).*

	V	F
a. La Germania venne divisa in due Stati, la RFT e la RDT.	☐	☐
b. La Repubblica Federale Tedesca aveva come capitale Berlino Ovest, la Repubblica Democratica Tedesca Bonn.	☐	☐
c. Il territorio tedesco fu smembrato e assegnato in parte all'URSS e in parte alla Polonia.	☐	☐
d. Il processo di Norimberga vide alla sbarra ufficiali nazisti responsabili di crimini contro l'umanità.	☐	☐
e. Alla Germania fu concesso di mantenere un esercito sotto il controllo degli USA.	☐	☐
f. L'Italia dovette cedere il territorio del Trentino-Alto Adige.	☐	☐
g. L'Italia dovette cedere le colonie africane, l'Istria, la Dalmazia e l'Albania.	☐	☐
h. In base ai trattati di pace gli Stati Uniti ottennero estesi territori.	☐	☐
i. In base ai trattati di pace l'URSS ottenne estesi territori.	☐	☐
l. Il Giappone fu punito con sanzioni durissime.	☐	☐
m. Il Giappone poté mantenere i territori conquistati nel corso del XX secolo.	☐	☐
n. A causa delle dure sanzioni l'economia giapponese non riuscì più a risollevarsi.	☐	☐
o. L'URSS riuscì a dotarsi di una propria bomba atomica nel 1949.	☐	☐
p. Gli Stati Uniti non parteciparono alla fondazione delle Nazioni Unite.	☐	☐

Riconoscere relazioni – Individuare rapporti di causa ed effetto

3. *Collega i seguenti fatti e fenomeni alla corretta causa / spiegazione (riporta accanto la lettera corrispondente).*

1. Le condizioni di pace imposte alla Germania furono particolarmente dure …

2. A Berlino fu innalzato un muro …

3. L'Italia ebbe condizioni di pace meno pesanti di quelle riservate alla Germania …

4. L'Europa fu interessata da un vasto movimento migratorio di profughi …

5. Istriani, Fiumani e Dalmati di cultura italiana abbandonarono le loro terre …

6. Il Giappone subì condizioni di pace molto pesanti …

7. L'economia giapponese venne rilanciata …

8. La fine della guerra decretò l'inizio dell'egemonia di Stati Uniti e Unione Sovietica …

9. Fu fondata l'Organizzazione delle Nazioni Unite …

a. *per separare il territorio controllato dall'URSS da quello controllato dalle potenze occidentali.*
b. *perché nel 1943 era passata dalla parte degli Alleati e aveva contribuito a combattere il Nazifascismo.*
c. *perché era ritenuta responsabile di aver scatenato il conflitto e di averlo condotto con violenza disumana.*
d. *a causa della spartizione dei territori e della creazione di nuovi confini sancita dai trattati.*
e. *perché era stato fedele alleato della Germania e aveva dimostrato un'eccezionale aggressività.*
f. *grazie al sostegno (fornitura di materiali e prodotti industriali) offerto agli Stati Uniti durante la guerra di Corea.*
g. *per salvaguardare la pace attraverso la collaborazione tra i popoli.*
h. *perché erano i veri vincitori della guerra e gli Stati più potenti.*
i. *perché in base ai trattati di pace erano state cedute alla Iugoslavia.*

Ricavare informazioni da un documento storico

4. *Il muro di Berlino ha diviso la città per 28 anni, separando i figli dai padri, fratelli da fratelli, provocando decine di vittime tra coloro che tentarono di scavalcarlo per fuggire ad Ovest e creando situazioni paradossali. Nel brano che segue, il corrispondente di un quotidiano italiano, nel 20° anniversario della costruzione, rievoca l'impatto che l'evento ebbe nel mondo e racconta che cosa significa per Berlino convivere con questa "ferita aperta". Leggi l'articolo con attenzione, quindi esegui quanto proposto.*

Le due Berlino nate dal "muro della vergogna"

Lo "spettacolo" è cominciato la mezzanotte tra il 12 e il 13 agosto 1961. Protetti da autoblindo, 50 000 soldati (10 000 erano russi) cominciarono a stendere trenta chilometri di filo spinato. Al mattino Berlino si svegliò tagliata in due. Proviamo a spaccare di colpo Milano o Roma.
Dietro il filo operai in divisa mettevano un mattone sopra l'altro per costruire quello che sembrava un muretto da oratorio. [...] L'ordine erano 238 fortini, 202 torri, 95 chilometri di fossato, 30 chilometri di una parete cresciuta male e ades-

288 **PARTE QUINTA** **CAPITOLO 16 -** L'EREDITÀ DELLA GUERRA E I TRATTATI DI PACE so tappezzata di manifesti murali dolorosi, supplicanti. Qualsiasi capomastro si sarebbe vergognato di un'opera così. Eppure è il monumento più importante che l'Europa abbia offerto al costume del nostro secolo.

Sono passati vent'anni. […] Capi di Stato o viaggiatori qualsiasi hanno provato l'ebbrezza di sporgersi almeno una volta sulla tribuna di legno davanti alla Porta di Brandeburgo per spiare con i binocoli l'altra faccia della luna. Di là comincia la grande palude dell'Est: è comodo guardarla come dal palco di un teatro. Proprio questa è la vocazione che il muro ha regalato a Berlino. Ne ha fatto un teatro con due scene diverse. La grande recita del capitalismo, la grande recita del socialismo[…].

Fiorirono, subito, immagini che nessuno ha ritenuto troppo forti: il muro della vergogna, il muro dell'ignominia. Ogni anno – fino a qualche anno fa – contro il muro morivano i berlinesi che non sopportavano di vivere a pochi metri dalle luci della felicità americana. […]

Le Berlino sono diventate due città. Due modi di vivere, due tipi di fanatismo. Il muro cambia nome, secondo da dove lo si guarda. Le scolaresche della Germania di Bonn vanno in gita stringendo un libretto che racconta le tragedie del "muro della morte". Le scolaresche della Germania comunista ascoltano l'accompagnatore che esalta i meriti del "muro della virtù". "Nella nostra Berlino non esistono criminalità, prostituzione e droga. Di là ci sono 50 000 disoccupati. Voi conoscete qualcuno che qui sia senza lavoro?" […]

Se lo zig-zag bianco divide la città, altri legami uniscono gli abitanti dell'una e dell'altra zona. Parlano in teleselezione; la Tv dell'Est e la Tv dell'Ovest trasmettono il telegiornale in orari diversi; chi vuole può confrontare le versioni. Acqua, luce, fogne e nettezza urbana sono in comune. Una volta al mese gli urbanisti delle due Berlino si siedono attorno a un tavolo per discutere del piano regolatore. Vogliono essere sicuri che, se domani crolla il muro, un'autostrada non vada a sbattere contro il palazzo cresciuto dall'altra parte. […]

rid. e adatt. da Maurizio Chierici, *Convivere col muro, oggi a Berlino*, in *Corriere della Sera*, 13 agosto 1981

a. Qual è la data di nascita del "muro di Berlino"? Da che cosa fu preceduto l'innalzamento del muro vero e proprio? Chi collaborò con i soldati e gli operai tedeschi? ....

b. Quali caratteristiche presentava l'opera? Quanto era lungo il muro? Quali strutture lo affiancavano? Perché? A che cosa dovevano servire, secondo te? ....

c. Che cosa è diventata Berlino dopo la costruzione del muro? Che cosa "va in scena sul palcoscenico della città "? ....

....

d. Quali aspetti e situazioni rivelano lo "sdoppiamento"della città? ....

e. Come viene giudicato il muro dalle due parti della città? ....

f. Con quali espressioni e immagini venne definito il muro? ....

g. Chi tentava di scavalcare il muro? A che cosa si riferisce l'immagine "luci della felicità americana"? ....

h. Quali legami uniscono le due Berlino? Perché gli urbanisti delle due Berlino si riuniscono ogni mese? ....

Attualizziamo il passato / Storia e diritto internazionale

La Corte Penale Internazionale: "la forza del diritto contro il diritto del più forte"

• *All'indomani del conflitto le Nazioni Unite iniziarono ad elaborare il progetto di un tribunale internazionale permanente, che potesse giudicare i crimini contro l'umanità, genocidi e crimini di guerra. Tale progetto si è concretizzato solo di recente, con l'adozione nel 1998 e l'entrata in vigore nel 2002 dello Statuto di Roma, che istituisce la* **Corte Penale Internazionale** *(International Criminal Court-ICC).*

Svolgete una ricerca per approfondire la conoscenza della *Corte Penale Internazionale*, seguendo questa traccia: • sede della Corte, composizione, attuale procuratore generale • attuali Stati aderenti • crimini sui quali è competente, rapporto con la giurisdizione degli Stati (quando può intervenire) • processi finora istituiti (a carico di chi, per quali crimini), conclusi e in corso • difficoltà operative della CPI (mancata collaborazione da parte degli Stati, diritto di veto del Consiglio di Sicurezza). Ricercate informazioni e materiali consultando manuali di diritto internazionale, enciclopedie di diritto (ad esempio l'enciclopedia *Diritto* nella collana *Le Garzantine*), annuari e siti Internet, in particolare il sito ufficiale della CPI **www.icc-cpi.int** (in inglese e francese). Rielaborate i materiali raccolti e preparate una **relazione scritta**.

PARTE QUINTA CAPITOLO 16 - L'EREDITÀ DELLA GUERRA E I TRATTATI DI PACE 289

17 Guerra fredda e coesistenza pacifica

1. L'equilibrio del terrore

LA "GUERRA FREDDA"

Il periodo che va dalla fine della Seconda Guerra Mondiale agli anni Settanta è stato caratterizzato dal **confronto** e dal **contrasto** fra le due superpotenze vincitrici del conflitto: gli **Stati Uniti** e l'**Unione Sovietica**.

Nei primi anni del secondo dopoguerra questo confronto fra superpotenze assunse toni molto duri, tanto che fu introdotta l'espressione "**guerra fredda**" per esprimere la situazione di **conflittualità e di perenne tensione**, che però **non sfociò mai in guerra aperta**. Entrambi gli schieramenti arricchivano i loro arsenali con **nuove armi**, sempre più distruttive, che servivano a dimostrare la loro forza.

Gli **Stati Uniti**, che possedevano la **bomba atomica** sin dal 1945, avevano mostrato al mondo i terribili effetti del suo utilizzo. L'**Unione Sovietica**, a sua volta, era riuscita a costruirla a partire dal 1949, seguita poi da **Cina**, **Francia** e **Gran Bretagna**. Gli USA, intanto, preparavano la **bomba H**, cioè la **bomba ad idrogeno**, mille volte più potente della bomba atomica.

> **Per ricordare**
>
> - Che cosa caratterizzò il periodo compreso tra la fine della Seconda Guerra Mondiale e gli anni Settanta?
> - Che cosa si intende con l'espressione "guerra fredda"?
> - Quali Paesi arrivarono a dotarsi delle tecnologie adeguate a costruire la bomba atomica? Quale altro tipo di ordigno stavano preparando gli Stati Uniti?

LA CORSA AGLI ARMAMENTI E L'EQUILIBRIO DEL TERRORE

Gli Stati si impegnarono in una **corsa agli armamenti** che faceva vivere i cittadini nell'incubo di una nuova guerra dall'esito nefasto. Durante il periodo della guerra fredda **il settore militare assorbì oltre il 25% della spesa mondiale per la ricerca e lo sviluppo**. Le armi erano sempre più efficaci, ma anche sempre più costose.

Solo gli Stati **più ricchi**, dotati di un'**industria bellica forte e avanzata**, erano in grado di sostenere simili spese: **USA e URSS**, quindi, divennero **protagoniste incontrastate della scena mondiale**. Le due superpotenze si combattevano con le **dichiarazioni**, la **propaganda**, l'**attività spionistica**. La pace era determinata non dal rispetto reciproco, ma dalla paura di un nuovo conflitto: si basava su quello che venne chiamato "**equilibrio del terrore**".

Soltanto a partire dalla seconda **metà degli anni Sessanta** le superpotenze si resero conto della follia di questo comportamento e avviarono una **politica di accordi** e trattati che doveva lentamente portare alla **limitazione degli esperimenti nucleari** e al **disarmo**.

> **Per ricordare**
>
> - Che cosa fecero gli Stati più forti e ricchi durante gli anni della guerra fredda?
> - Su che cosa si basava il cosiddetto "equilibrio del terrore"?
> - Quando iniziò la politica di limitazione degli esperimenti nucleari e di disarmo?

290 PARTE QUINTA CAPITOLO 17 - GUERRA FREDDA E COESISTENZA PACIFICA

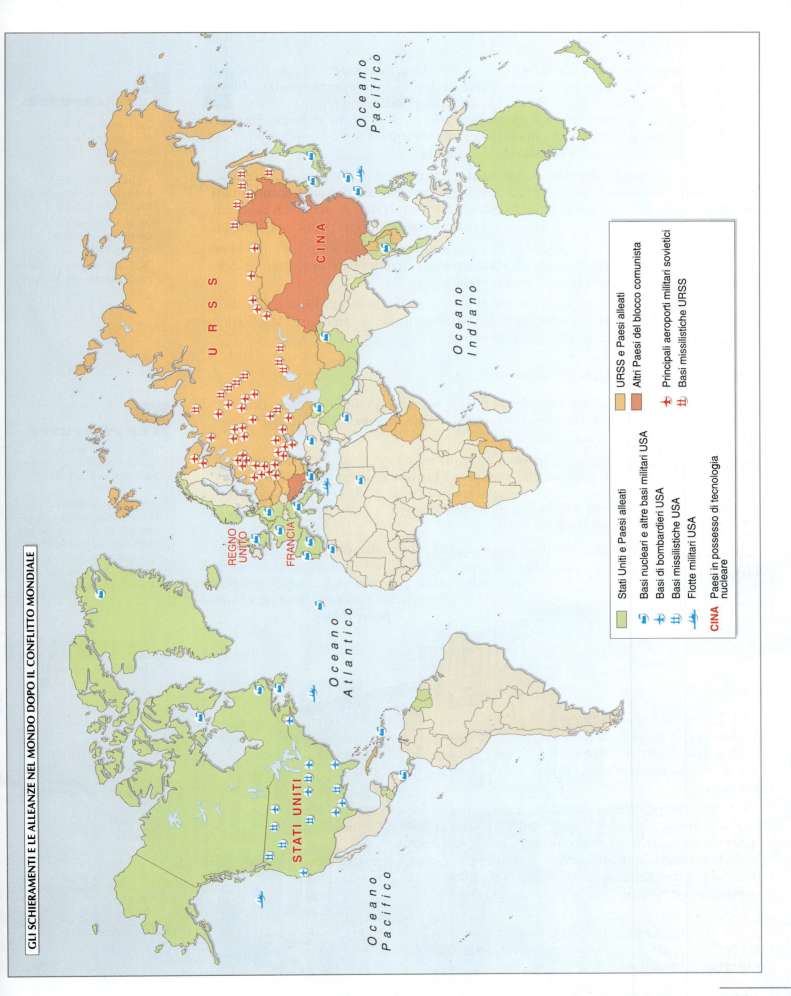

I DUE "BLOCCHI"

In un contesto internazionale caratterizzato dalla **forte tensione** esistente fra le due superpotenze, anche **l'Europa si trovò divisa in due blocchi contrapposti**. Il **blocco comunista**, che faceva capo all'Unione Sovietica, comprendeva l'Europa dell'Est, ossia i territori occupati dai Sovietici nelle ultime fasi della guerra – come **Polonia**, **Ungheria**, **Romania**, **Bulgaria**, **Cecoslovacchia** e **Germania Orientale** – o comunque posti sotto l'influenza di Mosca, come la **Iugoslavia** e l'**Albania**.

L'URSS, governata dal dittatore Stalin, considerava i Paesi occupati come **satelliti dell'Unione Sovietica** e favorì l'instaurarsi di **governi guidati dai partiti comunisti locali**. In molti di questi Paesi vennero mantenuti **presìdi dell'Armata Rossa**, la cui presenza garantiva al governo sovietico il controllo diretto della vita politica ed economica.

L'**Europa occidentale**, forte anche di una più lunga tradizione politica di tipo liberale e parlamentare, era invece formata da **Stati a regime democratico** che, insieme agli **Stati Uniti**, costituivano il **blocco occidentale**.

Al di fuori dell'Europa, **regimi comunisti** sorsero anche in alcuni Paesi dell'Asia, come la **Corea del Nord** (occupata dall'Unione Sovietica) e la **Cina**, dove Mao Zedong realizzò un modello diverso di società comunista.

Per ricordare
- Quali erano i Paesi europei che facevano parte del blocco comunista?
- In che modo l'URSS esercitava il controllo sui suoi "Stati satelliti"?
- Da quale Paesi era costituito il blocco occidentale?
- Quali altri regimi comunisti sorsero fuori dell'Europa?

LA "CORTINA DI FERRO"

L'inasprimento dei rapporti a livello mondiale, nel periodo della guerra fredda, **approfondì** la **spaccatura che separava ormai le due Europe**, quella occidentale democratica e quella orientale comunista.

Nel 1946 lo statista inglese **Winston Churchill** usò l'espressione "**cortina di ferro**" per designare la **linea di confine che separava l'Europa dell'Est da quella dell'Ovest**. Si trattava di una separazione netta tra due "mondi" diversi, caratterizzata da un **clima di chiusura e di diffidenza reciproca**, dove gli scambi tra i due blocchi divennero sempre più difficoltosi.

I Paesi comunisti vietavano ai propri cittadini di recarsi in Occidente e ostacolavano l'ingresso dei cittadini occidentali. Anche le **notizie politiche** e di cronaca riguardanti l'Europa dell'Est erano **limitate e spesso poco chiare**.

Per ricordare
- Quali effetti ebbe sull'Europa l'inasprimento dei rapporti a livello mondiale?
- Chi usò per primo l'espressione "cortina di ferro"? Che cosa intendeva con questa espressione?
- A quali restrizioni erano sottoposti i cittadini dei Paesi comunisti?

L'ex primo ministro britannico Winston Churchill viene ricevuto dal presidente Truman a Fulton, nel Missouri.

Leggere un documento

La "cortina di ferro", il muro che divide l'Europa

Nel 1946 lo statista inglese **W. Churchill** *tenne a* **Fulton** *(Missouri), negli Stati Uniti, un discorso in cui denunciava l'esistenza di una "cortina di ferro" che separava l'Europa occidentale democratica dall'Europa orientale comunista. Churchill esprimeva la preoccupazione che questa situazione di mancanza di libertà e di oppressione ad Est potesse rendere precaria la pace in Europa.*

Vengo ora al pericolo che minaccia il focolare della gente comune, cioè la tirannia. Non possiamo essere ciechi di fronte al fatto che le libertà godute dai singoli cittadini che fanno parte dell'impero britannico non sono valide in un numeroso gruppo di Paesi, alcuni dei quali anche molto potenti. In tali Stati, la gente è sottoposta al controllo forzato di vari tipi di governi polizieschi, in misura tale che è da considerarsi sbalorditivamente contraria a ogni principio democratico. Il potere statale è esercitato senza alcun freno, da dittatori o da compatte oligarchie che funzionano tramite un partito privilegiato e una polizia politica. [...]

Un'ombra è calata sulle scene di recente così vivamente illuminate dalla vittoria degli Alleati.

Nessuno sa ciò che la Russia sovietica e la sua organizzazione internazionale intendono fare nell'immediato futuro, o quali siano i limiti, se ce ne sono, alle loro tendenze all'espansione e al proselitismo. [...]

Noi comprendiamo il bisogno della Russia di essere sicura alle sue frontiere occidentali di fronte a qualsiasi ripetersi dell'aggressione tedesca. Noi le diamo il benvenuto al giusto posto tra le più grandi nazioni del mondo. Lo diamo soprattutto a contatti costanti, frequenti e sempre maggiori tra il popolo russo e il nostro popolo su tutte e due le sponde dell'Oceano Atlantico. È tuttavia mio dovere porre davanti a voi certi fatti al riguardo dell'attuale situazione in Europa: è mio dovere farlo, penso, anche se senza dubbio preferirei farne a meno.

Da Stettino sul Baltico a Trieste sull'Adriatico, è scesa sul continente europeo una cortina di ferro. Dietro quella linea ci sono tutte le capitali degli antichi Stati dell'Europa centrale ed orientale. Varsavia, Berlino, Praga, Vienna, Budapest, Belgrado, Bucarest e Sofia, tutte queste famose città e le popolazioni che le circondano si trovano nella sfera sovietica e sono soggette, in una forma o nell'altra, non soltanto all'influenza sovietica, ma a un'altissima e crescente misura di controllo da Mosca. [...]

In questi Stati dell'Europa orientale i partiti comunisti, che erano molto piccoli, sono stati portati ad assumere posizioni di preminenza e di potere molto al di là della loro capacità numerica e dappertutto cercano di ottenere un controllo totalitario. Governi polizieschi stanno prevalendo in quasi tutti i casi, e finora, esclusa la Cecoslovacchia, non c'è vera democrazia. [...]

I Russi stanno facendo tentativi a Berlino per creare un partito quasi-comunista nella zona da loro occupata in Germania con la concessione di favori speciali ai gruppi capeggiati da leader della sinistra tedesca. [...]

Qualsiasi conclusione si possa trarre da questi fatti – perché sono fatti – essa non sarà certamente la costruzione dell'Europa che abbiamo voluto e per la cui liberazione ci siamo battuti. Non è quella che conterrà gli ingredienti essenziali di una pace permanente.

da J. Morray, Storia della guerra fredda, *Editori Riuniti*

Note a margine:

Churchill denuncia in modo chiarissimo il significato reale della "dittatura del proletariato": essa è semplicemente una "tirannia", basata su un potere assoluto, che nega ogni principio democratico.

Per la prima volta viene enunciata l'immagine della "cortina di ferro", questo ideale muro che divide l'Europa comunista tirannica dall'Europa delle libertà democratiche.

Le previsioni e il giudizio si riveleranno esatti: per 20 anni la pace non sarà stabile, ma il mondo vivrà sotto l'incubo di un nuovo conflitto mondiale e sotto la minaccia di una catastrofe nucleare.

Churchill riconosce la posizione raggiunta dall'URSS nel contesto internazionale: storicamente ha vinto la guerra ed è la più estesa confederazione di Stati del mondo.
Ciò che egli denuncia sono i suoi progetti di possibile espansione e la sua aggressività politica e militare.

Churchill, nel 1946, non poteva prevedere che Berlino Est e la Germania orientale sarebbero diventate interamente comuniste e sarebbero assurte addirittura a regioni-simbolo dell'impero sovietico.

LA POLITICA DELLE ALLEANZE: NATO E PATTO DI VARSAVIA

Nello stesso periodo gli schieramenti che facevano capo alle due superpotenze si andavano riunendo in **alleanze militari** che accentuavano la divisione del mondo in due blocchi distinti e contrapposti.

I trattati che definirono il nuovo assetto mondiale furono sostanzialmente due:
- l'alleanza militare **NATO** (North Atlantic Treaty Organization – Organizzazione del Trattato dell'Atlantico del Nord), firmata nel 1949 dagli **Stati Uniti** e dai **Paesi loro alleati**;
- il **Patto di Varsavia**, trattato di amicizia, **cooperazione e mutua assistenza** firmato nel 1955 tra l'**Unione Sovietica** e gli **Stati dell'Europa dell'Est**.

- Che cos'era la NATO?
- Quali Paesi facevano parte del Patto di Varsavia?

Leggere una carta

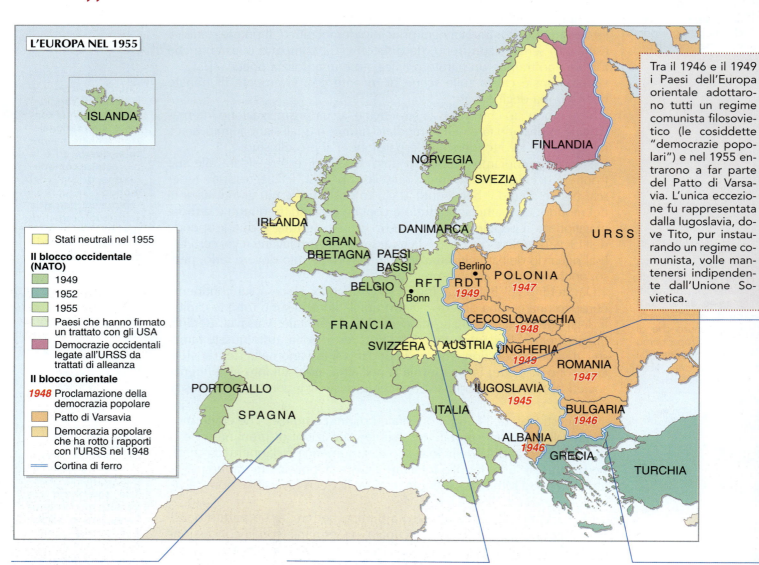

Tra il 1946 e il 1949 i Paesi dell'Europa orientale adottarono tutti un regime comunista filosovietico (le cosiddette "democrazie popolari") e nel 1955 entrarono a far parte del Patto di Varsavia. L'unica eccezione fu rappresentata dalla Iugoslavia, dove Tito, pur instaurando un regime comunista, volle mantenersi indipendente dall'Unione Sovietica.

La Spagna, ancora sottoposta al regime dittatoriale di Francisco Franco, si limitò a un trattato bilaterale con gli Stati Uniti, senza entrare ufficialmente a far parte della NATO.

La NATO comprendeva tutti gli Stati dell'Europa occidentale, che entrarono a fare parte dell'alleanza in tempi diversi, tra il 1949 e il 1955. L'ultimo Stato che entrò a farne parte fu la Germania occidentale, minacciata da vicino dagli Stati aderenti al Patto di Varsavia.

La "cortina di ferro" divideva in due l'Europa, riproducendo in piccolo la divisione in due blocchi contrapposti che caratterizzava l'intero pianeta.

294 PARTE QUINTA CAPITOLO 17 - GUERRA FREDDA E COESISTENZA PACIFICA

2. L'Europa tra rinascita e lotta per la libertà

Un piano per la ricostruzione dell'Europa

Nell'Europa appena uscita dal conflitto mondiale si andava avviando un **lento lavoro di ricostruzione**. I bombardamenti avevano cancellato città e paesi, ma era soprattutto l'**economia** – in particolare l'industria e il commercio – a **mostrare difficoltà di ripresa**: le fabbriche erano andate distrutte, oppure erano state convertite alla produzione di armi e munizioni; i mezzi di trasporto erano praticamente scomparsi, ponti e strade erano da ricostruire. I governi, inoltre, **mancavano di fondi** per avviare la ricostruzione e finanziare la ripresa economica.

Di fronte a questa situazione, un importante intervento fu deciso dal governo degli **Stati Uniti**: tra il 1948 e il 1952 essi stanziarono **fondi da destinare ai Paesi europei**. Si trattava di un'operazione diventata famosa come **Piano Marshall**, dal nome del Segretario di Stato americano che lo propose, nel 1947.

Per ricordare
- Quali erano le condizioni economiche alla fine della Seconda Guerra Mondiale?
- Come intervenirono gli Stati Uniti?

Gli obiettivi economici e politici del Piano Marshall

Il Piano Marshall si poneva come obiettivo la ricostruzione e la ripresa economica dei Paesi che lo accettavano, ma aveva anche evidenti **obiettivi politici**. Dichiarava, infatti, di **difendere le istituzioni democratiche** aiutando i Paesi che non avevano scelto regimi comunisti. In questo modo **gli Stati Uniti legavano l'economia europea alla propria**, aprivano la strada ad alleanze con i Paesi destinatari del Piano, favorivano il diffondersi del benessere **evitando che la povertà e il malcontento portassero i cittadini a scelte politiche non democratiche**.

Il programma di aiuti fu **proposto inizialmente anche all'URSS e agli Stati dell'Est**, i quali però rifiutarono di aderire: essi consideravano l'iniziativa una **pericolosa intromissione negli affari interni** dello Stato.

Il programma distribuì aiuti a ben **sedici Paesi europei** (cui si aggiunse la RFT) e gli obiettivi economici e politici del piano americano furono **pienamente raggiunti** nel volgere di pochi anni. I principali destinatari del Piano Marshall furono la **Gran Bretagna**, la **Francia**, l'**Italia** e la **Germania occidentale** (RFT).

Per ricordare
- Quali erano gli obiettivi politici che si proponeva di raggiungere il Piano Marshall?
- Perché l'Unione Sovietica e i Paesi dell'Europa dell'Est rifiutarono gli aiuti del Piano Marshall?
- Quali furono i principali destinatari degli aiuti economici statunitensi?

George Marshall (al centro nella foto) ricevuto a Mosca dalle autorità sovietiche.

La rinascita della Germania occidentale

Un grande beneficio dal Piano Marshall ebbe la **Repubblica Federale Tedesca**, che ottenne aiuti anche dalle maggiori **potenze europee**. Nel clima della guerra fredda, infatti, non solo gli Stati Uniti, ma pure Gran Bretagna e Francia cominciarono a pensare che una **Germania occidentale forte ed economicamente stabile** rappresentasse la migliore **difesa contro l'espandersi dell'influenza sovietica sull'Europa**: da qui la decisione di accelerarne il processo di rinascita economica.

Enormi sforzi furono compiuti anche per rilanciare la **vita politica**, secondo le **regole delle democrazie occidentali**. La personalità che guidò la Repubblica Federale Tedesca nel suo processo di ricostruzione economica e politica fino al 1963 fu il cancelliere **Konrad Adenauer**. Il suo governo, durato quasi quindici anni, assicurò **stabilità** e consentì al Paese di **ricostruirsi una nuova identità democratica**, lasciandosi alle spalle la tragica eredità del Nazismo.

Per ricordare
- Perché le potenze occidentali aiutarono in modo particolare la Repubblica Federale Tedesca?
- Chi guidò la Germania nel processo di democratizzazione?

Il modello delle democrazie popolari

Fino al 1953, i Paesi comunisti furono sottoposti al rigido controllo dell'URSS. Gli Stati del blocco sovietico si definivano **democrazie popolari**, ma di fatto erano **Paesi sottoposti alla dittatura di un partito unico**, quello comunista, direttamente dipendente dalle direttive di Mosca.

Uniche eccezioni erano quelle della **Iugoslavia** – che, pur con un regime di tipo comunista, sotto il governo del maresciallo **Tito** riuscì a rendersi autonoma dall'URSS – e dell'**Albania** – che non subì l'occupazione delle truppe sovietiche.

Per ricordare
- Come erano governate le "democrazie popolari"?
- Quali furono i Paesi che riuscirono in qualche misura a sottrarsi al controllo sovietico?

La morte di Stalin e le aperture di Kruscëv

Nel 1953, alla **morte di Stalin**, il governo dell'Unione Sovietica parve avviato a una clamorosa svolta. Il successore del dittatore, **Nikita Kruscëv** (1894-1971), durante il XX Congresso del Partito Comunista Sovietico tenutosi nel 1956, **denunciò i metodi repressivi e di terrore** che avevano caratterizzato il governo di Stalin. La relazione di Kruscëv, letta ai dirigenti del partito e mai pubblicata in URSS, fu presto conosciuta in tutto il mondo, dove suscitò grande scalpore e reazioni opposte.

Questa aperta denuncia **deluse** quanti avevano creduto che il **Comunismo portasse** a un sistema di **giustizia sociale** e contemporaneamente **alimentò le speranze** che fosse giunto il momento di un **cambiamento radicale**, all'insegna della libertà.

Anche in Italia c'è chi piange la morte di Stalin.

Nella pagina accanto: carri armati sovietici nelle strade di Praga.

Per ricordare
- Chi fu il successore di Stalin? Che cosa fece?
- Quali furono le delusioni e le speranze alimentate dal nuovo capo dell'Unione Sovietica?

LE RIVOLTE IN POLONIA E IN UNGHERIA

Nel 1956 in **Polonia** e **Ungheria** il popolo scese in piazza chiedendo **riforme sociali**, **protestando contro il regime comunista** che si era rivelato tirannico e denunciando le condizioni di **povertà** in cui versava gran parte della popolazione.

La protesta ebbe esiti differenti. La **Polonia** riuscì ad ottenere qualche riforma. In **Ungheria**, invece, la protesta assunse **toni più duri e decisi**. **Imre Nagy**, esponente dell'ala riformista, venne incaricato di formare un **nuovo governo**, che votò l'**uscita dell'Ungheria dal Patto di Varsavia**, allentando i legami con l'URSS.

La **repressione sovietica fu violenta e immediata**: i **carri armati** occuparono la capitale Budapest e l'intera Ungheria, **soffocando nel sangue** la rivolta e condannando a morte il leader dei riformisti.

LA "PRIMAVERA DI PRAGA"

Nel 1968 un'esperienza simile si ripeté in **Cecoslovacchia**, dove il regime comunista era stato meno duro, mitigato dall'idea di un **socialismo dal volto umano** introdotta da **Alexander Dubček**.

Il leader cecoslovacco inaugurò una **stagione di riforme**, nota come **Primavera di Praga**, diretta a introdurre una **maggiore libertà** e sostenuta dall'approvazione popolare. L'Unione Sovietica – guidata dal successore di Kruscëv, **Leonid Breznev** – fece intervenire l'**esercito per ripristinare l'ordine** ed avviò l'**epurazione di dirigenti e intellettuali** che avevano partecipato all'esperimento di Dubček.

Le **speranze di cambiamento** fra i cittadini dell'Europa dell'Est erano dunque vive, **ma il cammino verso la libertà e la democrazia ancora lungo e difficile**.

Per ricordare
- Che cosa chiedevano i cittadini della Polonia e dell'Ungheria?
- Quale fu l'esito delle proteste in Polonia? Che cosa accadde in Ungheria?
- Come reagì l'Unione Sovietica?

Per ricordare
- Come era definito il regime comunista della Cecoslovacchia?
- Che cosa fu la "Primavera di Praga"? Come si concluse?
- Quale futuro avrebbero avuto le speranze di cambiamento nei Paesi comunisti?

3. Coesistenza pacifica e politica della distensione

LA CRISI COREANA

La divisione tra il mondo occidentale e quello comunista portò a momenti di grande tensione nella **guerra di Corea** (**1950-1953**). Dopo la Seconda Guerra Mondiale, la penisola coreana fu divisa tra **due Stati**: la **Corea del Nord**, sostenuta dall'**Unione Sovietica**, la **Corea del Sud**, protetta dagli **Stati Uniti**.

Nel 1950 l'**esercito nordcoreano**, armato dai sovietici, **marciò verso Sud** per **riunificare il Paese**. La Corea del Nord fu condannata dal Consiglio di Sicurezza dell'ONU (era assente il delegato sovietico) e gli Stati Uniti furono autorizzati a guidare una **forza militare che respingesse gli invasori**.

L'intervento di **volontari inviati dalla Cina comunista** a sostegno della Corea del Nord complicò ulteriormente la situazione politica e militare. La guerra si concluse nel 1953 **senza vincitori né vinti**, ma segnò **uno dei momenti più drammatici della guerra fredda**. Molti giunsero addirittura a temere che fosse imminente un terzo conflitto mondiale.

> **Per ricordare**
>
> - Quali erano i fronti che si opponevano nella guerra di Corea?
> - Perché scoppiò la guerra?
> - Come si sviluppò e come si risolse il conflitto?

L'AVVIO DEL PROCESSO DI DISTENSIONE

La gravità della crisi coreana rese evidente la **necessità di una nuova fase nella politica** delle superpotenze in Oriente: si cercò un **nuovo equilibrio**, più stabile, che scongiurasse futuri conflitti.

I governanti si dimostravano sempre più consapevoli che la rigida divisione in blocchi contrapposti era negativa e la corsa agli armamenti molto pericolosa. Si cominciò ad auspicare un **clima di pace**, che favorisse anche le **attività produttive e commerciali**; iniziò così il periodo della **distensione** e della coesistenza pacifica tra le potenze.

> **Per ricordare**
>
> - Che cosa rese evidente la crisi coreana?
> - Quale direzione presero i rapporti internazionali?

Parola chiave

COESISTENZA PACIFICA
- Il primo a usare l'espressione "coesistenza pacifica" fu papa Pio XII, nella sua enciclica *Summi Pontificatus*, resa pubblica il 20 ottobre 1939, poche settimane dopo l'invasione della Polonia da parte di Hitler (1° settembre 1939) e lo scoppio della Seconda Guerra Mondiale. Nell'enciclica il papa condannava con forza la violenza e i totalitarismi e invitava i governanti a una pace da vivere non solo come assenza di guerra, ma con uno spirito di vera fratellanza e cooperazione tra i popoli.
Curiosamente, le tesi di Pio XII furono riprese nel 1956 dal leader comunista sovietico Nikita Kruscëv, il quale, durante il XX Congresso del Partito Comunista, lanciò la propria linea politica, vicinissima agli ideali espressi dal pontefice. Anche Kruscëv auspicava una "**coesistenza pacifica**" tra i popoli, che si doveva concretizzare non solo con il venir meno della guerra, ma anche in una pacifica e costruttiva competizione economica tra il sistema capitalistico e quello socialista. Naturalmente, secondo il leader sovietico, il socialismo avrebbe mostrato la propria superiorità e si sarebbe imposto pacificamente nei Paesi più avanzati. La coesistenza pacifica teorizzata da Kruscëv non poteva ancora determinare il superamento dei blocchi contrapposti, ma, all'interno del più ampio processo di distensione voluto anche da Kennedy, era un elemento in grado di favorire il dialogo e una vera pacificazione mondiale.

I PROTAGONISTI DELLA COESISTENZA PACIFICA

Un decisivo impulso in questa direzione venne dall'elezione a presidente degli Stati Uniti, nel 1960, di **John Fitzgerald Kennedy**, che presentò un programma politico imperniato sul **dialogo con l'Unione Sovietica** per creare le condizioni di una pace internazionale.

Anche da parte sovietica, con **Nikita Kruscëv**, sembrò prevalere la convinzione che la via migliore fosse quella della **coesistenza pacifica**.

Tra i protagonisti di questo cammino verso la pace ebbe un ruolo fondamentale anche papa **Giovanni XXIII**. Le sue **encicliche** *Mater et magistra* e *Pacem in terris* condannavano la corsa agli armamenti, auspicavano la **pace tra le nazioni** e affermavano il **diritto di tutti al lavoro, alla proprietà, alla parità**.

> **Enciclica**
> Parola derivante dal latino ecclesiastico (*epistola*) *encyclica*, che letteralmente significa "lettera circolare". Si tratta di un documento indirizzato dal papa ai vescovi e ai fedeli di tutto il mondo, riguardante temi diversi (morali, dottrinali, sociali...). L'enciclica prende il nome dalle prime parole del testo, che è scritto originariamente in latino e poi tradotto nelle diverse lingue.

Per ricordare
- Quale impronta diede alla propria presidenza John F. Kennedy?
- Di che cosa era convinto anche il leader sovietico Kruscëv?
- In che modo Giovanni XXIII aiutò il processo di distensione?

LA CRISI DI CUBA E IL RIAVVICINAMENTO TRA LE DUE SUPERPOTENZE

Nemmeno la grave crisi cubana poté arrestare la politica di distensione. A Cuba, nel **1959**, una **rivoluzione di ispirazione democratica** guidata da **Fidel Castro** pose fine alla dittatura di Fulgencio Batista.

Il nuovo regime politico entrò presto in **contrasto con gli Stati Uniti** per ragioni economiche e si appoggiò pertanto all'**Unione Sovietica**. Di conseguenza lo Stato cubano assunse una **connotazione di tipo comunista**.

Dopo un **tentativo fallito**, da parte americana, di **rovesciare il regime di Castro** con una **spedizione armata di esuli anticastristi** (1961), l'**Unione Sovietica** avviò l'installazione sull'isola di proprie **basi con missili a testata nucleare**. Data la vicinanza, si trattava di un'evidente **minaccia per gli Stati Uniti**. Vi fu un momento di grave crisi (ottobre 1962), che ancora una volta fece pensare allo scoppio della Terza Guerra Mondiale.

Fortunatamente la crisi si risolse per **vie diplomatiche** e, paradossalmente, essa contribuì ad **avvicinare le due superpotenze**: i contatti si intensificarono e venne allacciata una **linea telefonica diretta** tra Casa Bianca e Cremlino, in modo che Kruscëv e Kennedy potessero parlarsi direttamente.

Per ricordare

- Che cosa accadde a Cuba nel 1959?
- Perché il nuovo regime si appoggiò all'Unione Sovietica?
- Quale iniziativa tentarono gli Stati Uniti contro il regime castrista? Come reagì l'Unione Sovietica?
- Come si risolse la crisi cubana?

PASSI VERSO LA PACE

Sia Kennedy sia Kruscëv si mostravano sempre più convinti del fatto che la coesistenza pacifica fosse realmente possibile. Nel **1963** fu firmato un trattato che metteva al **bando gli esperimenti con armi nucleari** nell'atmosfera, ponendo finalmente un **freno alla folle corsa agli armamenti** (pagg. 306-307).

La **competizione** fra le superpotenze venne così avviata su altri campi: la **conquista dello spazio** e la **ricerca medica e biologica**.

I protagonisti del disgelo tra i due blocchi **lasciarono incompiuta la loro opera**. Giovanni XXIII morì il 3 giugno 1963; Kennedy fu assassinato il 22 novembre dello stesso anno; Kruscëv fu destituito nel 1964 a causa della sua linea politica, giudicata troppo conciliante dai gerarchi comunisti. Tuttavia **il dialogo proseguì**, pur tra ostacoli, chiusure e momenti di tensione.

Per ricordare

- Quale accordo venne firmato fra Kruscëv e Kennedy nel 1963?
- Verso quali settori fu avviata la competizione tra le due superpotenze?
- Che cosa accadde dopo la morte dei protagonisti della distensione?

Kruscëv e Kennedy, due protagonisti del processo di distensione.

Protagonisti

JOHN FITZGERALD KENNEDY

Un eroe di guerra candidato alla presidenza degli Stati Uniti

Nato a Boston nel 1917, **John Fitzgerald Kennedy** iniziò la sua carriera politica al termine della Seconda Guerra Mondiale, da lui combattuta sul fronte del Pacifico meritandosi il titolo di eroe di guerra.

Proveniente da una ricca **famiglia borghese**, aveva conseguito la laurea alla prestigiosa Università di Harvard prima di partire per il fronte. Dal 1946 al 1953 fu rappresentante democratico del Massachusetts alla Camera e poi (1953-60) al Senato.

Nel 1960 si presentò come candidato alla presidenza, nuovamente nelle file del **Partito democratico**, in opposizione a Richard Nixon, che sconfisse con una maggioranza di voti limitatissima (50,2%). Egli fu il **più giovane presidente** nella storia degli Stati Uniti e il **primo di religione cattolica**.

Distensione e fermezza in politica estera

In politica estera Kennedy fu tra gli artefici della **nuova fase di distensione** tra Est e Ovest, da lui auspicata e indicata come presupposto di un pacifico confronto tra i due blocchi. Nel suo discorso di insediamento alla presidenza degli Stati Uniti egli si espresse così:

"*Ricominciamo ex novo, ricordando da ambo le parti che un comportamento civile non è segno di debolezza e che la sincerità deve sempre essere provata dai fatti. Non dobbiamo mai negoziare per timore, ma non dobbiamo mai avere timore di negoziare*".

Nei giorni della crisi cubana, che tennero il mondo col fiato sospeso nel timore di un conflitto fra le superpotenze, Kennedy diede prova di una legittima intransigenza e di una fermezza che in quel delicato momento valsero a raggiungere una positiva soluzione della crisi.

La "nuova frontiera": affermare la democrazia e combattere le disuguaglianze

In politica interna il suo programma era centrato sulla **soluzione dei problemi sociali** del Paese e sulla salvaguardia della giustizia: Kennedy chiamava tutti i cittadini, discendenti degli antichi pionieri, ad impegnarsi nel raggiungimento di una "**nuova frontiera**", cioè l'affermazione piena della democrazia.

L'obiettivo di rilanciare il progresso economico, culturale e civile e il serio impegno in campo sociale gli fecero ottenere un **larghissimo consenso popolare**, soprattutto fra le minoranze del Paese (neri, cattolici, Ebrei) e fra intellettuali, donne e giovani. Egli, infatti, propose riforme per l'integrazione razziale e il raggiungimento dell'effettiva **uguaglianza dei diritti civili** per tutti i cittadini. Sia queste riforme che il programma di sostegno ai Paesi in via di sviluppo incontrarono però forti opposizioni nei governi degli Stati del Sud (fortemente conservatori) e nel Congresso.

L'attentato di Dallas

Le sue prese di posizione ferme e coraggiose diffusero l'immagine degli Stati Uniti come nazione-guida per tutti i popoli in cerca di pace, libertà e benessere, ma gli procurarono al tempo stesso l'**ostilità di molti ambienti**.

Kennedy **fu assassinato** il **22 novembre 1963** a **Dallas**, nel Texas, dove si trovava in visita ufficiale con la moglie Jacqueline.

I mandanti dell'omicidio non sono mai stati identificati e i contorni di quello che fu sicuramente un complotto rimangono ancor oggi oscuri.

4. Nuove crisi internazionali e movimenti di contestazione giovanile

La guerra in Vietnam...

Nel periodo della coesistenza pacifica non mancarono altri **momenti di tensione** e vi furono altre **crisi internazionali**, che videro il diretto coinvolgimento di una e dell'altra grande potenza. La prima crisi fu provocata dalla **guerra in Vietnam**.

Fra il 1964 e il 1973 gli **Stati Uniti** impegnarono l'esercito a **sostegno del Vietnam del Sud contro i guerriglieri comunisti** (*vietcong*) appoggiati dal **Vietnam del Nord**. Nonostante anni di cruente battaglie, con un ingente numero di morti tra i soldati americani e tra la popolazione civile vietnamita, **gli Stati Uniti non riuscirono a domare la guerriglia dei *vietcong*** e furono costretti a ritirarsi.

Nel 1976 il Paese venne unificato sotto un **unico governo comunista**. Per gli Stati Uniti si trattò **della prima grave sconfitta militare** della loro storia.

Per ricordare

- Il periodo della coesistenza pacifica fu privo di momenti di tensione?
- Che cosa accadde in Vietnam tra il 1964 e il 1973?
- Come si risolse il conflitto?

La fanteria aerotrasportata americana avanza in territorio vietnamita con la copertura degli elicotteri.
Nella pagina accanto: guerriglieri afghani equipaggiati con armi pesanti.

... E IN AFGHANISTAN

Verso la fine del 1979 anche l'**Unione Sovietica** intraprese una campagna militare in **Afghanistan**, Paese di rilevante **importanza strategica** per il **controllo dell'area del Golfo Persico** e dell'Asia centrale. Per l'alto prezzo pagato in vite umane, la vasta opposizione suscitata a livello internazionale e l'esito negativo, l'intervento sovietico in Afghanistan è stato equiparato a quello americano in Vietnam.

Dopo aver conosciuto una lunga fase di riforme con la monarchia costituzionale di Mohammed Zahir Shah (1933-1973), in seguito a un colpo di Stato ispirato da Mosca, nel **1979** l'Afghanistan subì l'**occupazione militare sovietica**, che trascinò il Paese, per un decennio, in un'aspra guerra civile.

Nonostante la superiorità militare, l'URSS non riuscì a sconfiggere i **guerriglieri afghani**, che si battevano strenuamente e che potevano contare su una **migliore conoscenza del territorio** e su **aiuti esterni**, compresi quelli degli USA.

IL RITIRO SOVIETICO E L'ASCESA DEL GOVERNO TALEBANO

Dopo circa dieci anni di guerra sanguinosa, nel 1988 il governo sovietico di Michail Gorbaciov decise inaspettatamente il ritiro dei soldati, sottoscrivendo un **accordo di pace** (Ginevra, 1988) che sanciva la **sconfitta di Mosca**.

Negli anni Novanta lo scontro per il potere tra le diverse fazioni ed etnie favorì l'**ascesa dei Talebani**, che occuparono gradualmente le città principali del Paese fino alla presa di **Kabul** (1996), compiendo **stragi di civili** e imponendo alla popolazione **rigidissime norme di comportamento**.

Talebani
Movimento integralista islamico degli studenti di teologia guidati dal mullah Mohammad Omar.

> **Per ricordare**
> - Perché l'Unione Sovietica intraprese una guerra per avere il controllo dell'Afghanistan?
> - Che cosa provocò l'intervento sovietico?
> - Perché i guerriglieri afghani ebbero la meglio?

© Steve McCurry

> **Per ricordare**
> - Come si concluse la guerra in Afghanistan?
> - Come si comportarono i Talebani dopo avere conquistato il potere?

LA CONTESTAZIONE GIOVANILE DEL 1968

Nel **1968**, dopo la Primavera di Praga e durante la guerra in Vietnam, il mondo occidentale fu scosso anche da una **forte contestazione giovanile**. In realtà, movimenti giovanili di contestazione erano **già attivi dal 1966**, e avevano dato vita a imponenti manifestazioni di piazza, soprattutto da parte di **studenti universitari**.

I motivi della contestazione giovanile erano diversi. Nella società degli anni Sessanta si erano notevolmente diffusi il **benessere** e i **modelli culturali e sociali dei Paesi industriali**. L'**insofferenza verso concezioni che si ritenevano superate** si andava diffondendo tra i giovani, che protestavano contro le **regole troppo rigide** della società e soprattutto della scuola, contro il **conformismo** e l'**ipocrisia**, contro ogni forma di **ingiustizia**.

I giovani chiedevano più **libertà**, più **giustizia**, più **democrazia**, più **autonomia**. Le manifestazioni testimoniarono ovunque l'inquietudine di una generazione che sentiva l'esigenza di **cambiare radicalmente** una società basata sulla competizione economica spietata, sul consumismo, sulla logica della guerra (contestazione globale). La battaglia per i nuovi ideali di pace, solidarietà e partecipazione diede luogo in alcuni casi a **rivolte contro qualsiasi forma di autorità** e ad **azioni violente** di gruppi estremisti.

Per ricordare

- Quando iniziarono a essere attivi i primi movimenti di contestazione giovanile?
- Quali furono i motivi che portarono alla contestazione dei giovani?
- Che cosa chiedevano i giovani?

I DIVERSI VOLTI DELLA CONTESTAZIONE

La protesta divenne generalizzata nel mondo occidentale e si protrasse almeno **fino al 1970**, acquisendo **caratteristiche particolari** a seconda dei diversi Paesi.

Negli **Stati Uniti** i giovani protestavano **contro la società tecnologica** e **contro la politica militarista**, in favore del rispetto del **valore della persona e della pace**. Protagonista divenne la musica, con figure come quella di **Bob Dylan**.

Il movimento americano più significativo fu quello degli *hippies* (chiamati anche *figli dei fiori*), **anticonformisti**, **pacifisti**, **antirazzisti**, **anticonsumisti**. Protestavano soprattutto **contro l'intervento militare in Vietnam** e contro il **razzismo** dilagante della società americana.

Motivazioni analoghe ebbe il **movimento giovanile studentesco in Europa** (in particolare in Francia, Germania, Gran Bretagna e Italia), che **condannò** aspramente le **logiche consumiste** e l'**ossessione della ricchezza**, aspirando a una **società più equa e più democratica**.

Per ricordare

- Fino a quando si protrasse la contestazione giovanile?
- Quali caratteristiche assunse la protesta negli Stati Uniti?
- Che cosa chiedevano gli studenti europei?

*Due momenti della contestazione giovanile del '68:
nella pagina accanto, studenti parigini issano una bandiera rossa sulla statua dello scrittore Victor Hugo;
a fianco, un veterano del Vietnam partecipa ad una manifestazione pacifista.*

Approfondimenti

Storia e diplomazia

DALL'EQUILIBRIO DEL TERRORE AI TRATTATI PER IL DISARMO NUCLEARE

Il primato statunitense

Le bombe atomiche con cui gli Stati Uniti distrussero le città giapponesi di Hiroshima e Nagasaki (1945) dimostrarono al mondo l'immenso potere distruttivo delle nuove armi nucleari.

Grazie al possesso di questa nuova arma (**bomba A**), gli **USA** ottennero una posizione di **predominio militare** assoluto, che le altre potenze cercarono di uguagliare, iniziando ricerche ed esperimenti finalizzati alla costruzione di una bomba A.

Gli Stati Uniti cercarono, in un primo momento, di garantirsi il monopolio dell'armamento nucleare, proponendo all'ONU un piano (*Piano Baruch*, 1946) per il controllo internazionale dell'energia atomica. Il piano non venne approvato, anche per l'opposizione dell'Unione Sovietica, che non voleva lasciare solo agli USA il controllo degli armamenti nucleari.

Da quel momento ebbe inizio una vera e propria **gara** fra le potenze mondiali **per la costruzione di bombe atomiche** e per il perfezionamento di armi nucleari, sempre più potenti e distruttive.

Dalla bomba atomica alla bomba H: l'industria della morte

Nel **1949** l'**URSS** era in grado di produrre bombe atomiche; nel frattempo gli Stati Uniti, che già possedevano la bomba A, avevano inaugurato un nuovo programma di ricerca per un nuovo tipo di bomba: quella all'idrogeno (**bomba H**). Le ricerche e gli esperimenti, iniziati fin dal 1947, consentirono agli USA di far esplodere la prima bomba H nel **1952**, nell'atollo di Eniwetok (Enewetak).

Nello stesso anno, la **Gran Bretagna** costruiva la prima bomba atomica. L'anno seguente (1953), anche l'URSS riuscì a realizzare una bomba H.

Esperimento nucleare sull'atollo di Eniwetok, nelle Isole Marshall (Micronesia).

306

La **corsa al possesso di ordigni nucleari** continuò: la **Francia** ottenne la sua prima atomica nel 1960, la **Cina** sperimentò nel 1964 la prima atomica e nel 1967 la bomba H, l'**India** nel 1974 ottenne la bomba A.

Oggi, le tecnologie per la costruzione di bombe atomiche non sono più dominio riservato di pochi Stati: secondo l'ONU, le nazioni che attualmente dispongono delle capacità tecniche per lo sviluppo di armi atomiche sono più di quaranta. Il possesso delle bombe H è invece limitato a cinque Stati: USA, Russia, Gran Bretagna, Francia e Cina.

La costruzione di quantità sempre maggiori e di tipi sempre più potenti di armi nucleari è stata accompagnata, soprattutto all'inizio, da un'intensa **attività sperimentale**: le nuove armi dovevano essere provate, per verificarne il funzionamento, i limiti di utilizzo, le potenzialità distruttive, le conseguenze.

I PRIMI TRATTATI PER LA LIMITAZIONE DELLE ARMI NUCLEARI

Subito dopo lo scoppio delle prime atomiche, venne proposto di **porre sotto controllo gli esperimenti nucleari e la costruzione di nuove bombe**. In tal senso si espressero singole personalità (scienziati, politici, ecc.) e associazioni, come i *Partigiani per la Pace*, che scrissero un vero e proprio appello (1950) per l'interdizione delle armi atomiche.

La paura delle conseguenze degli esperimenti nucleari aumentò con la realizzazione delle prime bombe H, ben più potenti e distruttive delle prime atomiche. Gli esperimenti compiuti dagli Stati Uniti nel 1954 causarono, infatti, la caduta di cenere radioattiva su alcune isole giapponesi, provocando molte proteste e la ripresa dei tentativi di trovare un accordo contro la proliferazione delle armi nucleari e dei relativi esperimenti.

Nel 1958 si concordò una momentanea sospensione, per giungere, nel **1963**, alla firma del *Partial Test Ban Treaty* (PTBT), il primo trattato internazionale che **metteva al bando gli esperimenti nucleari nell'atmosfera, nello spazio esterno e nell'acqua**. A questo accordo, che però continuava a permettere le esplosioni sotterranee, non aderirono inizialmente Francia e Cina, che continuarono la loro politica di armamento e i programmi di esperimenti nucleari già fissati.

Nel gennaio **1967** l'*Outer Space Treaty* estendeva la tutela allo spazio, vietando la messa in orbita di armi nucleari e di altre armi di distruzione di massa.

Nel luglio **1968** venne stipulato il **Trattato di Non Proliferazione** (TNP), le cui disposizioni si fondavano sulla distinzione tra Stati "militarmente nucleari" e Stati "militarmente non nucleari". Il trattato vietava a questi ultimi di procurarsi armamenti nucleari e ai primi di fornire loro le tecnologie necessarie allo scopo. Incoraggiava invece il trasferimento delle tecnologie nucleari per scopo pacifico. L'accordo entrò in vigore nel **1970** e prevedeva una durata di 25 anni.

GLI ULTIMI ACCORDI PER IL DISARMO NUCLEARE

Nel **1995**, la **Conferenza di verifica del TNP** riunita a New York ne ha stabilito la **validità illimitata**. Alla data del 25 luglio 1996 gli Stati aderenti al TNP sono saliti a 181. Non hanno invece aderito al trattato alcune potenze regionali dotate di armamenti nucleari, come Israele, India e Pakistan. La Corea del Nord si è invece ritirata dal trattato nel 2001.

Un altro importante contributo al disarmo nucleare è stato offerto dal *Comprehensive Test Ban Treaty* (CTBT), il "**Trattato sul bando totale degli esperimenti nucleari**" elaborato nel quadro della *Conferenza per il Disarmo di Ginevra* e siglato il 25 settembre **1996** a New York dopo l'approvazione dell'Assemblea Generale dell'ONU. Il trattato **mette al bando tutti gli esperimenti nucleari**, compresi quelli nel sottosuolo, integrando così le tutele introdotte con il *Partial Test Ban Treaty* (PTBT) del 1963.

Se dai tempi della guerra fredda la presenza di armi nucleari sul pianeta è senz'altro diminuita, **l'obiettivo di un mondo denuclearizzato è ancora lontano**. Le armi nucleari sono complessivamente diminuite, ma sono distribuite tra un numero maggiore di Paesi. I sistemi di controllo e verifica si sono inoltre dimostrati in alcune circostanze inadeguati.

Giovane manifestante contro la proliferazione degli armamenti nucleari.

Sintesi

L'EQUILIBRIO DEL TERRORE

- Il periodo che va dalla fine della Seconda Guerra Mondiale agli anni Settanta è stato contrassegnato dal confronto-scontro fra Stati Uniti e Unione Sovietica. Si tratta della fase della storia mondiale divenuta famosa come guerra fredda, caratterizzata da una costante conflittualità che talvolta sfociava in guerre locali, senza coinvolgere direttamente le due potenze.
- La guerra fredda provocò una frenetica corsa agli armamenti: le nazioni più ricche e potenti destinarono una parte cospicua dei loro bilanci alla ricerca bellica, soprattutto in campo nucleare.
- Lo scoppio di un conflitto nucleare fu impedito dalla paura della distruzione totale e la pace si resse sull'equilibrio del terrore, finché non iniziarono trattative per mettere al bando gli esperimenti nucleari e avviare il progressivo disarmo atomico.
- Intorno alle superpotenze si formarono due blocchi: quello comunista, legato all'Unione Sovietica, e quello occidentale, guidato dagli Stati Uniti.
- Il clima di tensione internazionale approfondì le spaccature esistenti in Europa, che si trovò di fatto divisa in due da quella che Churchill definì "cortina di ferro".
- La divisione politica portò alla nascita di alleanze militari: la NATO, formata nel 1949 dagli Stati Uniti e dai Paesi loro alleati, e il Patto di Varsavia, cui aderirono nel 1955 gli Stati del blocco comunista.

L'EUROPA TRA RINASCITA E LOTTA PER LA LIBERTÀ

- All'indomani della guerra, l'Europa si trovava in gravissime difficoltà economiche e, nello stesso tempo, bisognosa di avviare il processo di ricostruzione.
- Gli Stati Uniti contribuirono alla ricostruzione dell'Europa occidentale con il cosiddetto Piano Marshall, un programma di aiuti economici destinati ai Paesi europei.
- Il Piano Marshall, oltre che aiutare la ricostruzione, si poneva anche obiettivi di tipo politico, evitando che il malcontento delle popolazioni portasse a scelte politiche non democratiche. Aiuti economici furono proposti anche all'URSS e ai Paesi dell'Europa orientale, i quali però rifiutarono.
- La Repubblica Federale Tedesca, sotto la guida di Konrad Adenauer, divenne uno dei punti di forza dell'Europa occidentale.
- I Paesi comunisti, anche se erano chiamati "democrazie popolari", di fatto erano dittature poste sotto lo stretto controllo dell'URSS. Autonome furono invece la Iugoslavia e l'Albania.
- Il successore di Stalin, Nikita Kruscëv, nel 1956 denunciò i metodi repressivi usati dal dittatore e avviò una politica di maggiore apertura che alimentò in molti Paesi comunisti la speranza in un cambiamento.

- Sull'onda delle dichiarazioni e delle aperture mostrate da Kruscëv, i cittadini di Polonia e Ungheria scesero in piazza contestando il governo comunista. I Polacchi riuscirono a ottenere alcune riforme, ma in Ungheria il movimento di protesta fu represso con durezza dal governo di Mosca.
- Anche la stagione di riforme avviata in Cecoslovacchia, nota come "Primavera di Praga", nel 1968 andò incontro a un fallimento a causa della dura reazione dell'Unione Sovietica.

COESISTENZA PACIFICA E POLITICA DELLA DISTENSIONE

- Nel clima di guerra fredda tra i due blocchi si ebbero momenti di crisi.
  Il primo, nel 1950, fu dovuto allo scoppio della Guerra di Corea, nella quale intervennero gli Stati Uniti per sostenere la Corea del Sud contro la Corea del Nord, appoggiata dall'Unione Sovietica. La guerra si concluse nel 1953 senza vincitori né vinti, ma segnò un momento di forte tensione tra i due blocchi.
- La gravità della crisi coreana mostrò la necessità di una distensione nei rapporti tra le due superpotenze. Il processo di avvicinamento ebbe come protagonisti il presidente americano Kennedy, quello sovietico Kruscëv e papa Giovanni XXIII.
- Alla crisi coreana seguì anche la crisi cubana, che portò le due superpotenze sull'orlo dello scontro. La crisi si risolse per vie diplomatiche e, anzi, favorì un ulteriore riavvicinamento fra Kennedy e Kruscëv, che nel 1963 arrivarono a firmare un accordo per mettere al bando gli esperimenti nucleari e favorire il disarmo.

NUOVE CRISI INTERNAZIONALI E MOVIMENTI DI CONTESTAZIONE GIOVANILE

- Tra il 1964 e il 1973 gli Stati Uniti furono impegnati nella guerra in Vietnam, sostenendo il governo del Vietnam del Sud contro i guerriglieri comunisti, i vietcong, aiutati dal Vietnam del Nord.
  Gli Stati Uniti non riuscirono a prevalere e nel 1976 il Vietnam fu unificato sotto un governo comunista.
- Anche l'Unione Sovietica intraprese nel 1979 una campagna militare in Afghanistan che si rivelò disastrosa e portò alla nascita del regime estremista dei Talebani.
- Negli stessi anni in cui veniva avviato il processo della distensione e della coesistenza pacifica sorsero in Occidente i movimenti di contestazione giovanile che ebbero per protagonisti soprattutto gli studenti. La contestazione acquistò caratteristiche differenti a seconda dei diversi Paesi, ma ovunque i giovani chiedevano la pace e una maggiore giustizia sociale.

Anche noi storici

Conoscere eventi e fenomeni storici

1. Indica se le seguenti affermazioni sono vere (V) o false (F).

		V	F
a.	I primi anni del secondo dopoguerra furono caratterizzati da un clima di distensione tra USA e URSS.	☐	☐
b.	I primi anni del secondo dopoguerra furono caratterizzati da una situazione di conflittualità e di tensione tra le due superpotenze.	☐	☐
c.	Negli anni della guerra fredda l'Europa si trovò divisa in due blocchi contrapposti.	☐	☐
d.	I Paesi dell'Europa dell'Est erano governati da sistemi democratici e rientravano nella sfera di influenza degli Stati Uniti.	☐	☐
e.	La NATO era un'alleanza militare tra gli Stati Uniti e i Paesi dell'Europa occidentale.	☐	☐
f.	Il Piano Marshall fu avviato per favorire la ricostruzione della Polonia.	☐	☐
g.	Kruscëv intendeva proseguire la politica e i sistemi di governo di Stalin.	☐	☐
h.	L'URSS represse duramente le rivolte in Ungheria e Cecoslovacchia.	☐	☐
i.	Il presidente statunitense Kennedy intendeva promuovere il dialogo con l'URSS, al fine di garantire la pace mondiale.	☐	☐
l.	La crisi di Cuba si risolse con la sconfitta militare dell'URSS.	☐	☐
m.	La guerra del Vietnam si concluse con la sconfitta dei guerriglieri vietcong.	☐	☐

Riconoscere relazioni – Individuare rapporti di causa ed effetto

2. Collega i seguenti fatti e fenomeni alla corretta causa / spiegazione (riporta accanto la lettera corrispondente).

1. Durante la guerra fredda la pace si mantenne con l'"equilibrio del terrore" …
2. USA e URSS divennero protagoniste incontrastate della scena mondiale …
3. Gli USA destinarono fondi per i Paesi europei …
4. Gli aiuti americani all'Europa avevano anche uno scopo politico …
5. L'URSS e i Paesi dell'Est europeo rifiutarono gli aiuti economici statunitensi …
6. Gli USA e i Paesi europei sostennero la ricostruzione della Germania …
7. Nel 1956 i carri armati sovietici invasero l'Ungheria …
8. USA e URSS avviarono un processo di distensione …
9. La crisi di Cuba scoppiò …

a. per sostenere la ricostruzione e la ripresa economica di Paesi impoveriti dalla guerra.
b. a causa dell'installazione di basi missilistiche sovietiche considerate una minaccia per gli USA.
c. cioè quello di sostenere le istituzioni democratiche dei Paesi destinatari dei fondi, legandoli all'economia e all'area di influenza statunitense ed evitando così che le difficoltà economiche favorissero un'evoluzione non democratica dei governi.
d. per reprimere le proteste contro il regime comunista e abbattere il governo riformista di Imre Nagy.
e. perché tutti temevano una nuova guerra.
f. perché erano gli Stati più ricchi e dotati di un'industria bellica forte ed avanzata.
g. perché era ritenuto uno Stato strategico per la difesa contro l'espansione comunista in Occidente.
h. perché temevano ingerenze nella politica interna.
i. consapevoli dei pericoli connessi alla corsa agli armamenti e del fatto che la divisione in blocchi pregiudicava lo sviluppo economico e commerciale.

Comprendere e utilizzare il linguaggio della storia

3. Spiega con parole tue il significato delle seguenti espressioni.

a. Guerra fredda: ....
b. Equilibrio del terrore: ....
c. Paese satellite: ....
d. Cortina di ferro: ....
e. Primavera di Praga: ....
f. Coesistenza pacifica: ....

PARTE QUINTA **CAPITOLO 17** - GUERRA FREDDA E COESISTENZA PACIFICA   309

Orientarsi nel tempo

4. Ordina nella corretta sequenza cronologica gli eventi indicati (riporta sulla linea del tempo la lettera corrispondente).

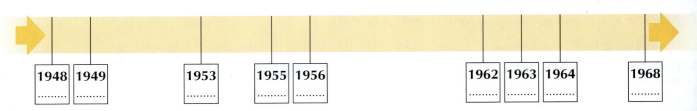

[**a.** morte dei Stalin – **b.** avvio del Piano Marshall – **c.** trattato per la messa al bando degli esperimenti nucleari nell'atmosfera – **d.** rivolta della Polonia contro l'URSS – **e.** repressione sovietica della rivolta ungherese – **f.** fine della guerra in Corea – **g.** inizio della guerra in Vietnam – **h.** istituzione della NATO – **i.** istituzione del Patto di Varsavia – **l.** Primavera di Praga – **m.** crisi di Cuba – **n.** assassinio di J.F. Kennedy – **o.** contestazione giovanile – **p.** denuncia dei crimini staliniani]

Ricavare informazioni da un documento storico

5. Negli anni Sessanta l'ansia di pace e di giustizia, l'aspirazione alla fratellanza e all'uguaglianza tra tutti gli uomini, l'affermazione dei diritti fondamentali dell'uomo riecheggiavano tanto negli slogan delle manifestazioni giovanili quanto nei discorsi di leader politici e religiosi. I brani che riportiamo sono tratti da due noti documenti del 1963. Il primo è lo storico discorso *I have a dream* pronunciato il 28 agosto da Martin Luther King, leader del movimento pacifista che si batteva per i diritti della popolazione di colore degli Stati Uniti; il secondo è tratto dall'enciclica *Pacem in terris* di papa Giovanni XXIII. Leggili con attenzione, quindi esegui quanto proposto.

1. I have a dream: il sogno di Martin Luther King

[…] Non potremo mai essere soddisfatti finché i nostri figli saranno privati della loro dignità da cartelli che dicono: "Riservato ai bianchi". Non potremo mai essere soddisfatti finché i neri del Mississippi non potranno votare e i neri di New York crederanno di non avere nulla per cui votare.[…] Non lasciamoci sprofondare nella valle della disperazione.[…]

E perciò, amici miei, vi dico che, anche se dovrete affrontare le asperità di oggi e di domani, io ho sempre davanti a me un sogno. È un sogno profondamente radicato nel sogno americano, che un giorno questa nazione si leverà in piedi e vivrà fino in fondo il senso delle sue convinzioni: "Riteniamo queste verità di per se stesse evidenti: che tutti gli uomini sono stati creati uguali" [dalla Dichiarazione d'indipendenza degli Stati Uniti d'America, 4 luglio 1776].

Io ho davanti a me un sogno, che un giorno sulle rosse colline della Georgia i figli di colore che un tempo furono schiavi e i figli di colore che un tempo possedettero schiavi, sapranno sedere insieme al tavolo della fratellanza.

Io ho davanti a me un sogno, che i miei quattro figli piccoli vivranno un giorno in una nazione nella quale non saranno giudicati per il colore della loro pelle, ma per le qualità del loro carattere. Ho davanti a me un sogno, oggi! […]

rid. e adatt. da Martin Luther King, *Discorso al Memorial Lincoln*, 28 agosto 1963

Indica con X l'affermazione corretta tra quelle proposte.

☐ **a.** Negli anni '60 la popolazione di colore degli Stati Uniti godeva degli stessi diritti dei bianchi.
☐ **b.** Negli anni '60 negli Stati Uniti esisteva la discriminazione nei confronti della popolazione di colore.
☐ **c.** L'uguaglianza di tutti gli uomini, e quindi la parità tra bianchi e neri, è sancita dalla stessa *Dichiarazione di indipendenza* ma di fatto non si è ancora realizzata.
☐ **d.** La speranza di Martin Luther King è che i discendenti degli schiavi di un tempo si ribellino e sottomettano i discendenti di coloro che in passato li tennero schiavi.
☐ **e.** La speranza di Martin Luther King è che il colore della pelle non sia più in futuro un fattore di discriminazione per la popolazione nera degli Stati Uniti.

2. La pace, desiderio profondo degli esseri umani di tutti i tempi

1. La Pace in terra, anelito profondo degli esseri umani di tutti i tempi, può venire instaurata e consolidata solo nel pieno rispetto dell'ordine stabilito da Dio. I progressi delle scienze e le invenzioni della tecnica attestano come negli esseri e nelle forze che compongono l'universo, regni un ordine stupendo; e attestano pure la grandezza dell'uomo, che scopre tale ordine e crea gli strumenti idonei per impadronirsi di quelle forze e volgerle a suo servizio.[…]

6. Ogni essere umano ha il diritto all'esistenza, all'integrità fisica, ai mezzi indispensabili e sufficienti per un dignitoso tenore di vita, specialmente per quanto riguarda l'alimentazione, il vestiario, l'abitazione, il riposo, le cure mediche, i

servizi sociali necessari; ed ha quindi il diritto alla sicurezza in caso di malattia, di invalidità, di vedovanza, di vecchia-ia, di disoccupazione, e in ogni altro caso di perdita dei mezzi di sussistenza per circostanze indipendenti dalla sua volontà [...]

7. Ogni essere umano ha il diritto al rispetto della sua persona; alla buona riputazione; alla libertà nella ricerca del vero, nella manifestazione del pensiero e nella sua diffusione [...]

rid. da *Pacem in terris - Lettera Enciclica di Sua Santità Giovanni PP. XXIII*, 11 aprile 1963, in www.vatican.va

Evidenzia o sottolinea con colori diversi:

a. le parole che esprimono il desiderio comune a tutti gli uomini di tutti i tempi.

b. le parole che sottolineano le "origini" del progresso scientifico e tecnologico in atto.

c. i diritti fondamentali dell'uomo riaffermati dalle parole del papa.

I protagonisti della storia

Ritratto dei protagonisti del Novecento

• *Negli anni della guerra fredda e della coesistenza pacifica vissero e operarono personaggi di rilievo, che hanno scritto pagine importanti della storia del XX secolo. Vi suggeriamo di approfondirne la conoscenza, svolgendo una ricerca.*

Vi proponiamo un elenco di personaggi significativi, che l'insegnante potrà integrare:

• J.F. Kennedy • Robert Kennedy • Nikita Kruscëv • Konrad Adenauer • Willy Brandt • Imre Nagy • Alexander Dubček • Fidel Castro • Martin Luther King • Giovanni XXIII • Paolo VI.

Dividetevi in gruppi e, sotto la guida dell'insegnante, scegliete i personaggi di cui intendete approfondire la conoscenza. Raccogliete informazioni, documenti e materiali iconografici consultando enciclopedie, dizionari biografici, enciclopedie di storia e siti Internet (per J.F. Kennedy e papa Giovanni XXIII potete utilizzare come punto di partenza le *schede* riportate a *pag. 301* e *390*).
Rielaborate i materiali raccolti, scrivendo un **ritratto** dei personaggi scelti (cenni biografici, operato, ecc.); completate ciascun ritratto con un'**antologia di scritti e discorsi significativi**, corredandola di immagini.

Storia e tecnologia

La conquista dello spazio, "un piccolo passo per l'uomo, ma un gigantesco balzo per l'umanità"

• *Con le parole sopra riportate Neil Armstrong, primo uomo a mettere piede sulla Luna il 21 luglio 1969, suggellò la portata di quell'evento, una delle tappe fondamentali della storia dell'umanità. Ti suggeriamo alcuni percorsi di ricerca per approfondire la conoscenza delle esplorazioni spaziali.*

a. Le tappe e i protagonisti della conquista dello spazio

b. Dalla Luna a Marte: presente e futuro delle esplorazioni spaziali

c. Le tecnologie spaziali e la loro applicazione nella vita quotidiana

d. Viaggio virtuale nei principali centri e agenzie spaziali

Consultate enciclopedie, dizionari scientifico-tecnologici e siti Internet, in particolare quelli delle agenzie spaziali europea (**www.esa.int**) e statunitense (**www.nasa.gov**), che offrono anche interessanti materiali didattici per "sperimentare" in classe l'esplorazione dello spazio. In base al percorso di ricerca scelto, con i materiali raccolti e rielaborati stendete una **relazione scritta** oppure realizzate un **cartellone**.

PARTE QUINTA CAPITOLO 17 - GUERRA FREDDA E COESISTENZA PACIFICA   311

18 La decolonizzazione e il Terzo Mondo

1. La fine degli imperi coloniali

VERSO L'INDIPENDENZA

La conclusione della Seconda Guerra Mondiale segnò la **fine dei grandi imperi coloniali** e la **conquista dell'indipendenza** da parte di molti Paesi fino ad allora dominati dalle potenze coloniali europee.

Le ex colonie ottennero l'indipendenza in **maniera differente**: in alcuni casi in modo **pacifico**, in molti altri attraverso **violenti colpi di Stato e guerre sanguinose**. Spesso le aspirazioni all'indipendenza si scontrarono con **interessi economici** enormi, quasi sempre legati allo sfruttamento delle risorse naturali.

DECOLONIZZAZIONE E GUERRA FREDDA

Il processo di **dissoluzione degli imperi coloniali** e di **affermazione delle nuove identità nazionali** – noto con il nome di decolonizzazione – raggiunse il suo **culmine** nel periodo compreso **fra il 1947 e il 1962**.

La **lotta per l'indipendenza** va perciò inquadrata sullo sfondo della **guerra fredda**. Infatti, Stati Uniti e Unione Sovietica, per motivi e scopi diversi, intervennero con **aiuti militari** e **azioni diplomatiche** per sostenere i vari movimenti indipendentisti, con l'obiettivo di **legare a sé** e di **influenzare a proprio favore le scelte dei nuovi governi**.

Gli Stati Uniti e le democrazie europee **accusarono spesso i Sovietici** di approfittare delle lotte per l'indipendenza per **espandere** la propria **influenza politica** e realizzare un **nuovo imperialismo di tipo ideologico**. Da parte sua l'Unione Sovietica accusava gli **Stati Uniti** di **condizionare pesantemente le economie dei nuovi Stati** con le loro potenti società **multinazionali**.

> **Per ricordare**
> - Che cosa accadde ai grandi imperi coloniali dopo la fine della Seconda Guerra Mondiale?
> - In che modo le colonie arrivarono all'indipendenza?

> **Per ricordare**
> - In quale periodo fu più intenso il processo di decolonizzazione?
> - Perché Stati Uniti e Unione Sovietica intervennero per sostenere i movimenti indipendentisti?
> - Quali accuse si mossero reciprocamente le due superpotenze?

Multinazionale
Grande impresa che, pur avendo la propria sede in un Paese (generalmente occidentale), opera in diversi Stati, spesso distribuiti su più continenti.

Parola chiave

DECOLONIZZAZIONE
- Si indica con questa espressione il processo che ha portato i popoli e i Paesi soggetti all'imperialismo coloniale a raggiungere l'indipendenza. Il fenomeno della decolonizzazione assunse un'importanza particolare nel secondo dopoguerra e interessò gli Stati africani e del Sud-Est asiatico, fino ad allora sottomessi al regime coloniale imposto soprattutto dalle grandi potenze europee.

Leggere una carta

Il Canada, antica colonia inglese, divenne *dominion* britannico nel 1867 e ottenne l'indipendenza nell'ambito del *Commonwealth* nel 1931.
Il *Constitution Act* del 1982 riconosce ancora formalmente come Capo dello Stato il sovrano britannico.

Il continente sottoposto alla colonizzazione più dura fu l'Africa, che raggiunse l'indipendenza molto tardi. Negli anni Sessanta, infatti, gran parte dell'Africa si trovava ancora sotto il controllo europeo.

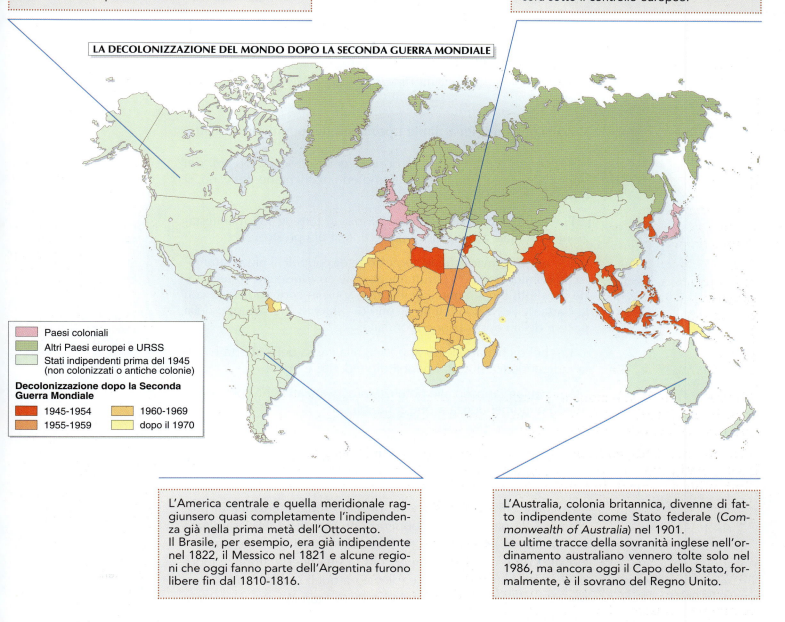

LA DECOLONIZZAZIONE DEL MONDO DOPO LA SECONDA GUERRA MONDIALE

- Paesi coloniali
- Altri Paesi europei e URSS
- Stati indipendenti prima del 1945 (non colonizzati o antiche colonie)

Decolonizzazione dopo la Seconda Guerra Mondiale
- 1945-1954
- 1955-1959
- 1960-1969
- dopo il 1970

L'America centrale e quella meridionale raggiunsero quasi completamente l'indipendenza già nella prima metà dell'Ottocento.
Il Brasile, per esempio, era già indipendente nel 1822, il Messico nel 1821 e alcune regioni che oggi fanno parte dell'Argentina furono libere fin dal 1810-1816.

L'Australia, colonia britannica, divenne di fatto indipendente come Stato federale (*Commonwealth of Australia*) nel 1901.
Le ultime tracce della sovranità inglese nell'ordinamento australiano vennero tolte solo nel 1986, ma ancora oggi il Capo dello Stato, formalmente, è il sovrano del Regno Unito.

IL "TERZO MONDO"

Il processo di decolonizzazione ebbe come conseguenza la formazione di **numerosi nuovi Stati indipendenti in Asia e Africa**. Questi Paesi costituivano un gruppo abbastanza omogeneo che cominciò ad essere chiamato "**Terzo Mondo**" in **contrapposizione al "Primo Mondo"**, costituito dall'Occidente capitalista (coalizzato intorno agli Stati Uniti e alla NATO), e al "**Secondo Mondo**", formato dal blocco comunista del Patto di Varsavia.

I Paesi del Terzo Mondo inizialmente **restarono neutrali rispetto al confronto tra i due blocchi** e furono perciò chiamati "**Paesi non allineati**". I loro governanti si riunirono per la prima volta nella **Conferenza di Bandung** (in Indonesia) nel 1955; gli Stati partecipanti rappresentavano il 58% della popolazione mondiale.

Per ricordare
- Che cosa si intendeva inizialmente con l'espressione "Terzo Mondo"?
- Perché i nuovi Paesi furono definiti "non allineati"?

PARTE QUINTA **CAPITOLO 18** - LA DECOLONIZZAZIONE E IL TERZO MONDO

Leggere un documento

La Dichiarazione di Bandung: tutti i popoli hanno diritto all'autodeterminazione

Tra il 18 e il 24 aprile 1955 si riunirono a Bandung, in Indonesia, i rappresentanti di **29 Paesi** *africani e asiatici indipendenti.*

La conferenza riuscì ad accordarsi su un documento finale comune, la Dichiarazione di Bandung, *che avrebbe costituito il testo fondamentale del* **movimento di affermazione politica** *del mondo ex coloniale.*

Proponiamo la lettura di alcuni rilevanti passaggi.

F. Dichiarazione riguardante i problemi dei popoli dipendenti

La conferenza afro-asiatica, dopo aver discusso i problemi dei popoli dipendenti e del colonialismo ed i mali che ne derivano, si è trovata d'accordo:

1. – nel dichiarare che il colonialismo in tutte le sue manifestazioni è un male a cui si deve porre fine al più presto;

2. – nell'affermare che la soggezione dei popoli al giogo straniero, la dominazione e lo sfruttamento che costituiscono la negazione dei diritti fondamentali dell'uomo, sono in contraddizione con la Carta delle Nazioni Unite e sono di ostacolo allo sviluppo della pace e della cooperazione mondiale;

3. – nel dichiarare il suo appoggio alla causa della libertà e della indipendenza di tutti i popoli dipendenti; e infine

4. – nel fare appello alle potenze interessate affinché concedano libertà e indipendenza a questi popoli.

> I rappresentanti dei Paesi presenti alla conferenza avevano conosciuto decenni di dominazione coloniale. Nel documento mettono lucidamente in evidenza quali sono le conseguenze del colonialismo.

G. Dichiarazione in favore dello sviluppo della pace e della cooperazione mondiale

La conferenza afro-asiatica ha prestato seria attenzione al problema della pace e della cooperazione mondiale. Ha esaminato con profonda preoccupazione l'attuale stato di tensione internazionale con il conseguente pericolo di una guerra atomica mondiale. Il problema della pace è legato a quello della sicurezza internazionale. A questo proposito tutti gli Stati devono cooperare soprattutto attraverso le Nazioni Unite nel valido controllo internazionale. In questo modo si può promuovere la pace internazionale e l'energia atomica può essere usata esclusivamente per scopi pacifici. Questo contribuirebbe a soddisfare le necessità specialmente dei popoli dell'Asia e dell'Africa, poiché ciò di cui essi hanno maggior bisogno è il progresso sociale e un più elevato tenore di vita in un clima di maggiore libertà. Libertà e pace sono interdipendenti. Tutti i popoli devono godere del diritto di autodecisione, e la libertà e l'indipendenza devono essere accordate senza indugio a tutti quei popoli che ancora ne sono privi. [...]

> Nel 1955 la preoccupazione per le armi atomiche era vivissima. I diplomatici presenti alla conferenza sottolineano che la salvaguardia della pace permetterebbe di usare l'energia atomica per favorire lo sviluppo dei popoli che si trovano in una situazione di arretratezza, dovuta a decenni di sottomissione alle potenze straniere.

> Viene ribadito il diritto all'autodeterminazione dei popoli, proclamato fin dal 1918, ribadito dall'ONU, ma mai veramente garantito ai popoli dell'Asia e dell'Africa.

LE DIFFICOLTÀ POLITICHE ED ECONOMICHE DEI NUOVI STATI

Ad accomunare i Paesi che da poco avevano conquistato l'indipendenza erano un **sistema economico arretrato** e **gravi problemi sociali**, tra i quali soprattutto povertà diffusa, analfabetismo, condizioni igieniche e sanitarie molto precarie, **livelli di vita ai limiti della sopravvivenza**.

Dal **punto di vista politico**, i nuovi Stati si trovavano in **situazioni difficili**: **estrema instabilità politica**, colpi di Stato, dittature, mancanza di una tradizione democratica rendevano difficile affrontare con decisione ed efficacia i numerosi problemi da risolvere.

Sotto il **profilo economico**, la **dipendenza dalle ex potenze coloniali** era ancora forte. Le economie dei nuovi Stati si basavano sull'**esportazione di materie prime** verso il Paese europeo che le aveva dominate e che restava l'**unico "cliente"**, in grado quindi di imporre il proprio prezzo e le proprie condizioni.

I PROGRAMMI DI COOPERAZIONE INTERNAZIONALE

I nuovi Stati sorti dopo la colonizzazione apparivano dunque attanagliati da **gravi problemi, che i governi locali non erano in grado di risolvere**. Di fronte a questa situazione apparentemente senza via d'uscita, l'**ONU**, insieme ad altri organismi internazionali, propose alcuni **interventi concreti**, sotto forma di **programmi di cooperazione**.

Anche i programmi di cooperazione, però, **non sortirono risultati apprezzabili**, tanto che l'espressione "Terzo Mondo" divenne ben presto **sinonimo di arretratezza e povertà**.

A partire dagli anni Settanta, tuttavia, gli Stati del Terzo Mondo cominciarono a **differenziarsi tra loro** e a separare i propri destini:
• gli Stati in possesso di **grandi giacimenti di petrolio** si riunirono nell'**OPEC** (Organizzazione dei Paesi Esportatori di Petrolio, 1960), che assunse il **controllo del prezzo delle fonti energetiche** a vantaggio dei Paesi membri, i quali **si arricchirono** attraverso l'esportazione del greggio;
• alcuni Paesi, concentrati nel **Sud-Est asiatico**, sfruttarono la disponibilità di **manodopera a basso costo** e gli ingenti **investimenti** stranieri per incentivare lo **sviluppo industriale**;
• la maggior parte dei **Paesi dell'Africa** vide una **forte crescita demografica**, cui non corrispose un adeguato sviluppo economico; le condizioni di vita **subirono dunque un sensibile peggioramento**, fino a scendere, in molti casi, **sotto i livelli di sopravvivenza**, in una realtà aggravata da **disastri naturali, carestie e frequenti guerre**.

Per ricordare

• Quali problemi accomunavano gli Stati nati dalle ex colonie?
• Qual era la situazione dal punto di vista politico?
• In che modo le ex colonie restavano economicamente legate all'ex madrepatria?

Greggio
Termine inizialmente riferito alla lana appena tosata dal gregge e non ancora lavorata, è oggi usato per indicare il petrolio appena estratto dai pozzi, prima di qualsiasi processo di raffinazione.

Guerra e povertà, due piaghe dell'Africa contemporanea.

Per ricordare

• Perché l'ONU dovette mobilitarsi per tentare di risolvere i problemi dei nuovi Stati?
• Quale fu l'esito dei programmi di cooperazione internazionale?
• Quali differenze si andarono delineando tra i Paesi del "Terzo Mondo"?

2. La Cina da Mao ad oggi

LA LOTTA TRA COMUNISTI E NAZIONALISTI

Al termine della Seconda Guerra Mondiale, **si riaccese lo scontro** tra i **comunisti** guidato da Mao Zedong e i **repubblicani** del partito nazionale del Kuomintang, che aveva segnato la storia cinese del primo dopoguerra (vedi pag. 219).

Mao Zedong e i comunisti erano sostenuti dal **proletariato rurale**, mentre i nazionalisti di **Chiang Kai-shek** potevano contare sul sostegno dei **grandi proprietari terrieri**.

Le divergenze tra comunisti e nazionalisti erano enormi e ben presto sfociarono in una **guerra civile**, che durò fino al 1949 e si concluse con la **vittoria dei primi** e con la proclamazione, da parte di Mao, della **Repubblica Popolare Cinese**.

> **Per ricordare**
> - Che cosa accadde in Cina alla fine della Seconda Guerra Mondiale?
> - Quali erano i sostenitori dei comunisti e quali quelli dei nazionalisti?
> - Come si concluse la lotta fra comunisti e nazionalisti?

LE DIFFICOLTÀ DELLA REPUBBLICA POPOLARE CINESE

La nuova Repubblica cinese si trovava in uno stato di **grave arretratezza economica** e il governo maoista si trovò a dovere affrontare enormi problemi:
- la maggior parte della popolazione era costituita da **contadini che lavoravano la terra con metodi arcaici**;
- le **industrie** erano praticamente **inesistenti** e le poche funzionanti erano concentrate nella regione della Manciuria;
- la **crescita demografica** era **imponente** e la popolazione andava aumentando di anno in anno, aggravando i problemi derivanti dalla **povertà diffusa**.

Mao si attribuì di fatto tutti i poteri e promosse un modello piuttosto originale di **comunismo** che, anziché porre l'attenzione sugli operai (come previsto da Marx), elevava i **contadini** al rango di **classe rivoluzionaria**. Il "Grande timoniere" del popolo cinese – come Mao amava essere chiamato – attuò una **riforma agraria** che prevedeva la distribuzione delle terre ai contadini; istituì **cooperative agricole** sul modello sovietico e cominciò a sostenere l'**industrializzazione di base**.

> **Per ricordare**
> - Quali problemi si trovò a dovere affrontare il nuovo governo cinese?
> - Su quali basi si fondava il comunismo di Mao?

IL "GRANDE BALZO IN AVANTI"

Nonostante gli sforzi compiuti, i **risultati furono assai scarsi**, tanto che, per attuare un vero rilancio dell'economia, Mao promosse il programma del "**grande balzo in avanti**", che ebbe inizio nel 1958. Il governo cinese dichiarò di **voler uscire in modo più veloce** di quanto non avesse fatto l'URSS dall'arretratezza economica e di voler raggiungere in un quinquennio **traguardi significativi nella produzione industriale**.

Per raggiungere questi obiettivi furono **mobilitati più di 500 milioni di persone**, riunite in 24 000 "**comuni del popolo**", comunità di lavoratori nelle quali la produzione era organizzata in modo tale da favorire l'**alternanza fra le attività agricole e quelle industriali**.

> **Per ricordare**
> - Che cosa prevedeva il programma del "grande balzo in avanti"?
> - Che cosa fece Mao per raggiungere gli obiettivi che si era proposto?

316 PARTE QUINTA CAPITOLO 18 - LA DECOLONIZZAZIONE E IL TERZO MONDO

Il fallimento delle strategie economiche e la Rivoluzione culturale

I **contadini** cinesi, tuttavia, non erano abituati a sostenere i **ritmi della produzione industriale** e non seppero subito adattarsi all'**uso dei macchinari**. Di conseguenza, anche il nuovo programma di sviluppo **non diede i risultati sperati**. Inoltre, fra il 1960 e il 1961 la Cina fu colpita da una **gravissima carestia**, che ridusse alla fame milioni di persone.

Di fronte a questi clamorosi insuccessi, Mao reagì proclamando la **Rivoluzione culturale**. Egli affermò che il Paese, incapace di rilanciarsi dal punto di vista economico, aveva bisogno anzitutto di **rinascere sul piano delle idee e delle convinzioni politiche**: esso andava quindi "rieducato", se necessario anche con la violenza.

La Rivoluzione culturale venne attuata tra il 1966 e il 1968 attraverso la **mobilitazione delle masse giovanili**, in nome del principio dell'**uguaglianza**, ma si rivolse soprattutto **contro gli intellettuali** e i funzionari dello stesso Partito Comunista Cinese, dai quali Mao si sentiva minacciato.

La Rivoluzione culturale si risolse quindi in una **violenta repressione** contro tutti coloro che non condividevano le strategie politiche ed economiche del "Grande timoniere". I rivali politici vennero accusati di **tradire il comunismo** e quindi il popolo: bollati come nemici della Rivoluzione, furono processati sommariamente e spesso condannati a morte. Le persecuzioni contro gli oppositori ebbero termine solo con la morte di Mao, avvenuta nel **1976**.

Giovani cinesi agitano il "libretto rosso" con le massime e gli insegnamenti di Mao nel periodo della "Rivoluzione culturale".

Per ricordare

- Quali furono gli esiti del nuovo programma di sviluppo? Perché?
- Perché, secondo Mao, il popolo cinese andava "rieducato" attraverso la "Rivoluzione culturale"?
- Come venne attuata la "Rivoluzione culturale"?
- Quale fu l'esito?

LA CINA DI DENG XIAOPING

Dopo la morte di Mao, la Cina conobbe una nuova stagione di profondo **rinnovamento**. La guida del Paese venne assunta da **Deng Xiaoping**, un uomo che ai tempi di Mao aveva rappresentato le **forze di opposizione**, orientate a promuovere **riforme in senso liberale**.

Il programma di Deng si basava su tre punti:
- la **condanna e la cancellazione della Rivoluzione culturale** e dei suoi princìpi;
- l'**apertura all'Occidente** e agli investimenti di capitali stranieri;
- il **rilancio dell'economia** sulla base di quattro fondamentali **modernizzazioni**: dell'agricoltura, dell'industria, dell'esercito, della cultura tecnico-scientifica.

La Cina voleva dimenticare l'esperienza delle violente repressioni senza rinunciare alla propria tradizione **politica comunista**, mirando ad un **rilancio economico** che potesse **migliorare finalmente le condizioni di vita della popolazione**.

Per ricordare
- Chi assunse la guida della Cina dopo la morte di Mao? Che cosa fece?
- Quale fu il programma del nuovo leader?
- Quali obiettivi si proponeva di raggiungere?

FRA TRADIZIONE E MODERNITÀ

Prima di qualsiasi innovazione di tipo politico, a partire dal 1978, Deng Xiaoping puntò al rilancio dell'economia attraverso un vasto piano di **riforma economica**, che prevedeva:
- lo **smantellamento delle comuni agricole**,
- l'**incoraggiamento dell'iniziativa privata**,
- la **liberalizzazione della piccola e media industria e del commercio**.

Con le riforme introdotte da Deng, la Cina iniziò il proprio cammino verso l'**industrializzazione**. L'**apertura al libero mercato** fu comunque pianificata dallo Stato: i punti chiave dell'industria e della finanza erano sempre **controllati dal governo**, che gestiva il Paese attraverso il **Partito Comunista** e l'**esercito**. L'esercito, in particolare, garantì la **stabilità** del potere politico e il controllo del Partito su un Paese dove i diritti fondamentali fanno tuttora fatica ad affermarsi.

Alla **morte di Deng Xiaoping** (avvenuta nel **1997**) la Cina era ormai divenuta una nazione dall'**economia stabile** e il piano di riforme è stato continuato dai leader che gli sono succeduti: **Jiang Zemin** e **Hu Jintao**.

Per ricordare
- Che cosa prevedeva il nuovo piano di riforma economica?
- In che modo il governo esercitava il controllo sul Paese?
- Come si presentava la Cina alla morte di Deng Xiaoping?

Un grande manifesto celebra Deng Xiaoping come iniziatore della modernizzazione economica della Cina.

Un momento della suggestiva cerimonia di chiusura dei Giochi olimpici del 2008, disputatisi a Pechino.

UNA NUOVA POTENZA ECONOMICA

Nel **1997**, si è inoltre verificato un evento importante per il prestigio internazionale della Cina: il **ritorno della sovranità cinese su Hong Kong**, ex colonia inglese e centro finanziario di importanza mondiale fino a quel momento rimasto sotto il controllo britannico. Gli accordi tra la Gran Bretagna e il governo cinese hanno previsto che l'isola potesse mantenere il proprio regime di **libero mercato**. Hong Kong è così divenuta **esempio e termine di paragone per tutta l'economia cinese**.

All'inizio del nuovo millennio la Cina si è affermata come una **nuova potenza industriale**, con livelli di **crescita economica** che mai nessun Paese ha avuto nella storia. Questa straordinaria crescita ha avuto ripercussioni anche a livello politico, dove è stato necessario introdurre il principio della **proprietà privata** e delle **privatizzazioni**.

Il Partito Comunista ha aperto all'**economia di mercato**, ma continua a controllare e a guidare ogni aspetto della vita sociale. Nel corso degli anni però, il Parlamento cinese ha mostrato maggiore **sensibilità verso** gli **interessi degli imprenditori privati** e nell'ottobre del 2007 due esponenti della **nuova generazione** (Li Keqiang e Xi Jinping) sono stati promossi **nel Comitato permanente dell'Ufficio politico**: un fatto fino a quel momento inedito, in un partito che ha sempre portato alla dirigenza persone anziane.

La **consacrazione** del Paese come **nuova potenza mondiale** è stata sancita dalle **Olimpiadi** tenutesi a Pechino nel **2008**. Un evento sportivo e mediatico, grazie al quale la Cina ha mostrato al mondo intero il grado di sviluppo raggiunto, ma ha rivelato, al tempo stesso, i **mancati progressi** sul piano delle **libertà politiche** e **civili**.

Per ricordare

- Perché è importante il ritorno di Hong Kong sotto la sovranità cinese?
- Come si presenta la Cina all'inizio del nuovo millennio?
- Quali sono i nuovi segni del rinnovamento cinese?
- Quale significato hanno avuto le Olimpiadi di Pechino?

3. La decolonizzazione dell'Asia meridionale

GANDHI E LA LOTTA NON VIOLENTA PER L'INDIPENDENZA DELL'INDIA

In India, sottoposta al dominio della **Gran Bretagna**, un **movimento per l'indipendenza** si era formato già al termine della Prima Guerra Mondiale, sotto la guida di **Mohandas K. Gandhi** (1869-1948), detto il **Mahatma**, cioè "grande anima".

Gandhi mise in atto un metodo di lotta fondato sulla **non violenza**, basato cioè sull'idea che è possibile ottenere qualsiasi risultato mantenendo una **opposizione ferma** ma al tempo stesso **pacifica**, dunque senza usare le armi e la violenza.

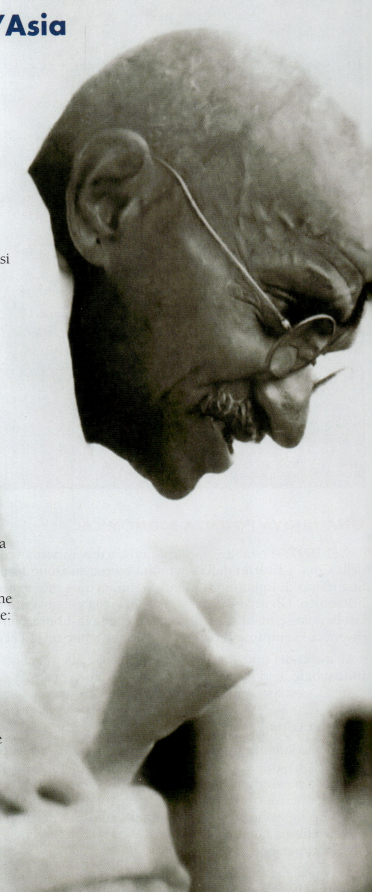

Per ricordare
- Chi assunse, in India, la guida del movimento per l'indipendenza?
- Quale strategia mise in atto?

L'INDIPENDENZA DELL'INDIA E LA DIVISIONE DAL PAKISTAN

Già nel 1935 gli Inglesi erano stati costretti a concedere una certa **autonomia all'India**, ma la situazione interna continuava a essere turbata da **conflitti sociali e religiosi** tra la maggioranza indù e la minoranza musulmana.

Nel **1947**, grazie soprattutto all'azione di Gandhi, l'India conquistò finalmente l'**indipendenza**. Il territorio venne diviso in **due Stati**, secondo il criterio della religione prevalente: l'**Unione Indiana** (che continuò a essere chiamata India) a maggioranza induista e il **Pakistan** musulmano.

Gandhi si mostrò contrario a questa suddivisione: il suo programma politico si basava, infatti, sul principio della **tolleranza** verso tutte le religioni, sulla parità tra uomo e donna e sull'abolizione di qualsiasi tipo di discriminazione. La divisione di India e Pakistan, invece, anziché incoraggiare la tolleranza, **rischiava di approfondire il solco che divideva induisti e musulmani indiani**.

Per ricordare
- Che cosa contribuiva a rendere instabile la situazione interna dell'India?
- Quando l'India ottenne l'indipendenza? Perché la regione venne divisa in due Stati?
- Perché Gandhi si oppose alla divisione di India e Pakistan?

Protagonisti

GANDHI: LA "GRANDE ANIMA" DELL'INDIA

UN AVVOCATO INDIANO IN SUDAFRICA

Mohandas Karamchand Gandhi è considerato l'artefice dell'**indipendenza dell'India** e il promotore della politica della **non violenza**. Nato in India nel 1869 e trasferitosi a Londra per motivi di studio, Gandhi si laureò in giurisprudenza. Tornato nel Paese d'origine, esercitò la professione di **avvocato** fino a quando, nel 1893, si recò in Sudafrica. Proprio qui verificò direttamente il problema della discriminazione razziale e decise di impegnarsi politicamente, perché fossero rispettati i diritti dei lavoratori indiani immigrati nel Paese africano.

In questi anni cominciò ad elaborare i princìpi che successivamente guidarono la sua azione politica. Fortemente legato alle tradizioni della religione indù, approfondì anche la conoscenza delle altre grandi religioni (Cristianesimo e Islam) e la lettura delle opere di **autori pacifisti**, come lo statunitense *Henry David Thoreau* e il russo *Lev Nikolaevič Tolstoj*, con il quale entrò in corrispondenza.

LA LOTTA PACIFICA PER L'INDIPENDENZA DELL'INDIA

Gandhi tornò in India nel 1915 e iniziò subito a promuovere una lunga serie di iniziative contro il governo britannico, accusato di aver occupato la sua patria. Riteneva che un'**azione non violenta** potesse ottenere importanti risultati, rivelandosi efficace e rispettosa di tutti i più alti valori umani.

Si oppose strenuamente alla dominazione britannica, incitando i suoi connazionali alla **disobbedienza civile** e a **non pagare imposte** che erano palesemente ingiuste. I suoi **boicottaggi** delle merci inglesi furono sostenuti da migliaia di persone, causando ingenti perdite all'economia britannica, tanto che il governo decise il suo arresto.

Gandhi fu incarcerato in diverse occasioni, anche per periodi di alcuni anni, ma il suo impegno si rivelò fondamentale per il raggiungimento dell'**indipendenza** dell'India, ottenuta nel **1947**.

Il principio della non violenza guidò anche le sue prese di posizione in campo sociale, dove si schierò per il **riconoscimento dei diritti fondamentali** alla categoria sociale **dei pària** (gli intoccabili).

UN SOSTENITORE DELLA TOLLERANZA RELIGIOSA UCCISO IN NOME DELLA RELIGIONE

Convinto che uno dei modi per favorire la pace fosse la **tolleranza religiosa**, Gandhi sosteneva la necessità di operare per far sì che indù e musulmani potessero convivere pacificamente. In nome della tolleranza, egli si oppose sempre alle violenze tra seguaci delle due fedi, sostenendo i propri ideali con frequenti **scioperi della fame**.

Proprio per le sue convinzioni in materia di tolleranza religiosa, egli fu **assassinato da un fanatico indù** nel 1948.

Le presunte ceneri del suo corpo cremato furono conservate dal 1950 in una camera blindata della State Bank of India e consegnate, nel gennaio 1997, al pronipote Tusher Arun Gandhi, che le ha disperse alla confluenza tra i due fiumi sacri del Gange e dello Jamuna.

L'UNIONE INDIANA DALL'INDIPENDENZA AD OGGI

Dal 1947 al 1964 l'Unione Indiana fu governata da **Jawaharlal Nehru**, discepolo di Gandhi, il quale decretò la **fine del sistema delle caste** che da secoli prevedeva una rigida divisione tra la popolazione in gruppi sociali chiusi e fortemente discriminanti nei confronti dei più poveri. Egli, inoltre, promosse un'importante **riforma agraria**, con l'obiettivo di ottenere l'autosufficienza alimentare.

L'India rimase, comunque, un **Paese estremamente povero e arretrato**, afflitto da continui **contrasti etnici e religiosi** e da un serio problema di **sovrappopolazione** (attualmente conta più di un miliardo di abitanti).

Dopo Nehru, il governo venne assunto da sua figlia **Indira Gandhi** e poi dal nipote, **Rajiv Gandhi**, entrambi assassinati, rispettivamente nel 1984 e nel 1991. Oggi l'India rimane il **Paese delle contraddizioni**: possiede **armi nucleari**, ma non riesce a liberarsi dalla **mentalità delle caste**; vanta una ricerca scientifica e tecnologica all'avanguardia in campo informatico e medico, ma è ancora **afflitto da un diffusa povertà**.

Per ricordare

- Chi governò l'India tra il 1947 e il 1964? Che cosa fece?
- Quali difficoltà continuano ad affliggere l'India?
- Chi fu alla guida dell'India tra il 1964 e il 1991? Quali sono le contraddizioni che oggi tormentano l'India?

UN'ULTERIORE DIVISIONE: PAKISTAN E BANGLADESH

La divisione di India e Pakistan causò un vasto **movimento di migrazione**: milioni di indù abbandonarono il Pakistan per stabilirsi in India e altrettanti musulmani lasciarono l'India per raggiungere il Pakistan. I due Stati rimasero perciò anche negli anni successivi in una situazione di conflitto, che ancora oggi è causa di **crisi e tensioni internazionali**.

Lo stesso **Pakistan**, tuttavia, era formato da **due zone distinte**: una a Occidente dell'India e una a Oriente, separate anche da **profondi contrasti politici**. L'unico elemento di unione era la religione islamica.

Dopo alterne vicende, il **Pakistan orientale si proclamò indipendente**, con il nome di **Repubblica Popolare del Bangladesh**. La guerra che seguì vide schierati da una parte il Pakistan occidentale, dall'altra il nuovo Bangladesh, sostenuto dall'India. L'esercito pakistano fu più volte sconfitto e il **Bangladesh** fu riconosciuto **indipendente nel 1971**.

Il leader indiano Jawaharlal Nehru, ritratto con il nipote.

Per ricordare

- Perché India e Pakistan continuarono a trovarsi in una condizione di conflitto?
- Qual era la condizione geografica del Pakistan?
- Che cosa accadde in Pakistan dopo la separazione dall'India?

LE GUERRE IN INDOCINA: VIETNAM ...

Più a Oriente, nella penisola chiamata "**Indocina**", la lotta per l'**indipendenza dalla Francia** fu caratterizzata da vicende drammatiche e da **lunghe guerre**, che si protrassero per anni. Solo a partire dagli anni Ottanta gli Stati dell'Indocina, primo fra tutti il Vietnam, si sono avviati verso la pacificazione e lo sviluppo economico.

Il **Vietnam** raggiunse l'indipendenza dopo una lunga **guerra** combattuta **tra il 1946 e il 1954** dalle truppe di occupazione francesi e dalla **Lega per l'indipendenza** (*Vietminh*) guidata dai comunisti di **Ho Chi-minh**.

Dopo la sconfitta dei Francesi, la **Conferenza di Ginevra** (luglio 1954) sancì la nascita di **due Stati vietnamiti**, uno comunista al Nord e uno filo-occidentale al Sud. Il Paese fu poi teatro della **guerra per l'unificazione**, terminata solo nel 1973 con il **ritiro delle truppe americane** (vedi pag. 302).

Nel **1976** il Vietnam venne riunito in un **unico Stato con governo comunista**. Dal Sud vi fu un **esodo massiccio di profughi**, contrari al comunismo, che lasciarono il Paese a bordo di precarie imbarcazioni (furono chiamati *boat people*, "gente delle barche").

- Quale potenza europea aveva colonizzato l'Indocina?
- Chi guidò il movimento di liberazione in Vietnam?
- Che cosa stabilì la Conferenza di Ginevra del 1954? Quali furono le conseguenze?
- Che cosa accadde nel 1976?

... E CAMBOGIA

Con la Conferenza di Ginevra ottennero l'indipendenza anche altri due nuovi Stati: il **Laos** e la **Cambogia**. Anche in questi casi, però, quasi subito scoppiarono sanguinose **guerre civili**, che portarono al potere **governi comunisti**.

In Cambogia, particolarmente crudele fu la **dittatura di Pol Pot**, tra il 1976 e il 1979. Il governo comunista fu rovesciato dai ribelli con l'aiuto delle truppe vietnamite. Nacque, così, la **Repubblica Popolare di Kampuchea**.

I **seguaci di Pol Pot**, i **Khmer rossi**, sostenuti dalla **Cina**, diedero vita ad una intensa **attività di guerriglia**. Solo nel 1991 si è giunti a una pacificazione. Dal luglio del 2007 è operativo in Cambogia il tribunale internazionale incaricato di giudicare gli esponenti del regime di Pol Pot per i massacri compiuti nel periodo della dittatura.

- Che cosa accadde in Laos e in Cambogia dopo l'indipendenza?
- Quale tipo di regime venne instaurato in Cambogia?
- Chi erano i Khmer rossi? Quale Stato sostenne la loro attività?

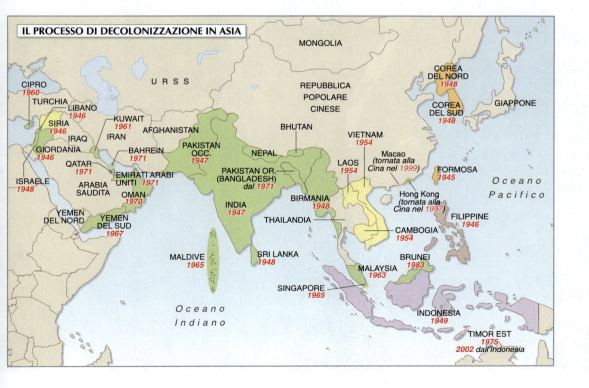

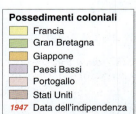

4. La difficile indipendenza degli Stati africani

L'Africa alla fine della Seconda Guerra Mondiale

La maggior parte degli Stati africani conquistò l'indipendenza durante gli **anni Sessanta**. Al termine della Seconda Guerra Mondiale, infatti, il continente africano era ancora a tutti gli effetti una colonia dei Paesi europei, ad eccezione della **Liberia** (indipendente dal 1847), del **Sudafrica** (1910) e dell'**Egitto** (1922).

Il cammino verso l'**indipendenza** degli Stati africani è stato lento e difficile e ha conosciuto vicende differenti nei diversi Paesi. In tutti è stato, però, aggravato da **alcuni fattori comuni**:
- i Paesi colonizzatori non si erano preoccupati di formare quadri politici locali, per cui i Paesi appena divenuti indipendenti erano **privi di classe dirigente**;
- le colonie africane venivano **sfruttate per le loro risorse naturali**, ma **non** fu mai **creato** un **sistema economico** in grado di essere **autonomo**;
- i **confini** tra gli Stati furono **tracciati in modo arbitrario** dalle potenze europee, senza rispettare storia e tradizioni dei popoli africani; popoli differenti si trovavano a convivere nello stesso Paese, mentre altre **etnie** erano divise da spartizioni decise a tavolino; questo fatto diede vita a **guerre civili** e **conflitti etnici** che ancora insanguinano il continente.

Per ricordare
- Quando conquistò l'indipendenza la maggior parte degli Stati africani?
- Quali fattori contribuirono a rendere più difficile il cammino verso l'indipendenza?

Etnia
Termine che deriva dal greco *éthnos*, che significa "popolo", e indica una popolazione che ha una lingua e una cultura proprie.

Combattenti di uno dei tanti conflitti armati che insanguinano il continente africano.

LA CONQUISTA DELL'INDIPENDENZA

La conquista dell'indipendenza avvenne secondo **modalità differenti**:
- la maggior parte delle **colonie francesi** divenne indipendente **senza gravi conflitti** (per esempio il Marocco e la Tunisia), grazie all'atteggiamento favorevole della madrepatria;
- gli Stati con una **presenza numerosa di Europei** ottennero l'indipendenza con **maggior fatica**, per l'**opposizione dei colonizzatori** che non volevano abbandonare il Paese (fu il caso del Kenya, colonia inglese dove fu combattuta una lunga guerra);
- alcuni Paesi, come l'Algeria, dovettero affrontare **lunghe e sanguinose guerre** per emanciparsi dai colonizzatori;
- le colonie portoghesi si proclamarono indipendenti particolarmente **tardi e dopo violenti conflitti** (Angola, 1975; Mozambico, 1975; Guinea-Bissau, 1974).

Per ricordare
- In quali modi avvenne la conquista dell'indipendenza da parte dei diversi Stati africani?

I PROBLEMI SEGUITI ALL'INDIPENDENZA

La costituzione dei nuovi Stati africani portò con sé, quasi sempre, **numerosissimi problemi**. All'indomani dell'indipendenza, infatti, i nuovi governi furono formati da **persone senza alcuna esperienza politica**, che condussero politiche inconcludenti, se non addirittura dannose.

L'**opposizione fra diverse linee politiche** sfociava spesso in **conflitti sanguinosi**, colpi di Stato frequenti, **regimi dittatoriali e repressivi**, guidati da **forze militari**: sono pochissimi gli Stati in cui sono state avviate politiche del dialogo e della mediazione e che hanno ottenuto un governo veramente democratico; quasi sempre i conflitti sono stati **risolti con la forza**.

L'**instabilità politica** ha influenzato fortemente anche la **vita economica**. Non esisteva in questi Stati una **classe dirigente** capace di guidare l'economia, né una **borghesia** che investisse capitali in nuove imprese. Le ex colonie sono così rimaste **legate economicamente alla potenza colonizzatrice**, che garantiva l'acquisto delle materie prime e dei pochi prodotti del Paese.

Raramente i nuovi Stati hanno raggiunto l'autosufficienza produttiva. Molto spesso basano ancora oggi l'economia sulla **produzione di un esiguo numero di beni** e devono **acquistare dall'estero** tutto il restante necessario.

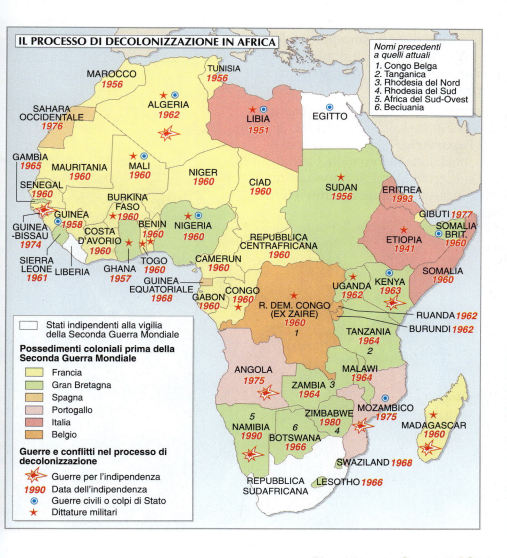

Per ricordare
- Perché la nascita di nuovi Stati indipendenti fu travagliata da molti problemi?
- A quali esiti portò l'opposizione tra le diverse linee politiche?
- Che cosa contribuì ad aggravare le difficoltà economiche?
- Su che cosa si basa, ancora oggi, l'economia di molti Stati africani?

UN CONTINENTE ANCORA MOLTO ARRETRATO

Nella seconda metà del Novecento, l'Africa è rimasta sostanzialmente un **continente molto arretrato**, vittima di **conflitti violenti**, guerre e **scontri tra etnie rivali** da sempre e costrette a convivere entro i nuovi confini.

La **povertà estrema** ha afflitto la maggior parte della popolazione, dedita a un'**agricoltura di sussistenza** e molto esposta a **carestie** e ad un'**alta mortalità infantile**.

Solo verso la **fine degli anni Novanta** un numero significativo di Stati poteva vantare un progresso economico visibile e un miglioramento delle condizioni di vita. In particolare, l'**Africa del Nord** ha conosciuto un **primo sviluppo industriale**, ha avviato una politica di scambi commerciali e si è lentamente aperta al turismo, dando segnali di una discreta ripresa.

A questo discreto sviluppo economico non si è accompagnato un adeguato progresso nel campo delle libertà civili e politiche.

Ciò ha alimentato **tensioni sociali** che, acuite dalla crisi economica mondiale del 2008, sono sfociate nella cosiddetta "**primavera araba**" (2010-2012), un movimento di rivolta che ha travolto numerosi regimi illiberali nordafricani.

Per ricordare
- Quale rimase la situazione dell'Africa durante la seconda metà del Novecento?
- Quali erano i problemi più gravi?
- Quando iniziò un cammino di lenta ripresa economica? Soprattutto in quali regioni?
- Che cos'è la "primavera araba"? Da che cosa è stata determinata?

IL SUDAFRICA: DALL'APARTHEID AL GOVERNO DI MANDELA

Una storia particolare ha avuto il **Sudafrica**, costituitosi nel 1910 come *dominion* appartenente al *Commonwealth* inglese, da cui fu espulso nel 1961 a motivo del regime di segregazione razziale (*apartheid*) sostenuto dalla minoranza bianca contro la maggioranza nera. Dopo l'uscita dal *Commonwealth*, il Paese prese il nome di **Repubblica sudafricana**.

Tutte le **rivolte** scoppiate per combattere le **forme di razzismo** più rigide e violente furono per lungo tempo **stroncate**. Solo nel 1989, con il presidente **Frederik W. De Klerk**, la situazione cominciò a cambiare e l'*apartheid* iniziò a essere considerata un **problema cui porre rimedio**.

Come gesto simbolico della volontà di porre fine al regime di segregazione razziale, De Klerk **scarcerò** uno dei più importanti capi dell'opposizione di colore, **Nelson Mandela**, e progressivamente **abolì l'*apartheid***. Il cammino verso il riconoscimento della parità di diritti fra la popolazione bianca e quella di colore proseguì con successo, tanto che nel 1993 De Klerk e Mandela furono insigniti del Premio Nobel per la Pace e l'anno successivo lo stesso **Mandela venne eletto presidente della repubblica**. Con l'entrata in vigore della nuova **Costituzione** (1992) la tutela della **convivenza multirazziale** costituisce uno dei fondamenti del Sudafrica. All'alba del XXI secolo, pur con il persistere di problemi sociali, economici e sanitari, il Sudafrica è il **Paese più avanzato** del continente africano.

Per ricordare
- Perché il Sudafrica cessò di essere un *dominion* britannico?
- Quale presidente impresse una svolta nella politica della Repubblica sudafricana?
- Che cosa accadde nella Repubblica sudafricana a partire dal 1989?

Segregazione razziale
Rigida separazione delle razze applicata da alcuni governi in nazioni abitate da una popolazione mista, per tenere separate la popolazione di colore e la popolazione bianca di origine europea, con forti discriminazioni a danno della prima.

Frederik De Klerk e Nelson Mandela, Premi Nobel per la Pace nel 1993.

APPROFONDIMENTI

Storia ed economia

NEOCOLONIALISMO, MULTINAZIONALI E MERCATO GLOBALE

LA DIPENDENZA ECONOMICA: UNA NUOVA FORMA DI COLONIALISMO

Per le colonie la dipendenza dai Paesi europei era stata quasi totale, a livello politico, militare ed economico. Per questo motivo, al momento della loro indipendenza, all'autonomia politica raggiunta non corrispose l'autonomia economica. Essendo ormai da tempo **disgregata** la **struttura economica tradizionale**, i nuovi Stati non potevano che dipendere dagli ex Stati colonizzatori.

Questo fenomeno di **dipendenza economica** e **tecnologica** delle ex colonie è stato definito **neocolonialismo**, e si esprime soprattutto attraverso le imposizioni delle **società multinazionali**.

La nuova forma di controllo che gli Stati più potenti sono in grado di esercitare, infatti, non si applica più con la sottomissione militare e con l'amministrazione coloniale diretta, ma attraverso i sistemi economici e tecnologici. È così che in molte ex colonie i settori produttivi più avanzati o redditizi sono diretti dalle società multinazionali, che gestiscono le risorse più importanti in funzione non delle esigenze degli Stati produttori, ma del mercato globale.

LE NUOVE SUPERPOTENZE: LE MULTINAZIONALI

Con il termine "**multinazionale**" si intende un'**impresa economica** che produce e vende in differenti Paesi. Questa condizione si verifica, in genere, quando l'impresa si ingrandisce sempre più, espandendo la sua organizzazione oltre i confini nazionali, attraverso **aziende consociate** o **filiali** di produzione e di vendita che operano secondo le disposizioni della direzione centrale, che in genere ha **sede** in un **Paese occidentale**. Secondo un recente rapporto della *Conferenza delle Nazioni Unite sul Commercio e lo Sviluppo* (UNCTAD) le grandi multinazionali sono circa 63 000 e disporrebbero di circa 650 000 filiali.

La maggior parte di queste società non ha grandi dimensioni; i poteri più forti e le dimensioni gigantesche sono appannaggio solo delle 1 200 società più grandi. Queste ultime, da sole, gestiscono circa un quarto del "prodotto mondiale lordo". Sono fortemente radicate nel Paese d'origine (per questo motivo si preferisce denominarle "**transnazionali**" più che "multinazionali").

Esse operano, generalmente, in settori di **alta tecnologia** (energia, informatica, avionica, telecomunicazioni) e dispongono di **capacità finanziarie** tali **da sfuggire al controllo politico** degli Stati in cui estendono la loro penetrazione. Ciò si verifica anche per le multinazionali agricole, che spesso controllano il mercato internazionale senza che lo Stato sia in grado di esercitare alcuna politica dei prezzi.

OLTRE LO SFRUTTAMENTO

Qualcosa sta mutando nel **rapporto tra multinazionali e Stati "sfruttati"**, sia a livello di sensibilità delle stesse società nei confronti delle popolazioni sia a livello di consapevolezza di quest'ultime nel reclamare i propri diritti.

La *Exxon Mobil*, una delle maggiori compagnie petrolifere del mondo, ha realizzato un oleodotto lungo più di 1000 km in Africa, dai giacimenti del Ciad alla costa del Camerun. In cambio dei permessi, la multinazionale petrolifera ha dovuto accettare richieste significative dai governi locali e dalla Banca Mondiale: costruire ospedali, scuole, aiutare gli imprenditori locali, salvaguardare l'ambiente dove passa la conduttura, ecc.

Un altro esempio viene dalla Papua Nuova Guinea. Qui gli abitanti sono riusciti a intavolare una trattativa con la *British Petroleum,* giunta sul posto per estrarre petrolio e gas: in cambio dei permessi di scavo e di estrazione, essi hanno ottenuto che la multinazionale appoggiasse la loro richiesta di indipendenza e di autonomia politica dall'Indonesia.

La speranza è che questi episodi non siano così isolati, ma diventino il primo passo verso il tramonto di un inaccettabile sistema di sfruttamento delle risorse dei Paesi in via di sviluppo.

PARTE QUINTA CAPITOLO 18 - LA DECOLONIZZAZIONE E IL TERZO MONDO   327

5. L'America Latina tra dittatura e guerriglia

LA DEMOCRAZIA IMPOSSIBILE

Nel periodo che seguì la fine della Seconda Guerra Mondiale, i Paesi dell'America Latina si trovarono a condividere un destino segnato da **forte instabilità politica** e **scarso sviluppo economico**.

Questi Stati erano spesso governati da **regimi autoritari** e da **classi dirigenti chiuse alle innovazioni**, mentre l'**esercito** e i capi militari avevano un grande potere sulla vita politica. Quasi tutti questi Paesi videro succedersi **colpi di Stato** e **dittature**, oltre a presentare una vasta **corruzione**. Ai cambiamenti di regime o di governo fecero seguito in alcuni casi brutali **repressioni**.

Gli **oppositori politici** sconfitti, costretti a nascondersi, **diedero vita a violenti gruppi di guerriglia**. In molti casi lo scontro tra i movimenti guerriglieri e i governi provocò numerose vittime, scatenando vere e proprie **guerre civili**, come in Nicaragua e Guatemala.

- Quali elementi accomunavano i Paesi dell'America Latina?
- Quali regimi furono instaurati?
- Che cosa facevano gli oppositori politici?

UN'ECONOMIA INCAPACE DI SVILUPPARSI

Molti Paesi dell'America meridionale possedevano – e possiedono tutt'ora – **notevoli risorse naturali**, che venivano però **sfruttate malamente** e spesso **controllate dalle multinazionali straniere**.

Inoltre, in Paesi caratterizzati da un'economia prevalentemente agricola, la piaga del **latifondo** rendeva la **popolazione delle campagne sempre più povera**. La presenza di **minoranze etniche** (gli Indios e i discendenti degli schiavi neri) dava luogo a casi di vero e proprio **sfruttamento** e **discriminazione razziale**.

Economicamente e politicamente i Paesi dell'America Latina furono soggetti a una **forte influenza degli Stati Uniti**, che **sostenevano le fazioni politiche a loro favorevoli** e **controllavano l'economia** attraverso le multinazionali.

- Come erano gestite le risorse naturali nei Paesi dell'America meridionale?
- Perché la popolazione delle campagne viveva in condizioni di povertà?
- In che modo gli Stati Uniti influenzarono l'economia degli Stati dell'America Latina?

LA DITTATURA DI PINOCHET IN CILE

Nei giochi di alleanze della guerra fredda, gli Stati Uniti avevano bisogno di assicurarsi una **posizione dominante** all'interno del continente americano. Per questo motivo, il governo statunitense diede il proprio **tacito sostegno** anche a dittature feroci e repressive, come quella del generale Augusto Pinochet in **Cile**, purché servissero a **contenere la diffusione del comunismo** e del socialismo.

Pinochet prese il potere nel **1973** con un violento **colpo di Stato**, che portò alla morte del presidente socialista **Salvador Allende**. Allende aveva tentato di **espropriare le terre** dei latifondi per darle ai contadini e di **nazionalizzare le ricche miniere di rame**. Il suo programma politico non era gradito alle forze conservatrici ed era guardato con grande preoccupazione dalle multinazionali e dal governo americano, che temeva una svolta di tipo comunista.

La **dittatura di Pinochet** durò fino al **1989**. Solo nel 1995 sono state pronunciate le prime condanne contro i responsabili delle repressioni del periodo della dittatura.

Per ricordare

- Perché gli Stati Uniti appoggiarono l'ascesa di dittature militari?
- Quando Pinochet salì al potere in Cile? Perché il programma politico di Allende era guardato con sospetto dagli Stati Uniti?
- Fino a quando Pinochet rimase al potere?

Il dittatore cileno Augusto Pinochet.

I REGIMI DITTATORIALI IN ARGENTINA

Anche la storia dell'**Argentina** è stata segnata da eventi drammatici. All'indomani del secondo conflitto mondiale, **l'economia faticava a decollare** e il **malcontento generale** portò a un primo **colpo di Stato** nel 1955.

Gli anni successivi furono segnati da una **estrema instabilità politica** e dal succedersi **di governi autoritari** e **insurrezioni popolari**. In Argentina la **dittatura militare** assunse caratteristiche di particolare violenza, soprattutto con i generali Jorge Rafaél Videla e Leopoldo Galtieri (1976-1982).

La **repressione** di ogni forma di opposizione politica portò alla morte migliaia di persone, che scomparvero nelle prigioni e nei lager (*desaparecidos*).

Il Paese fu anche coinvolto in una **guerra** inutile e disastrosa **contro la Gran Bretagna** per il possesso delle **isole Falkland** (1982). La **sconfitta** in questa breve guerra portò alla disfatta politica della dittatura e a un lento **cammino del Paese verso la democrazia**.

L'AMERICA LATINA OGGI

Dalla fine degli anni Novanta in molti Stati latino-americani (Bolivia, Venezuela, Cile, Ecuador) si sono insediati governi di ispirazione socialista, che hanno inaugurato **politiche di nazionalizzazione delle risorse energetiche** e di autonomia dagli Stati Uniti.

Per ricordare

- Quali furono i motivi che portarono al colpo di Stato del 1955 in Argentina?
- Quale fu la situazione politica in Argentina fino al 1982?
- In che modo si espresse la repressione contro gli oppositori?
- Quando fu possibile la svolta verso la democrazia? Perché?
- Quale evoluzione ha caratterizzato di recente molti Paesi latino-americani.

Sintesi

LA FINE DEGLI IMPERI COLONIALI

- La Seconda Guerra Mondiale portò alla dissoluzione dei grandi imperi coloniali e alla conquista dell'indipendenza da parte di quasi tutte le colonie. L'indipendenza venne raggiunta talvolta in modo pacifico, in altri casi al termine di guerre lunghe e sanguinose, o attraverso colpi di Stato.

- USA e URSS intervennero per sostenere il processo di decolonizzazione dei diversi Stati, cercando di estendere la propria influenza in tutti i continenti.

- I nuovi Paesi, resisi indipendenti, si distinguevano per il fatto di non essere compresi nel mondo comunista né in quello occidentale: entrarono così in uso le espressioni "Terzo Mondo" e "Paesi non allineati" per indicare la loro estraneità ai due blocchi che facevano capo alle superpotenze.

- I nuovi Stati presentavano, in genere, condizioni di povertà e di arretratezza economica, mentre anche sotto il profilo politico i nuovi governi erano caratterizzati da una forte instabilità.

- Di fronte a questi problemi vennero proposti alcuni interventi, come i programmi di cooperazione internazionale dell'ONU, che però ebbero scarso successo. I Paesi del Terzo Mondo si andarono differenziando tra loro: più ricchi quelli che appartenevano all'OPEC, perché potevano contare sulla ricchezza proveniente dai giacimenti petroliferi; altri Stati puntarono sullo sviluppo industriale; altri ancora, soprattutto in Africa, si impoverirono ulteriormente.

LA CINA DA MAO AD OGGI

- Alla fine della Seconda Guerra Mondiale, in Cina riesplose il conflitto tra i comunisti e i nazionalisti. Dopo una lunga guerra civile, nel 1949 in Cina si imposero i comunisti guidati da Mao Zedong e nacque la Repubblica Popolare Cinese.

- Mao promosse un programma economico, il "grande balzo in avanti", che però non diede i risultati sperati. A seguito di un ulteriore aggravarsi della situazione economica del Paese, Mao diede inizio alla Rivoluzione culturale, con l'intento di "rieducare" il popolo cinese secondo gli ideali del comunismo, e che si risolse in un'ondata di violente repressioni.

- Alla morte di Mao, nel 1976, assunse la guida della Cina Deng Xiaoping, il quale avviò un vasto piano di riforme, aprì all'Occidente e rilanciò l'economia. La Cina iniziò il processo di industrializzazione e di rinascita economica, sempre sotto la guida del Partito Comunista e con un ruolo determinante attribuito all'esercito.

- Con il ritorno della sovranità su Hong Kong e l'apertura all'economia di mercato la Cina si è affermata come una nuova potenza industriale. Il Partito Comunista ha inoltre avviato un progressivo cambiamento della propria classe dirigente.

LA DECOLONIZZAZIONE DELL'ASIA MERIDIONALE

- Un movimento per l'indipendenza dell'India era già presente in India dopo la Prima Guerra Mondiale ed era guidato da Gandhi, che adottò la strategia della non violenza.

- L'India conquistò l'indipendenza nel 1947 e fu divisa in due Stati: l'Unione Indiana, che raccoglieva la popolazione di religione indù, e il Pakistan, abitato da musulmani. Dal 1971 il Pakistan si divise in due Stati, con la nascita del Bangladesh.

- L'Unione Indiana era un Paese arretrato, che nonostante le riforme avviate da Nehru è rimasto povero e tormentato da conflitti etnici e religiosi. Oggi costituisce una realtà emergente anche se contraddittoria.

- L'indipendenza della regione indocinese fu complicata dall'intervento delle superpotenze: le guerre in Vietnam, Laos e Cambogia (con la dittatura di Pol Pot) hanno impedito per anni lo sviluppo della regione.

LA DIFFICILE INDIPENDENZA DEGLI STATI AFRICANI

- La maggior parte degli Stati africani conquistò l'indipendenza solo a partire dagli anni Sessanta. Il cammino verso l'indipendenza fu in molti casi drammatico.

- Anche dopo avere ottenuto la liberazione, i Paesi africani ebbero una vita molto travagliata, con gravi problemi di sottosviluppo, carestie, guerre e inadeguatezza di direzione politica. I primi segni di progresso economico si sono evidenziati solo a partire dagli anni Novanta, in particolare nell'Africa del Nord.

- Nella Repubblica sudafricana il regime di *apartheid* che discriminava la popolazione nera del Paese venne abolito definitivamente dal presidente De Klerk. La svolta fu suggellata con la scarcerazione di Nelson Mandela e la sua elezione a presidente della repubblica nel 1994.

L'AMERICA LATINA TRA DITTATURA E GUERRIGLIA

- Dopo la Seconda Guerra Mondiale i Paesi dell'America Latina erano segnati da una forte instabilità politica e da una situazione di grande arretratezza economica. In molti Stati salirono al potere regimi autoritari che perseguitarono gli oppositori, costretti a intraprendere azioni di guerriglia.

- Economicamente, i Paesi dell'America Latina subirono la forte influenza degli Stati Uniti e lo sfruttamento da parte delle multinazionali straniere.

- In Cile, dopo un colpo di Stato che provocò la caduta e la morte del presidente socialista Salvador Allende, salì al potere il generale Augusto Pinochet, il quale instaurò una dittatura fortemente repressiva.

- Anche in Argentina si insediarono dittature di tipo militare. La sconfitta subita dall'Argentina contro la Gran Bretagna nella guerra per il possesso delle isole Falkland provocò il crollo della dittatura e l'inizio di un lento cammino verso la democrazia.

Anche noi storici

Conoscere eventi e fenomeni storici

1. Sottolinea o evidenzia le espressioni corrette tra quelle proposte.

a. USA e URSS **1.** *sostennero* / **2.** *non sostennero* i movimenti indipendentisti.
b. Il gruppo dei nuovi Stati indipendenti venne chiamato **1.** *Primo Mondo* / **2.** *Secondo Mondo* / **3.** *Terzo Mondo*.
c. Mao Zedong era sostenuto da **1.** *i grandi proprietari terrieri* / **2.** *la popolazione rurale*.
d. La guerra civile cinese si concluse nel 1949 con la **1.** *vittoria* / **2.** *sconfitta* dei comunisti guidati da Mao.
e. Con la Rivoluzione culturale Mao intendeva **1.** *riformare in senso democratico* / **2.** *rieducare agli ideali comunisti* la società cinese.
f. Gandhi utilizzò un metodo di lotta basato su **1.** *azioni terroristiche* / **2.** *la non violenza*.
g. Nehru **1.** *abolì* / **2.** *ripristinò* il sistema delle caste.
h. Dopo l'indipendenza il territorio indiano venne diviso in due Stati: **1.** *India e Bangladesh* / **2.** *India e Pakistan*.
i. Il Vietnam raggiunse l'indipendenza sotto la guida di **1.** *Pol Pot* / **2.** *Ho Chi-minh*.
l. La maggior parte degli Stati africani ottenne l'indipendenza negli anni **1.** *Sessanta* / **2.** *Ottanta*.
m. **1.** *F.W. De Klerk* / **2.** *N. Mandela* fu il primo presidente di colore del Sudafrica.
n. Nella seconda metà del Novecento i Paesi dell'America Latina **1.** *furono* / **2.** *non furono* soggetti all'influenza economica e politica degli USA.

Riconoscere relazioni – Individuare i rapporti di causa ed effetto

2. Collega i seguenti eventi e fenomeni alla corretta causa/spiegazione (riporta accanto la lettera corrispondente).

1. USA e URSS appoggiarono i movimenti indipendentisti …
2. I nuovi Stati indipendenti dell'Asia e dell'Africa furono definiti Terzo Mondo …
3. I Paesi del Terzo Mondo erano definiti "non allineati" …
4. Gli Stati decolonizzati non ricavavano grandi profitti dall'esportazione delle loro materie prime …
5. Gandhi era contrario alla divisione tra India e Pakistan …
6. Mao promosse il programma del "grande balzo in avanti" …
7. In Africa scoppiarono guerre civili e conflitti etnici …
8. Il Sudafrica fu espulso dal Commonwealth …
9. Il governo di Salvador Allende fu rovesciato da un colpo di Stato …

a. perché esportavano nel Paese un tempo colonizzatore che imponeva prezzi e condizioni di vendita.
b. perché volevano legare a sé e influenzare le scelte dei nuovi governi.
c. perché i confini erano stati tracciati dai Paesi colonizzatori in modo arbitrario senza tenere conto della distribuzione delle popolazioni.
d. per rilanciare l'economia, il cui sviluppo risultava assai scarso nonostante gli sforzi compiuti.
e. perché rimasero inizialmente neutrali rispetto ai blocchi occidentale e orientale.
f. perché lo Stato applicava la segregazione razziale.
g. perché la sua politica riformista danneggiava gli interessi dei conservatori e delle multinazionali.
h. perché si rischiava di approfondire la divisione tra induisti e musulmani.
i. perché non appartenevano all'Occidente capitalista né al blocco dei Paesi comunisti.

Conoscere eventi e fenomeni storici

3. Indica il nome del personaggio storico cui si riferiscono i fatti indicati.

a. Successore di Mao, promotore di vaste riforme: ....
b. Combatté l'*apartheid* e fu il primo presidente di colore del Sudafrica: ....
c. Guidò l'India all'indipendenza con la lotta non violenta: ....
d. Discepolo di Gandhi, cui succedette al governo dell'India: ....
e. Sanguinario dittatore cambogiano sostenuto dai Khmer Rossi: ....

PARTE QUINTA CAPITOLO 18 - LA DECOLONIZZAZIONE E IL TERZO MONDO

Attivazioni didattiche

Ricavare informazioni da un documento storico

4. *Per la maggior parte dei nuovi Stati indipendenti la conquista della libertà politica non si è tradotta nello sviluppo e nella crescita socio-economica dei popoli, approfondendo il divario tra popoli ricchi e popoli poveri. Nel brano che segue, tratto dall'enciclica* Populorum progressio *("Il progresso dei popoli"), papa Paolo VI indica la soluzione per consentire a tutti i popoli di raggiungere il pieno sviluppo e progresso umano. Leggilo con attenzione, quindi esegui quanto proposto.*

Consentire a tutti i popoli di diventare artefici del proprio destino

I popoli da poco approdati all'indipendenza nazionale vedono la necessità di far seguire alla conquistata libertà politica una crescita sociale ed economica, al fine di assicurare ai propri cittadini la piena espansione umana, e prendere il posto che loro spetta nel concerto delle nazioni.

Ma la disparità dei livelli di vita, invece di attenuarsi, sembra aggravarsi: i popoli ricchi godono di una crescita rapida, mentre lento è il ritmo di sviluppo di quelli poveri. Una tale situazione, così gravida di minacce per l'avvenire, Ci affligge profondamente.

Conserviamo tuttavia la speranza che un bisogno più sentito di collaborazione, un sentimento più acuto della solidarietà finiranno con il prevalere sulle incomprensioni e sugli egoismi. Speriamo che i Paesi a meno elevato livello di sviluppo sappiano trarre profitto da buoni rapporti di vicinanza coi Paesi confinanti, allo scopo di stabilire programmi comuni, coordinare gli investimenti, distribuire le possibilità di produzione, organizzare gli scambi.

Speriamo anche che le organizzazioni internazionali trovino la strada che permetta ai popoli in via di sviluppo di uscire dal punto morto in cui paiono dibattersi come prigionieri e di trovare in se stessi i mezzi del loro progresso sociale e umano.

Perché è proprio a questo che bisogna arrivare. La solidarietà mondiale, sempre più efficiente, deve consentire a tutti i popoli di divenire essi stessi gli artefici del loro destino.

adatt. da Paolo VI, *Populorum progressio*, passim

Evidenzia nel testo i passaggi in cui sono espressi i seguenti concetti:

a. Le disparità dei livelli di vita tra i popoli si aggravano.

b. Le organizzazioni internazionali devono guidare il progresso sociale e umano.

c. Per il vero sviluppo umano non basta la libertà politica; occorre la crescita sociale ed economica.

d. Tutti i popoli devono essere protagonisti del loro destino.

e. Sono necessarie collaborazione e solidarietà sia tra i popoli ricchi e quelli poveri, così come tra popoli confinanti.

Comprendere e utilizzare il linguaggio della storia

5. *Indica il significato dei seguenti termini o espressioni, scegliendo tra quelli sotto elencati (riporta accanto il numero corrispondente).*

a. Multinazionale ....

b. Decolonizzazione ....

c. OPEC ....

d. Terzo Mondo ....

e. Desaparecidos ....

f. Khmer Rossi ....

g. Boat people ....

h. Primo Mondo ....

i. Secondo Mondo ....

l. Mahatma ....

[**1.** *insieme degli Stati capitalisti occidentali* – **2.** *Organizzazione dei Paesi Esportatori di Petrolio* – **3.** *"grande anima", soprannome di Gandhi* – **4.** *"scomparsi"; il termine indica le vittime della repressione dei regimi dittatoriali argentini, scomparsi nelle prigioni* – **5.** *l'insieme dei Paesi a regime comunista* – **6.** *grande impresa che opera in Paesi diversi, mantenendo solitamente la sede centrale in un Paese occidentale* – **7.** *guerriglieri cambogiani seguaci di Pol Pot* – **8.** *profughi vietnamiti in fuga dal loro Paese su imbarcazioni di fortuna dopo l'instaurazione del regime comunista* – **9.** *l'insieme dei Paesi asiatici e africani di recente indipendenza* – **10.** *processo che ha portato i Paesi e i popoli soggetti all'imperialismo coloniale a raggiungere l'indipendenza*]

PARTE QUINTA CAPITOLO 18 - LA DECOLONIZZAZIONE E IL TERZO MONDO

19 Il Medio Oriente: una terra tormentata

1. Il mondo arabo e i rapporti tra Israeliani e Palestinesi

IL SOGNO DI UN MONDO ARABO UNITO

Mentre il mondo, dopo la Seconda Guerra Mondiale, si divideva nei due blocchi opposti facenti capo alle superpotenze USA e URSS, i Paesi arabi del Medio Oriente avviavano un processo di reciproco avvicinamento sulla base di alcuni caratteri comuni:

- la **religione islamica**;
- un'**economia ancora poco solida** ma favorita dalla presenza di ricchi **giacimenti petroliferi**;
- il **ruolo secondario** avuto sino a quel momento **nello scenario mondiale**.

Si giunse così alla nascita, nel 1945, della **Lega Araba**, inizialmente fondata da Egitto, Iraq, Giordania, Libano, Arabia Saudita, Siria e Yemen (e che oggi raccoglie ben 22 Paesi, situati nell'area mediorientale e in Africa). Questi Stati si rendevano conto che riunirsi in una **coalizione** poteva renderli **più forti** e **aumentare il loro peso politico** nel dialogo con l'Occidente e con i Paesi comunisti.

> **Per ricordare**
>
> - Quali elementi accomunavano gli Stati arabi del Medio Oriente?
> - Quali furono i motivi che portarono alla formazione della Lega Araba?

UN MONDO TROPPO DIVISO

Nel 1958 il presidente egiziano Gamal Abd el-**Nasser** propose di **riunire tutti i Paesi arabi** in una sola **Repubblica Araba Unita**, cominciando da Egitto e Siria. Il suo progetto fallì, a motivo delle molte **divisioni** esistenti all'interno dello stesso mondo arabo, che erano sia di natura politica sia di tipo religioso:

- alcuni governi erano **moderati**, altri **rivoluzionari**;
- alcuni Paesi erano più vicini agli **Stati Uniti**, altri all'**Unione Sovietica**;
- i musulmani sunniti, inoltre, erano da sempre in conflitto con i musulmani sciiti.

I vari Stati vissero, pertanto, vicende autonome e in alcuni casi si trovarono anche **in aperto conflitto**, infrangendo, così, il sogno di unità, di fatto impossibile da realizzare.

La **stabilità** della regione mediorientale era comunque già resa precaria dal fatto che i Paesi arabi non hanno mai accettato la presenza dello **Stato di Israele**.

Fin dalla sua nascita, infatti, il **mondo arabo ha cercato di opporsi ad esso** attraverso la propaganda, azioni politico-diplomatiche, militari e terroristiche.

> **Per ricordare**
>
> - Perché fallì il progetto di dar vita a un'unica Repubblica Araba Unita?
> - Perché la regione mediorientale è stata e rimane instabile?

Sunniti
Seguaci della *Sunna* (regola), ossia l'insieme delle regole di condotta che si rifanno al modello di comportamento e ai detti di Maometto. I sunniti costituiscono la corrente principale dell'Islam.

Sciiti
Seguaci della corrente minoritaria dell'Islam, che riconosce come capo della comunità islamica l'imam, la cui carica può essere ricoperta solo dai discendenti di Alì, genero e successore designato di Maometto. Gli sciiti sono fautori di un'interpretazione integralista dell'Islam, che prevede, ad esempio, la non separazione tra sfera politica e sfera religiosa.

PARTE QUINTA CAPITOLO 19 - IL MEDIO ORIENTE: UNA TERRA TORMENTATA 333

LA NASCITA DELLO STATO D'ISRAELE

La **formazione dello Stato di Israele** fu il frutto di decenni di sforzi per arrivare alla costruzione della nazione ebraica.

Gli Ebrei, infatti, da secoli presenti con loro comunità in diversi Paesi del Medio Oriente, dell'Africa e dell'Europa, cominciarono a fare ritorno in Palestina nei **primi anni del Novecento**.

Questa **immigrazione** si **intensificò** dopo la Seconda Guerra Mondiale: gli Ebrei cercavano un Paese dove vivere in pace e in sicurezza, dove non si potessero ripetere le **drammatiche persecuzioni** subite nel corso della guerra.

Nel **1947** l'ONU decise che la Palestina dovesse essere **divisa tra due popolazioni**:
• da una parte **Palestinesi**, arabi di **religione musulmana**;
• dall'altra **Ebrei**, molti dei quali immigrati da vari Paesi, i quali **rivendicavano la terra dei loro padri**, dalla quale erano stati cacciati a più riprese nei secoli precedenti.

Per ricordare

• Quando gli Ebrei cominciarono a tornare in Palestina?
• Perché dopo la Seconda Guerra Mondiale il movimento migratorio si fece più intenso?
• Tra quali popoli fu divisa la Palestina nel 1947?

L'OPPOSIZIONE DEGLI STATI ARABI

Gli **Stati arabi** confinanti con la Palestina **si opposero** alla decisione dell'ONU, mentre gli Ebrei, nel **1948**, grazie all'appoggio ottenuto dagli Stati Uniti proclamarono la **nascita dello Stato di Israele**. Il nuovo Stato fu **subito attaccato** da una coalizione di Paesi arabi che non ne accettavano l'esistenza.

Nel **1948** e nel **1949** il moderno **esercito israeliano sconfisse gli Arabi** e i Palestinesi furono in parte costretti a rifugiarsi nei **campi profughi** dei Paesi arabi confinanti. Questo fu solo il primo dei molti conflitti che, nei decenni successivi, opposero Israele agli Stati arabi e che ancor oggi rendono **la regione politicamente instabile**.

Per ricordare

• Quando nacque lo Stato d'Israele? Quale fu la reazione da parte dei Paesi arabi?
• Come si risolse il primo conflitto fra Israeliani e Paesi arabi?

LA NASCITA DELL'OLP E LA GUERRA DEI SEI GIORNI

Nel 1964 i **Palestinesi**, con l'appoggio della Lega Araba, diedero vita a un **movimento di resistenza**, l'**OLP** (Organizzazione per la Liberazione della Palestina), per affermare il proprio diritto a una patria, ricorrendo a forme di **lotta violenta contro Israele**.

Nel **1967** l'Egitto organizzò la **rivincita araba**, alleandosi con Siria e Giordania e ottenendo il sostegno dell'Unione Sovietica. Dall'iniziativa egiziana scaturì la **Guerra dei Sei Giorni**, così chiamata perché **Israele**, in soli sei giorni, **sconfisse l'esercito** nemico e **occupò alcuni territori** di Siria, Giordania ed Egitto.

Successivamente alla sconfitta araba nella Guerra dei Sei Giorni, la **guida dell'OLP** fu assunta nel 1969 da **Yasser Arafat** (1929-2004). Egli diede **impulso alla guerriglia** come forma di lotta praticata dai Palestinesi e si attivò al tempo stesso **per una soluzione diplomatica della questione palestinese**, suscitando l'opposizione di alcune nazioni arabe e di una parte della sua stessa organizzazione.

Per ricordare

• Che cosa è l'OLP e a quale scopo fu costituita?
• Perché ebbe inizio la Guerra dei Sei Giorni? Come si concluse?
• Quali furono le ripercussioni immediate della guerra?

PARTE QUINTA CAPITOLO 19 - IL MEDIO ORIENTE: UNA TERRA TORMENTATA

I CONFLITTI DEGLI ANNI SETTANTA E I TENTATIVI DI MEDIAZIONE

Nel **1973** il conflitto arabo-israeliano sfociò nuovamente in una guerra aperta: la **Guerra del Kippur**, risolta solo grazie all'**intervento dell'ONU**.

Nel **1978 Egitto e Israele** negoziarono a **Camp David** (negli Stati Uniti), con la mediazione americana, gli accordi che portarono al **Trattato di pace** fra i due Paesi, firmato nel 1979. L'OLP perdeva dunque uno dei suoi più potenti alleati.

Gli anni Ottanta videro l'esplosione dell'*Intifada*, la "Rivolta delle pietre" scatenata dai **Palestinesi contro gli Israeliani**.

Nel corso dei decenni, i **tentativi di mediazione** per risolvere il conflitto israelo-palestinese sono stati numerosi: gli **Stati Uniti** si sono proposti come intermediari nella trattativa, ottenendo risultati a volte significativi (in particolare sotto la presidenza di **Bill Clinton**). Nel **1993** il leader palestinese **Yasser Arafat** e il primo ministro israeliano **Yitzhak Rabin** firmarono gli **Accordi di Oslo**, in cui fu sancito il **reciproco riconoscimento** dei due popoli e il diritto per entrambi di **abitare nella regione palestinese**.

Gli accordi prevedevano che gli Israeliani cedessero ai Palestinesi il **controllo dei territori occupati** (inizialmente la striscia di Gaza e Gerico), abitati in maggioranza da Palestinesi, e che così si formasse un **primo nucleo del futuro Stato palestinese**.

Per ricordare

- Quando scoppiò la Guerra del Kippur?
- Come si giunse alla pace tra Egitto e Israele?
- Quale forma di lotta caratterizzò gli anni Ottanta?
- Chi furono i protagonisti degli Accordi di Oslo?
- Che cosa prevedevano tali Accordi?

Rabin e Arafat si stringono la mano sotto lo sguardo compiaciuto del presidente americano Bill Clinton, dopo la firma degli Accordi di Oslo.

L'UCCISIONE DI RABIN E LA RIPRESA DEL CONFLITTO

Oltre a quanto stabilito negli Accordi di Oslo, tra il 1995 e il 1997 Israele ha ceduto anche alcuni **territori e città della Cisgiordania**. Quegli accordi, però, sono stati **duramente contestati** dagli estremisti sia arabi sia israeliani, in un clima di violenza che ha portato all'**assassinio del premier Yitzhak Rabin** (1995), che ha pagato con la vita la sua politica di pace.

Dopo l'uccisione di Rabin il **processo di pace si è interrotto** e la regione è diventata nuovamente **teatro di tensioni e di scontri**.

La **scomparsa di Arafat** (2004) e la **contrapposizione tra le forze politiche** estremiste (**Hamas**, il movimento radicale islamico che nega il diritto all'esistenza di Israele) e moderate (**Fatah**, il partito di Arafat) hanno paralizzato la vita politica nei territori palestinesi.

Nonostante le due fazioni in lotta abbiano sottoscritto un accordo nel 2011, **sul futuro della regione restano aperti numerosi interrogativi**, anche per le ripercussioni che sulla regione potrebbe avere il vasto movimento di rivolta ("**primavera araba**") che dal 2010 ha travolto numerosi regimi arabi.

Per ricordare

- Chi contestò gli accordi tra Rabin e Arafat? Con quali esiti?
- Che cosa è accaduto dopo l'uccisione di Rabin?
- Quali eventi recenti lasciano aperti interrogativi sul futuro della regione?

Leggere una carta

La prima suddivisione della Palestina assegnava a Israeliani e Palestinesi porzioni di territorio pressoché identiche. Il reale vantaggio, per gli Israeliani, consisteva nel possesso della città di Gerusalemme, rivendicata anche dai Palestinesi in quanto una delle città sante dell'Islam.

Dopo la guerra del 1948-49 e soprattutto con la vittoria travolgente ottenuta in occasione della Guerra dei Sei Giorni, Israele ampliò notevolmente i propri territori, fino a comprendere anche la penisola del Sinai, appartenente all'Egitto: una regione desertica ma di grande importanza strategica.

Dopo gli ultimi trattati, Israele si è impegnato a rispettare i territori e le città dei Palestinesi. In alcuni luoghi, tuttavia, la tensione rimane alta: come in *Golan*, ancora conteso con la Siria; nella *Striscia di Gaza* e soprattutto a *Gerusalemme*, che è ancora contesa e teatro di numerosi attentati.

Il Libano, la "Svizzera del Medio Oriente"

In seguito alla Guerra dei Sei Giorni (1967) e all'occupazione israeliana dei territori conquistati, circa 400 000 **Palestinesi** trovarono rifugio nei campi profughi in Giordania e in altri Stati arabi. Nel 1970 l'OLP di Arafat con i suoi **guerriglieri** e numerosi **profughi palestinesi**, cacciati dalla Giordania, **ripararono in Libano**, facendone la **nuova base per le proprie attività militari e terroristiche**. Il Paese si trovò così esposto alle **reazioni militari di Israele**.

Il Libano, indipendente dal 1946, era stato fino a quel momento **ricco ed economicamente solido**; grazie a un regime fiscale privilegiato, aveva goduto di un **particolare benessere**, tanto da essere chiamato la "Svizzera del Medio Oriente". Il Paese era, inoltre, l'esempio della **possibile convivenza pacifica tra religioni differenti**, data la presenza di cristiani, musulmani sunniti e musulmani sciiti.

Per ricordare
- Perché il Libano si venne a trovare in una situazione difficile nei confronti di Israele?
- Qual era la situazione politica, economica e sociale del Libano?

Una manifestazione di Hamas, la componente più radicale del movimento palestinese.

La Guerra Civile

Di fronte alla nuova situazione mediorientale, però, lo scenario politico del Paese e l'opinione pubblica si spaccarono in **due fronti contrapposti**, tra **chi sosteneva i Palestinesi** e **chi invece appoggiava Israele**. Il contrasto politico che ne nacque mise in luce le **differenze** tra i diversi gruppi e le fece apparire per la prima volta **inconciliabili**. Il conflitto sfociò presto in una **sanguinosa guerra civile** (1975), che causò gravissime **perdite tra la popolazione** e il **crollo** quasi totale **dell'economia**.

Il Libano divenne così lo **Stato simbolo dei problemi** e della situazione conflittuale **comuni a tutto il Medio Oriente**. La guerra si trascinò senza soluzione fino agli anni Ottanta, riducendo il Paese ricco e benestante ad una **regione povera e devastata**.

Solo recentemente ha preso avvio la ricostruzione della capitale Beirut e delle città più colpite dalle distruzioni, ma l'**ascesa al potere di Hamas** nei territori palestinesi ha nuovamente **compromesso la stabilità del Paese**, rinfocolando le vecchie divisioni.

Per ricordare
- Perché scoppiò la guerra civile in Libano?
- Quali furono le conseguenze della guerra civile?
- Qual è la situazione attuale del Paese?

2. Iran e Iraq: tra guerre e dittature

I PROBLEMI DELLA CONVIVENZA TRA IRAN E IRAQ

Un altro focolaio di tensioni nell'area mediorientale si trova nella regione occupata da due grandi Stati: **Iran** e **Iraq**. La loro storia recente è segnata da **numerosi problemi**, intrecciati fra di loro:

- la difficile **convivenza di musulmani sunniti e musulmani sciiti** (l'Iran è a maggioranza sciita, gli altri Paesi sono invece sunniti);
- le **rivendicazioni di forti minoranze etniche**, come quella dei **Curdi**, stanziati tra Iraq e Turchia e privi di una loro patria;
- la presenza di **ricchi giacimenti petroliferi**, che scatenano conflitti di interesse all'interno dei singoli Stati e a livello internazionale.

L'IRAN, DALLA MONARCHIA DEI PAHLAVI ALLA REPUBBLICA ISLAMICA

Alla fine della Seconda Guerra Mondiale, l'Iran era governato da un **regime monarchico** retto dagli scià (imperatori) della dinastia **Pahlavi**. Il Paese era tuttavia soggetto all'**influenza politica ed economica della Gran Bretagna**, che aveva cercato di aumentare il controllo sull'Iran dopo la scoperta dei **giacimenti di petrolio**, avvenuta all'inizio del Novecento.

Nel 1951, il primo ministro **Mohammad Mossadeq** (1882-1967) tentò di sottrarre il proprio Paese al dominio degli interessi stranieri, **nazionalizzando l'industria petrolifera** e avviando un programma di **riforme politiche** che, di fatto, **esautoravano lo scià** dall'esercizio del potere.

La decisione di Mossadeq provocò una **dura reazione da parte della Gran Bretagna**, che chiese l'intervento dell'ONU e riuscì a far appoggiare la propria linea politica dagli **Stati Uniti**. Interessati al controllo della regione, nel 1953 gli USA **finanziarono il colpo di Stato** che riconfermò al potere lo scià **Reza Pahlavi**.

Nel 1979, però, una **rivoluzione rovesciò il regime imperiale**, accusato di essere troppo vicino all'Occidente, portando al potere il capo religioso sciita **Ruhollah Khomeini** (1900-1989), che trasformò lo Stato in una **Repubblica islamica**, con un forte **spirito antioccidentale e antiamericano**.

UNA MINACCIA PER LA PACE MONDIALE?

Dopo la morte di Khomeini, nel 1989, la Repubblica iraniana è passata sotto la guida di **Hashemi Rafsanjani** – continuatore della linea politica "rivoluzionaria" – e in seguito, dal 1997 al 2005, il potere fu assunto dal moderato **Mohammad Khatami**, che inaugurò un periodo di **riforme democratiche** e di maggiore **apertura verso l'Occidente**, incontrando la ferma **opposizione** dei conservatori.

Le elezioni presidenziali dell'agosto 2005 hanno visto la vittoria di **Mahmud Ahmadinejad**, legato ai leader religiosi del Paese, il quale ha nuovamente imposto un **ritorno alla tradizione** islamica, **inasprendo all'esterno i rapporti con Israele** – di cui è giunto ad auspicare la distruzione – e avviando un **programma nucleare** che ha messo in allarme l'intera comunità internazionale.

Per ricordare

- Quali problemi hanno contribuito a rendere precaria la situazione di Iran e Iraq?

Per ricordare

- Qual era la situazione dell'Iran all'indomani della Seconda Guerra Mondiale?
- Che cosa tentò di fare Mossadeq?
- Quale reazione suscitò?
- Chi era Ruhollah Khomeini? Che cosa fece?

Per ricordare

- Che cosa accadde in Iran dopo la morte di Khomeini?
- Quale linea politica è stata adottata dal presidente Mahmud Ahmadinejad?

L'Iraq, dalla rivoluzione di Saddam Hussein alla guerra contro l'Iran

In **Iraq**, nel 1958 un **colpo di Stato militare** abbatté il governo filo-occidentale monarchico al potere e trasformò lo Stato in una **Repubblica filocomunista** e dal forte orientamento nazionalista.

Seguirono poi altri **violenti cambiamenti di regime**, frutto delle lotte interne ai partiti e all'esercito. I contrasti terminarono con un colpo di Stato del **Partito Baath**, nel **1963**, che ha dominato fino al 2003 la scena politica irachena, dapprima attraverso **Ahmed Hassan al-Bakr**, in seguito, dal **1979**, con **Saddam Hussein**, che impose al Paese la propria dittatura personale.

Il motivo fondamentale della **tensione fra Iran e Iraq** era e rimane ancora oggi la disputa circa la **supremazia in tutta l'area mediorientale**, oltre alla **diversa concezione dello Stato**: laico in Iraq, teocratico in Iran. Questa tensione sfociò in un **conflitto aperto nel 1980**.

L'Iraq, approfittando del cambiamento di regime in Iran, attaccò il Paese sperando di impossessarsi con un'azione di forza della **regione di confine** tra i due Stati. Scoppiò così una **guerra lunga e sanguinosa**, protrattasi fino al **1988 senza una vera soluzione**. I combattimenti cessarono grazie alla **mediazione dell'ONU**, ma la pace fu firmata solo nel **1990**, allo scoppio della **guerra tra Iraq e Kuwait**.

Per ricordare

- Che cosa accadde in Iraq nel 1958?
- Quando la situazione iniziò a stabilizzarsi?
- Quali furono i motivi che portarono allo scoppio della guerra tra Iraq e Iran nel 1980?
- In che modo si concluse il conflitto?

Teocrazia
Parola derivante dal greco *theós*, "dio" e *kratía*, "potere"; indica una forma di governo nella quale il potere civile e politico è subordinato a quello religioso.

Gli elmetti dei soldati iraniani uccisi, posti alla base dell'Arco di Trionfo voluto da Saddam Hussein per celebrare la "vittoria" nel conflitto tra Iran e Iraq.

Parte quinta Capitolo 19 - Il Medio Oriente: una terra tormentata 339

3. Le guerre nel Golfo Persico

La Prima Guerra del Golfo

L'**invasione del Kuwait** da parte dell'Iraq (1990) rappresentò il momento culminante del **tentativo di espansione** di Saddam Hussein **nella regione**. L'Iraq rivendicava il territorio del Kuwait come proprio e accusava il piccolo Stato affacciato sul **Golfo Persico** di sfruttare in modo illecito i **giacimenti di petrolio** iracheni. In realtà, apparve subito chiaro che l'invasione mirava all'**occupazione** di una **zona strategica** sia per le risorse petrolifere sia per la posizione geografica.

L'aggressione da parte dell'Iraq fu immediatamente **condannata dall'ONU**, che autorizzò un **intervento militare** a difesa dei diritti del Kuwait. Venne inviato nella regione un esercito **multinazionale**, costituito prevalentemente da soldati statunitensi. La **Guerra del Golfo** (gennaio-febbraio 1991) vide la **sconfitta di Saddam**, che prima di ritirarsi incendiò i pozzi di petrolio.

Nonostante l'esito della guerra, **Saddam Hussein rimase al potere**, perseguendo la sua politica, pur con le forti **limitazioni** imposte dall'**embargo** internazionale, che ha **paralizzato il commercio iracheno**. Le relazioni con l'Occidente, in ogni caso, rimasero conflittuali e cariche di tensione.

> **Per ricordare**
> - Perché Saddam Hussein invase il Kuwait?
> - Come reagì l'ONU all'iniziativa militare di Saddam Hussein?
> - Quali furono le conseguenze della prima Guerra del Golfo?

Embargo
La parola deriva dallo spagnolo *embargar*, cioè "impedire", ed indica il divieto imposto con la forza ad uno Stato di esportare e di importare prodotti, bloccando la sua economia. Questa sanzione economica è applicata da molti Paesi o da un organismo internazionale nei confronti di un solo Paese per ritorsione o per esercitare una pressione.

Cacciabombardieri della coalizione multinazionale sorvolano i pozzi petroliferi dati alle fiamme dagli Iracheni.

Le Twin Towers dopo l'attacco terroristico.

GLI ATTENTATI DELL'11 SETTEMBRE E LA GUERRA CONTRO IL TERRORISMO

L'**11 settembre 2001** l'America e il mondo intero furono sconvolti da quello che è stato definito **il più grave attentato della storia**: due aerei civili, dirottati da **terroristi islamici**, si schiantarono contro le Twin Towers di New York; un terzo aereo fu fatto precipitare sull'edificio del **Pentagono** (sede del Dipartimento della Difesa statunitense), a Washington. I due grattacieli crollarono nel giro di poche ore mentre una parte del Pentagono andò in fiamme. Circa **tremila persone persero la vita**. Un quarto aereo dirottato, probabilmente destinato a colpire la Casa Bianca, cadde in Pennsylvania provocando la morte dei passeggeri.

L'attentato fu progettato e realizzato dall'organizzazione terroristica del **fondamentalismo** islamico denominata **Al-Qaeda**, fondata dallo sceicco di origine saudita **Osama Bin Laden**, denunciato fin da subito come responsabile dal presidente statunitense **George W. Bush**, al potere dal 2000.

Sostenuti da un'ampia solidarietà internazionale, gli Stati Uniti decisero di avviare una **guerra** decisiva e senza quartiere **contro il terrorismo** e contro gli **Stati che lo alimentano e lo proteggono**. Il 7 ottobre 2001, appena 26 giorni dopo gli attentati dell'11 settembre, gli Stati Uniti, alla guida di una coalizione internazionale, avviarono l'operazione *Enduring Freedom* ("Libertà duratura") diretta contro il **regime dei Talebani** (vedi pag. 303) in Afghanistan, colpevole di **ospitare Bin Laden** e di **appoggiare il terrorismo di matrice islamica**. In novembre il governo dei Talebani fu **abbattuto**.

Per ricordare

- Che cosa accadde l'11 settembre 2001?
- Chi fu indicato come responsabile?
- Perché la prima azione militare condotta dagli Stati Uniti interessò l'Afghanistan?

Parola chiave

FONDAMENTALISMO

- Il termine **fondamentalismo** designa storicamente un movimento religioso protestante, affermatosi prevalentemente negli Stati Uniti, in aperto contrasto con l'evoluzione della società occidentale e rigidamente legato ad un'interpretazione letterale della Bibbia.
Oggi indica una tendenza religiosa conservatrice ed estremistica, che propone l'interpretazione letterale e dogmatica dei testi sacri, considerati fondamenti assoluti della fede e dell'esperienza religiosa.
Nei Paesi di religione musulmana il fondamentalismo si traduce in forme di **integralismo**, ossia nella volontà di conformare l'intera vita sociale ai precetti del Corano, attribuendo ad essi il valore di leggi universalmente vincolanti.
Carattere comune ai fondamentalismi è il rifiuto, talvolta violento e intollerante, di idee, concezioni e stili di vita in contrasto con le proprie convinzioni e con i propri valori.

LA SECONDA GUERRA DEL GOLFO

Il 12 settembre 2002, all'indomani del primo anniversario del terribile attentato, durante un intervento alle Nazioni Unite George W. Bush indicò nell'Iraq di **Saddam Hussein** un Paese **compromesso con il terrorismo internazionale** e una **minaccia per la pace** e la sicurezza mondiali. Il regime iracheno era accusato di possedere armi di sterminio di massa e di appoggiare i terroristi.

Il **20 marzo 2003**, dopo mesi di febbrili **consultazioni** e contrasti tra gli alleati occidentali, **ispezioni dell'ONU** sul territorio iracheno e imponenti **manifestazioni** contro un nuovo conflitto, gli Stati Uniti avviarono la **Seconda Guerra del Golfo** con l'obiettivo di abbattere il regime di Saddam Hussein. L'**8 aprile** le truppe statunitensi entrarono in Baghdad mentre il **regime di Saddam si dissolse**. Il **13 dicembre** l'ex dittatore iracheno venne **catturato**. Sottoposto poi a processo con l'accusa di **crimini contro l'umanità**, dopo una lunga prigionia fu **giustiziato** il 30 dicembre 2006.

Per ricordare
- Quali accuse rivolse all'Iraq il presidente Bush?
- Come si svolse la Seconda Guerra del Golfo?

L'IRAQ OCCUPATO

La seconda guerra contro l'Iraq non fu **mai autorizzata dall'ONU**, il cui **ruolo** e il cui **prestigio** sono rimasti molto **offuscati** dall'iniziativa condotta unilateralmente dagli Stati Uniti e dagli alleati europei (tra cui Gran Bretagna, Spagna e Italia).

Le operazioni militari della coalizione occidentale in terra irachena furono accompagnate e seguite da un clima di vera e propria **guerra civile**, prolungatosi anche dopo la dichiarazione ufficiale della fine della guerra con un impressionante **susseguirsi di stragi e attentati**.

Per ricordare
- Perché in occasione della Seconda Guerra del Golfo venne offuscato il prestigio dell'ONU?
- Quali furono le conseguenze della guerra?

LA DIFFICILE TRANSIZIONE VERSO LA DEMOCRAZIA

Al fine di facilitare una **normalizzazione della situazione**, l'8 giugno 2004 il Consiglio di Sicurezza delle Nazioni Unite approvò all'unanimità una **risoluzione** (*n. 1546*), che fissava **tempi e modalità** della transizione dell'Iraq verso il **ritorno alla piena sovranità**, nel quadro di libere istituzioni democratiche.

Con un **referendum** celebrato il 15 ottobre 2005 è stata approvata una **Costituzione federale**, sulla base della quale il 15 dicembre 2005 si sono tenute le **elezioni** per il nuovo parlamento. La consultazione elettorale del 2005, così come la successiva (2010), hanno visto la vittoria di una **coalizione sciita**.

La fase di transizione si è rivelata comunque **difficile**, a causa delle azioni di diverse **fazioni armate**; esse compiono **attentati** mietendo vittime tra la popolazione civile e portano continui **attacchi** contro i **rappresentanti** della nuova amministrazione irachena e contro le **truppe della coalizione internazionale**, che, a partire dal 2010, hanno iniziato a ritirarsi definitivamente.

Per ricordare
- Che cosa stabiliva la risoluzione approvata dall'ONU nel giugno del 2004?
- Che cosa sancì il referendum del 2005?
- Perché il processo di transizione verso un regime democratico risulta ancora difficile?

Una pattuglia di soldati iracheni e statunitensi in azione durante la fase di transizione.

Approfondimenti

Storia e politica

IL RUOLO DEGLI STATI UNITI NELLA POLITICA INTERNAZIONALE

Un ruolo guida nelle relazioni internazionali

Dopo il crollo dei regimi comunisti (1989) e la dissoluzione dell'Unione Sovietica (1991), che studieremo nel prossimo capitolo, gli **Stati Uniti** si sono trovati a occupare una posizione di predominio nelle relazioni internazionali dal punto di vista politico, militare ed economico.

Nel 1991, durante la presidenza di **George H. W. Bush**, gli Stati Uniti hanno guidato l'intervento armato contro l'Iraq, che aveva invaso il Kuwait (Prima Guerra del Golfo). In seguito, durante il doppio mandato del presidente **Bill Clinton** (1992-2000), gli Stati Uniti hanno ripetutamente **sostenuto le trattative fra Israeliani e Palestinesi** per una soluzione pacifica dell'interminabile conflitto.

In questo modo, di fatto, gli Stati Uniti hanno assunto un ruolo **guida nelle relazioni internazionali**, cui si accompagna una **posizione egemonica** nel contesto dell'**economia** mondiale e del **commercio** internazionale, attraverso il ruolo di leader che ricoprono nell'Organizzazione Mondiale del Commercio (WTO) e nel Fondo Monetario Internazionale (FMI), che gestisce i fondi destinati ai Paesi in via di sviluppo

La lotta al terrorismo e il nuovo corso della politica statunitense

Alle elezioni del 2000 venne eletto presidente **George W. Bush** (figlio del precedente George Bush), al termine di una campagna elettorale dall'esito incerto. Il neopresidente dichiarò di volere rivolgere la propria attenzione all'interno del Paese, limitando gli interventi internazionali degli Stati Uniti ai soli casi in cui fossero coinvolti gli interessi americani (da qui un certo disimpegno rispetto ai problemi legati ai rapporti tra Israeliani e Palestinesi).

Lo spaventoso attentato dell'**11 settembre 2001** ha però impresso una svolta decisiva alla presidenza Bush. Gli Stati Uniti, obiettivo di un attacco sferrato dal **terrorismo internazionale di matrice islamica**, hanno reagito dichiarando **guerra alle organizzazioni terroristiche** e ai Paesi che le finanziano o le proteggono: i cosiddetti "**Stati canaglia**".

La lotta è stata intensissima e senza risparmio di uomini e di mezzi: lo stesso presidente Bush nel novembre 2004 è stato rieletto alla presidenza degli Stati Uniti presentandosi come uomo-guida nella guerra senza quartiere contro il terrorismo internazionale. Il modo in cui è stata intrapresa la seconda **guerra in Iraq** e il suo esito hanno tuttavia contribuito a **ridimensionare la leadership** e l'**autorevolezza internazionale** degli Stati Uniti, insieme alla **grave crisi finanziaria del 2008**, che proprio qui ha avuto il suo epicentro.

L'elezione alla presidenza del Paese (2008) del democratico **Barack Obama** (sotto il cui mandato le truppe statunitensi hanno individuato in Pakistan, nel **maggio 2011**, il covo di **Osama Bin Laden**, rimasto **ucciso** durante le operazioni di cattura) e la rivendicazione da parte delle nuove potenze emergenti (Cina e India), ma anche della Russia e dell'Unione Europea, di un ruolo più incisivo sul piano delle strategie mondiali, stanno aprendo nuovi scenari nell'ambito della politica internazionale (vedi pag. 424-425)

George W. Bush, presidente degli Stati Uniti d'America dal 2000 al 2008, alla Casa Bianca di Washington.

Sintesi

Il mondo arabo e i rapporti tra Israeliani e Palestinesi

- Dopo la fine della Seconda Guerra Mondiale i Paesi arabi si aprirono reciprocamente al dialogo e, per guadagnare un maggiore peso politico soprattutto nei rapporti con l'Occidente, diedero vita alla Lega Araba. Altri tentativi per fondare un'unione più stabile tra i diversi Stati fallirono a motivo delle profonde differenze politiche e religiose esistenti.
- Nei primi anni del Novecento, e soprattutto dopo la Seconda Guerra Mondiale, molti Ebrei fecero ritorno in Palestina, colonizzando diversi territori. Nel 1947 l'ONU decise la divisione della regione tra Israeliani e Palestinesi.
- La nascita di un vero e proprio Stato d'Israele, nel 1948, provocò una serie di conflitti con i Palestinesi, alleati con diversi Stati mediorientali (soprattutto Egitto e Siria) e organizzati nell'OLP. La Guerra dei Sei Giorni (nel 1967) e la Guerra del Kippur (nel 1973) rappresentarono i momenti più drammatici dei rapporti tra Israeliani e mondo arabo.
- Nel 1993, dopo numerosi tentativi di mediazione, con gli Accordi di Oslo ebbe inizio – pur tra molte difficoltà – il processo di pacificazione, interrotto dall'assassinio del premier israeliano Yitzhak Rabin, nel 1995. Dal 2000 la regione è divenuta nuovamente teatro di sanguinosi scontri, divenuti ancora più aspri dopo l'ascesa al potere, nei territori palestinesi, del movimento islamico radicale Hamas (2006).
- I conflitti tra Israeliani e Palestinesi provocarono anche una sanguinosa guerra civile in Libano, un Paese ricco e pacifico che fu dilaniato dalla lotta tra i sostenitori degli Israeliani e quelli dei Palestinesi.

Iran e Iraq: tra guerre e dittature

- Iran e Iraq sono stati e continuano a essere causa di forti tensioni per tutto il mondo mediorientale. In Iran, nel 1979, una rivoluzione rovesciò la dinastia dei Pahlavi, che godeva dell'appoggio degli Stati Uniti, e il capo religioso sciita Ruhollah Khomeini diede vita a una Repubblica islamica antiamericana e antioccidentale.
- Negli anni successivi, l'Iran ha conosciuto una stagione di riforme con il presidente Khatami, ma attualmente il suo successore Ahmadinejad ha impresso nuovamente una svolta di carattere tradizionalista, avviando inoltre un contestato programma atomico.
- L'Iraq raggiunse una certa stabilità politica solo dopo il 1963, quando il Partito Baath prese il potere. Dal 1979, Saddam Hussein impose al Paese un regime dittatoriale e lo trascinò in una lunga guerra contro l'Iran, al quale l'Iraq contendeva la supremazia nella regione. Il conflitto si concluse senza vincitori né vinti nel 1988.

Le guerre nel Golfo Persico

- In seguito all'invasione del Kuwait da parte di Saddam Hussein, l'ONU autorizzò un intervento militare (*Prima Guerra del Golfo*, 1991), che si concluse con la sconfitta del dittatore e l'imposizione di un embargo internazionale. Saddam, tuttavia, rimase al potere.
- In seguito agli attentati dell'11 settembre 2001, gli Stati Uniti iniziarono una vera e propria guerra contro il terrorismo internazionale e contro gli Stati impegnati a sostenerlo. In un primo momento, venne rovesciato il regime dei Talebani in Afghanistan, accusato di avere dato appoggio e copertura a Bin Laden, capo dell'organizzazione terrorista Al-Qaeda. Poi, nel marzo del 2003, il presidente Bush diede inizio a una guerra contro l'Iraq: la *Seconda Guerra del Golfo*.
- La nuova guerra contro l'Iraq si è risolta con la deposizione di Saddam Hussein e la fine del regime dittatoriale da lui presieduto. Permane però nel Paese una situazione di conflitto e di tensione, mentre, con l'appoggio dell'ONU, è stata avviata una fase di transizione politica verso la democrazia.

Anche noi storici

Orientarsi nel tempo

1. Ordina nella corretta sequenza cronologica le tappe fondamentali della storia dello Stato di Israele.

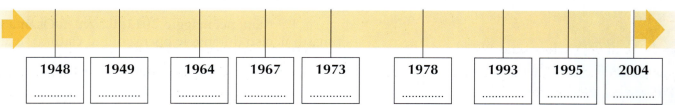

1948 — 1949 — 1964 — 1967 — 1973 — 1978 — 1993 — 1995 — 2004

[**a.** primo conflitto arabo-israeliano: i Palestinesi si rifugiano nei campi profughi dei Paesi circostanti – **b.** tentata rivincita araba e Guerra dei Sei Giorni – **c.** fondazione dello Stato d'Israele – **d.** Accordi di Camp David tra Egitto e Isaele – **e.** nascita dell'OLP – **f.** Accordi di Oslo tra Palestinesi e Israeliani – **g.** Guerra del Kippur – **h.** scomparsa di Arafat – **i.** assassinio di Yitzhak Rabin]

Conoscere eventi e fenomeni storici

2. *Indica se le seguenti affermazioni sono vere (V) o false (F).*

		V	F
a.	La Lega Araba riunisce tutti i Paesi arabi.	☐	☐
b.	In numerosi Paesi arabi esistono conflitti di natura religiosa.	☐	☐
c.	Il Libano è l'unico Stato non musulmano nel Medio Oriente.	☐	☐
d.	La nascita dello Stato di Israele fu osteggiata dagli Stati Uniti.	☐	☐
e.	Gli Stati arabi si opposero alla nascita dello Stato di Israele.	☐	☐
f.	In seguito alla Guerra dei Sei Giorni l'Egitto occupò alcuni territori israeliani.	☐	☐
g.	La pace tra Egitto e Israele fu sancita dagli accordi di Camp David.	☐	☐
h.	I Palestinesi costituirono l'OLP per affermare il proprio diritto ad una patria.	☐	☐
i.	Il conflitto arabo-israeliano si è concluso nel 1993.	☐	☐
l.	La monarchia di Reza Pahlavi fu rovesciata nel 1979 dalla rivoluzione islamica.	☐	☐
m.	La Repubblica islamica guidata da Khomeini si caratterizzò per la politica filoamericana.	☐	☐
n.	La guerra tra Iran e Iraq si è conclusa nel 1990 senza vincitori né vinti.	☐	☐
o.	La Prima Guerra del Golfo è scoppiata in seguito all'invasione dell'Iraq da parte del Kuwait.	☐	☐
p.	L'attentato dell'11 settembre ha determinato la Seconda Guerra del Golfo.	☐	☐
q.	Il regime di Saddam Hussein è stato abbattuto da una rivolta popolare nel 2003.	☐	☐
r.	L'attacco all'Iraq nel 2001 fu autorizzato da una risoluzione dell'ONU.	☐	☐

Riconoscere relazioni – Individuare rapporti di causa ed effetto

3. *Collega i seguenti fatti e fenomeni alla corretta causa / spiegazione (riporta accanto la lettera corrispondente).*

1. La Lega Araba fu fondata …

2. La nascita dello Stato di Israele ha rappresentato un motivo di conflitto nel Medio Oriente …

3. Dopo la Seconda Guerra Mondiale molti Ebrei emigrarono in Palestina …

4. Gli Accordi di Oslo rappresentano una tappa fondamentale nel processo di pace tra Israeliani e Palestinesi …

5. Il Libano divenne oggetto degli attacchi israeliani …

6. Nel 1953 Gran Bretagna e Stati Uniti intervennero in Iran …

7. Le tensioni tra Iran e Iraq sono determinate …

8. Negli anni Novanta l'Iraq ha attraversato un lungo periodo di difficoltà economiche …

9. Il governo di Ahmadinejad ha riacceso focolai di tensione nella regione e nel contesto internazionale …

a. *perché volevano vivere in pace e sicurezza dopo le persecuzioni subite.*
b. *perché gli Stati arabi e i Palestinesi si sono opposti fin dall'inizio alla sua costituzione nel territorio della Palestina.*
c. *dalla lotta per la supremazia nella regione mediorientale e dalle differenti concezioni dello Stato.*
d. *perché sancirono il reciproco riconoscimento dei due popoli e il diritto per entrambi di abitare nella regione palestinese.*
e. *per incrementare il peso politico dei Paesi arabi nel dialogo con l'Occidente e i Paesi comunisti.*
f. *perché il leader iraniano ha inasprito i rapporti con Israele e ha avviato un programma nucleare*
g. *perché la nazionalizzazione del petrolio e le riforme politiche danneggiavano i loro interessi.*
h. *perché era divenuta base militare e terroristica dei profughi palestinesi.*
i. *in conseguenza dell'embargo internazionale imposto contro il regime di Saddam Hussein.*

Organizzare le conoscenze in forma schematica

4. *Sintetizza lo svolgimento delle due Guerre del Golfo, completando lo schema con le informazioni richieste.*

Prima Guerra del Golfo - Anno 1991

a. Iraq contro ....

b. Pretesto per l'intervento: ....

c. Motivo reale: ....

d. Intervento dell'ONU a sostegno di: ....

e. Sconfitta di: ....

Seconda Guerra del Golfo - Anno ....

f. Dichiarazione di guerra degli Stati Uniti a ....
....

g. Motivo: ....

h. Posizione dell'ONU: ....

i. Esito della guerra: ....

PARTE QUINTA **CAPITOLO 19** - IL MEDIO ORIENTE: UNA TERRA TORMENTATA 345

Attivazioni didattiche

Ricavare informazioni da un documento storico

5. Nel XIX secolo sorse in Europa un movimento, detto Sionismo, con l'obiettivo di creare uno Stato che riunificasse gli Ebrei della diaspora. Tale aspirazione trovò il primo riconoscimento internazionale nel 1917, con la cosiddetta Dichiarazione di Balfour, nella quale il ministro degli esteri inglese, rivolgendosi al capo della comunità ebraica britannica Lord Rothschild, esprimeva l'impegno del suo governo a sostenere gli Ebrei nel loro proposito. Leggi il testo della dichiarazione, quindi rispondi alle domande.

La Dichiarazione di Balfour: *alle origini dello Stato di Israele*

Ufficio degli Esteri - 2 novembre 1917

Egregio Lord Rothschild,
ho il piacere di comunicarvi, a nome del Governo di Sua Maestà, la seguente dichiarazione di simpatia per le aspirazioni sioniste ebraiche che è stata presentata ed approvata dal Governo.
"Il Governo di Sua Maestà guarda con favore la costituzione in Palestina d'un focolare nazionale per il popolo ebraico e applicherà tutti i suoi sforzi per facilitare il raggiungimento di questo obiettivo, essendo chiaro che non sarà fatto niente che possa pregiudicare i diritti civili e religiosi delle comunità non ebraiche esistenti in Palestina, o i diritti e lo statuto politico goduti dagli ebrei in qualunque altro paese".
Vi sarei riconoscente se portaste questa dichiarazione alla conoscenza della Federazione Sionista.

Sinceramente vostro,
Arthur James Balfour

a. Qual è l'impegno preso dal governo britannico? ....
....

b. In quale modo viene indicato lo Stato cui aspirano gli Ebrei? Dove dovrebbe essere costituito? ....
....
....

c. A quali condizioni potrà sorgere il nuovo Stato in Palestina? Quali diritti dovranno essere salvaguardati nella costituzione del futuro Stato? ....
....
....

Ricavare informazioni da un documento storico

6. Gli attentati dell'11 settembre e le reazioni che ne sono seguite costituiscono un evento senza precedenti, difficile da classificare nell'ambito delle relazioni internazionali, come viene sottolineato nei testi che seguono, tratti da un'inchiesta del quotidiano francese Le Monde. Leggili con attenzione, quindi esegui quanto proposto.

L'11 settembre, una sfida al diritto internazionale

Il diritto internazionale, cioè l'insieme delle norme di cui si è dotata la comunità delle nazioni con il principale intento di regolare i conflitti nel modo più civile possibile[…], fissa dei punti di riferimento, delle leggi "universali", dei limiti oggettivi a ciò che è permesso e a ciò che non lo è.
L'11 settembre, quando sono crollate le torri del World Trade Center […] alcuni speravano di fare affidamento sul diritto per analizzare l'accaduto e prendere iniziative adeguate. Ma anche il diritto ha accusato il colpo e si è trovato incapace di definire un evento che non rientra in nessuna delle sue categorie.
"Attentati", certo: ma era evidente che non avevano granché in comune con una bomba nella metropolitana parigina o con un attentato suicida a Tel Aviv o a Gerusalemme. "Terrorismo", d'accordo: ma era chiaro che la risposta non poteva essere di natura esclusivamente poliziesca o giudiziaria. "Aggressione", "atto di guerra", come si era espresso George W.Bush? È possibile, ma chi era il nemico, dov'era, quali erano le sue rivendicazioni?
La scelta delle parole[…] avrebbe determinato la reazione e la legittimità del ricorso alle armi. Ma non esiste nessun termine per definire giuridicamente quello che è accaduto l'11 settembre.
Lo stesso giorno George W. Bush ha lanciato la crociata del Bene contro il Male. Questa esaltazione ha destato in alcuni il timore che gli Stati Uniti si sarebbero lanciati, come una belva ferita, in una guerra cieca, al di fuori delle regole e del diritto, che avrebbero bombardato a tappeto l'Afghanistan o l'Iraq; che, accecati dal dolore, sarebbero stati a loro volta fonte di dolore per noi tutti. […]

346 **PARTE QUINTA CAPITOLO 19** - IL MEDIO ORIENTE: UNA TERRA TORMENTATA

Gli americani non hanno cercato di scavalcare la legittimazione dell'Onu, unico rimedio disponibile anche se spesso inefficace – contro la legge della giungla. La missione dell'Onu è quella di impedire le guerre[…]. L'organizzazione promuove delle "operazioni di peacekeeping" (mantenimento della pace) e gli Stati sono autorizzati a intervenire militarmente solo per delega o quando un'aggressione da parte di un altro Stato dà loro il diritto alla legittima difesa.

Il 12 settembre gli Stati Uniti hanno ottenuto il via libera del Consiglio di Sicurezza per rispondere militarmente in nome della legittima difesa: evento più che raro. Hanno ricevuto il sigillo della legalità internazionale prima ancora che il nemico venisse individuato in Osama Bin Laden e nei Talebani che lo sostenevano. I giuristi dovranno interrogarsi su questa benedizione senza precedenti delle Nazioni Unite: chi firmerà la fine di una guerra che non impegna due Stati, ma uno Stato e "il terrorismo"? […]

rid. da Claire Tréan, *Le armi della legge / Risoluzioni pericolose*, Le Monde, 18 novembre 2001,
pubblicato su *Internazionale*, n. 414, 30 novembre 2001

a. Sintetizza con parole tue il concetto di diritto internazionale. ....
....
....
....

b. Quali termini si rivelano inadeguati per definire gli eventi dell'11 settembre? Sulla base del concetto di guerra nel diritto internazionale, perché sarebbe improprio definire gli attentati dell'11 settembre un "atto di guerra"? ....
....
....
....

c. Perché la reazione americana è avvenuta nell'ambito della legalità internazionale? In quale modo è stata autorizzata? Sulla base di quale principio? ....
....
....

d. Qual è il ruolo dell'ONU? ....
....
....
....

Comprendere e utilizzare il linguaggio della storia

7. *Indica il significato dei seguenti termini, scegliendo tra quelli sottoelencati.*

a. OLP ....
b. Hamas ....
c. Sunniti ....
d. Al Qaeda ....
e. Intifada ....
f. Talebani..
g. Sciiti ....
h. Curdi ....
i. Fondamentalismo islamico ....
l. *Enduring Freedom* ....

[**1.** "rivolta delle pietre" dei Palestinesi contro gli Israeliani – **2.** minoranza etnica stanziata tra Iraq, Iran e Turchia – **3.** organizzazione terroristica internazionale che si ispira agli ideali del fondamentalismo islamico – **4.** Organizzazione per la Liberazione della Palestina – **5.** seguaci della corrente maggioritaria dell'Islam, che si riconosce nei detti e nei comportamenti di Maometto – **6.** movimento che sostiene la necessità di conformare ogni aspetto della vita sociale ai precetti del Corano, attribuendo ad essi il valore di leggi universalmente vincolanti – **7.** seguaci della corrente minoritaria dell'Islam che riconosce come capo della comunità islamica l'imam e che è fautrice di un'interpretazione integralista dell'Islam – **8.** operazione militare contro il regime dei Talebani – **9.** movimento islamico palestinese ostile ad accordi con Israele – **10.** movimento integralista islamico costituito dagli studenti di teologia, al potere in Afghanistan fino al 2001]

PARTE QUINTA **CAPITOLO 19** - IL MEDIO ORIENTE: UNA TERRA TORMENTATA **347**

20 La fine dei regimi comunisti e l'Unione Europea

1. Il 1989 e la fine dell'Unione Sovietica

LA CADUTA DEL MURO DI BERLINO

L'anno **1989** rappresenta la fine di un'epoca, la data di un evento dal valore simbolico: l'**abbattimento del muro di Berlino**. Il muro, costruito nel 1961 per impedire ai cittadini della Germania comunista di fuggire verso l'Occidente, era il simbolo della **divisione tra il blocco comunista dell'Europa orientale e il blocco dei Paesi occidentali**. Un simbolo **doloroso**, perché molti, negli anni, furono coloro che morirono (uccisi) nel tentativo di oltrepassarlo.

Il **9 novembre 1989** il muro che divideva Berlino venne **abbattuto con il tacito consenso delle autorità**: si aprì così la frontiera che separava le due zone della città sino ad allora divise. Questo evento rappresentò solo la conclusione di un **processo che era in atto già da tempo** e che, avviato dalla crisi del governo sovietico, portò alla **dissoluzione dei regimi comunisti** nella Germania Est (RDT) e in tutta l'Europa orientale.

Settant'anni di Comunismo e quarant'anni di scontro ideologico e politico crollavano con la caduta del muro. L'abbattimento del muro di Berlino fu **possibile** solo perché già da molti anni l'**Unione Sovietica** – modello e guida dei regimi comunisti europei – attraversava una fase di **grave difficoltà interna**.

> ## Per ricordare
>
> - Perché il 1989 è una data importante?
> - L'abbattimento del muro fu un episodio improvviso e inaspettato?
> - Perché fu possibile l'abbattimento del muro di Berlino?

Uno spiraglio nel muro di Berlino. L'abbattimento del muro divisorio si trasformò in una festa di popolo.

LA CRISI DELL'UNIONE SOVIETICA

Nel 1985 **Michail Gorbaciov** venne eletto Segretario Generale del Partito Comunista dell'Unione Sovietica (PCUS), ereditando una **situazione carica di problemi**. L'Unione Sovietica, infatti, era da anni tormentata da una **grave crisi economica**:
- il settore dei **beni di consumo** era molto **trascurato** e i Sovietici **non avevano possibilità di accesso ai prodotti largamente diffusi in Occidente**;
- l'**agricoltura era perennemente in crisi**, incapace di produrre il necessario per la popolazione;
- inoltre, l'URSS doveva affrontare ingenti **spese** per mantenere un eccezionale **apparato militare** e per sostenere i **Paesi satelliti**.

A questa situazione di crisi economica si aggiungevano le difficoltà dovute alle **tensioni nazionalistiche** che laceravano le singole repubbliche, composte da numerose **minoranze ed etnie**.

La **popolazione**, infine, stanca di **sacrifici e privazioni**, oppressa da una **burocrazia spesso corrotta**, incominciava a chiedere **una maggiore libertà politica** e un **tenore di vita** più vicino a quello dei Paesi occidentali.

> **Per ricordare**
> - Quali furono i problemi di natura economica che Gorbaciov si trovò a dovere affrontare?
> - Quali altre difficoltà erano presenti?
> - Quali richieste venivano avanzate dalla popolazione?

L'AVVIO DELLE RIFORME

Appena giunto al potere Gorbaciov si convinse che era necessario dare vita a **riforme radicali**, rifondando l'Unione Sovietica su nuove basi:
- **parità tra le repubbliche dell'Unione**,
- **autonomia**,
- **cooperazione economica**.

Egli pensava che questo sarebbe bastato per **evitare** che le **tensioni** tra le repubbliche dell'Unione e le difficoltà con i Paesi satelliti portassero alla **dissoluzione dell'intero sistema sovietico**.

Il processo di rinnovamento, però, fu bruscamente interrotto da un **tentativo di colpo di Stato** messo in atto nell'agosto del 1991 da alcuni **generali** dell'esercito e dai **dirigenti del partito** che si opponevano alle riforme. Gorbaciov venne preso in ostaggio con tutta la famiglia mentre si trovava nella sua dacia (casa di villeggiatura) sul Mar Nero.

La Piazza Rossa presidiata dai militari nell'agosto del 1991.

> **Per ricordare**
> - Su quali nuove basi Gorbaciov intendeva rifondare lo Stato sovietico?
> - Di che cosa era convinto Gorbaciov?
> - Che cosa intervenne a interrompere il processo di riforme avviato da Gorbaciov?

IL FALLIMENTO DEL COLPO DI STATO E I PRIMI SEGNI DELLA DISGREGAZIONE

Di fronte al tentativo di colpo di Stato, **il popolo reagì** trovando una nuova guida nel presidente della Repubblica russa, **Boris Eltsin**, il quale riuscì a costringere i golpisti alla **resa**. **Gorbaciov**, liberato, poté tornare a Mosca, ma il suo **prestigio** era definitivamente **compromesso** e il suo **potere** enormemente **indebolito**.

Gorbaciov rimase presidente dell'Unione Sovietica, ma ormai il **nuovo leader** era **Eltsin**, che lanciò un programma di **riforme** ben **più radicali** rispetto a quelle proposte in precedenza dal segretario del Partito. Nell'arco di pochi mesi il **PCUS** venne dichiarato **fuori legge**, insieme al **KGB**, la polizia segreta.

Nel settembre del **1991**, inoltre, il governo sovietico si trovò costretto a riconoscere formalmente l'**indipendenza** delle tre repubbliche baltiche di **Estonia**, **Lettonia** e **Lituania** – annesse all'Unione Sovietica nel 1939 – che già nel 1990 si erano staccate dall'Unione. Anche questo evento contribuì a porre sotto gli occhi del mondo il processo **irreversibile** di **disgregazione** dell'impero sovietico.

Per ricordare

- Chi riuscì a fare fallire il colpo di Stato?
- Che cosa accadde nell'arco di pochi mesi?
- Quale fu il primo evidente segno della disgregazione dell'Unione Sovietica?

LA NASCITA DELLA CSI

Nel dicembre del **1991** Elstin convocò ad **Alma Ata** (Almaty), in Kazakistan, una conferenza dei rappresentanti delle repubbliche sovietiche e insieme ad essi decise di **porre fine allo Stato**. Al suo posto, venne creata una **Comunità degli Stati Indipendenti** (CSI), con la Repubblica russa come Stato-guida.

Di fronte a questa situazione, **Gorbaciov** non poté fare altro che **dimettersi** dalla carica di **presidente di uno Stato che ormai non esisteva più**, mentre **Eltsin**, già presidente della Repubblica russa, assunse la carica di **presidente della nuova confederazione**, carica che gli venne confermata alle elezioni presidenziali del 1996. Dimessosi per motivi di salute, nel marzo 2000 gli succedette **Vladimir Putin**.

Per ricordare

- Come nacque la Comunità degli Stati Indipendenti?
- Perché Gorbaciov si dimise? Chi fu il primo presidente della CSI?

Gorbaciov contestato da Eltsin nel corso di una seduta parlamentare.

LE NUOVE SFIDE

La volontà di adeguarsi rapidamente al modello occidentale, ha avviato in Russia e nei Paesi della CSI una **trasformazione** profonda delle **strutture economiche, politiche** e **sociali** nella direzione di un sistema liberal-democratico e del libero mercato.

Restano ancora forti il **disagio sociale** di chi è stato penalizzato dalla fine del regime comunista e il pericolo di infiltrazioni della **criminalità** nella gestione delle **iniziative imprenditoriali e finanziarie**.

Ugualmente, resta grave il problema delle richieste di **maggiore autonomia** avanzate dalle repubbliche che compongono la CSI, mentre anche all'interno della Repubblica federale russa (la più vasta e potente tra quelle che compongono la CSI) si sono manifestate **spinte separatistiche**: è il caso della **Cecenia**, dove da anni si trascina un **sanguinoso conflitto** fra le truppe dell'esercito federale russo e **gruppi nazionalisti e islamici**, che reclamano l'indipendenza e praticano la **lotta armata** anche di tipo **terroristico**.

Per ricordare
- Quali trasformazioni ha avviato nella CSI il processo di occidentalizzazione?
- Quali problemi sono rimasti aperti?
- Che cosa accade in Cecenia?

Leggere un documento

La fine della guerra fredda: una vittoria per l'umanità

Michail Gorbaciov *fu il vero* **protagonista** *della trasformazione dell'Unione Sovietica: ebbe il coraggio di riconoscere che il sistema comunista sovietico era fallito e intraprese le riforme indispensabili ad avviare un profondo* **rinnovamento politico ed economico**. *Nel testo che segue, tratto da un articolo apparso su una rivista del quotidiano "La Stampa", Gorbaciov esprime il significato storico degli eventi che hanno cambiato il mondo tra il 1989 e il 1991.*

> La guerra fredda non si è conclusa con la sconfitta o la vittoria di un blocco sull'altro. La fine del clima di terrore e di tensione e il venir meno della minaccia nucleare hanno segnato un progresso per l'intera umanità.

Il risultato principale e fondamentale del nuovo corso e del nuovo modo di pensare al mondo (dopo la caduta del muro di Berlino) fu che la guerra fredda finì. Terminò un periodo prolungato e potenzialmente letale nella storia mondiale, in cui la razza umana aveva vissuto sotto la minaccia costante di un disastro nucleare. Per molti anni, si è discusso su chi avesse vinto e chi perso la guerra fredda. A nostro giudizio questa stessa domanda non fa altro che rendere omaggio al passato e al vecchio modo di pensare in termini di confronto.

Dal punto di vista della ragione è chiaro che ha vinto l'intera umanità – ogni Paese, ogni essere umano. La minaccia di un olocausto nucleare è divenuta storia, a meno che, naturalmente, non si ricada nell'errore. Voci critiche, in patria, ci hanno anche accusato di avere perso i nostri alleati nell'Europa dell'Est, di aver ceduto questi Paesi senza esigere alcuna compensazione. Ma a chi li abbiamo ceduti? Alla loro gente. I Paesi dell'Europa dell'Est, nel corso della libera espressione della volontà dei cittadini, hanno scelto un loro percorso di sviluppo basato sui loro bisogni nazionali. Il sistema che esisteva nell'Europa centrale e dell'Est è stato condannato dalla storia, così come è stato condannato il sistema che esisteva nel nostro Paese. Sopravviveva da troppo tempo a se stesso e rappresentava un fardello per i cittadini. Ogni sforzo volto a preservare questo sistema avrebbe ulteriormente indebolito le posizioni del nostro Paese screditando l'Unione Sovietica agli occhi della nostra stessa gente e del mondo intero. Inoltre, questo sistema si sarebbe potuto "salvare" solo in un modo: inviando carri armati come avevano fatto in Cecoslovacchia nel 1968.

> La caduta del muro di Berlino ha sancito di fatto la fine della guerra fredda. La nascita di nuovi equilibri politici ha costretto i governanti a pensare al mondo in modo nuovo, liberandosi dagli schemi e dai pregiudizi che per oltre 40 anni avevano condizionato le loro azioni e le loro scelte.

> Gorbaciov ammette che negli ultimi anni il sistema sovietico era ormai esausto, in crisi sia in Unione Sovietica sia negli altri Paesi comunisti e che avrebbe potuto continuare a imporsi solo con la forza a cittadini ormai scontenti e spesso impoveriti.

> Nei Paesi che avevano fatto parte del blocco comunista, la fine della guerra fredda ha costituito l'occasione per le popolazioni di riappropriarsi della loro libertà e del diritto all'autodeterminazione.

da *Vincitori e perdenti. Dall'URSS alla Russia*, in *La Stampa-Problemi di attualità*, n. 3, 1993

PARTE QUINTA CAPITOLO 20 - LA FINE DEI REGIMI COMUNISTI E L'UNIONE EUROPEA

2. La disgregazione del blocco comunista

LA DISGREGAZIONE DEI REGIMI COMUNISTI NEGLI "STATI SATELLITI"

Non appena il **controllo militare e politico dell'Unione Sovietica si allentò** a causa delle difficoltà interne, in tutti i Paesi dell'Europa orientale **caddero i regimi comunisti**. Gli ex "Stati satelliti" abbandonarono il modello politico ed economico tipico del comunismo e si avvicinarono al sistema della **democrazia parlamentare** e dell'**economia di mercato**.

Questo cambiamento radicale avvenne in pochi mesi, **tra il 1989 e il 1990**, sotto la pressione della protesta popolare. In genere, **non si ebbero rivoluzioni violente**, ma semplicemente si imposero movimenti di **dissenso** e di **protesta politica**, che già da tempo agivano nella clandestinità.

Per ricordare
- Che cosa accadde quando venne meno il controllo esercitato dall'URSS sugli "Stati satelliti"?
- Come avvennero questi cambiamenti?

LA TRANSIZIONE PACIFICA

La transizione verso il regime democratico avvenne pacificamente, nel 1989, in **Polonia** (dove il fondatore del sindacato *Solidarnosc*, Lech Walesa, fu eletto alla presidenza della repubblica nel 1990), in **Cecoslovacchia** (successivamente divisasi in **Repubblica Ceca** e **Slovacchia**), in **Ungheria**, in **Bulgaria**.

Solo in **Romania** fu necessaria una rivolta violenta per destituire il dittatore Nicolae Ceausescu, giustiziato insieme alla moglie nel dicembre 1989.

Il **3 ottobre 1990**, poco meno di un anno dopo la "caduta" del muro di Berlino, si è realizzata anche la **riunificazione della Germania**.

In tutti questi Paesi, il **passaggio all'economia di mercato non è avvenuto senza difficoltà**, ma la scelta apparve subito **irreversibile**.

Per ricordare
- Come avvenne la transizione verso il regime democratico?
- Che cosa accadde in Romania?
- Quando avvenne la riunificazione della Germania?
- Come avvenne il passaggio all'economia di mercato?

LA DIFFICILE DEMOCRATIZZAZIONE DELL'ALBANIA

Le vicende del 1990 ebbero ripercussioni anche sull'**Albania**, in cui ebbe termine una **dittatura comunista tra le più rigide**. Il Paese, dopo essere uscito da decenni di isolamento, ha conosciuto in seguito fasi di **grave instabilità**, culminate nella **rivolta del 1997** che travolse le precarie istituzioni democratico-parlamentari, portando alla **dissoluzione dell'intero apparato statale**.

Lo Stato albanese sta gradualmente tornando alla normalità, anche se **l'economia** è in **grave difficoltà** e sono diffuse **illegalità** e corruzione. Migliaia di Albanesi negli ultimi anni hanno cercato di fuggire dalla povertà e dalla violenza emigrando anche clandestinamente in Italia.

Per ricordare
- Quali eventi segnarono la storia dell'Albania dopo il 1990?
- Qual è la situazione attualmente?

LA CRISI DELLA IUGOSLAVIA DOPO TITO

Alla fine della Seconda Guerra Mondiale, la Iugoslavia era stata riunita dal maresciallo **Tito** in una sola **repubblica federale**, sotto il controllo del **Partito Comunista**. Tito seppe garantire l'unità dello Stato grazie a una **politica di equilibrio** tra le diverse componenti della federazione, formata da **differenti etnie**, **religioni** e **nazionalità**.

Alla morte di Tito, avvenuta nel 1980, la Iugoslavia, in preda a una grave **recessione economica**, andò incontro a un rapido processo di **disgregazione**, destinato a sfociare in una sanguinosa **guerra civile**.

Per ricordare
- Come riuscì Tito a mantenere l'unità dello Stato iugoslavo?
- Che cosa accadde dopo la sua morte?

L'INDIPENDENZA DELLE REPUBBLICHE IUGOSLAVE

Dopo la caduta del muro di Berlino, le prime repubbliche iugoslave a proclamare la propria **indipendenza** nel giugno del 1991 furono la **Slovenia** e la **Croazia**. La **Macedonia** divenne indipendente nel settembre dello stesso anno, seguita poi dalla **Bosnia-Erzegovina** nel marzo del 1992. Nello stesso anno, le repubbliche di Serbia e Montenegro diedero vita alla **Repubblica Federale di Iugoslavia**.

In **Slovenia**, la **composizione etnica compatta** (la regione è abitata nella quasi totalità da Sloveni) e la **lontananza della Serbia** hanno fatto sì che l'indipendenza fosse accettata in modo **quasi pacifico**. Diversa fu, invece, la sorte delle altre repubbliche che per anni furono tormentate da **guerre** e **lotte interne**.

I primi conflitti scoppiarono tra **Serbia e Croazia** e furono aggravati dal fatto che in Croazia da sempre risiedeva un'**importante minoranza etnica serba**, che aspirava a riunirsi con la madrepatria. Poi esplose una guerra violenta tra **Serbia e Bosnia-Erzegovina** (1992-1995), della quale si rese protagonista il presidente comunista serbo **Slobodan Miloševic**, il quale sottopose la Bosnia a terribili operazioni di **pulizia etnica**, con **deportazioni** e **stragi di massa**.

Per ricordare
- Quali Stati indipendenti sorsero dopo la dissoluzione della Iugoslavia socialista?
- Perché la Slovenia ottenne l'indipendenza in modo pacifico?
- Quali conflitti travagliarono gli altri Stati iugoslavi?

Pulizia etnica
Azioni persecutorie finalizzate all'allontanamento da un territorio o all'eliminazione fisica di persone appartenenti a un gruppo etnico minoritario.

Una donna del Montenegro piange sulle rovine della casa distrutta nel corso della guerra che ha dilaniato la ex Iugoslavia.

LA GUERRA IN KOSOVO E L'INTERVENTO DELLA COMUNITÀ INTERNAZIONALE

Nel 1998 una nuova guerra scoppiò nella regione del **Kosovo**, abitata prevalentemente da **Albanesi**, che intendevano **rendersi indipendenti dalla Serbia**. L'**intervento dell'esercito serbo** fu violento e repressivo. Il Kosovo, come la Bosnia, fu sottoposto a una pulizia etnica radicale e disumana, che vide **massacri** di civili e l'**espulsione degli Albanesi** dal Paese.

Di fronte a questa situazione la **NATO** decise di intervenire (1999) contro l'esercito serbo di Milošević, ma i **bombardamenti** colpirono in modo pesante anche la **popolazione civile** di entrambi i Paesi. Inoltre, il ritorno degli Albanesi kosovari nella loro terra fu accompagnato da **vendette e violenze** altrettanto atroci.

Nel 1993 è stato istituito il **Tribunale Penale Internazionale** per i crimini commessi nella ex Iugoslavia, con il compito di **punire i responsabili di crimini di guerra e di crimini contro l'umanità**. **Milošević** è stato posto sotto processo con varie imputazioni, tra cui quella di **genocidio** ma, prima ancora che fosse pronunciata una sentenza, è **morto in carcere** nel marzo del 2006.

Gli ultimi atti della **riorganizzazione della ex Iugoslavia** hanno visto la fine della Repubblica Federale di Iugoslavia (14 marzo 2002), con la costituzione del nuovo Stato di **Serbia** (comprendente i territori autonomi della Vojvodina e del Kosovo) **e Montenegro**; la successiva **separazione consensuale** del **Montenegro** dalla Serbia (2006); la dichiarazione unilaterale di **indipendenza** da parte del **Kosovo** (17 febbraio 2008), regione tuttora sotto tutela internazionale.

Per ricordare

- Perché scoppiò la guerra in Kosovo?
- Perché la NATO decise di intervenire? Con quali esiti?
- Perché fu istituito il Tribunale Penale Internazionale?
- Come si è conclusa la riorganizzazione della ex Iugoslavia?

Leggere una carta

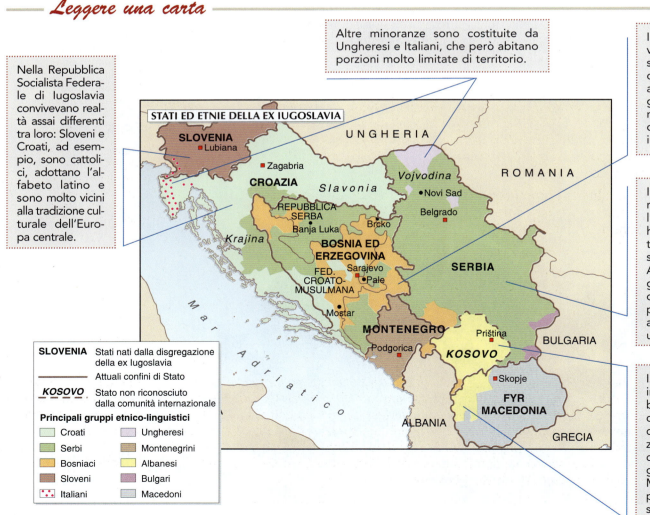

Nella Repubblica Socialista Federale di Iugoslavia convivevano realtà assai differenti tra loro: Sloveni e Croati, ad esempio, sono cattolici, adottano l'alfabeto latino e sono molto vicini alla tradizione culturale dell'Europa centrale.

Altre minoranze sono costituite da Ungheresi e Italiani, che però abitano porzioni molto limitate di territorio.

I Bosniaci sono prevalentemente musulmani osservanti e questa loro spiccata appartenenza religiosa è stata spesso motivo di contrasto con gli altri popoli iugoslavi.

I Serbi sono cristiani ortodossi, usano l'alfabeto cirillico e hanno sempre avuto legami molto stretti con la Russia. Anche il Montenegro è ortodosso e questo facilita i rapporti con la Serbia, alla quale è stato unito.

Il Kosovo è abitato in prevalenza da Albanesi, presenti anche in Macedonia, denominata internazionalmente FYR Macedonia (Former Yugoslav Republic of Macedonia, cioè "Repubblica ex Iugoslava di Macedonia").

3. Verso una nuova Europa

IL SOGNO DI UN'EUROPA UNITA

Alla fine della Seconda Guerra Mondiale alcuni politici europei iniziarono a elaborare un progetto di <u>integrazione</u> economica e politica dell'Europa. Tale progetto si basava su ideali di **pacificazione** e di **sviluppo**, capaci di favorire il **superamento degli antagonismi e delle rivalità** che, nella storia anche più recente, erano stati all'origine di conflitti terribili.

Tra le più note personalità che si impegnarono nel progetto di un'Europa unita sono da ricordare gli italiani **Altiero Spinelli** e **Alcide De Gasperi**, i francesi **Jean Monnet** e **Robert Schuman**, il tedesco **Konrad Adenauer**.

Per ricordare
- Quali obiettivi si proponevano di raggiungere i primi fautori dell'integrazione europea?
- Chi furono i protagonisti dell'inizio del processo di integrazione?

Parola chiave

INTEGRAZIONE
- La parola deriva dal latino *integratio*, che letteralmente ha il significato di "rinnovamento" o "ristabilimento", nel senso di "ricomporre" qualcosa che si era in precedenza frantumato o disperso. Quando si parla di **integrazione europea**, il termine assume il significato di un'unione o una fusione di elementi che si completano, e quindi si "integrano" a vicenda, attraverso un'organizzazione comune dei loro mezzi, delle loro risorse e delle loro capacità. L'integrazione si traduce così in un processo nel quale i diversi Stati, attuando una cooperazione regolata da norme e istituzioni sovranazionali, tendono al coordinamento delle loro attività e delle loro scelte in ambito economico e politico, in vista del raggiungimento di obiettivi comuni.

Il primo passo: la cooperazione economica

Nel clima post bellico, con un mondo diviso in **due forti alleanze militari** e l'Europa spaccata in due dalla **guerra fredda**, il terreno su cui fu più facile trovare accordi fu quello **economico**.

Ciascuna delle nazioni europee interessate al progetto (tutte appartenenti al blocco occidentale) aveva i propri motivi per ritenerlo vantaggioso, ma l'idea che trovava tutti concordi era che solo **mettendo in comune** le proprie **risorse** l'Europa avrebbe potuto far fronte alla sfida della **concorrenza** con il resto del mondo industrializzato. L'unità dell'Europa cominciò così a concretizzarsi in **legami commerciali** privilegiati a favore dei Paesi aderenti.

Nel 1949 fu istituito a Strasburgo il **Consiglio d'Europa**, con lo scopo principale di sviluppare il senso della **collaborazione tra le nazioni** e la **difesa della libertà**, della **democrazia**, dei **diritti dell'uomo**.

> **Per ricordare**
> - Nella situazione politica del dopoguerra, da dove sembrò utile fare partire il processo di integrazione europea?
> - Su quale idea erano concordi i rappresentanti degli Stati europei che decisero di avviare la collaborazione?
> - Quale fu lo scopo principale del Consiglio d'Europa?

Le tappe dell'integrazione economica

Nel 1951 venne istituita la CECA (**Comunità Europea del Carbone e dell'Acciaio**), con l'obiettivo di **favorire lo scambio delle materie prime** (carbone e acciaio) essenziali allo sviluppo industriale. Vi parteciparono la **Repubblica Federale Tedesca**, la **Francia**, il **Belgio**, i **Paesi Bassi**, il **Lussemburgo** e l'**Italia**.

Nel 1957 i sei Stati firmarono i **Trattati di Roma**, con i quali diedero vita a **due nuove organizzazioni**:

- la **Comunità Economica Europea** (CEE) o Mercato Comune Europeo (MEC), con lo scopo di eliminare le barriere doganali tra i Paesi membri e permettere così la libera circolazione di merci e capitali;
- la **Comunità Europea dell'Energia Atomica** (EURATOM).

In seguito entrarono a far parte della CEE: **Regno Unito**, **Irlanda** e **Danimarca** (1973); **Grecia** (1981); **Spagna** e **Portogallo** (1986); i *länder* dell'ex **Germania Orientale** (1990); infine, **Austria**, **Finlandia** e **Svezia** (1995).

> **Per ricordare**
> - Perché fu istituita la CECA?
> - Quali nuove organizzazioni nacquero con i Trattati di Roma?
> - Quali Stati entrarono progressivamente a far parte della CEE?

Una seduta del Parlamento Europeo.

Verso l'integrazione politica

Nel **1992** venne fissata una delle tappe più significative nell'attuazione del progetto di un'Europa unita. Con il **Trattato di Maastricht** (in vigore dal **1993**) fu sancita la nascita dell'**Unione Europea**, che, tra l'altro, prevedeva per l'immediato futuro (1° gennaio **1999**) l'adozione di una **moneta comune**. Il Trattato di Maastricht fu importante perché, oltre a perfezionare i meccanismi della collaborazione economica, rilanciò di fatto anche il cammino verso un'**integrazione politica** dell'Europa.

Nel **1995** fu istituita la **libera circolazione dei cittadini** tra gli Stati membri dell'Unione e furono aboliti i controlli alle frontiere (**Convenzione di Schengen**).

Il processo dell'Unione Economica e Monetaria (UEM), dopo la tappa dello SME (Sistema Monetario Europeo), raggiunse l'obiettivo più significativo con l'entrata in vigore dell'**euro**, la **moneta unica europea**, che ha avuto corso effettivo dal 1° gennaio **2002**. I Paesi aderenti furono: Austria, Belgio, Finlandia, Francia, Germania, Irlanda, Italia, Lussemburgo, Paesi Bassi, Portogallo e Spagna, cui si è aggiunta, nel 2001, la Grecia.

Dal 1° maggio 2004 sono entrati a far parte dell'Unione Europea: **Cipro**, **Slovenia**, **Malta**, **Repubblica Ceca**, **Slovacchia**, **Ungheria**, **Polonia**, **Estonia**, **Lettonia** e **Lituania**. Il 1° gennaio **2007** anche **Bulgaria** e **Romania** sono entrate nell'UE (che pertanto, attualmente, comprende **27 Stati**); contemporaneamente la Slovenia ha adottato l'euro, seguita da Malta, Cipro, Slovacchia ed Estonia. **Candidati** ad un prossimo ingresso nell'Unione sono **Croazia**, **FYR Macedonia**, **Turchia** e **Islanda**.

Per ricordare

- Che cosa sancì il Trattato di Maastricht? Perché fu importante?
- Quando venne stabilita la libera circolazione dei cittadini? Con quale trattato?
- Quando l'euro ha iniziato ad avere corso effettivo?
- In quali riprese sono entrati a far parte dell'Unione Europea gli ultimi Stati membri?

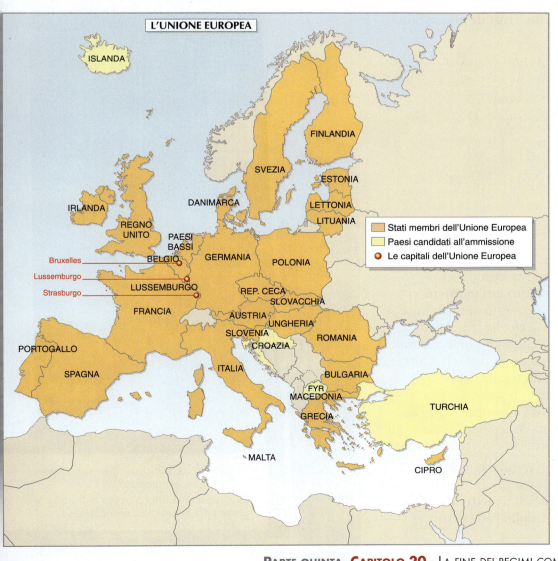

L'Europa di fronte al futuro

Negli ultimi decenni della sua storia l'Europa ha imparato a guardare al futuro con una nuova consapevolezza delle grandi **sfide** che si preparano, ma anche con una nuova convinzione della propria **forza** e delle proprie **possibilità**. Sa di poter essere **forte solo se unita**.

L'Unione Europea è stata fondata con l'obiettivo di conseguire l'integrazione politica, sociale ed economico-monetaria tra gli Stati membri. I princìpi che stanno a fondamento dell'Unione Europea sono stati proclamati nel 2000 con la **Carta dei Diritti fondamentali dell'UE**: democrazia, difesa dei diritti umani, rispetto delle minoranze, libertà di pensiero e di religione, tutela dell'ambiente naturale, giustizia e sicurezza sociale, economia di mercato.

Dalla Costituzione al Trattato di Lisbona

Il 29 ottobre 2004 i 27 Paesi membri dell'Unione sottoscrissero a Roma il testo di una **Costituzione Europea**. Il **processo di ratifica** del testo costituzionale **si è tuttavia bloccato** in seguito all'**esito negativo dei referendum** celebrati nel 2005 **in Francia e nei Paesi Bassi**.

Dopo un periodo di riflessione durato circa due anni e mezzo, i Paesi dell'Unione si sono accordati nell'ottobre del 2007 su un **nuovo Trattato di riforma, che sostituiva la Costituzione non ratificata, recependone comunque diverse innovazioni**. Il nuovo trattato, sottoscritto a Lisbona il 13 dicembre 2007, è denominato **Trattato di Lisbona**.

Per ricordare
- Perché la ratifica della Costituzione Europea si è bloccata?
- Quale nuovo Trattato di riforma è stato sottoscritto?

Le difficoltà e la ricchezza che vengono dalle diversità

Le realtà che convivono nella nuova Europa sono certamente **differenti** e spesso tra loro **antagoniste**, ma rappresentano le **diverse anime** di questo complesso continente e anche la sua immensa **ricchezza**. Anche le **economie sono diverse**. Vi sono Paesi con un'**economia trainante** e Paesi con situazioni **meno stabili** ed affermate, dove l'economia è ancora prevalentemente agricola, soggetta a frequenti crisi produttive, bisognosa di aiuti ed investimenti esterni per garantirne lo sviluppo. Queste differenze hanno posto il problema della effettiva possibilità di integrazione economica tra i vari Stati e fra le varie realtà.

La **crisi economica** che ha scosso il mondo a partire dal 2009 ha avuto ripercussioni negative anche in Europa, aggravando le difficoltà degli Stati più deboli e **mettendo alla prova le relazioni tra i Paesi membri della "zona euro"**.

Per ricordare
- Quali convinzioni sono maturate in Europa negli ultimi decenni?
- Dove sono enunciati i princìpi fondamentali dell'Unione Europea?

La sede del Parlamento Europeo a Bruxelles.

Per ricordare
- Quali sono le principali diversità presenti nel continente europeo?
- Quali ripercussioni ha avuto in Europa la grave crisi economica mondiale?

Approfondimenti

Storia e politica

UN NUOVO RUOLO INTERNAZIONALE PER L'EUROPA?

UNA GRANDE POTENZA ECONOMICA...

L'Unione Europea è la **prima potenza commerciale del mondo**, in diretta concorrenza con Stati Uniti e Giappone. Sul piano internazionale, essa costituisce un forte **punto di riferimento** economico per le **aree più deboli** o **in fase di transizione**.

Le relazioni economiche che l'Unione Europea intrattiene con i Paesi del Mediterraneo, dell'America Latina e dell'Asia ne fanno, infatti, un rilevante referente nel contesto internazionale.

Numerosi sono gli accordi stipulati con i Paesi in via di sviluppo di queste aree o con quelli maggiormente industrializzati, come la Russia.

Questi accordi prevedono la **cooperazione** in campo ambientale, energetico, scientifico, agevolazioni commerciali, **assistenza** finanziaria e tecnica, **aiuti** umanitari veri e propri.

... ALLA RICERCA DI UN RUOLO POLITICO INTERNAZIONALE

Sul piano più specifico della politica internazionale, invece, l'Unione Europea sta cercando il modo per ritagliarsi un ruolo da protagonista, in grado di esprimere una **politica estera** autorevole, **autonoma ed unitaria**. In occasione delle più recenti crisi internazionali, dal conflitto nei Balcani alla seconda guerra contro l'Iraq, si è potuto infatti constatare come ciascun Paese membro abbia espresso la propria politica estera, senza che l'Unione fosse in grado di parlare al mondo con una "**voce sola**".

Verso questo ambizioso traguardo si muoveva decisamente la Costituzione Europea sottoscritta il 29 ottobre 2004 a Roma, il cui processo di ratifica si è però bloccato dopo il "no" pronunciato dai cittadini di Francia e Paesi Bassi. Il Trattato di Lisbona, approvato il 13 dicembre 2007 con lo scopo di sostituire la Costituzione non ratificata, introduce comunque la figura di un **Alto rappresentante per gli affari esteri e per la politica di sicurezza**, che dispone di un servizio diplomatico ed ha estese competenze.

UNA NUOVA SFIDA

La difficoltà di elaborare una **politica estera comune** e condivisa da tutti gli Stati membri, è in primo luogo riconducibile alle **differenti tradizioni politiche** e culturali dei diversi Paesi, soprattutto di quelli, come Francia e Gran Bretagna, che per secoli sono stati potenze a livello mondiale e comunque hanno alle spalle storie differenti proprio nell'ambito della politica internazionale, con scelte talora contrastanti.

Per giocare un ruolo decisivo a livello internazionale, l'Europa dovrà dunque presentarsi con una politica estera comune e per fare questo tutti gli Stati dovranno adattarsi a scelte che di volta in volta appariranno forse difficili e non sempre in continuità con la loro tradizione storica e culturale.

Anche questa è una **sfida per il futuro** dell'Europa unita.

Sintesi

Attivazioni didattiche

IL 1989 E LA FINE DELL'UNIONE SOVIETICA

- Il 1989 segna la fine di un'epoca, perché è l'anno in cui venne abbattuto il muro di Berlino, simbolo della divisione dell'Europa e del mondo in due blocchi contrapposti. Immediatamente dopo, nel giro di pochi mesi, caddero tutti i regimi comunisti dell'Europa orientale.
- Il rapido sconvolgimento degli assetti internazionali fu possibile perché da tempo l'Unione Sovietica viveva un momento di forte crisi e non riusciva a mantenere il controllo sugli "Stati satelliti".
- A questa situazione tentò di porre rimedio Michail Gorbaciov, che diede vita a una serie di riforme politiche ed economiche, tese alla progressiva e graduale democratizzazione dell'URSS.
- Il processo di riforma venne interrotto dal tentativo fallito di colpo di Stato dell'agosto 1991, il quale portò Boris Eltsin ad assumere il ruolo di leader nell'URSS. Eltsin, con il suo progetto di riforme radicali, contribuì in modo determinante ad accelerare il processo di dissoluzione delle strutture politiche sovietiche.
- Nel dicembre del 1991, per iniziativa di Eltsin, l'Unione Sovietica venne sciolta e sostituita dalla CSI, cioè dalla Comunità di Stati Indipendenti, al cui interno la Russia assumeva un ruolo preminente.
- Queste trasformazioni produssero sconvolgimenti tali, a livello economico, da generare forti tensioni sociali, proseguite anche sotto la presidenza di Vladimir Putin, eletto nel marzo 2000.

LA DISGREGAZIONE DEL BLOCCO COMUNISTA

- La caduta del muro di Berlino e il venir meno del controllo esercitato dall'URSS fecero sì che anche nei Paesi dell'Europa avvenisse il passaggio verso la democrazia.
- In Polonia divenne presidente il sindacalista Lech Walesa; la Cecoslovacchia prima si liberò dal giogo sovietico e poi si divise in Repubblica Ceca e Slovacchia; il regime comunista cadde anche in Ungheria, Bulgaria e, in modo più violento, anche in Romania. Il 3 ottobre 1990 anche le due Germanie vennero riunificate.
- In Albania il processo di democratizzazione fu più difficile e ancora oggi permangono difficoltà di natura economica e politica.

- Dopo la morte di Tito e il crollo dei regimi comunisti, anche in Iugoslavia iniziò il dissolvimento del sistema politico, avvenuto, ad eccezione della Slovenia e della Macedonia, in modo cruento.
- Sanguinose guerre civili coinvolsero la Serbia (decisa a mantenere l'egemonia nella regione), la Croazia e la Bosnia-Erzegovina, abitate da molteplici etnie con religioni diverse.
- Un'altra guerra scoppiò in Kosovo nel 1998, allorché la Serbia si oppose con la forza alla richiesta di indipendenza della comunità di etnia albanese. Per giudicare i responsabili dei crimini commessi durante le guerre nella ex Iugoslavia è stato istituito il Tribunale Penale Internazionale. Il maggiore imputato, Milošević, è morto durante il processo nel marzo del 2006.
- La riorganizzazione della ex Iugoslavia ha visto la costituzione dello Stato di Serbia e Montenegro (2002), la separazione consensuale di quest'ultimo (2006) e quella unilaterale del Kosovo, dichiaratosi indipendente nel 2008.

VERSO UNA NUOVA EUROPA

- L'idea di un'Europa unita nacque all'indomani del secondo conflitto mondiale. Fautori e ispiratori furono Spinelli, De Gasperi, Monnet, Schuman e Adenauer.
- I primi legami che vennero instaurati tra alcuni Paesi furono di natura economica, anche se fin da subito non mancò l'attenzione verso temi legati alla libertà, alla democrazia e ai diritti umani.
- Nel corso degli anni, l'integrazione economica è proseguita coinvolgendo in diverse tappe nuovi Paesi, finché nel 1992 si è compiuto uno dei passi più importanti per la costruzione dell'Europa: il Trattato di Maastricht. Esso sancì la nascita dell'Unione Europea e soprattutto definì le tappe future del processo di integrazione.
- La Costituzione Europea, firmata nell'ottobre del 2004, non è stata ratificata. Essa è stata sostituita dal Trattato di Lisbona, approvato il 13 dicembre 2007, che ne ha recepito alcune importanti innovazioni.
- Non tutti i 27 Paesi che fanno parte dell'Unione hanno lo stesso grado di sviluppo, soprattutto a livello economico. Tuttavia, le differenze, per quanto problematiche, possono costituire anche un'occasione di arricchimento reciproco e rappresentano una sfida per i nuovi equilibri da costruire.

Anche noi storici

Conoscere eventi e fenomeni storici

1. *Sottolinea o evidenzia il termine corretto tra quelli proposti.*

a. Il muro di Berlino fu abbattuto **1.** *con il tacito consenso delle autorità* / **2.** *nonostante l'opposizione delle autorità.*
b. Il colpo di Stato del 1991 **1.** *rafforzò il potere di Gorbaciov* / **2.** *indebolì il potere di Gorbaciov.*
c. Nel dicembre 1991 venne sancita **1.** *la fine dell'URSS* / **2.** *la fine della CSI.*
d. Al posto dell'URSS venne creata **1.** *la Federazione Russa* / **2.** *la Comunità di Stati Indipendenti.*
e. La transizione dei regimi comunisti "satelliti" dell'URSS avvenne **1.** *in modo pacifico quasi ovunque* / **2.** *ovunque attraverso violente rivolte popolari.*
f. La Germania venne riunificata **1.** *il 9 novembre 1989* / **2.** *il 3 ottobre 1990.*
g. La disgregazione della Iugoslavia **1.** *avvenne in modo pacifico* / **2.** *fu accompagnata da lunghi e sanguinosi conflitti.*
h. Il processo di integrazione europea riguardò inizialmente **1.** *la cooperazione in campo politico* / **2.** *la cooperazione in campo economico.*
i. Il Trattato di Maastricht sancì **1.** *la nascita dell'Unione Europea* / **2.** *la nascita della CECA.*
l. L'Unione Europea riunisce **1.** *tutti gli Stati dell'Europa, Russia esclusa* / **2.** *27 Paesi europei.*

Riconoscere relazioni – Individuare rapporti di causa ed effetto

2. *Collega i seguenti fatti e fenomeni alla corretta causa / spiegazione (riporta accanto la lettera corrispondente).*

1. L'abbattimento del muro di Berlino non fu un evento improvviso …
2. L'abbattimento del muro di Berlino fu possibile …
3. La conferenza di Alma Ata fu una tappa fondamentale nella storia dello Stato russo …
4. I regimi comunisti dell'Europa orientale caddero …
5. Le guerre nella ex Iugoslavia furono particolarmente violente …
6. La NATO intervenne in Kosovo …
7. Il progetto di unificazione dell'Europa nacque e si sviluppò …
8. La prima forma di cooperazione tra gli Stati europei fu di tipo economico …
9. Il Trattato di Maastricht è stato importante …
10. La Costituzione Europea elaborata nel 2004 non è entrata in vigore …

a. perché già da tempo l'URSS, guida e modello dei regimi comunisti, attraversava una grave crisi.
b. perché decretò la fine dell'URSS e la nascita della CSI.
c. perché venne meno il controllo politico e militare dell'URSS.
d. per fermare i massacri dell'esercito serbo contro la popolazione albanese.
e. perché furono attuati massacri e genocidi.
f. perché è stata respinta dai referendum in Francia e nei Paesi Bassi.
g. perché con esso si fondò l'UE e si rilanciò il cammino verso l'integrazione politica.
h. perché rappresentò la conclusione di un processo di crisi dei regimi comunisti in atto da tempo.
i. perché era il campo più facile su cui accordarsi in un periodo di forti contrapposizioni politiche.
l. con l'obiettivo di superare le rivalità tra gli Stati europei.

Orientarsi nello spazio

3. *Osserva le carte riportate alle pagg. 350, 352 e 354, quindi esegui quanto proposto.*

Carta a pag. 350:
a. Quali Stati costituiscono la Comunità di Stati Indipendenti? ....
b. Quali delle ex repubbliche sovietiche non sono confluite nella CSI? ....
Carta a pag. 352:
c. Quali erano gli Stati comunisti satelliti dell'URSS? ....
d. Quali erano i Paesi a regime comunista autonomi dall'URSS? ....
Carta a pag. 354: **e.** Quali Stati sono nati dalla dissoluzione della Repubblica Federale di Iugoslavia? ....

PARTE QUINTA **CAPITOLO 20** - LA FINE DEI REGIMI COMUNISTI E L'UNIONE EUROPEA

Attivazioni didattiche

Orientarsi nel tempo

4. *Indica la data dei seguenti eventi.*

a. Adozione della moneta unica europea ....

b. Entrata in circolazione dell'euro ....

c. Caduta del muro di Berlino ....

d. Fine dell'URSS - Conferenza di Alma Ata ....

e. Trattato di Lisbona ....

f. Nascita dell'UE ....

g. Entrata in vigore della Convenzione di Schengen ....

h. Riunificazione della Germania ....

i. Trattati di Roma ....

l. Elezione di Gorbaciov a Segretario del Partito Comunista Sovietico ....

Ricavare informazioni da un documento storico – Conoscere eventi e fenomeni storici

5. *Il 9 maggio 1950 Robert Schuman, ministro francese degli Affari Esteri, ispirandosi ad un'idea di Jean Monnet, compiva un atto storico, tendendo la mano agli avversari nella guerra da poco finita: propose, infatti, di costituire una comunità di interessi pacifici, ponendo sotto il controllo di un'unica autorità comune la produzione di carbone e di acciaio. Tale proposta può essere considerata il primo passo del processo di integrazione europea.*
Riportiamo alcuni passi significativi della Dichiarazione. *Leggili con attenzione ed esegui quanto proposto.*

La Dichiarazione Schuman: *alle origini del progetto di integrazione europea*

La pace mondiale non potrà essere salvaguardata se non con sforzi creativi, proporzionali ai pericoli che la minacciano. Il contributo che un'Europa organizzata e vitale può apportare alla civiltà è indispensabile per il mantenimento di relazioni pacifiche. La Francia, facendosi da oltre vent'anni antesignana di un'Europa unita, ha sempre avuto per obiettivo essenziale di servire la pace. L'Europa non è stata fatta: abbiamo avuto la guerra.

L'Europa non potrà farsi in una sola volta, né sarà costruita tutta insieme; essa sorgerà da realizzazioni concrete che creino anzitutto una solidarietà di fatto. L'unione delle nazioni esige l'eliminazione del contrasto secolare tra la Francia e la Germania: l'azione intrapresa deve concernere in prima linea la Francia e la Germania.

A tal fine, il governo francese propone di concentrare immediatamente l'azione su un punto limitato ma decisivo.

Il governo francese propone di mettere l'insieme della produzione franco-tedesca di carbone e di acciaio sotto una comune Alta Autorità, nel quadro di un'organizzazione alla quale possono aderire gli altri Paesi europei.

La fusione della produzione di carbone e di acciaio assicurerà subito la costituzione di basi comuni per lo sviluppo economico, prima tappa della Federazione europea, e cambierà il destino di queste regioni che per lungo tempo si sono dedicate alla fabbricazione di strumenti bellici di cui più costantemente sono state le vittime.

La solidarietà di produzione in tal modo realizzata farà sì che una qualsiasi guerra tra la Francia e la Germania diventi non solo impensabile, ma materialmente impossibile. La creazione di questa potente unità di produzione, aperta a tutti i Paesi che vorranno aderirvi e intesa a fornire a tutti i Paesi in essa riuniti gli elementi di base della produzione industriale a condizioni uguali, getterà le fondamenta reali della loro unificazione economica.[…]

Sarà così effettuata, rapidamente e con mezzi semplici, la fusione di interessi necessari all'instaurazione di una comunità economica e si introdurrà il fermento di una comunità più profonda tra Paesi lungamente contrapposti da sanguinose scissioni.

Questa proposta, mettendo in comune le produzioni di base e istituendo una nuova Alta Autorità, le cui decisioni saranno vincolanti per la Francia, la Germania e i Paesi che vi aderiranno, costituirà il primo nucleo concreto di una Federazione europea indispensabile al mantenimento della pace.[…]

rid. da *La Dichiarazione Schuman del 9 maggio 1950,* in http://Europa.eu/abc/symbols

a. Quale preoccupazione emerge costantemente nella *Dichiarazione*? Quale bene primario vuole perseguire il progetto di Schuman? ....

b. *"L'Europa non potrà farsi in una sola volta, né sarà costruita tutta insieme"*: è stata vera ed è tuttora vera questa affermazione di Schuman? ....

c. Quale significato assegna Schuman nella sua *Dichiarazione* ad una prima coalizione economica dei Paesi Occidentali dell'Europa? ....

d. Quali Paesi europei debbono essere coinvolti in primo luogo nel progetto? Perché? A che cosa avevano dato origine i loro contrasti? ....

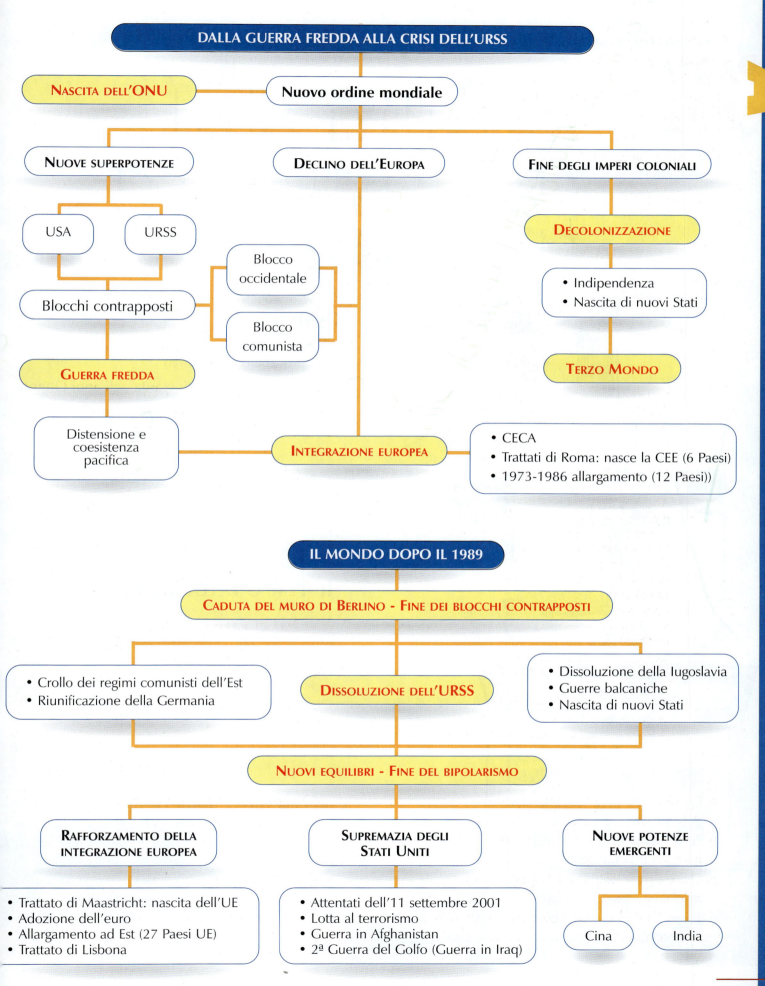

PARTE SESTA
L'Italia dal dopoguerra ad oggi

Capitoli

21. Gli anni della ricostruzione e del "miracolo economico"
22. L'Italia dagli anni Sessanta agli anni Ottanta
23. L'Italia dagli anni Novanta ad oggi

Il Tempo della Storia

EVENTI POLITICI

1948 - GOVERNI DI CENTRO - 1962

1946
Referendum istituzionale
Nasce la Repubblica Italiana

1948
Entra in vigore la Costituzione

1957
L'Italia entra nella CEE

ECONOMIA E SOCIETÀ

1950 - MIRACOLO ECONOMICO - 1960

1954 Prime trasmissioni televisive
1953 Nasce l'ENI
1950 Cassa per il Mezzogiorno

1946   1958

ENTRIAMO NELLA STORIA

- La tappa finale del nostro percorso di studio riguarda la **storia dell'Italia repubblicana**, che si snoda nella seconda metà del XX secolo. Cinquant'anni nei quali l'Italia compie una radicale **metamorfosi**, diventando un **Paese industriale** ed entrando a pieno titolo tra i Paesi **più avanzati del mondo**.
- Finita la guerra l'Italia scelse con un **referendum** di diventare una **repubblica**, elaborò una **Costituzione** democratica e avviò sotto questo nuovo assetto istituzionale la difficile opera di **ricostruzione** civile ed economica. Un'opera diretta dai primi **governi di centro**, che scelsero il modello economico e politico **occidentale**. In tale contesto si compì la rinascita del Paese e si realizzò uno sviluppo tale da essere definito "**miracolo economico**".
- Le problematiche connesse alle rapide e vaste trasformazioni socio-economiche resero necessaria un'**opera riformatrice**, promossa dai **governi di centro-sinistra** agli inizi degli anni Sessanta. Uno sforzo riformatore ritenuto insufficiente dal movimento di **contestazione giovanile** e di protesta dei lavoratori ("**autunno caldo**"). Si aprì allora una fase storica nel corso della quale l'Italia precipitò in una spirale di violenza e di tensione, passata alla storia come **anni di piombo** o **notte della repubblica** (1968-1985). In questi stessi anni ('70-'80), mentre nella società italiana avvenivano profonde trasformazioni (**laicizzazione**, **denatalità**, **terziarizzazione dell'economia**), lo strapotere assunto dai partiti (**partitocrazia**) alimentava fenomeni di corruzione e **illegalità**, aggravati dall'attività della **criminalità organizzata**.
- Il crollo del comunismo e le inchieste giudiziarie di "**Mani pulite**" agli inizi degli anni Novanta hanno mutato radicalmente il quadro politico, avviando il Paese verso l'attuale **sistema di alternanza** tra i poli di centro-destra e di centro-sinistra.

LE DOMANDE DEL PRESENTE

Come costruire una moderna democrazia europea?

"L'Italia, agli inizi del terzo millennio, si trova ad affrontare numerosi problemi, a partire dalle sfide poste dalla globalizzazione. Sfide e problemi che richiedono coraggiose **riforme**, in grado di favorire l'innovazione e la competizione, ma salvaguardando e migliorando i livelli di solidarietà sociale, di tutela dei diritti, di qualità della vita, di sostenibilità ambientale raggiunti dall'Europa occidentale.

Riforme che, per quanto riguarda l'Italia, passano anche attraverso la **modernizzazione delle istituzioni** e il rafforzamento degli strumenti di **partecipazione democratica**, a partire dai partiti; **partiti moderni**, in grado di elaborare progetti lungimiranti e innovativi.

Uno sforzo riformatore il cui fine è quello di realizzare una **moderna democrazia dell'alternanza** di tipo europeo, con salde radici nella **Costituzione** che da sessant'anni garantisce la nostra convivenza democratica."

[lib. tratto dagli atti del Convegno *Una moderna democrazia europea*]

1969-1982
Strategia della tensione - Anni di piombo

1991
Scioglimento del PCI

1969
autunno caldo

1992
Inchiesta "Mani pulite"

1978
Sequestro e uccisione di Aldo Moro da parte delle BR

1994
Scioglimento della DC
Prime elezioni con sistema maggioritario

2001
Riforma del Titolo V della Costituzione

1973
Crisi petrolifera

1979
Ingresso nello SME

1984
Revisione del Concordato

2002
Scompare la lira
Entra in vigore l'euro

1978 — 1988 — 1998 — 2008

21. Gli anni della ricostruzione e del "miracolo economico"

1. La fine della guerra e la nascita della Repubblica

UN BILANCIO TERRIBILE

Il **bilancio** della Seconda Guerra Mondiale per l'Italia fu **disastroso**. Quasi **450 000 vittime**, tra soldati, prigionieri nei campi di concentramento tedeschi, partigiani e civili; **quartieri di città e aree industriali ridotti a macerie**. I danni materiali più gravi furono quelli subiti dal settore siderurgico, dagli impianti elettrici, dalle ferrovie e dalle strade, dai mezzi di trasporto sia di terra sia di mare.

Ad aggravare una situazione già disastrosa si aggiungevano, forse ancor più gravi, il perdurante **clima di odio e di violenza** fra chi aveva **combattuto su fronti opposti durante la guerra civile** (fascisti e resistenti) e la propensione alla giustizia sommaria della **vendetta**. Solo la **fermezza** dell'autorità politica e un'**amnistia per i reati politici** commessi negli anni della guerra riuscirono a riportare una vera pace nel Paese.

Amnistia
Provvedimento di legge che cancella un reato e comporta la liberazione di coloro che sono stati incarcerati per averlo commesso, anche in un tempo precedente la promulgazione dello stesso provvedimento.

Per ricordare
- Quale fu il bilancio della guerra per l'Italia?
- Perché la situazione era particolarmente grave?

IL PATRIMONIO DEI VALORI COMUNI

L'Italia ripartiva da qui, dalle macerie di un conflitto lungo e crudele, ma anche dalla riscoperta di **valori umani e civili fondamentali**, quali la **libertà**, la **democrazia** e la **solidarietà**. Di tali valori furono espressione il **governo provvisorio** costituito nel giugno 1945, presieduto da **Ferruccio Parri**, e quello immediatamente successivo del **10 dicembre 1945**, guidato dal cattolico **Alcide De Gasperi**, con il socialista **Pietro Nenni** come vicepresidente e il comunista **Palmiro Togliatti** come Ministro della giustizia.

Il governo presieduto da **De Gasperi** ebbe il compito di **avviare l'Italia verso la democrazia**, organizzando le **prime elezioni libere** dopo la ventennale parentesi della dittatura fascista.

I primi governi del dopoguerra furono innanzitutto impegnati a rispondere a **due urgenze fondamentali**:

• **condurre il Paese a definire il proprio ordinamento**, ossia a scegliere se rimanere una **monarchia** oppure divenire una **repubblica**;

• dar vita a un'**Assemblea Costituente** con il compito di elaborare una **nuova Costituzione**.

> **P**er ricordare
>
> • Quali valori fecero da fondamento per la ricostruzione economica e politica dell'Italia?
>
> • Perché il governo di De Gasperi del 1945 fu importante?
>
> • A quali urgenze dovettero rispondere i primi governi del dopoguerra?

LE DIFFICOLTÀ DELLA MONARCHIA DEI SAVOIA

Per quasi un secolo – cioè dal 1861, quando era stata proclamata l'Unità –, l'Italia era stata retta da un regime monarchico, sotto la dinastia dei **Savoia**. Dopo la guerra, però, la permanenza al potere della monarchia non era più così scontata: **il re si era gravemente compromesso con il Fascismo**, aveva lasciato che Mussolini precipitasse l'Italia in una **guerra disastrosa**, ma soprattutto pesava sui Savoia la **fuga da Roma, l'8 settembre 1943**.

Il re Vittorio Emanuele III, **fuggito a Brindisi sotto la protezione degli Alleati** insieme a tutto il governo presieduto da Badoglio, aveva pensato in questo modo di salvaguardare la **continuità dello Stato italiano**, evitando di cadere in mano ai Nazisti: in questo modo, però, egli aveva lasciato i **soldati italiani**, senza ordini e comando, **in balìa delle rappresaglie tedesche** e perciò la popolazione lesse la sua fuga come un **tradimento**. Ora appariva difficile per i Savoia riguadagnare la fiducia degli Italiani.

Per tentare di salvare la **monarchia** facendo dimenticare i propri errori, il **9 maggio 1946**, meno di un mese prima del referendum tra monarchia e repubblica, Vittorio Emanuele III **abdicò in favore del figlio Umberto II** e si ritirò in esilio ad Alessandria d'Egitto dove morì l'anno seguente.

> **P**er ricordare
>
> • Perché la permanenza al potere della monarchia non era scontata?
>
> • Che cosa veniva rimproverato a Vittorio Emanuele III?
>
> • Che cosa fece il re per tentare di salvare la monarchia?

Parola chiave

REPUBBLICA

• Parola derivante dal latino *res publica*, "cosa pubblica", che i Romani usarono per indicare la forma di governo che si diedero dopo la cacciata dell'ultimo re e che nei secoli successivi, fino a oggi, è generalmente usata per connotare un regime diverso da quello monarchico. Il termine "repubblica", proprio in riferimento al suo significato letterale, indicava che le decisioni riguardanti la vita comune della città erano prese o controllate da tutto il popolo, riunito in assemblea. In realtà, però, a Roma, le leve del potere rimasero sempre nelle mani di poche famiglie nobili o ricche. Nel corso dei secoli sono sorti regimi repubblicani di tutti i tipi, nei quali il popolo aveva più o meno potere e talvolta nascondevano governi di stampo autoritario, che nulla avevano a che fare con l'ideale di una gestione comune della "cosa pubblica".

PARTE SESTA CAPITOLO 21 - GLI ANNI DELLA RICOSTRUZIONE E DEL "MIRACOLO ECONOMICO"

L'ITALIA DIVENTA UNA REPUBBLICA

I cittadini italiani furono chiamati alle urne il **2 giugno 1946** per votare il **referendum sulla forma istituzionale dello Stato**, cioè per scegliere se l'Italia doveva continuare ad essere una **monarchia** oppure diventare una **repubblica**. Per la prima volta nella storia italiana, le votazioni avvennero **a suffragio universale maschile e femminile**. Prima di allora, infatti, le donne italiane non avevano avuto diritto di voto.

Il **risultato** del referendum fu **favorevole alla repubblica**. Il divario, a livello numerico, non era grande: il verbale definitivo emesso dalla Suprema Corte di Cassazione, dopo il vaglio delle numerose contestazioni pervenute, attribuiva 12 717 923 voti alla repubblica e 10 719 284 alla monarchia. La preferenza manifestata dagli Italiani tuttavia era chiara.

Umberto II, ceduti i poteri, il 13 giugno 1946 **lasciò l'Italia** e **si ritirò in esilio** in Portogallo.

Le donne italiane per la prima volta esercitarono il diritto di voto in occasione del referendum istituzionale tenutosi il 2 giugno 1946.

Per ricordare

- Quando si svolse il referendum per la scelta tra monarchia e repubblica? Quale fu l'importante novità introdotta in queste votazioni?
- Quale fu il risultato del referendum?
- Che cosa fece Umberto II?

LA NUOVA COSTITUZIONE REPUBBLICANA

Lo stesso giorno in cui scelsero la repubblica, i cittadini italiani votarono anche per eleggere i propri **rappresentanti nell'Assemblea Costituente**, che doveva elaborare la **nuova Costituzione**. I membri dell'Assemblea erano i candidati dei diversi **partiti** che negli anni del Fascismo erano stati costretti a **operare in clandestinità** e che ora avevano potuto riprendere apertamente la propria attività: i maggiori erano la **Democrazia Cristiana**, il **Partito Socialista** e il **Partito Comunista**.

L'**Assemblea Costituente**, dopo avere eletto il 28 giugno Enrico de Nicola (1877-1959) capo provvisorio dello Stato, lavorò assiduamente per più di un anno, in un clima di fattiva **collaborazione tra i costituenti**, che nella nuova Carta costituzionale cercarono di operare una **sintesi tra ideali politici e culture diverse**: quella **cattolica**, quella **socialista** e **comunista**, quella **liberale**.

Alla fine del 1947 erano stati elaborati e approvati tutti gli articoli della **Costituzione**, che entrò in vigore il **1° gennaio 1948**.

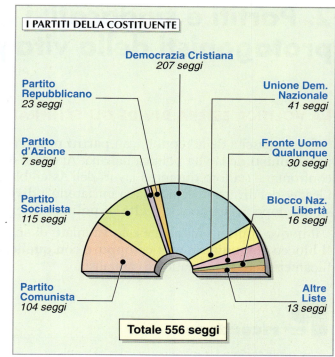

I PARTITI DELLA COSTITUENTE

- Democrazia Cristiana — 207 seggi
- Partito Repubblicano — 23 seggi
- Unione Dem. Nazionale — 41 seggi
- Partito d'Azione — 7 seggi
- Fronte Uomo Qualunque — 30 seggi
- Partito Socialista — 115 seggi
- Blocco Naz. Libertà — 16 seggi
- Partito Comunista — 104 seggi
- Altre Liste — 13 seggi

Totale 556 seggi

Per ricordare

- Oltre a scegliere tra monarchia e repubblica, che cosa votarono gli Italiani il 2 giugno 1946?
- Di quali culture politiche la nuova Costituzione doveva essere espressione?
- Quando entrò in vigore la nuova Costituzione?

2. Partiti e sindacati: i nuovi protagonisti della vita politica

LA POLITICA ESTERA DIVIDE GLI SCHIERAMENTI IN ITALIA

Con la nascita della repubblica i **partiti politici** divennero i **nuovi protagonisti** della vita politica italiana. Aperti al dialogo e disposti a confrontarsi tra loro durante i lavori dell'Assemblea Costituente, i leader dei diversi gruppi politici iniziarono a **dividersi** e a **scontrarsi** subito dopo, riguardo alle **scelte di politica estera** da compiere.

Il nuovo contesto mondiale esigeva infatti di **schierarsi** o **con il blocco comunista** sovietico **oppure con quello occidentale**, filoamericano, democratico e capitalista.

Per ricordare

- Su quale terreno i leader dei diversi partiti politici iniziarono a scontrarsi?
- Qual era la scelta da compiere?

LA DEMOCRAZIA CRISTIANA E I PARTITI FILOCCIDENTALI

Orientati verso i valori occidentali erano la **Democrazia Cristiana** (fondata in clandestinità nel 1942 da Alcide De Gasperi, come partito nuovo rispetto all'esperienza del Partito Popolare di don Luigi Sturzo), il ricostituito **Partito Liberale Italiano**, in cui si riconobbero l'economista Luigi Einaudi e il filosofo Benedetto Croce, e il **Partito Repubblicano Italiano** (ricostituito da Randolfo Pacciardi, che si ispirava ai princìpi risorgimentali repubblicani di Giuseppe Mazzini).

Una certa importanza ebbe per qualche anno il **Partito "dell'uomo qualunque"**, guidato dal giornalista **Guglielmo Giannini**. Il partito prendeva il nome dal titolo del giornale satirico da lui diretto.

Per ricordare

- Quali partiti erano favorevoli alla scelta filoccidentale?
- Quale partito venne fondato da Guglielmo Giannini?

Una manifestazione di lavoratori a Sesto San Giovanni nel 1945.

370 **PARTE SESTA CAPITOLO 21 -** GLI ANNI DELLA RICOSTRUZIONE E DEL "MIRACOLO ECONOMICO"

IL PARTITO COMUNISTA E LA SINISTRA FILOCOMUNISTA

Chiaramente orientato verso il modello politico e sociale dell'Unione Sovietica era il **Partito Comunista Italiano**, l'unico che avesse mantenuto la sua struttura clandestina nel corso del ventennio fascista. Era guidato da **Palmiro Togliatti**, il quale, tornato dall'Unione Sovietica, dove si era rifugiato negli anni della dittatura, aveva svolto un **ruolo di grande mediazione** nell'elaborazione del testo costituzionale.

Il **Partito Socialista Italiano** era diviso tra la **corrente filocomunista**, capeggiata da Pietro Nenni, e quella **anticomunista** di Giuseppe Saragat. Questi, nel gennaio 1947, si staccò dal PSI fondando il PSLI, poi dal 1951 PSDI (**Partito Socialista Democratico Italiano**), più vicino ai princìpi della democrazia occidentale.

Per ricordare

- Quale partito era maggiormente orientato verso una scelta filocomunista?
- Qual era la posizione del Partito Socialista Italiano?

I SINDACATI: DALLA PARTE DEI LAVORATORI

Oltre ai partiti politici, anche il **sindacato** svolse un importante ruolo nelle prime vicende del nuovo Stato italiano. Ancora durante la guerra, nel **1944**, con il **Patto di Roma** venne fondata la **Confederazione Generale Italiana del Lavoro (CGIL)** in cui confluirono le **principali correnti ideologiche** (comunista, socialista, repubblicana, cattolica).

L'unità del sindacato durò però solo pochi anni, cioè fino al 1948, quando al suo interno si creò una **scissione**: la **componente comunista** non credeva in un sistema economico di mercato e considerava lo **sciopero** uno strumento di **lotta politica** e di opposizione; la **componente non comunista** intendeva **rafforzare il sistema economico di mercato** e non voleva usare lo sciopero come arma di lotta politica.

Così il 5 marzo 1950 nacque la **UIL** (Unione Italiana del Lavoro), con l'intenzione di dare **rappresentanza ai lavoratori di orientamento laico, democratico e socialista**, e il 1° maggio 1950 fu fondata la **CISL** (Confederazione Italiana Sindacati Lavoratori), il cui primo segretario generale fu il cattolico Luigi Pastore. La CISL concepiva il sindacato come **associazione autonoma**, integrata nel sistema democratico e **fattore di sviluppo economico e sociale**.

Per ricordare

- Quando nacque la CGIL? Qual era la sua impostazione ideologica?
- Quali erano le componenti interne alla CGIL che portarono alla scissione del sindacato?
- Quali furono le nuove organizzazioni sindacali? Quali caratteristiche avevano?

Protagonisti

DUE LEADER POLITICI A CONFRONTO: DE GASPERI E TOGLIATTI

Protagonisti del dopoguerra italiano, **Alcide De Gasperi** e **Palmiro Togliatti** rappresentarono i simboli dell'appassionato confronto politico che animò i primi anni della giovane Repubblica Italiana.

Di **formazione diversa** e **opposte ideologie**, essi **si trovarono uniti** nell'affrontare le difficoltà degli anni della ricostruzione. I rapporti fra i due uomini politici, infatti, non furono solamente di opposizione: vi furono momenti in cui, per necessità o per libera scelta, seppero far convergere l'azione dei partiti da essi guidati. Ne è esempio il comune impegno per l'approvazione dell'art. 7 della Costituzione, riguardante i rapporti fra Stato e Chiesa.

ALCIDE DE GASPERI

Nato in provincia di Trento (Pieve Tesino) nel 1881, Alcide De Gasperi iniziò la sua vita politica nell'Impero asburgico, partecipando ai lavori del Parlamento di Vienna nel 1911, nella stessa città dove si era laureato in filosofia (1905).

Tra i fondatori, nel 1919, del **Partito Popolare Italiano**, ne divenne segretario dopo il 1924 sostituendo don Luigi Sturzo. Intransigente **oppositore della dittatura** di Mussolini, fu incarcerato per 16 mesi; in seguito, per sfuggire alla repressione fascista si rifugiò in Vaticano.

Alla fine della Seconda Guerra Mondiale fu **tra i fondatori della Democrazia Cristiana**, di cui divenne segretario nel 1946, incarico che conservò, con alcune interruzioni, fino al 1954, anno della sua morte, avvenuta a Sella di Valsugana (TN).

L'"età di De Gasperi"

Presidente del Consiglio dal 1945 al 1953, **guidò la ricostruzione**, sia materiale che spirituale del Paese. L'importanza delle scelte politiche da lui operate lo fece divenire protagonista della politica italiana, in quella che viene ricordata come "età di De Gasperi".

L'azione politica di De Gasperi si ispirò ai princìpi della **dottrina cristiana** e alle **idee liberali** in economia. De Gasperi dimostrò sempre un alto senso delle istituzioni e della dignità della politica, mantenne stretti i **rapporti fra il partito e la Chiesa cattolica**, rivendicando però l'autonomia del governo nel compiere le scelte politiche.

Anticomunista per scelta e per princìpi ideali, non spinse mai la rivalità politica con il PCI fino allo scontro diretto, considerando **prioritari gli interessi nazionali**. Esempio di questa scelta fu la **collaborazione fra DC e PCI** nell'elaborazione della Costituzione repubblicana.

In politica estera fu favorevole alle **alleanze con le democrazie occidentali** e capitalistiche. Molto importante fu il suo impegno per la costruzione dell'unità europea. Con Adenauer e Schuman, De Gasperi è infatti considerato uno degli **iniziatori del processo di unificazione europea**. Grazie al suo impegno l'Italia uscì dall'isolamento del dopoguerra, avvicinandosi sempre più agli Stati Uniti.

Sostenne l'adesione del Paese al Patto Atlantico, vincendo le forti opposizioni della Sinistra ed aprendo all'Italia gli orizzonti della politica internazionale.

Palmiro Togliatti

Nato a Genova nel 1893, fu uno dei protagonisti, con Gramsci, Terracini e Tasca nell'organizzare il movimento dei consigli di fabbrica, da cui ebbe origine il PCI. **Dirigente del Partito Comunista** fin dal 1922, fu condannato all'**esilio** dal Fascismo. Rifugiatosi nella clandestinità, fu segretario del PCI nel 1927, succedendo a Gramsci.

Leader del Comunismo internazionale

Divenuto ben presto uno dei più importanti dirigenti del **movimento comunista internazionale**, si schierò con Stalin e mantenne per tutti gli Anni Trenta un ruolo di primo piano nella elaborazione della politica antifascista in Europa, partecipando alla guerra civile spagnola (1937-1939). Fuggito in Francia, fu arrestato e poi scarcerato, probabilmente grazie all'intervento sovietico. Rifugiatosi ancora in Unione Sovietica nel 1939, tornò in Italia dopo la liberazione del Meridione (1944).

Fu favorevole alla **collaborazione fra le forze antifasciste**, anteponendo l'obiettivo della liberazione dalla dittatura e dall'occupazione tedesca alla prospettiva di un'eventuale rivoluzione guidata dai Comunisti (**svolta di Salerno, 1944**).

Capo di un partito di massa

Togliatti, soprannominato dai comunisti italiani "**il Migliore**", cercò di trasformare il PCI di allora, organizzato soprattutto per operare nella clandestinità, in un **partito di massa**, aperto al confronto con l'opinione pubblica e soprattutto con gli intellettuali e i settori più avanzati della società.

Approvò la collaborazione con i cattolici, in questo assecondando la politica di De Gasperi e, dopo la clamorosa sconfitta elettorale del 1948, guidò l'aspra opposizione delle Sinistre ai governi di centro, evitando comunque di giungere ad uno scontro frontale.

Mantenne sempre molto **stretti i legami con l'URSS**, appoggiando la politica staliniana. Anche in occasione dei fatti di Ungheria confermò la fedeltà alle posizioni filosovietiche, approvando l'intervento russo senza tener conto delle diverse posizioni che maturavano all'interno della Sinistra italiana e dello stesso PCI.

Il contributo più originale di Togliatti fu l'elaborazione della teoria delle "**vie nazionali al Socialismo**", che prevedeva la costruzione di una nuova società come risultato dell'incontro fra le idee socialiste e quelle democratiche della tradizione liberale. Morì a Yalta nel 1964.

3. Le elezioni del 1948 e i primi governi di centro

Le elezioni del 18 aprile 1948

Il 18 aprile 1948, a pochi mesi dall'entrata in vigore della Costituzione, si svolsero le votazioni per eleggere i **deputati** e i **senatori** del **primo Parlamento della Repubblica Italiana**. Furono elezioni molto tese, perché dal loro esito dipendeva anche la **collocazione dell'Italia all'interno del panorama politico internazionale**. Le operazioni, tuttavia, si svolsero con correttezza e ordine, senza violenze né costrizioni.

I partiti filosovietici, cioè i Comunisti e i Socialisti, per avere maggiori possibilità di vittoria si unirono in un unico **Fronte Democratico Popolare**; la **DC e gli altri partiti** di orientamento liberale, invece, corsero **separati**, forti però dell'importante **sostegno della Chiesa cattolica**, che mobilitò in loro favore tutte le proprie associazioni.

La formazione del Fronte Popolare tra Comunisti e Socialisti aumentò nell'**elettorato moderato** il **timore** di una svolta troppo decisa in favore del **Comunismo**. La paura di ritrovarsi a vivere come in un Paese dell'Europa orientale spinse molti cittadini ad appoggiare il partito che, per la sua forza elettorale, offriva maggiori garanzie di **difesa della democrazia occidentale**: la **Democrazia Cristiana**.

> **Per ricordare**
> - Perché le elezioni del 1948 erano particolarmente importanti?
> - Che cosa fecero i partiti filocomunisti? Quale vantaggio ebbero quelli filoccidentali?
> - Quale fu il comportamento dell'elettorato di orientamento moderato?

Affissione di manifesti durante la campagna elettorale del 1948.

La vittoria della Democrazia Cristiana

La Democrazia Cristiana impostò tutta la propria campagna elettorale presentandosi come una **diga opposta contro il Comunismo** e molti **liberali** e **conservatori**, pur non condividendo completamente l'ideologia democristiana, la votarono.

La **vittoria della Democrazia Cristiana**, in effetti, fu **netta**: alla Camera ottenne il 48,5% dei voti e la **maggioranza assoluta dei seggi**, 305 su 574; il Fronte Democratico Popolare ottenne il 31% dei voti e 183 seggi; Unità Socialista (Socialdemocratici) ebbe il 7,1 % dei voti e 33 seggi; gli altri partiti raccolsero pochi consensi.

> **Per ricordare**
> - Come si presentò nella campagna elettorale la Democrazia Cristiana?
> - Quale fu il risultato delle elezioni?

LA SCELTA DI DE GASPERI E LA NASCITA DEL CENTRISMO

Avendo ottenuto la maggioranza assoluta dei seggi, la Democrazia Cristiana avrebbe potuto governare da sola, ma De Gasperi preferì coinvolgere anche il **Partito Liberale**, il **Partito Repubblicano** e il **Partito Socialista Democratico**, in un **governo di centro**, da cui restavano escluse sia la destra neofascista (Movimento Sociale Italiano) sia la sinistra socialcomunista.

La scelta di De Gasperi inaugurò la stagione del cosiddetto **centrismo**, che sarebbe durata per **molti anni**. A conferma di questo indirizzo politico l'11 maggio 1948 fu eletto **Presidente della Repubblica** il liberale **Luigi Einaudi**.

Momenti di particolare tensione si ebbero, invece, in seguito all'**attentato** subìto da **Palmiro Togliatti** il 14 luglio 1948, quando un giovane esplose quattro colpi di pistola contro il segretario del PCI ferendolo gravemente. In tutto il Paese vi furono **scontri e manifestazioni di protesta**, presto **cessati** grazie all'azione della dirigenza comunista e sindacale, che riuscirono a riportare la calma tra i lavoratori e i militanti comunisti.

> **Per ricordare**
> - Quali furono i partiti che De Gasperi volle coinvolgere per formare il primo governo di centro?
> - Chi fu il Presidente della Repubblica espressione del nuovo governo centrista?
> - Perché l'attentato contro Togliatti non ebbe gravi conseguenze nel Paese?

LA SCELTA FILOCCIDENTALE DELL'ITALIA

Il governo centrista di De Gasperi compì **scelte politiche ed economiche** ben precise:
- **economia di mercato** fondata sulla libertà d'iniziativa e sull'impresa privata;
- **accettazione degli aiuti provenienti dagli Stati Uniti** (*Piano Marshall*, aprile 1948);
- **adesione al patto NATO** (1949), l'alleanza militare occidentale;
- **impegno per l'unità europea**.

Nel corso degli anni Cinquanta i rapporti con le **democrazie dell'Europa occidentale** e con gli **Stati Uniti** divennero sempre più **stretti**. L'Italia cercò di inserirsi nel quadro della politica internazionale, tentando di conquistare una **posizione di maggiore rilievo**.

> **Per ricordare**
> - Quali scelte politiche ed economiche furono compiute dal governo centrista di De Gasperi?
> - Che cosa fece l'Italia sul piano della politica internazionale?

L'ITALIA: PROTAGONISTA DELL'INTEGRAZIONE EUROPEA E ALLEATA DEGLI USA

L'aspetto più significativo e di maggior successo della politica estera italiana è rappresentato dal **processo di integrazione europea**, che segnò una tappa decisiva con la firma del **Trattato di Roma** del **1957**, che istituiva il **Mercato Comune Europeo**. L'Italia – che già nel 1955 era entrata a far parte dell'ONU – superava così il rischio di trovarsi in una situazione di isolamento rispetto alle altre potenze europee e si apriva, contemporaneamente, la possibilità di **concrete prospettive di sviluppo economico**.

Questa politica filoccidentale era stata osteggiata dai **partiti di Sinistra**, favorevoli a una posizione di **non allineamento** e non pregiudizialmente ostile all'Unione Sovietica. Il governo concluse invece **con gli Stati Uniti un accordo diplomatico e militare** (coperto da segreto) in base al quale consentiva l'installazione di **basi di missili nucleari statunitensi** in Italia (1959), **consolidando** così i **legami** fra l'Italia, gli **USA** e le altre **democrazie dell'Occidente capitalistico**.

> **Per ricordare**
> - Quale processo di politica internazionale fu utile all'Italia?
> - Quale orientamento avrebbero voluto i partiti della Sinistra? Quali furono, invece, le scelte del governo?

PARTE SESTA CAPITOLO 21 - GLI ANNI DELLA RICOSTRUZIONE E DEL "MIRACOLO ECONOMICO"

4. Gli anni del "miracolo economico"

IL RILANCIO DELL'ECONOMIA

Se in politica estera l'Italia riuscì a risolvere brillantemente i propri problemi schierandosi con il **blocco occidentale** e compiendo una decisa **scelta europeista**, all'interno l'impresa più difficile pareva quella di agevolare e stimolare la **ricostruzione economica**. Un rilancio che in effetti si realizzò e andò oltre le aspettative, tanto da meritare di essere ricordato come "**miracolo economico**".

Con l'espressione "**miracolo o boom economico**" si indica il processo di **sviluppo industriale**, di **crescita economica** e di **espansione dei consumi** che caratterizzò la società italiana, dagli anni Cinquanta ai primi anni Sessanta, subito dopo la fase della ricostruzione vera e propria (dal 1946 al 1950).

Per ricordare
- Qual era la sfida che l'Italia doveva vincere all'interno?
- Che cosa si intende con l'espressione "miracolo economico"?

COME FU POSSIBILE IL "MIRACOLO ECONOMICO"?

Il "miracolo economico" fu il risultato di alcune **scelte politiche** e della concomitanza di **diversi fattori**:
- una **grande disponibilità di manodopera**, pronta anche a trasferirsi da una parte all'altra del Paese, come avvenne con la forte migrazione interna dal Sud verso il Nord della penisola;
- il **basso costo della forza-lavoro**, in quanto l'alta disoccupazione frenava la crescita dei salari;
- la **disponibilità di strumenti e tecnologie per aumentare la produttività**; l'industria italiana si ammodernò e diventò più **competitiva**, utilizzando, grazie al Piano Marshall, **tecnologie e macchinari statunitensi**;
- la **scoperta di nuove fonti di energia**, come il metano e il petrolio in Val Padana, valorizzate da un nuovo ente pubblico, l'**ENI** (Ente Nazionale Idrocarburi, creato nel 1953);
- l'**intervento dello Stato** (accanto a quello privato), cioè l'impiego di risorse finanziarie statali da investire per sostenere le attività produttive, in particolare nel settore siderurgico (Finsider del gruppo IRI);
- la **creazione di nuove infrastrutture per il trasporto**, soprattutto le autostrade, che resero più veloci gli spostamenti, favorendo il traffico e lo sviluppo degli scambi commerciali nonché la produzione e l'impiego dei veicoli;
- l'**integrazione economica con gli altri Paesi europei** e la rinuncia alla politica protezionista in favore del **libero scambio**; l'economia italiana ebbe modo di confrontarsi con quella degli altri Stati europei; ne nacque uno sviluppo generale, con **aumento dei consumi e della produzione**.

Per ricordare
- Quali fattori contribuirono a rendere possibile il "miracolo economico"?

Costruzione di un padiglione della Fiera Campionaria di Milano nel 1947.

LE ALTRE TRASFORMAZIONI ECONOMICHE

Nel decennio 1951-1960 l'Italia trasformò la propria struttura economica: da Paese agricolo-industriale divenne un **Paese a prevalente economia industriale**, ponendo così le basi per ulteriori sviluppi che l'avrebbero portata a far parte del gruppo degli **Stati più industrializzati del mondo**.

Grande sviluppo ebbero soprattutto le industrie che producevano per l'**esportazione** e le **aziende di grandi dimensioni**, che riuscirono ad ottenere la quota maggiore dei **finanziamenti** provenienti dai piani di ristrutturazione.

Le **piccole e medie imprese**, pur non potendo contare su specifici programmi di aiuto, seppero conquistarsi un **ruolo sempre più importante**, grazie alla **flessibilità** e all'**intraprendenza** sui mercati internazionali.

Per ricordare

- Quale fu la grande trasformazione messa in atto dall'Italia tra il 1951 e il 1960?
- Quali industrie si svilupparono maggiormente?
- Che cosa fecero le piccole e le medie imprese?

LE STRATEGIE CONTRO LA DISOCCUPAZIONE

Sempre negli anni del "miracolo economico", il governo strinse **accordi con altri Stati**, europei ed extraeuropei, per **facilitare l'emigrazione**, unico sistema in grado di risolvere il drammatico problema della **disoccupazione**.

Le leggi di riforma agraria approvate nel 1950 non bastarono a frenare la **crisi del settore agricolo**; nel 1936 gli occupati nell'agricoltura erano la maggioranza della popolazione attiva, con il 49,4%; nel 1961 la percentuale era scesa al 29,1%.

Mentre nelle aree del Nord anche l'agricoltura si era adeguata a nuove tecnologie e a nuove colture, i problemi più gravi persistevano al **Sud**, dove **non decollava l'agricoltura meccanizzata** e dilagava la **disoccupazione**. Per promuovere lo sviluppo delle aree meridionali, nell'agosto del 1950 fu istituita la **Cassa per il Mezzogiorno**, che prevedeva il **trasferimento** di ingenti somme **di denaro nelle regioni del Sud**, per rilanciare l'agricoltura e favorire la nascita di nuove industrie.

Per ricordare

- Perché il governo italiano tentò di favorire l'emigrazione verso altri Stati?
- Quale settore appariva più in crisi?
- Perché le regioni meridionali erano in crisi? Che cosa fece il governo per rilanciarne lo sviluppo?

IL FENOMENO DELL'EMIGRAZIONE: INTERNA ...

Il fenomeno forse più significativo degli anni Cinquanta, dal punto di vista socio-economico, fu il **grande movimento migratorio** che spostò masse di contadini, soprattutto meridionali, alla ricerca di **nuove opportunità di lavoro**, verso le **regioni più industrializzate** del Settentrione o verso **Paesi esteri**.

Le regioni italiane che assorbirono la maggior parte dell'emigrazione dal Meridione furono il **Piemonte**, la **Liguria** e la **Lombardia**, quelle del cosiddetto "triangolo industriale". Le regioni da cui si registrò il maggior numero di partenze furono la **Basilicata** e la **Calabria**.

Nelle città e nelle aree urbane l'arrivo degli emigranti creò **nuovi bisogni e problemi sociali**. Gli amministratori pubblici delle grandi città, infatti, si trovarono **impreparati** a risolvere i pressanti problemi dei **servizi**, dei **trasporti**, della casa e dell'**integrazione sociale**.

Per ricordare

- Quale fenomeno di vasta portata si verificò negli anni Cinquanta?
- Dove si riversarono gli emigranti che si spostarono all'interno della penisola?
- Quali difficoltà incontrarono le città che dovevano accogliere gli emigranti?

... ED ESTERNA

Il pur forte sviluppo industriale delle città del Nord Italia **non riuscì a soddisfare la grande richiesta di lavoro** che proveniva dalle aree rurali delle regioni meridionali. Buona parte dell'emigrazione si diresse quindi verso alcuni **Paesi europei**: Germania, Svizzera, Belgio, Francia; oppure verso le tradizionali mete extraeuropee dell'emigrazione fin dall'inizio del Novecento: **Brasile, Stati Uniti, Argentina, Australia**.

L'emigrazione in ambito europeo fu favorita da una **legge del 1950** e dalla progressiva **integrazione dell'Italia nelle nuove istituzioni dell'Europa unita**. Complessivamente il fenomeno migratorio fuori Italia interessò, tra il 1948 e il 1963, più di 6 500 000 persone.

Per ricordare

- Dove emigrarono gli Italiani che non trovavano lavoro in patria?
- Che cosa facilitò l'emigrazione verso l'esterno?

Leggere un documento

Le condizioni di lavoro degli immigrati: sfruttati e sottopagati

Durante il decennio 1951-1961 le grandi città del Nord aumentarono in misura considerevole la loro popolazione, soprattutto Torino (+42,6%) e Milano (+24,1%). Anche i comuni della cintura industriale torinese e milanese registrarono un forte aumento del numero degli abitanti, dovuto ad una massiccia immigrazione. Lo stesso fenomeno interessò anche Roma, meta di un'imponente migrazione proveniente soprattutto dalle regioni vicine: Abruzzo, Molise, Campania.

*Gli emigranti dovettero affrontare le **difficoltà dell'inserimento** in città sconosciute, in alloggi con scarse comodità, in ambienti spesso ostili per pregiudizi e incomprensione verso i nuovi arrivati.*

*In molti casi si verificò uno **sfruttamento selvaggio** degli immigrati, costretti a vivere in baracche, cantine, solai, senza nessuna assistenza, senza difese nei confronti di quanti spesso approfittavano delle loro condizioni di bisogno. Uno storico contemporaneo descrive così le condizioni di lavoro.*

Molti emigranti provenienti dal Sud, alla fine degli anni '50, trovarono il loro primo impiego, soprattutto a Torino, attraverso 'cooperative'. Organizzatori di tali 'cooperative' erano, in genere, capetti di origine meridionale che rifornivano le fabbriche del Nord di manodopera a basso costo in cambio di lucrose tangenti. Il lavoratore versava una tassa di iscrizione alla 'cooperativa' e iniziava a lavorare senza alcun contratto ufficiale, e senza che il datore di lavoro pagasse i contributi per la pensione né l'assicurazione. L'azienda, riconoscente, retribuiva la 'cooperativa' con un certo ammontare per lavoratore, ma nelle tasche di quest'ultimo finiva in genere la metà, o meno, dell'intera somma. Si trattava di uno dei classici sistemi per dividere la forza-lavoro, dal momento che gli operai settentrionali vedevano minacciato il loro potere di contrattazione da questi 'terroni' che facevano lo stesso lavoro per solo un terzo del loro salario. Queste 'cooperative' nella sola Torino raggiunsero il numero di 300, controllando circa 30 000 operai. Nell'ottobre 1960, dopo una diffusa protesta dei sindacati e degli stessi immigrati, le 'cooperative' furono messe fuorilegge. Le condizioni di lavoro nelle piccole e medie aziende erano molto dure. L'orario di lavoro, compresi gli straordinari, durava raramente meno di dieci o dodici ore. I contratti erano sempre brevi, da tre a sei mesi, e la mobilità elevata quasi come nell'edilizia. La massa dei meridionali restava confinata nella terza delle tre categorie operaie, con scarsissime possibilità di avanzamento. Le aziende più grandi, come la FIAT, cercarono in questi anni di evitare di assumere, per quanto possibile, manodopera meridionale, preferendo attingere al tradizionale serbatoio della campagna piemontese e lombarda.

da P. Ginsborg, *Storia d'Italia dal dopoguerra ad oggi*, Einaudi

---

Intorno agli emigranti che si trasferivano al Nord per lavorare esisteva un giro di sfruttamento malavitoso, che traeva profitto dal collocamento delle persone nelle aziende.

Lo sfruttamento degli emigranti proseguiva anche nelle fabbriche, dove lavoravano non solo sottopagati, ma anche privi di contratto e senza alcuna garanzia per il loro futuro.

I lavoratori erano sottoposti a turni di lavoro massacranti e non avevano alcuna certezza circa la continuità del loro lavoro.

Le grandi industrie, radicate nel territorio, preferivano assumere operai originari del luogo. Questa scelta era dettata in parte dall'impossibilità di offrire a tutti un buon alloggio e condizioni di vita accettabili e, talvolta, da una certa diffidenza nei confronti dei lavoratori meridionali.

PARTE SESTA **CAPITOLO 21** - GLI ANNI DELLA RICOSTRUZIONE E DEL "MIRACOLO ECONOMICO"

5. Una società in trasformazione

LA SOCIETÀ ITALIANA CONOSCE IL BENESSERE

Il "**miracolo economico**" degli anni Cinquanta e Sessanta trasformò il volto della società italiana, diffondendo un **benessere** mai prima conosciuto. L'industrializzazione e l'urbanizzazione si accompagnarono a una **evoluzione molto rapida** nei **comportamenti**, nelle **abitudini**, nel modo di **vestire**, di passare il **tempo libero**, di **spostarsi**.

La **maggiore disponibilità economica** favorì un'espansione senza precedenti dei **consumi** in tutti i settori. Migliorò la condizione materiale di vita e in particolare l'**alimentazione**. Il settore in cui apparve più evidente la trasformazione fu quello legato all'**acquisto di beni durevoli**. Ci fu innanzitutto la casa (vero miraggio per gli Italiani, che furono aiutati da programmi di edilizia popolare), poi l'**arredamento** e gli **elettrodomestici** (frigoriferi e lavatrici).

LA TELEVISIONE: ALL'INIZIO FU UNA "BUONA MAESTRA"

Il simbolo per eccellenza della trasformazione dei costumi fu, però, la **televisione**. Le prime trasmissioni cominciarono in Italia il **3 gennaio 1954**. Il successo fu immediato e si rafforzò l'anno seguente con le prime puntate del gioco a premi *Lascia o raddoppia?*, presentato dall'italo-americano Mike Bongiorno. Il numero degli abbonamenti televisivi passò da 88 000 nel 1954 a 1 000 000 nel 1958, solo quattro anni dopo l'inizio delle trasmissioni.

Con la televisione fece ingresso nelle case degli Italiani la **pubblicità**. *Carosello*, la trasmissione pubblicitaria della sera, rappresentò l'aspetto di punta e più popolare dell'introduzione in Italia delle **tecniche commerciali** basate su pubblicità capillare e ricerche di marketing finalizzate a fare **aumentare i consumi**.

La televisione introdusse molte altre trasformazioni nei **costumi** e nei **comportamenti**:

- l'abitudine a seguire il **telegiornale** della sera;
- la creazione di un **pubblico familiare** per spettacoli di varietà e di intrattenimento;
- la diffusione delle **mode** ad **imitazione** dei personaggi televisivi più famosi.

Il più significativo di tutti questi cambiamenti fu l'influsso che la televisione esercitò sui **comportamenti linguistici degli Italiani**. Le trasmissioni televisive, infatti, attraverso la **diffusione della lingua italiana** contribuirono in maniera significativa all'**unificazione linguistica** di una popolazione che in larga maggioranza si esprimeva nei diversi dialetti.

AUTOMOBILI E TURISMO

Un altro indice della trasformazione della società italiana in questi anni è dato dalla **diffusione dei nuovi mezzi di trasporto**. Nel 1955 la FIAT lanciò la prima **utilitaria per le famiglie**, la "**600**", seguita due anni dopo dalla ancor più piccola "**500**". L'auto divenne, così, un acquisto alla portata delle famiglie del **ceto medio**, cessando di essere un bene di lusso per pochi privilegiati. I giovani si spostavano in *Vespa* e in *Lambretta*, oppure in **motocicletta**.

Oltre ad essere un grande successo dell'industria meccanica italiana, auto e moto favorirono l'aumento della **mobilità della popolazione**. Si diffuse sempre più l'abitudine alla **gita domenicale**, al **viaggio**, al **turismo**.

Per ricordare

- Quali trasformazioni portò a livello sociale il "miracolo economico"?
- Verso quali consumi gli Italiani orientarono la loro accresciuta disponibilità economica?

Per ricordare

- Quando iniziarono in Italia le prime trasmissioni televisive?
- In che modo la televisione contribuì ad aumentare i consumi?
- In che modo la televisione influì sui comportamenti degli Italiani?
- Come influì la televisione a livello di comportamenti linguistici?

Marketing

Il termine, derivante dall'inglese *market*, "mercato", indica tutte le attività che si propongono di rendere proficuo il rapporto tra chi produce e il mercato, tra la produzione e la commercializzazione; attività che si basano principalmente sull'analisi del comportamento e delle preferenze del consumatore per rispondere alle sue esigenze.

Per ricordare

- Quali famiglie italiane iniziarono a potersi permettere delle automobili?
- Quali nuove abitudini iniziarono ad affermarsi?

Un'immagine utilizzata per il lancio della nuova 500. Da notare la presenza significativa della figura femminile.

LE CARENZE DEI SERVIZI PUBBLICI

La crescita dei consumi privati non fu però accompagnata da un analogo aumento della **qualità** dei **servizi pubblici**. La **domanda di beni sociali**, come l'**istruzione** e la **sanità**, aumentò, generando aspettative di significativi progressi anche nella vita sociale.

Queste richieste **non vennero soddisfatte** da adeguati interventi da parte dei governi che si succedettero alla guida del Paese nell'arco del decennio, lasciando **insoluti problemi sociali** di grande importanza, che solo alcuni anni più tardi trovarono qualche risposta.

> **Per ricordare**
> - Quali altre esigenze aumentarono insieme alla crescita dei consumi privati?
> - Quali risposte ebbero dai governi?

LE DONNE, NUOVE PROTAGONISTE DELLA SOCIETÀ

Nel **1946**, in Italia, le donne parteciparono per la prima volta alle elezioni. I loro **voti** erano **determinanti**. Fu così che la coalizione delle Sinistre fondò l'**UDI** (Unione Donne Italiane) e il Centro-Destra, appoggiato dalla Chiesa, fondò il **CIF** (Centro Italiano Femminile), con lo scopo di riunire le donne e di formarle alle **attività sociali e politiche**. Alcune di esse entrarono nella politica, come **Nilde Jotti**, che nel 1948 fu eletta deputato nelle liste del Partito Comunista.

Vi era una diffusa aspirazione a **conoscere** e a **partecipare**, stimolata dalle **riviste femminili**, dai primi **fotoromanzi** e dalla radio. Le donne rivendicavano una **maggiore autonomia** e pensavano di poterla raggiungere anche nel **lavoro**. Molte continuavano a scegliere la **vita familiare**, ma con una **diversa coscienza del loro ruolo**. La donna era il "centro affettivo e perno della vita quotidiana", ma era tuttavia "consapevole che avrebbe potuto fare altro".

> **Per ricordare**
> - Perché in Italia nacquero nuove associazioni politiche femminili?
> - Come cambiò la condizione della donna tra gli anni Cinquanta e Sessanta?

PARTE SESTA CAPITOLO 21 - GLI ANNI DELLA RICOSTRUZIONE E DEL "MIRACOLO ECONOMICO"

APPROFONDIMENTI

Storia, economia e società

L'ITALIA DEL "MIRACOLO"

POVERI MORTI DI FAME...

La ricostruzione e il "miracolo economico" dell'Italia partono dagli anni immediatamente successivi alla guerra, quando, dinnanzi alle macerie fisiche e morali di un drammatico conflitto, gli Italiani ebbero il coraggio di **sperare in un mondo migliore**. Ecco come il giornalista Giorgio Dell'Arti rievoca il clima di quel periodo:

Nel 1946 gli Italiani erano dei poveri morti di fame. Non c'era pane, sale, olio. Non c'era carbone per riscaldarsi. La guerra era finita da pochi mesi e da ogni parte si vedevano macerie. I giornali erano fatti di un solo foglio e costavano 4 centesimi. La lira non valeva niente. Si facevano gli acquisti con delle banconote stampate dagli Americani, dette am-lire, e che ci venivano rifilate a caro prezzo. Però non sarebbe giusto dire che il Paese era disperato: finito il Fascismo, finita la guerra, c'era invece molta speranza che si sarebbe costruito o ricostruito qualcosa. Potremmo dire così: 'fuori' tutto appariva molto brutto, ma 'dentro' – nel cuore delle persone – c'era questa sensazione che le cose sarebbero cambiate, che un mondo migliore sarebbe venuto.

DALLA VESPA A TOSCANINI: L'ITALIA RISORGE

Il 15 aprile 1946 la ditta Piaggio presentava una nuova "motoretta", progettata dall'ing. Corradino d'Ascanio: la **Vespa**, così ribattezzata per i rigonfiamenti laterali; il 5 maggio partiva il concorso della SISAL con la schedina sulle partite di calcio del campionato; l'11 maggio **Arturo Toscanini** dirigeva il *Nabucco* alla Scala di Milano, restaurata dopo i bombardamenti del 1943; a settembre da Maranello uscì la prima vera **Ferrari** da competizione, la "375"; sempre nel 1946 fu organizzato il concorso di *Miss Italia*, che fu vinto da Lucia Bosé, con Gina Lollobrigida al secondo posto.

Anche da questo ripartì l'Italia.

I SEGNALI DELLA RIPRESA

Intanto prendeva le mosse quella **crescita ininterrotta** in campo produttivo ed economico, poi chiamata "**miracolo economico**". E questo miracolo regalò a tutti i simboli di un benessere mai visto.

Nel novembre del 1950 si inaugurava la *Stazione Termini* a Roma; nel febbraio 1951 si celebrò il primo *Festival di Sanremo*, in tre serate trasmesse alla radio e commentate da Nunzio Filogamo; nel maggio 1952 il comandante Lauro acquistò il calciatore Jeppson per la cifra vertiginosa di attuali 52000 euro; l'**AGIP**, guidata da Enrico Mattei, a dicembre iniziò a vendere la propria benzina, pubblicizzata con il cane a sei zampe; il 3 gennaio 1954, alle ore 14,30 iniziarono le prime **trasmissioni televisive**; nel marzo 1955 fu presentata la **600**, gioiello di casa FIAT, e il 15 aprile, al primo *Salone della Radio*, venne mostrata l'ultima meraviglia tecnica: il *transistor*.

I RISULTATI DEL "MIRACOLO"

I risultati del "miracolo economico" furono ben presto verificabili nei fatti e confermati dalle statistiche. Tra il 1951 ed il 1958 la produzione complessiva dei beni e dei servizi della nazione (il Prodotto Nazionale Lordo, **PNL**) **aumentò** in media del 5,3% all'anno. Risultati ancora migliori si ebbero nel 1959 (6,6%) e nel 1960 (6,3%), quando l'Italia entrò a far parte del Mercato Comune Europeo. Il tasso massimo di crescita del PNL si ebbe nel 1961, quando fu raggiunto un valore medio dell'8,3%.

Tali risultati furono dovuti soprattutto alla **crescita della produzione industriale**, che in questi anni aumentò quasi del 10%, proseguendo in un andamento di crescita costante, come si può notare nei grafici della pagina accanto.

I disoccupati erano ancora più di 2 milioni e solo l'1% della popolazione accedeva all'Università, ma erano davvero **finiti "gli anni della fame"**.

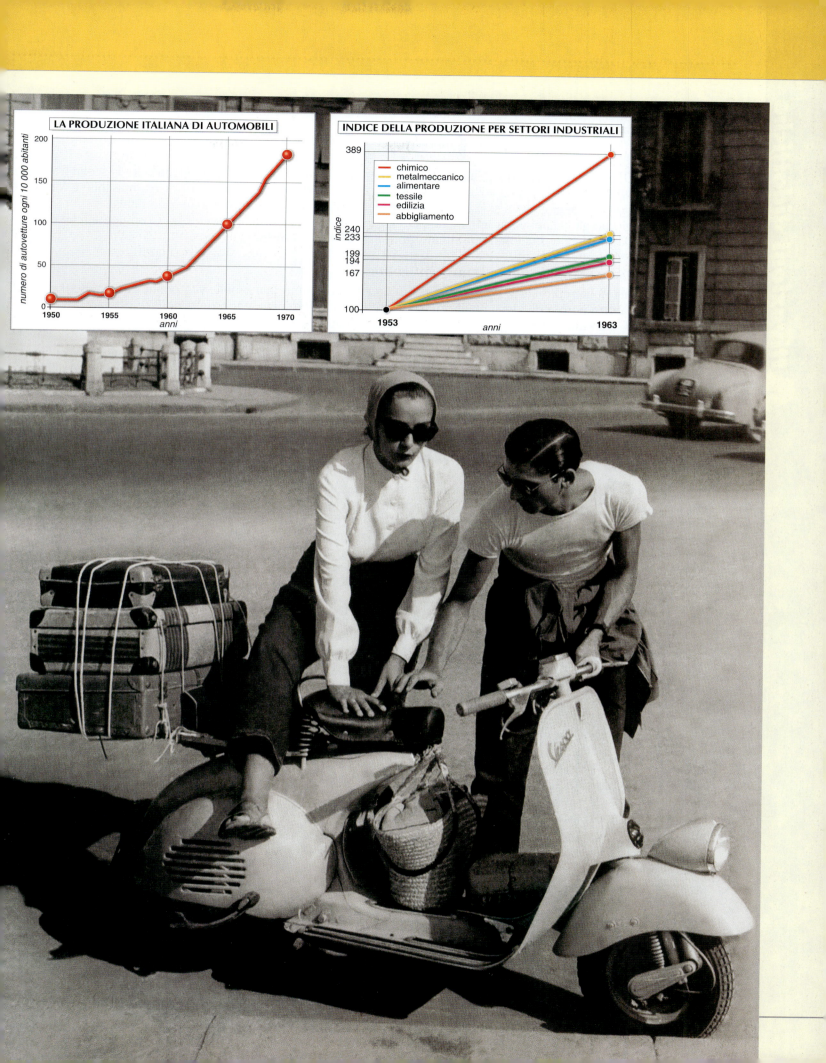

Sintesi

LA FINE DELLA GUERRA E LA NASCITA DELLA REPUBBLICA

- L'Italia uscì dalla guerra devastata sia sul piano sociale e politico – a motivo dei contrasti interni e della perdita di credibilità della monarchia sabauda – sia dal punto di vista delle strutture (industrie, vie di comunicazione, ecc.).
- Il 2 giugno 1946 gli Italiani furono chiamati a votare per il referendum istituzionale riguardante la scelta tra monarchia e repubblica. Per la prima volta in Italia le votazioni si svolsero a suffragio universale maschile e femminile. La maggioranza degli Italiani scelse la repubblica e il nuovo re Umberto II abbandonò l'Italia.
- Nello stesso giorno gli Italiani votarono anche per eleggere i rappresentanti all'Assemblea Costituente, che doveva preparare la nuova Costituzione, entrata in vigore il 1° gennaio 1948.

PARTITI E SINDACATI: I NUOVI PROTAGONISTI DELLA VITA POLITICA

- Dopo la nascita della repubblica, i partiti assunsero un ruolo di primo piano nella vita politica del Paese. I diversi leader iniziarono però a dividersi riguardo alle scelte da compiere nel campo della politica estera.
- In particolare, era necessario scegliere se l'Italia avrebbe dovuto schierarsi con il blocco occidentale oppure con il blocco sovietico.
- Un ruolo di grande rilievo iniziarono ad assumere anche le organizzazioni sindacali, che esprimevano i diversi orientamenti dei lavoratori. Le divisioni sorte all'interno del primo grande sindacato, la CGIL, portarono alla nascita della UIL e della CISL.

LE ELEZIONI DEL 1948 E I PRIMI GOVERNI DI CENTRO

- Nel 1948 vennero indette le elezioni per il primo Parlamento della Repubblica Italiana: erano elezioni molto importanti, perché dal loro esito dipendeva anche la collocazione dell'Italia all'interno del panorama politico internazionale.
- La Democrazia Cristiana vinse le elezioni e ottenne la maggioranza assoluta dei seggi. De Gasperi formò un governo di "centro" che coinvolse anche gli altri partiti di orientamento moderato.
- I governi di centro compirono scelte politiche ed economiche precise: economia di mercato; accettazione degli aiuti del Piano Marshall; firma dell'alleanza militare occidentale (NATO).
- Sul piano della politica internazionale, l'Italia divenne protagonista del processo di integrazione europea e rafforzò i propri legami con gli Stati Uniti.

GLI ANNI DEL "MIRACOLO ECONOMICO"

- All'interno, il governo doveva operare la ricostruzione del Paese favorendo la ripresa economica.
- Nel 1950, dopo la fase della ricostruzione iniziò un periodo di crescita talmente intensa e inaspettata che si parlò di "miracolo economico". Numerosi fattori furono all'origine di questo straordinario sviluppo (disponibilità di manodopera a basso costo e di tecnologie e macchinari statunitensi, scoperta di nuove fonti di energia, interventi statali, integrazione economica con gli altri Paesi europei) che ebbe il suo punto di forza nell'industria.
- L'Italia trasformò la sua struttura economica e divenne un Paese a economia prevalentemente industriale.
- Il Sud della penisola incontrava ancora grandi difficoltà a svilupparsi, tanto che per aiutarne la ripresa fu istituita la Cassa per il Mezzogiorno.
- La disoccupazione provocò massicci movimenti migratori, dalle campagne alle città, dal Meridione verso il Settentrione. Oltre alla migrazione interna, ci fu un grande flusso di emigrazione (più di 6 500 000 persone) verso i Paesi europei ed extraeuropei.

UNA SOCIETÀ IN TRASFORMAZIONE

- Il "miracolo economico" portò a un generale aumento del benessere e, di conseguenza, a un'espansione dei consumi. La società italiana subì profonde trasformazioni nei comportamenti, nelle abitudini, nel modo di vestire e di trascorrere il tempo libero.
- Simboli della trasformazione sociale di questo periodo furono la diffusione della televisione, della pubblicità e di mezzi di trasporto (automobili e moto) che divennero accessibili a un numero sempre maggiore di famiglie italiane.
- Tra le più importanti trasformazioni sociali vi fu anche il cambiamento della condizione delle donne che, dopo le elezioni del 1946, acquistarono anche un maggiore peso politico.

Anche noi storici

Conoscere eventi e fenomeni storici

1. Indica se le seguenti affermazioni sono vere (V) o false (F).

	V	F
a. Vittorio Emanuele III abdicò dopo l'esito del referendum istituzionale.	☐	☐
b. Il risultato del referendum decretò una vittoria schiacciante della monarchia.	☐	☐
c. Il referendum fu favorevole alla repubblica.	☐	☐
d. L'Assemblea Costituente doveva elaborare la nuova Costituzione.	☐	☐
e. La Costituzione entrò in vigore il 2 giugno 1946.	☐	☐
f. Nelle elezioni del 1948 la DC costituì il Fronte Democratico Popolare.	☐	☐
g. Il capo del primo governo repubblicano fu Luigi Einaudi.	☐	☐
h. Il governo De Gasperi scelse di inserire l'Italia nel contesto delle democrazie occidentali capitalistiche.	☐	☐
i. L'Italia aderì all'ONU nel 1955.	☐	☐
l. Negli anni del "miracolo economico" l'Italia si avviò a diventare un Paese a prevalente economia industriale.	☐	☐
m. Negli anni della ricostruzione e del "miracolo economico" i fenomeni migratori si attenuarono notevolmente.	☐	☐
n. Lo Stato soddisfece largamente la crescente domanda di servizi sociali.	☐	☐

Riconoscere relazioni – Individuare i rapporti di causa ed effetto

2. Collega i seguenti fatti e fenomeni alla corretta causa / spiegazione (riporta accanto la lettera corrispondente).

1. La permanenza della monarchia sabauda era messa in discussione …
2. Il sindacato unico si divise …
3. Le elezioni del 1948 si svolsero in un clima di grande tensione …
4. La Democrazia Cristiana ottenne un grande consenso nelle elezioni del 1948 …
5. La politica occidentale dell'Italia era contrastata dai partiti di Sinistra …
6. La Cassa per il Mezzogiorno venne istituita …
7. L'immigrazione creò problemi nelle aree urbane dell'Italia settentrionale …

a. perché dal loro esito dipendeva la posizione dell'Italia nel quadro internazionale.
b. perché ottenne il voto dell'elettorato moderato che temeva una svolta verso il Comunismo.
c. perché al suo interno nacquero posizioni diverse sull'uso dello sciopero e sul sistema economico che intendevano sostenere.
d. perché il re si era compromesso col Fascismo e con la fuga da Roma nel 1943.
e. perché con l'arrivo di numerosi immigrati si rendevano necessari servizi, trasporti, alloggi e provvedimenti per favorire l'integrazione sociale.
f. perché essi erano favorevoli ad una posizione di non allineamento e di non ostilità all'URSS.
g. per promuovere lo sviluppo economico delle regioni meridionali.

Conoscere eventi e fenomeni storici

3. Indica con X la conclusione corretta tra quelle proposte.

1. L'ultimo re d'Italia fu
   ☐ a. Vittorio Emanuele III.   ☐ b. Umberto I.   ☐ c. Umberto II.

2. Le votazioni del 1946 furono a suffragio universale
   ☐ a. maschile e femminile.   ☐ b. maschile.   ☐ c. maschile e femminile con limiti di censo.

3. I partiti del dopoguerra si scontrarono soprattutto
   ☐ a. sulla politica sociale.   ☐ b. sulla politica estera.   ☐ c. sull'ordinamento dello Stato.

4. Dal 1944 al 1948 in Italia il sindacato unico era
   ☐ a. la CGIL.   ☐ b. la UIL.   ☐ c. la CISL.

5. Nel 1949 l'Italia aderì
   ☐ a. al Patto di Varsavia.   ☐ b. alla NATO.   ☐ c. alla Cassa per il Mezzogiorno.

Attivazioni didattiche

Orientarsi nel tempo

4. *Indica la data dei seguenti eventi.*

a. Referendum sulla forma istituzionale dello Stato ....
b. Entrata in vigore della Costituzione repubblicana ....
c. Elezioni dell'Assemblea Costituente ....
d. Elezioni del 1° Parlamento della Repubblica Italiana .....

Ricavare informazioni da un documento iconografico – Conoscere eventi e fenomeni storici

5. *Osserva attentamente le immagini, quindi esegui quanto proposto.*

....
....

a. A quale fenomeno della società italiana degli anni Cinquanta e Sessanta fa riferimento l'**illustrazione n.1**? Quali abitudini e comportamenti favorì? Quali ripercussioni ebbe dal punto di vista ambientale? ....
....
....

b. A quale fenomeno fa riferimento l'**illustrazione n.2**? Quali trasformazioni apportò nella vita degli Italiani? Quali conseguenze ebbe dal punto di vista linguistico? ....
....
....
....

c. Scrivi sotto ciascuna immagine una didascalia appropriata.

Ricavare informazioni da un documento storiografico

6. *Secondo lo storico Giuliano Procacci (autore dell'opera* Storia degli Italiani, *di cui proponiamo il passo che segue) quello degli anni Cinquanta e Sessanta fu un "miracolo" a metà, nel senso che lo sviluppo economico, mal governato dalla classe politica, ha prodotto negative conseguenze sull'ambiente e non si è accompagnato a progressi in campo sociale. Leggi il testo con attenzione, quindi esegui quanto proposto.*

> **L'altra faccia del "miracolo economico"**
>
> Finalmente, dopo anni di stenti e di privazioni, gli Italiani conoscevano un certo benessere [...] Ma il miracolo economico [...] ha anche il suo rovescio della medaglia.
>
> Lo sviluppo edilizio, svoltosi sotto il segno della più sfrenata speculazione, ha pregiudicato in modo probabilmente irreparabile l'urbanistica delle principali città italiane e ha irrimediabilmente deturpato paesaggi unici al mondo.

386 PARTE SESTA CAPITOLO 21 - GLI ANNI DELLA RICOSTRUZIONE E DEL "MIRACOLO ECONOMICO"

La motorizzazione di massa è stata artificialmente gonfiata al di là delle possibilità economiche del Paese oltre che da una sapiente tecnica di persuasione occulta, anche attraverso una deliberata rinuncia da parte dello Stato a promuovere i mezzi di trasporto pubblico. Mentre si costruiscono migliaia di chilometri di autostrade, si pensa a sopprimere cinquemila chilometri di ferrovie e i trasporti pubblici urbani, costretti a procedere a passo d'uomo nel caos del traffico cittadino, presentano bilanci paurosamente deficitari.

L'esodo dalle campagne ha acuito la crisi di un'agricoltura che in vaste zone del Paese è ancora regolata da contratti e da rapporti superati e anacronistici, solo parzialmente intaccati dalla riforma agraria attuata dal governo.

Ma questi - si potrebbe obiettare fondatamente - sono gli inconvenienti e il prezzo del progresso e comunque non si può certo negare che in quest'ultimo decennio l'Italia sia riuscita a spezzare definitivamente le catene dell'arretratezza cui per secoli era stata mantenuta e si sia inserita nel ristretto novero dei Paesi a forte sviluppo industriale.

Ma ciò che lascia perplessi e scettici molti Italiani di fronte al miracolo economico è la constatazione che ad esso non ha corrisposto un analogo progresso civile. La condizione operaia italiana rimane precaria e dura; la disoccupazione, malgrado la valvola di sfogo dell'emigrazione, rimane ancora a livelli preoccupanti; le attrezzature civili, le scuole, gli ospedali sono assolutamente inadeguati […]. L'amministrazione pubblica rimane insufficiente e elefantiaca, la giustizia lenta, l'università medievale, il sistema fiscale vessatorio contro i poveri, impotente contro gli evasori fiscali, la corruzione dilagante.

rid. da Giuliano Procacci, *Storia degli Italiani*, vol.II, Laterza

Evidenzia in modo diverso le parti di testo nelle quali lo storico:

a. sottolinea le conseguenze negative del boom economico

b. indica gli aspetti per cui il "miracolo economico" può essere complessivamente considerato positivo

c. indica gli aspetti per cui il "miracolo economico" non si è tradotto in un progresso effettivo e duraturo della società italiana

Storia e cinema

L'Italia del dopoguerra rappresentata dal cinema neorealista

• *Nell'immediato dopoguerra si sviluppò in Italia l'esperienza del cosiddetto* **Neorealismo**, *un movimento letterario e cinematografico, che mirava a rappresentare in modo realistico l'Italia uscita dalla guerra. Con il Neorealismo il cinema italiano diede vita ad un'autentica rivoluzione, realizzando capolavori che raggiunsero la fama internazionale. Vicende belliche, episodi di vita quotidiana, vicende di povertà e miseria, storie di vita comune furono i temi preferiti dai registi neorealisti, che usarono spesso mezzi di fortuna e attori presi dalla strada. Vi suggeriamo una ricerca per approfondire la conoscenza dei* **temi e delle opere del cinema neorealista**.

La rinascita del cinema italiano coincide con la prima proiezione pubblica, nell'ottobre 1945, di *Roma città aperta*, capolavoro del regista **Roberto Rossellini**, considerato il caposcuola del Neorealismo, autore anche di *Paisà, Germania anno zero*. Fra gli altri registi che portarono il cinema italiano a livelli internazionali ricordiamo **Vittorio De Sica** (*Sciuscià, Ladri di biciclette, Miracolo a Milano, Umberto D*), **Luchino Visconti** (*Bellissima, La terra trema*), **Giuseppe de Santis** (*Riso amaro*), **Aldo Vergani** (*Il sole sorge ancora*), **Alberto Lattuada** (*Il bandito, Senza pietà*), **Pietro Germi** (*Il cammino della speranza, In nome della legge*), **Carlo Lizzani** (*Achtung! Banditi!*), **Luigi Zampa** (*Processo alla città, Anni difficili*), **Renato Castellani** (*Sotto il sole di Roma, Due soldi di speranza*).

a. Recuperate in biblioteca o presso un servizio di noleggio alcune delle opere del Neorealismo italiano sopra elencate. Prima di visionarle, ricercate informazioni e recensioni sui film e sul cinema neorealista in generale, consultando repertori e dizionari di cinematografia (ad esempio il *Morandini-Dizionario dei film*, Zanichelli, oppure il *Dizionario dei film* a cura di P. Mereghetti, Baldini e Castoldi) oppure siti Internet. Preparate una **scheda**, indicando titolo, regista, anno di produzione, attori, trama e ambientazione.

b. Dopo aver visionato il film, analizzatelo in classe considerando i seguenti punti:

• ricostruzione degli eventi e del contesto storico • eventuale rappresentazione di personaggi storici • gli eventi storici visti dai protagonisti coinvolti • eventuali interpretazioni del regista relative ai fatti e al periodo considerato.

Rielaborate i materiali, stendendo una **relazione**, arricchita del vostro personale giudizio critico.

PARTE SESTA **CAPITOLO 21** - GLI ANNI DELLA RICOSTRUZIONE E DEL "MIRACOLO ECONOMICO" 387

22 L'Italia dagli anni Sessanta agli anni Ottanta

1. Le nuove esigenze di un'Italia che cambia

LA NECESSITÀ DI UNA NUOVA LINEA POLITICA

Agli inizi degli anni Sessanta si crearono in Italia le condizioni per una nuova **svolta politica**, necessaria soprattutto per far fronte ai profondi **mutamenti provocati dalla crescita economica** che, dopo l'esplosione degli anni Cinquanta, proseguiva in modo tumultuoso, disordinato e creava spesso **squilibri nella società**.

I governi di "centro", specie dopo la morte di De Gasperi nel 1954, non parevano capaci di intervenire in modo adeguato per risolvere i problemi del Paese. Vi era necessità di **riforme sociali** alla cui elaborazione partecipassero anche **forze di ispirazione socialista** e, soprattutto, larghe fasce di cittadini chiedevano che il governo **non fosse appoggiato dai partiti di destra**, in particolare dal MSI (Movimento Sociale Italiano), che ancora non aveva preso del tutto le distanze dall'eredità fascista.

> **Per ricordare**
> - Perché agli inizi degli anni Sessanta si rese necessaria in Italia una nuova svolta politica?
> - Quali partiti avrebbero dovuto collaborare al varo di nuove riforme sociali?

L'ARRETRATEZZA DEL SUD E I PROBLEMI DELL'IMMIGRAZIONE

I **lavoratori** delle fabbriche, veri protagonisti del "miracolo economico" accanto agli **imprenditori**, volevano vedere riconosciuto il loro contributo attraverso l'**aumento dei salari** e una **migliore qualità della vita**. Si fece più forte la **domanda di beni sociali** (istruzione, sanità, servizi) e non solo quella di beni di consumo.

Un grave **problema** era ancora rappresentato dall'**economia del Meridione**, che **non decollava**, nonostante i fondi della Cassa per il Mezzogiorno.

Un altro problema fondamentale, poi, era costituito dall'**urbanizzazione selvaggia** che aveva accompagnato i grandi movimenti migratori interni. Le periferie delle città si erano riempite di **baracche** e nuove costruzioni, spesso **abusive**, **senza** che fosse stata elaborata preventivamente una qualsiasi **pianificazione territoriale**. Molti **costruttori** senza scrupoli si arricchirono ai danni dell'ambiente e della società. La **corruzione** si diffuse all'interno delle **amministrazioni comunali**, inquinando la vita politica locale.

> **Per ricordare**
> - Quali esigenze mostravano i lavoratori delle fabbriche?
> - In quali condizioni era l'economia del Meridione?
> - Perché l'urbanizzazione avvenne in modo disordinato e "selvaggio"?

GLI EFFETTI DELLA NUOVA POLITICA INTERNAZIONALE

Un impulso decisivo al rinnovamento della politica italiana venne anche dalla **mutata situazione internazionale**. Il disgelo nei rapporti tra l'URSS di Kruscëv e gli USA di Kennedy fu interpretato come la possibile **fine del clima di guerra fredda** e l'inizio di una nuova epoca, segnata dalla **distensione** e dalla **coesistenza pacifica**.

In Italia il nuovo clima internazionale ebbe come effetto la fine del pregiudizio nei confronti del Partito Socialista, soprattutto dopo che **Pietro Nenni** ebbe pubblicamente **condannato l'invasione sovietica dell'Ungheria** (vedi pag. 297) e ebbe preso le distanze dalla linea politica del PCI, ancora troppo filosovietica. Egli dichiarò di voler cercare un accordo con i Socialdemocratici di Giuseppe Saragat e di preferire una **politica di riforme** alle prospettive rivoluzionarie.

> **Per ricordare**
> - Quali elementi internazionali influirono sulla politica italiana?
> - Quale nuova linea politica venne adottata dal socialista Pietro Nenni?

ANCHE LA CHIESA SI TRASFORMA, CON GIOVANNI XXIII

Grande influenza sulla vita politica italiana ebbe anche l'elezione del nuovo pontefice **Giovanni XXIII**, succeduto a Pio XII nel **1958**. Il nuovo papa contribuì infatti a far prevalere il **clima di collaborazione e di distensione**.

Il nuovo pontefice promulgò due **encicliche** (*Mater et magistra*, del 1961, e *Pacem in terris*, del 1963), nelle quali riprendeva i temi della dottrina sociale della Chiesa per respingere l'interpretazione rigida del liberismo classico in nome di una **maggiore giustizia sociale** (*Mater et magistra*) e auspicava una **fattiva collaborazione internazionale**, invitando a **rifiutare la guerra** (*Pacem in terris*: vedi pag. 299 e pag. 310).

La nuova linea pastorale di Giovanni XXIII venne confermata dal discorso di apertura del **Concilio Vaticano II**, inaugurato nel **1962**, in cui il papa affermava che la Chiesa "ritiene di **venire incontro ai bisogni di oggi**, mostrando la validità della dottrina, piuttosto che rinnovando condanne".

Il Concilio rappresentò un **momento di profondo rinnovamento per la Chiesa**, sia al suo **interno**, con lo svecchiamento di strutture organizzative rimaste immutate per secoli, sia nei suoi **rapporti con il mondo**, verso il quale maturò un nuovo atteggiamento di **dialogo** e di **confronto**.

Per ricordare

- Quando fu eletto Giovanni XXIII?
- Che cosa auspicava il papa nelle sue encicliche?
- Quando iniziò il Concilio Vaticano II?
- Quale fu l'importanza del Concilio?

I Padri conciliari riuniti nella Basilica di San Pietro per l'apertura del Concilio Ecumenico del 1962.

Protagonisti

GIOVANNI XXIII: IL PAPA CHE APRÌ LA CHIESA AL MONDO

UN PAPA "DI TRANSIZIONE"

Nel 1958, dopo la morte di Pio XII, che aveva retto la Chiesa dal 1939 per quasi un ventennio, fu eletto pontefice il cardinale **Angelo Giuseppe Roncalli**, che prese il nome di **Giovanni XXIII**.

Angelo Giuseppe Roncalli era nato a Sotto il Monte (Bergamo) nel 1881 da una famiglia di contadini, era appassionato studioso di San Carlo Borromeo e fu docente di Storia della Chiesa nel seminario di Bergamo fino a quando, nel 1921, fu chiamato a Roma per ricoprire importanti incarichi. Fu consacrato vescovo nel 1925 e subito inviato come **delegato apostolico** prima in Bulgaria, poi in Turchia e infine, nel 1944, **nunzio apostolico** a Parigi.

Tornò in Italia solo nel 1953, per essere inviato come cardinale **patriarca** nella prestigiosa sede di **Venezia**. All'atto della sua elezione a **pontefice**, il patriarca di Venezia aveva ormai 77 anni e la scelta cadde su di lui proprio a motivo della sua **età avanzata**. Dopo la figura carismatica di Pio XII, che aveva dominato la Chiesa imponendo la forza della propria personalità, occorreva un pontificato possibilmente breve, "di transizione": il nuovo papa avrebbe dovuto creare nuovi cardinali tra i quali sarebbe poi stato scelto un successore che avrebbe guidato la Chiesa per un periodo ancora lungo.

L'UOMO DELLA SVOLTA...

Nonostante l'età e le scarse aspettative che tutti nutrivano nei suoi confronti, Giovanni XXIII seppe interpretare l'**esigenza di rinnovamento** della Chiesa e diede al pontificato uno stile semplice e pacato che lo rese sempre più **popolare**.

Egli divenne un protagonista del dialogo della Chiesa con il mondo affermandosi, insieme a John F. Kennedy, come uno degli "**uomini della pace**". Determinanti furono, in questa direzione, le sue encicliche più famose: la *Mater et magistra* e la *Pacem in terris*, con le quali indicava la via cristiana per la soluzione dei problemi sociali e per una coesistenza pacifica tra le varie nazioni.

In campo religioso egli prese una decisione straordinaria: il **25 aprile 1959** annunciava la convocazione del **Concilio Ecumenico Vaticano II**, con lo scopo di **aprire la Chiesa alle istanze di un mondo** radicalmente **cambiato**.

L'11 ottobre 1962 il papa pronunciava il discorso inaugurale dell'Assise Conciliare, indicandone compiutamente le finalità. Dopo la **morte di Giovanni XXIII (3 giugno 1963)** il nuovo pontefice, **Paolo VI** (cardinal Giovanni Battista Montini, 1897-1978), proseguì le sessioni del **Concilio**, che si chiuse l'**8 dicembre 1965**.

... E DEL DIALOGO

Giovanni XXIII, oltre che come papa del Concilio, viene ricordato anche per la sua **apertura verso le altre religioni**, di cui aveva un grandissimo rispetto, in nome della necessaria fratellanza fra tutti gli uomini.

Sul piano politico nazionale, "il papato di Giovanni XXIII segnò **una nuova fase nelle relazioni tra Chiesa e Stato in Italia**: l'integralismo di Pio XII fu sostituito da una diversa concezione della Chiesa, piuttosto legata al suo ruolo pastorale e spirituale che non alla sua vocazione politica anticomunista. Si aprì così lo spazio per un dialogo fra cattolici e marxisti, e in campo politico democristiani e socialisti poterono finalmente trovarsi faccia a faccia per trattare". (P. Ginsborg)

2. Nascono i governi del centro-sinistra

Il rapporto privilegiato tra DC e PSI

I **governi di centro-sinistra** nacquero dunque per **rispondere alle molteplici esigenze economiche, sociali e anche culturali** che si erano andate delineando negli anni del dopoguerra e del "miracolo economico".

Inizialmente, nel **1962**, i Socialisti appoggiarono dall'esterno un governo formato da DC, PSDI e PRI presieduto dal democristiano **Amintore Fanfani**; la loro collaborazione organica iniziò nel **dicembre 1963**, con un governo presieduto da **Aldo Moro**, cui partecipò come vicepresidente anche il segretario socialista **Pietro Nenni**.

Negli anni seguenti, **i rapporti fra DC e PSI condizionarono la vita politica italiana** e l'azione dei vari governi, sui quali influirono anche le vicende interne ai due partiti. Nella DC come nel PSI, infatti, **non esisteva una piena unanimità sulle scelte politiche** e sulla linea che il governo avrebbe dovuto seguire. Nonostante le frequenti crisi dei governi e la conflittualità tra i partiti che li formavano, il centro-sinistra riuscì comunque a varare **significativi interventi di riforma**.

La programmazione dell'economia

Uno dei punti chiave dei programmi dei governi di centro-sinistra fu la **programmazione economica**. Questo aspetto della politica governativa fu **uno dei più discussi**. I moderati vedevano in esso la realizzazione del progetto del PSI di attuare un **controllo dello Stato sull'economia**, una specie di introduzione di elementi di Socialismo nella struttura economica e sociale italiana; pertanto lo osteggiarono con forza. Altri erano invece **favorevoli a un'opera di indirizzo e di coordinamento da parte del governo**, per evitare il ripetersi degli squilibri e dei disordini verificatisi negli anni precedenti durante il periodo del "miracolo economico".

L'intervento dello Stato nell'economia, comunque, si attuò, soprattutto attraverso le **aziende statali**: ENI, IRI, ENEL. Vennero così ampliati gli aiuti alle zone più povere, in particolare al Meridione, con il **potenziamento della Cassa per il Mezzogiorno**.

Il governo perseguì con forza anche una **politica di industrializzazione del Sud** con la creazione di **impianti siderurgici e petrolchimici** (Gela, Taranto, Brindisi, Ottana, Porto Torres, Milazzo, Gioia Tauro, ecc.). Intorno a questi impianti, però, non si sviluppò mai un'area più ampia di insediamento industriale, con altre imprese private più piccole e quartieri operai: essi **rimasero isolati**, tanto che furono in seguito definiti "**cattedrali nel deserto**".

> **Per ricordare**
> - Perché nacquero i governi di centro-sinistra?
> - Quando iniziò la collaborazione tra i democristiani e i socialisti? Chi furono i protagonisti della svolta?
> - Quali erano i motivi di divisione all'interno di DC e PSI?

> **Per ricordare**
> - Quali erano le diverse posizioni politiche rispetto alla programmazione economica dei governi di centro-sinistra?
> - Come intervenne lo Stato nell'economia?
> - Quale politica economica fu attuata nel Meridione? Con quali esiti?

Aldo Moro, presidente del Consiglio, in una fotografia del 1964.

LA NAZIONALIZZAZIONE DELL'INDUSTRIA ELETTRICA E LA CRISI PETROLIFERA

Nel 1962 venne attuata la **nazionalizzazione dell'industria elettrica**: la produzione e la distribuzione dell'energia elettrica furono affidate a un'azienda di proprietà statale, l'**ENEL** (Ente Nazionale per l'Energia Elettrica), il cui fine era quello di **offrire energia elettrica a tutto il territorio nazionale**.

La creazione dell'ENEL, **avversata dai sostenitori dei princìpi liberisti** in campo economico, ebbe conseguenze importanti:
- il **prezzo** dell'energia elettrica **venne unificato**,
- venne **riorganizzata e potenziata la distribuzione**, soprattutto nel **Mezzogiorno**, dove il servizio era più carente.

L'Italia, praticamente priva di giacimenti petroliferi, si trovava però a **dipendere fortemente dalle importazioni di petrolio**, dal quale ricavava non solo i carburanti per i trasporti pubblici e privati, ma anche il combustibile necessario per creare nuova energia. Questa dipendenza pesò notevolmente sul Paese nel **1973**, quando in occasione della **Guerra del Kippur**, gli Stati arabi produttori di petrolio **bloccarono le esportazioni** verso l'Occidente e il **prezzo del greggio conobbe un rapido incremento**, determinando la cosiddetta "**crisi petrolifera**".

> **Per ricordare**
> - Perché venne nazionalizzata l'industria elettrica?
> - Quali effetti ebbe la creazione dell'ENEL? Da chi fu avversata?
> - Perché l'innalzamento del prezzo del petrolio nel 1973 pesò sull'economia italiana?

Costruzione di condotte forzate per una centrale idroelettrica nel 1963.

LA RIFORMA DELLA SCUOLA

Sempre nel 1962 venne approvata la legge di **riforma scolastica**: l'**obbligo** di frequentare la scuola venne esteso fino a **14 anni** (prima si fermava agli 11 anni). Fu istituita la **Scuola Media Unica**, mentre in precedenza la **Scuola Media** era rivolta **solo a chi proseguiva gli studi**: per chi era destinato ad entrare presto nel mondo del lavoro vi era la **scuola di Avviamento Professionale**.

La riforma scolastica si proponeva **obiettivi molto ambiziosi**:

- garantire **effettive possibilità di studio e di avanzamento sociale per tutti**,
- **aumentare il livello medio di istruzione e di scolarizzazione**, anche per soddisfare la domanda sempre crescente di manodopera e di personale più preparato.

Fu grazie a tale riforma che si realizzò il fenomeno della "**scolarizzazione di massa**", con il raggiungimento negli anni Settanta di un tasso di scolarizzazione dei ragazzi fra gli 11 e i 14 anni pari al **98-99%**.

Per ricordare

- Come era organizzata l'istruzione in Italia prima della Scuola Media Unica?
- Quali obiettivi si proponeva di raggiungere la riforma scolastica?
- Quali furono gli esiti?

DON MILANI E LA SCUOLA DI BARBIANA: UNA SCUOLA PER TUTTI

Don Lorenzo Milani (nato a Firenze nel 1923 e qui morto nel 1967), sacerdote convinto dell'altissimo valore dell'istruzione, soprattutto ai fini dell'**emancipazione delle classi popolari**, si dedicò con fervore all'attività di educatore.

Per contrasti con la Curia, don Milani fu inviato come parroco a Barbiana, un borgo sperduto ed isolato sui monti fiorentini, dove fondò una **scuola per i figli dei contadini e dei boscaioli** della zona. Egli applicò una forma d'insegnamento decisamente innovativa, che prendeva spunto dalla realtà quotidiana per educare a capire gli avvenimenti politici e il mondo circostante. Ai suoi studenti chiedeva una grande dedizione (si faceva scuola ogni giorno, non esistevano domeniche né vacanze) e un forte spirito di collaborazione: i più grandi insegnavano ai più piccoli, ognuno doveva essere disponibile a studiare con tutti i compagni.

Da questa esperienza nacque il libro **Lettera ad una professoressa** (1967), che divenne un documento di **denuncia verso la scuola italiana**, accusata di **emarginare ed escludere le classi sociali più umili**. Ne riportiamo un brano, nel quale uno studente bocciato racconta la sua esperienza alla scuola di don Milani, rivolgendosi idealmente a una professoressa "bocciatrice".

> Barbiana, quando arrivai, non mi sembrò una scuola. Né cattedra né lavagna né banchi. Solo grandi tavoli intorno a cui si faceva scuola e si mangiava. Di ogni libro c'era una copia sola. I ragazzi gli si stringevano sopra. Si faceva fatica ad accorgersi che uno era un po' più grande e insegnava. Il più vecchio di quei maestri aveva sedici anni. Il più piccolo dodici e mi riempiva di ammirazione. Decisi fin dal primo giorno che avrei insegnato anch'io.
>
> La vita era dura anche lassù. Disciplina e scenate da far perdere la voglia di tornare. Però chi era senza basi, lento e svogliato, si sentiva il preferito. Veniva accolto come voi accogliete il primo della classe. Sembrava che la scuola fosse tutta solo per lui. Finché non aveva capito, gli altri non andavano avanti.
>
> Non c'era ricreazione. Non c'era vacanza nemmeno la domenica. Nessuno di noi se ne dava gran pensiero perché il lavoro è peggio […].

Don Milani tra i suoi ragazzi a Barbiana.

3. Tra contestazione giovanile e "autunno caldo"

ANCHE IN ITALIA ESPLODE IL MOVIMENTO DI CONTESTAZIONE

Il movimento di **contestazione giovanile**, che si sviluppò verso il 1968 in tutto il mondo (vedi pagg. 304-305), esplose anche in Italia, dando **espressione all'inquietudine che pervadeva la società**. Ai giovani, le **riforme** avviate dal centro-sinistra parevano **troppo blande**, la **politica poco dinamica**, il **sistema scolastico**, di cui si era riformata solo la Scuola Media Inferiore, **non più adatto alle nuove esigenze**, la **società** piena di **ingiustizie e squilibri**.

Nelle maggiori università italiane iniziarono **agitazioni** che sfociarono in **cortei, assemblee, manifestazioni** di ogni genere, con richieste di **maggiore solidarietà, meno autoritarismo, più umanità nei rapporti, più giustizia** per tutti, in particolare per i giovani e le donne.

> **Per ricordare**
> - Quali erano i motivi che spinsero i giovani italiani alla contestazione?
> - Che cosa chiedevano i giovani?

LA CONTESTAZIONE SI ALLARGA

Il movimento di **contestazione** si fece via via **globale**, mettendo in discussione **tutto il sistema politico e sociale**. Molte richieste in effetti erano fondate e alla fine portarono a qualche **mutamento**, ma spesso prevalse l'**estremismo**, con gli slogan e gli atteggiamenti più radicali.

In questo clima di protesta presero vigore formazioni politiche extraparlamentari, che dichiaravano la propria **sfiducia nel Parlamento** e si proponevano di giungere a una nuova società attraverso la **lotta rivoluzionaria**.

> **Per ricordare**
> - Quale fu l'evoluzione del movimento di contestazione?
> - Che cosa erano i gruppi extraparlamentari?

L'"AUTUNNO CALDO"

Meno estremiste e più ordinate furono le agitazioni degli **operai**, che chiedevano **miglioramenti** e garanzie nelle condizioni di lavoro. Vi furono molti **scioperi**, che raggiunsero il culmine nell'**autunno del 1969**, il cosiddetto "**autunno caldo**", a motivo del clima di tensione e di protesta che segnò quel periodo.

Il movimento dei lavoratori ottenne alcuni **successi**:
- **incremento dei salari**,
- **diminuzione delle ore di lavoro** (40 ore alla settimana),
- **maggiore potere sindacale**.

Nel 1970 fu approvata dal Parlamento la legge per la tutela dei diritti dei lavoratori, nota come **Statuto dei lavoratori**, che conteneva **norme relative alla libertà e dignità dei lavoratori** e all'**attività sindacale** nei luoghi di lavoro.

Dopo i conflitti e i successi dell'"autunno caldo", l'evoluzione della società e dell'economia di quegli anni portò il sindacato a una **situazione di crisi**. L'evento simbolo di questa crisi, nell'ottobre del 1980, fu la **marcia dei 40 000**, organizzata a Torino dai quadri intermedi (cioè dirigenti e funzionari intermedi) della FIAT per protestare contro la **presenza**, ritenuta troppo invadente, **delle organizzazioni sindacali all'interno delle fabbriche**.

> **Per ricordare**
> - Perché l'autunno del 1969 è detto "autunno caldo"?
> - Quali furono le principali conquiste del movimento operaio?
> - Perché i sindacati conobbero un momento di crisi nel 1980?

4. Terrorismo e "anni di piombo"

La stagione dello stragismo nero

Il 12 dicembre 1969 avvenne un fatto gravissimo: una **bomba** esplose nella sede della **Banca Nazionale dell'Agricoltura** in **Piazza Fontana** a Milano. Il bilancio fu di 17 morti e un centinaio di feriti. Iniziava la **stagione delle stragi**.

Nel 1974 scoppiarono altre due bombe in mezzo alla folla, una a **Brescia**, in **Piazza della Loggia**, e un'altra sul **treno "Italicus"**, nel tratto ferroviario tra Firenze e Bologna. Nel **1980** fu colpita la **stazione di Bologna**: 85 morti e circa 200 feriti.

Chi aveva ordinato quelle orribili stragi? Si prospettarono **ipotesi contrastanti** e vi furono numerosi e lunghi **processi**. Alcuni sono finiti con la condanna di qualche **terrorista neofascista**: per questo motivo si parla di "**stragismo nero**", alludendo al colore tipico del Fascismo e delle camicie nere. Tuttavia, sulle stragi degli anni Settanta **non è ancora stata fatta piena luce** e molti sospetti non sono stati del tutto chiariti.

Per ricordare
- Quale evento drammatico segnò l'inizio della stagione delle stragi?
- Quali stragi segnarono la vita del Paese tra il 1974 e il 1980?
- Chi furono i colpevoli di quelle stragi?

Strategia della tensione e associazioni segrete

Il clima di paura e di sconcerto provocato dalle stragi indusse a parlare di una **strategia della tensione**, finalizzata a **seminare il terrore** tra i cittadini e spingerli a chiedere un **governo autoritario**. Qualcuno ipotizzò addirittura che nella regia delle stragi vi fosse il coinvolgimento di alcuni **settori dei servizi segreti**, che avevano deviato dai loro compiti e avevano contatti con esponenti dell'estrema destra.

Furono scoperte anche **associazioni segrete** con **finalità politiche di segno autoritario**, come la **loggia massonica P2**. Ad essa avevano aderito **politici, giornalisti, intellettuali, finanzieri, ufficiali delle forze armate e dell'ordine, i vertici dei servizi segreti**. La loggia, che faceva capo al Gran Maestro **Licio Gelli**, venne sciolta nel 1981. Nel 1994 la magistratura ha assolto l'organizzazione dall'accusa di cospirazione politica ai danni dello Stato.

Per ricordare
- A che cosa sarebbe servita la "strategia della tensione"?
- Quali erano gli obiettivi della loggia P2? Chi ne faceva parte?

La stazione di Bologna devastata dall'esplosione della bomba il 2 agosto 1980.

IL TERRORISMO ROSSO

Per tutti gli anni Settanta, l'Italia venne funestata anche dal **terrorismo di estrema sinistra** (detto "**terrorismo rosso**"), che **contestava la società capitalista e lo stesso PCI**, accusato di aver abbandonato la logica rivoluzionaria dello scontro sociale. Mentre gruppi rivoluzionari extraparlamentari esortavano allo **scontro frontale** tra il **proletariato** operaio e la **borghesia** capitalistica, nacquero **formazioni armate** vere e proprie, che passarono all'azione.

Tra i **gruppi armati** sorti in quegli anni, il più pericoloso fu quello delle **Brigate Rosse**, formate da attivisti che vivevano in **clandestinità** e organizzavano **azioni punitive e terroristiche**.

I brigatisti iniziarono a **sequestrare personaggi di spicco della vita politica** e culturale italiana, contro i quali organizzavano una sorta di **processo politico**. Altre persone, obiettivo delle Brigate Rosse, venivano ferite durante **agguati** (in genere colpite alle gambe: *gambizzazioni*), altre ancora **uccise**.

Tra il 1976 e il 1982 furono attuati centinaia di attentati, nei quali persero la vita giudici, poliziotti, carabinieri, esponenti politici, docenti universitari, giornalisti, dirigenti d'azienda e sindacalisti, assassinati dai terroristi. Fu un **periodo terribile**, ricordato come quello degli "**anni bui della Repubblica**" o degli "**anni di piombo**".

Per ricordare

- Perché nacque il "terrorismo rosso"?
- Che cos'erano le Brigate Rosse?
- Quali azioni terroristiche misero in atto le Brigate Rosse?
- Come furono chiamati quegli anni? Perché?

IL SEQUESTRO DI ALDO MORO

L'azione più clamorosa messa a segno dalle **Brigate Rosse** fu il **rapimento di Aldo Moro**, presidente della Democrazia Cristiana e uno dei massimi esponenti della politica italiana. Il **16 marzo 1978**, in via Fani a Roma, un **commando brigatista** bloccò l'auto sulla quale viaggiava Moro, uccise i poliziotti della scorta e **sequestrò** l'uomo politico.

Per settimane le **forze dell'ordine setacciarono Roma e tutta la penisola** alla ricerca della prigione in cui era tenuto rinchiuso Aldo Moro, ma **senza risultato**. I terroristi, nel frattempo, facevano trovare **comunicati** e **lettere** dello statista indirizzate alla famiglia o ai dirigenti politici.

Nei loro comunicati, le Brigate Rosse rivendicavano la volontà di **essere riconosciute come formazione militare in lotta contro lo Stato borghese**. Se lo Stato avesse trattato con l'organizzazione terroristica per ottenere la liberazione di Moro, le avrebbe con ciò riconosciuto un **ruolo politico**.

Nel dibattito che segnò le settimane della prigionia di Moro, si confrontarono **due opposti orientamenti**: uno **favorevole alla trattativa** con i terroristi, l'altro che invece resisteva nella **fermezza** contro ogni compromesso. **Prevalse la linea della fermezza: nessun riconoscimento politico poteva essere dato a un'organizzazione terroristica.**

Per ricordare

- Quando e da chi fu rapito Aldo Moro?
- Quali furono gli esiti delle indagini tese a liberare Moro?
- Che cosa chiedevano le Brigate Rosse?
- Perché alla fine prevalse la linea della fermezza, che escludeva una trattativa con i terroristi per la liberazione di Moro?

L'UCCISIONE DI MORO E LA REAZIONE AL TERRORISMO

Il **9 maggio 1978**, gli Italiani appresero inorriditi che il **corpo senza vita di Aldo Moro** era stato abbandonato in un'automobile parcheggiata in **via Caetani**, nel **centro di Roma**.

L'omicidio di Moro segnò una **svolta decisiva** nella storia del terrorismo. La **risposta compatta delle forze politiche e sindacali** e l'**azione decisa dei governi** e dei reparti specializzati di investigazione, diretti dal generale dei carabinieri **Carlo Alberto Dalla Chiesa** (1920-1982), assestò durissimi colpi alle Brigate Rosse. Il generale, nominato successivamente prefetto di Palermo, fu ucciso dalla mafia nel 1982.

Il sostanziale fallimento dei movimenti terroristici degli anni Settanta fu dovuto anche al **mancato appoggio che essi ebbero da parte della popolazione**. I brigatisti si aspettavano di essere protagonisti di un'insurrezione armata che avrebbe incontrato il favore popolare contro lo Stato: di fatto si trovarono **isolati** e appoggiati da una **ridotta minoranza di estremisti e simpatizzanti**.

Per ricordare
- Che cosa accadde dopo l'uccisione di Moro?
- Perché il terrorismo fallì?

Leggere un documento

L'appello di papa Paolo VI per la liberazione di Aldo Moro

*Giovanni Battista Montini, divenuto papa con il nome di **Paolo VI**, era amico di Aldo Moro da moltissimi anni e tra i due vi era un rapporto di grande confidenza. Il pontefice, ormai anziano e malato (sarebbe morto il 6 agosto 1978), il 21 aprile 1978 rivolse alle Brigate Rosse un appello, affinché rilasciassero Aldo Moro. Dal testo del messaggio traspare tutto l'affetto che il papa sentiva per l'amico e la preoccupazione per la sua sorte.*

Paolo VI si rivolge in maniera diretta ai brigatisti, invocando la liberazione di Moro.	Io scrivo a voi, uomini delle Brigate Rosse: restituite alla libertà, alla sua Famiglia, alla vita civile l'onorevole Aldo Moro. Io non vi conosco, e non ho modo d'avere alcun contatto con voi. Per questo vi scrivo pubblicamente, profittando del margine di tempo che rimane alla scadenza della minaccia di morte, che voi avete annunciato contro di lui. Uomo buono e onesto, che nessuno può incolpare di qualsiasi reato, o accusare di scarso senso sociale e di mancato servizio alla giustizia e alla pacifica convivenza civile. Io non ho alcun mandato nei suoi confronti, né sono legato da alcun interesse privato verso di lui. Ma lo amo come membro della grande famiglia umana, come amico di studi, e a titolo del tutto particolare, come fratello di fede e come figlio della Chiesa di Cristo.

Il papa non pone l'accento sulle attività politiche di Moro, ma ricorda la sua dignità di essere umano e lo qualifica come amico e come fratello nella fede.

Ed è in questo nome supremo di Cristo, che io mi rivolgo a voi che certamente non lo ignorate, a voi, ignoti e implacabili avversari di questo uomo degno e innocente; e vi prego in ginocchio, liberate l'onorevole Aldo Moro semplicemente, senza condizioni, non tanto per motivo della mia umile e affettuosa intercessione, ma in virtù della sua dignità di comune fratello in umanità, e per causa, che io voglio sperare avere forza nella vostra coscienza, d'un vero progresso sociale, che non deve essere macchiato di sangue innocente, né tormentato da superfluo dolore.

Questa proposta era inaccettabile per i brigatisti, che invece avevano posto delle condizioni. In seguito fu detto che Paolo VI usò questa espressione dietro suggerimento dei dirigenti democristiani, che sostenevano la linea della fermezza, ma sembra improbabile che il papa intendesse trasmettere un messaggio di tipo politico.

Paolo VI mostra tutta la propria umiltà nel chiedere la liberazione dell'amico.

Secondo il papa nessun progresso di natura sociale o politica può passare attraverso azioni violente e sanguinose.

da L. Bonante, *Terrorismo internazionale*, Giunti Casterman

5. Gli anni del "compromesso storico" e dei governi a guida socialista

LA SVOLTA EUROCOMUNISTA DI BERLINGUER

Nel **1972** la **guida del PCI** venne assunta da **Enrico Berlinguer**: durante la sua segreteria – prolungatasi fino al 1984, anno della sua morte – il partito raggiunse i più grandi successi della sua storia, nelle elezioni amministrative del 1975 e in quelle politiche del 1976.

La **contestazione giovanile** e operaia e la formazione di **gruppi di estrema sinistra** convinsero Berlinguer ad accelerare una **svolta del Partito Comunista**, prendendo sempre più le **distanze dal modello del Comunismo sovietico**, pur senza rinunciare ai princìpi socialisti.

Berlinguer collocò definitivamente il partito nell'ambito della **tradizione riformista e socialdemocratica**, delineando così il cosiddetto "**eurocomunismo**", cioè un comunismo che **accettava i princìpi di libertà e di democrazia europei**. Egli inoltre sottolineò l'opportunità della partecipazione italiana alla Comunità Europea e alla NATO.

Per ricordare

- Chi era Enrico Berlinguer?
- Quale svolta impresse Berlinguer al PCI?
- Che cosa si intende per "eurocomunismo"?

IL "COMPROMESSO STORICO"

In politica interna, Berlinguer propose una **nuova linea politica** per rompere l'immobilismo che fino ad allora aveva bloccato l'iniziativa del PCI e per **coinvolgere** anche le **classi medie** in un progetto di **trasformazione democratica del Paese**. Riprendendo l'idea dei governi di unità nazionale dei primi anni del dopoguerra, Berlinguer lanciò la proposta di una **collaborazione tra le forze politiche storiche della repubblica**: Cattolici, Socialisti, Comunisti.

Questa iniziativa, che divenne nota come "**compromesso storico**", appariva necessaria per garantire la **democrazia** e la **governabilità** del Paese. Nel 1976 si formò un governo monocolore democristiano guidato da **Giulio Andreotti**, che si reggeva grazie alla **rinuncia al ruolo di opposizione** da parte di vari partiti (PCI, PSI, PRI, PSDI, PLI) e che per questo chiamato "governo della non sfiducia".

L'esperimento dei governi democristiani appoggiati dall'esterno dal PCI **terminò con il rapimento e l'assassinio di Aldo Moro**. Da allora il PCI tornò all'opposizione.

Per ricordare

- Perché Berlinguer decise di riavvicinare il PCI alle altre forze politiche storiche?
- Come fu chiamata la nuova iniziativa politica del leader comunista?
- Quando terminò l'esperienza del "compromesso storico"?

Il segretario del PCI Enrico Berlinguer circondato dai cronisti al tempo del "compromesso storico".

I GOVERNI DI SOLIDARIETÀ NAZIONALE E I GOVERNI A GUIDA "LAICA"

Tra la fine degli anni Settanta e la fine degli anni Ottanta, concluso il breve periodo dei governi della **solidarietà nazionale** finalizzati a sconfiggere il terrorismo, **si riformarono gli schieramenti tradizionali**. Continuò l'esperienza dei **governi di centro-sinistra**, con una **maggiore valorizzazione dei partiti "laici"** (PSDI, PRI, PLI). Per la prima volta, nel 1978, fu eletto Presidente della Repubblica un uomo politico non democristiano (il socialista **Sandro Pertini**).

Nel 1981 fu conferita la Presidenza del Consiglio al repubblicano **Giovanni Spadolini** (1925-1994). In seguito, dal 1983 al 1987, capo del governo fu il socialista **Bettino Craxi** (1934-2000), il quale, il **18 febbraio 1984**, firmò l'accordo di **revisione del Concordato** tra l'Italia e la Santa Sede, che aggiornava il precedente Concordato siglato nel 1929 da Mussolini (vedi pag. 177).

> ## Per ricordare
>
> - Che cosa accadde dopo la breve stagione dei governi di solidarietà nazionale?
> - Chi furono i più importanti capi di governo non democristiani di quel periodo?
> - Quale importante accordo fu siglato durante il governo Craxi?

PARTITOCRAZIA E CORRUZIONE

In questo quadro di sostanziale continuità politica dei governi di centro-sinistra, i **partiti ingigantirono i loro apparati** e si organizzarono come **strutture di potere**, tanto che venne coniato il termine "**partitocrazia**", proprio per indicare la funzione di **controllo esclusivo** che essi andarono acquistando in quegli anni **sulla vita politica del Paese**.

Seguendo il criterio della cosiddetta **lottizzazione**, i diversi partiti **si spartirono le cariche più importanti** all'interno delle **aziende** e delle **banche pubbliche**, dell'**amministrazione degli Enti locali**, della **RAI**, delle **università** e delle **fondazioni**, coinvolgendo nella spartizione anche i partiti dell'opposizione.

In questo modo i partiti si radicarono ovunque nelle istituzioni, **ostacolando l'efficienza della pubblica amministrazione** e diventando strumento di **assistenzialismo** e di **spreco** di denaro pubblico. La **corruzione** dilagò in ogni settore, legando tra loro partiti, amministrazione pubblica e imprese. Come si seppe da indagini successive, gli appalti pubblici, la costruzione di grandi opere e infrastrutture (metropolitane, strade ecc.), la gestione di molte società pubbliche e private erano spesso occasione per **iniziative e interventi illegali**, fra cui il pagamento di **tangenti** (somme di danaro) ad amministratori pubblici e politici per ottenere guadagni e condizioni di favore, sempre a spese dell'interesse pubblico. Spesso tali somme servivano come **finanziamento occulto dei partiti politici**, che già, per legge, ricevevano un finanziamento ufficiale.

> ## Per ricordare
>
> - Che cosa si intende con il termine "partitocrazia"?
> - Che cosa fecero i partiti?
> - Quali furono i risultati?

AUMENTO DEL DEBITO PUBBLICO E CRIMINALITÀ ORGANIZZATA

Partitocrazia, lottizzazione e corruzione diffusa favorirono la crescita **spropositata della spesa pubblica**, **aumentando** vertiginosamente il debito pubblico: negli anni Ottanta esso raggiunse cifre vicine a quelle del Prodotto Nazionale Lordo, ossia all'intera ricchezza prodotta nel Paese. Ma la corruzione politica dilagante favorì anche lo **sviluppo della criminalità organizzata**.

Il **fenomeno mafioso**, mai eliminato in Sicilia e in altre aree del Sud, acquistò **nuova vitalità** e si manifestò sempre più con una **progressione di omicidi**, che coinvolse anche **personaggi delle istituzioni**: giudici, poliziotti, uomini politici.

Per molti anni sottovalutata dalle autorità, la mafia dimostrava la sua altissima pericolosità sociale non solo con le uccisioni, ma **soprattutto inquinando la vita economica e politica**, in particolare quella locale. Il modello della mafia fu ripreso da **altre organizzazioni criminali** quali la 'ndrangheta calabrese, la **Sacra Corona Unita** pugliese e la **camorra** campana.

> **Debito pubblico**
> È il debito che lo Stato contrae con quanti sottoscrivono i titoli da esso emessi (i "**titoli di Stato**") per far fronte a situazioni straordinarie o a deficit di bilancio. In pratica, acquistando i titoli, i risparmiatori prestano soldi allo Stato, che è tenuto a pagare loro un interesse.

> ## Per ricordare
>
> - Quali furono le conseguenze della corruzione dilagante?
> - Come tornò a manifestarsi il fenomeno mafioso?
> - Quali altre organizzazioni criminali presero a modello la mafia?

PARTE SESTA CAPITOLO 22 - L'ITALIA DAGLI ANNI SESSANTA AGLI ANNI OTTANTA

6. Verso una nuova Italia

UNA SOCIETÀ PIÙ LAICA

A partire dagli anni Settanta nella **società** italiana si verificarono **trasformazioni radicali** che ne mutarono il volto. La legge sul **divorzio** (del 1970) e il successivo referendum (1974) con cui la popolazione respinse la proposta di abrogarla, ossia di abolirla, furono il segnale più forte di un processo di **secolarizzazione** e di **laicizzazione** della società italiana, tradizionalmente cattolica e con comportamenti ispirati a princìpi religiosi. Nell'ambito della battaglia in difesa del divorzio si distinse il **Partito Radicale**, fino ad allora poco presente sullo scenario politico.

Un anno dopo il referendum sul divorzio, il Parlamento approvò la legge sul nuovo **Diritto di famiglia** (1975), che prendeva atto dell'**evoluzione della società** e della trasformazione della famiglia. Nel 1978, poi, fu approvata la legge di **legalizzazione e regolamentazione dell'aborto**, con la quale veniva riconosciuto alle donne il diritto – a determinate condizioni – di **interrompere la gravidanza**.

Per ricordare

- Quali furono i segnali della laicizzazione della società italiana?
- Quando furono approvate le leggi sul nuovo Diritto di famiglia e sull'interruzione di gravidanza?

Raccolta di firme in favore del divorzio nel 1967. La legge verrà approvata nel 1970.

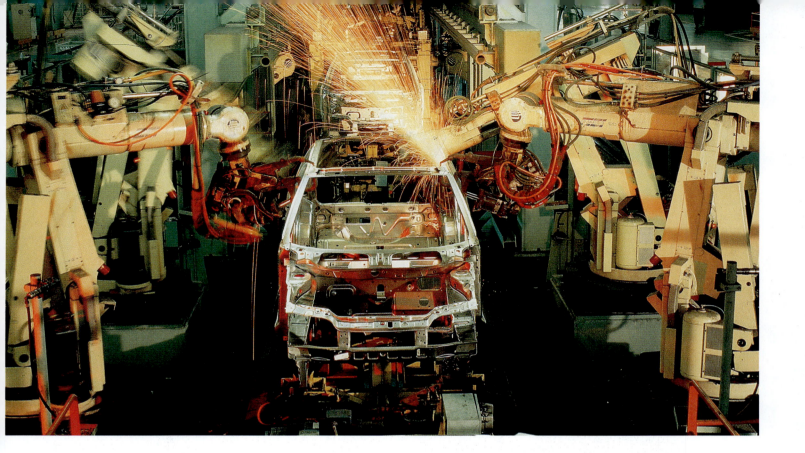

Un nuovo boom economico

L'**ingresso della lira nello SME** (Sistema Monetario Europeo), nel 1979, favorì la nuova fase di crescita economica degli anni Ottanta. Protagoniste del **nuovo boom** furono soprattutto le **medie** e **piccole imprese** e le **imprese familiari**.

Nuovi furono anche i **settori di produzione**: moda, abbigliamento e pelletteria, arredamento e oggetti di design, elettronica e informatica. E nuova fu la **geografia** di questo sviluppo: non più solo le aree tradizionalmente avanzate del Nord-Ovest, ma le regioni del **Nord-Est** (Veneto e Friuli), le Marche, l'Abruzzo, il Molise, la Toscana, le province del Lazio, la Puglia e la Basilicata. Il **distretto industriale italiano** – specializzato in un settore, che coinvolge a catena l'area produttiva del territorio circostante – divenne un **modello economico** per tutto l'Occidente.

Per ricordare

- Che cosa favorì un nuovo boom dell'economia italiana?
- Chi furono i protagonisti di questo sviluppo?
- Quali regioni furono interessate dallo sviluppo? Quale modello economico adottarono?

Settore terziario e società postindustriale

Anche nelle grandi industrie venne accelerata l'adozione delle tecnologie **informatiche** e della **robotizzazione**. Il settore **terziario** (ossia il settore dei servizi: commercio, credito, assicurazioni, comunicazioni, trasporti) crebbe fino a diventare il **settore produttivo più importante** per numero di occupati (quasi il 57% nel 1985), così come era avvenuto nei maggiori Paesi industrializzati dell'Occidente.

Con il formidabile **sviluppo del terziario**, iniziò anche in Italia l'epoca della cosiddetta **società postindustriale**, già affermatasi negli Stati Uniti e in altri Paesi avanzati. Questo tipo di economia si sviluppò anche nelle **regioni meridionali**, dove fu spesso legata alla **creatività** e all'**iniziativa individuale**. Ovunque, poi, si diffuse la **grande distribuzione**, con massicci insediamenti di **ipermercati** e **centri commerciali**.

Per ricordare

- Quale fu il settore produttivo più importante in questa fase dello sviluppo economico?
- Quali furono le caratteristiche del passaggio alla società postindustriale?

Lo sviluppo delle televisioni commerciali

Tra i maggiori segnali della **rivoluzione nei costumi e nella mentalità** della società italiana degli anni Ottanta ci furono la diffusione capillare e il successo delle televisioni commerciali. Dopo le iniziali esperienze dei **primi anni Settanta**, la televisione commerciale conquistò uno spazio importante nel **settembre 1980** con l'inizio delle trasmissioni di *Canale 5*, rete di punta del gruppo televisivo **Fininvest** (trasformato in Mediaset nel 1996) che acquistò e rilanciò anche *Rete 4* e *Italia 1*.

Lo sviluppo delle **reti televisive private** provocò una **forte crescita del mercato pubblicitario** e aprì le porte anche alle **nuove tecnologie** legate alla TV digitale.

> **Per ricordare**
> - Quando iniziarono ad affermarsi le televisioni commerciali?
> - Quali conseguenze ebbe lo sviluppo delle reti televisive private?

Denatalità, invecchiamento della popolazione e immigrazione

Proprio negli **anni Ottanta**, in coincidenza con un nuovo tipo di società più laica e più ricca, ebbe inizio quel **mutamento demografico** che raggiungerà il suo culmine negli anni Novanta: la **denatalità** (la diminuzione delle nascite) e l'**invecchiamento** progressivo della popolazione.

L'aumento del numero degli **anziani** ha comportato un **aggravio della spesa pensionistica e sanitaria**, maggiori necessità di **assistenza pubblica e privata**, una **trasformazione dei consumi** e dello **stile di vita** di una buona parte della popolazione.

In coincidenza con questo fenomeno ha avuto inizio quello dell'**immigrazione** dai Paesi extracomunitari, per rispondere all'**esigenza** di **nuova manodopera** che incominciava a mancare in Italia.

> **Per ricordare**
> - Quali altri fenomeni sociali accompagnarono l'inizio degli anni Ottanta?
> - Quali sono state le conseguenze dell'aumento del numero degli anziani?
> - A quale esigenza rispose l'immigrazione dai Paesi extracomunitari?

Negli anni Ottanta nacquero e si svilupparono numerose reti televisive commerciali.

APPROFONDIMENTI

Storia, economia e società

TUTTI SENZ'AUTO: IL PETROLIO COSTA TROPPO

L'OCCIDENTE SENZA PETROLIO

Le domeniche a piedi, alle quali oggi in molte città italiane ci stiamo abituando, entrarono in scena, per la prima volta, il 2 dicembre **1973**. In seguito alla guerra del Kippur tra Israele, Egitto e Siria, i Paesi arabi per ritorsione decisero il cosiddetto **embargo**, cioè bloccarono le vendite del petrolio greggio. In tutti i Paesi occidentali il prezzo del petrolio conobbe una brusca impennata: la diminuzione del petrolio disponibile e l'aumento del suo costo **imposero un risparmio** nel consumo di benzina (un derivato del petrolio) e del gas per riscaldamento. Una delle decisioni prese per ridurre i consumi fu appunto quella del **blocco delle auto**: fu la prima di tante "domeniche a piedi".

*Domenica, 2 dicembre 1973:
a Milano, come nel resto d'Italia,
non circolano le automobili.*

UN'OCCASIONE DI RIFLESSIONE

Per l'Italia e per l'intero Occidente fu un'occasione importante per riflettere sulla contraddizione più drammatica che *"pesa sul destino della civiltà dei consumi: la pretesa di promuovere uno sviluppo senza limiti in un pianeta in cui le risorse sono limitate"* (A. Todisco).

Dal punto di vista del costume e delle reazioni della gente, la prima domenica a piedi inaugurò un **modo diverso** e festoso **di vivere la città**, stranamente "in vacanza" da un traffico assordante e inquinante. E così pedoni, ciclisti, persone a cavallo o armate di monopattini invasero le strade del centro, alla scoperta di sensazioni nuove o dimenticate. Negli anni successivi, fino ad oggi, le domeniche a piedi sono diventate un **rito ecologico**, ma anche l'occasione di una **riappropriazione degli spazi urbani**, finalmente a misura d'uomo.

UN "CODICE DELL'AUSTERITÀ"

Nel 1973 si promulgò un codice dell'austerità, che prescriveva anche limiti di velocità, sempre per il **risparmio energetico**. Dopo lo "stordimento" degli anni del "miracolo economico", si impose la riflessione sugli **effetti devastanti di un traffico incontrollato**. L'inquinamento negli ultimi decenni è aumentato in maniera esponenziale. "Buco nell'ozono", "effetto serra", "surriscaldamento del pianeta", "scioglimento dei ghiacciai", "catastrofe ecologica"...: sono tutte espressioni minacciose ripetute in continuazione, ma di fatto pochi sono i governi che prendono in considerazione seriamente gli effetti devastanti che l'inquinamento ha sul clima e sugli equilibri del nostro pianeta.

In molte città italiane i livelli di inquinamento sono elevatissimi, in particolare per le cosiddette "**polveri sottili**". E allora? Tutti a piedi! Per l'inquinamento, certo. Ma anche perché, dopo le Guerre del Golfo, il petrolio ha ripreso a costare molto, al punto da superare nel 2008 la **soglia** dei **100 dollari al barile**, per poi scendere di nuovo sotto i 50 dollari per effetto della crisi economica del 2009.

PARTE SESTA CAPITOLO 22 - L'ITALIA DAGLI ANNI SESSANTA AGLI ANNI OTTANTA

Sintesi

LE NUOVE ESIGENZE DI UN'ITALIA CHE CAMBIA

• I mutamenti seguiti al "miracolo economico" crearono le condizioni per una nuova svolta politica. I lavoratori delle fabbriche chiedevano migliori condizioni di vita e un innalzamento dei salari, mentre rimanevano ancora irrisolti i problemi del Mezzogiorno, economicamente arretrato, e dell'urbanizzazione selvaggia seguita ai movimenti migratori interni.

• Anche i mutamenti della politica internazionale, con la distensione nei rapporti tra USA e URSS influirono notevolmente nella vita politica italiana. Il socialista Pietro Nenni prese le distanze dalla linea politica del PCI (ancora troppo filosovietica) e si mostrò aperto alle riforme.

• Nel 1958 fu eletto papa Giovanni XXIII, il quale con le sue encicliche e soprattutto con il Concilio Vaticano II impresse una svolta nella vita della Chiesa, che ebbe vaste ripercussioni in Italia e nel mondo.

NASCONO I GOVERNI DEL CENTRO-SINISTRA

• Per rispondere alle molteplici esigenze del Paese nacquero i governi del centro-sinistra, il primo dei quali fu guidato, nel 1962, dal democristiano Amintore Fanfani, con l'appoggio esterno del PSI. Nel 1963 i Socialisti entrarono nel governo guidato da Aldo Moro.

• I governi di centro-sinistra attuarono una politica di programmazione economica che incontrò resistenze soprattutto da parte di chi aveva timore di un intervento troppo diretto dello Stato nell'economia.

• Nel contesto della programmazione venne attuata la nazionalizzazione dell'industria elettrica, con la creazione dell'ENEL. Un'importante riforma interessò la scuola, con la creazione della Scuola Media Unica.

TRA CONTESTAZIONE GIOVANILE E "AUTUNNO CALDO"

• Nel 1968 esplose anche in Italia il movimento di contestazione giovanile, che metteva in discussione l'intero sistema sociale e politico, giungendo anche a manifestazioni di estremismo e di lotta rivoluzionaria attraverso i gruppi extraparlamentari.

• Anche il movimento sindacale fu promotore di agitazioni: vi furono molti scioperi, che raggiunsero il culmine nell'autunno del 1969 ("autunno caldo"). Nel 1970 fu approvato dal Parlamento lo Statuto dei lavoratori, che ne riconosceva e tutelava i diritti.

TERRORISMO E "ANNI DI PIOMBO"

• Dal 1969 al 1980 furono compiute diverse stragi nell'ambito di un piano volto a destabilizzare, seminare il terrore e spingere la popolazione a chiedere un governo autoritario ("strategia della tensione"). Sulle stragi di quegli anni, perlopiù di matrice neofascista, rimangono ancora aperti molti interrogativi e anche dopo i numerosi processi non sono ancora stati individuati tutti i responsabili.

• Nella seconda metà degli anni Settanta si sviluppò anche il terrorismo di sinistra, che ebbe la massima espressione nel gruppo armato delle Brigate Rosse, responsabili anche del rapimento e dell'uccisione di Aldo Moro. La lotta condotta dalle istituzioni e il mancato appoggio da parte della popolazione portarono però alla sconfitta del terrorismo, grazie anche all'azione del generale dei carabinieri Carlo Alberto Dalla Chiesa.

GLI ANNI DEL "COMPROMESSO STORICO" E DEI GOVERNI A GUIDA SOCIALISTA

• Nel 1973 il segretario del PCI Enrico Berlinguer impresse una svolta decisiva alla linea politica del PCI, orientandolo verso un indirizzo eurocomunista e lanciando il cosiddetto "compromesso storico".

• Negli anni Ottanta ritornarono i tradizionali schieramenti: al governo i partiti di centro-sinistra, all'opposizione di sinistra il PCI, alla destra il MSI. Nel 1983 la guida del governo passò a un socialista, Bettino Craxi, che la tenne fino al 1987.

• Nel corso di quegli stessi anni, i partiti si trasformarono in vere e proprie strutture di potere, capaci di condizionare ogni aspetto della vita politica ed economica del Paese, e presto degenerarono in un quadro di illegalità e di corruzione. Contemporaneamente, anche organizzazioni malavitose come la mafia ripresero vigore, colpendo uomini di primo piano delle istituzioni.

VERSO UNA NUOVA ITALIA

• Negli anni Settanta la società italiana subì un processo di laicizzazione testimoniato dall'introduzione delle leggi che legalizzavano il divorzio (1970) e l'interruzione volontaria della gravidanza (1978).

• Con l'ingresso nello SME (1979) l'Italia conobbe un nuovo boom economico, che interessò soprattutto il settore terziario e si diffuse in molte regioni della penisola. Il cambiamento dei costumi e della mentalità fu segnato anche dalla nascita delle televisioni commerciali e dalla crescita del mercato pubblicitario.

• Negli anni Ottanta, l'Italia conobbe un forte mutamento demografico, che si tradusse in un crollo della natalità e in un complessivo invecchiamento della popolazione.

Anche noi storici

Conoscere eventi e fenomeni storici

1. Indica se le seguenti affermazioni sono vere (V) o false (F).

	V	F
a. La coesistenza pacifica internazionale non ebbe ripercussioni sulla politica italiana.	☐	☐
b. Negli anni Sessanta il Partito Socialista condannò la politica sovietica e prese le distanze dal PCI.	☐	☐
c. I governi di centro-sinistra nacquero dalla collaborazione tra la DC e il PCI.	☐	☐
d. Una delle più importanti azioni dei governi di centro-sinistra fu la nazionalizzazione dell'industria elettrica.	☐	☐
e. La riforma della scuola attuata nel 1962 estese l'obbligo scolastico ai 18 anni.	☐	☐
f. Papa Giovanni XXIII guidò il rinnovamento della Chiesa, aprendola alle nuove istanze.	☐	☐
g. Durante la contestazione giovanile si svilupparono formazioni extraparlamentari che miravano a trasformare la società attraverso la lotta armata.	☐	☐
h. I lavoratori ottennero aumenti salariali e diminuzione delle ore lavorative.	☐	☐
i. Le Brigate Rosse attuarono attentati esclusivamente contro esponenti politici democristiani.	☐	☐
l. Durante il sequestro Moro tutte le forze politiche furono concordi nel non trattare con i brigatisti.	☐	☐
m. Negli anni Settanta e Ottanta la società italiana subì un processo di laicizzazione.	☐	☐

Riconoscere relazioni – Individuare i rapporti di causa ed effetto

2. Collega i seguenti fatti e fenomeni alla corretta causa / spiegazione (riporta accanto il numero corrispondente).

a. La svolta politica agli inizi degli anni Sessanta fu resa necessaria …
b. I moderati erano contrari alla politica di programmazione economica …
c. Gli impianti siderurgici nell'Italia Meridionale furono definiti "cattedrali nel deserto" …
d. Nel 1973 gli Stati industrializzati furono investiti dalla crisi petrolifera …
e. La contestazione giovanile in Italia scoppiò …
f. Lo Stato non trattò con le Brigate Rosse che avevano sequestrato Moro …
g. Il terrorismo venne sconfitto …
h. L'esperimento del "compromesso storico" fu attuato …
i. Il potere abnorme assunto dai partiti politici danneggiò gravemente l'Italia …

1. perché gli Stati arabi avevano bloccato le esportazioni, provocando l'aumento dei prezzi del petrolio.
2. per far fronte ai profondi mutamenti causati dalla crescita economica.
3. per non dare un riconoscimento politico all'organizzazione terroristica.
4. perché rimasero isolati e non diedero impulso all'industrializzazione e allo sviluppo delle aree in cui vennero insediati.
5. perché temevano il controllo dello Stato sull'economia secondo i principi del Socialismo.
6. per protestare contro l'inadeguatezza del sistema scolastico, le ingiustizie sociali, lo scarso dinamismo della politica.
7. perché attraverso la lottizzazione alimentò la corruzione, lo spreco di denaro pubblico e ostacolò l'efficienza della pubblica amministrazione.
8. per garantire al Paese governi stabili e democratici.
9. perché le forze politiche risposero in modo compatto e per il mancato appoggio della popolazione, che di fatto isolò i movimenti terroristici.

Orientarsi nel tempo

3. Ordina nella corretta sequenza cronologica gli eventi indicati (riporta la lettera corrispondente).

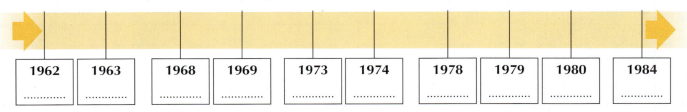

1962 — 1963 — 1968 — 1969 — 1973 — 1974 — 1978 — 1979 — 1980 — 1984

[a. contestazione giovanile – b. apertura del Concilio Vaticano II – c. primo governo di centro-sinistra – d. crisi petrolifera – e. revisione del Concordato tra Italia e Santa sede – f. istituzione della Scuola Media Unica – g. autunno caldo – h. ingresso della lira nello SME – i. nazionalizzazione dell'industria elettrica – l. sequestro di Aldo Moro – m. strage alla stazione di Bologna – n. referendum sul divorzio]

Attivazioni didattiche

Organizzare le conoscenze in forma schematica

4. *Completa lo schema sugli anni del terrorismo, inserendo correttamente le informazioni richieste*

GLI ANNI DI PIOMBO

Anni ....

Furono segnati da

1. Stragismo nero

a. di matrice ....

b. strategia della tensione che mirava a ....
....

c. quindi alla richiesta di ....
....

d. stragi più sanguinose:

- ....

- ....

- ....

- ....

e. autori: ....
....

2. Terrorismo rosso

a. di matrice ....

b. contestava ....
....

c. sosteneva lo scontro tra ....
....

d. metodi di lotta: ....
....

e. l'azione più clamorosa: ....
....

f. autori: ....
....

Conoscere eventi e fenomeni storici

5. *Indica a quale personaggio si riferiscono i fatti riportati.*

a. Presidente del primo governo di centro-sinistra; fu rapito e assassinato dalle Brigate Rosse: ....

b. Generale che combatté le Brigate Rosse; prefetto di Palermo, fu ucciso dalla mafia: ....

c. Segretario del PCI, guidò il partito verso la svolta dell'"eurocomunismo": ....

d. Primo Presidente della Repubblica proveniente dal Partito Socialista: ....

e. Papa che indisse il Concilio Vaticano II: ....

Comprendere e utilizzare il linguaggio della storia

6. *Spiega con parole tue il significato delle seguenti espressioni.*

a. Eurocomunismo: ....
....

b. Autunno caldo: ....
....
....

c. Anni di piombo: ....
....

d. Cattedrali nel deserto: ....
....

e. Brigate Rosse: ....
....

406 PARTE SESTA CAPITOLO 22 - L'ITALIA DAGLI ANNI SESSANTA AGLI ANNI OTTANTA

Ricavare informazioni da un documento storiografico – Conoscere eventi e fenomeni storici

7. *Lo storico statunitense di origine tedesca Walter Laqueur ha studiato in modo approfondito il fenomeno del terrorismo. Nel brano riportato sottolinea il grado di pericolosità e le vaste dimensioni che il fenomeno assunse in Italia rispetto al resto dei Paesi europei. Leggi il testo con attenzione, quindi esegui quanto proposto.*

La "via italiana" al terrorismo

1. Le dimensioni del fenomeno
Le Brigate Rosse nacquero nel 1970. Insieme ad altri gruppi minori, esse condussero una campagna di violenza sistematica che sconvolse l'Italia e fece credere a molti osservatori stranieri che il regime democratico italiano avesse i giorni contati. Mentre i terroristi tedeschi non furono mai più di qualche decina, nelle prigioni italiane erano rinchiusi, alla fine del 1982, 1300 terroristi di sinistra e 238 di destra (nei due anni successivi vi furono altri 300 arresti nelle file del terrorismo di sinistra e 140 in quello di destra). Furono compiuti in Italia 14 000 atti di terrorismo a partire dal 1968; le persone assassinate furono 40 nel 1973, 27 nel 1974, 120 nel 1980. Dopo il 1980 vi fu un graduale declino delle attività terroristiche; nel 1985 la maggior parte dei terroristi di sinistra e di destra erano in carcere o (circa 300) rifugiati in Francia o nell'America Latina.[…]

2. Ideologia e scopi delle azioni brigatiste
Le Brigate Rosse ritenevano di essere un'organizzazione marxista-leninista, che, in contrasto con il "riformismo "del Partito Comunista, aveva il coraggio delle sue idee e perciò si era impegnata nella "lotta armata". Benché l'Italia fosse una repubblica democratica, ai loro occhi essa era una macchina capitalistica oppressiva, una dittatura della borghesia sul proletariato. L'unico linguaggio che i "servi dell'imperialismo"potevano capire era il linguaggio delle armi; le Brigate Rosse avevano il compito storico di creare il potere proletario, con un proprio sistema giudiziario che avrebbe dovuto processare e punire i nemici del proletariato.

3. Formazione e appartenenza sociale dei brigatisti
Il terrorismo italiano trasse la sua ispirazione originaria[…] da una serie di gruppi di sinistra: organizzazioni giovanili di ispirazione comunista e un certo numero di studenti cattolici di sinistra iscritti alla facoltà di sociologia di alcune università dell'Italia settentrionale. I militanti avevano vent'anni o poco più a quell'epoca e provenivano, per la maggior parte, da famiglie borghesi[…].Vi era qualche quadro operaio, ma vi era anche una forte rappresentanza di appartenenti ad ambienti intellettuali radical - chic, impersonati dal famoso editore Giangiacomo Feltrinelli, rampollo di una delle più ricche famiglie italiane.[…]

4. Cause e origini del fenomeno
Per spiegare la grande ondata di terrorismo che infierì in Italia negli anni '70 si è fatto riferimento ad alcune condizioni specifiche: le rigide e immutabili strutture della società italiana; il fatto che un partito politico fosse ininterrottamente al potere dalla fine della Seconda Guerra Mondiale; la situazione di grave disagio delle università italiane, nelle quali il numero degli studenti era decuplicato. Ma molti di questi fattori esistevano in altri Paesi, dove erano serviti di stimolo all'azione politica, non all'azione terroristica.

In Italia vi fu, tra la popolazione, un atteggiamento di notevole simpatia nei confronti dei terroristi fino all'epoca del delitto Moro, che venne universalmente condannato.

rid. e adatt. da Walter Laqueur, *L'età del terrorismo*, Rizzoli

a. Perché il terrorismo italiano sembrò mettere in pericolo le stesse istituzioni democratiche? Quali dati confermano la vastità e pericolosità del fenomeno rispetto, ad esempio, alla realtà tedesca? ....

....

b. Come veniva considerato lo Stato dai brigatisti? Qual era lo scopo dell'organizzazione? Con quali mezzi intendeva raggiungere tale scopo? A quale ideologia si richiamava? A quale partito intendeva sostituirsi nel condurre la lotta? Perché?

....

....

c. A quale classe sociale appartenevano prevalentemente i brigatisti? Da quale tipologia di associazioni provenivano?

....

d. Quali condizioni specifiche della situazione italiana sono state considerate come le possibili cause della violenta ondata terroristica? Perché, tuttavia, tali condizioni non sono sufficienti a spiegare le dimensioni del fenomeno terroristico italiano? ....

e. Quale fu, secondo lo storico, l'atteggiamento della popolazione italiana nei confronti dei terroristi? Quando cambiò, decretando di fatto l'isolamento e la sconfitta del terrorismo? ....

....

23 L'Italia dagli anni Novanta ad oggi

1. Le trasformazioni dopo il 1989

ANCHE IN ITALIA FINISCE UN'EPOCA

Gli eventi che hanno cambiato la storia del mondo a partire dal **1989** – cioè dalla caduta del muro di Berlino – hanno provocato anche in Italia **profonde trasformazioni**. Nel nostro Paese tutti, uomini politici e semplici cittadini, hanno fin da subito preso coscienza che i fatti di quegli anni hanno segnato la **fine di un'epoca** e che è ora necessario **pensare in modo nuovo i rapporti all'interno e all'esterno degli Stati**.

Per ricordare

- Qual è stata in Italia la percezione degli eventi che hanno segnato la storia del mondo a partire dal 1989?

LE TRASFORMAZIONI NEL PARTITO COMUNISTA ITALIANO

Il Partito Comunista Italiano, che già con Berlinguer aveva assunto una propria collocazione nell'alveo della tradizione riformista e socialdemocratica occidentale (vedi pag. 398), dopo la fine dell'Unione Sovietica e il crollo dei regimi comunisti europei vide la necessità di **rinnovare la propria proposta politica**. Riconosciuti il **valore universale della democrazia** e il **ruolo del mercato** come misuratore e garante dell'efficienza del sistema economico, il maggior partito della sinistra faceva proprio il progetto di uno **sviluppo economico** non lasciato alle sole leggi del mercato, ma guidato da considerazioni e **finalità di ordine sociale**, da un **modello solidaristico** e non individualistico.

La nuova fase storica e politica apertasi dopo la caduta del muro di Berlino richiedeva inoltre uno **sforzo unitario di tutta la sinistra**, e più in generale delle forze di **ispirazione riformista**, per **costituire uno schieramento** politico in grado di candidarsi alla guida del Paese nell'ambito di un nuovo **sistema dell'alternanza**. Questo sistema prevede l'esistenza di **due schieramenti**, uno moderato-conservatore e l'altro riformista di sinistra, che si alternano al governo e all'opposizione.

Su questi presupposti, nel **1991**, il segretario del PCI **Achille Occhetto** annunciò lo scioglimento del partito e la nascita di una **nuova formazione politica**: il **Partito Democratico della Sinistra** (PDS). Non tutti i leader comunisti, però, aderirono al nuovo progetto politico e alcuni di essi diedero vita a un altro partito, ancora legato alla **più antica tradizione comunista**: il **Partito della Rifondazione Comunista**.

Per ricordare

- Quale nuova posizione assunse il PCI dopo il 1989?
- Perché è stato necessario un cambiamento all'interno della sinistra italiana? In funzione di quale nuovo sistema politico?
- Quando è stato sciolto il PCI? Quali nuovi partiti hanno preso il suo posto?

PARTE SESTA CAPITOLO 23 - L'ITALIA DAGLI ANNI NOVANTA AD OGGI

Da sinistra, i magistrati Gherardo Colombo, Antonio Di Pietro e Pier Camillo Davigo, titolari con Saverio Borrelli dell'inchiesta "Mani pulite".

UN TERREMOTO POLITICO: L'INCHIESTA DI "MANI PULITE"

Più che dagli eventi storici e dal travaglio del maggior partito dell'opposizione, il sistema politico italiano fu scosso da una serie di **inchieste giudiziarie** su casi di **corruzione** e di **finanziamento illecito dei partiti**, che travolsero i principali esponenti politici e i partiti di governo. Un'intera **classe dirigente politica** fu spazzata via in un clima di **generale ribellione della "società civile"** (ossia di quanti svolgono attività estranee alla politica) contro il cosiddetto "Palazzo", ovvero contro il mondo e la "casta" dei politici.

Nei primi mesi del 1992 un gruppo di magistrati della **Procura della Repubblica di Milano**, guidata da Francesco Saverio Borrelli, avviò una serie di **inchieste** che rivelavano una diffusa corruzione nell'ambito dei **rapporti tra pubblica amministrazione, imprese private e partiti politici**. Le inchieste, note con il nome di **operazione "Mani pulite"**, misero in luce il sistema delle **tangenti** (da cui il termine "Tangentopoli" per indicare il fenomeno), somme di denaro versate illecitamente a pubblici amministratori e funzionari di partito in cambio dell'assegnazione di appalti da parte di enti pubblici.

Le inchieste di "Mani pulite" e i loro clamorosi risvolti monopolizzarono l'**attenzione dell'opinione pubblica**. Nelle case italiane le televisioni portarono le immagini dei **leader politici nazionali sottoposti a interrogatorio** nelle aule dei tribunali.

Per ricordare
- Che cosa, negli stessi anni, scosse dalle fondamenta il sistema politico italiano?
- Da dove partì l'inchiesta "Mani pulite"? Che cosa mise in luce?

LE TRASFORMAZIONI DEI PARTITI TRADIZIONALI

I partiti più toccati dallo scandalo di Tangentopoli furono la **Democrazia Cristiana** e il **Partito Socialista Italiano**. Molti dirigenti di quei partiti finirono sotto inchiesta per i reati più gravi: fra questi lo stesso leader socialista **Bettino Craxi** che, per sfuggire alle indagini e alle condanne giudiziarie, si rifugiò in Tunisia, dove morì il 19 gennaio 2000.

Per superare il crollo di consensi e di immagine, nel 1994 i dirigenti della DC decisero lo scioglimento del partito e la nascita del **Partito Popolare Italiano** (PPI), che raccolse il meglio della tradizione del cristianesimo democratico del dopoguerra. Molti esponenti moderati, però, non si riconobbero nel nuovo partito e a loro volta fondarono il **Centro Cristiano Democratico** (CCD). Il **Partito Socialista**, invece, di fatto **scomparve dalla scena politica**.

Nel gennaio del **1995**, durante un congresso riunitosi a **Fiuggi**, il segretario dell'MSI **Gianfranco Fini** annunciò la trasformazione del partito in un nuovo soggetto politico, **Alleanza Nazionale** (AN), avviando un processo di **progressivo distacco dalla tradizione fascista** (fino a quel momento mai del tutto rinnegata) per formare un **moderno partito di destra**, sul modello di altri partiti della destra europea.

Per ricordare
- Quali partiti furono maggiormente colpiti dallo scandalo di Tangentopoli?
- Come reagì la Democrazia Cristiana al danno di immagine e al crollo dei consensi?
- Come si evolse il MSI sotto la guida di Gianfranco Fini?

PARTE SESTA CAPITOLO 23 - L'ITALIA DAGLI ANNI NOVANTA AD OGGI

LA LOTTA CONTRO LA MAFIA

La magistratura italiana, impegnata a fare chiarezza sui rapporti tra politica e affari, in quello stesso periodo si trovò a combattere anche su un altro fronte: quello della **criminalità organizzata** di stampo mafioso. In realtà, però, non si trattò di due fronti del tutto separati e distinti. La **degenerazione della politica** e la **corruzione**, infatti, avevano permesso alle organizzazioni criminali di **crescere** al punto da apparire vincenti nei confronti dello Stato, eliminando anche coloro che con coraggio e onestà tentavano di opporvisi.

Dopo l'uccisione del generale **Carlo Alberto Dalla Chiesa**, nel 1982, si susseguirono negli anni innumerevoli **attentati contro magistrati e giornalisti** impegnati nella lotta contro la mafia, fino alle sanguinose stragi del 1992, nelle quali persero la vita i giudici **Giovanni Falcone** e **Paolo Borsellino**.
In seguito a questi "delitti eccellenti", la mafia proseguì nella propria strategia con attentati che dovevano assumere un **significato fortemente simbolico e provocatorio**: quello di Roma a San Giovanni in Laterano, quello di **Firenze** all'Accademia dei Georgofili e quello di **Milano** in via Palestro nell'estate 1993.

Tutti questi episodi di violenza provocarono una **forte reazione da parte dell'opinione pubblica e delle istituzioni**. In Sicilia decine di migliaia di cittadini diedero vita a fiaccolate e manifestazioni contro la mafia, rompendo il muro di omertà e di complicità che fino a quel momento aveva protetto i mafiosi. Nello stesso tempo le **forze dell'ordine** intensificarono le indagini e le ricerche dei capi delle **cosche**, arrivando all'arresto di personaggi ricercati da decenni, come **Totò Riina** (1993), **Giovanni Brusca** (1996) e, più recentemente, **Bernardo Provenzano** (2006) e **Salvatore Lo Piccolo** (2007).

Per ricordare

- Quale altra battaglia si trovò a combattere la magistratura italiana negli stessi anni?
- Contro chi furono rivolti gli attentati della mafia negli ultimi anni?
- Quale fu la reazione di fronte ai gravi episodi di violenza mafiosa?

Cosca
Raggruppamento di mafiosi agli ordini di un capo, che svolge la sua attività criminosa in un determinato territorio, nel quale non sono tollerate intromissioni da parte di altri gruppi mafiosi.

Una manifestazione contro la mafia nelle vie di Palermo all'indomani dell'assassinio di Falcone.

Leggere un documento

Mafiosi per sempre

*Il testo che segue, tratto da un'opera del giornalista Enzo Biagi, tratteggia alcune caratteristiche della mafia e di coloro che ne fanno parte. Ne esce il disegno di un'**organizzazione ben strutturata**, che ha goduto nel tempo di coperture anche da parte dei politici e che si regge sul rispetto di un **rigido codice** di comportamento.*

> In Sicilia lo Stato è sempre stato sentito come una sorta di "intruso", che però ha sempre soltanto disturbato i mafiosi. Uomini politici, forze dell'ordine, magistrati, per molti anni fecero poco per stroncare il fenomeno mafioso. Alcuni uomini politici arrivarono persino a negarne l'esistenza.

Hanno il vero potere e lo dimostrano. Colpiscono quando e come vogliono. Nel loro territorio, la Sicilia, che intendono proteggere dall'intrusione di un'altra forza, assai più debole, ma che li disturba. Lo Stato.

Non si salva chi viaggia nell'automobile blindata, ma credo che per proteggersi non basterebbe neppure l'elicottero: hanno i timer e l'esplosivo, possono trovare i razzi.

Abbattono chi non rispetta i patti; perché, con i politici, stipulano accordi e si vedono voti che passano, con una ventata, da una lista all'altra. [...].

E chi ha intenzione di combatterli sul serio, si chiami Giovanni Falcone o Paolo Borsellino, sa che la sentenza prima o poi verrà eseguita. Non c'è nomina, non c'è bunker, non c'è scorta che possa difenderti: rischiano l'impossibile con una pazienza che non ha limiti, ma devono mantenere viva la leggenda della loro invincibilità.

Fanno, in parole povere, quello che gli pare e mi meraviglia la sorpresa quando l'avvocato di Salvatore Riina detto Totò ha fatto sapere, con aria di sfida, che il suo cliente, latitante dal 1967 o dal 1968, stava a Palermo. [...] pare che conducesse una vita quasi normale, partecipasse ai vertici, stabilisse alleanze. Era spietato, astuto, pronto a capovolgere i rapporti e a emettere sentenze di morte. [...]

Fanno parte di un'organizzazione "seria": che ha regole precise e che le fa rispettare. Non grida, agisce. Non organizza cerimonie, ma assassinii. Entrare nel giro è come entrare in seminario: e si resta preti e mafiosi per sempre.

Non si diventa "uomo d'onore" se, tra i parenti, c'è un padre carabiniere o uno zio giudice, se non si sa tenere la bocca chiusa, se non si rispettano le donne degli altri, se si ruba, se non si dimostra, agli occhi del mondo, la buona condotta, se non si è capaci di affrontare il rischio dell'isolamento; c'è un detto che insegna. "Chi gioca da solo non perde mai".

da E. Biagi, *Dizionario del Novecento*, Rai-Eri Rizzoli

> In molti casi i mafiosi sono stati protetti dai politici. In cambio di favori o anche solo come ringraziamento per non essere "disturbati" nelle loro attività illecite, i capi della mafia facevano in modo che certi uomini politici fossero eletti con i voti degli affiliati alle cosche.

> Salvatore Riina era considerato il "capo dei capi". Fu lui a ordinare le uccisioni di Falcone e Borsellino e di moltissime altre persone che lottavano contro la mafia. Ricercato dal 1967, fu arrestato solo nel 1993: nel frattempo, pare circolasse con una certa libertà per la Sicilia.

> Chi entra a far parte dell'organizzazione mafiosa (diventa un "affiliato") si impegna a rispettare precise regole di comportamento, che fanno di lui un cosiddetto "uomo d'onore".

PARTE SESTA CAPITOLO 23 - L'ITALIA DAGLI ANNI NOVANTA AD OGGI

Protagonisti

GIOVANNI FALCONE E PAOLO BORSELLINO

LE LORO IDEE CAMMINANO SULLE NOSTRE GAMBE

"Non li hanno uccisi: le loro idee camminano sulle nostre gambe". Era scritto su uno dei tanti lenzuoli bianchi appesi alle finestre e ai balconi di Palermo dopo le stragi in cui morirono **Giovanni Falcone** e **Paolo Borsellino**. Una frase diventata uno slogan rilanciato su poster, striscioni... ripetuto in mille cortei e manifestazioni contro la mafia.

Le idee di Falcone e Borsellino continuano a camminare e a vivere in chi conserva la memoria della loro lotta e delle loro morti orribili, grazie alle quali oggi l'Italia è un Paese migliore, perché il loro lavoro e il loro sacrificio hanno permesso di **colpire a fondo l'organizzazione mafiosa** e di arrestare i suoi capi.

La mafia non è stata sconfitta, ma è certamente **più debole** rispetto al 1992. E, soprattutto, è più detestata dagli Italiani, che hanno capito finalmente la gravità di ciò che da decenni stava accadendo in Sicilia e la falsità di chi, ancora non molti anni prima, si ostinava a dire *"La mafia non esiste"*.

Riportiamo il racconto di quegli eventi fatto da un grande giornalista, Sergio Zavoli (*Ma quale giustizia*, Rai-Eri Piemme), e un brano tratto da un'intervista alla sorella di Paolo Borsellino, Rita: si tratta di una testimonianza preziosa, perché mette in luce un lato importante della personalità dei due magistrati; essi non si consideravano eroi, per loro era naturale operare e morire per la giustizia. Operare e morire perché tutti noi potessimo vivere in un Paese che non ha bisogno di eroi per essere un Paese "normale".

Giovanni Falcone (a sinistra) e Paolo Borsellino, al tempo della loro collaborazione nella lotta alla mafia.

La strage di Capaci

Un pomeriggio di primavera, il 23 maggio 1992, alle 18 e un minuto, l'improvviso irrompere di un telegiornale nella vita del Paese ne ferma quasi il respiro. La mafia ha ucciso il giudice Giovanni Falcone, la moglie Francesca Morvillo, anch'essa magistrato, e tre agenti della scorta: li ha dilaniati l'esplosione di settecento chili di tritolo nascosti in una canaletta sotto l'autostrada che conduce da Punta Raisi a Palermo, all'altezza dello svincolo per Capaci.

Sugli schermi delle TV appaiono le immagini della strage: l'enorme cratere, le lamiere contorte delle macchine, l'autostrada sconvolta. [...] Si apprendono alcuni particolari: la carica telecomandata, è esplosa alle 17,38 minuti sotto la prima delle tre auto; i giovani agenti di polizia uccisi si chiamano Antonio Montinaro, Rocco Di Cillo e Vito Schifani; Falcone era al volante della seconda macchina, una Croma blindata; se non fosse stato al posto di guida avrebbe avuto qualche possibilità di salvarsi. TV e radio tracciano, febbrilmente, la biografia di Falcone: la sua battaglia contro Cosa Nostra [il nome con cui i mafiosi definiscono la mafia] viene presentata come una sequenza di successi, culminati in un incarico di prestigio: direttore degli Affari penali del ministero della Giustizia.

[...] All'uomo cui veniva dedicato questo amaro ricordo si deve – appariva già chiaro allora, lo è di più oggi – se la mafia è stata colpita duramente come mai era avvenuto: la rete di omertà lacerata, capi per decenni irraggiungibili finalmente scoperti, arrestati o costretti alla latitanza, portati in giudizio e condannati. [...]

412 PARTE SESTA CAPITOLO 23 - L'ITALIA DAGLI ANNI NOVANTA AD OGGI

Un'autobomba in via d'Amelio

Cinquantasette giorni dopo la morte di Falcone un'autobomba uccide Paolo Borsellino. Dilaniati con lui, tutti gli agenti della scorta: Emanuela Loi, Agostino Catalano, Walter Cusina, Vincenzo Li Muli e Claudio Traina. È la replica della strage di Capaci, questa volta in una strada di Palermo, via d'Amelio, dove il giudice è andato a far visita alla madre. Corpi irriconoscibili, automobili ridotte a grovigli di lamiera, case sventrate. Ottanta chili di tritolo per eliminare il magistrato amico e collaboratore di Falcone, di cui aveva raccolto l'eredità per proseguirne l'opera. [...]

LA NORMALITÀ NON DEVE AVERE BISOGNO DI EROI

Falcone e Borsellino hanno diviso in due la **storia della lotta contro la mafia**: in "**prima di loro**" e "**da loro in poi**". Perché? Come mai tanti alibi, d'improvviso, appaiono insostenibili? Perché cadono tante esitazioni? Perché si vuole saperne di più? Rita Borsellino, la sorella di Paolo, così tratteggia la vicenda umana e professionale dei due magistrati:

Paolo parlava della sua morte con grande naturalezza, quasi fosse per lui un fatto scontato. Non diceva 'se un giorno mi ammazzeranno', ma 'quando un giorno mi ammazzeranno'. Era questo il modo suo, e di Giovanni, di parlare del loro futuro, di ciò che avrebbero incontrato sulla strada. Perché sapevano che l'avrebbero incontrato, e l'avevano messo nel conto. Dopo queste morti, tante parole, tante celebrazioni, tanti ricordi. Anche la gente è più interessata, è vero. Si fa sentire chi, durante la loro vita, non ne aveva certo parlato in termini lusinghieri, o semplicemente sereni; chi li aveva magari ostacolati, o era rimasto quasi indifferente al loro lavoro, al loro impegno. Ora, Paolo e Giovanni sono per tutti "gli eroi". Non accetto questo termine, non mi piace, penso che non lo accetterebbero nemmeno loro. Paolo e Giovanni erano forse gli eroi della normalità, di ogni giorno. Ci vuole grande eroismo per questo. Sì, credo sia così, ed è una cosa triste. Io credo proprio che Paolo e Giovanni lavorassero perché la normalità non avesse bisogno di eroi. [...]

Grazie a quelle morti

Qualcuno dopo un arresto "eccellente" mi domandava: "Sei contenta?". No, non posso dire di avere provato contentezza, semmai un grande senso di dolore, di rimpianto, pensando che se tutto ciò [*l'impegno più deciso dello Stato nella lotta contro la mafia*] fosse stato fatto prima, chissà, le cose sarebbero andate diversamente. Perché non lo si è fatto prima? Devo rispondere con grande sincerità: probabilmente proprio perché ci volevano quelle morti. Soltanto perché c'è stato quel dolore, c'è stata quella rabbia, si è potuto arrivare a questo risultato. Forse più persone sono disposte a parlare, a rivelare cose che prima non avrebbero mai detto, forse c'è un maggior impegno da parte delle forze dell'ordine, forse sono cadute molte coperture che avevano permesso tante latitanze! Allora, paradossalmente, devo dire grazie a quelle morti. Perché hanno permesso alla giustizia di esprimersi, finalmente, in maniera diversa.

2. Un nuovo panorama politico

I NUOVI PARTITI

Mentre i partiti storici andavano scomparendo o trasformandosi, **altri ne nacquero** e altri ancora, sorti negli anni immediatamente precedenti, si andarono **rafforzando**. Già dagli anni Ottanta, per esempio, furono attive formazioni politiche di impronta regionalistica, che nel 1991 trovarono un coordinamento nazionale nella **Lega Nord**, guidata da **Umberto Bossi**.

Il partito di Bossi si ispirava, allora come oggi, ai princìpi di un **federalismo** basato su **forti autonomie regionali**, fino a spingersi a minacciare (più come provocazione che come effettiva possibilità politica) la secessione dell'Italia del Nord dal resto della penisola. Al di là del folclore e della facile demagogia che accompagna le manifestazioni leghiste, il movimento ha riscosso successo facendo leva sul **malcontento degli abitanti delle regioni settentrionali**, a torto o a ragione convinti di essere sfruttati economicamente da governi che privilegiano i trasferimenti di risorse al Sud, dove gli investimenti vengono di fatto divorati dalle organizzazioni mafiose e dall'inefficienza delle amministrazioni.

La vera dirompente novità di quegli anni fu però rappresentata dalla nascita del movimento liberale e moderato di **Forza Italia** (1994), fondato dall'imprenditore milanese **Silvio Berlusconi**, che in pochi mesi raccolse un **larghissimo consenso** in tutta la penisola. Forza Italia sosteneva i princìpi del **liberismo economico** e del **liberalismo in campo politico e sociale**, proponendo una serie di riforme che si ponevano in netto **contrasto con gli ideali tipici dei partiti della sinistra**, contro i quali Berlusconi intese schierarsi fin da subito.

> **Per ricordare**
> - Che cosa accadde negli anni della crisi dei partiti storici?
> - Su quali princìpi si fondava la Lega Nord?
> - Quale fu la grande novità nel panorama politico italiano di quegli anni?

> **Demagogia**
> Parola greca che originariamente indicava l'arte di guidare il popolo; in seguito ha assunto il significato negativo di pratica politica che tende a ottenere il consenso delle masse esasperando alcuni argomenti di facile presa o facendo promesse poi difficili da realizzare.

Manifesti elettorali con i simboli dei nuovi partiti sorti negli anni Novanta.

IL SISTEMA DEL MAGGIORITARIO E I GOVERNI DI COALIZIONE

Il rinnovamento della vita politica italiana non avvenne però solamente attraverso la trasformazione dei partiti. Un ruolo molto importante fu svolto anche dalla **riforma del sistema elettorale**. All'inizio degli anni Novanta, infatti, era molto diffusa la convinzione che la possibilità di risolvere i problemi della repubblica fosse strettamente legata all'introduzione di alcune **riforme istituzionali**, prima fra tutte quella del sistema elettorale.

Nel 1993 venne indetto un referendum nel quale la maggioranza degli Italiani si espresse a favore dell'introduzione di un **sistema elettorale a carattere maggioritario**. Il sistema maggioritario – per quanto non puro, ma corretto con alcune quote di voti assegnati ancora con il sistema proporzionale – impose ai partiti di unirsi in **coalizioni** o **poli** per vincere le elezioni e governare.

Le elezioni del **1994** furono vinte dal **Polo delle libertà**, guidato da Forza Italia, che in quell'occasione risultò il partito con il maggior numero di voti nel Paese. Alla vittoria elettorale seguì la nascita del **primo governo di Silvio Berlusconi**, che però rimase in carica solo pochi mesi, perché molto presto la Lega Nord uscì dalla coalizione di governo, causandone la caduta.

Per ricordare

- Che cosa, oltre alla trasformazione dei partiti, contribuì al rinnovamento della vita politica italiana?
- Quale novità introdusse il sistema maggioritario?
- Chi vinse le elezioni del 1994? Con quale risultato?

TORNA IL GOVERNO DI CENTRO-SINISTRA

Dopo la parentesi di un **governo "tecnico"** (non formato cioè da esponenti politici, ma da personalità scelte per la propria competenza negli ambiti assegnati in sede di governo: finanza, diritto, istruzione...) presieduto dall'ex direttore generale della Banca d'Italia Lamberto Dini, nel **1996** si tennero nuove elezioni che videro il confronto fra le due coalizioni del **Polo delle libertà** (centro-destra) e dell'**Ulivo** (centro-sinistra).

Le elezioni del **1996** furono vinte dall'**Ulivo**, che assunse la guida del Paese prima assegnando la carica di capo del governo all'economista **Romano Prodi**, poi a **Massimo D'Alema** e infine a **Giuliano Amato**. In quella legislatura venne avviato il **risanamento finanziario** dell'Italia, nel rispetto dei criteri previsti dagli accordi di Maastricht per partecipare all'Unione Monetaria Europea.

Nel 1998, dall'unione tra PDS e altri gruppi dell'area di centro-sinistra nacque una nuova formazione politica, quella dei **Democratici di Sinistra (DS)**, sempre più distante dalla tradizione del vecchio PCI.

Per ricordare

- Quali coalizioni si sfidarono nelle elezioni politiche del 1996?
- Quale schieramento uscì vincitore dalle elezioni?
- Quale nuovo partito nacque nel 1998 nell'area del centro-sinistra?

Parola chiave

SISTEMA MAGGIORITARIO E SISTEMA PROPORZIONALE

- Il **sistema elettorale maggioritario** prevede che i seggi parlamentari non vengano assegnati in proporzione ai voti ricevuti dalle singole liste, ma in una quantità superiore al partito (o alla coalizione di partiti) che ottiene la maggioranza dei voti. La porzione di seggi ottenuta al di là di quella che spetterebbe in base alla percentuale dei voti ottenuti si chiama anche "premio di maggioranza" e permette di avere governi più stabili, perché più ampio è il numero di deputati e di senatori che lo sostengono.
- Il **sistema proporzionale**, invece, assegna i seggi esclusivamente in proporzione al numero dei voti ottenuti dalle singole liste, senza alcun premio di maggioranza. In un panorama politico nel quale vi sono molti partiti (come in Italia) questo porta a una grande frammentazione politica e genera coalizioni instabili, perché formate da troppi soggetti politici, ciascuno dei quali può risultare indispensabile per mantenere in vita la maggioranza di governo.

PARTE SESTA CAPITOLO 23 - L'ITALIA DAGLI ANNI NOVANTA AD OGGI   415

IL SECONDO GOVERNO BERLUSCONI

Anche nelle successive elezioni del **maggio 2001** si presentarono due schieramenti contrapposti: da una parte l'**Ulivo** (alleanza di centro-sinistra) rappresentato dal candidato premier (capo del governo) **Francesco Rutelli**; dall'altra la **Casa delle libertà** (alleanza di centro-destra), ancora guidata dal candidato premier **Silvio Berlusconi**.

Vincitore del confronto elettorale risultò questa volta lo schieramento di centro-destra, che conquistò un'ampia maggioranza di seggi sia alla Camera che al Senato. Ebbe così inizio, l'11 giugno 2001, il **secondo governo Berlusconi**, confermato con un nuovo incarico dopo una crisi di governo il 23 aprile 2005 e giunto sino alla fine di una legislatura caratterizzata da **numerose riforme** (giustizia, scuola, lavoro, previdenza, diritto societario, fisco, Costituzione, legge elettorale), sullo sfondo di un **quadro economico difficile** e di un **peggioramento dei conti pubblici**, dovuto in parte alla crisi economica mondiale seguita agli attentati dell'11 settembre.

IL SECONDO GOVERNO PRODI E IL NUOVO GOVERNO BERLUSCONI

Le elezioni politiche tenutesi il 9-10 aprile **2006**, con una nuova legge elettorale voluta dalla maggioranza, hanno visto nuovamente di fronte **Silvio Berlusconi**, candidato premier del centro-destra, e **Romano Prodi**, candidato premier dei partiti del centro-sinistra, raccolti in una nuova coalizione: l'**Unione**.

Lo **schieramento di centro-sinistra** è risultato **vincitore** delle elezioni con un **ridottissimo margine di vantaggio**, tradottosi nell'assegnazione di una maggioranza di seggi parlamentari estremamente esigua, soprattutto al Senato. Questa situazione ha posto continuamente in forse la sopravvivenza di un governo rivelatosi subito **debole** e difficilmente in grado di attuare il vasto programma di riforme presentato durante la campagna elettorale.

Il risultato elettorale dell'aprile 2006 ha evidenziato un'**Italia** letteralmente **spaccata in due** e ha condotto subito a un aperto conflitto tra maggioranza e opposizione, che riflette il **clima di tensione diffuso in tutto il Paese**. In questo contesto, un mese dopo le elezioni politiche (10 maggio), le Camere riunite hanno eletto il nuovo Presidente della Repubblica, il senatore a vita **Giorgio Napolitano**, successore di Carlo Azeglio Ciampi, in carica dal maggio 1999.

Mentre nel corso del 2007 la stabilità del governo Prodi veniva più volte minacciata, gli schieramenti di centro-sinistra e di centro-destra si riorganizzavano in due nuove formazioni: il **Partito Democratico** (PD, nel quale sono confluiti i DS, la Margherita e altre piccole formazioni di centro-sinistra), guidato da **Walter Veltroni**, e il **Popolo della Libertà** (che riunisce Forza Italia e Alleanza Nazionale). Alle **elezioni anticipate del 13-14 aprile 2008** la **coalizione di centro-destra** (Popolo della Libertà, Lega Nord e Movimento autonomista) ha ottenuto una **netta vittoria**, aprendo la strada al **nuovo governo Berlusconi**, mentre numerosi partiti di sinistra (non confluiti nel PD) **hanno perso la rappresentanza parlamentare** per la bassa percentuale di voti ottenuti. Nel 2009 Forza Italia e Alleanza Nazionale si sono sciolte per confluire nel partito del Popolo della Libertà (PDL).

Romano Prodi e Silvio Berlusconi durante una seduta del Consiglio Europeo tenutasi a Bruxelles nel dicembre 2003.

Per ricordare

- Quali schieramenti si affrontarono nelle elezioni del 2001?
- Quali furono le caratteristiche della legislatura guidata dai governi di centro-destra?

Per ricordare

- Quali leader si sono affrontati nelle elezioni politiche del 2006?
- Perché il governo di centro-sinistra nato dopo le elezioni del 2006 si è rivelato debole?
- Qual è stato il clima nel Paese subito dopo le elezioni? Chi è il nuovo Presidente della Repubblica?
- Quali novità hanno caratterizzato il panorama politico italiano nel 2007? Qual è stato l'esito delle elezioni dell'aprile 2008?

3. Verso il futuro

L'ITALIA NEL PANORAMA GLOBALE

L'entrata in vigore dell'**euro**, dal 1° gennaio 2002, come moneta unica ufficiale dell'Unione Europea (UE), costituisce il segno concreto di una **integrazione sempre più profonda** dell'Italia nell'Europa unita. L'avvento della moneta unica europea prelude inoltre a **ulteriori passi nel processo di integrazione**. Alcuni auspicano, infatti, la creazione di un **esercito europeo** e, soprattutto, di un vero e proprio **governo europeo**, che non sostituisca quelli nazionali, ma rappresenti un livello superiore di direzione politica dell'Unione.

L'**orizzonte** entro il quale si inquadra la nuova storia italiana è dunque sempre più **internazionale**, "globalizzato", innanzitutto per gli aspetti economici. L'Italia, uno dei sette **Paesi più industrializzati** del mondo, è sempre più strettamente **collegata all'economia mondiale** (globalizzazione economica) e si confronta con gli interessi, gli obiettivi e le difficoltà di un'unica rete mondiale di produzione e di scambi.

Inoltre, la nostra società e il nostro spazio urbano si sono già uniformati a **modelli comuni**, che si affermano come simboli del nuovo stile di vita impostosi a livello **globale**: **mezzi di comunicazione** (televisione satellitare e Internet), **centri commerciali** e catene **internazionali di negozi**, strutture per il **tempo libero**, **abbigliamento**, forme di **intrattenimento**, ecc.

Il simbolo dell'euro campeggia dinnanzi alla sede della Banca Centrale Europea a Francoforte.

> **Per ricordare**
> - Quale valore simbolico ha per l'Italia e per l'Unione Europea l'esistenza dell'euro?
> - In quale orizzonte si inquadra la nuova storia dell'Italia?
> - Quali sono gli altri segni della dimensione mondiale in cui si trova proiettata l'Italia?

Globalizzazione
È il processo che porta alla realizzazione di un mercato di dimensione mondiale, in seguito al formarsi di consumi e di prodotti uniformi e all'intenso sviluppo di una fitta rete di mezzi di comunicazione.

UNA SOCIETÀ MULTIETNICA

Terra di immigrazione da più di dieci anni, l'Italia conta oggi quasi **4 milioni di stranieri residenti**, su una popolazione totale di quasi 60 milioni di persone (dicembre 2007). La **società italiana** attuale può quindi ben dirsi **multietnica**, **multiculturale** e **multireligiosa**.

In questa situazione diviene più che mai importante **superare le possibili reciproche incomprensioni** e promuovere invece un'autentica **integrazione** basata sui valori di **democrazia**, **libertà**, **solidarietà**, **giustizia** e **rispetto della dignità della persona umana**, sanciti anche dalla *Carta dei diritti fondamentali dell'Unione Europea*.

Ponte proteso nel Mediterraneo, tra l'Africa e l'Asia, l'Italia resta uno spazio privilegiato per i flussi migratori: per gli immigrati non è solo una possibile **meta**, ma anche un **primo approdo verso i Paesi europei**.

Per ricordare

- Quali sono le caratteristiche della società italiana?
- Su quali princìpi si basa l'integrazione di una società multietnica?
- Perché l'Italia costituisce il primo approdo degli immigrati diretti anche in altri Paesi europei?

LA NECESSITÀ DI NUOVE RIFORME

Il nuovo **scenario europeo e internazionale** in cui l'Italia è inserita rende ancora più urgente l'attuazione di **riforme** che adeguino lo Stato alle necessità di un **Paese moderno** e di una **società profondamente mutata**.

Un **passo significativo** in questa direzione è stato compiuto con l'entrata in vigore l'8 novembre 2001 della **riforma del Titolo V della Costituzione** (artt.114-132), in seguito alla quale si introduce nel nostro ordinamento una forma di **decentramento amministrativo che ridistribuisce i poteri tra lo Stato e gli Enti Locali** (Regioni, Province, Città metropolitane, Comuni).

Altre riforme sono state varate dal **secondo governo Berlusconi**, come quella della **scuola** (2003), del **mercato del lavoro** (2003) e della **previdenza** (2004), in seguito riprese e in parte modificate dal governo Prodi e dal nuovo governo Berlusconi.

Nel novembre 2011, nel contesto della **grave crisi economica** che ha investito la "zona euro", il **quarto governo Berlusconi si è dimesso**.

L'incarico di formare un nuovo governo è stato affidato all'economista **Mario Monti**, il quale ha dato vita ad un **governo tecnico**, con il compito di attuare riforme nel campo del bilancio, della previdenza, del fisco e del mercato del lavoro.

Per ricordare

- Perché l'Italia ha bisogno di riforme?
- Quale prima importante riforma venne introdotta nel 2001?
- Quali altre riforme sono state introdotte?
- Quali ripercussioni ha avuto sulla politica italiana la crisi economica della "zona euro"?

Sintesi

LE TRASFORMAZIONI DOPO IL 1989

- Gli eventi succedutisi nel mondo a partire dal 1989 ebbero ripercussioni anche in Italia, dove si rese necessario un ripensamento della vita politica interna. Nel 1991 il PCI, ormai inserito nel contesto democratico occidentale e preso atto del crollo del Comunismo, venne rifondato come Partito Democratico della Sinistra.
- Oltre al mutato panorama politico internazionale, anche altri elementi contribuirono a modificare il sistema politico italiano. In particolare, le inchieste di "Mani pulite" provocarono l'uscita di scena di un'intera classe politica e portarono alla scomparsa o alla trasformazione dei vecchi partiti in nuovi soggetti politici.
- Negli stessi anni in cui si svolgevano le indagini di Mani Pulite, l'Italia fu sconvolta da numerosi attentati di stampo mafioso, che causarono la morte di molte persone, tra le quali i giudici Giovanni Falcone e Paolo Borsellino. Successivamente, le indagini condotte con successo dalle forze dell'ordine consentirono la cattura dei principali capi mafiosi.

UN NUOVO PANORAMA POLITICO

- Il terremoto politico seguito a "Mani pulite" favorì anche il consolidamento o la nascita di nuovi partiti, come la Lega Nord e Forza Italia.
- Il referendum del 1993 portò una nuova grande trasformazione nella vita politica italiana, con l'introduzione del sistema elettorale di tipo maggioritario. Con questo nuovo sistema (corretto dal Parlamento con una quota a sistema proporzionale) nelle elezioni del 1994 uscì vincitore il Polo delle libertà e si formò così il primo governo Berlusconi.

- Nel 1996 la coalizione di centro-sinistra dell'Ulivo vinse le elezioni e a capo del governo si susseguirono Prodi, D'Alema e Amato. Nel 1998, il PDS si unì ad altri gruppi dell'area di centro-sinistra dando vita ai Democratici di Sinistra (DS).
- Nelle elezioni del maggio 2001 si affermò la coalizione di centro-destra (Casa delle libertà) e si formò il secondo governo Berlusconi, mentre nelle successive elezioni del 2006, tenutesi con la nuova legge elettorale promossa dal centro-destra, la vittoria è toccata alla coalizione di centro-sinistra (l'Unione) guidata da Prodi. Il nuovo governo, però, eletto con un ristrettissimo vantaggio in termini di voti, si è rivelato subito debole ed è stato costretto alle dimissioni nel febbraio 2008. Alle successive elezioni anticipate la coalizione di centro-destra (Popolo della Libertà e Lega Nord) guidata da Silvio Berlusconi si è nettamente affermata sulla coalizione di centro-sinistra (Partito Democratico) guidata da Walter Veltroni.

VERSO IL FUTURO

- L'Unione Europea e il nuovo orizzonte politico ed economico della globalizzazione sono lo scenario in cui opera l'Italia di oggi. Con l'introduzione dell'euro (1° gennaio 2002), l'integrazione in Europa è diventata ancora più organica, mentre la società italiana si avvia a divenire multietnica, multiculturale e multireligiosa.
- Questo quadro di profondi mutamenti rende ancora più urgenti riforme che adeguino l'Italia ai livelli di un moderno Stato occidentale e alle nuove esigenze della società.

Anche noi storici

Conoscere eventi e fenomeni storici

1. Indica se le seguenti affermazioni sono vere (V) o false (F).

	V	F
a. Nel 1991 il PCI si sciolse e confluì nel Partito Socialista.	☐	☐
b. Agli inizi degli anni Novanta i partiti italiani furono coinvolti nell'inchiesta "Mani pulite".	☐	☐
c. L'inchiesta "Mani pulite" determinò lo scioglimento della Democrazia Cristiana.	☐	☐
d. MSI e PCI furono i partiti maggiormente coinvolti nel fenomeno di Tangentopoli.	☐	☐
e. Il Partito Socialista si sciolse dando vita al Centro Cristiano Democratico.	☐	☐
f. Negli anni '90 la mafia compì numerosi attentati a scopo intimidatorio nei confronti delle istituzioni.	☐	☐
g. Le forze dell'ordine sono riuscite a catturare importanti capi di cosche mafiose.	☐	☐
h. La Lega Nord ottenne successo facendo leva sul malcontento degli abitanti del Nord.	☐	☐
i. Forza Italia si affermò come partito vicino al riformismo di Sinistra.	☐	☐
l. Nel 1993 venne introdotto il sistema elettorale a carattere proporzionale.	☐	☐
m. L'Ulivo era la coalizione di centro-sinistra, il Polo delle libertà riuniva i partiti di centro-destra.	☐	☐

Attivazioni didattiche

Conoscere eventi e fenomeni storici

2. *Indica con X la conclusione corretta tra quelle proposte.*

1. Dal 1993 venne introdotto il sistema elettorale
   - ☐ **a.** maggioritario.
   - ☐ **b.** proporzionale.

2. I poli sono
   - ☐ **a.** i principali partiti della destra e della sinistra.
   - ☐ **b.** la coalizione di partiti della stessa area politica.

3. Il "governo tecnico" è un
   - ☐ **a.** governo formato dagli esponenti politici più autorevoli.
   - ☐ **b.** governo formato personalità competenti nei diversi settori della vita politica e sociale.

4. Nelle elezioni del 1996 si contrapposero
   - ☐ **a.** il Polo delle libertà e l'Ulivo.
   - ☐ **b.** Forza Italia e i Democratici di Sinistra.

5. La riforma del Titolo V della Costituzione, entrata in vigore nel 2001, riguarda
   - ☐ **a.** la riforma del sistema elettorale (maggioritario e uninominale).
   - ☐ **b.** la riforma dei poteri degli Enti Locali (Regioni, Città metropolitane, Province, Comuni).

6. Nel 2006 è stato eletto Presidente della Repubblica
   - ☐ **a.** Carlo Azeglio Ciampi.
   - ☐ **b.** Giorgio Napolitano.

Riconoscere relazioni – Individuare rapporti di causa ed effetto

3. *Collega i seguenti fatti e fenomeni alla corretta causa / spiegazione (riporta accanto la lettera corrispondente).*

1. Dopo il crollo dell'URSS il PCI si trasformò in un partito riformista ...
2. Agli inizi degli anni Novanta, si diffuse un clima di ribellione nei confronti della classe politica …
3. Negli anni Ottanta-Novanta il potere della mafia era cresciuto …
4. Dal 1996 venne avviato il risanamento finanziario …
5. L'orizzonte della storia italiana è sempre più internazionale …
6. L'entrata in vigore dell'euro il 1° gennaio 2002, oltre al significato economico, possiede un forte valore simbolico …
7. L'Italia resta uno spazio privilegiato per i flussi migratori …

a. *per il vasto sistema di corruzione e finanziamento illecito ai partiti rivelato dalle inchieste giudiziarie.*
b. *per poter partecipare all'Unione Monetaria Europea.*
c. *perché il nostro Paese è strettamente collegato all'economia del mondo intero e a modelli socio-culturali globali.*
d. *anche in seguito alla degenerazione della politica e alla diffusa corruzione.*
e. *per la sua posizione geografica di ponte proteso nel Mediterraneo.*
f. *al fine di costituire uno schieramento che proponesse un modello politico ispirato alla solidarietà sociale e che potesse candidarsi al governo del Paese in un sistema di alternanza.*
g. *perché apre la strada ad una maggiore integrazione dell'Italia nell'Europa unita.*

Conoscere eventi e fenomeni storici

4. *Scrivi il nome dei partiti nati in Italia negli anni Novanta, seguendo le indicazioni date.*

1. Nacque nel 1991 dal PCI come partito di ispirazione riformista: ....
2. Nacque nel 1991 sostenendo il federalismo basato sulle autonomie regionali: ....
3. Nacque dal PCI, riaffermando la fedeltà alla tradizione comunista: ....
4. Nacque nel 1994 dalla DC, nella tradizione democratica riformista: ....
5. Nacque nel 1994 ottenendo un larghissimo consenso e fu il partito guida nel governo: ....
6. Nacque nel 1995 dalla trasformazione del MSI, allontanandosi dalla tradizione fascista: ....
7. Nacque nel 1998 dall'unificazione del PDS e di gruppi del centro-sinistra: ....

[**a.** *Partito Democratico della Sinistra (PDS)* – **b.** *Partito Popolare Italiano (PPI)* – **c.** *Partito della Rifondazione Comunista* – **d.** *Forza Italia (FI)* – **e.** *Alleanza Nazionale (AN)* – **f.** *Democratici di Sinistra(DS)* – **g.** *Lega Nord*]

Ricavare informazioni da un documento storiografico

5. Giuseppe De Rita, sociologo e fondatore del CENSIS (l'istituto di ricerca che pubblica ogni anno un rapporto sulla società italiana), nel brano che segue analizza il fenomeno dell'integrazione degli immigrati, sottolineando le modalità in cui è avvenuto in Italia, grazie ad alcune peculiari caratteristiche del suo sistema economico e sociale. Una "via italiana" all'integrazione, misconosciuta e silenziosa, ma che dovrebbe costituire un esempio. Leggi il testo con attenzione, quindi esegui quanto proposto.

La "via italiana" all'integrazione multietnica

Mi ha molto colpito la frase di una persona che vive a Parigi: "Non sono più marocchina, non sono diventata francese, la mia identità è solo quella di donna musulmana". Siamo al trionfo dell'indistinto, cioè di una caratteristica sfuggente di tutto il mondo contemporaneo dove le identità storiche, nazionali o ideologiche che siano, si dissolvono e al loro posto si insedia un insieme di comportamenti (di consumo, di comunicazione di massa, di mobilitazione emotiva) troppo deboli e generici per garantire nuove e significanti identità.

Tutto quindi precipita in una vita indistinta, che favorisce il sorgere di frustrazioni e di rabbie; [...] ma più in generale vi può fiorire una «società vuota», grande buco nero di una modernità voluta ma non gestita. Forse sono queste caratteristiche che rendono molte nazioni occidentali incapaci di fronteggiare un terrorismo che sembra figlio del loro vuoto interno, oltre che dell'aggressività islamica esterna: penso alle nazioni (il Regno Unito) che orgogliosamente affermano la forza della propria maniera di vivere, come a quelle (Francia e Olanda) che chiudendo le frontiere danno un segnale di preoccupata e quasi razzistica difesa.

E anche noi italiani – considerando la generale opinione pubblica - oscilliamo fra una voglia di andare avanti comunque [...] e una voglia di sicurezza che spinge a più controlli, più vigilanza, più durezza guerriera con gli extracomunitari. Tutto però resta nel generico, magari in un voler imitare un po' Blair [l'ex premier britannico] ed un po' Sarkozy [il presidente francese].

Così facendo, rendiamo un torto a noi stessi, perché agli immigrati l'Italia ha certo offerto indistinte prospettive, ma ha anche garantito, nel silenzio, alcuni fondamentali processi di integrazione: vivere in comuni ed in città di piccola dimensione, con modi di socializzazione diversi da quelli delle grandi città; partecipare attivamente alla vita economica dei vari territori, fino a diventarne protagonisti (si pensi a Prato ed ai diversi distretti marchigiani); avviare piccole attività imprenditoriali. Certo le grandi periferie urbane restano indistinti focolai di indistinte vocazioni a viver male; ma in Italia non sono così decisive come in altri Paesi europei.

Così per molti stranieri vivere in Italia ha corrisposto all'entrata negli assi portanti del nostro modello di sviluppo (piccola impresa, localismo economico, vita di borgo). E se anche le istituzioni facessero una seria quotidiana opera di integrazione (nella scuola come nelle votazioni amministrative) potremmo dire che l'Italia è una nazione che non getta nell'indistinto e nelle conseguenti frustrazioni coloro che vengono qui a lavorare.

Sopravvalutazione di noi stessi, delle componenti portanti del nostro sviluppo? Forse, ma almeno su questa linea di ragionamento si può continuare a costruire una politica, fuori dalle generiche affermazioni di multiculturalismo, di europeismo, di civiltà occidentale, di scontro di valori.

rid. e adatt. da Giuseppe De Rita, *Il Made in Italy della tolleranza*, in *Corriere della Sera*, 15 luglio 2005

Rielabora sul tuo quaderno le argomentazioni esposte dallo studioso seguendo la traccia.

a. Quale caratteristica del mondo contemporaneo si va affermando? In che cosa consiste?
b. Quali conseguenze ha il "trionfo dell'indistinto"? Che cosa genera negli immigrati? Perché molti Paesi occidentali non sono in grado di rispondere al terrorismo? Quali reazioni adottano alcuni Paesi europei di fronte ai problemi dell'integrazione?
c. Quali sono gli atteggiamenti generici dell'opinione pubblica italiana nei confronti dell'immigrazione? Come vengono giudicati dal sociologo?
d. Quali fondamentali modalità di integrazione ha offerto l'Italia agli immigrati? Su quali modelli di sviluppo sociale ed economico specificatamente italiani si sono innestate? In quali contesti territoriali, invece, questo processo di integrazione non avviene? Che cosa manca perché tale integrazione avvenga in modo compiuto?

Comprendere e utilizzare il linguaggio della storia

6. Spiega con parole tue il significato dei seguenti termini ed espressioni.

a. Mani pulite: ....
b. Tangentopoli: ....
c. Sistema maggioritario: ....
d. Sistema proporzionale: ....

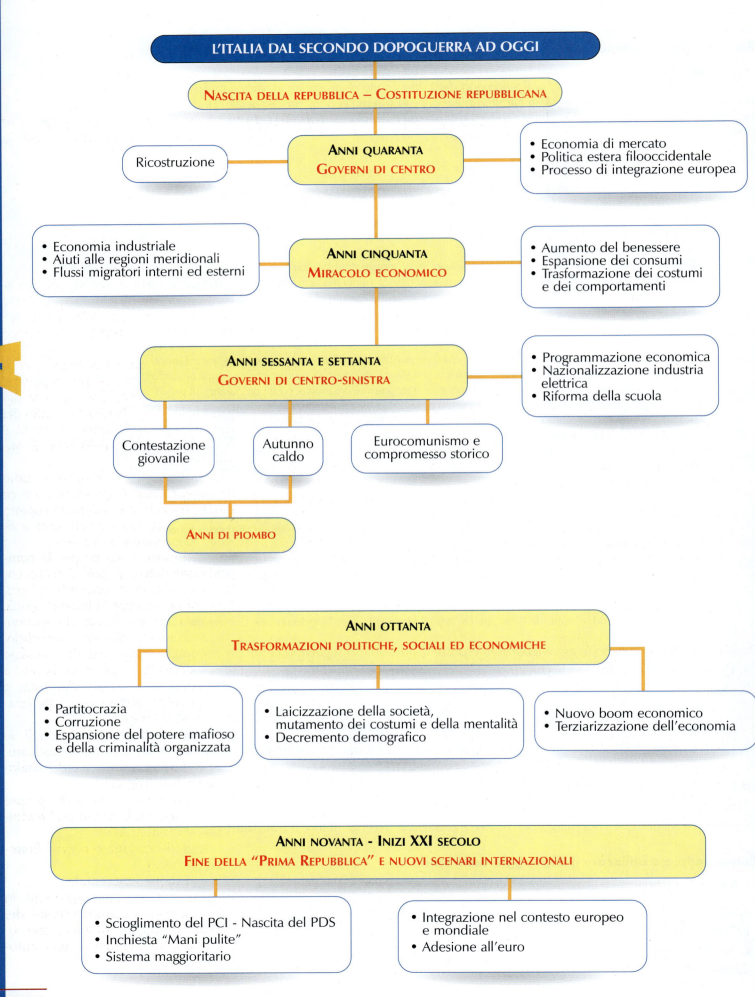

PARTE SETTIMA
Il terzo millennio: tra presente e futuro

Ripercorrendo la storia del Novecento siamo infine giunti in prossimità dei nostri giorni, agli inizi del nuovo millennio nel quale abbiamo da poco fatto ingresso.

A questo punto, le vicende, i fenomeni e i processi che si prospettano dinnanzi a noi non sono ancora oggetto della storia, la quale è studio del passato, ma **configurano** piuttosto il **nostro presente** e **delineano il nostro futuro**.

La storia, tuttavia, in quanto studio del passato non è un esercizio a sé stante, staccato e indifferente rispetto al presente in cui siamo chiamati a vivere, ad operare e a decidere.

Essa ci fornisce le **chiavi per la comprensione dell'oggi**, poiché ci consente di identificarne le dinamiche e i processi, di riconoscere le forze in gioco, le motivazioni e le finalità che muovono i protagonisti della scena mondiale.

In questa ultima parte del manuale di storia, rivolgiamo dunque la nostra attenzione verso alcuni dei **temi** e delle **problematiche** che caratterizzano il **nostro tempo**:

- i nuovi **equilibri internazionali**, le tensioni generate dal **terrorismo**, dalle **guerre** e dagli **scontri nazionalistici e religiosi**,
- la formazione di **società** sempre più connotate **in senso multiculturale** e multietnico,
- la **globalizzazione** e la **crisi finanziaria** del 2008,
- la **questione ambientale**.

Nell'affrontare questi argomenti, in cui si delineano i **futuri scenari del mondo**, la conoscenza storica che abbiamo acquisito ci sarà valida e autorevole guida.

I nuovi equilibri internazionali

Agli inizi del nuovo millennio il mondo appare radicalmente cambiato rispetto soltanto a due decenni fa, per quanto riguarda gli assetti politici, demografici e socio-economici.

La fine del bipolarismo e l'emergere di nuove potenze

Con il crollo dei regimi comunisti e la dissoluzione dell'URSS è venuta meno la contrapposizione tra mondo occidentale e mondo comunista (**bipolarismo**) a favore di **nuovi equilibri**, in cui assumono forza soggetti diversi, dagli **Stati Uniti** ai Paesi asiatici emergenti (**Cina** e **India** in primo luogo) e all'**Unione Europea** (anche se quest'ultima, pur avendo rafforzato a livello continentale il processo di integrazione politico-economica, stenta a conquistare un ruolo da protagonista nella politica estera internazionale).

Il terrorismo internazionale

In questo mutato contesto si inseriscono gli **attentati dell'11 settembre 2001** (vedi pag. 341), un evento che ha cambiato la storia del mondo e in seguito al quale la **lotta al terrorismo** è diventata una priorità della politica internazionale.

Il **terrorismo fondamentalista**, caratterizzato da estremismo religioso e ostilità verso l'Occidente, si era manifestato dapprima nel corso della guerra civile che ha insanguinato per anni l'Algeria, esplodendo poi a più riprese in Egitto e in altri Paesi islamici asiatici e africani.

Colpendo gli edifici rappresentativi del potere economico e militare statunitense, i fondamentalisti islamici hanno simbolicamente **sfidato l'intero Occidente**, quasi a volerlo trascinare in uno **scontro di civiltà**. In quest'ottica possono essere letti anche gli **attentati di Madrid dell'11 marzo 2004** (che causarono 191 morti e oltre 2000 feriti) e quelli di **Londra, il 7 luglio 2005** (dove 7 esplosioni causarono la morte di 52 persone e oltre 700 feriti). Entrambi di matrice islamica, anche questi attentati sono riconducibili ad Al-Quaeda, l'organizzazione terroristica che fa capo a Osama Bin Laden.

Gli Stati Uniti di Barack Obama: per un nuovo ruolo mondiale

Colpiti per la prima volta nella loro storia sul territorio nazionale, gli **Stati Uniti** hanno guidato militarmente la lotta contro il terrorismo internazionale (in Afghanistan e in Iraq), dimostrando la loro supremazia politica e militare, una **supremazia** che, come abbiamo visto, ha offuscato in parte la loro autorevolezza internazionale e la loro immagine di Paese difensore della libertà e della democrazia. In questo contesto la storica elezione (2008) del democratico **Barack Obama**, **primo presidente afroamericano** degli Stati Uniti, sostenitore della necessità di un forte cambiamento nella politica del suo Paese, apre **nuovi scenari** nel futuro delle relazioni internazionali.

Il ruolo delle Nazioni Unite e la *global governance*

Le vicende legate alla lotta contro il terrorismo hanno reso ancora più evidente la **debolezza delle Nazioni Uni-**

424 PARTE SETTIMA - IL TERZO MILLENNIO: TRA PRESENTE E FUTURO

te, l'organizzazione creata per salvaguardare la pace e risolvere diplomaticamente le controversie internazionali. Non solo il terrorismo internazionale, ma anche i mille **focolai di tensione** e i **conflitti** tuttora in corso (vedi capp.18, 19 e 20) rendono infatti sempre più stringente il problema della **global governance**, cioè di un "governo del mondo" in grado di intervenire in modo giusto e autorevole nelle **crisi internazionali**: un ruolo che l'ONU non può svolgere appieno senza **riformare i suoi meccanismi decisionali**.

L'invocazione di Giovanni Paolo II: mai più guerre, mai più terrorismo!

In questi scenari di terrorismo e di conflitti aperti, la **pace** non può essere un semplice auspicio, ma deve alimentare il **concreto sforzo di tutte le nazioni del mondo** per impedire che interessi ideologici, religiosi, economici la rendano precaria o impossibile.

In occasione della *Giornata Interreligiosa di preghiera per la pace nel mondo*, celebrata ad Assisi il 24 gennaio 2003, **Giovanni Paolo II** lanciò un appello: *"Mai più guerre, mai più terrorismo!"*. Tutto il pontificato di papa Woytila, in effetti, è stato costellato dal **costante richiamo alla pace** come priorità per i popoli della Terra: *"L'umanità ha bisogno di pace sempre, ma ancor più ne ha bisogno ora, dopo i tragici eventi che hanno scosso la sua fiducia. [...] Le religioni sono al servizio della pace e posseggono le risorse necessarie per superare le frammentazioni e per favorire la reciproca amicizia e il rispetto tra i popoli. Chi utilizza la religione per fomentare la violenza ne contraddice l'ispirazione più autentica e profonda."*

Il papa ha in questo modo interpretato un'esigenza forte del mondo di oggi.

La pace è il frutto di una società progredita

L'incontro tra **culture diverse, stili di vita e religioni differenti**, che è sempre stato visto come una ricchezza ed un **motivo di crescita**, sembra stia diventando pretesto per incomprensioni ed episodi di intolleranza.

La pace è il frutto più prezioso di una **civiltà progredita**, e il mondo nel terzo millennio non può non essere in grado di trovare una risposta di pace ai problemi che lo affliggono. Gli esponenti delle religioni riuniti ad Assisi hanno ancora una volta ribadito che la violenza e il terrorismo contrastano con l'autentico spirito di **qualsiasi religione**, che si basa invece sulla **giustizia**, sulla **ricerca della pace**, sul **dialogo**.

Il messaggio di pace di Giovanni Paolo II non si è esaurito con la morte del pontefice (il 2 aprile 2005), ma è stato raccolto e rilanciato con forza anche dal suo successore, **Benedetto XVI** (card. Joseph Ratzinger, eletto al soglio pontificio il 19 aprile 2005). Durante il suo pontificato Benedetto XVI ha lanciato frequenti appelli affinché cessino le **violenze** e le **persecuzioni** di cui recentemente sono vittime anche le **minoranze cristiane** in molte regioni del mondo.

Soldati statunitensi ed egiziani impegnati in attività umanitarie a favore dei bambini in Afghanistan.

Il 44° presidente degli Stati Uniti Barack Obama.

I rappresentanti delle diverse religioni del mondo, nel corso della prima giornata interreligiosa di preghiera ad Assisi.

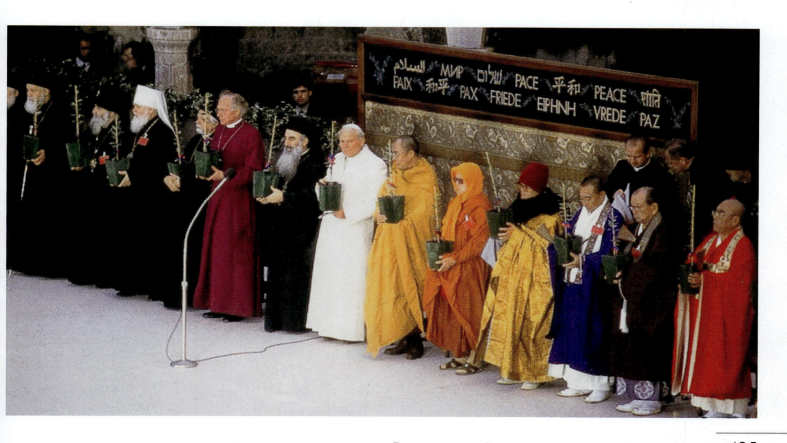

Una società multiculturale e multietnica

L'EUROPA: UNA TERRA DI IMMIGRAZIONE ALLA RICERCA DI UN MODELLO DI INTEGRAZIONE

Il **continente europeo** è ormai da tempo divenuto **terra di immigrazione**, meta di flussi crescenti di uomini e donne provenienti per lo più dai Paesi poveri del mondo. La società europea si caratterizza dunque sempre di più come una **società multietnica**, nella quale si trovano a convivere diverse culture.

Immigrazione e **multietnicità** sono dunque **fenomeni attuali**: non si tratta di accettarli o respingerli, bensì di **governarli**.

I vari Stati europei e, in misura crescente, l'Unione Europea, sono chiamati a dare una risposta politica alle difficoltà e ai problemi generati dai processi in corso: l'obiettivo da raggiungere è quello dell'**integrazione** degli immigrati **nel tessuto sociale europeo**.

La questione fondamentale è: quale modello di integrazione seguire?

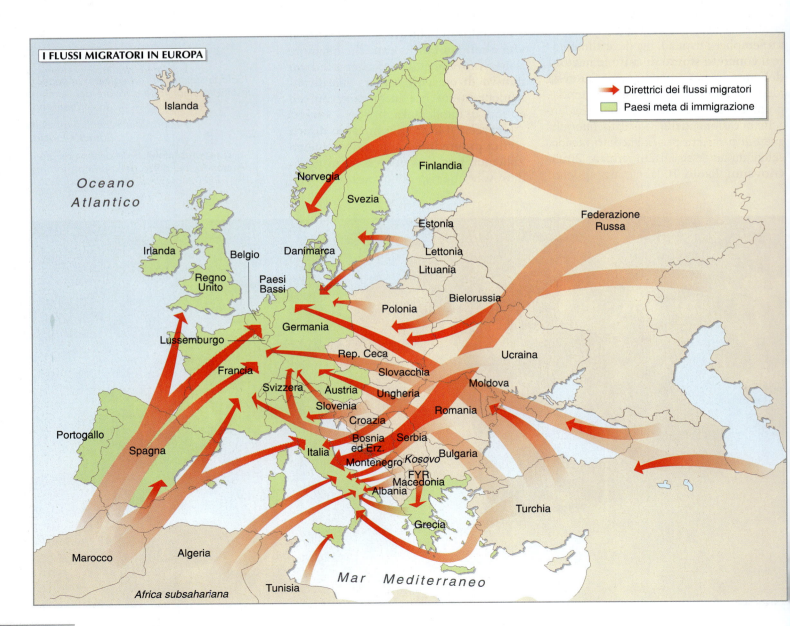

I FLUSSI MIGRATORI IN EUROPA

Assimilazione e multiculturalismo

Due sono attualmente i principali modelli di integrazione: l'assimilazione e il multiculturalismo.

- **L'assimilazione** è il modello seguito dallo Stato francese. Nei confronti degli stranieri che si stabiliscono in Francia le autorità applicano una politica di assimilazione, che richiede l'uniformazione alla lingua e alle leggi del Paese ospitante e mira ad annullare le differenze identitarie di tipo culturale a vantaggio dell'uguaglianza di tutti i cittadini di fronte allo Stato democratico e laico. In questa direzione sembrerebbero andare recenti provvedimenti di legge intesi a vietare l'ostentazione dei simboli religiosi nelle scuole pubbliche, vista come dichiarazione di una specifica appartenenza e identità culturale.

- Il **multiculturalismo** è un progetto politico che intende non solo rispettare, ma addirittur valorizzare le differenze e le molteplici identità culturali, nella convinzione che queste costituiscano una ricchezza umana e sociale e il presupposto di un proficuo scambio interculturale.

La ricerca di un equilibrio

Entrambi questi modelli, se portati all'estremo, presentano serie controindicazioni.

Una **politica di completa assimilazione** rischia di trasformarsi in mancanza di rispetto nei confronti delle differenze e di essere vissuta da chi la subisce come una manifestazione di **intolleranza** e una minaccia per la propria identità.

Il multiculturalismo, nella misura in cui promuove una **politica delle differenze**, concedendo diritti collettivi speciali ai membri delle diverse comunità etniche e proteggendo indifferentemente tutte le identità culturali (anche quelle le cui manifestazioni sono incompatibili con il sistema giuridico-politico del Paese ospitante) rischia di incoraggiare la divisione tra i gruppi e di **minare la coesione** interna della società.

Nel primo come nel secondo caso, l'obiettivo di un'autentica integrazione sarebbe mancato. Tale obiettivo può essere raggiunto solo in una **società "aperta", "pluralista"**, in cui le diverse identità culturali si impegnino reciprocamente al riconoscimento e al rispetto.

Se da una parte deve valere l'impegno all'**ospitalità** (che significa accoglienza e riconoscimento dell'altrui identità), dall'altra deve valere un eguale impegno al **rispetto delle regole** della collettività ospitante e dei princìpi liberali a cui si ispira la vita democratica: se così non fosse, invece dell'integrazione e del dialogo interculturale avremmo destabilizzazione, mancanza di coesione e crescente conflittualità.

Reciprocità, **tolleranza**, disponibilità alla **mediazione** e al **compromesso**, unitamente a una **base condivisa di regole giuridiche e politiche**, sono le condizioni per l'integrazione in una società multietnica, realmente **aperta** e **pluralista**.

Un centro di ritrovo multietnico del nord Europa.

Un mondo globale

Le trasformazioni che hanno portato alla globalizzazione economica

Nel corso del tempo il **sistema economico mondiale** si è continuamente trasformato, parallelamente all'evolversi della **scienza**, della **tecnologia** e della **società**. Tali trasformazioni hanno subìto una brusca accelerazione negli ultimi decenni del Novecento, a partire dal periodo della decolonizzazione, durante il quale l'economia mondiale è divenuta particolarmente complessa, trasformandosi in un intreccio di relazioni che disegnano una sorta di enorme rete sulla superficie del pianeta.

Questo processo, sostenuto soprattutto dalle **nuove tecnologie informatiche**, dalle **telecomunicazioni** e dalla maggiore efficienza dei **trasporti**, ha consentito di allargare i confini delle singole economie, fino a creare un unico grande sistema per definire il quale si usa l'espressione "**globalizzazione economica**". Questo significa che lo spazio della produzione industriale e quello del commercio si sono allargati al mondo intero.

Oggi un prodotto industriale può essere progettato in un Paese, le sue componenti prodotte e poi assemblate in fabbriche dislocate in Paesi o continenti diversi ed essere commercializzato ancora altrove. Con rapidità estrema i capitali possono essere spostati da un angolo all'altro del mondo grazie al collegamento telematico tra i **mercati finanziari**.

Globalizzazione e sottosviluppo: Nord e Sud del mondo

Stando così le cose, è chiaro che anche i problemi del sottosviluppo vanno ormai letti nella **prospettiva dell'economia e del mercato globale** e la domanda diventa: "*la globalizzazione mira a sradicare la povertà nel mondo o è una versione aggiornata del colonialismo telecomandato e digitale?*".

In effetti, il funzionamento del sistema economico mondiale dovrebbe garantire la sopravvivenza degli oltre sei miliardi di abitanti del pianeta, soddisfacendone i bisogni. In realtà ciò non avviene, o meglio, non avviene per tutti nello stesso modo.

Nonostante gli straordinari progressi compiuti dall'economia mondiale, rimangono **profondi squilibri nel livello di sviluppo** delle diverse aree del mondo. Mentre esistono Paesi – come quelli dell'Europa occidentale e del Nordamerica – in cui la ricchezza raggiunge livelli medi elevati, altri, soprattutto in Africa ma anche in vaste regioni dell'Asia e dell'America Latina, presentano situazioni di profonda miseria, aggravata dal forte indebitamento che i Paesi poveri hanno nei confronti di quelli ricchi.

Da una parte esistono pochi grandi **Paesi produttori** (concentrati nel **Nord del mondo**), i quali possiedono capitali da investire, sono tecnologicamente avanzati e attrezzati per la produzione industriale. Dall'altra ci sono i Paesi la cui ricchezza è rappresentata unicamente dalle **materie prime** (in genere quelli in via di sviluppo, concentrati nel **Sud del mondo**), che **vendono** ai primi le loro ingenti risorse naturali per acquistare ciò di cui hanno bisogno, spendendo più di quanto incassano dalla vendita delle materie prime, per la cui lavorazione non sono attrezzati.

Così **il sottosviluppo si approfondisce**, innescando crisi economiche devastanti, che provocano **disordini sociali e grave instabilità politica**. È il caso drammatico della recente storia dell'Africa (Sierra Leone, Costa d'Avorio, Guinea-Bissau, Nigeria, ecc.).

NUOVE STRATEGIE CONTRO IL SOTTOSVILUPPO

Per sconfiggere il sottosviluppo sono necessarie **nuove politiche economiche internazionali**.

Negli ultimi decenni si sono affermate iniziative "partite dal basso", che hanno affrontato concretamente alcune delle cause del sottosviluppo, coinvolgendo direttamente le popolazioni povere. Le più efficaci si sono rivelate il **commercio equo e solidale** e il **microcredito**.

Il **commercio equo e solidale** si propone come un'alternativa al commercio convenzionale, spinto unicamente dalla ricerca del profitto a prescindere dai diritti degli esseri umani e dalle compatibilità ambientali. L'alternativa consiste nel creare rapporti diretti tra i consumatori e i produttori dei Paesi economicamente meno sviluppati, eliminando le intermediazioni speculative e concordando ordini e prezzi di acquisto che garantiscano la giusta remunerazione e il futuro dei produttori.

Il **microcredito** è il meccanismo finanziario inventato dall'economista del Bangladesh Mohammad Yunus a metà degli anni Settanta. Egli fondò una banca per concedere piccoli prestiti (microcredito), senza chiedere garanzie e con rimborsi in piccole quote settimanali; era una banca che andava a cercare i propri clienti, offrendo prestiti a chi volesse avviare piccole attività agricole, artigianali e commerciali.

Partito come progetto pilota in un villaggio del Bangladesh, la **Grameen Bank** è diventata, in poco più di vent'anni, la quinta banca del Paese, operante in circa 40 000 villaggi.

Al di là di queste esperienze concrete, è auspicabile che le sorti dello sviluppo sociale ed economico non siano guidate in futuro dal criterio del massimo profitto, ma che vengano regolate secondo princìpi di equità e di solidarietà sociale.

L'Indice di Sviluppo Umano come misura dello stato di benessere

L'**Indice di Sviluppo Umano** (ISU) è una misura, introdotta a partire dal 1990, con cui viene determinato il **grado di benessere di una popolazione**. Tale indice considera tre aspetti: la speranza di vita, il grado di istruzione, il PIL pro capite (il Prodotto Interno Lordo, ovvero la ricchezza complessivamente prodotta in un Paese, suddiviso per il numero degli abitanti). L'indice calcolato viene espresso in millesimi e si colloca tra un valore minimo uguale a 0 e uno massimo uguale a 1.

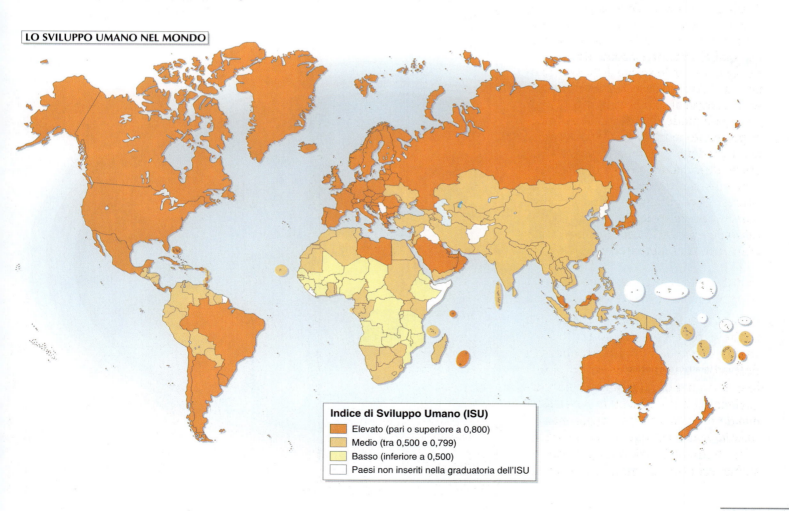

LO SVILUPPO UMANO NEL MONDO

Indice di Sviluppo Umano (ISU)
- Elevato (pari o superiore a 0,800)
- Medio (tra 0,500 e 0,799)
- Basso (inferiore a 0,500)
- Paesi non inseriti nella graduatoria dell'ISU

Sviluppo e ambiente: il futuro dell'uomo e del pianeta

IL PIANETA NON HA RISORSE ILLIMITATE

Allo sviluppo economico, tecnologico e scientifico si collega strettamente il problema delle **conseguenze per l'ambiente**.

L'**impatto ambientale** delle moderne tecnologie, lo sfruttamento intenso delle fonti energetiche, il progressivo esaurirsi di risorse non rinnovabili (carbone, petrolio, gas, minerali) hanno prodotto trasformazioni in alcuni casi irreversibili.

Gli enormi **problemi ecologici** che il mondo attuale deve affrontare portano alla consapevolezza che non è possibile continuare a **sfruttare senza regole** le risorse ambientali di cui disponiamo (comprese l'aria e l'acqua).

UNA NUOVA SENSIBILITÀ: LO SVILUPPO SOSTENIBILE

Fino ad oggi lo sfruttamento intensivo delle risorse naturali è avvenuto da parte dei **Paesi del Nord del mondo**, che hanno bisogno di una maggiore disponibilità di materie prime per **le attività produttive**, per mantenere il proprio livello di **benessere**, per garantire il continuo **progresso**.

Spesso questi Paesi **sfruttano** le risorse (foreste, miniere, ecc.) che si trovano presso le **nazioni più povere**: acquistano beni preziosi, ora che hanno esaurito i propri, contando sul fatto che molti Paesi sono costretti a venderli per pagare i propri debiti e per garantire la sussistenza della popolazione.

Stanno crescendo, però, la **sensibilità ecologica** e una nuova **consapevolezza**: lo sviluppo economico e tecnologico del futuro deve tener conto dei **limiti ambientali del pianeta Terra**.

La prima definizione del concetto di **sviluppo sostenibile** è stata formulata nel 1987 dalla *Commissione mondiale per l'ambiente e lo sviluppo*: "Lo sviluppo sostenibile è uno sviluppo in grado di garantire il soddisfacimento dei bisogni attuali, senza compromettere la possibilità delle generazioni future di far fronte ai loro bisogni". Nel concetto di sviluppo sostenibile è implicita la **necessità di pensare alla salvezza del pianeta, garantendo il benessere di tutta l'umanità**, anche quella futura.

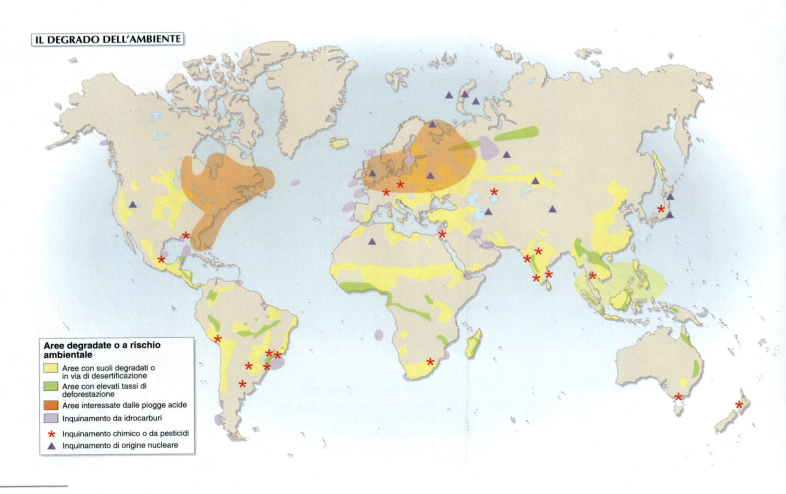

IL DEGRADO DELL'AMBIENTE

Aree degradate o a rischio ambientale
- Aree con suoli degradati o in via di desertificazione
- Aree con elevati tassi di deforestazione
- Aree interessate dalle piogge acide
- Inquinamento da idrocarburi
- * Inquinamento chimico o da pesticidi
- ▲ Inquinamento di origine nucleare

Alla ricerca di un equilibrio vitale tra uomo e ambiente

L'ambiente nella sua globalità, cioè la Terra, è diventato l'**ecosistema dell'uomo**. Un tempo l'uomo non era in grado (se non molto limitatamente) di modificare gli equilibri ecologici. In seguito alla rivoluzione agricola prima ed industriale poi, l'uomo si è reso **indipendente dai meccanismi ecologici** ed ha condizionato tutti gli ecosistemi naturali.

Spinto dal progresso e dal guadagno (esigenze sociali ed economiche), spesso l'uomo non ha tenuto conto delle esigenze dell'ambiente e ne ha rotto gli equilibri.

Ambiente naturale, **società** ed **economia** sono quindi gli elementi che con la loro interazione hanno contribuito a creare i territori in cui viviamo: oggi il problema più importante, dal punto di vista ecologico, è proprio quello **di trovare un equilibrio tra queste tre basilari componenti**.

Il Protocollo di Kyoto

Per ritrovare un equilibrio tra uomo e ambiente, tra salvaguardia della natura e sviluppo, nel 1997 è stato elaborato il **Protocollo di Kyoto**, entrato in vigore nel 2005, che impegna i Paesi industrializzati a **ridurre le emissioni dei gas serra** prodotti dall'industria in una misura non inferiore al 5,2% (rispetto alle emissioni registrate nel 1990), entro il periodo 2008-2012.

Tali gas immessi nell'atmosfera sono ritenuti responsabili dei cambiamenti climatici che provocano inondazioni, uragani, ecc.

Il Protocollo è stato approvato e ratificato da oltre 180 Paesi: sulla sua scarsa efficacia a livello globale pesa tuttavia la mancata ratifica da parte degli Stati Uniti (responsabili da soli di oltre il 36% delle emissioni di gas nocivi) e il fatto che siano esonerati dal ridurre emissioni altri grandi "emettitori", come la Cina e l'India, potenze industriali emergenti.

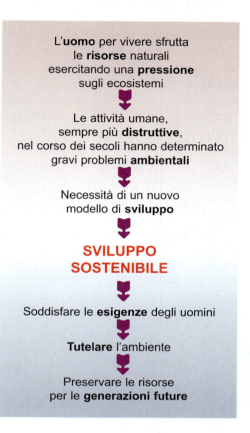

L'**uomo** per vivere sfrutta le **risorse** naturali esercitando una **pressione** sugli ecosistemi

⬇

Le attività umane, sempre più **distruttive**, nel corso dei secoli hanno determinato gravi problemi **ambientali**

⬇

Necessità di un nuovo modello di **sviluppo**

⬇

SVILUPPO SOSTENIBILE

⬇

Soddisfare le **esigenze** degli uomini

⬇

Tutelare l'ambiente

⬇

Preservare le risorse per le **generazioni future**

L'ACQUA, UNA RISORSA VITALE

Quando si parla di **acqua**, in genere si dà per scontato che si tratti di qualcosa di naturale, che sempre c'è stato e sempre ci sarà. Una risorsa illimitata, indispensabile per la vita, ma presente in misura sovrabbondante e quindi, come tutto ciò di cui si può disporre senza limiti, poco bisognosa di attenzioni. Non è così. L'acqua **inizia a scarseggiare** e quindi a diventare preziosa: non solo in regioni del mondo, come in certe zone dell'Africa, dove è sempre stata carente, ma anche in luoghi (come l'America Latina) dove è sempre stata eccezionalmente abbondante.

Le **risorse** continentali sono drasticamente **diminuite** in soli cinquant'anni, soprattutto a causa dell'uso dell'acqua in campo agricolo: basti pensare che, per produrre una tonnellata di cereali, sono necessarie mille tonnellate di acqua.

In questa situazione *"l'acqua promette di essere per il ventunesimo secolo ciò che il petrolio è stato per il ventesimo: il bene prezioso che determina la ricchezza delle nazioni"*.

Nel 1996 è stato istituito il **World Water Council**, un comitato internazionale che, oltre a monitorare le condizioni delle risorse idriche nel mondo e la loro distribuzione, richiama l'attenzione di governi e organismi internazionali sulle questioni legate alla risorsa acqua, suggerendo politiche volte ad un utilizzo sostenibile, giusto e sicuro della risorsa per noi più vitale.

DISPONIBILITÀ DI RISORSE IDRICHE

Risorse idriche
- Abbondanti
- Soddisfacenti
- Carenti sporadicamente
- Insufficienti
- Grandi dighe